聖光学院中学校

〈収録内容〉

2024 年度 ……………………… 第１回（算・理・社・国）
第２回（算・理・社・国）

2023 年度 ……………………… 第１回（算・理・社・国）
第２回（算・理・社・国）

2022 年度 ……………………… 第１回（算・理・社・国）
第２回（算・理・社・国）

2021 年度 ……………………… 第１回（算・理・社・国）

2020 年度 ……………………… 第１回（算・理・社・国）

2019 年度 ……………………… 第１回（算・理・社・国）

平成 30 年度 ……………………… 第１回（算・理・社・国）

便利な DL コンテンツは右の QR コードから

解答用紙

過去年度

国語の問題は
紙面に掲載

⇒ 

※データのダウンロードは 2025 年 3 月末日まで。
※データへのアクセスには、右記のパスワードの入力が必要となります。 ⇒ 541795

〈合格最低点〉

	第 1 回	第 2 回
2024年度	360点	349点
2023年度	325点	322点
2022年度	330点	326点
2021年度	320点	304点
2020年度	342点	329点
2019年度	336点	338点
2018年度	341点	336点

本書の特長

実戦力がつく入試過去問題集

- ▶ 問題 …………… 実際の入試問題を見やすく再編集。
- ▶ 解答用紙 …… 実戦対応仕様で収録。
- ▶ 解答解説 …… 詳しくわかりやすい解説には、難易度の目安がわかる「基本・重要・やや難」の分類マークつき（下記参照）。各科末尾には合格へと導く「ワンポイントアドバイス」を配置。採点に便利な配点つき。

入試に役立つ分類マーク

基本 確実な得点源！
受験生の90%以上が正解できるような基礎的、かつ平易な問題。
何度もくり返して学習し、ケアレスミスも防げるようにしておこう。

重要 受験生なら何としても正解したい！
入試では典型的な問題で、長年にわたり、多くの学校でよく出題される問題。
各単元の内容理解を深めるのにも役立てよう。

やや難 これが解ければ合格に近づく！
受験生にとっては、かなり手ごたえのある問題。
合格者の正解率が低い場合もあるので、あきらめずにじっくりと取り組んでみよう。

合格への対策、実力錬成のための内容が充実

- ▶ 各科目の出題傾向の分析、合否を分けた問題の確認で、入試対策を強化！
- ▶ その他、学校紹介、過去問の効果的な使い方など、学習意欲を高める要素が満載！

解答用紙ダウンロード 解答用紙はプリントアウトしてご利用いただけます。弊社ＨＰの商品詳細ページよりダウンロードしてください。トビラのＱＲコードからアクセス可。

UD FONT 見やすく読みまちがえにくいユニバーサルデザインフォントを採用しています。

聖光学院中学校

生徒数　704名
〒231-0837
神奈川県横浜市中区滝之上100番地
☎045-621-2051
根岸線山手駅　徒歩８分

完全一貫教育の高度な授業を展開
全員進学を目指す有数の進学校
キリスト教の宗教教育を実践

URL	https://www.seiko.ac.jp/

キリスト教的精神に基づく教育理念

フランスで創立されたカトリック・キリスト教教育修士会を母体とし、1958年に聖光学院中学校、1961年に聖光学院高等学校が設置された。

キリスト教の教えである愛と奉仕の精神を尊重し、中高一貫教育のもとに将来社会に貢献できる健全で有為な人材の育成を目指す。また、「紳士たれ」をモットーに、学力面ばかりでなく、礼儀を重んじ、強い意志と弱者をいたわる優しい心を持たせる教育を目指している。

文化を創る100年建築

横浜山手地区の高台にあり、根岸森林公園に近接し、文教地区としてすばらしい教育環境にある。

約５万㎡の敷地には、最新の電子黒板を備えた教室、広々とした体育館やグラウンド、落ち着いて勉強に取り組める自習スペース、蔵書が豊富な図書室、美味しいメニューのそろったカフェテリア、充実した実験道具など生徒が勉強・芸術・スポーツに打ち込めるよう充実した設備とICT環境が整っている。また、同修士会の創設者の名前を冠した「ラムネホール」(講堂)は、フルオーケストラの演奏会にも対応し、演劇・映画設備も整う県内有数の施設となり、卒業式・聖光祭（文化祭）などの学校行事や聖光音楽祭など多岐にわたって活用されている。斑尾高原には校外キャンプ場もある。

難関大を目指し授業は高度になる

学習進度が速く先取り授業も実施

中高一貫教育の利点を生かして、６カ年を２年単位の３期に分類し、中学１～２年次は基礎学力の養成、中学３～高校１年次は学習習慣の確立、高校２～３年次は自主的な学習姿勢の充実を目指し、各教科とも授業計画の中に、中学と高校の連携を盛り込んでいる。

中学では主要３教科を重視し、授業時間数を標準より増やしたカリキュラムを編成している。学習の進度も速く、数学・英語は中学２年次までに中学課程を修了し、３年次には高校課程の先取り授業を実施する。特に英語では、授業時間数が十分割り振られ、外国人教師による少人数編成の英会話の授業もある。また、３年間、週１時間の「宗教」を必修としている。

高校では、2年次より文系・理系の習熟度別クラス編成を実施し、効率の良い授業を展開している。

また、年間を通じて「聖光塾」という学年を限定しない自由参加の講座があり、実験・天体観測・伝統芸能・趣味・芸術などの体験を通して生徒の知的好奇心を刺激し、学習意欲を高めることに努めている。そのほか、中学２年次の土曜日には外部から専門の講師を招いて「選択芸術講座」を開講しており、音楽・芸術・演劇を直接体験し、人間性を涵養している。2017年度より文部省「スーパーサイエンスハイスクール」に指定された。

学校のカリキュラムをこなすことで、塾や予備校に通う必要がなく希望の大学に進学できる学力を身につけることが充分可能である。

演奏会もできる講堂

課外活動を通じて人格の形成を

学校行事としては、生徒が主体となって運営する４月末の聖光祭と９月末の体育祭が代表的で、いずれも高校２年を中心に全校が一丸となって盛り上がる。他にも夏季キャンプやスキー教室など学年ごとに宿泊行事がある。中学３年の希望者には夏休みと春休みにホームステイによる海外研修も行う。

クラブは交通研究、吹奏楽など文化部が12、サッカー、野球など運動部が13あり、中・高合同で活動している部が多い。部活動以外の「公認団体」の活動も盛んである。

有数の進学校超難関大に多数合格

卒業生全員が４年制大学を目指す、首都圏有数の進学校である。2023年は、東大78名、一橋大４名、東京工業大６名、京都大６名をはじめ国公立大に142名、慶應義塾大125名、早稲田大175名など私立大に630名が合格した。うち医学部合格は国公私立合計で65名。海外大は７名。

2024年度入試要項

試験日　1/13（帰国生）　2/2（第１回）
2/4（第２回）

試験科目　国・算または英・算（帰国生）
国・算・理・社（第１・２回）

2023年度	募集定員	受験者数	合格者数	競争率
第１回	175	665	211	3.2
第２回	50	635	122	5.2
帰国生	若干	134	28	4.8

過去問の効果的な使い方

① **はじめに**　ここでは，受験生のみなさんが，ご家庭で過去問を利用される場合の，一般的な活用法を説明していきます。もし，塾に通われていたり，家庭教師の指導のもとで学習されていたりする場合は，その先生方の指示にしたがって，過去問を活用してください。その理由は，通常，塾のカリキュラムや家庭教師の指導計画の中に過去問学習が含まれており，どの時期から，どのように過去問を活用するのか，という具体的な方法がそれぞれの場合で異なるからです。

② **目的**　言うまでもなく，志望校の入学試験に合格することが，過去問学習の第一の目的です。そのためには，それぞれの志望校の入試問題について，どのようなレベルのどのような分野の問題が何問，出題されているのかを確認し，近年の出題傾向を探り，合格点を得るための試行錯誤をして，各校の入学試験について自分なりの感触を得ることが必要になります。過去問学習は，このための重要な過程であり，合格に向けて，新たに実力を養成していく機会なのです。

③ **開始時期**　過去問との取り組みは，通常，全分野の学習が一通り終了した時期，すなわち6年生の7月から8月にかけて始まります。しかし，各分野の基本が身についていない場合や，反対に短期間で過去問学習をこなせるだけの実力がある場合は，9月以降が過去問学習の開始時期になります。

④ **活用法**　各年度の入試問題を全問マスターしよう，と思う必要はありません。完璧を目標にすると挫折しやすいものです。できるかぎり多くの問題を解けるにこしたことはありませんが，それよりも重要なのは，現実に各志望校に合格するために，どの問題が解けなければいけないか，どの問題は解けなくてもよいか，という眼力を養うことです。

算数

どの問題を解き，どの問題は解けなくてもよいのかを見極めるには相当の実力が必要になりますし，この段階にいきなり到達するのは容易ではないので，この前段階の一般的な過去問学習法，活用法を2つの場合に分けて説明します。

☆偏差値がほぼ55以上ある場合

掲載順の通り，新しい年度から順に年度ごとに3年度分以上，解いていきます。

ポイント1…問題集に直接書き込んで解くのではなく，各問題の計算法や解き方を，明快にわかるように意識してノートに書き記す。

ポイント2…答えの正誤を点検し，解けなかった問題に印をつける。特に，解説の 基本 重要 がついている問題で解けなかった問題をよく復習する。

ポイント3…1回目にできなかった問題を解き直す。同様に，2回目，3回目，…と解けなければいけない問題を解き直す。

ポイント4…難問を解く必要はなく，基本をおろそかにしないこと。

☆偏差値が50前後かそれ以下の場合

ポイント1～4以外に，志望校の出題内容で「計算問題・一行問題」の比重が大きい場合，これらの問題をまず優先してマスターするとか，例えば，大問2までをマスターしてしまうとよいでしょう。

理科

理科は1から順番に解くことにほとんど意味はありません。理科は，性格の違う4つの分野が合わさった科目です。また，同じ分野でも単なる知識問題なのか，あるいは実験や観察の考察問題なのかによってもかかる時間がずいぶんちがいます。記述，計算，描図など，出題形式もさまざまです。ですから，解く順番の上手，下手で，10点以上の差がつくこともあります。

過去問を解き始める時も，はじめに1回分の試験問題の全体を見通して，解く順番を決めましょう。得意分野から解くのもよいでしょう。短時間で解けそうな問題を見つけて手をつけるのも効果的です。くれぐれも，難問に時間を取られすぎないように，わからない問題はスキップして，早めに全体を解き終えることを意識しましょう。

社会

社会は1から順番に解いていってかまいません。ただし，時間のかかりそうな，「地形図の読み取り」，「統計の読み取り」，「計算が必要な問題」，「字数の多い論述問題」などは後回しにするのが賢明です。また，3分野（地理・歴史・政治）の中で極端に得意，不得意がある受験生は，得意分野から手をつけるべきです。

過去問を解くときは，試験時間を有効に活用できるよう，時間は常に意識しなければなりません。ただし，時間に追われて雑にならないようにする注意が必要です。“誤っているもの”を選ぶ設問なのに“正しいもの”を選んでしまった，“すべて選びなさい”という設問なのに一つしか選ばなかったなどが致命的なミスになってしまいます。問題文の“正しいもの”，“誤っているもの”，“一つ選び”，“すべて選び”などに下線を引いて，一つ一つ確認しながら問題を解くとよいでしょう。

過去問を解き終わったら，自己採点し，受験生自身でふり返りをしましょう。できなかった問題については，なぜできなかったのかについての分析が必要です。例えば，「知識が必要な問題」ができなかったのか，「問題文や資料から判断する問題」ができなかったのかで，これから取り組むべきことも大きく異なってくるはずです。また，正解できた問題も，「勘で解いた」，「確信が持てない」といったときはふり返りが必要です。問題集の解説を読んでも納得がいかないときは，塾の先生などに質問をして，理解するようにしましょう。

国語

過去問に取り組む一番の目的は，志望校の傾向をつかみ，本番でどのように入試問題と向かい合うべきか考えることです。素材文の傾向，設問の傾向，問題数の傾向など，十分に研究していきましょう。

取り組む際は，まず解答用紙を確認しましょう。漢字や語句問題の量，記述問題の種類や量などが，解答用紙を見て，わかります。次に，ページをめくり，問題用紙全体を確認しましょう。どのような問題配列になっているのか，問題の難度はどの程度か，などを確認して，どの問題から取り組むべきかを判断するとよいでしょう。

一般的に「漢字」→「語句問題」→「読解問題」という形で取り組むと，効率よく時間を使うことができます。

また，解答用紙は，必ず，実際の大きさのものを使用しましょう。字数指定のない記述問題などは，解答欄の大きさから，書く量を考えていきましょう。

聖光学院の算数

――出題傾向と対策 合否を分けた問題の徹底分析――

出題傾向と内容

出題分野1 〈数と計算〉

「数の性質」の問題が，ほぼ毎年，出題されている。「四則計算」はこのところ，復活して出題されている。

2 〈図形〉

「平面図形」の問題は毎年，毎回，出題されており，「立体図形」もほぼ毎回，出題されている。「相似な図形」もほぼ毎年，出題されており，「図形や点の移動」と関連させて出題されることもある。また，作図の問題が含まれることもある。

3 〈速さ〉

「速さの三公式と比」の問題も毎年，出題されている。「旅人算」の出題もあり，「時計算」・「通過算」・「流水算」も年度によって出題されている。

4 〈割合〉

「割合と比」は，ほぼ毎年，出題されており，「濃度」・「仕事算・ニュートン算」，その他も出題されている。

5 〈推理〉

「場合の数」の問題が，図形問題，その他と関連させて，ほぼ毎回，出題されており，「数列・規則性・N進法」の出題率が高い。

6 〈その他〉

簡単ではない「消去算」の出題が見られる。「鶴亀算」もよく出題されている。

出題率の高い分野

❶平面図形・面積　❷立体図形・体積　❸割合と比　❹速さの三公式と比

来年度の予想と対策

出題分野1 〈数と計算〉…奇数・偶数，約数・倍数，商・余りに関する「数の性質」が出題される。

2 〈図形〉…「平面図形」・「立体図形」・「相似」・「図形や点の移動」の応用問題，融合問題を徹底して練習しよう。また，過去問を利用して「作図」問題のレベルを各自，確認しておこう。分数計算を行う問題も多く，単に図形関係を認識するだけでなく，計算力が試されている。したがって，工夫して計算する方法を日ごろから練習しておかなければいけない。小問の1問目でミスをし，誤答に気付かないと，この誤答に関連して2・3問目の解答も間違える可能性が高くなる。落ち着いて，大局的に図形をとらえるように注意しよう。

3 〈速さ〉…比を使う「旅人算」の解き方を練習しよう。他の分野の練習も必要である。

4 〈割合〉…「速さの比」「面積比」「比の文章題」の応用問題を練習しよう。

5 〈推理〉…「場合の数」「数列・規則性」「推理」，その他の応用問題を練習しよう。

6 〈その他〉…「消去算」が要注意。その他の分野も，応用問題まで練習しよう。

学習のポイント

●大問数5題　小問数15～20題前後　●試験時間60分　満点150点

●「図形」・「速さ」・「場合の数」のほか，「消去算」，問題の「読み取り」がポイントになる

年度別出題内容の分析表 算数

（よく出ている順に，☆◎○の3段階で示してあります。）

	出 題 内 容	27年		28年		29年		30年		2019年	
		1回	2回	1回	2回	1回	2回	1回	2回	1回	2回
数と計算	四則計算	○	○	○	○	○	○	○	○	○	○
	単位の換算		○				☆			○	
	演算記号・文字と式	☆			☆			☆			☆
	数の性質	○	☆	○	☆			☆		☆	☆
	概 数						○		○		
図形	平面図形・面積	☆	☆	☆	☆	☆	☆	☆	☆	☆	☆
	立体図形・体積と容積	☆	☆	○	☆	☆	☆	☆	☆	☆	☆
	相似（縮図と拡大図）		☆	◎	◎	☆	☆	☆	◎	☆	☆
	図形や点の移動・対称な図形	☆	☆	☆			☆	☆	☆	☆	☆
	グラフ		○					☆			
速さ	速さの三公式と比	○	☆	☆	☆	○	☆	☆	☆	☆	☆
	旅人算			○	○						
	時計算		☆								
	通過算								☆		
	流水算	○					☆				
割合	割合と比	☆	☆		☆	☆	☆	○	☆	☆	
	濃 度	○							○		
	売買算										
	相当算										
	倍数算・分配算	○			○						
	仕事算・ニュートン算		○							☆	
	比例と反比例・2量の関係										
推理	場合の数・確からしさ	☆		☆	○			◎	◎	◎	○
	論理・推理・集合	○									
	数列・規則性・N進法			☆		○	☆	☆			☆
	統計と表									○	
その他	和差算・過不足算・差集め算				○		○				
	鶴カメ算						○				○
	平均算										
	年令算				○						
	植木算・方陣算										
	消去算		○						○	○	

聖光学院中学校

（よく出ている順に，☆◎○の3段階で示してあります。）

出題内容		2020年		2021年		2022年		2023年		2024年	
		1回	2回	1回	2回	1回	2回	1回	2回	1回	2回
数と計算	四則計算	○	○	○	○	○	○	○	○	○	○
	単位の換算	○	○	○	◎	○	○	◎		○	○
	演算記号・文字と式										
	数の性質	○	☆	☆	○	☆	☆	☆	○	☆	☆
	概　数			○	○						
図形	平面図形・面積	☆	☆	☆	☆	☆	☆	☆	☆	☆	☆
	立体図形・体積と容積	☆	☆	☆	☆		☆	☆	☆	☆	☆
	相似(縮図と拡大図)		☆	☆			◎	○	○		☆
	図形や点の移動・対称な図形		○	☆	☆	☆	☆	☆	☆	☆	☆
	グラフ								☆	☆	
速さ	速さの三公式と比	☆	☆	☆	◎	☆	☆	☆		☆	☆
	旅人算		○				○			○	
	時計算	○					◎	☆			
	通過算				○						
	流水算	☆									○
割合	割合と比	☆	☆	☆	☆	☆	☆	☆	☆	☆	☆
	濃　度		○								
	売買算						○		○	☆	
	相当算										
	倍数算・分配算										○
	仕事算・ニュートン算					◎		○		○	
	比例と反比例・2量の関係										
推理	場合の数・確からしさ	☆	◎	○	☆	☆		☆	☆		☆
	論理・推理・集合									☆	
	数列・規則性・N進法	○	○	◎			☆	○	☆	☆	
	統計と表						○			○	
その他	和差算・過不足算・差集め算										
	鶴カメ算			○	○						
	平均算									○	
	年令算										
	植木算・方陣算										
	消去算		◎	○	○						○

聖光学院中学校

2024年度 聖光学院中学校 合否を分けた問題 算数

第1回［1］(3)〈割合と比，仕事算〉

> 簡単でもないが，比較的よく出題される「仕事算」であり，正解すべき問題である。

【問題】

ある仕事を終わらせるのにAさんだけでは60日，Bさんだけでは50日，Cさんだけでは40日かかる。
この仕事を1日目はAさんとBさんが行い，2日目はBさんとCさんが行い，3日目はCさんとAさんが行い，4日目はAさんとBさんが行うというように3日周期で行うと，始めてから何日目に終わるか。

【考え方】

仕事全体の量…60，50，40の最小公倍数600とする
Aさん1日の仕事量…600÷60＝10
Bさん1日の仕事量…600÷50＝12
Cさん1日の仕事量…600÷40＝15
（← これが常道）
1日目～3日目までの仕事量…(10＋12＋15)×2＝74
600÷74…8回余り8
したがって，仕事を終わるのは3×8＋1＝25(日目)

受験生に贈る「数の言葉」――――――――――「ガリヴァ旅行記のなかの数と図形」
作者　ジョナサン・スウィフト(1667～1745)
…アイルランド　ダブリン生まれの司祭

リリパット国…1699年11月，漂流の後に船医ガリヴァが流れ着いた南インド洋の島国
①人間の身長…約15cm未満　②タワーの高さ…約1.5m
③ガリヴァがつながれた足の鎖の長さ…約1.8m　④高木の高さ…約2.1m
⑤ガリヴァとリリパット国民の身長比…12：1　⑥ガリヴァとかれらの体積比…1728：1

ブロブディンナグ国…1703年6月，ガリヴァの船が行き着いた北米の国
①草丈…6m以上　②麦の高さ…約12m　③柵(さく)の高さ…36m以上
④ベッドの高さ…7.2m　⑤ネズミの尻尾(しっぽ)…約1.77m

北太平洋の島国…1707年，北緯46度西経177度に近い国
王宮内コース料理　①羊の肩肉…正三角形　②牛肉…菱形　③プディング…サイクロイド形
④パン…円錐形(コーン)・円柱形(シリンダ)・平行四辺形・その他

2023年度 聖光学院中学校 合否を分けた問題 算数

第1回［5］(2)〈速さの三公式と比，時計算，割合と比〉

「時計算」の基本がわかっていれば解ける問題であり，「もとにする数が360度」であることがポイントである。

【問題】

(2) 「時針」と「分針」と「秒針」が重なってから，次に「時針」と「分針」が重なるとき，これらの針と「秒針」がつくる小さいほうの角度の大きさは360度の何倍か。

【考え方】

秒針1分の角度…360度

$\frac{720}{11}-60=5\frac{5}{11}$(分後)の秒針の角度…$360\times\frac{5}{11}$(度)

したがって，求める割合は

$\left(360\times\frac{5}{11}-6\times5\frac{5}{11}\right)\div360$ ←― この式がポイント

$=\frac{5}{11}-\frac{1}{11}=\frac{4}{11}$(倍)

受験生に贈る「数の言葉」――――――――バートランド・ラッセル(1872～1970)が語るピュタゴラス(前582～496)とそのひとたちのようす(西洋哲学史)

①ピュタゴラス学派のひとたちは，地球が球状であることを発見した。

②ピュタゴラスが創った学会には，男性も女性も平等に入会を許された。
財産は共有され，生活は共同で行われた。科学や数学の発見も共同のものとみなされ，ピュタゴラスの死後でさえ，かれのために秘事とされた。

③だれでも知っているようにピュタゴラスは，すべては数である，といった。
かれは，音楽における数の重要性を発見し，設定した音楽と数学との間の関連が，数学用語である「調和平均」,「調和級数」のなかに生きている。

④五角星は，魔術で常に際立って用いられ，この配置は明らかにピュタゴラス学派のひとたちにもとづいており，かれらは，これを安寧とよび，学会員であることを知る象徴として，これを利用した。

⑤その筋の大家たちは以下の内容を信じ，かれの名前がついている定理をかれが発見した可能性が高いと考えており，それは，直角三角形において，直角に対する辺についての正方形の面積が，他の2辺についての正方形の面積の和に等しい，という内容である。
とにかく，きわめて早い年代に，この定理がピュタゴラス学派のひとたちに知られていた。かれらはまた，三角形の角の和が2直角であることも知っていた。

2022年度 聖光学院中学校 合否を分けた問題 算数

第1回［1］(2)〈割合と比，ニュートン算〉

「開催費と入場料」という問題設定になっており，惑わされやすいが実質は「ニュートン算」であり，これに気づくことがポイント！

【問題】

講演会の開催費は，会場の使用料㋐円に参加費1人につき㋑円を加えた額になる。

講演会の入場料を1人3500円にすると，参加者が100人の場合，入場料の合計と開催費が同額になる。

入場料を1人4000円にすると，参加者が80人の場合，入場料の合計と開催費が同額になる。

このとき，㋐，㋑を求めなさい。

ここの記述で「ニュートン算」と分かる

【考え方】

㋐＋㋑×100＝3500×100＝350000(円)

㋐＋㋑×80＝4000×80＝320000(円)

「ニュートン算」のパターン

㋑…(350000－320000)÷(100－80)＝1500(円)

㋐…350000－1500×100＝200000(円)

受験生に贈る「数の言葉」

数学者の回想　　高木貞治1875～1960

数学は長い論理の連鎖だけに，それを丹念にたどってゆくことにすぐ飽いてしまう。

論理はきびしいものである。例えば，1つの有機的な体系というか，それぞれみな連関して円満に各部が均衡を保って進んでゆかぬかぎり，完全なものにはならない。

ある1つの主題に取り組み，どこか間違っているらしいが，それがはっきり判明せず，もっぱらそればかりを探す。神経衰弱になりかかるぐらいまで検討するが，わからぬことも多い。夢で疑問が解けたと思って起きてやってみても，全然違っている。そうやって長く間違いばかりを探し続けると，その後，理論が出来ても全く自信がない。

そんなことを多々経験するのである。(中略)

技術にせよ学問にせよ，その必要な部分だけがあればよいという制ちゅう(限定)を加えられては，絶対に進展ということはあり得ない。「必要」という考え方に，その必要な1部分ですらが他の多くの部分なくして成り立たぬことを理解しようとしないことがあれば，それは全く危険である。

聖光学院の理科

――出題傾向と対策　合否を分けた問題の徹底分析――

出題傾向と内容

第1回，第2回ともに，大問数は4～5問で，小問数は30～35問程度である。いずれも試験時間に対する問題の分量は標準的であるが，問題用紙のサイズが大きい(広げるとA3)ことと，選択肢の数が多く，文字数，ページ数が多いことから，見た目では多く感じるかもしれない。落ち着いて解けば心配することはないだろう。物理，化学，生物，地学の4領域から広く出題されているが，どの分野の量が多いかは年度や回によって異なる。解答形式は，記号選択が多いほか，計算，文記述，さらに，図示の問題も目立つ。記号選択問題では選択肢の数がやや多めであり，手早く検討していかなければならない。また，結果として記号選択形式になっていても，実態は計算や作図を元に考える問題も多い。

生物的領域　植物，動物ともに広く出題されている。登場する動植物の種類は多いが，いずれも身近な生活のなかで見かけるものや，問題集などでよく見かけるものなので，1つ1つ体系だてて知識を増やしていきたい。また，実験考察に関する問題もよく見かける。覚えるだけでなく考える学習もしておかねばならない。

地学的領域　天文や気象についての問題が多く，地質はやや少なめである。また，生物的領域や物理的領域との総合的な問題もときどき出題されている。考察力の必要な問題や計算問題が多い。

化学的領域　水溶液，気体ともに広く出題されるほか，実験操作について，環境について，身近な物質として問われることもある。煩雑な計算問題はやや増加している。物質の性質について基本 的な考え方ができるか，また，身近な現象に基本知識を適用して考えることができるか，自在な応用力が問われている。

物理的領域　力学系と電気系，そして音や光について，図表を多用して深く問われる。数量の扱いについての基本操作が主になるが，簡単な事例から順に考えを進めるなかで，考え方や法則性をつかみ，徐々に複雑な事例に適用していくというタイプの問題が多い。だから，簡単な問題にも意図があると意識して解いていきたい。図示が求められることも多く，到達点はかなり難問になることもある。

学習のポイント

●理科で学ぶ事項や身のまわりの事象について，どのような法則性があり，どのように応用されているか日頃から関心を持とう。

来年度の予想と対策

大問数が4～5問だから，扱われた分野については深く問われることになる。不得手な分野があると，たまたま出題されたときの失点が大きくなってしまう。どの分野も合格に必要な最低限の得点は確保できなければならない。また，記号選択問題の選択肢の数が多く，個々の選択肢が長いので，問題文を読み進める段階で早く主題や法則を見通しておくと有利である。また，文記述や図示もあるので，暗記だけの学習に頼っていたら本校の理科で合格点を取ることは難しいであろう。ふだんの学習で，科学的な思考力をしっかり養っておくのが肝心である。

まずは典型題を，充分に練習しておく必要がある。それは，問題や答えのパターンを丸暗記しておくというのではなく，思考過程や考え方をしっかり理解し，別の事例でも適用できるようにしておくことである。動植物や星座，気体や溶液などの性質は，バラバラに記憶するのではなく，分類などをもとにして体系的に頭に入れ，どの方面から問われても自在に知識を引き出せるようにしておきたい。

年度別出題内容の分析表 理科

（よく出ている順に，☆◎○の3段階で示してあります。）

	出題内容	27年 1回	27年 2回	28年 1回	28年 2回	29年 1回	29年 2回	30年 1回	30年 2回	2019年 1回	2019年 2回
生物的領域	植物のなかま	◎		◎	◎	○				○	○
	植物のはたらき	○		○	○				○		☆
	昆虫・動物	◎	○		☆	○	☆			◎	
	人　体		☆					☆		◎	
	生態系					◎			◎		
地学的領域	星と星座										☆
	太陽と月			☆		◎					
	気　象	○		○				○	☆		
	地層と岩石						◎	○		○	
	大地の活動	○					◎	◎		☆	
化学的領域	物質の性質					○	◎	○	○		
	状態変化	○	☆	☆					☆	☆	○
	ものの溶け方	☆	○			◎				○	
	水溶液の性質	○	○		◎	◎	○	○	◎		○
	気体の性質	○	○		○	○		○			
	燃　焼				○			○			○
物理的領域	熱の性質			○				◎			○
	光や音の性質		☆			☆					☆
	物体の運動				☆				○		○
	力のはたらき			☆			☆	◎		☆	◎
	電流と回路	☆							☆		
	電気と磁石										
その他	実験と観察	◎	◎	◎	◎	◎	◎	◎	◎	◎	◎
	器具の使用法		○								
	環　境	☆			○			◎			
	時　事		○	○	○			○		○	
	その他										

聖光学院中学校

（よく出ている順に，☆◎○の3段階で示してあります。）

出題内容		2020年		2021年		2022年		2023年		2024年	
		1回	2回	1回	2回	1回	2回	1回	2回	1回	2回
生物的領域	植物のなかま	☆	○		☆	☆	◎	○	○	◎	
	植物のはたらき	○				○	○	◎		◎	
	昆虫・動物		☆	☆	○		○		◎		☆
	人　体		○				○			○	
	生態系								○	○	○
地学的領域	星と星座				☆	☆					
	太陽と月	☆		☆				☆		◎	
	気　象					○	☆				
	地層と岩石		☆								◎
	大地の活動			◎	☆					◎	○
化学的領域	物質の性質	◎	○				○				
	状態変化					☆		○			
	ものの溶け方						☆		◎	☆	
	水溶液の性質	◎	☆						○	○	
	気体の性質			◎				○			◎
	燃　焼	○			○			◎			◎
物理的領域	熱の性質					○					☆
	光や音の性質				☆				☆		
	物体の運動							☆			
	力のはたらき		☆	☆		☆				☆	
	電流と回路								☆		
	電気と磁石	☆					☆				
その他	実験と観察	◎	◎	◎	◎	◎	◎	◎	◎	◎	◎
	器具の使用法	○									
	環　境								○		
	時　事			○	○		○			○	
	その他										

聖光学院中学校

2024年度 聖光学院中学校 合否を分けた問題 理科

●第1回入試，この大問で，これだけ取ろう！

[1]	種子のつくりと発芽	標準	(6)は条件が多いので，ていねいに整理して考えたい。他は基礎知識で答えられる。失点は2つまで。
[2]	地殻変動と人工衛星	標準	問題文の中にさまざまな情報が与えられているので，よく読んで答えたい。失点は2つまで。
[3]	硝酸カリウムの溶解度	標準	(4)(6)は，結晶とともに水も出ていくので、注意して計算したい。失点は3つまで。
[4]	てんびんのつりあい	標準	(3)は試行錯誤すれば解答にたどり着く。(4)は空気中でも水中と同じ法則が使えるかがポイント。失点は2つまで。

●鍵になる問題は[2]だ！

いつもながら，長大な大問4題であり，大問の中もさまざまな項目が含まれた幅広い内容が出題された。第1回[1][3][4]，第2回[3][4]では，やや複雑な操作の意味を理解して，適切に考える必要があり，試験時間内で考える時間を確保しながら正解を出すのはたいへんである。第1回[2]，第2回[3]などは，日ごろから科学に興味や関心を持って，広く知識を積み重ねた受験生には考えやすい問題であっただろう。

第1回[2]を取り上げる。人工衛星を用いた測位をテーマにした大問である。

スマートフォンやカーナビゲーションなどを用いて，地球上での自分の位置情報を利用する場面は，多くの受験生が経験しているだろう。人工衛星「だいち」や「みちびき」については，ニュースでもときどき登場している。未来の自動運転の技術や，災害のときの情報収集などの報道に関心を持っている受験生には身近に感じられたと思われる。(5)の受信機は，電子基準点とよばれ，全国約1300か所に設置されている。地震などのときには，すぐに電子基準点の位置が測定され，地震前の位置と比較して，土地がどれだけ動いたか，すぐにわかるようになっている。

人工衛星を使った測位システムとしては，GPS(グローバル・ポジショニング・システム)が有名であるが，これはアメリカが運用しているシステムである。日本では，2018年から人工衛星「みちびき」によるシステムが始まっている。これら各国のシステムの総称は，GNSS(グローバル・ナビゲーション・サテライト・システム)である。

地上のある一点の真上に留まり続ける静止衛星は，力学的に赤道上にしか上げることができない。(2)の選択肢にもある気象衛星「ひまわり」がその例である。一方，GNSSは，複数の人工衛星からの電波を地上で受信して，地上の受信機の位置を特定するシステムである。実際，「みちびき」は複数の衛星からなるシステムである。そのため，GNSS衛星は静止衛星ではなく，できるだけ日本上空の上にいる時間が長くなるような軌道を描いて，地球のまわりを公転している。

(6)では，GNSSの情報が都市部の障害物の多いところで誤差が出やすい現象を扱っている。人工衛星の軌道上の位置は，時々刻々正確にわかっていて，誤差は極めて小さい。一方，測定したい目的は地上の受信機の位置であり，そちらに誤差が出る。

2023年度 聖光学院中学校 合否を分けた問題 理科

●第1回入試，この大問で，これだけ取ろう！

[1]	植物の茎のしくみ	標準	基本的な知識を活用すれば難しくない。(8) がどのような植物を示しているかかん違いしないこと。失点は1つまで。
[2]	不定時法	標準	問題文から一刻の意味を正しく理解し，図1を上手に利用すれば，多くの設問に答えられる。失点は2つまで。
[3]	マグネシウムの燃焼	標準	二酸化炭素中で燃焼した場合，どの重さがどこに移動したのかよく確かめよう。失点は3つまで。
[4]	振り子と人の歩行	標準	(3)(b) がやや考えにくいが，他は問題文にしたがってていねいに考えていこう。失点は2つまで。

●鍵になる問題は[3]だ！

本年も，本校らしく興味深い素材が扱われた。第1回[2]では時刻の不定時法，[4]では歩行と振り子の関係，第2回[2]では溶液の浸透圧，[4]では光と色の関係など，科学を楽しむ素材が盛り込まれている。理科学習をただ用語と解法パターンを詰め込むだけの薄い勉強で済ませてきた受験生には，なかなか取り組みにくい設問が多いが，日ごろから科学に興味を持って主体的に学んできた受験生にとっては，柔軟に考えることができる良問であろう。広く知識を吸収するとともに，多くの文章や図表などを活用する学習を心がけていきたい。

第1回[3]を取り上げる。マグネシウムの燃焼では，マグネシウムが酸素と結びついて白色の酸化マグネシウムができる。そして，本問の(2)の通り，マグネシウムは二酸化炭素の中でも燃焼して酸化マグネシウムができる。二酸化炭素は炭素と酸素が結びついた物質である。マグネシウムは二酸化炭素から酸素を奪って燃焼する。これは，炭素・酸素の相性よりも，マグネシウム・酸素の相性の方が良いからである。実験1，実験2とその結果を整理すると，次のようになる。

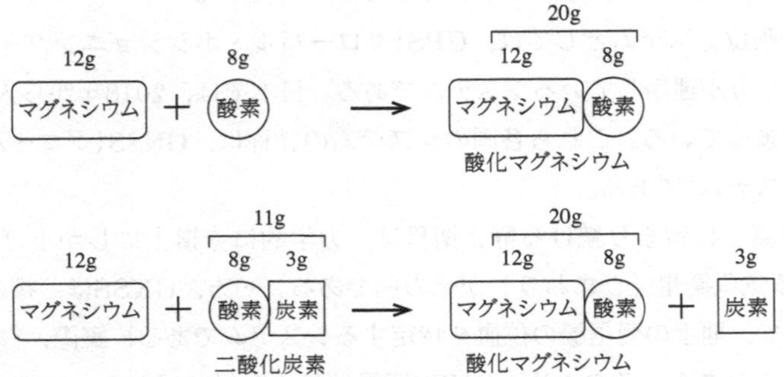

このように，各物質の重さはなくなることなく，燃焼後の物質に受け継がれる。この重さの移動が理解できれば，(2)の計算問題はすべて解ける。上の図はマグネシウムが12gの場合を示したが，すべて5倍して60gにすれば，(2)(b)が答えられる。また，(2)(d)では，燃焼前の酸素や二酸化炭素の重さがどこにも逃げずに最後の固体に残っていることに注目すれば，使われた酸素や二酸亜炭素の重さがわかり，解答への道筋ができる。

2022年度 聖光学院中学校 合否を分けた問題 理科

●第１回入試，この大問で，これだけ取ろう！

[１]	志賀高原の樹木	標準	多様な植物が登場するが，問題文と選択肢を詳しく検討すれば，知らない植物でも正解が出せる。失点は2つまで。
[２]	星の諸量と明るさ	標準	細かな知識とともに，表のデータの上手な活用が求められる。失点は2つまで。
[３]	水の状態変化	標準	(6)がやや難しい。他は難しくないものの，長い選択肢をていねいに読む注意力が必要である。失点は2つまで。
[４]	滑車の組み合わせ	標準	滑車の基本事項に忠実に解けば，難しいところはあまりない。失点は1つまで。

●鍵になる問題は[２]だ！

第1回，第2回とも，本校らしく幅広く興味深い内容が出題された。生物[1]は，第1回，第2回ともに，多くの動植物が登場した。日ごろから実物や図鑑などでこまめに確認する学習はもちろん必要だが，問題文の中にかなりの情報が隠れているので，知らない動植物があっても理詰めで解答を絞ることができる。これは，下で取り上げる第1回の地学[2]も同様である。また，第2回の化学[3]は，水溶液への物質の溶解度という目新しい素材が扱われたが，図を上手に活用できれば難しいことはない。

知識は多いにこしたことはないが，意味も分からず丸暗記やパターン訓練をおこなっても得点にならない。長めの問題文や長めの選択肢をじっくり読み解く学習を心がけたい。

第1回[2]を取り上げる。星に関する問題で，細かな知識が問われている設問と，表からの思考力が問われている設問がある。

(1)～(3)は知識の問題であり，特に(3)は意表を突かれた受験生がいたかもしれない。

(4)は，表についての考察文である。地球から見たときの星の明るさは「見かけの等級」とよぶ。一方，星の本来の明るさを比較するため，32.6光年から見たときの星の明るさとして「絶対等級」が与えられている。その絶対等級は，星の表面温度だけでなく半径とも関わっているという内容である。(b)では，デネブの大きさを推定するが，ただ明るいからと答えるだけでは不足だろう。表1のどれかと比較して答えるのがよい。ちょうど同じ温度の星はないが，近い温度のCやDと比べれば，星が大きいことを充分に説明できる。どう比較したか分かるような文を書きたい。

(5)は，ポラリス，ポールスターが北極星のことだと知っている受験生も多かっただろうが，知らなくとも冒頭の問題文から類推できる。(b)だが，北極星が2等星であることは知っておいてほしいが，実際に北極星を見たことがあれば，本問の選択肢なら2等だと選べるだろう。一方，距離は覚えている受験生はごく少数だろう。これは表から類推する設問である。絶対等級の近いスピカと比較すれば，解答が導ける。ポラリスは，スピカよりも絶対等級は明るいが，見かけの等級は暗い。本来明るい方が暗く見えるのだから，ポラリスの方が遠いと結論できる。

聖光学院の社会

――出題傾向と対策 合否を分けた問題の徹底分析――

出題傾向と内容

例年，第1回，2回とも，大問は3～4題程度で，小問数は40題前後。内容的にも非常によく似た構成となっている。記号選択や用語記述の問題がバランスよく出題され，理由やことがらを問う1～4行程度の論述問題も数題出題される。

地理や歴史，政治の単独問題もあるが，総合問題の形式での出題が多くなっている。また，社会科の授業ではまず扱うことのない一般常識的な問題の出題(年中行事，干支，生物の名など)が，本校の大きな特色となっている。

地理は広い範囲から出題されるが，日本の国土や自然，産業についての問題が比較的多い。地形図の読み取り問題は，ほぼ定番となっているので注意が必要である。地図，表やグラフ，写真を使用した問題が多い。

歴史は，時代を横断して幅広く出題される。一つのテーマでまとめられたやや長めの文章をもとにして出題されることが多く，政治史，社会経済史，文化史，外交史など満遍なく問われる。

政治は，地理や歴史にくらべて出題数は少ないが，憲法や基本的人権についての出題が中心となっている。時事問題も出題されることがあるが，出題数そのものはそれほど多くない。

本年度の第1回の出題項目は以下の通りである。

[1]　総合－時事問題，日本国憲法など

[2]　日本の歴史－短歌や俳句を題材にした日本の通史

[3]　日本の地理－日本の産業，交通，地形図の読み取りなど

[4]　総合－男女間の平等をテーマにした歴史，政治など

学習のポイント

- 小学生にはなじみの薄い一般常識に関する出題は要注意。
- 写真や図版などの資料を深く読み，様々な角度から考える習慣をつけよう！

来年度の予想と対策

様々な角度から社会的な分析力を試そうとする問題に重点が置かれている。この傾向は，今後も大きく変化することはないと思われる。まずは，教科書レベルの基本的なところから確実に理解していくことが大切である。

地理は，国土と自然，産業，地形図の見方を中心に学習する。必ず地図帳を開いて地名や位置を確認し，各地方ごとの特色もまとめておくとよい。

歴史では，政治史を中心に学習し，ぞれぞれの時代の特色や人物の業績を理解しておきたい。歴史的なできごとが起こった場所が問われることがあるので，これも地図帳で確認しておくこと。用語や人名などは漢字指定で出題されるので，漢字で正確に書けるようにすることも大切である。

政治では，日本国憲法の学習とともに，本校の特色の一つである一般常識についても深い理解が求められる。テレビや新聞を意識して見て，社会の動きや人々の生活の様子，年中行事などにも理解を深めてほしい。

年度別出題内容の分析表 社会

（よく出ている順に，☆◎○の3段階で示してあります。）

出題内容				27年		28年		29年		30年		2019年	
				1回	2回	1回	2回	1回	2回	1回	2回	1回	2回
地理	日本の地理	テーマ別	地形図の見方	○			○	○		○	○	○	
			日本の国土と自然	◎		◎	◎	◎	◎	◎	○	☆	○
			人口・都市		◎	◎	○			○	○		○
			農林水産業	○	◎	○	○		◎	○	○	○	○
			工　業	○	○		○	○	○	○	○		◎
			交通・通信				○		○		○		◎
			資源・エネルギー問題				○		◎				
			貿　易	◎		○		○	○			○	
		地方別	九州地方				◎				◎		
			中国・四国地方								◎		
			近畿地方			◎							
			中部地方										
			関東地方			◎							
			東北地方	◎									
			北海道地方										
	公害・環境問題				○			○	◎		◎		
	世界地理			○	○	◎	◎	○	○		○		○
日本の歴史	時代別	旧石器時代から弥生時代		○		○	○		○		○	○	○
		古墳時代から平安時代		◎	◎	◎	○	◎	◎	○	◎	○	◎
		鎌倉・室町時代		○	◎	○	○	○	○	○	○	○	○
		安土桃山・江戸時代		◎	◎	○	○	◎	◎	◎	◎	◎	◎
		明治時代から現代		◎	☆	☆	◎	☆	◎	◎	◎	☆	☆
	テーマ別	政治・法律		☆	☆	◎	◎	☆	◎	◎	☆	☆	☆
		経済・社会・技術		○	☆	◎	◎	☆	◎	◎	○	○	◎
		文化・宗教・教育		○	◎	◎	○	◎	◎	◎	☆	◎	◎
		外　交		◎	○	○	○	○	○	○		◎	
政治	憲法の原理・基本的人権			○		◎	☆	◎				○	○
	国の政治のしくみと働き			☆			○	◎	○	○	◎		
	地方自治												
	国民生活と社会保障			○		◎		○		◎			
	財政・消費生活・経済一般			◎	☆		○	○		◎			
	国際社会と平和			○	☆				○		○	◎	◎
時事問題				○		◎	○	○	○	○	○	◎	◎
その他				○	○	○	◎	◎	☆	◎	◎	◎	◎

聖光学院中学校

（よく出ている順に，☆◎○の3段階で示してあります。）

出題内容				2020年		2021年		2022年		2023年		2024年	
				1回	2回	1回	2回	1回	2回	1回	2回	1回	2回
地理	日本の地理	テーマ別	地形図の見方		○		○			○	○		
			日本の国土と自然	◎	◎	◎	○	◎	☆	☆	◎		☆
			人口・都市	○	◎	○		○				○	
			農林水産業	◎	○	○	○	○	○	○	○	◎	○
			工　業	○	○		○		○	○		○	○
			交通・通信			○	◎				○	○	○
			資源・エネルギー問題	○		○	○				○		○
			貿　易			○							○
		地方別	九州地方										
			中国・四国地方										
			近畿地方										
			中部地方		◎								
			関東地方	◎				○					
			東北地方										
			北海道地方										☆
	公害・環境問題			○			○						
	世界地理				○				◎		☆		○
日本の歴史	時代別		旧石器時代から弥生時代	○	○			○	○		○		
			古墳時代から平安時代	◎	○	☆	◎	◎	○	◎	◎	◎	◎
			鎌倉・室町時代	○	○		○	○		○	◎	◎	
			安土桃山・江戸時代	◎	◎	○	◎	○	◎	◎	○	○	◎
			明治時代から現代	☆	◎	◎	○	◎	☆	○	◎	◎	◎
	テーマ別		政治・法律	◎	☆	☆	☆	☆	☆	☆	☆	☆	◎
			経済・社会・技術	☆	◎	○		☆	◎	○	○	○	◎
			文化・宗教・教育	○	○	◎	○	◎	○	◎	☆	◎	○
			外　交	○			○		○	○			○
政治	憲法の原理・基本的人権			◎	◎	○	○	○	○		○	○	○
	国の政治のしくみと働き				○		◎	○	◎	○			
	地方自治												
	国民生活と社会保障			○									
	財政・消費生活・経済一般								○	○	○	○	
	国際社会と平和				○			◎					
時事問題					○	○	◎	◎	○	◎	○	◎	◎
その他				◎	◎	☆	☆	◎	○	◎	◎	◎	○

聖光学院中学校

2024年度 聖光学院中学校 合否を分けた問題 社会

第1回 〔2〕 問11

「貧窮問答歌」に関する問題。ここでは，「貧窮問答歌」および，解説では触れることができなかった選択肢について述べておきたい。

「貧窮問答歌」:『万葉集』巻五収録の長歌と反歌一首。奈良時代初期の歌人山上憶良の作。貧しい者とさらにそれより貧しい者とが，貧乏生活を問答する形で述べあったもの。そこに示された貧窮の状況は写実的で，当時の農民の姿をよく伝えている。

「短歌」 :和歌の一種。長歌に対して，五・七・五・七・七の五句体の歌。万葉集初期の作品に成立。古今を通じ最も広くうたわれ，和歌といえば短歌をさすようになった。

「旋頭歌」 :五・七・七，五・七・七の六句からなる歌。旋頭とは，頭の三句を下三句で繰り返すという意。五・七・七の片歌(かたうた)を二人で唱和したことから起こった形式といわれる。内容も民謡的な色彩の濃いものが多い。

「仏足石歌」:五・七・五・七・七・七の六句からなる歌。奈良の薬師寺にある仏足石歌碑に刻まれた二十一首の歌の歌体であることからこの名がある。『万葉集』，『古事記』にも少数含まれている。

2023年度 聖光学院中学校 合否を分けた問題 社会

第1回 〔3〕 問5

伝統工業に関する問題。漆器，陶磁器の主な産地を示したものを，下の図Ⅲ，図Ⅳのうちから選ぶ必要があった。ここでは，図Ⅲ，図Ⅳ中に示された主な産地を指摘しておきたい。

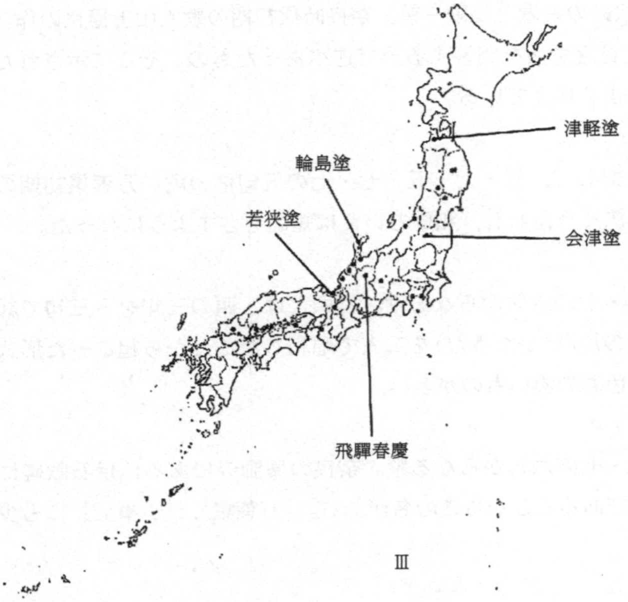

津軽塗
輪島塗
若狭塗
会津塗
飛騨春慶

Ⅲ

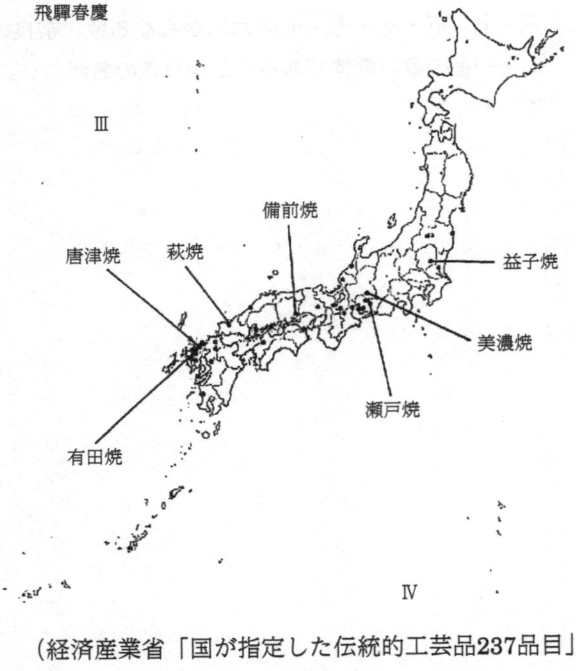

備前焼
唐津焼
萩焼
益子焼
美濃焼
瀬戸焼
有田焼

Ⅳ

（経済産業省「国が指定した伝統的工芸品237品目」より作成）

2022年度 聖光学院中学校 合否を分けた問題 社会

第1回 〔4〕問2

下の写真がどの方向から写したものなのかを判定する問題。ここでは，解説で触れることができなかった写真中の地形(神奈川県の地誌の問題で出題の可能性がある)などについて説明する。

京浜運河：横浜市の鶴見川河口から川崎市の多摩川河口までを連絡する運河。延長約8km，幅約500m，水深約12m。沿岸一帯は京浜工業地帯の核心をなす大規模な製鉄所，石油化学コンビナートなどの工場群が立地している。1920年，浅野総一郎が着工。当時の日本最大の埋立工事，運河工事であった。現在でも全国有数の船舶交通量で，特にタンカーの航行が多い。

扇島：神奈川県川崎市川崎区扇島並びに横浜市鶴見区扇島に属する人工島。北が京浜運河，南が東京湾に面している。一帯はJFEスティール東日本製鉄所京浜地区や石油の備蓄基地などがある。

鶴見つばさ橋：神奈川県横浜市鶴見区にある橋で，首都高速湾岸線の扇島と大黒埠頭を結んでいる。横浜ベイブリッジと並ぶ横浜市を代表する橋である。

鶴見川：神奈川県東部を流れる川。全長43km。多摩丘陵の東京都南部に発し，横浜市鶴見区で東京湾に注ぐ。下流のデルタ，埋立地は重化学工業地域で，京浜工業地帯の核心部を形成する。

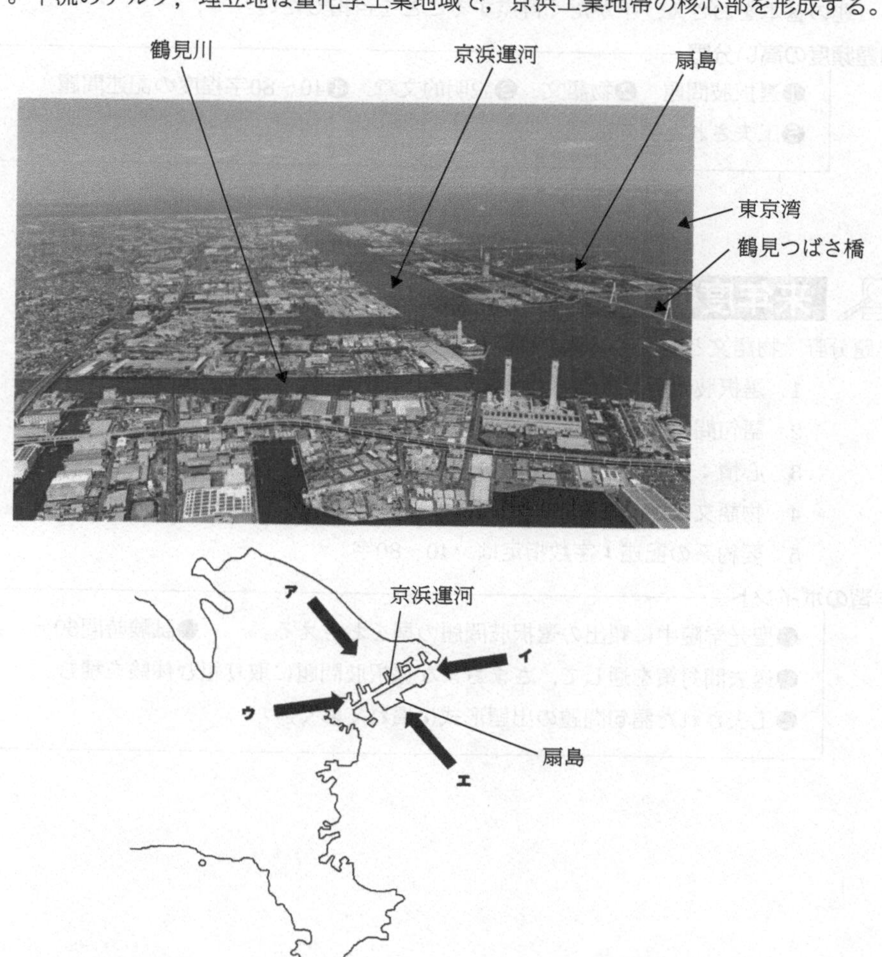

聖光学院の国語

――出題傾向と対策 合否を分けた問題の徹底分析――

出題傾向と内容

素材文の傾向：第1回，第2回ともに，文章題は二題構成である。文章ジャンルは，説明的文章と物語文の組み合わせが多い。各文章は例年，それなりの量がある。文章難度の点で，手ごわいものが出題されることも多い。

設問形式：選択肢の問題に手ごわさがある。基本は，五択。毎年，ボリュームがある選択肢問題が出題されている。選択肢だけでも，相当な文字数がある。各設問の解答の手がかりは複雑なものが多く，正解の選択肢を見分けるのに，かなり苦労する。本校の選択肢の形式は，志望校対策の際に，十分注意してほしい。

漢字・語句：工夫された出題形式になっている時が多い。出題の意図を読み誤ると，思わぬところで失点することになる。十分に注意したい。

記述：大型の記述問題が複数出題される。また，50字以内の記述問題が複数題も出題される。記述問題数は年々，増加傾向にある。だが，それぞれ，解答の手がかりは見つけやすいものが多い。記述の基本をおさえ，手がたく得点することを目指したい。

出題頻度の高い分野

❶選択肢問題　❷物語文　❸説明的文章　❹40～80字程度の記述問題
❺工夫された語句問題

来年度の予想と対策

出題分野　物語文と説明的文章の組み合わせ。

1　選択肢問題。それぞれの選択肢にボリュームがあるもの。
2　語句問題。工夫された出題形式のもの。
3　心情：文章の幅広い範囲から，解答の手がかりを見つける。
4　物語文。中心となる登場人物は大人。
5　要約系の記述：字数指定は，40～80字。

学習のポイント

●聖光学院中に頻出の選択肢問題の型をおさえる。　●試験時間60分　満点150点
●過去問対策を通して，さまざまな選択肢問題に取り組む体験を積む。
●工夫された語句問題の出題形式に慣れておく。

年度別出題内容の分析表 国語

（よく出ている順に，☆◎○の3段階で示してあります。）

		出題内容	27年		28年		29年		30年		2019年	
			1回	2回	1回	2回	1回	2回	1回	2回	1回	2回
設問の種類		主題の読み取り					○	○	○	○	○	○
		要旨の読み取り	○	○	○	○	○	○	○	○		○
		心情の読み取り	☆	☆	☆	☆	☆	☆	☆	☆	☆	☆
		理由・根拠の読み取り	○	○	○	○	○	○	○	○	○	○
		場面・登場人物の読み取り	○	○	○	○	○	○	○	○	○	○
		論理展開・段落構成の読み取り		○	○	○	○	○				
		文章の細部表現の読み取り	☆	☆	☆	☆	☆	☆	☆	☆	☆	☆
		指示語										
		接続語					○		○			
		空欄補充		○			○		○		○	○
		内容真偽								○		
	根拠	文章の細部からの読み取り	☆	☆	☆	☆	☆	☆	☆	☆	☆	☆
		文章全体の流れからの読み取り	○	○	○	○	○	○	○	○	○	◎
設問形式		選択肢	☆	☆	☆	☆	☆	☆	☆	☆	☆	☆
		ぬき出し					○		○			
		記　述	◎	◎	◎	◎	◎	◎	◎	◎	◎	◎
記述の種類		本文の言葉を中心にまとめる	☆	☆	☆	○	☆	☆	☆	☆	☆	☆
		自分の言葉を中心にまとめる						○	○	○	○	○
		字数が50字以内	○	◎	○		◎	◎	◎	◎	○	○
		字数が51字以上	◎	○	◎	☆	○	○	◎	◎	☆	☆
		意見・創作系の作文										
		短文作成										
語句・知識		ことばの意味	○		○		○	○	○	○	○	○
		同類語・反対語										
		ことわざ・慣用句・四字熟語	○	○			◎	◎	○			◎
		熟語の組み立て									○	
		漢字の読み書き	◎	◎	◎	◎	◎	◎	◎	◎	◎	◎
		筆順・画数・部首										
		文と文節										
		ことばの用法・品詞		○	○	○			○	○		
		かなづかい										
		表現技法										
		文学史									○	
		敬　語										
文章の種類		論理的文章(論説文，説明文など)	○	○	○	○	○	○	○	○	○	○
		文学的文章(小説，物語など)	○	○	○	○	○	○	○	○	○	○
		随筆文										
		詩(その解説も含む)										
		短歌・俳句(その解説も含む)			○							
		その他										

聖光学院中学校

（よく出ている順に，☆◎○の3段階で示してあります。）

		出 題 内 容	2020年		2021年		2022年		2023年		2024年	
			1回	2回	1回	2回	1回	2回	1回	2回	1回	2回
設問の種類		主題の読み取り	○	○	○	○	○	○	○	○	○	○
		要旨の読み取り	○	○	○	○	○	○	○	○	○	○
		心情の読み取り	☆	☆	☆	☆	☆	☆	☆	☆	☆	☆
		理由・根拠の読み取り	○	○	○	○	○	○	○	○	○	○
		場面・登場人物の読み取り	○	○	○	○	○	○	○	○		○
		論理展開・段落構成の読み取り										
		文章の細部表現の読み取り	☆	☆	☆	☆	☆	☆	☆	☆	☆	☆
		指示語										
		接続語								○	○	
		空欄補充	○		○	○		○		○	○	
		内容真偽	○									
	根拠	文章の細部からの読み取り	☆	☆	☆	☆	☆	☆	☆	☆	☆	☆
		文章全体の流れからの読み取り	◎	◎	◎	◎	◎	◎	◎	◎	◎	◎
設問形式		選択肢	☆	☆	☆	☆	☆	☆	☆	☆	☆	☆
		ぬき出し										
		記　述	◎	◎	◎	◎	◎	☆	☆	☆	☆	☆
記述の種類		本文の言葉を中心にまとめる	☆	☆	☆	☆	☆	☆	☆	◎	◎	◎
		自分の言葉を中心にまとめる	◎	◎	○	○	○	○	○	◎	◎	◎
		字数が50字以内	☆	◎	◎	☆	○	◎	☆	○	○	☆
		字数が51字以上	○	◎	◎	○	☆	☆	◎	☆	☆	○
		意見・創作系の作文										
		短文作成										
語句・知識		ことばの意味	○	○	○		○	○	○		○	○
		同類語・反対語										
		ことわざ・慣用句・四字熟語	◎		◎	◎	◎	◎	◎	◎	◎	◎
		熟語の組み立て										
		漢字の読み書き	◎	◎	◎	◎	◎	◎	◎	◎	◎	◎
		筆順・画数・部首										
		文と文節										
		ことばの用法・品詞	○	○	○	○		○		○		○
		かなづかい										
		表現技法										
		文学史										
		敬　語										
文章の種類		論理的文章（論説文，説明文など）	○	○	○	○	○	○	○	○	○	○
		文学的文章（小説，物語など）	○	○	○	○	○	○	○	○	○	○
		随筆文										
		詩（その解説も含む）										
		短歌・俳句（その解説も含む）										
		その他										

聖光学院中学校

2024年度 聖光学院中学校 合否を分けた問題 国語

第1回　三　問九

★合否を分けるポイント（文章の展開をおさえて，書かれていない内容についても考える）

最後の一文「きっといま，絵画が，生まれる」が意味する内容を明らかにする設問である。物語全体をふまえて，今後の展開を予想しながら，書くべき内容をおさえる。この場面で起こっていることと，「絵画」が意味している内容も正確に読み取る必要がある。

★これで「合格」！

リボンの結ばれた小箱が「僕」の手のひらにあることから，プロポーズが始まることが読み取れる。この場面の二人の会話などから，織絵さんが「僕」のプロポーズを受け入れることは予想できる。そして，二人の観ていた絵画のような関係が生まれていくことも，この展開から予想できる。二人にとって，幸せな未来が続いていくのである。

記述の際には，「二人が結ばれる／「僕」の愛を織絵さんが受け入れる」という内容に，「二人の幸せな未来が始まる」という表現を書き加えるとよい。

【読み取れること】

「リボンの結ばれた小箱」
この場面でプロポーズが始まることを表している。

「織絵さん」
会話などから，プロポーズを受け入れることが予想できる。

「絵画」
二人が観ていた絵画のような関係が生まれる。

第1回　四　問二

★合否を分けるポイント（設問の条件をおさえることが，合格につながる）

「欲求が人間を不自由にする」という傍線部①が表す内容を明らかにする設問である。このような表現は，受験生たちにとって，なじみのないものである。文章中の書かれた内容をしっかりとおさえて，取り組んで欲しい。

★これで「合格」！

傍線部①を含む段落の，次の段落に着目する。そして，欲に従ってする行為が，選んだわけではないものに支配される「他律的」なものであることをおさえる。「他律的」だから，自由な状態ではないのである。そうおさえていくことで，選択肢を見分けることはできる。「欲求を持つこと」「自分で選択できない」とある，エが解答になる。

2023年度 聖光学院中学校 合否を分けた問題 国語

第1回　三　問九

★合否を分けるポイント（展開を正確に把握することが，合格につながる）

「へそを曲げた中園が辞めると言い出す」かもしれないと美由起が思った理由を説明する記述問題である。指定字数は八十字以内。それぞれの登場人物の様子をおさえ，必要な情報を正確に記していきたい。美由起が智子のオムライスを絶賛して，中園はどのように反応したのか。場面の展開を正確に把握したい。

★これで「合格」！

美由起は智子のオムライスを絶賛した。その場面に「中園にだって，料理人としてのプライドがあるはずなのに……あんまりな仕打ちである」とある。美由起は中園のプライドを傷つけてしまったのだ。中園は自分の目の前で，智子が絶賛されたのである。プライドが傷つき，ショックと悔しさから店で働く意欲を失っても不思議ではない。そう考えたからこそ，――部⑧にあるように，「へそを曲げた中園が店を辞めると言い出す」と，美由起は危ぶんだ。以上の状況をふまえて，解答をまとめていく。

【おさえるべき要素】

[A] 美由起が智子のオムライスを絶賛する。

[B] 大食堂を支え続けてきた中園のプライドが傷つく。

[C] 悔しさとショックから、中園の店で働く意欲が失われる。

第1回　四　問七

★合否を分けるポイント（設問の条件をおさえることが，合格につながる）

設問には「何にとっての，どのような利益ですか」とある。つまり，「何にとって」と「どのような利益」という点に着目して，解答の手がかりを探せばよい。設問に記された，求められていることを正確に把握することが重要である。

★これで「合格」！

「ニュースピーク」は，文章中に具体例として扱われた「全体主義国家」が活用したもの。そのため，「何にとっての」の「何」は，「全体主義国家」であることがわかる。また，その利益に関しては，「また，〈やさしい日本語〉は……」で始まる段落に着目。国民の表現力や思考力を弱め，国民の思考を全体主義国家の適う方向にはめ込むことができるのである。「全体主義国家にとって」＋「国民の思考をコントロールできる利益」などの方向でまとめるとよい。

2022年度 聖光学院中学校 合否を分けた問題 国語

第1回　三　問五

★合否を分けるポイント（この設問がなぜ合否を分けるのか？）

滝田徹が動揺した理由を書き表す記述問題である。解答の手がかりは傍線部④までにあるため，ここまでの物語の展開を正確におさえることで，書くべき内容はわかる。合格のためには，しっかりと記述して欲しい問題である。

★解答の手がかり，考え方

滝田徹は，チョッキーの中では滝田徹から解放されるため軽やかに感じる，ということに気づいた。また，このままチョッキーの中に入り続ける訳にはいかない，ということにも気づいた。そして，チョッキーの体温を肌に感じたような気がして，泣きたくなるのだ。

★これで「合格」！

記述の際には「滝田徹という存在から解放してくれる／逃げ場所になってくれる」＋「チョッキーとの別れを想像した」と心情の理由になる部分を書き，「泣きたくなるほどのさびしさがこみ上げてきた」という心情を続け，最後は「から。」で終わらせる。以上のようにまとめることで，合格に結びつく答案になる。

第1回　四　問五

★合否を分けるポイント（解答の手がかりをおさえることが，なぜ合否を分けるのか？）

傍線部④にある三つの知識を，A～Cのことわざや民間伝承にあてはめる問題である。三つの知識に関しては，その定義が文章内に説明されている。その定義を正確におさえることで，手がたく得点できる。合格のためには，ここで得点を落とすようなことはしたくない。

★これで「合格」！

傍線部④よりも前の【中略】の前後に解答の手がかりがある。【中略】よりも前の部分に，「科学的知識」と「非科学的な道具的知識」の定義が見つかる。科学的根拠があるかないかの違いである。【中略】よりも後の部分には，「信仰的知識」の定義が見つかる。超越的もしくは神秘的存在や力を前提とした知識だということだ。

以上の定義を見つけた後は，A～Cのことわざや民間伝承と組み合わせる。正しく解き進めて，手がかりを正確におさえることで，確実に得点できる問題である。

傍線部④の三つの知識

- **「科学的知識」** 科学的根拠をもつといえる知識。
- **「非科学的な道具的知識」** 科学的根拠のない習慣的な知識。
- **「信仰的知識」** 超越的もしくは神秘的存在や力を前提とした知識。

大切なことはメモしておこうネ！

T.G

2024年度

★★★★★★★★★★★★★★★★★★★★★★★★

入　試　問　題

2024年度

聖光学院中学校入試問題(第1回)

【算　数】（60分）〈満点：150点〉

[1] 次の問いに答えなさい。

（1）　次の計算の□にあてはまる数を答えなさい。

$$3 \div \left\{ \left(\square + \frac{1}{3} \right) \times \frac{9}{11} \right\} - 1.375 = 1\frac{5}{6}$$

（2）　1から120までの整数のうち，3でも5でも割り切れない数の総和を求めなさい。

（3）　ある仕事を終わらせるのにAさんだけでは60日，Bさんだけでは50日，Cさんだけでは40日かかります。

この仕事を，1日目はAさんとBさんがおこない，2日目はBさんとCさんがおこない，3日目はCさんとAさんがおこない，4日目はまたAさんとBさんというように，3日周期でおこなうと，始めてから何日目に終わりますか。

[2] 以下のように，長方形から新たな長方形を作る操作を定めます。

[操作]

長方形ABCDの縦の辺ABと辺CDの真ん中の点をそれぞれE，Fとします。下の図のように，E，Fを通る直線で長方形ABCDを切って2つに分けて，辺AEを辺FCに重ねて新たな長方形EBFDを作ります。

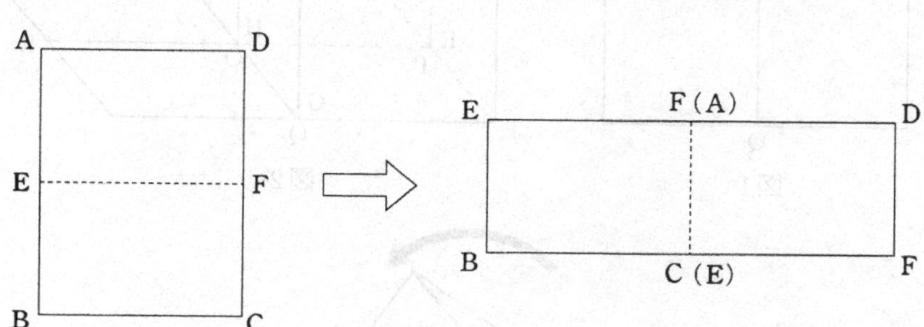

たとえば，縦4cm，横5cmの長方形にこの操作をおこなうと，縦2cm，横10cmの長方形になります。

縦［ア］cm，横［イ］cmの長方形Rにこの操作を続けて何回かおこなうことを考えます。［ア］，［イ］は整数であるものとして，次の問いに答えなさい。

(1) 長方形Rにこの操作を7回続けておこなったところ，正方形ができました。
[ア]：[イ]を最も簡単な整数比で答えなさい。

(2) 長方形Rにこの操作をおこなうごとにできた長方形の周の長さを計算したところ，8回目の操作後に初めて周の長さが奇数になりました。[ア]として考えられる整数のうち，3けたのものは何個ありますか。

(3) 長方形Rにこの操作をおこなうごとにできた長方形の周の長さを計算し，操作前と操作後の周の長さを比べて増加しているか減少しているかを調べたところ，4回目までの操作の前後ではすべて減少し，5回目の操作の前後では増加しました。
[ア]÷[イ]の商として考えられる整数は何個ありますか。

[3] 図1のような，1辺の長さが10cmの正方形4つからなるマス目が書かれた紙に，5点O，P，Q，R，Sがあります。まず，図2のように1辺の長さが10cmの立方体ABCD－EFGHを辺HEがOPに，辺HGがOQに重なるように紙の上に置きます。次に，以下の操作を順におこない，図3のように紙の上で立方体を回転させていきます。

(操作1)直線OQを軸として立方体を90度回転させる。
(操作2)直線ORを軸として立方体を90度回転させる。
(操作3)直線OSを軸として立方体を90度回転させる。
(操作4)直線OPを軸として立方体を90度回転させる。

このとき，次の問いに答えなさい。ただし，円周率は3.14とします。

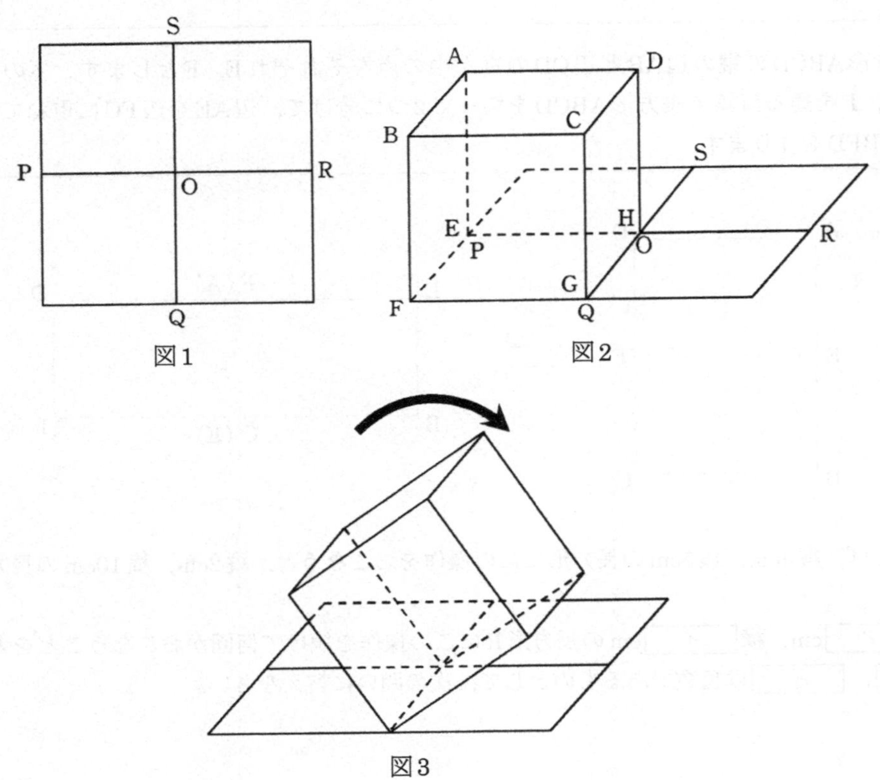

図1　図2　図3

（1）（操作1)をおこなうとき，正方形ABFEが通過する部分の体積は何cm^3ですか。

（2）（操作1)～(操作4)をこの順に続けておこなうとき，立方体ABCD－EFGHは元の位置に戻りますが，頂点は元の位置とは異なるものがあります。たとえば，頂点Fは頂点［ア］の位置に，頂点Gは頂点［イ］の位置にそれぞれ移ります。一方，頂点［ウ］は4つの操作後に元の位置に戻ります。［ア］と［イ］にあてはまる頂点を，A～Hの中からそれぞれ1つずつ選びなさい。また，［ウ］にあてはまる頂点を，A～Hの中からすべて選びなさい。

（3）（操作1)～(操作4)をこの順に続けておこなうとき，直線FGが通過する部分の面積の総和は何cm^2ですか。

[4] 聖さん，光さん，学さんの3人が，9km離れたP地点とQ地点の間を移動します。聖さんはP地点を出発してから9分間は毎分200mで移動します。その後の4分間は毎分200m，次の4分間は毎分150m，次の4分間は毎分100mで移動し，以降も4分ごとに毎分200m，150m，100mと速さを変えながらQ地点まで移動します。光さんは聖さんよりも3分30秒早くP地点を出発し，毎分150mでQ地点まで移動します。このとき，次の問いに答えなさい。必要があれば，下の**【下書き欄】**を使用してもかまいません。

（1）聖さんが出発してから21分間の移動の様子を，解答欄のグラフに図示しなさい。ただし，グラフの1マスは，横軸が1分，縦軸が200mとします。

（2）聖さんがQ地点に到着する前に，聖さんのほうが光さんよりもQ地点側にいた時間の合計は何分ですか。

（3）聖さんが出発してから20分後に，学さんがQ地点からP地点へ毎分80m以上240m以下の一定の速さで移動します。先に聖さんとすれ違い，その後，光さんとすれ違うとき，学さんは毎分［ア］mより早く毎分［イ］m未満で移動すればよいことがわかります。［ア］と［イ］にあてはまる数をそれぞれ答えなさい。

【下書き欄】

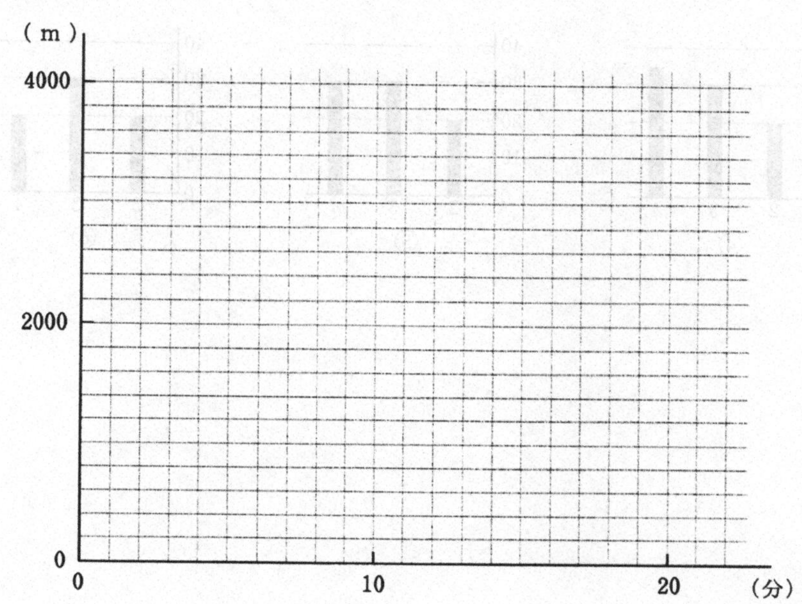

[5] 次の問いに答えなさい。ただし，解答は解答欄の番号を◯で囲んで答えなさい。

(1) あるスーパーの1か月の食品の売り上げについて，前月からの増減で考えます。たとえば，1月の売り上げが100万円だった食品が，2月に120万円になると20%の増加，逆に80万円になると20%の減少となります。

図1は，食品Aの2023年1月から4月の売り上げを折れ線グラフで表したものです。なお，2月から4月までは一直線となっています。

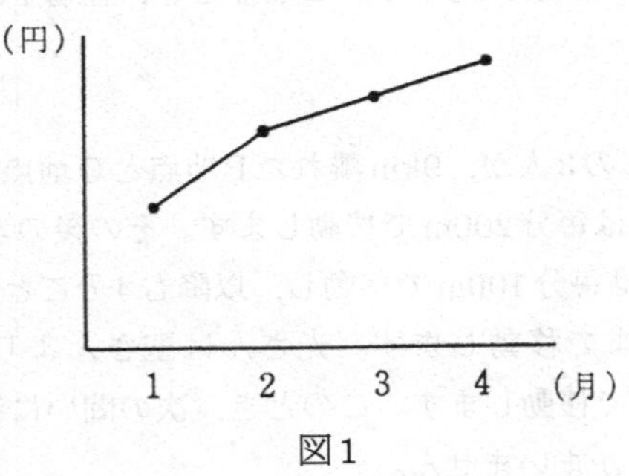

図1

食品Aの2月から4月の売り上げについて，前月からの売り上げの増減の割合を表したグラフとして正しいものを，次の①～⑥の中から1つ選びなさい。

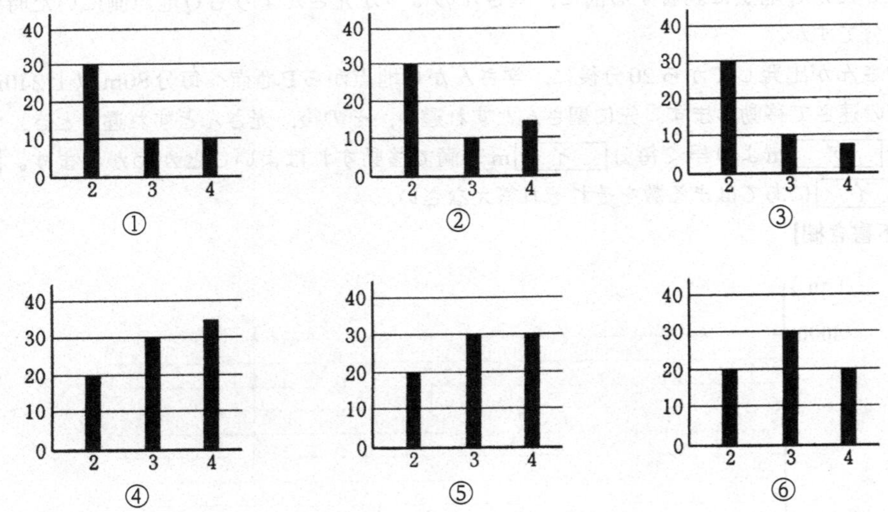

（2） 図2は，ある食品Bの2月から5月の売り上げの，前月からの増減の割合を表したグラフです。なお，「−20」は前月から20%減少していることを表しています。

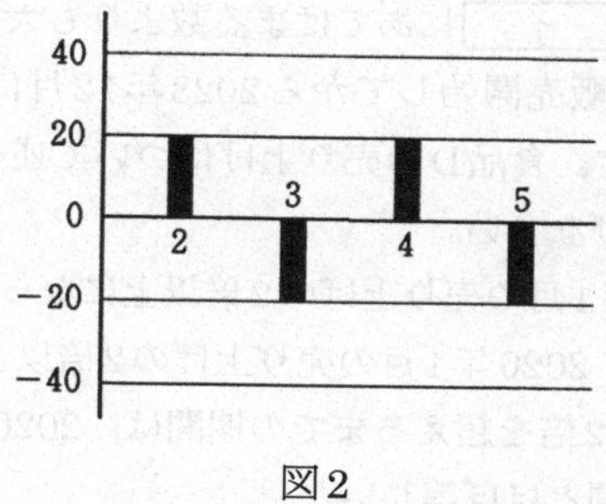

図2

1月から5月の売り上げを表した折れ線グラフとして正しいものを，次の①～⑥の中から1つ選びなさい。

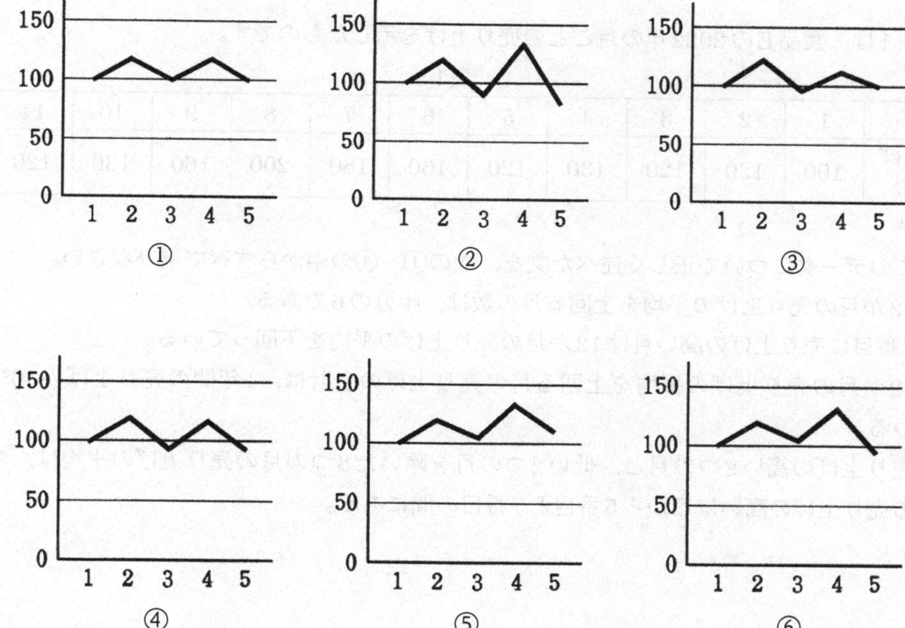

（3） ある食品Cは，1月の売り上げと3月の売り上げが同じ100万円で，2月は，1月と3月よりも売り上げが多いことがわかっています。つまり，2月は1月と比べて［ア］%売り上げが増加していて，3月は2月と比べて［イ］%売り上げが減少しています。

［ア］と［イ］にあてはまる数の組について，正しく述べた文を，次の①～⑥の中からすべて選びなさい。

① ［ア］にあてはまる数は必ず100よりも小さくなる。
② ［イ］にあてはまる数は必ず100よりも小さくなる。
③ ［イ］にあてはまる数は100よりも大きくなることがある。
④ ［ア］にあてはまる数は［イ］にあてはまる数よりも必ず大きい。

⑤ [ア] にあてはまる数は [イ] にあてはまる数よりも必ず小さい。

⑥ [ア] にあてはまる数は [イ] にあてはまる数よりも小さくなることがあり，[ア] にあてはまる数は [イ] にあてはまる数よりも大きくなることもある。

（4） 食品Dは，2020年1月に販売開始してから2023年12月に至るまで，毎月，売り上げが前月の5%ずつ増加しています。食品Dの売り上げについて述べた文としてふさわしいものを，次の①～④の中から2つ選びなさい。

① 2022年7月には，2020年1月の売り上げの2倍以上になっている。

② 2023年12月になっても，2020年1月の売り上げの2倍以上になることはない。

③ 2020年1月の売り上げの2倍を超えるまでの期間は，2020年1月の売り上げの2倍を超えてから3倍を超えるまでの期間とほぼ等しい。

④ 2020年1月の売り上げの2倍を超えるまでの期間は，2020年1月の売り上げの2倍を超えてから4倍を超えるまでの期間とほぼ等しい。

表1は，食品Eの2022年の月ごとの売り上げを示したものです。

表1

月	1	2	3	4	5	6	7	8	9	10	11	12
売り上げ(万円)	100	120	120	130	120	160	180	200	160	130	120	80

（5） このデータについて正しく述べた文を，次の①～④の中からすべて選びなさい。

① 12か月の売り上げの平均を上回る月の数は，半分の6である。

② 7番目に売り上げの高い月は12か月の売り上げの平均を下回っている。

③ 12か月の売り上げの平均を上回る月の売り上げの合計は，1年間の売り上げの40%を超えている。

④ 売り上げの高い2つの月と，低い2つの月を除いた8つの月の売り上げの平均は，すべての月の売り上げの高いほうから5番目と7番目の間にある。

【理　科】（40分）〈満点：100点〉

[1] 次の文章を読んで，あとの(1)～(9)の問いに答えなさい。

私たち人間は，生きていくために必要な栄養を食事から得ています。肉や魚などの動物を食べることもあれば，果物や野菜，穀物などの植物を食べることもあります。私たちが食べている動物も，動物や植物を食べており，私たちが必要とする栄養は，もとをたどれば主に植物によって作られているといえます。私たちの生活を支えている植物の一生について考えてみましょう。

植物の中で，種子を作ってふえる植物を①種子植物といいます。種子植物の一生は種子から始まります。種子は，そのつくりの特徴(とくちょう)から大きく２つに分けることができ，それぞれ有胚乳(はいにゅう)種子，無胚乳種子といいます。有胚乳種子は，胚乳の部分に発芽に必要な栄養を蓄(たくわ)えている種子です。無胚乳種子は，胚乳が退化して消えてしまった代わりに，②胚の一部に発芽に必要な栄養を蓄えている種子です。

種子の中の胚は，③必要な条件が整うと成長し，種皮を破って発芽します。発芽後は根から水分と④肥料分を吸収し，⑤葉で太陽からのエネルギーを利用してでんぷんなどの栄養を作って成長します。茎(くき)を伸(の)ばしながら葉や側芽(そくが)ができていくなかで，必要な条件が整うと花芽(かが)ができて花が咲(さ)きます。

花には外側から，がく，花弁，おしべ，めしべがあり，種子が作られるのはめしべの(　あ　)内です。おしべの先端(せんたん)のやくで作られた(　い　)が，めしべの先端にくっつくことを(　う　)といいますが，(　う　)のあとに(　あ　)内の(　え　)が成長して種子になり，(　あ　)は果実になります。植物の種類によっては，果実に糖などの栄養が蓄えられるため，動物によって食べられることがあります。しかし，そのような植物の種子は堅(かた)い皮に覆(おお)われていることが多く，動物によって消化されることなく排出(はいしゅつ)されます。植物は動くことができませんが，このような植物は⑥種子が動物によって運ばれ，生えていた場所とは異なる場所でまた条件が整ったときに発芽し，生える場所を広げていきます。

(1)　(　あ　)～(　え　)にあてはまる言葉を答えなさい。

(2)　次の文の(　お　)～(　き　)にあてはまる漢字1文字をそれぞれ答えなさい。

　主に植物を食べる動物を(　お　)食動物，主に動物を食べる動物を(　か　)食動物，動物も植物も両方とも食べる動物を(　き　)食動物といいます。

(3)　食べ物を消化するために，ヒトは体内で消化酵素(こうそ)を作っています。ヒトが体内で作ることのできる消化酵素を，次の(ア)～(カ)の中から２つ選び，記号で答えなさい。

(ア)　アミラーゼ　　(イ)　カタラーゼ　　(ウ)　セルラーゼ
(エ)　ペプトン　　(オ)　マルターゼ　　(カ)　胆汁(たんじゅう)

(4)　下線部①について，種子植物を次の(ア)～(カ)の中から２つ選び，記号で答えなさい。

(ア)　イチョウ　　(イ)　スギゴケ　　(ウ)　スギナ
(エ)　マツバラン　　(オ)　モウセンゴケ　　(カ)　ワラビ

(5)　下線部②について，胚の一部とは主にどの部分ですか。漢字で答えなさい。

(6)　下線部③について，発芽に必要な条件は植物の種類によって異なります。イチゴの種子の発芽に必要な条件を調べるため，次のような実験をおこないました。これについて，あとの(a)～(c)の問いに答えなさい。

[実験]　イチゴの種子をたくさん集めました。2%の食塩水にイチゴの種子を入れ，沈んだもの(グループA)と浮いたもの(グループB)に分けました。両方の種子をよく洗い，しっかりと乾かしたあと，A・B両方のグループの種子を10粒ずつ組分けして，下にあるような処理1・2を一部の組におこないました。そのあと，下にあるような条件1～3でそれぞれの組を3週間育て，期間中にその組の中でいくつの種子が発芽したかを数え，表1にまとめました。表の中の"○"は処理をおこなったことを，"—"は処理をおこなわなかったことを示しています。

処理1：　種皮を柔らかくするため，沸騰した水の中で1時間ゆでる。
処理2：　一度休眠させるため，冷蔵庫に入れて1週間冷やす。
条件1：　25℃の暗い室内で，水を十分に含ませたスポンジ上で育てる。
条件2：　25℃の明るい室内で，水を十分に含ませたスポンジ上で育てる。
条件3：　10℃の暗い室内で，水を十分に含ませたスポンジ上で育てる。

表1

グループ	処理1	処理2	発芽した種子の数		
			条件1	条件2	条件3
A	○	○	0	0	0
A	○	—	0	0	0
A	—	○	0	8	0
A	—	—	0	0	0
B	○	○	0	0	0
B	○	—	0	0	0
B	—	○	0	9	0
B	—	—	0	0	0

(a)　一般的な種子の発芽に必要な条件を3つ答えなさい。

(b)　今回の実験の結果から判断できる，イチゴの種子の発芽について説明した文として適したものを，次の(ア)～(ケ)の中から3つ選び，記号で答えなさい。

(ア)　食塩水に浮く種子でないと発芽しない。
(イ)　食塩水に沈む種子でないと発芽しない。
(ウ)　1時間ゆでた種子でないと発芽しない。
(エ)　冷蔵庫に入れて1週間冷やした種子でないと発芽しない。
(オ)　明るいと発芽しない。
(カ)　暗いと発芽しない。
(キ)　室温10℃では発芽しない。
(ク)　室温10℃でも発芽する。
(ケ)　室温10℃で発芽するかどうかは分からない。

(c) 実験の条件を１つだけ変えておこない，比較するための実験を対照実験といいます。今回の実験においてイチゴの発芽に水が必要かどうかを調べるためには，グループAの種子を用いてどちらの処理とどのような条件で対照実験をおこなえばよいですか。その処理の番号と，条件の内容を答えなさい。

(7) 下線部④について，植物の生育に必要な肥料分として，窒素，リン酸，カリウムが知られています。窒素は大気中にも多く含まれていますが，なぜ肥料として土にまく必要があるのでしょうか。その理由として最も適したものを，次の(ア)～(オ)の中から１つ選び，記号で答えなさい。

(ア) 大気中の窒素は気孔を通ることができないから。

(イ) 大気中の窒素は他のものにつくり変えづらいから。

(ウ) 大気中の窒素はすぐ液体になってしまうから。

(エ) 大気中の窒素を取り込むつくりが植物の根にあるから。

(オ) 大気中の窒素は水に溶けやすく，根から吸収しやすいから。

(8) 下線部⑤について，このことを何といいますか。漢字で答えなさい。

(9) 下線部⑥について，種子が動物のからだの表面にくっつくことで運ばれて，生える場所を広げる植物の名前を１つ答えなさい。

[2] 次の文章を読んで，あとの(1)～(6)の問いに答えなさい。

2023年3月，JAXAと三菱重工業が開発したH3型ロケットが(あ)宇宙センターから打ち上げられましたが，うまく軌道に乗らず打ち上げ失敗に終わりました。このロケットには，地上のようすを観測する(い)3号という最新の人工衛星が搭載されており，これを失ったことは大きな痛手です。2014年に打ち上げられた(い)2号は，これまで様々な地殻変動を観測するために活用されてきました。(い)2号は，地面に対し電波を送信し，地面に当たってはね返ってきた電波を受信します。これを定期的に同じ地域に対して行うことで，地面の動きを観測することができます。この地面の動きを観測する方法を，InSAR(インサー)とよびます。

人工衛星によって地面の動きを観測する方法は，InSARだけでなく，スマートフォンにも使われる(う)を用いたものもあります。(う)衛星はアメリカ合衆国が世界中に展開する人工衛星で，この人工衛星からは衛星自身の位置と送信した時刻の情報をのせた電波が送られてきます。この電波を受信することで，地上にあるスマートフォン等の機器と人工衛星との距離を測り，機器自身の位置を測定できます。①(う)を利用した機器を地上にたくさん設置することで，その地域の地面の動きを観測できます。近年，自動車の自動運転をはじめとしたさまざまな場面で(う)が活用されるようになってきています。②高い精度で位置を測定するためには，常に観測機器の真上付近に人工衛星が必要です。なぜなら，真上付近にない人工衛星からの電波は建物などにさえぎられてしまうためです。そこで，日本の上空を頻繁に通過する日本独自の人工衛星が追加で打ち上げられ，精度の向上が図られています。この日本の人工衛星システムは，(え)とよばれます。(う)や(え)のほか，ヨーロッパ連合やロシア，中国なども独自の人工衛星を打ち上げています。それらの人工衛星システムの総称をGNSSとよびます。

実際の地殻変動の観測においては，ある地域をまんべんなく観測できる一方で２～３か月に一度しか観測できないInSARと，各観測点でしか観測できない一方で常に観測できるGNSSの，それぞれの利点が活(い)かされています。

(1) (　あ　)にあてはまる地名を漢字3文字で答えなさい。

(2) (　い　)・(　え　)にあてはまる言葉の組み合わせを，次の(ア)～(カ)の中から1つ選び，記号で答えなさい。

	(い)	(え)
(ア)	だいち	かぐや
(イ)	だいち	みちびき
(ウ)	みちびき	だいち
(エ)	ひまわり	みちびき
(オ)	ひまわり	だいち
(カ)	かぐや	ひまわり

(3) (　う　)にあてはまる言葉をアルファベット3文字で答えなさい。

(4) 次の文は，(　あ　)に宇宙センターが設置された理由の1つを説明したものです。[　　]にあてはまる言葉を答えなさい。

高緯度(いど)よりも低緯度の方が[　　]が速く，東向きにロケットを打ち上げる際に必要なエネルギーが少なくてすむから。

(5) 下線部①について，短時間に大きな地殻変動を引き起こす現象の1つが地震(じしん)です。次の(a)～(c)の問いに答えなさい。

(a) 図1のように，断層をまたいで設置された2つの観測点A，Bがあります。地震によって，観測点A，Bの間の距離が縮まったとします。この場合の断層の動きかたを，漢字3文字で答えなさい。ただし，観測点A，Bの間の距離は十分大きいものとします。また，観測点A，Bを結ぶ線と，地表面に現れている断層CDは直交するものとします。

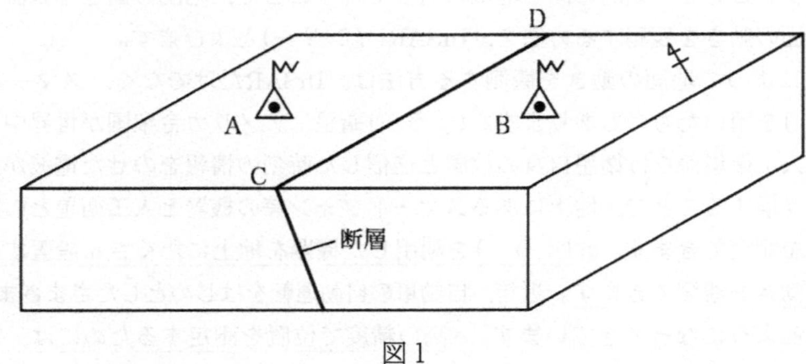

図1

(b) 図1の断層が完全に(a)のような動きをした場合，観測点A，Bの地震前後での水平方向における動いた向きと，上下方向の動きかたの組み合わせとして最も適したものを，次の(ア)～(エ)の中から1つ選び，記号で答えなさい。

	Aの水平方向	Aの上下方向	Bの水平方向	Bの上下方向
(ア)	北西	隆起	南東	沈降
(イ)	北西	沈降	南東	隆起
(ウ)	南東	隆起	北西	沈降
(エ)	南東	沈降	北西	隆起

(c) 大きな地殻変動を引き起こした地震の例として，2016年4月16日に発生した熊本地震があります。この地震では2m程度の断層のずれが生じました。震度7の揺れを記録し，熊本城などにも被害を出した大災害ですが，地震の規模は2011年3月11日の東北地方太平洋沖地震(マグニチュード9)と比べると約1000分の1程度です。熊本地震のマグニチュードはどの程度だと考えられますか。最も適したものを，次の(ア) ～ (オ)の中から1つ選び，記号で答えなさい。

(ア) 4　(イ) 5　(ウ) 6　(エ) 7　(オ) 8

(6) 下線部②について，真上付近にない人工衛星からの電波が観測点まで届いたとしても，正しい位置が測定されるとは限りません。図2は，観測点まで電波が届いたものの正しい位置が測定されなかった場合の例を示しています。その理由を説明した次の文章の(お) ～ (く)にあてはまる言葉の組み合わせとして正しいものを，あとの(ア) ～ (ク)の中から1つ選び，記号で答えなさい。

人工衛星と観測点との最短経路は図2の(お)で表されるが，実際は建物にさえぎられるため，観測点に届いた電波の経路は(か)で表される。そのため，人工衛星から観測点までの距離が実際よりも(き)ことになってしまい，(く)の位置を正しく測定できないから。

	(お)	(か)	(き)	(く)
(ア)	実線	点線	小さい	人工衛星
(イ)	実線	点線	大きい	人工衛星
(ウ)	点線	実線	小さい	人工衛星
(エ)	点線	実線	大きい	人工衛星
(オ)	実線	点線	小さい	観測点
(カ)	実線	点線	大きい	観測点
(キ)	点線	実線	小さい	観測点
(ク)	点線	実線	大きい	観測点

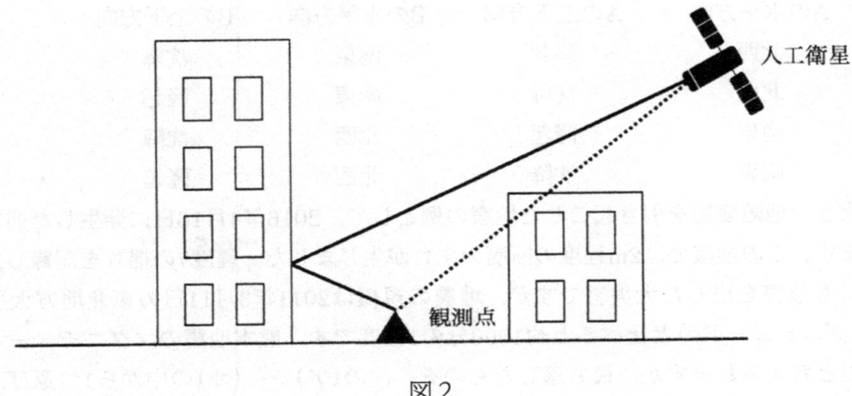

図２

[3] 水にショ糖や硝酸カリウムを溶かす[実験１]～[実験４]をおこないました。あとの（1）～（7）の問いに答えなさい。

[実験１]　ビーカーに20℃の水を入れ，その中に糸のついた氷砂糖を入れてつるしました。すると，ビーカーの中にもやもやしたものがゆらいでいるようすが見られました。

（1）　[実験１]のビーカーの中のようすについて説明した文として最も適したものを，次の(ア)～(オ)の中から1つ選び，記号で答えなさい。

(ア)　もやもやしたものは，氷砂糖から主に上向きに移動している。
(イ)　もやもやしたものは，氷砂糖から主に下向きに移動している。
(ウ)　もやもやしたものは，氷砂糖から主に水平方向に移動している。
(エ)　もやもやしたものは，氷砂糖からあらゆる方向に同じように移動している。
(オ)　もやもやしたものは，氷砂糖付近から移動していない。

[実験２]　水槽と小さな容器，濃度が異なる２種類のショ糖水溶液を用意します。水槽にどちらか一方のショ糖水溶液を十分な量入れます。そして，小さな容器にもう一方のショ糖水溶液をいっぱいに入れて空気が入らないようにラップでふたをし，図１のように，小さな容器を水槽の底に沈めます。そのあと，静かにラップに穴をあけ，ようすを観察します。ただし，実験で使ったすべての物質の温度は，20℃で変わらないものとします。

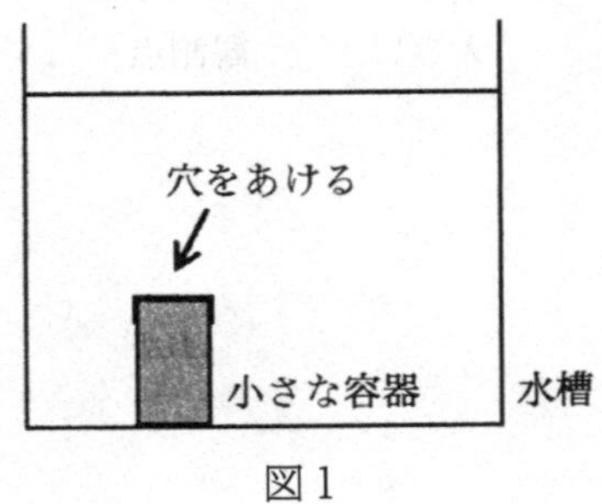

図１

（2） 質量パーセント濃度が30%のショ糖水溶液を水槽に入れ，小さな容器に入れるショ糖水溶液の濃度を変えて，[実験２]の操作をおこなったところ，もやもやしたものがラップの穴から主に上向きに移動しているようすが見られました。小さな容器に入れたショ糖水溶液の質量パーセント濃度として適したものを，次の(ア) ～ (オ)の中からすべて選び，記号で答えなさい。

(ア) 5%　(イ) 15%　(ウ) 25%　(エ) 35%　(オ) 45%

（3） 小さな容器にある濃度のショ糖水溶液を入れ，水槽に入れるショ糖水溶液の濃度を変えて，[実験２]の操作をおこないました。このとき，もやもやしたものがラップの穴から主に上向きに移動しているようすが見られるかどうかを観察し，その結果を表１に示しました。小さな容器に入れたショ糖水溶液の濃度について説明した文として最も適したものを，あとの(ア) ～ (エ)の中から１つ選び，記号で答えなさい。

表１

水槽に入れるショ糖水溶液の質量パーセント濃度	15%	25%	35%	45%
もやもやしたものがラップの穴から主に上向きに移動しているようす	見られなかった	見られた	見られた	見られた

(ア) 小さな容器に入れたショ糖水溶液の質量パーセント濃度は，15%未満である。

(イ) 小さな容器に入れたショ糖水溶液の質量パーセント濃度は，15%より大きく，25%未満である。

(ウ) 小さな容器に入れたショ糖水溶液の質量パーセント濃度は，25%である。

(エ) 小さな容器に入れたショ糖水溶液の質量パーセント濃度は，25%より大きい。

[実験３] ビーカーに20℃の水100gを入れ，その中に硝酸カリウムの結晶(けっしょう)42.6gを入れたあと，ふたをしました。すると，もやもやしたものがゆらいでいるようすが見られました。しばらく放置すると，もやもやしたものが見られなくなり，飽和(ほうわ)水溶液となりましたが，硝酸カリウムの一部が溶け残っていました。そこで，溶け残った硝酸カリウムを回収しました。回収直後のぬれた硝酸カリウム全体の重さは15.7gでしたが，完全に乾燥(かんそう)させると，重さは12.1gになりました。ただし，実験で使ったすべての物質の温度は，20℃で変わらないものとします。

（4） 20℃の水100gに溶ける硝酸カリウムの最大の重さは何gですか。ただし，ビーカーから水は蒸発しないものとします。また，答えが割り切れない場合は，小数第２位を四捨五入して小数第1位まで答えなさい。

（5） 硝酸カリウム水溶液とショ糖水溶液は，ともに中性で無色の水溶液です。中性で無色の水溶液について説明した文として正しいものを，次の(ア) ～ (カ)の中からすべて選び，記号で答えなさい。

(ア) 中性で無色のすべての水溶液は，電気を通しにくい。

(イ) 中性で無色のすべての水溶液は，無臭(むしゅう)である。

(ウ) 中性で無色のすべての水溶液は，BTB溶液を加えると緑色を示す。
(エ) 中性で無色のすべての水溶液は，フェノールフタレイン溶液を加えると赤色を示す。
(オ) 中性で無色のすべての水溶液は，赤色リトマス紙に付着させても，赤色リトマス紙を青色に変化させない。
(カ) 中性で無色のすべての水溶液は，加熱して水を蒸発させると，固体が残る。

[実験４] ビーカーに30℃の水100gを入れ，その中に硝酸カリウムの結晶50gを入れました。すると，もやもやしたものがゆらいでいるようすが見られました。このとき，ビーカーにふたをするのを忘れてしまいました。しばらく放置すると，もやもやしたものが見られなくなり，飽和水溶液となりましたが，硝酸カリウムの一部が溶け残っていました。そこで，溶け残った硝酸カリウムを回収しました。回収直後のぬれた硝酸カリウム全体の重さは16gでしたが，完全に乾燥させると，重さは13.6gになりました。ただし，実験で使ったすべての物質の温度は，30℃で変わらないものとします。

(６) 30℃の水100gに溶ける硝酸カリウムの最大の重さを45.5gとします。[実験４]で，ビーカーから蒸発した水は何gですか。ただし，ビーカーから水が蒸発したのは，実験開始から溶け残った硝酸カリウムを回収したときまでとします。

(７) 硝酸カリウムの溶解度(ようかいど)に関する文として正しいものを，次の(ア)～(カ)の中からすべて選び，記号で答えなさい。ただし，5℃の水100gに溶ける硝酸カリウムの最大の重さを17g，25℃の水100gに溶ける硝酸カリウムの最大の重さを38gとします。また，水は蒸発しないものとします。

(ア) 温度60℃で質量パーセント濃度10%の硝酸カリウム水溶液をつくり，そのあと冷却(れいきゃく)し，5℃を保ってしばらく放置すると，結晶が析出(せきしゅつ)する。
(イ) 温度60℃で質量パーセント濃度20%の硝酸カリウム水溶液をつくり，そのあと冷却し，5℃を保ってしばらく放置すると，結晶が析出する。
(ウ) 温度60℃で質量パーセント濃度30%の硝酸カリウム水溶液をつくり，そのあと冷却し，5℃を保ってしばらく放置すると，結晶が析出する。
(エ) 温度60℃で質量パーセント濃度10%の硝酸カリウム水溶液をつくり，そのあと冷却し，25℃を保ってしばらく放置すると，結晶が析出する。
(オ) 温度60℃で質量パーセント濃度20%の硝酸カリウム水溶液をつくり，そのあと冷却し，25℃を保ってしばらく放置すると，結晶が析出する。
(カ) 温度60℃で質量パーセント濃度30%の硝酸カリウム水溶液をつくり，そのあと冷却し，25℃を保ってしばらく放置すると，結晶が析出する。

[4] 図１のように，棒の真ん中を支点とした実験用てこがあります。このてこの左うでと右うでには１～５の目盛りが等間隔(かんかく)につけられていて，そこにおもりや物体などがぶら下げられるようになっています。あとの(１)～(５)の問いに答えなさい。ただし，すべてのおもりの大きさは考えないものとします。

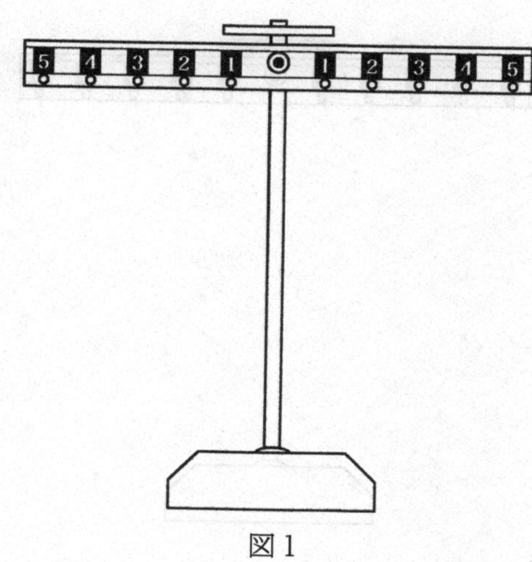

図1

(1) 図2のように，重さが10gのおもりAを左のうでの目盛り1に1個，目盛り2に2個ぶら下げました。このとき，図2の右のうでのどこかに，おもりAと重さが等しいおもりBを1個ぶら下げたところ，棒を水平にすることができました。おもりBをぶら下げた位置はどこですか。目盛り1～5の中から1つ選び，番号で答えなさい。

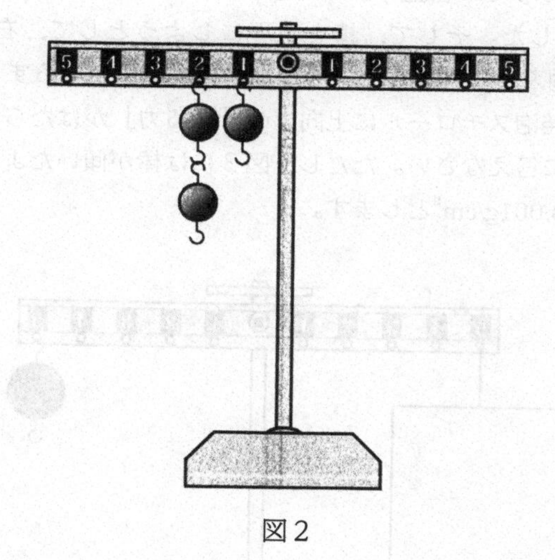

図2

(2) 図2の右のうでのどこかに，おもりBをいくつかぶら下げて，図2の棒を水平にする方法は，(1)の方法以外に何通りありますか。

(3) 重さがわからないおもりXを左のうでのどこかに1個ぶら下げました。このとき，右のうでの目盛り4と5におもりAを1個ずつぶら下げたところ，棒を水平にすることができました。次に，右のうでにぶら下げていたおもりAをすべて取り外し，おもりXの下におもりBを1個ぶら下げて，<u>右のうでの目盛り3のみにおもりBをいくつかぶら下げると，棒を水平にすることができました</u>。あとの(a)～(c)の問いに答えなさい。必要があれば，次の図を使いなさい。

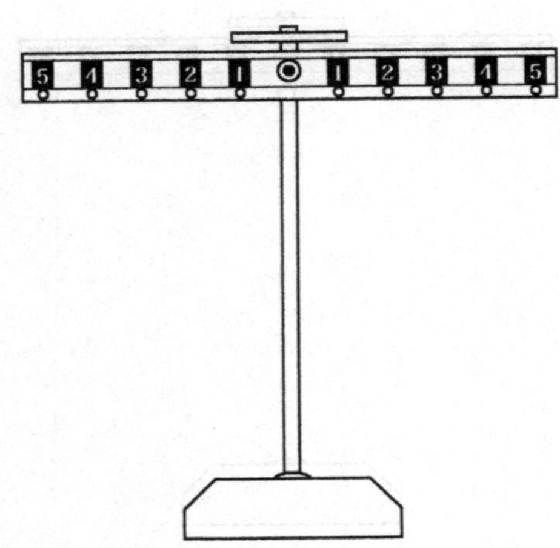

（ａ） おもりXの重さは何gですか。

（ｂ） おもりXをぶら下げた位置はどこですか。目盛り１～５の中から１つ選び，番号で答えなさい。

（ｃ） 下線部について，右のうでの目盛り３にぶら下げたおもりBは何個ですか。

（4） 図３のように，左のうでの目盛り5に一辺が20cmの立方体の形をした重さ200gの発泡スチロールをぶら下げました。そして，棒を水平にしようとして，右のうでの目盛り５に重さ200gのおもりＣを1個ぶら下げました。しかし，棒は水平にならずどちらかに傾いてしまいました。この原因は，発泡スチロールに上向きの「ある力」がはたらいているからです。あとの（ａ）～（ｅ)の問いに答えなさい。ただし，図３には棒が傾いたようすは描かれていません。また，空気の密度を0.001g/cm^{3}とします。

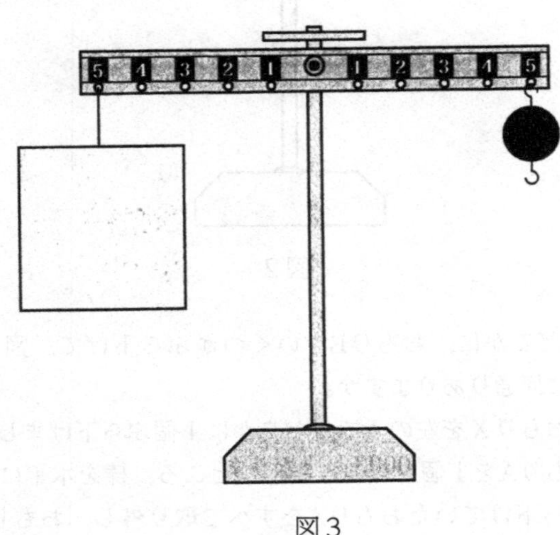

図３

（ａ） 図３の左のうでにぶら下げた発泡スチロールの密度は何g/cm^{3}ですか。

（ｂ） 発泡スチロールに上向きにはたらいている「ある力」は，何とよばれますか。

（c） （b）で答えた「ある力」によって飛んでいるものはどれですか。最も適したものを，次の（ア）～（カ）の中から1つ選び，記号で答えなさい。

（ア） 飛行機　　（イ） ヘリコプター　　（ウ） ツバメ
（エ） 気球　　（オ） モンシロチョウ　　（カ） パラグライダー

（d） 図３の発泡スチロールにはたらいている「ある力」の大きさは何gですか。

（e） 図４のように，図３で用いた発泡スチロールの位置は変えずに，おもりCの位置を目盛り４に変え，目盛り1におもりＡを2個ぶら下げました。このあと，右のうでのどこかにおもりＢをいくつかぶら下げて，棒を水平にする方法は何通りか考えられます。これらのうち，おもりＢの個数を最も少なくする方法は，どの目盛りに何個ぶら下げる方法ですか。たとえば，目盛り１に１個ぶら下げ，目盛り２～４にはぶら下げず，目盛り５に３個ぶら下げる場合の答えは，「10003」となります。

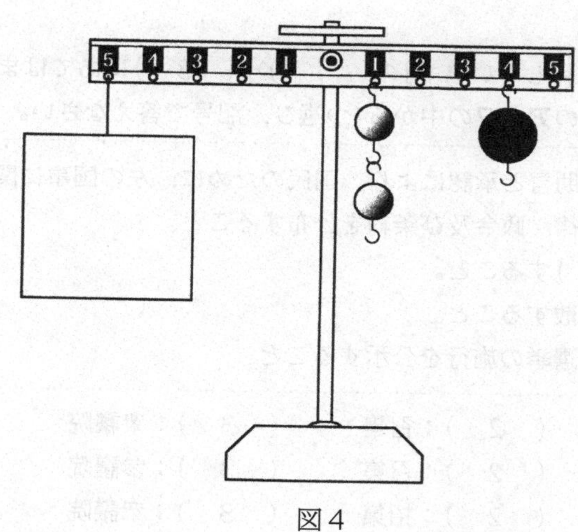

図４

（5） 図４のおもりＡをすべて取り外し，実験用てこの左のうでのどこかに小さな穴をあけて，そこに発泡スチロールをぶら下げました。すると，棒を水平にすることができました。そのあと，これらを大きな容器に入れ，その容器の中を真空にしました。このとき，実験用のてこはどうなりますか。次の（ア）～（カ）の中から１つ選び，記号で答えなさい。

（ア） 棒は水平を保ったままであり，実験用のてこが容器内で浮き上がる。
（イ） 棒の左のうでが下がり，実験用のてこが容器内で浮き上がる。
（ウ） 棒の右のうでが下がり，実験用のてこが容器内で浮き上がる。
（エ） 棒は水平を保ったままであり，実験用のてこが容器内で浮き上がることはない。
（オ） 棒の左のうでが下がり，実験用のてこが容器内で浮き上がることはない。
（カ） 棒の右のうでが下がり，実験用のてこが容器内で浮き上がることはない。

【社　会】(40分)〈満点：100点〉

[1] 次の問いに答えなさい。

問1　近年，インドやインドネシア，トルコ，南アフリカといったアジアやアフリカなどの新興国・途上国を総称する時に「グローバル(　　　)」という言葉が使われています。この(　　　)にあてはまる語句を答えなさい。なお，この言葉は，冷戦後の「第三世界」を表現する時や，立場の弱い南の国々の政治的連帯を指す呼称としても使います。

問2　2023年10月に発表された「生活の豊かさを示す指標」の1つが，過去43年間で最も高い29%に達しました。この指標は家計の消費支出に占める食料費の割合を示したもので，その割合が小さいと，生活が豊かになっていると解釈します。この指標のことを「○○○○係数」といいます。○○○○にあてはまる言葉を，カタカナ4字で答えなさい。

問3　日本国憲法第7条[抜粋しています]の(　1　)～(　3　)にあてはまる語句の組み合わせとして正しいものを，あとの**ア～ク**の中から1つ選び，記号で答えなさい。

> 天皇は，(　1　)の助言と承認により，国民のために，左の国事に関する行為を行ふ。
> 1　憲法改正，法律，政令及び条約を公布すること。
> 2　国会を(　2　)すること。
> 3　(　3　)を解散すること。
> 4　国会議員の総選挙の施行を公示すること。

ア　(　1　)：国会　(　2　)：召集　(　3　)：衆議院
イ　(　1　)：国会　(　2　)：召集　(　3　)：参議院
ウ　(　1　)：国会　(　2　)：招集　(　3　)：衆議院
エ　(　1　)：国会　(　2　)：招集　(　3　)：参議院
オ　(　1　)：内閣　(　2　)：召集　(　3　)：衆議院
カ　(　1　)：内閣　(　2　)：召集　(　3　)：参議院
キ　(　1　)：内閣　(　2　)：招集　(　3　)：衆議院
ク　(　1　)：内閣　(　2　)：招集　(　3　)：参議院

問4　働き方改革関連法の施行により本年4月1日以降，自動車運転業務の年間時間外労働時間の上限が960時間に制限されることになりました。このことによって起こる良い影響として，トラックドライバーの労働環境の改善が想定されます。一方で，このことによって起こる悪い影響として想定される具体的な事例を1つ，10字以上20字以内で答えなさい。

[2] 次の文章を読んで，あとの問いに答えなさい。なお，引用した史料の中には読みやすく変えているものもあります。

みなさんは，小学校の国語の授業で，短歌や俳句の勉強をしたことと思います。なかには，「小倉百人一首」でカルタ遊びをした人もいるでしょう。ここでは，短歌や俳句などの歴史についてみていきましょう。

短歌は，「5・7・5・7・7」の計31音で成り立っています。一般(いっぱん)に「和歌」といえば「5・7・5・7・7」の短歌を指しますが，実は，「5・7・5・7・7」ではない和歌も存在します。

たとえば，①『万葉集』には，短歌のほかに，「5・7・5・7・7」の旋頭歌(せどうか)，「5・7」を3回以上くりかえして，最後に7音の一句を置く「長歌(ちょうか)」，「5・7・5・7・7・7」の「仏足石歌(ぶっそくせきか)」などの形式の和歌も収録されています。また，『万葉集』には，天皇や貴族だけではなく，東国の人が詠(よ)んだ東歌(あずまうた)や，東国から九州北部へ防衛のために派遣(はけん)された(　1　)が詠んだ和歌も収録されています。山上憶良が詠んだ「貧窮問答歌」も，『万葉集』にあります。しかし，しだいに短歌以外の和歌は詠まれなくなったため，「和歌」といえば短歌を指すようになりました。

平安時代になると，勅撰和歌集として，紀貫之らにより『古今和歌集』がつくられました。『古今和歌集』は，その後，和歌(短歌)の手本として，長い間，重要視されました。②鎌倉時代になると，藤原定家らによって『新古今和歌集』が，鎌倉では3代将軍の(　2　)によって『金槐和歌集』がつくられました。なお，藤原定家は，「小倉百人一首」ゆかりの人物でもあります。

また，鎌倉時代には，短歌を「5・7・5」(長句)と「7・7」(短句)に分け，何人かで集まって長句と短句をかわるがわるに詠んでいく連歌(れんが)(長連歌(ちょうれんが))がひろまり，建武の新政の頃(ころ)には大変流行していたことが，③「二条河原の落書」に記されています。連歌では，最初の句を「発句(ほっく)」，最後の句を「[　　　]」といいます。「最後の最後には」という意味の慣用句「[　　　]の果て」は，実は連歌に由来しているのです。

連歌から発句だけを独立させたものが俳句です。俳句を新しい芸術として確立したのが，『奥の細道』の作者として知られる松尾芭蕉です。俳句には，(　3　)が必要です。これに対して，同じ「5・7・5」の形式ながら，(　3　)がなく，社会や世相を批判したり，おもしろさを求めたりしたものが川柳(せんりゅう)で，老中(　4　)の政治を批判した「役人の　子はにぎにぎを　よく覚え」が有名です。また，短歌の形式でおもしろさを求めたものを狂歌(きょうか)といい，④寛政の改革を批判した「世の中に　蚊(か)ほどうるさきものはなし　ぶんぶというて夜もねられず」などがあります。

俳句は，江戸時代後期になると，ありきたりな句を詠むことがよいとされましたが，明治時代になると正岡子規があらわれて，俳句・短歌に革新をもたらしました。「柿(かき)食へば　鐘(かね)が鳴るなり　⑤法隆寺」という俳句は，正岡子規の代表作です。明治時代後半には，⑥与謝野晶子が情熱的な短歌を詠み，石川啄木は自分の生活に基(もと)づいたすぐれた短歌を残しました。その後，⑦昭和の終わりには，歌人の俵万智(たわらまち)が，日常会話を用いて短歌を詠み，短歌の世界に新たな風を吹(ふ)き込(こ)みました。

現在でも，新聞には短歌や川柳の投稿欄(とうこうらん)がありますし，芸能人が俳句を詠んで，その出来ばえを競(きそ)う⑧テレビ番組もあります。和歌・俳句・川柳は，今でも私たちの身近にある存在といえるでしょう。

問1　文中の(1)～(4)にあてはまる語句や人名を漢字で答えなさい。

問２　文中の□にあてはまる語句を，**ひらがな3字**で答えなさい。

問３　下線部①について述べた文ａ～ｄのうち，正しいものの組み合わせを，あとの**ア～エ**の中から1つ選び，記号で答えなさい。

ａ：『万葉集』は，現在伝わっている和歌集としては日本最古である。

ｂ：『万葉集』は，持統天皇の命令によって奈良時代につくられた。

ｃ：『万葉集』には，たくさんの和歌がひらがな表記で収録されている。

ｄ：『万葉集』には，「令和」の由来となった文章が収録されている。

ア　ａ・ｃ　　**イ**　ａ・ｄ　　**ウ**　ｂ・ｃ　　**エ**　ｂ・ｄ

問４　下線部②に起きた出来事として誤っているものを，次の**ア～エ**の中から１つ選び，記号で答えなさい。

ア　後白河上皇が承久の乱を起こしたが，幕府軍にやぶれて隠岐に流された。

イ　執権北条泰時が，源頼朝以来の先例や道理に基づいて御成敗式目を制定した。

ウ　元の大軍が2度にわたって日本に攻めてきたが，幕府は防衛に成功した。

エ　幕府は，困窮した御家人を救うために永仁の徳政令を出したが，混乱を招いた。

問５　下線部③の書き出しと，落書の内容について述べた文の組み合わせとして正しいものを，あとの**ア～エ**の中から1つ選び，記号で答えなさい。

【落書の書き出し】

Ｘ：祇園精舎の鐘の声　諸行無常の響きあり

Ｙ：この頃都にはやる物　夜討・強盗・謀綸旨

【落書の内容】

あ：後醍醐天皇の政治が京都にもたらした混乱について記されている。

い：天皇に忠義を尽くした楠木正成が戦死した悲しさについて記されている。

ア　Ｘ・あ　　**イ**　Ｘ・い　　**ウ**　Ｙ・あ　　**エ**　Ｙ・い

問６　下線部④について述べた文として正しいものを，次の**ア～エ**の中から１つ選び，記号で答えなさい。

ア　湯島聖堂の学問所で，朱子学以外の儒学を教えることを禁じた。

イ　足高の制を設けて，幕府による人材登用をおこないやすくした。

ウ　水田を増やそうとして，印旛沼や手賀沼の干拓工事を実施した。

エ　上知令を出して，江戸・大坂周辺を幕府領にしようとした。

問７　下線部⑤について述べた文として正しいものを，次の**ア～エ**の中から１つ選び，記号で答えなさい。

ア　天武天皇が，妻の病気が良くなることを願って建立した。

イ　日本で最初の本格的な寺院として，飛鳥の地に建立された。

ウ　唐から招いた高僧のために，朝廷から提供された土地に建立された。

エ　金堂や五重塔，回廊の一部は，現存最古の木造建築と考えられている。

問8　下線部⑥の与謝野晶子と石川啄木について述べた次の文中の X ・ Y にあてはまる語句の組み合わせとして正しいものを，あとのア～エの中から1つ選び，記号で答えなさい。

> 与謝野晶子は， X に出征する弟の無事を願う「君死にたまふことなかれ」という詩を発表したことでも知られている。石川啄木は， Y に際して，「地図の上　朝鮮国にくろぐろと　墨を塗りつつ　秋風を聴く」という短歌を詠んでいる。

ア　X：日清戦争　Y：韓国併合　**イ**　X：日清戦争　Y：江華島事件
ウ　X：日露戦争　Y：韓国併合　**エ**　X：日露戦争　Y：江華島事件

問9　下線部⑦に関連して，昭和時代末に国内外で起きた出来事として正しいものを，次の**ア～エ**の中から1つ選び，記号で答えなさい。

ア　ニューヨークのワールドトレードセンターに，ハイジャックされた飛行機が突っ込むテロ事件が起きた。
イ　阪神淡路大震災や地下鉄サリン事件が立て続けに起き，日本の安全神話が大きくゆらいだ。
ウ　ソ連のチェルノブイリ(チョルノービリ)原発で事故が起き，周辺の環境に大きな影響を与えた。
エ　第1次オイルショックが発生し，石油の価格だけではなく，さまざまな物の価格が高騰した。

問10　下線部⑧に関連して，日本のテレビ放送について述べた文として正しいものを，次の**ア～エ**の中から1つ選び，記号で答えなさい。

ア　日本のテレビ放送は，大正時代に東京で始まった。
イ　初期のテレビ番組としては，プロレスの生中継が人気であった。
ウ　カラーテレビの受信機は，家電の「三種の神器」の1つに数えられた。
エ　21世紀に映画館が普及すると，テレビ番組の視聴率はふるわなくなった。

問11　波線部について，次の史料は「貧窮問答歌」の終わりの部分です。この「貧窮問答歌」の形式として正しいものを，あとの**ア～エ**の中から1つ選び，記号で答えなさい。

> 竈には　火気ふき立てず　甑には　蜘蛛の巣懸きて　飯炊く　ことも忘れて　ぬえ鳥の
> のどよひ居るに　いとのきて　短き物を　端截ると　云へるがごとく　しもと取る
> 里長が声は　寝屋戸まで　来立ちよばひぬ　かくばかり　すべなきものか　世の中の道

ア　短歌　**イ**　長歌　**ウ**　旋頭歌　**エ**　仏足石歌

[3] 東京都の郊外(こうがい)に住むセイイチさん・トオルさん・トシコさん・ミキさんのグループは，小学校の授業で近くにある商店街とスーパーマーケットを調査し，説明を加えて次の地図(図1)をつくりました。これについて，あとの問いに答えなさい。

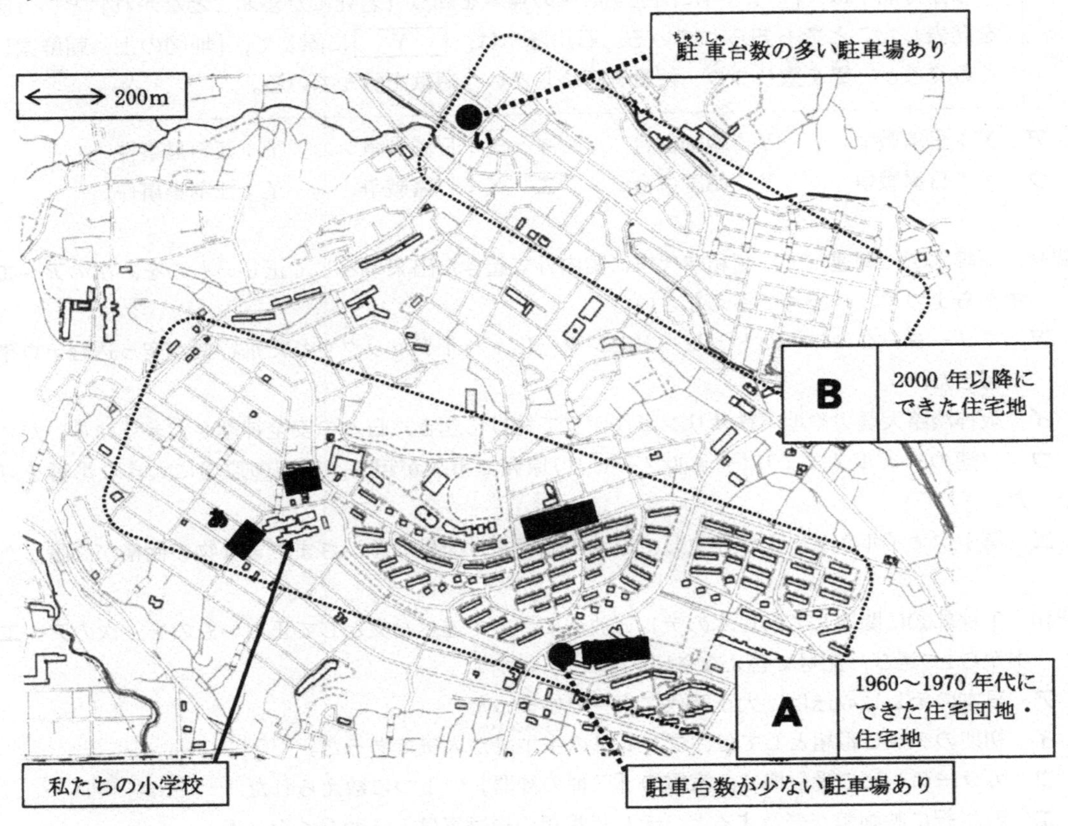

図1　私たちの小学校付近の地図

(白地図は地理院地図vector白地図より作成)

問1　セイイチさんたちは，1960〜1970年代にできた住宅団地・住宅地の範囲(はんい) A と2000年以降にできた住宅地の範囲 B を，図1中に ▭ で示しました。さらに小規模の店が並ぶ商店街の位置を■，大規模なスーパーマーケットの位置を●で示しました。そしてこの2つの範囲に住む人々の買い物のようすを考察し，次の文にまとめました。文中の ▭ にあてはまる文を，解答欄(かいとうらん)の文字に続けて2行以内で答えなさい。

なお，解答の内容は， ▭ の前後の文を参考にすること。また，解答の文中に■や●の記号を使ってもかまいません。

> Aの住民は，その範囲内に■■■■が複数あり，毎日の生活に必要な食品や商品を買いに，近くの■■■■や●へ徒歩や車などで行っていると考えられます。
> しかし，Bの住民は，その範囲内に［　　　　　　］。そのこともあって，Bにあるコンビニエンスストアでは，野菜や肉が売られていると考えられます。

問2　トオルさんは，学校のすぐ近くにある商店街**あ**の1980年頃(ごろ)のようすと2023年のようすを商店街の方に聞き取りをして，図にしました。次の図2中の（　1　）～（　4　）には，空き地・魚屋・整骨院・豆腐屋(とうふや)のいずれかがあてはまります。（　3　）・（　4　）にあてはまる語句の組み合わせとして最もふさわしいものを，あとの**ア～カ**の中から1つ選び，記号で答えなさい。

1980年頃のようす

（　1　）	道路	米屋
肉屋		八百屋
パン屋		（　2　）
美容院		薬屋

2023年のようす

（　3　）	道路	米屋
肉屋		（　4　）
たこ焼き屋		居酒屋
花屋		一般(いっぱん)住宅

図2

ア　（　3　）：豆腐屋　　（　4　）：整骨院
イ　（　3　）：豆腐屋　　（　4　）：空き地
ウ　（　3　）：豆腐屋　　（　4　）：魚屋
エ　（　3　）：整骨院　　（　4　）：空き地
オ　（　3　）：整骨院　　（　4　）：魚屋
カ　（　3　）：魚屋　　（　4　）：空き地

問3　トシコさんは大規模なスーパーマーケット**い**の果実担当の方に，ドラゴンフルーツ・なし・ぶどう・みかんについて，次のⅠ～Ⅳの質問をしました。あとのA～Dの文は，その質問を受けて果実担当の方が話した内容です。Ⅰ～ⅣとA～Dの組み合わせとして正しいものを，あとの**ア～ク**の中から2つ選び，記号で答えなさい。

Ⅰ　この果実の生産地は日本列島の太平洋側の県を中心に数多くあるようですね。東京から遠い地域での生産や生産地の地形の特色などはありますか？

Ⅱ　この果実は岐阜県の飛騨地方でも栽培(さいばい)されているようですね。この果実は主に日本では沖縄県などで栽培されているものですが，どうして飛騨地方が産地なのですか？

Ⅲ　この果実は隣(となり)の県で生産量が多く，東京へ高速道路で輸送されているようですね。生産地との距離の近さとともに，この果実の生産量が多くなる理由はありますか？

Ⅳ　この果実は私たちの小学校の近くの多摩川沿いにある農家でも生産されているようですね。この店の近くにある農家からも仕入れをする利点はありますか？

A　一番早い早生とよばれるものは，9月から収穫が始まります。南向きの急な斜面で栽培されることも多く，なかでも海が望める斜面では，海からの太陽光の反射を受けてよく育つともいわれているようです。

B　遠い地域などからも同じ果実は入荷するのですが，輸送に時間がかかるので甘くならないうちに実を収穫してしまいます。しかし，生産する農家がこの店の近くにある場合，長く木に実らせ熟して甘くなったものを，すぐに売ることができます。

C　生産地の周囲は山地であり降水量が少なく，かつ日照時間が長くなることが一因です。また，その県の中央部には盆地があり，その盆地の周囲では多くの扇状地があるので，この果実の栽培に適しているからです。

D　生産している農園の近くで湧き出す温泉を利用し，温泉の熱でビニールハウスを温めることができるので，その果実を栽培することができるからです。

ア　Ⅰ：B　**イ**　Ⅰ：C　**ウ**　Ⅱ：A　**エ**　Ⅱ：D
オ　Ⅲ：A　**カ**　Ⅲ：D　**キ**　Ⅳ：B　**ク**　Ⅳ：C

問4　ミキさんは野菜担当の方から，同じ野菜でも年間ではいろいろな産地から仕入れていることを聞きました。そこで東京都中央卸売市場で取り扱われる野菜の生産地を，月ごとに調べてみました。次の図は，きゅうり・だいこん・ほうれんそう・レタスの夏(2022年7月)と冬(2022年12月または2023年1月)の取り扱い量が多い5都道府県を示したものです。だいこんとほうれんそうを示しているものを，次の**ア～エ**の中からそれぞれ1つずつ選び，記号で答えなさい。

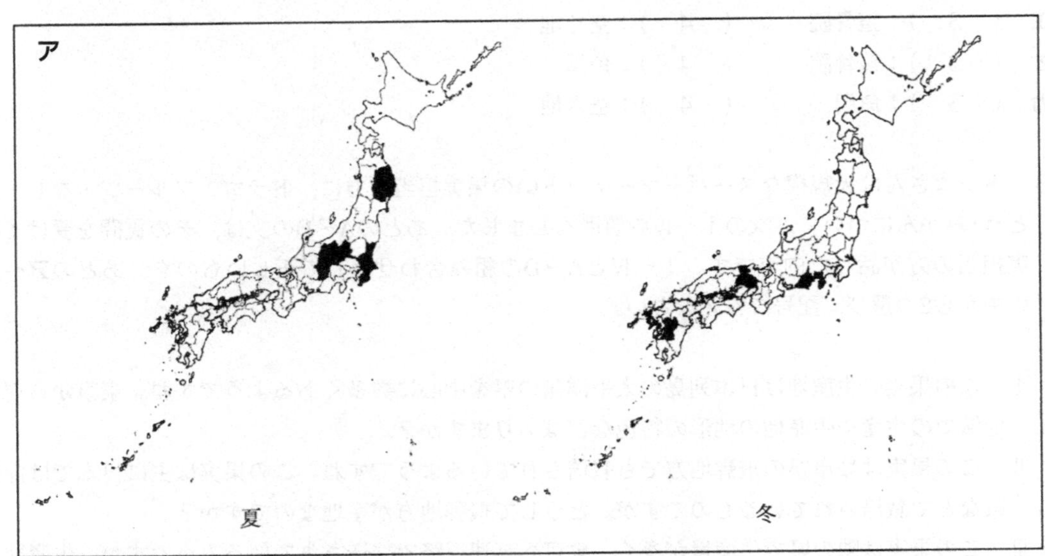

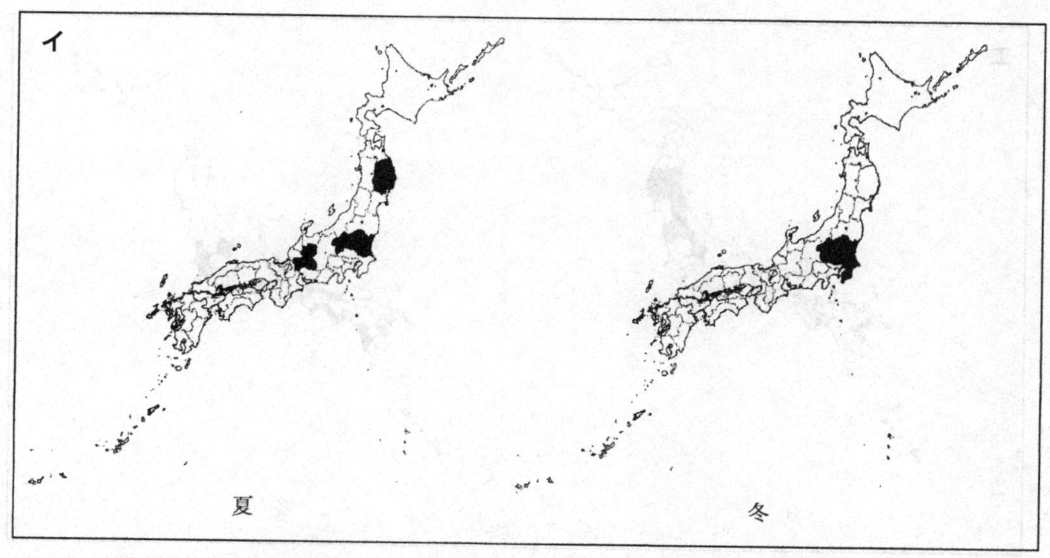
イ
夏
冬

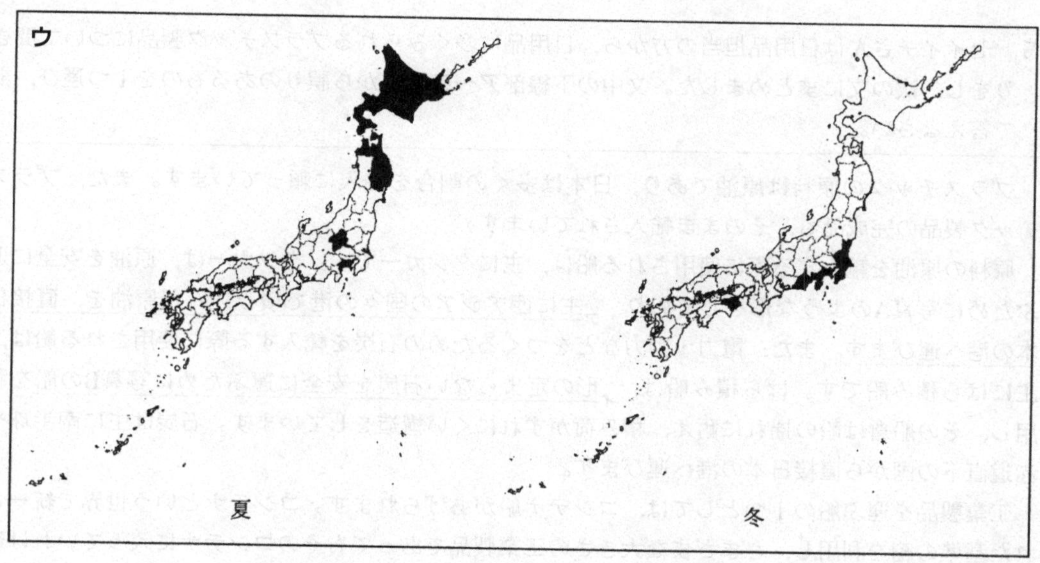
ウ
夏
冬

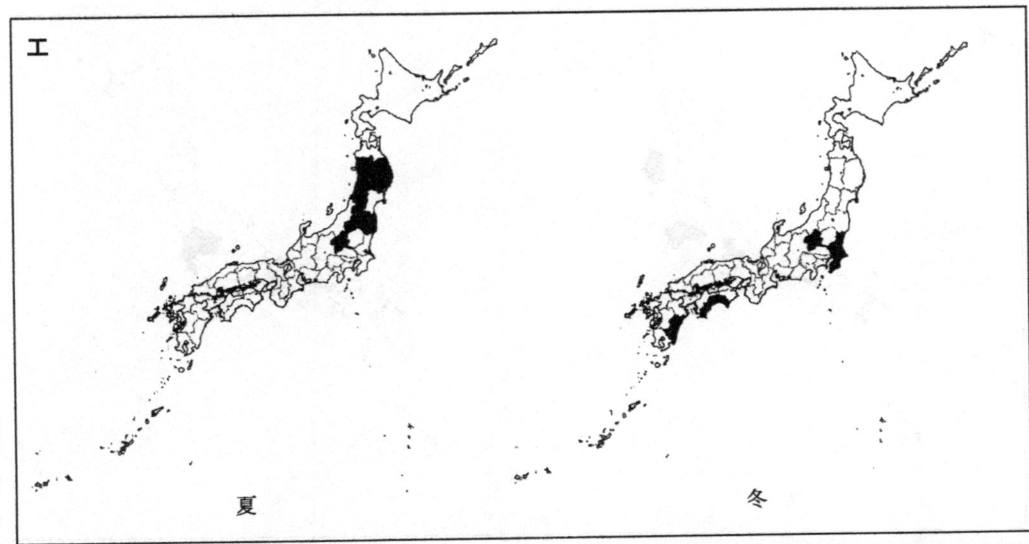

(東京都中央卸売市場資料より作成)

問5　セイイチさんは日用品担当の方から，日用品に多くみられるプラスチック製品について聞き取りをし，次の文にまとめました。文中の下線部**ア～エ**の中から誤りのあるものを1つ選び，記号で答えなさい。

> プラスチックの原料は原油であり，日本は多くの割合を輸入に頼(たよ)っています。また，プラスチック製品の完成品も，そのまま輸入されています。
> 原料の原油を輸入する際に使用される船は，主にタンカーです。タンカーは，原油を安全に運ぶために写真Aのような形をしており，ア<u>主に西アジアの国々の港で積(つ)み込(こ)んだ原油を，直接日本の港へ運びます</u>。また，電力・動力などをつくるための石炭を輸入する際に使用される船は，主にばら積み船です。ばら積み船は，イ<u>形の定まらない石炭を安全に運ぶために写真Bの船</u>を利用し，その船倉は船の揺(ゆ)れに耐(た)え，積み荷がずれにくい構造をしています。石炭は主に南半球や赤道直下の国から直接日本の港へ運びます。
> 工業製品を運ぶ船の1つとしては，コンテナ船があげられます。コンテナという世界で統一された基準の箱を利用し，さまざまな大きさの工業製品であってもそのコンテナに入っていれば運ぶことができます。また，港ではウ<u>コンテナを積み上げたり，移動させたりすることが港にある設備で容易にできることが写真Cでわかります</u>。コンテナ船は，エ<u>コンテナを積み込んだ国の港を出港して日本に到着(とうちゃく)するまでに，いくつもの国や地域のさまざまな港を経由して運ぶことができます</u>。

写真A

写真B

写真C

問6　トオルさんは，日本国内でつくられる工業製品について興味をもち，各都道府県の製造品出荷(しゅっか)額(がく)等の総額に占(し)める割合のうち，1つの産業で30%以上を占める都道府県を取り上げて分類してみました。次の表中の(　2　)にあてはまる産業として正しいものを，あとの**ア～オ**の中から1つ選び，記号で答えなさい。

(　1　)	群馬県・愛知県・広島県・福岡県
(　2　)	北海道・鹿児島県・沖縄県
(　3　)	山口県・徳島県
生産用機械	山梨県

(矢野恒太記念会編『データでみる県勢2023』より作成)

ア　化学　　**イ**　食料品　　**ウ**　石油・石炭製品　　**エ**　電子部品　　**オ**　輸送用機械

問7　トシコさんは，外国からの輸入農産物が多くなる中で，地域の農業の活性化をはかることも必要だと思い，このスーパーマーケットを通じて「地産地消」の取り組みを今後さらに進めて行く場合に，どのような方法をとればよいかを考えました。その取り組みとして**ふさわしくない**ものを，次の**ア～エ**の中から1つ選び，記号で答えなさい。

ア　このスーパーマーケットに，近くの農家の農産物を販売(はんばい)するコーナーをつくり，生産者のプロフィールを書いた掲示物(けいじぶつ)を添(そ)えておく。

イ　このスーパーマーケットで，近くの農家で生産される農産物を利用したレシピを募集(ぼしゅう)し，そのレシピでつくったおかずを販売する。

ウ　このスーパーマーケットがもつ全国の店舗(てんぽ)に，地元の農産物を全国の農産物と一緒(いっしょ)に混ぜて流通させて，近くの農家へ安定収入があるようにする。

エ　このスーパーマーケットが主催者(しゅさいしゃ)となって，近くの農家と店舗利用者との交流会を企画(きかく)し，農産物の試食会などをおこなう。

問8　セイイチさんたちは，聞き取りをしたスーパーマーケットが，図3中の**C～F**地点に新しい店舗を出店すると仮定して，各地点に店舗を出店する際の利点やその店舗の経営戦略を話し合って，それぞれの地点について**ア～エ**のカードにまとめて発表しました。

E・**F**地点の発表として正しいものを，あとの**ア～エ**の中からそれぞれ1つずつ選び，記号で答えなさい。

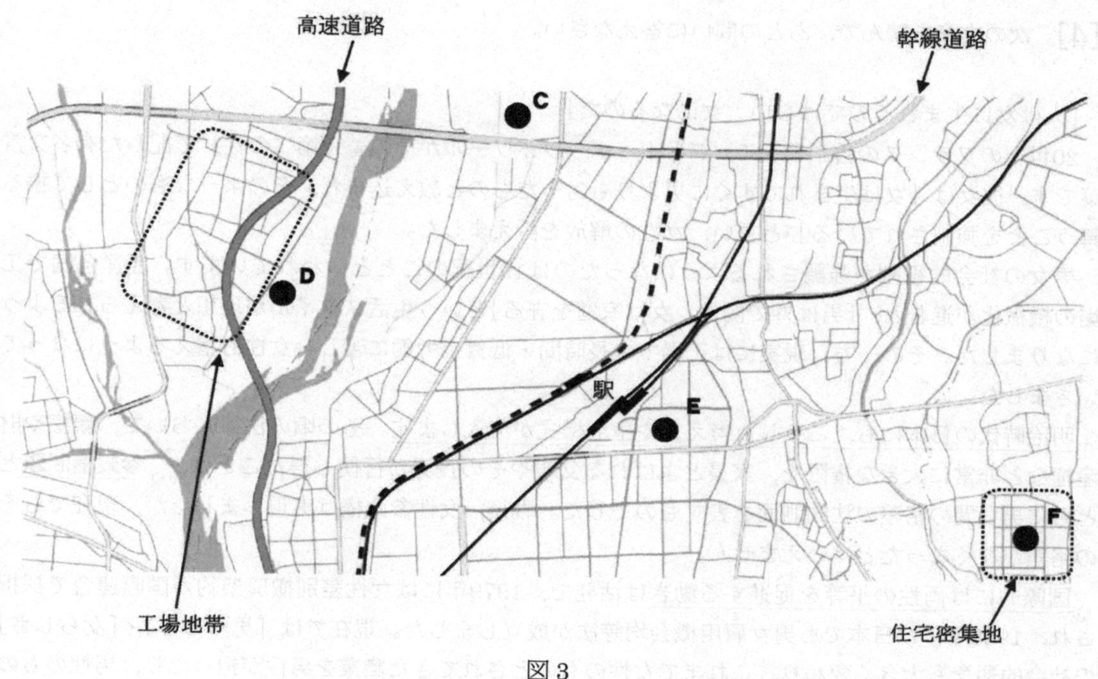

図3

(白地図は地理院地図 vector 白地図より作成)

ア セイイチさん

ここは近隣(きんりん)から毎日徒歩で訪れる客を多く見込むことができます。日々の生活に必要とする量に対応できるように，小分けのパッケージングをするなどして，日常生活の利便性が高くなるような戦略をとります。

イ トオルさん

ここは徒歩で訪れる客を多く見込むことができます。近隣のオフィスビルで働く人の昼食や夕食向けの持ち帰り弁当・おかずなどの販売をしたり，他店より高級食材を含(ふく)めた幅広い価格帯の商品を扱ったりする戦略をとります。

ウ トシコさん

ここは乗用車による広範囲からの集客を見込むことができます。広い駐車場をつくり，売り場面積も広くとり，多品種の商品をそろえることで，さまざまな商品のまとめ買いの利便性が高くなるような戦略をとります。

エ ミキさん

ここは近隣の会社に勤める従業員の集客を見込むことができます。日々の仕事に必要となる作業に対応できるような専門性の高い商品や，昼食向けの弁当の販売などで利便性が高くなるような戦略をとります。

[4] 次の文章を読んで，あとの問いに答えなさい。

「人は女に生まれるのではない　女になるのだ」

20世紀のフランスの哲学者シモーヌ・ド・ボーヴォワールがその著『第二の性』で記した有名な言葉です。彼女は「女は生まれてすぐに男よりも劣ったものと教え込まれ，そのようなものとして振る舞うことを強制されている」と言い，女性の解放を訴えました。

男女の社会的役割が強調されるようになったのは19世紀のことといわれています。西洋各国で工場の機械化が進むと，「男は外で働き，女は家庭を守る」という生活スタイルが理想と考えられるようになりました。その一方，現実には工場での長時間・低賃金労働に苦しむ女性も増えるようになっていきました。

①<u>明治時代の日本にも，こうした考え方や生活様式が流入します</u>。その頃の法律において，親権や財産権など非常に大きな権限を，家長とよばれる父親やその長男が行使し得たことは，②<u>参政権問題</u>とともに男女間の格差の法的側面を表すものでした。戦後，女性参政権は実現しましたが，現在でもその格差がなくなったとはいえません。

③<u>国際的には両性の平等を促進する動き</u>は活発で，1979年には女性差別撤廃条約が国際連合で採択され，1985年には日本でも男女雇用機会均等法が成立しました。現在では「男らしさ」・「女らしさ」の社会的通念も大きく変わり，これまで女性のものとされてきた職業を男性が担ったり，男性のものとされてきた職業を女性が担ったりすることも多くなりました。少しずつではありますが，④<u>男女間の平等はさまざまな分野で進んできています</u>。

また，2023年6月にはLGBT理解増進法が制定されるなど，男女という性別をめぐる議論が多様化しています。

問１　下線部①に関連して，当時の日本にも社会的に活躍した女性を見ることはできます。次の紙幣に描かれた女性がアメリカ留学に出発した時期を，あとの**〔史料〕**を参考にしながら，**〔年表〕**中の**ア〜オ**の中から1つ選び，記号で答えなさい。

（ＳＰＥＣＩＭＥＮは見本の意味）
（国立印刷局ウェブサイトより）

〔史料〕「開拓使長官黒田清隆の建議書」

人材育成には子どもたちを教育することが大切である。今や欧米(おうべい)諸国では，母親は学校を卒業し，子どもを熱心に教育している。…だから女子教育は，人材育成の根本であり，不可欠なものである。…そこで幼い女子を選び，欧米に留学させようと思う。

(わかりやすく書き直してあります)

〔年表〕

1867年　大政奉還

ア

1869年　版籍奉還

イ

1873年　征韓論争勃発

ウ

1881年　開拓使官有物払下げ事件

エ

1894年　条約改正(治外法権撤廃)

オ

1902年　日英同盟締結(ていけつ)

問2　下線部②について，次の(ａ)・(ｂ)の問いに答えなさい。

(ａ)　欧米諸国では19世紀中頃から女性参政権運動が盛り上がりを見せましたが，女性参政権に反対する声も強かったといわれます。なぜ女性参政権に反対する声が強かったのでしょうか。本文(30ページ)と次の絵を参考に25字以上35字以内で説明しなさい。

私の妻は，今夜，どこをほっつき歩いているんだ？

(ウィスコンシン大学マディソン校図書館ウェブサイトより)

（ｂ）　次の**〔年表〕**は，主要国において女性参政権が実現した時期を表します。各国で女性参政権が実現した経緯についての説明として正しいものを，あとの**ア〜エ**の中から１つ選び，記号で答えなさい。

〔年表〕主要国において女性参政権が実現した年

1918年　イギリス
1919年　ドイツ
1920年　アメリカ
1944年　フランス
1945年　イタリア・日本

ア　日本では，第2次世界大戦後に施行された日本国憲法の規定に従って，翌年に女性参政権が実現した。

イ　フランスでは，フランス革命期に特権階級の打倒に活躍した女性たちは，権利の拡大を主張し，女性参政権の獲得に成功した。

ウ　アメリカでは，第１次世界大戦中に，戦争への女性の協力を促すため女性参政権問題が協議されたが，実現したのは第1次世界大戦後のことであった。

エ　ドイツではナチス政権崩壊後の民主化の動きの中で，新たに民主的な憲法が制定され，女性参政権が実現した。

問３　下線部③について，世界経済フォーラムが2023年に発表した，男女の社会的格差に関する各国間比較で，日本は146カ国中125位に位置づけられました。これは政治・経済・教育・健康の4分野にわたる男女格差を比較するもので，あとのグラフはこれを数値化したものです。グラフのＡとＤにあてはまるものを，あとの**ア〜エ**の中から１つずつ選び，記号で答えなさい。なお，政治・経済・教育・健康の各分野において評価対象となったのは次の項目です。

政治：国会議員の男女比，閣僚の男女比など
経済：同一労働における賃金の男女格差，管理職の男女比など
教育：識字率の男女比，初等・中等・高等教育就学率の男女比
健康：出生男女比，健康寿命の男女比

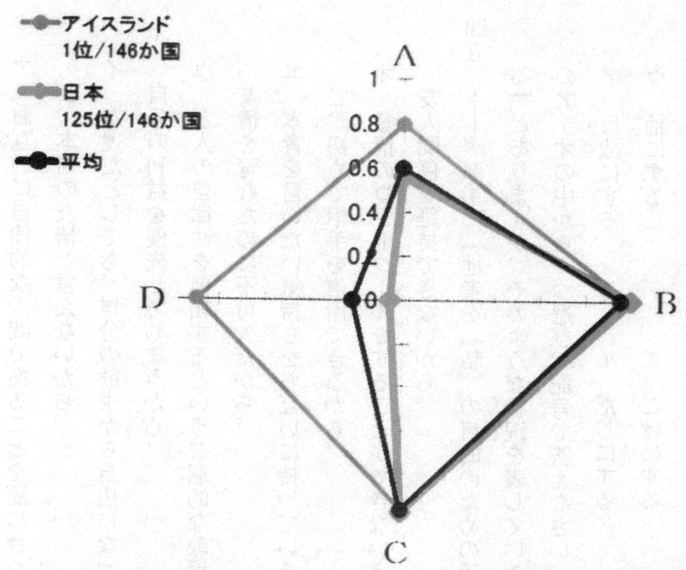

※　グラフ中の数字はジェンダーギャップ指数(0が完全不平等，1が完全平等を示し，数値が小さいほど男女間の格差が大きいことを表します)

(内閣府男女共同参画局ウェブサイトより作成)

ア　政治　　**イ**　経済　　**ウ**　教育　　**エ**　健康

問4　下線部④について，「イクメン」という表現が一般化(いっぱんか)してきていますが，これが「差別的表現」であるという意見もあります。「イクメン」の意味を説明した上で，その語が「差別的表現」と考えられる理由について，本文(30ページ)を参考に2行以内で説明しなさい。

問四　――線部③に「友達に本音を言えるためには、友達が自律的であることを信頼できなければならない」とありますが、それはどうしてですか。その説明として最もふさわしいものを、次のア～オの中から一つ選び、記号で答えなさい。

ア　お互いに自律的な人間であることを認め合うことができないと、本当の友情と言えないから。

イ　友達だとしても、自分の欲求から自由になっていない人は、自分の利益を優先してしまうから。

ウ　友人の自律性を信頼するという普遍的な義務に従うことが、友情を育むために不可欠だから。

エ　本音を言いたい気持ちをお互いに持っていることが確認できて、初めて相手を信用できるから。

オ　感情のコントロールをすることができないような相手とは、友人関係を維持できないから。

問五　――線部④に「他者を『私』の目的のための手段として利用する」とありますが、そのような状況を表している慣用表現を、次のア～オの中から一つ選び、記号で答えなさい。

ア　反故にする　　イ　だしにする

ウ　袖にする　　エ　こけにする

オ　二の次にする

問六　――線部⑤に「二つの人格が相互に等しい愛と尊敬とによって結合する」とありますが、それはどういうことですか。六十字以内で説明しなさい。

【下書き欄】――必要ならば使いなさい。

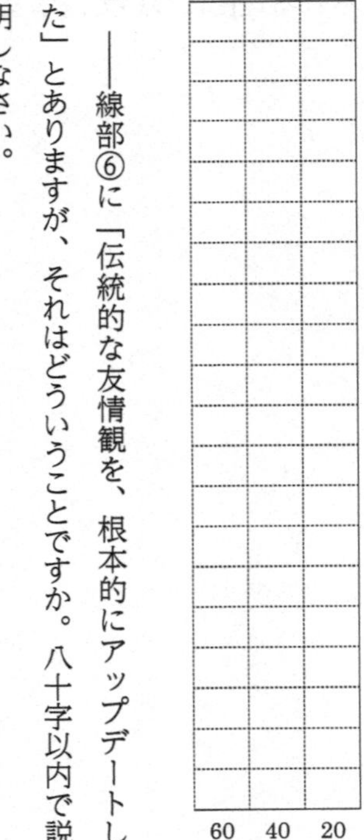

問七　――線部⑥に「伝統的な友情観を、根本的にアップデートした」とありますが、それはどういうことですか。八十字以内で説明しなさい。

【下書き欄】――必要ならば使いなさい。

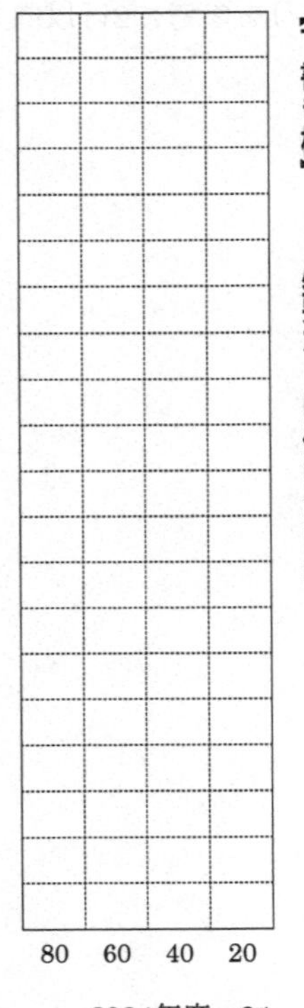

的な友情に他ならない。

カントはアリストテレスの友情論をどのように訂正したのだろうか。それは、友情が愛だけでは成り立たない、としたことだろう。なぜなら愛は自由ではないからである。私たちは、ただ相手を愛しているだけでは、依然として欲求に従っているし、他律的かも知れない。そして、そのように自分の感情に無抵抗でいるなら、状況が変われば、友達の秘密を暴露したいという欲求にも勝てなくなり、それによって友情を破綻させてしまうかも知れない。だからこそ、友情には欲求に抵抗する力、愛に抵抗する別の力が必要なのだ。それが、相手の自律性を尊重するということ、すなわち友達への尊敬なのである。

この意味において、カントは友情が自律的な関係であるという⑥伝統的な友情観を、根本的にアップデートしたと言えよう。

――戸谷洋志『友情を哲学する　七人の哲学者たちの友情観』による
(問題作成上の都合から一部原文の表記を改めた)

(注) ＊1　カント……ドイツの哲学者。
＊2　前章……本文より前の箇所を指す。
＊3　アリストテレス……古代ギリシャの哲学者。

問一　[A]～[D]にあてはまる言葉を、次のア～エの中からそれぞれ一つずつ選び、記号で答えなさい。ただし、同じ記号は二回以上使えないこととします。

ア　したがって　　イ　しかし
ウ　たとえば　　エ　では

問二　――線部①に「欲求が人間を不自由にする」とありますが、それはなぜですか。その説明として最もふさわしいものを、次のア～オの中から一つ選び、記号で答えなさい。

ア　人が自らの欲求に従ううちに、文化的な秩序が崩れて社会全体が窮屈なものになるから。
イ　自分が何を求めるのかも、実は第三者の意図によってあらかじめ決められているから。
ウ　自らの意志で選択した行為が、かえって自らの行動の可能性を狭めることになるから。
エ　自分の望みを満たしているつもりでも、その欲求を持つこと自体は自分で選択できないから。
オ　人のむき出しの欲望の中には倫理的でないものもあり、常に自省する必要に迫られるから。

問三　――線部②に「私たちが従うべき義務」とありますが、その具体例として最もふさわしいものを、次のア～オの中から一つ選び、記号で答えなさい。

ア　どんなに早くから並んでいたとしても、会員でなければ入場してはならない。
イ　入院している患者は、勝手におやつを食べてはならない。
ウ　怖い先生が見ているところでは、礼儀正しくしなければならない。
エ　たとえ家族のためだとしても、嘘をついてはならない。
オ　生徒は、先生用の通用口を使ってはならない。

[*2]前章で紹介した[*3]アリストテレスは、友情を愛によって結びつくものとして捉えていた。しかし、私たちが何を愛するかは、私たちには決められない。したがって愛だけでは友情を完全に自律的にすることはできない。それに対してカントは、友情を成り立たせる感情として、愛とともに**「尊敬」**を挙げている。道徳的友情とは、愛と尊敬によって形成される関係性なのだ。

もしかしたら、愛と尊敬はよく似た概念であるように思われるかもしれない。しかし、カントにとって両者はまったく異なる概念である。

愛とは、他者の目的を、「私」の目的とする感情のことである。要するに、相手のことを自分のことのように思う、ということだ。他者が喜ぶことを「私」も喜び、他者が悲しむことを「私」も悲しむ。そのように他者に共感する、あるいは同情することが愛に他ならない。他者を愛するということは、他者が「私」から区別された、「私」と無関係な人物であると見なすことではなく、他者を「私」とある意味で同一視することなのである。

カントは、こうした意味での愛を**「引力」**に喩えている。すなわちそれは「私」と他者の間にある隔たりを解消しようとする動きであり、互いに近づき、できることならば一つになろうとすることなのである。

これに対して尊敬は、④他者を「私」の目的のための手段として利用することはできない、という感情のことである。カントは、どのような人間も単なる手段として扱われてはならない、と考えた。それが人間の尊厳である。そうした尊厳を尊重することは、他者を自分の道具や駒にすることを、自分に禁じることに他ならない。

なぜ、人間には尊厳があるのだろうか。カントによれば、それは、人間が自律的な存在だからである。人間以外の動物は、衝動的な欲求に従って生きているだけであり、不自由である。それに対して人間は、道徳的な義務に従うことができ、その点で自律的であり、自由である。この自由こそが人間の尊厳の根拠なのだ。

したがって、他者を尊敬するということは、他者の自律性を尊重することに等しい。そしてそれは、他者が自分の思い通りにならないということ、他者には「私」が侵すことのできない自由があるということを、認めることである。それは、ある意味では、他者を「私」から隔たったものとして受け入れることでもあり、「私」と他者の間に距離を維持することを意味する。このような観点から、カントは、尊敬を**「斥力」**に喩えている。斥力とは、二つの物体が遠ざけ合う力に他ならない。

前述の通り、友達の秘密を暴露しない、という規範は、友情に課せられる一つの義務である。このような義務に従って行為できる人間を、私たちは尊敬する。飲み会の席であっても、決して友達の秘密を語らない人は、それだけで尊敬に値するのだ。そして、そのように尊敬するからこそ、「私」はその人間を道具のように扱ってはならないと感じる。そうした尊敬がなければ友情は成立しないのである。

カントによれば道徳的友情は、こうした、引力としての愛と斥力としての尊敬が均衡することによって、成立する。彼は言う。「友情(その完全性においてみられた)とは、⑤二つの人格が相互に等しい愛と尊敬とによって結合することである」。これこそカントの考える理想そうであるとすると、友達に本音を言えるためには、その友達がこうした欲求に抵抗することができる、という信頼が必要である。*1カントは、このように欲求に屈することなく義務に従って行為することを、「**自律性**」と呼ぶ。そして、自律性こそが人間の自由に他ならない。

[B]、②私たちが従うべき義務とはいったいどのようなものなのだろうか。友達の秘密を暴露してはならない、ということは、一つの義務である。義務は、それが欲求を乗り越えさせるものである以上、欲求から導き出されるものであってはならない。では、義務はどこにその根拠を持つのだろうか。ここからがカント哲学の難解な部分ではあるが、できるだけ簡略化して彼の論理を再構成してみる。

義務とは一つの規範である。規範には大きく分けて二つの種類がある。一つは、「私」に対して、あるいは特定の人々に対してだけ当てはまる規範であり、もう一つは、すべての人々に当てはまる規範である。前者は特定の人々を特別扱いする規範であり、後者はすべての人々に等しく当てはまる規範である、と言える。後者は、やや形式的な言い方をするなら、普遍的な妥当性をもった規範である、と表現することもできる。

[C]、「私以外の人は嘘をついてはいけない」という規範について考えてみよう。この規範は、自分を特別扱いする規範だろうか、それともすべての人々に等しく当てはまる規範だろうか。明らかに前者である。もしも「私」がこの規範に従って行為するなら、「私」以外のすべての人は正直なのに、「私」だけは嘘をつくことができるのだから、きっと「私」は多くの利益を享受することができるだろう。では、この規範は「私」を自由にしていると言えるだろうか。

「私」が自分の利益を追い求める、ということは、「私」が自分の欲求に支配されていることを意味する。欲求は人間を不自由にする。そうである以上、この規範が「私」を自由にしているとは言えない。自分だけを例外扱いする規範を望むとき、「私」は依然として自分の欲求の奴隷になっているのであり、他律的に生きていることになるからである。

[D]、自律的な人間が従うべき義務とは、すべての人々に等しく当てはまる規範でなければならない。たとえば、先ほどの嘘の例でいうなら、自律的な人間が従うべき規範は、「嘘をついてはいけない」と定式化されなければならない。自分だけを例外扱いしてはいけないのだ。

整理しよう。人間には本音が言える友達が必要である。③友達に本音を言えるためには、友達が自律的であることを信頼できなければならない。人間が自律的であるためには普遍的な義務に従うことができなければならない。したがって、そうした義務に従って行為できる人間同士が、真の友情を交わすことができる、ということになる。「友達の秘密を暴露してはいけない」という規範もまた、こうした道徳的な義務の一つなのである。

カントは、このように相手に対して本音を言うことができる関係を、「**道徳的友情**」と呼ぶ。それは、互いに欲求に対して抵抗することができ、普遍的な義務に従って行為することのできる者同士の、友情である。

エ　絵の中の料理について想像を膨らませる楽しさに気づいたことで、今までは美術がわからないと逃げてしまっていた「僕」も織絵さんの気持ちを理解できるようになったということ。

オ　棚の上の絵がマティスの作品だと気づいたことで、先ほど美術館で目当ての作品がなくて落ち込んでいた織絵さんの心の変化に、「僕」も納得できたということ。

問八　――線部⑦に「こんなふうになれたらいいな」とありますが、織絵さんがこのように思うのはどうしてですか。「こんなふうに」の内容を明らかにしながら、六十字以内で説明しなさい。

【下書き欄】――必要ならば使いなさい。

問九　――線部⑧に「きっといま、絵画が、生まれる」とありますが、どういうことですか。三十字以内で説明しなさい。

【下書き欄】――必要ならば使いなさい。

四、次の文章を読んで、あとの問いに答えなさい。

①欲求が人間を不自由にする。それはどういうことだろうか。別の例を使って考えてみよう。

たとえば「私」が空腹になって、ハンバーガーを食べたいと欲求したとする。このとき、実際にハンバーガーショップに行って、ハンバーガーを買って食べることができれば、「私」は自分の欲求を叶えることができる。

［A］、そもそも「私」は、空腹になること自体を自分で望んでいたわけではない。空腹を満たすためにハンバーガーショップに行くか否かは、自分で選択することができる。だが、そもそも自分が何かを食べたいと思うということを、自分で選択したわけではない。つまり食欲という欲求は、この意味で、「私」が自分で選んだものではなく、自分の意に反して強制されたものなのだ。だからこそ、食欲に従って行為することは、自分で選んだわけではないものに支配されることを意味する。つまりそれは**「他律的」**に行為することである。

これと同じことが、友達の秘密を暴露したい、という欲求にも言える。私たちは飲み会の席でつい注目を集めたいと欲求する。しかしその欲求は、「私」が自分で選んだものではなく、「私」に対して強制的に課せられたものに過ぎない。だからこそ、この欲求に従って友達の秘密を暴露するという行為は、自分の自由を放棄すること、他律的に行為することを意味するのである。そして、そうした他律性を乗り越えるためには、欲求とは異なる行動原理によって、つまり義務に従って行為することが必要である。

イ　山吹くんが美術のことを好きなふりをして自分をだましていたと気づき、怒りを覚えている。

ウ　山吹くんにはもっと自分の言葉で美術について語ってほしい、という思いを飲み込んでいる。

エ　山吹くんは自分に合わせて美術館に付き合ってくれていたのだと気づき、罪悪感を覚えている。

オ　山吹くんは美術の好みが自分と根本的に合わないのではないかと悲観している。

問五　――線部④に「おや、なにかお口に合いませんでしたか？」とありますが、どうしてギャルソンはこのように声をかけたのだと考えられますか。二十字以内で説明しなさい。

【下書き欄】――必要ならば使いなさい。

20

問六　――線部⑤に「色とりどりのソースが囲んでいた」とありますが、このような料理を作っているシェフの思いはどのようなものですか。その説明として最もふさわしいものを、次のア～オの中から一つ選び、記号で答えなさい。

ア　意のままに絵を描き出すことで見る人を魅了したマティスのように、色とりどりのソースを用いた特別な料理を作ることで、人々を日常から解放する魔術師でありたいという思い。

イ　マティスの作品に触発されて作った、色とりどりのパレットに見立てた料理が、食べた人々の心と体を満たし、辛いこともある日常を喜びに満ちた日々に変えたいという思い。

ウ　多彩な色彩を駆使して人々を楽しませるマティスの絵画のように、さまざまな好みを持った人々の個性に合わせて自分らしく生きていくことの喜びを提供したいという思い。

エ　マティスが様々な色を用いたのと同様に、自分が作る料理もパレットのように色鮮やかに配色することで、このレストランを人々に喜びを与える美術館の代わりにしたいという思い。

オ　画家が喜びを描き出す源であるパレットをモチーフにした料理が看板メニューのレストランなので、織絵さんのような絵がわかる人にこそ、この料理を堪能してほしいという思い。

問七　――線部⑥に「すべてがつながった」とありますが、それはどういうことですか。その説明として最もふさわしいものを、次のア～オの中から一つ選び、記号で答えなさい。

ア　織絵さんが真剣に絵と向き合う人だと気づいたことで、絵がわからないと言った「僕」の発言になぜ落胆していたのかがはっきりしたということ。

イ　この料理が織絵さんが見たかったマティスの作品を元にしていると気づいたことで、彼女のことが好きな「僕」の心の中でも、ようやく料理と絵画が芸術的喜びとして調和したということ。

ウ　きちんと絵に向き合えば見えなかったものが見えてくると気づいたことで、織絵さんが「僕」の嘘にも気づかないふりをして楽しそうに振る舞ってくれていた理由がわかったということ。

C「おずおずと」

ア　ひさしぶりの休みなので車をおずおずと飛ばしてドライブする。

イ　楽しみにしていた誕生日のケーキをおずおずと待っている。

ウ　とっくに締め切りを過ぎた算数の宿題を、先生におずおずと提出した。

エ　クリスマスプレゼントをもらった弟は、喜びのあまりおずおずと飛び跳ねた。

オ　大切な試合でミスをした悔しさでおずおずと泣く僕を、みんながなだめてくれた。

問二　――線部①に「少し迷いながら、小箱を鞄の中へ滑らせた」とありますが、このときの「僕」の心情について説明した文として最もふさわしいものを、次のア～オの中から一つ選び、記号で答えなさい。

ア　もしかしたら、このあと指輪を渡すことができるかもしれないと思っている。

イ　このまま指輪を織絵さんの鞄の中に入れてしまっても良いのだろうかと思っている。

ウ　未練はあるものの、指輪のことはもう考えたくないと思っている。

エ　織絵さんに渡す大切な指輪なので、なくさないように気をつけようと思っている。

オ　このレストランでは、指輪を渡す機会は訪れないだろうと思っている。

問三　――線部②に「試されているようで、手のひらにじっとりと汗がにじむ」とありますが、このときの「僕」の心情について説明した文として最もふさわしいものを、次のア～オの中から一つ選び、記号で答えなさい。

ア　今までは織絵さんの趣味に一生懸命に合わせてきたが、食事の席でまで自分に趣味を押しつけてくる織絵さんの態度に我慢の限界が来て、怒りが湧き上がっている。

イ　美術館ではお金に余裕があるようなそぶりを通してきたが、上品なレストランの雰囲気に圧倒され、見栄を張っていたことがばれてしまうのではないかと慌てている。

ウ　美術館では予習してきた内容を堂々と語って格好をつけていたが、美術の知識がないことが織絵さんに既に気づかれていたという予想外の展開に戸惑っている。

エ　美術に詳しいふりをして織絵さんにいいところを見せようとしてきたが、この絵について話せる情報は何もなく、このままでは幻滅させてしまうと焦っている。

オ　自分が織絵さんに見合う相手であることを示そうと頑張ってきたが、織絵さんの即興の質問が、自分の知識不足を責めていることを感じ取り、もうプロポーズはできないと諦めている。

問四　――線部③に「織絵さんは、瞳をゆらして、視線を落とした」とありますが、このときの織絵さんについて説明した文として最もふさわしいものを、次のア～オの中から一つ選び、記号で答えなさい。

ア　山吹くんへの信頼が揺らぐ事態に直面して衝撃を受け、言葉を失っている。

が、ずっと好き。さっき言おうと思ったの。もしかして山吹くんて、美術をもっと楽しめるんじゃないって」

織絵さんは絵の中のハートを見て、目を細めた。

どんな反応や返事がくるのか、僕にはわからない。だけど、それを未来に預けてみようと思う。

ほんの少しだけ、絵の奥に秘められたあのなにかが、わかったような気がした。

「このあふれるような、言葉にできない想いの欠片を、画家たちは筆に込めて、描き込むのではないだろうか。渦巻くような、うねるような、かがやく思いを、永遠に留めるために。

僕の差し出す手のひらの上、リボンの結ばれた小箱に、織絵さんが目を見開いた。

⑧きっといま、絵画が、生まれる。

――冬森灯『すきだらけのビストロ　うつくしき一皿』による
（問題作成上の都合から一部原文の表記を改めた）

（注）＊1　ギャルソン……食事を運ぶ店員のこと。
＊2　スペシャリテ……ここでは、コース料理の中心となる一皿。
＊3　アンリ・マティス……フランスの画家。

問一　〜〜線部A「取り繕う」、B「奇をてらう」、C「おずおずと」について、これらの言葉を本文中と同じ意味で使っている文として最もふさわしいものを、次のア〜オの中からそれぞれ一つずつ選び、記号で答えなさい。

A「取り繕う」

ア　来店したお客さんの体型に合うように、スーツのサイズを丁寧に取り繕う。

イ　晴れた日には、ひなたで毛並みを取り繕う猫の姿をよく見かける。

ウ　牛乳をこぼしたことを笑顔で取り繕う弟の姿が、かわいくて微笑ましい。

エ　失敗した時には、思い切って取り繕うような誠実な姿勢が大切だ。

オ　エアコンを取り繕うためにやってきた電気屋さんに、冷たいお茶を出す。

B「奇をてらう」

ア　彼は自分の心の中にある奇をてらうために座禅の修行に励んでいる。

イ　九回裏の攻撃で逆転を狙うバッターに奇をてらう思いで声援を送った。

ウ　寝ている最中に地震で起こされた母は、奇をてらうような声で叫んでいた。

エ　些細なことでけんかしたまま、奇をてらうこともできずに親友は転校してしまった。

オ　単に注目を浴びたいという理由で、奇をてらう行動をとる人の気持ちが分からない。

にかを感じるんだけどな。本物にだけ宿る、特別な気配みたいなものを」

織絵さんの感じるそのなにかは、僕が美術館で感じたことと、似ているだろうか。あの濃密な、深いところがかがやいているような、あの感じと。

「この絵が、織絵さんが観たかった絵なんだね」

改めて、赤い背景に佇むふたりの女性の姿を見てみる。

「うん。私、山吹くんと⑦こんなふうになれたらいいなって思ってて。一緒に観たかったの」

描かれたふたりは、友人か音楽仲間のように見える。少なくとも、愛や恋といった雰囲気ではなさそうだ。

僕は鞄の中の指輪を思った。残念ながら、出番はないらしい。

エスプレッソの苦みを全身で味わいながら、ガトーショコラをつつく。柿のねっとりした甘みと、洋酒の利いたほろ苦いチョコレートケーキが互いを引き立てて、大人びた味わいがした。

「私もいろいろわからないよ。おいしいソースがどうできるのかも、あの絵がなぜここにあるのかも。だけど、おいしいし、楽しい。わからないって、窓を閉めることじゃなくて、むしろ開くことなのかも。わかったときの楽しさやうれしさを、未来に預けるみたいなこと」

織絵さんはガトーショコラをあっという間に食べ終え、モンブランに取りかかる。その目が一瞬、大きく見開かれたように見えた。

「もしかすると、一生わからないのかもしれない。芸術には答えがないから。触れるたびに新しい発見に出逢う気がする。だから、飽きないのかも。ずっとわからないから、少しでもわかりたくて、ずっと面白く感じる」

織絵さんが語るのは、彼女自身のことのように思えた。

僕には彼女こそ、わからないから、少しでもわかりたくて、ずっと面白く感じられる。

「この絵も？」

「うん。同じ場所にいても、お互いに別な場所を見つめているところが好きなの。そういうひととなら、面白い毎日を過ごせそうな気がする。今日気づいたのは、正面を向いたこのひとが、ちょっと山吹くんに似てること」

「えっ」

「微笑んでるけど、なにか企んでそうな感じが、そっくり」

織絵さんがこの絵に見ていたのは、音楽家だとか女性同士という表面に描かれたことではなくて、もっと本質的な、ひとの在り方みたいなものらしい。僕はやっぱり、彼女のことがわからないと思った。そして、たぶんずっと、面白いと感じるだろうと。

モンブランにフォークを刺し入れると、予想外のさっくりとした手応えがあった。栗のクリームと生クリームに埋もれて、さくさくのメレンゲが姿を現す。それは秘密の宝物のようだった。

僕は、鞄の中の小箱に手を伸ばす。織絵さんに似合うだろうと選んだアクアマリンは、幸せな結婚という意味を持つそうだ。

「テーブルの上に赤いハートが描かれてるね。信頼の証かもしれないよ」

織絵さんは、あのとろけるような笑顔を僕に向けた。

「知識や背景を知るのも楽しいけど、私、山吹くん自身の言葉の方れより、この背景に描かれた模様。これ見ると私、エピってパンが食べたくなるんです。麦の穂の形をしたパンでしてね、ベーコンを挟んで焼いたのなんて、たまらないですよ。黒胡椒たっぷりで、ワインと合わせるとなお」

絵と直接関係のない話をしているのに、織絵さんはひどく楽しそうに見える。

そこで僕は、自分がなにか重大な間違いを犯していたんじゃないか、と気づいた。知識や背景で取り繕うよりも、こんなふうにただ素直に絵と向き合えばよかったんじゃないか、と。

「シェフは、美術がお好きなんですね」

「もちろん。美術も、音楽も、芸術全般が大好物です。心のごちそうですからね。私はね、心が満ち、お腹も満ちたら、それは世界で一番おいしい料理なんじゃないかって、思うんですよ」

「その一番ってただひとつじゃなくて、いっぱいありそうですね。うれしいことや楽しいことは、ひとつでも多い方がいいもの。たくさん一番を見つけられたら、それだけ世の中がすてきな場所に思えそう」

「世の中ってやつには、憂いが多いですがね。すばらしい芸術と、おいしい料理があれば、憂き世を乗り越えていける気がするんです。だから、店の名は、つくし、とつけました。わかります？」

織絵さんと僕はしばし考える。

もしかして、と口にした僕に、シェフの包み込むようなまなざしが注がれた。

「憂き世の中につくしがあると、憂き世は、う『つくし』き世に、なる？」

シェフは大きく頷きながら、大きなクリームパンのような手で、僕の手をぎゅっと握った。

「心もお腹も満ちる一皿を、お届けしたいと思いましてね」

テントの外から、小さな咳払いが聞こえた。

「その一皿、ただちにお願いしたいものです。お客さまがお待ちですよ」

シェフは、ギャルソンと入れ替わるように外へ出ると、鼻歌を歌いながらキッチンカーへのんびり歩いていく。その背中が、大きく見えた。

「デザートをお持ちいたしました。和栗のモンブランに、柿のガトーショコラ。エスプレッソとお召しあがりください」

銀のポットから、あつあつのエスプレッソを注ぐギャルソンを、織絵さんがのぞき込んだ。

「あの作品、どうしてここにあるんでしょう？　私たち、あの作品が観たくて美術館に行ったんです。でも展示替えでもうそこにはなかった。それが、どうしてここに？」

ギャルソンは、織絵さんと僕を順繰りに見て、にやりと笑った。

「それは驚きますね。もしこれが本物なのであれば」

「ああなるほど、複製画なんですね」

僕のひとことをギャルソンは肯定も否定もせず、ただ笑みを浮かべていた。たしかに、美術館に飾られるような作品が、街の片隅の店にあるはずはない。彼が立ち去ったあとも、織絵さんはまだ疑っているようで、絵にじっと目を凝らしていた。

「真贋を見分けるのはプロでも難しいっていうけど、この作品にはなルサミコの個性的な甘みと酸味で、肉のうまみをぐっと前面に引き出してくれる。

　ギャルソンおすすめの赤ワイン、サン・テミリオンは重すぎず、果実感ある味わいが肉とソースの味わいをさらに深めて、体の奥底から深い満足感がしみじみと湧いてくる。

「おいしいね」

　織絵さんが小さく呟いた。

「うん、おいしい」

　もしかしたらこれは僕たちが一緒に食べる、最後の食事になるかもしれない。そんな悲しい食事だとしても、料理は、沁みわたるように、おいしかった。

　B奇をてらうわけでもなく、無理に味をつけるのでもなく、素材の味を自然に引き出して、よりおいしくしている、そんな真っ当な料理に思えた。

「私も、わからないな」

　織絵さんがぽつりと呟く。言葉の意味を確かめようとした時、入口からCおずおずと声がした。

「お楽しみいただけましたか?」

　大きな身をよじって、コックコートに身を包んだシェフが、テントに入ってきた。

　もごもごと挨拶を述べていた彼は、僕らの皿がほとんど空になっているのを見ると、にんまりと頬を盛りあげて、饒舌になった。

「ここに飾った作品から想像を広げておつくりしました。〈色彩の魔術師〉と呼ばれた彼にちなんで、たくさんの色を召しあがっていただこうと思いましてね。画家がよろこびを描き出す源、パレットのように仕立てました。彼の作品を見ると私はどうにも動き出したくなって、ソースが予定より多くなってしまったんですが」

　その〈色彩の魔術師〉というフレーズには聞き覚えがあった。美術館へ向かう電車の中で、織絵さんから聞いたような気がする。誰のことだったろうか。

「わかります、その感じ」

　織絵さんが頷くと、シェフはうれしそうに赤い絵に近づき、織絵さんと僕を呼び寄せる。

「ほら、ここのテーブルに、果物とかお菓子が描かれているでしょう。茶色い長方形のはガトーショコラじゃないかと思うんですよ。それで仔牛肉にチョコレートのソースを添えようとしたんですが、店の者に、肉よりデザートがいいと言われましてね」

　シェフと織絵さんにならって、僕も絵と向き合った。ガトーショコラの横には、赤いハートが描かれている。ケーキかなにかだろうか。ふと赤く塗られた床の隅に、文字があるのに気づいた。Hからはじまる文字の後半は、マティスと読める。

　その瞬間、〈色彩の魔術師〉とは、＊3アンリ・マティスのことだとも、織絵さんがここへ来てからあんなに上機嫌だった理由も、⑥すべてがつながった。

　織絵さんとシェフは、並んで絵を見つめながら、楽しそうに言葉を交わす。

「この黄緑色の皮をした果物はなんでしょうね。洋梨かな」

「でもお嬢さん、これ丸いでしょう。青りんごかもしれませんよ。そ

「山吹くんはどう？」
絵のことだと気づくまで、時間がかかった。
「いい絵だね」
「それだけ？　さっきはあんなにいろいろ話してたのに」
織絵さんは口を尖らせるようにして、先を促してくる。仕方なく視線を絵に移したが、話せることなんて思い浮かばない。この絵について調べようがないからだ。美術館と違って、作品名も画家もわからない。よく見ればどこかにサインがあるのかもしれないが、ここからは見えなかった。織絵さんにそんなつもりはないのだろうが、②試されているようで、手のひらにじっとりと汗がにじむ。
黙りこくる僕を、織絵さんがいぶかしげに見た。
もしかすると彼女は、気づいているのだろうか。僕が虚勢を張っていることを。もし気づいているのだとしたら、さっさと謝ってしまった方がよいだろうか。A取り繕う余地はあるだろうか。
言うべきか。言わざるべきか。
こめかみのあたりから、汗がつうと流れ落ちる。
「もしかして、山吹くんて、美術を」
「ごめん！　わからないんだ」
間髪を容れず僕は頭を下げた。
今日は記念日なんかじゃなく、忘れたくても忘れられない、悲しい日になるのかもしれない。
「わからないんだ、絵のことなんて。美術館で話したのは、あの場で必死に調べたこと。ごめん。本当はなにもわからないんだ」
③織絵さんは、瞳をゆらして、視線を落とした。

＊

「④おや、なにかお口に合いませんでしたか？」
テントの入口から、ギャルソンがするりと入ってきた。すっかり空になった皿を片付けてテーブルを整えると、小さく咳払いする。
「お待たせいたしました。本日の＊2スペシャリテ、マエストロのプレジールは、巨匠のよろこびに思いを馳せた一皿。お料理は、仔牛のポワレ、パレット仕立てでございます。やわらかな仔牛肉を、色彩ゆたかなソースでお楽しみください」
目にも鮮やかな一皿だ。
皿の中央に並んだ数切れが、仔牛のポワレらしい。断面はきれいな薔薇色で、上部にはパン粉のようなものがまぶされている。その周囲を、絵の具を筆でぽってり置いたような、⑤色とりどりのソースが囲んでいた。赤や黄緑、黄色、白、紫に濃茶。余白にはクレソンや青い小花が彩りを添えている。
小さなローストビーフの塊を思わせる仔牛肉は、ナイフがすんなり通った。最初のひとくちは、ソースをつけず、そのまま食べてみる。ほどよい弾力があって、とてもやわらかい。噛むたびにあふれてくる肉汁には癖がなくて、パン粉のさくさくと軽やかな歯ざわりになじみ、いつまでも味わっていたくなる。
ソースをまとわせて食べると、味の印象がそれぞれに変わった。
トマトの赤いソースは爽やかな酸味が肉の味わいを深めてくれ、黄緑のソースに混ざる砕いたピスタチオの風味はあっさりした肉にほどよいコクを加えてくれた。バターの香る黄色いソースや、ワインとチーズの香る白いソースは重厚感で、紫と濃茶のソースはベリーとバるからにアンティークだ。よく手入れされ、どれもはちみつをかけたようにつやつやしている。テントを支える中央のポールにはシャンデリアがきらめき、ところどころに置かれたスタンドライトや大小のランタンが、室内をあたたかく照らしている。円筒形のストーブには青い炎がゆらめき、その横にある深い緑色のヴェルヴェットのソファで、織絵さんはすっかりくつろいでいた。

とりわけ目を惹くのは、一枚の絵画だ。

クラシカルな猫脚の棚の上で、ぱっと目を惹く赤が、どんな照明よりも、部屋を明るくしていた。織絵さんはうっとりと絵を見つめていた。

描かれているのは、赤い室内に佇むふたりの音楽家らしき女性たちだ。ひとりは小型のギターを、もうひとりは楽譜を手にしている。傍らのテーブルには花や果物、菓子が置かれ、赤い背景には葉や花のような線と、アーチ模様が装飾的に描かれている。

コートを掛け、①少し迷いながら、小箱を鞄の中へ滑らせた。

ほどなく*1ギャルソンがやってきて、僕たちは白いクロスに覆われた楕円形のテーブルに着いた。

「旬のフルーツシャンパンです。洋梨の風味をお楽しみください」

織絵さんが頼んでくれていたらしい。金色のシャンパンの中、三日月のような洋梨が、ほの白い肌に泡をまとってきらめいている。グラスに鼻を近づけた織絵さんが、いい香り、と呟いた。

続いて並べられた皿には、どれから手をつけようか迷うほど、前菜が盛り付けられていた。

「左から、ゴボウのポタージュ、秋ナスのベニエ、芽キャベツとブロッコリーのソテー、ホウレンソウとくるみのキッシュ、サーモンのテリーヌです。ごゆっくりお召しあがりください」

ほどよく色付いたバゲットがふたりの間に置かれるのをじりじりと待ち、僕たちは乾杯した。

洋梨とシャンパンを一緒に口に含むと、洋梨特有の魅惑的な香りがシャンパンの華やかさと重なり合って、極上の香水のように薫った。

デミタスカップに入ったポタージュには、カリカリに揚げたゴボウの薄切りが添えられ、まろやかなゴボウの滋味があふれた。ニンニクと唐辛子が利いた芽キャベツとブロッコリーは、歯応えもよく食欲をそそる。薄い衣のついた揚げナスは、表面はさっくり、中はとろりとして、スパイスの利いた塩で食べると異国の味がした。あたたかなキッシュからはほのかにチーズの香りが立ちのぼり、ホウレンソウの甘みとくるみの歯ざわりが、絶妙なバランスで口を満たした。イクラを添えたサーモンのテリーヌもいい。淡いオレンジ色のテリーヌは口の中でふわふわとほどけ、ぷちっと弾けるイクラの食感も楽しい。

「おいしいね」

「うん、おいしい」

その言葉以外思い付かず、僕と織絵さんは、ひとことだけで会話した。この一皿で十分に満足しそうなほど魅入られて、言葉を忘れた僕たちは、料理を夢中で口に運んだ。

「おいしい食べ物飲み物に、すてきな作品。最高だね」

織絵さんは、さっきの落ち込みぶりが想像できないほど上機嫌になり、食事の合間も、棚の上の絵をたびたび観ていた。あの絵がよほど気に入ったらしい。

【国語】（六〇分）〈満点：一五〇点〉

【注意】字数指定のある問題では、句読点やカッコなども字数に含みます。

一、次の①～⑤の文の――線部のカタカナを、それぞれ漢字に直しなさい。

① 夜の上野駅のホームには、ケイテキが鳴り響いていた

② 寂しげな自分の姿が、寝台特急のシャソウに映っている。

③ この海峡のエンガン付近は、カモメの繁殖地として知られている。

④ その女性は、ヒツウな表情を浮かべながら桟橋で船を待っていた。

⑤ 私はひとり、雪が降り積もるゲンカンの大地を旅する。

二、次の①～⑤の文の～～線部は、（　）内の意味を表す言葉です。例にならって、□にあてはまる言葉をひらがなで答えなさい。ただし、□には【　】内の文字数のひらがなが入ります。

例	時間がないので話のさ□だけでも聞かせてください。（中心となる部分）【二】　→〈答〉わり

① 窮地に陥った彼は、こ□な手段を用いて難を逃れた。（一時しのぎの）【二】

② 彼は私のき□に触れる、熱のこもった演技をした。（心を打つ）【三】

③ 文章の一部をか□する。（やむをえず省略する）【三】

④ 集まった人を見回して、お□に立ち上がった。（ゆっくりと）【三】

⑤ 部下が作成したお□な書類の件で注意する。（その場しのぎでいい加減な）【三】

三、次の文章は、冬森灯の『すきだらけのビストロ　うつくしき一皿』の一節である。「山吹くん」（「僕」）と「織絵さん」は二人で美術館を訪れたが、目当ての絵を見ることができなかった織絵さんは落ち込んでしまった。そのため、「僕」は指輪を渡してプロポーズをするタイミングをつかめずにいた。二人は、美術館からの帰り道に織絵さんが見つけた風変わりなレストランに入ることにした。問題文は、そのあとの場面である。これを読んで、あとの問いに答えなさい。

変わった店だという印象は、サーカステントの中をのぞき込むと、いっそう強くなった。

ここは本当に野外のテントなんだろうか、プチホテルの一室とか映画のセットではなく？

イルミネーションの光る入口から一歩足を踏み入れると、ふかふかした絨毯に驚いた。靴のまま踏むのが申し訳ないような毛足の長い濃紺の絨毯には、花かご模様が織られている。室内に並ぶ棚や椅子は見

大切なことはメモしておこうネ！

2024年度

聖光学院中学校入試問題(第2回)

【算　数】 (60分) 〈満点：150点〉

[1] 次の問いに答えなさい。

(1) 次の計算の□にあてはまる数を答えなさい。

$$\left\{1\frac{4}{9}+\left(1.75-\square\right)\div 1.875\right\}\times 2.8=4\frac{2}{3}$$

(2) ある川のP地点とQ地点を，上流に向かって進むときは毎分115m，下流に向かって進むときは毎分185mで，1時間かけて1往復する船があります。P地点とQ地点の距離(きょり)は何mですか。

(3) 聖也(せいや)さんは光司(こうじ)さんに，持っているアメの$\frac{2}{7}$を渡したところ，光司さんの持っているアメの個数は，聖也さんの持っているアメの個数の2倍より1個少なくなりました。さらに，聖也さんが4個のアメを光司さんに渡したところ，光司さんの持っているアメの個数は，聖也さんの持っているアメの個数の3倍になりました。光司さんがはじめに持っていたアメは何個ですか。

[2] 図1のような3×3の正方形のマス目があり，図2のように1～9の数を1個ずつ記入します。横並びの3個の数を上から順に第1行，第2行，第3行といい，縦並びの3個の数を左から順に第1列，第2列，第3列ということにします。たとえば，図2における第2行の数は3，5，7，第3列の数は4，7，8です。このとき，次の問いに答えなさい。

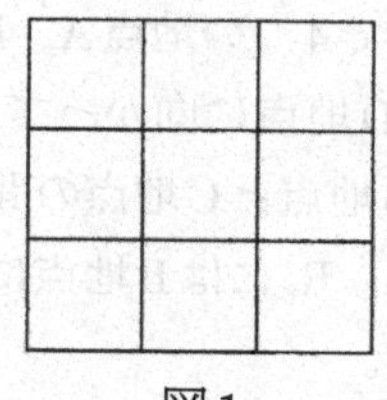

図1

2	1	4
3	5	7
6	9	8

図2

(1) 図2は，各行の3個の数のうち奇数であるものの個数は，上から順に1個，3個，1個とすべて奇数個となっています。また，各列の3個の数のうち奇数であるものの個数は，左から順に1個，3個，1個とすべて奇数個となっています。

このように，「各行の3個の数のうち奇数であるものの個数がいずれも奇数個」であり，かつ「各列の3個の数のうち奇数であるものの個数がいずれも奇数個」である，という性質を(性質A)ということにします。

(a)　図3のように1～4の数が記入されています。

　このマス目が(性質A)を持つように5～9の数を書き入れる方法は全部で何通りありますか。

(b)　図4のように1と3の数が記入されています。

　このマス目が(性質A)を持つように残りの7個の数を書き入れる方法は全部で何通りありますか。

1	2	
3	4	

図3

1		3

図4

(2)　図5は，各行の3個の数の和が上から順に，6，15，24といずれも3の倍数となっていて，さらに各列の和も左から順に，12，15，18とすべて3の倍数になっています。このように，「各行，各列の3個の数の和がいずれも3の倍数」である，という性質を(性質B)ということにします。

1	2	3
4	5	6
7	8	9

図5

(c)　図5のように，各行の3個の数の和が上から順に，6，15，24となっていて，かつ，「各列の3個の数の和が，12，15，18の組み合わせ」であるように9個の数を書き入れる方法は，図5を含めて全部で何通りありますか。

(d)　図5のように，各行の3個の数の和が上から順に，6，15，24となっていて，かつ，(性質B)を持つように9個の数を書き入れる方法は，(c)を含めて全部で何通りありますか。

[3]　図のようなまっすぐなコース上で，3体のロボットR_1，R_2，R_3をそれぞれ毎分5m，6m，4mと一定の速さで動かします。このコースには，3m間隔で4つの地点A，B，C，Dがあり，R_1がA地点を出発してから1分後にR_2もA地点を出発してD地点に向かって動き出します。R_3は逆にD地点を出発してA地点に向かって動き出します。B地点とC地点の間はコースの幅が狭く，2体以上のロボットがすれ違うことができないため，R_1，R_2にはB地点に到着したときのルールX，R_3にはC地点に到着したときのルールYを定めます。

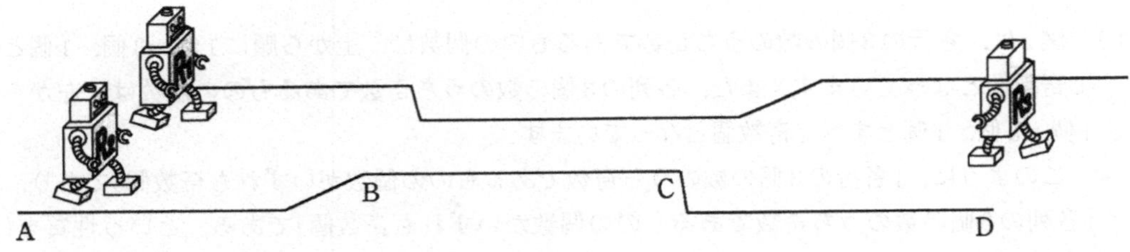

<ルールX>

・BC間をR_3が動いているとき，もしくは，R_1またはR_2と同時にR_3がC地点に到着したときは，R_3がB地点を通過するまでB地点で待機し，通過したと同時に出発する。

・R_1，R_2がともにB地点で待機していたときには，R_2，R_1の順で出発する。このとき，出発する時間の差は考えないものとする。

<ルールY>

・BC間をR_1もしくはR_2が動いているときは，BC間のロボットがすべてC地点を通過していなくなるまでR_3は待機し，通過したと同時に出発する。

(1) R_1がA地点を出発すると同時にR_3がD地点を出発しました。R_2がD地点に到着するのは，R_2がA地点を出発してから何秒後ですか。

(2) R_1とR_2を同時にD地点に到着させるためには，R_3はR_1がA地点を出発する何秒前に出発させればよいですか。

(3) R_3がC地点で待機しないためには，R_3は次の(a)または(b)の時間に出発しなくてはなりません。[ア]～[エ]にあてはまる数をそれぞれ答えなさい。

(a) R_3は，R_1がA地点を出発する[ア]秒以上前に出発する。

(b) R_3は，R_1がA地点を出発して[イ]秒後から[ウ]秒後の間，または[エ]秒以上後に出発する。

[4] 図のような平行四辺形ABCDがあり，辺AB，CDの真ん中の点をそれぞれM，Nとします。点Pは直線CMをC→M→C→M→Cと8秒間で2往復し，点Qは直線NAをN→A→Nと8秒間で1往復します。2点P，QはそれぞれC，Nを同時に出発し，一定の速さで移動するとき，次の問いに答えなさい。

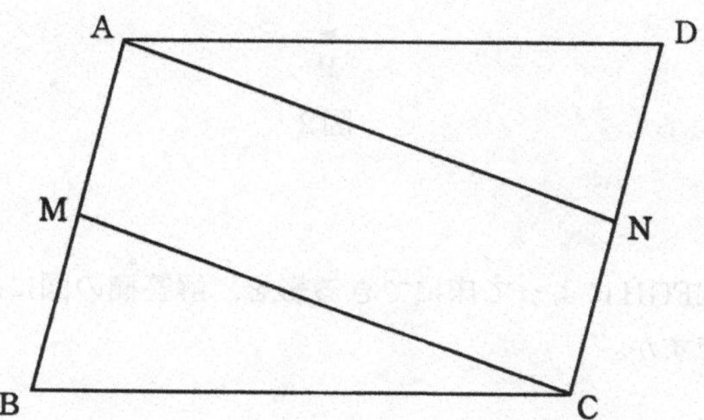

(1) 2点P，Qが出発して3秒後の三角形ABQの面積は，平行四辺形ABCDの面積の何倍ですか。

(2) 2点P，Qが出発して3秒後の四角形BPDQの面積は，平行四辺形ABCDの面積の何倍ですか。

(3) 4点B，P，Q，Dが初めて一直線上に並ぶのは，2点P，Qが出発してから何秒後ですか。

(4) 3点B，P，Qが一直線上に並ぶのは，8秒間で何回ありますか。また，3回目に一直線上に並ぶのは，2点P，Qが出発してから何秒後ですか。

[5] 図1のように，BF＝3cm，BC＝4cm，AB＝6cmである直方体ABCD－EFGHがあります。この直方体のブロックを床（ゆか）に置き，真上から見ると図2のようになります。辺EF，辺GHの真ん中の点をそれぞれQ，Rとし，直線QRの点Q側の延長線上にPQ＝4cmとなる点Pをとり，この点Pの場所で高さ9cmの位置に照明を設置したときの床にできる影（かげ）について，次の問いに答えなさい。

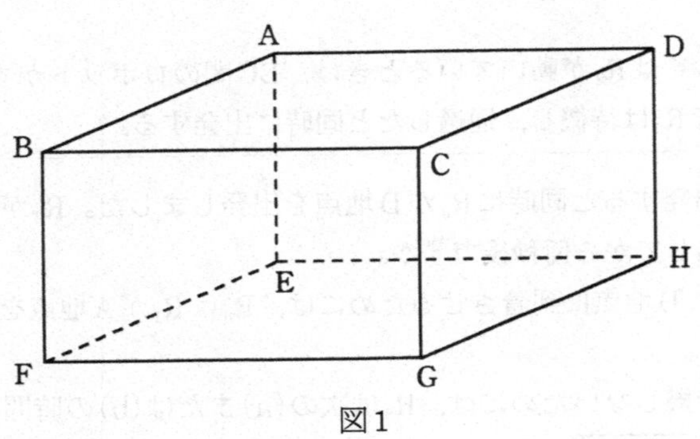

図1

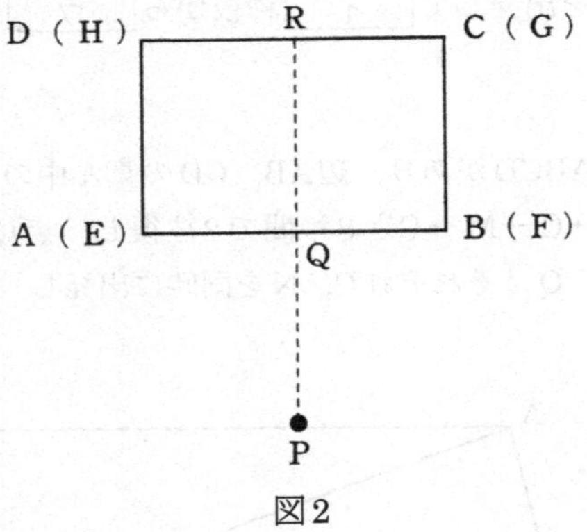

図2

（1） 直方体ABCD－EFGHによって床にできる影を，解答欄（らん）の図に斜線（しゃせん）で示しなさい。また，その面積は何cm^2ですか。

（2） さらに，図3のように直線GCの延長線上に点S，直線HDの延長線上に点Tをとり，CS＝4cmの長方形CDTSを作りました。このとき，床にできる影の面積は何cm^2ですか。

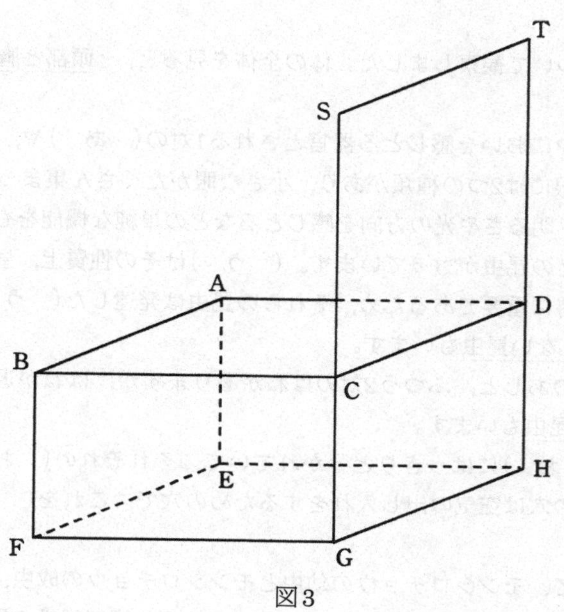

図3

【理　科】（40分）〈満点：100点〉

[1] 次の文章を読んで，あとの(1)～(8)の問いに答えなさい。

昆虫（こんちゅう）の体のつくりについて観察しました。体の全体を見ると，①頭部と胸部と腹部に分かれていることがわかります。

頭部には眼（め）や口，味やにおいを感じとる器官とされる1対（つい）の(　あ　)や，1対の大あご，2対の小あごなどがあります。眼には2つの種類があり，小さな眼がたくさん集まっていて，物体の形や色を見分ける(　い　)と，明るさや光の方向を感じとるなどの単純な機能をもった(　う　)があります。(　い　)はほとんどの昆虫がもっています。(　う　)はその性質上，昼間に明るいところで行動する昆虫にとっては特に重要であるため，それらの昆虫は発達した(　う　)をもっています。一方で，②(　う　)をもたない昆虫もいます。

胸部には(　え　)対のあしと，ふつう2対のはねがありますが，はねが退化して無くなった昆虫や③はねが1対しかない昆虫もいます。

腹部はいくつかの(　お　)にはっきりと分かれていて，それぞれの(　お　)ごとに1対ずつの小さな穴があります。この穴は空気の出し入れをするための穴で，これを(　か　)といいます。

(1)　下線部①について，モンシロチョウの幼虫とモンシロチョウの成虫，カブトムシの成虫の，頭部と胸部のさかいと，胸部と腹部のさかいを，それぞれ解答用紙の図の中に直線で描（か）き入れなさい。ただし，図の大きさの関係は実際とは異なります。

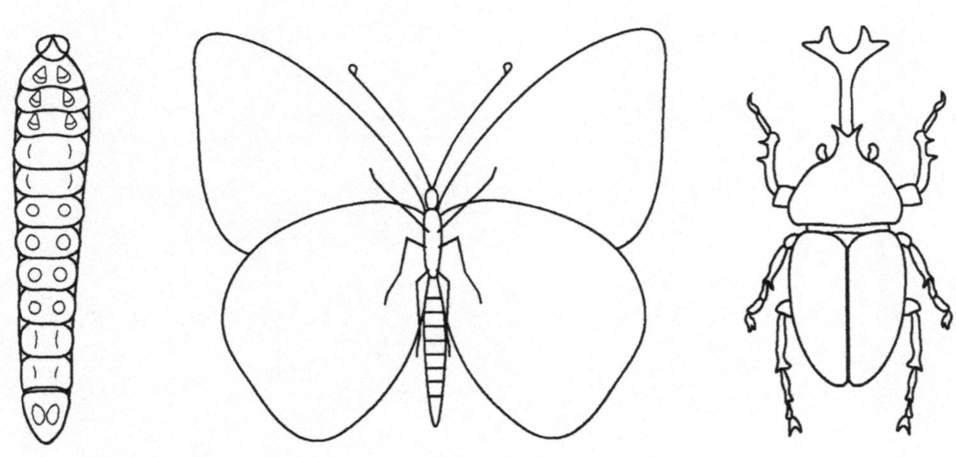

(2)　(あ)～(か)にあてはまる言葉や数字をそれぞれ答えなさい。

(3)　下線部②について，成虫が(　う　)をもたない昆虫を，次の(ア)～(エ)の中から1つ選び，記号で答えなさい。

(ア)　カブトムシ　　(イ)　セミ　　(ウ)　ハエ　　(エ)　バッタ

(4)　次の(a)～(d)の昆虫のあしを，あとの(ア)～(エ)の中からそれぞれ1つずつ選び，記号で答えなさい。ただし，図の大きさの関係は実際とは異なります。

(a) カマキリの前あし　　(b) ゲンゴロウの後ろあし
(c) セミの幼虫の前あし　(d) バッタの後ろあし

(ア)
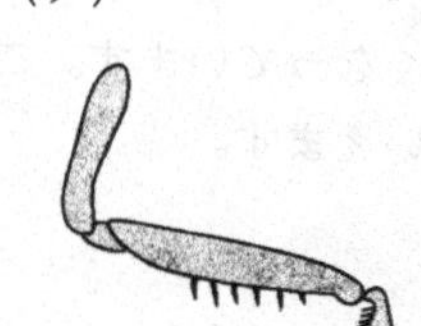
(イ)
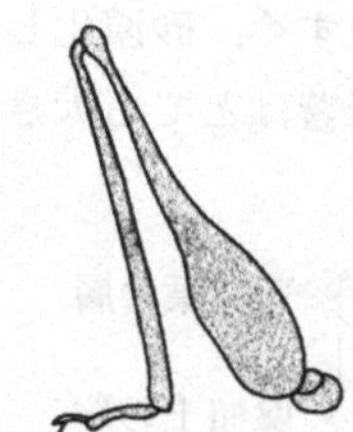
(ウ)
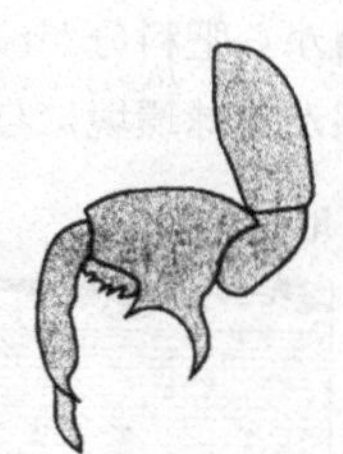
(エ)

(5) 下線部③について，はねが1対しかない昆虫の名前を1つ答えなさい。
(6) (　か　)につながっている管の名前を答えなさい。
(7) モンシロチョウの卵を見つけたので，これを持ち帰って成虫になるまで観察しました。次の(a)～(d)の問いに答えなさい。
(a) 卵はどのような植物に産みつけられていますか。次の(ア)～(エ)の中から1つ選び，記号で答えなさい。
(ア) アブラナ科　(イ) キク科　(ウ) ナス科　(エ) バラ科
(b) ふ化したあと，幼虫がはじめに食べるものを答えなさい。
(c) モンシロチョウは，幼虫の間に何回脱皮(だっぴ)しますか。
(d) さなぎが成虫になることを何といいますか。
(8) モンシロチョウのように完全変態をせずに，不完全変態をする昆虫を，次の(ア)～(ク)の中からすべて選び，記号で答えなさい。
(ア) アリ　(イ) カ　(ウ) ガ　(エ) カマキリ
(オ) セミ　(カ) トンボ　(キ) ハチ　(ク) バッタ

[2] 次の文章を読んで，あとの(1)～(6)の問いに答えなさい。

皆(みな)さんは土と聞くと何を思い浮(う)かべますか。粘土(ねんど)で遊んだことや，砂場で泥(どろ)団子を作ったことなどを思い出すかもしれません。土とは，岩石が風化して細かい粒状(りゅうじょう)になったものに，生物の遺骸(いがい)などが分解されてできた有機物や肥料分が混ざったもののことです。日本の里山などで地面を掘(ほ)っていくと，いくつかの層になっていることがわかります。図1は，それを模式的に表したものです。

岩石からできた粒状のものは直径によって分類されており，粒の直径が小さいものから順に粘土，シルト，砂，礫(れき)というように分けることができます。これらのもとになる岩石には，火成岩や堆積岩(たいせきがん)などがあり，火成岩はそのでき方から①<u>火山岩と深成岩</u>に分けることができます。堆積岩は，②<u>風化した岩石が川の水に運ばれるなどして湖や海に堆積して固まったもの</u>で，泥(でい)岩，砂岩，礫岩などとよばれます。また，堆積岩には生物によってつくられるものもあります。サンゴのつくる石が堆積してできた③<u>石灰岩(せっかいがん)</u>や，④<u>ケイソウ</u>の殻(から)が堆積してできたチャートなどがあります。

図1の腐植土(ふしょくど)の層には，生物の遺骸などが堆積していたり，それらが分解されてできた有機物と肥料分が多く含(ふく)まれていたりします。そのため，腐植土の層が厚い場所では植物がよく育つことが知られています。植物の量が多い場所では枯(か)れる植物や落ち葉なども多いため，腐植土の層が厚く

なりそうですが，必ずしもそうとは限りません。植物の量が非常に多い熱帯雨林では，気温が高いため，土の中の菌(きん)や細菌が生物の遺骸を分解する活動が盛(さか)んになり，腐植土の層が薄(うす)いことが知られています。そのため，熱帯雨林の伐採(ばっさい)後の土地は植物を育てることに向いていません。また，雨が多いため，薄い腐植土の層から肥料分が流出しやすく，砂漠(さばく)化しやすくなっています。このようなことから，熱帯雨林の伐採が地球環境(かんきょう)に与(あた)える影響(えいきょう)はとても大きいといえます。

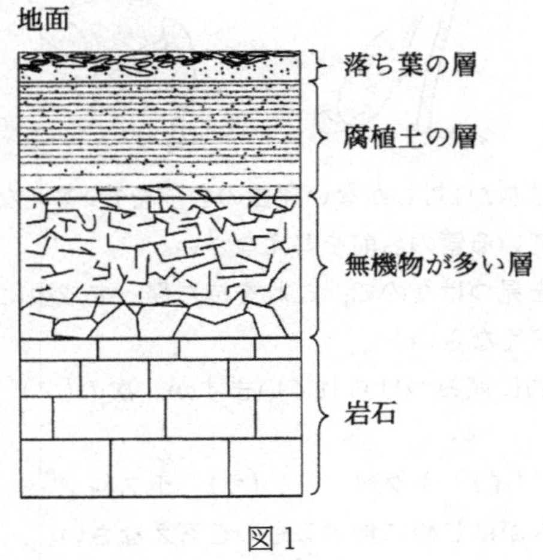

図1

(1)　下線部①について，次の(a)・(b)の問いに答えなさい。

(a)　次の(ア)～(カ)の中から，火山岩をすべて選び，記号で答えなさい。

(ア)　アンザン岩　　(イ)　カコウ岩　　(ウ)　ゲンブ岩
(エ)　センリョク岩　　(オ)　ハンレイ岩　　(カ)　リュウモン岩

(b)　火山岩と深成岩との違(ちが)いを説明した次の文章の(　あ　)～(　う　)にあてはまる言葉の組み合わせを，あとの(ア)～(エ)の中から1つ選び，記号で答えなさい。

マグマが急激に冷えて固まったものが(　あ　)で，ゆっくり冷えて固まったものが(　い　)です。ゆっくり冷えた(　い　)では，(　う　)大きさの鉱物が観察できます。

	(　あ　)	(　い　)	(　う　)
(ア)	火山岩	深成岩	同じような
(イ)	火山岩	深成岩	バラバラの
(ウ)	深成岩	火山岩	同じような
(エ)	深成岩	火山岩	バラバラの

（2） 下線部②について，川が海に流れ込む図２のような地形において，（　え　）～（　か　）には主にどのような堆積物が含まれますか。その組み合わせとして最も適したものを，あとの（ア）～（カ）の中から1つ選び，記号で答えなさい。

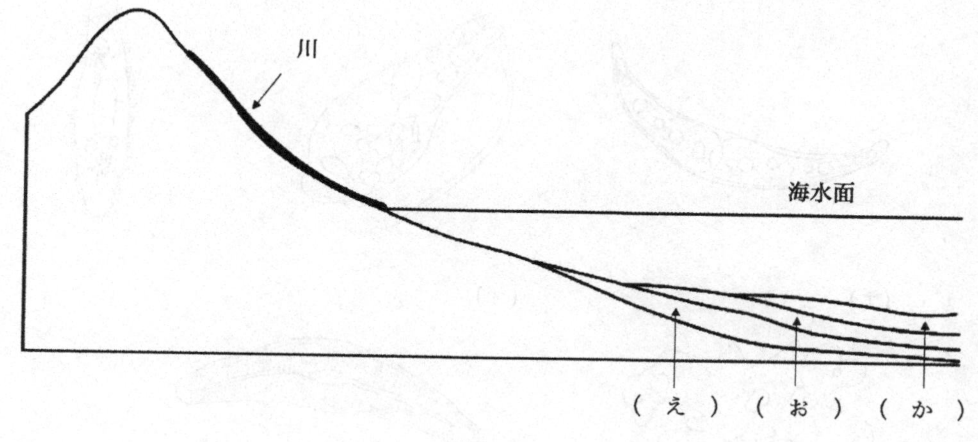

図２

	（え）	（お）	（か）
（ア）	砂	礫	シルト
（イ）	砂	粘土	シルト
（ウ）	礫	シルト	砂
（エ）	礫	砂	粘土
（オ）	シルト	粘土	砂
（カ）	シルト	砂	礫

（3） 岩は水の流れによって削られ，運ばれ，堆積していきます。水の流れによってつくり出される特徴的な地形と，それができる場所の組み合わせとして適したものを，次の(ア)～(カ)の中からすべて選び，記号で答えなさい。

	地形	場所
（ア）	V字谷	山地から平地に変わる場所
（イ）	V字谷	平地から河口にかけて
（ウ）	三角州	平地から河口にかけて
（エ）	三角州	河口付近
（オ）	扇状地	山地から平地に変わる場所
（カ）	扇状地	河口付近

（4） 下線部③について，サンゴのつくる石が堆積してできた石灰岩はエベレスト山頂近くからも産出されます。昔，海底であった場所が，エベレスト山頂にあるのはなぜですか。その理由を簡単に答えなさい。

（5） 下線部④について，ケイソウはどれですか。次の(ア) ～ (オ)の中から1つ選び，記号で答えなさい。ただし，図の大きさの関係は実際とは異なります。

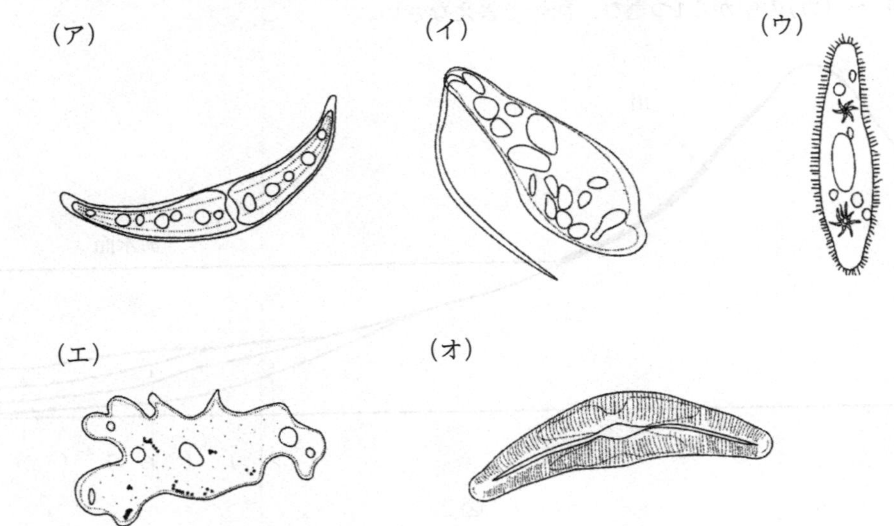

（6） ウクライナやシベリア南部の土地にはチェルノーゼムとよばれる黒い土があり，肥沃な土地であることが知られています。この場所が肥沃な土地である理由を説明した文として正しいものを，次の(ア) ～ (カ)の中から2つ選び，記号で答えなさい。

(ア) 雨が少なく植物の量が少ないため，腐植土の層があまり厚くならないから。
(イ) 雨が少なく，できた腐食土の層の肥料分があまり流出しないから。
(ウ) 雨が少なく，ミミズなどの土壌生物がほとんど生育できないから。
(エ) それほど暑くなく，生物の遺骸が適度に分解されるから。
(オ) それほど暑くなく，生物の遺骸がほとんど分解されないから。
(カ) それほど暑くなく，ミミズなどの土壌生物がほとんど生育できないから。

[3] 次の文章を読んで，あとの(1) ～ (4)の問いに答えなさい。ただし，1Lあたりの気体の重さを気体の密度といい，単位には[g/L]を使います。

地球の大気にはさまざまな気体が含まれ，年代によっても含まれている気体の種類が異なります。水蒸気を含まない大気(以下，乾燥大気)に含まれる気体について，体積の大きい順番に並べると，現在では窒素，酸素，(　あ　)，(　い　)，ネオン，……の順です。ここで，(　あ　)が発見された歴史を簡単にみてみましょう。

19世紀末，大気には水蒸気，窒素，酸素，(　い　)が含まれていることが知られていました。第3代レイリー男爵のジョン・ウィリアム・ストラット(以下，レイリー卿)は，乾燥大気から①酸素と②(　い　)を除いて得た，窒素と思われる気体を大気窒素とよびました。レイリー卿は，この大気窒素の密度と，化学的に合成した純粋な窒素の密度を，厳密に測定して比較したところ，③大気窒素の密度の方が純粋な窒素の密度より，わずかに大きいことを発見しました。レイリー卿が，この奇妙な不一致を「ネイチャー」という雑誌に投稿したことをきっかけに，ウィリアム・ラムゼーとレイリー卿が共同で研究を行いました。最終的には，大気窒素から窒素を除くことで，(　あ　)が発見されました。大気窒素には，窒素，(　あ　)以外の気体も含まれていましたが，それらの量は非常に少なかったため，(　あ　)の発見といっても差し支(つか)えありませんでした。この功績によって，1904年に2人ともノーベル賞を受賞しました。

(1)　(　あ　)・(　い　)にあてはまる気体の名前をそれぞれ答えなさい。

(2)　下線部①について，乾燥大気を加熱した銅と反応させることで，酸素を除くことができます。次の表1は，10gの乾燥大気をさまざまな重さの銅と反応させたときの，反応後の気体の重さをまとめたものです。あとの(a)～(c)の問いに答えなさい。ただし，銅または酸素のどちらかがなくなるまで反応が進むものとし，銅は酸素とのみ反応するものとします。

表1

銅の重さ[g]	2	4	6	8	10	12
反応後の気体の重さ[g]	9.49	8.98	8.47	7.96	(　X　)	7.67

(a)　(　X　)にあてはまる数値を答えなさい。

(b)　表1で12gの銅を用いて反応させたとき，酸素と反応せずに残った銅は何gですか。ただし，答えが割り切れない場合は，小数第3位を四捨五入して小数第2位まで答えなさい。

(c)　10gの乾燥大気の体積は何Lですか。ただし，乾燥大気に含まれる酸素の体積の割合は21%，純粋な酸素の密度は1.43g/Lとします。また，答えが割り切れない場合は，小数第3位を四捨五入して小数第2位まで答えなさい。

(3)　下線部②について，ある物質の濃(こ)い水溶液(すいようえき)に乾燥大気を通すことで，(　い　)を除くことができます。これは，この物質の水溶液と(　い　)の水溶液の，リトマス紙に対する変化が逆であることからもわかるように，互(たが)いに反応し合う関係であることを利用しています。この物質として最も適したものを，次の(ア)～(エ)の中から1つ選び，記号で答えなさい。

(ア)　アンモニア　　(イ)　塩化ナトリウム
(ウ)　塩化水素　　(エ)　砂糖

(4)　下線部③について，2種類の気体が混ざっている場合，たとえば密度が1g/Lの気体Aと密度が2g/Lの気体Bが，それぞれ40%と60%の体積の割合で含まれる気体全体の密度は，1.6g/Lになります。大気窒素の密度の方が純粋な窒素の密度より0.5%大きいとき，(　あ　)の密度は何g/Lですか。ただし，乾燥大気に含まれる窒素の体積の割合は78%，(　あ　)の体積の割合は0.93%であるとし，大気窒素には窒素と(　あ　)のみが含まれているものとします。また，純粋な窒素の密度は1.25g/Lとします。なお，答えが割り切れない場合は，小数第3位を四捨五入して小数第2位まで答えなさい。

[4] 次の文章を読んで，あとの(1)～(8)の問いに答えなさい。

温度が異なるものを接触(せっしょく)させておくと，それらが固体でも液体でも気体でも，温かいものから冷たいものへと熱が伝わり，それらはいずれ同じ温度になります。このことを，熱平衡(へいこう)に達した，といいます。たとえば①冷蔵庫や冷凍庫(れいとうこ)の内部の空気は一定の温度になるように冷やされており，夏の日にぬるくなった水道水も，冷蔵庫や冷凍庫の中に入れて長時間放置すると，冷蔵庫や冷凍庫の内部の空気と熱平衡に達して冷たくなります。

ここで「しばらく待つと」とあるように，熱が伝わるのには時間がかかるため，温度が異なるものを接触させてもすぐに熱平衡に達するわけではありません。高温だったものは時間をかけて冷えていき，低温だったものは時間をかけて温まっていきます。このとき，②温度が時間とともに変化する割合(温度が1秒あたりに何℃変化するか)は，物質の種類や，接触したものとの温度差などによって変わります。また，大きい物体についてよく観察すると，物体全体が一気に温まったり冷えたりするのではなく，③熱が物体の中を時間をかけて伝わっていくようすがわかります。

熱が時間をかけて伝わるということは，わたしたちがものに触(さわ)ったときに「温かい」あるいは「冷たい」と感じることにも関わっています。ものに触ったとき，熱がからだに入ってくるときには温かいと感じ，熱がからだから出ていくときには冷たいと感じますが，その温かさや冷たさの感じ方は，単純に触ったものの温度だけで決まるわけではありません。たとえば④室内に長時間置かれた机の木製の天板と鉄製の脚(あし)に触(ふ)れると，鉄製の脚の方が冷たいように感じます。その理由は，木よりも鉄の方が熱を速く伝えることにあります。このように，物質の種類によって，熱を伝える速さは異なるのです。さらには，固体と気体でも熱を伝える速さは異なり，気体が熱を伝える速さは固体が熱を伝える速さと比べてとても遅(おそ)いことが知られています。身の回りにあるものを色々と調べてみると，⑤これらのことを利用した道具や素材があることに気がつくことでしょう。

これまで述べてきたような，ものを接触させたときの熱の伝わり方を伝導といいますが，熱の伝わり方には他にも2つあります。1つは，たとえば太陽から地球に熱が伝わってくるように，赤外線などのかたちで伝わってくるような伝わり方で，これを放射といいます。もう1つは，たとえば水や空気を温めたときに温められた部分が上へ動いて，やがて全体が温まるような伝わり方で，これを対流といいます。

対流はなぜ起こるのでしょうか。それを明らかにするため，水の中でものが浮(う)く(上の方へ動く)条件と沈(しず)む(下の方へ動く)条件を考えてみましょう。水の中でものが浮くか沈むかは，そのものの密度によって決まり，⑥密度が水よりも小さいものは浮き，大きいものは沈みます。これはものが固体であっても液体であっても同じで，地上に重力があることと関係しています。このことが対流とどう関係するのでしょうか。たとえば水を入れたビーカーの底を加熱すると，底の近くにある水の温度が上がり，体積が増えて水の密度は小さくなり，上の方へ動きます。同時に，上の方にある，温度が上がっておらず密度が小さくなっていない水が，下の方へ動きます。つまり対流が起こるのです。一方，同じ温度であっても，密度が大きい液体は密度が小さい液体よりも下に，密度が小さい液体は密度が大きい液体よりも上に動こうとするため，密度の違(ちが)いによる液体の動きが起きることもあります。

(1) 下線部①について，コップに入れた20℃の水を，10℃になるように冷やされた冷蔵庫内と，－10℃になるように冷やされた冷凍庫内に入れて長時間放置すると，その水はそれぞれどのようになりますか。最も適したものを，次の(ア)～(オ)の中からそれぞれ1つずつ選び，記号で答えなさい。

(ア) 10℃より高く20℃より低い温度の水

(イ) 10℃の水

(ウ) 0℃の氷

(エ) 0℃より低く－10℃より高い温度の氷

(オ) －10℃の氷

(2) 下線部②について，次の(a)・(b)の問いに答えなさい。

(a) ものの温度が時間とともに変わるようすを，縦軸(たてじく)に温度，横軸に時間をとってグラフに描(か)くことを考えます。温度が変化しているときだけに注目して比べたとき，温度が時間とともに変化する割合が最も大きいものを表すグラフはどれですか。次の(ア)～(カ)の中から1つ選び，記号で答えなさい。ただし，温度が変化しているときを実線，温度が一定のときを破線で表すものとします。

(ア)

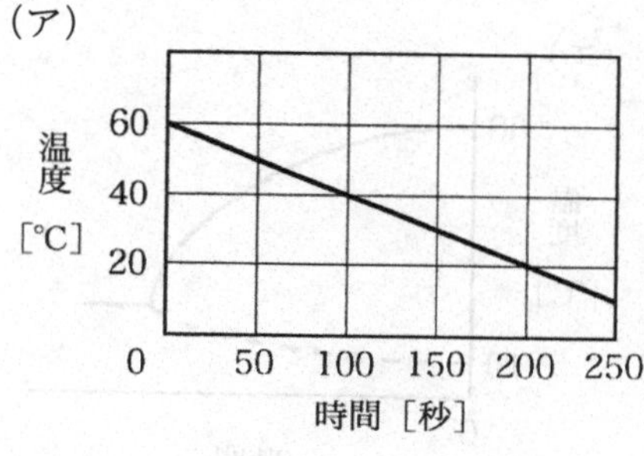

(イ)

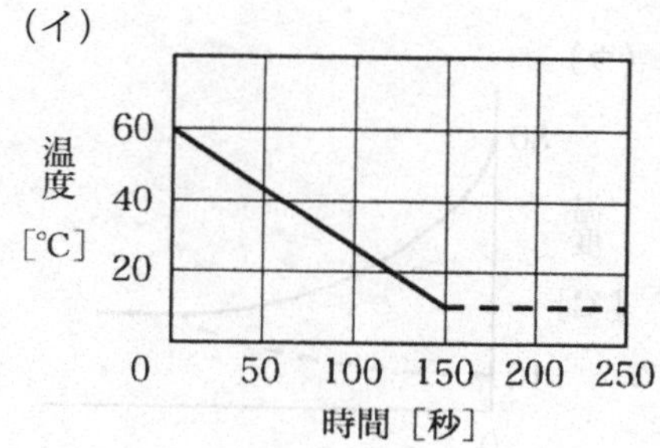

(ウ)

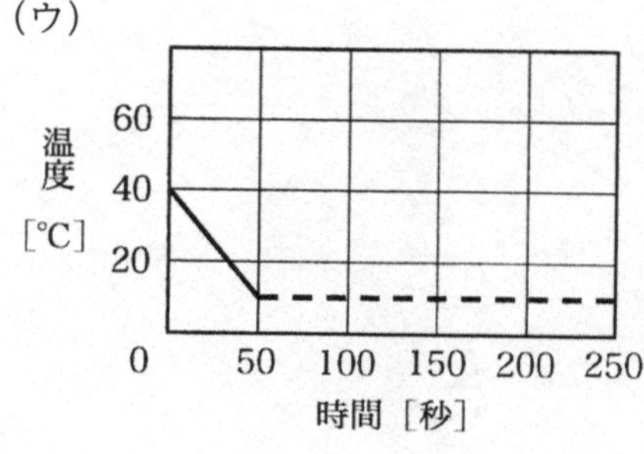

(エ)

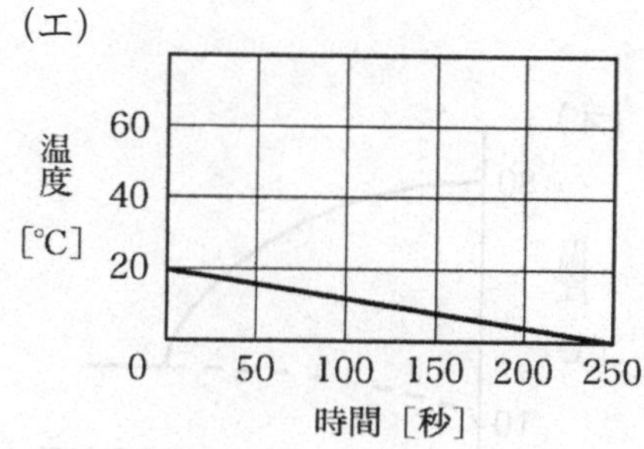

(オ)

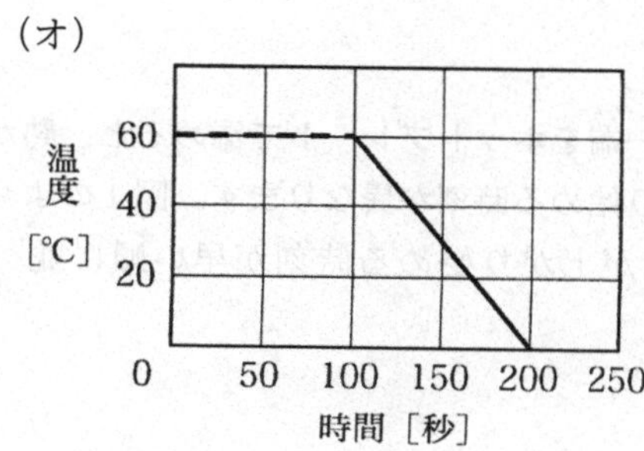

(カ)

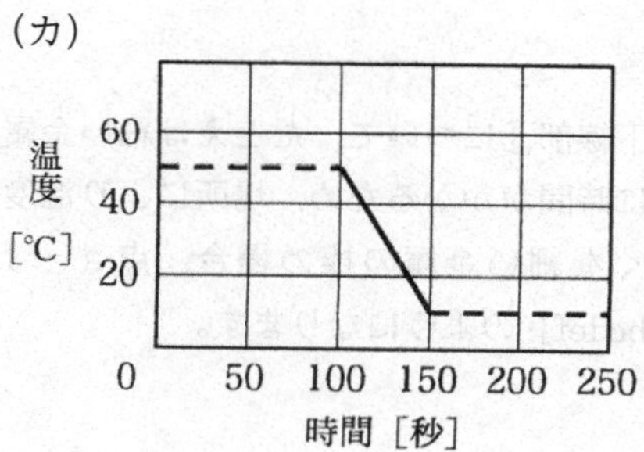

(b) 高温の物体Aと低温の物体Bを接触させました。縦軸に物体の温度，横軸に時間をとり，物体Aの温度を実線で，物体Bの温度を破線で表したとき，2つの物体の温度が時間とともに変化して熱平衡に達するようすを表したグラフはどれですか。最も適したものを，次の(ア)～(オ)の中から1つ選び，記号で答えなさい。ただし，2つの物体の温度差が大きいときほど，それらの温度が時間とともに変化する割合が大きいことが知られています。また，熱のやりとりは物体Aと物体Bとの間でのみおこなわれたものとします。

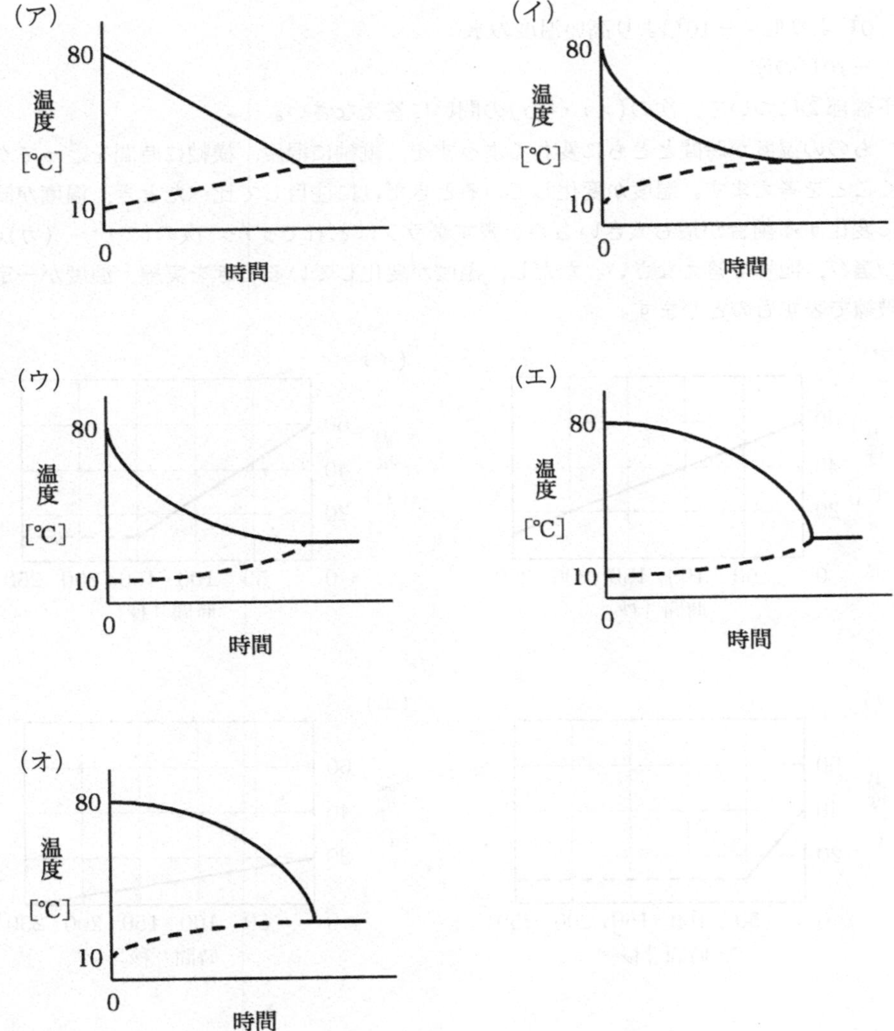

(3) 下線部③について，たとえば細い金属の棒の一端(いったん)をホットプレートで温めると，熱が伝わるのに時間がかかるため，場所により温度が上がり始める時刻が異なります。図1のようなまっすぐな細い金属の棒の場合，点a～fを温度が上がり始める時刻が早い順に並べると，「abcdef」のようになります。

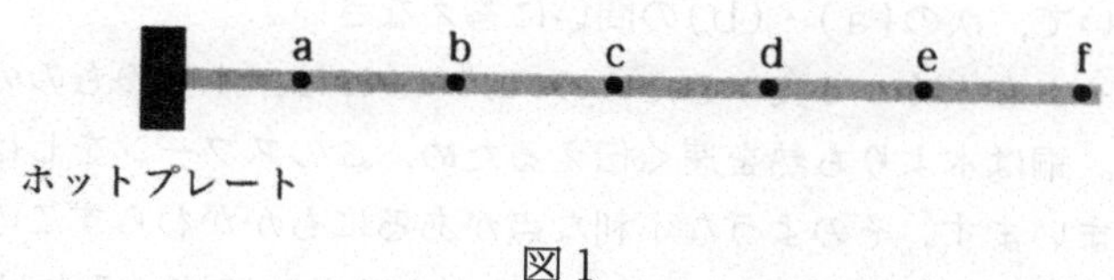

図1

長さ17.5cmの細い金属の棒XFを図2のように点A，B，C，D，Eで直角に曲げました。各点の間の長さは，XA＝AB＝BC＝4cm，CD＝3cm，DE＝1.5cmです。その後，図3のように，点Aから1cm右に離(はな)れた点Gと点Eを，同じ金属の棒で接続しました。接続した点は熱をよく伝えるものとします。点Xをホットプレートで温めたとき，点A～Gを温度が上がり始める時刻が早い順に並べると，どのようになりますか。「ABCDEFG」のように答えなさい。ただし，熱は金属を伝導することによってのみ伝わるものとします。

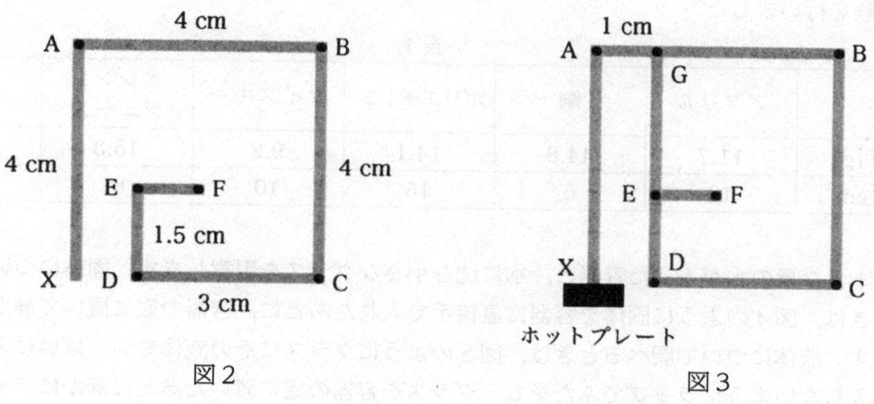

図2　　　　図3

（4） 下線部④について，20℃の室内に長時間放置されていた木の板と鉄の板の上に，大きさやかたち，温度が同じ氷を同時に置きました。このときのようすについて述べた次の文の(　あ　)・(　い　)にあてはまる言葉の組み合わせを，あとの(ア) ～ (カ)の中から1つ選び，記号で答えなさい。ただし，木の板と鉄の板はともに十分に大きく厚いものとします。

氷を置く前の木の板と鉄の板の温度は(　あ　)，氷がとけ終わるのは(　い　)。

	(　あ　)	(　い　)
(ア)	木の板の方が高く	木の板の方が早い
(イ)	木の板の方が高く	変わらない
(ウ)	木の板の方が高く	鉄の板の方が早い
(エ)	等しく	木の板の方が早い
(オ)	等しく	変わらない
(カ)	等しく	鉄の板の方が早い

(5) 下線部⑤について，次の(a)・(b)の問いに答えなさい。

(a) アイスクリームをすくって食べるためのスプーンには，木製のものの他に，銅製のものなどがあります。銅は木よりも熱を速く伝えるため，このスプーンをしばらく使うと，手が冷たくなってしまいます。そのような不利な点があるにもかかわらずこのようなスプーンが使われることがあるのは，それを補う別の利点があるためです。それはどのような利点ですか。伝導という言葉を使って答えなさい。

(b) 目に見えないほどの小さなすき間が無数にあるため，その体積の95%以上を空気が占(し)めており，熱を伝える速さが非常に遅いという特徴(とくちょう)をもった素材があります。生鮮(せいせん)食品の運搬(うんぱん)などに用いられることが多いこの素材の名前を答えなさい。

(6) 下線部⑥について，次の表1は，いくつかの固体と液体について，20℃でのその重さと体積をはかった結果を表したものです。これらのものが水に浮くかどうかを調べる，あとのような実験を行いました。

表1

	アクリル	銅	ポリエチレン	ウイスキー	オレンジジュース	油
重さ[g]	11.7	44.8	14.1	9.2	15.3	18.4
体積[cm^3]	10	5	15	10	15	20

[実験] 十分な量の水が入った容器と，水に沈む小さなグラスを用意します。固体について調べるときは，図4のように固体を容器に直接手で入れたあとに，容器の底に置いて静かにはなします。液体について調べるときは，図5のようにグラスにその液体をいっぱいに入れて空気が入らないようにラップでふたをし，グラスを容器の底に置いたあとに静かにラップに数カ所穴をあけます。

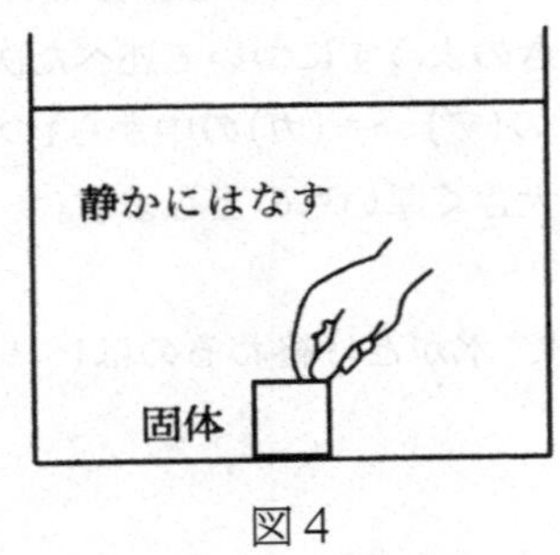

図4

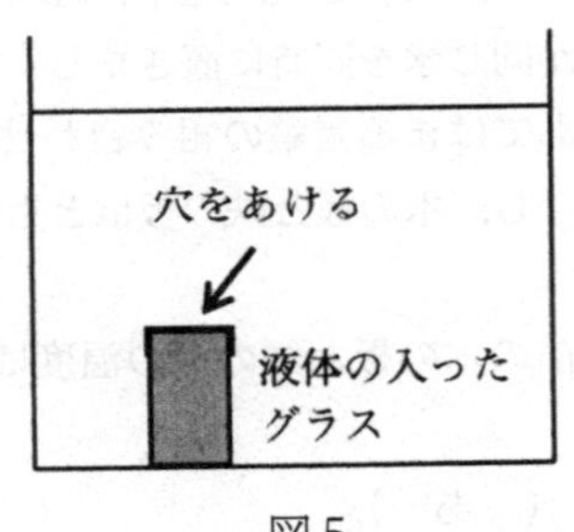

図5

表1にあるものの中で，静かにはなしたあと，あるいはラップに穴をあけたあとすぐに浮いた(上の方に動いた)ものは，ポリエチレン，ウイスキー，油でした。水の1cm^3あたりの重さは，何gより大きく何gより小さいと考えられますか。ただし，すべての物質の温度は，20℃で変わらないものとします。

(7) 側面が正方形で幅(はば)が薄(うす)い直方体の容器に空気が残らないように水を入れてふたをし，図6のように，その左下の端(はし)をホットプレートで温めます。この実験を国際宇宙ステーション内でおこなったとき，容器内の水中の点A～Dのうち，温度が最も早く上がり始める点はどこですか。記号で答えなさい。ただし，点DはACの真ん中の点です。

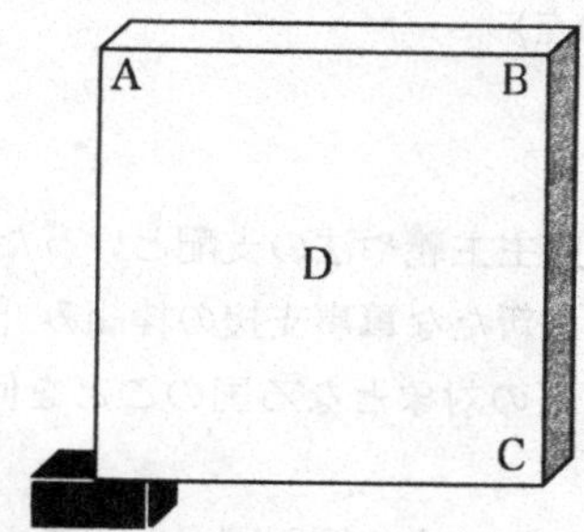

図6

（8） 同じ種類，同じ大きさのコップに入った，同じ体積のオレンジジュースとウイスキーが20℃の室内に置かれており，同じ温度になっています。これらに大きさやかたち，温度が同じ氷を同時に入れて静かに放置したところ，浮いたままとけていき，やがてすべてとけ終わりました。このときのようすを説明した文として正しいものを，次の(ア) ～ (カ)の中から1つ選び，記号で答えなさい。ただし，オレンジジュースとウイスキーは，どちらも色のついた液体です。

(ア) 氷がとけ終わるのはほぼ同時で，どちらも氷を入れる前と見た目がほぼ変わらない。

(イ) 氷がとけ終わるのはほぼ同時で，どちらもコップ上部の液体の色がうすくなっている。

(ウ) 氷がとけ終わるのはウイスキーの方が早く，ウイスキーの方はコップ上部の液体の色がうすくなっている。

(エ) 氷がとけ終わるのはウイスキーの方が早く，オレンジジュースの方はコップ上部の液体の色がうすくなっている。

(オ) 氷がとけ終わるのはオレンジジュースの方が早く，ウイスキーの方はコップ上部の液体の色がうすくなっている。

(カ) 氷がとけ終わるのはオレンジジュースの方が早く，オレンジジュースの方はコップ上部の液体の色がうすくなっている。

【社　会】(40分)〈満点：100点〉

[1] 次の問いに答えなさい。

問1　昨年，我が国の政府は，民主主義や法の支配といった基本的な価値観を共有する国に対し，防衛装備品などを無償提供する新たな軍事支援の枠組み「政府安全保障能力強化支援(ＯＳＡ)を創設しました。こうしたＯＳＡの対象となる国のことを何とよびますか。次の**ア～オ**の中から1つ選び，記号で答えなさい。

ア　衛星国　　**イ**　連合国　　**ウ**　同盟国　　**エ**　同志国　　**オ**　中立国

問2　2023年10月から，消費税が記載された事業者間でやりとりされる適格請求書の制度が始まりました。この適格請求書のことを何と言いますか。カタカナ５字で答えなさい。

問3　日本国憲法第69条の(　　　)にあてはまる語句を漢字で答えなさい。

> 内閣は，衆議院で不信任の決議案を可決し，又は信任の決議案を否決したときは，10日以内に衆議院が解散されない限り，(　　　)をしなければならない。

問4　昨年４月15日，ドイツでは，最後の原子炉３基が発電のための運転を停止し，2011年の東京電力福島第１原発事故を受けて決めた脱原発が完了しました。しかしドイツ国民の中には，こうした政策に不安を感じたり異論があったりして，反対する人もいます。こうした人々が脱原発の政策に反対するのはなぜですか。具体的に10字以上20字以内で答えなさい。

[2] 次の文章を読んで，あとの問いに答えなさい。

みなさんは日本古代の遺跡を訪れたことがありますか？

古代の遺跡の代表は，奈良県の《国営平城宮跡歴史公園》でしょう。平城京は平安時代に田畑となり，やがてその場所はわからなくなりましたが，近代になって考古学研究がすすみ，①1920年代に発掘調査が始まり，戦後に特別史跡となって保存されました。平城宮跡には，1998年に(　1　)門，2010年に大極殿，2022年には大極門(南門)の建物が復原され，宮都のようすが徐々に再現されています。ただ，古代の都は平城京が最初ではなく，694年に築かれた藤原京が最初の都で，その宮跡が戦後発掘され，《②藤原宮跡史跡公園》として大極殿の列柱だけが復原されました。奈良県以外にも③大阪府の難波宮，滋賀県の大津宮や紫香楽宮などもあり，それぞれ発掘され，史跡となっています。

794年の遷都後，④平安京は“千年の都”として長らく続き，現在の京都市街地の中心部にあたりますが，現在の京都御苑(御所)は平安時代の大内裏と場所が異なります。ちなみに古代の都城は中央を南北に通る(　1　)大路を中心に東西を右京・左京とよび分けます。ただ現在の地図においては，右(東)に左京，左(西)に右京で左右が逆になりますが，それは［　　　　　］からです。

律令国家は地方支配のために中央貴族を国ごとに国司として派遣しました。その国司が政務をとる役所付近は「国府」「府中」とよばれ，東京都府中市のようになごりとなる地名が全国にあり，その府中市の遺跡は《武蔵国府跡》として現在公園になっています。また兵庫県豊岡市に国府駅があるほか，神奈川県の東海道線国府津駅，徳島県の府中駅，愛知県の国府駅は，鉄道ファンにはおなじみの難読駅で，いずれも古代の政治に由来していることがわかります。さらに⑤戦国大名も自分の居城のある場所を「府中」と称し，たとえば今川氏の居城があった地(現在の静岡市)は「府中」と称され，旧国名の駿河の府中を略して「駿府」ともよばれました。また別の県の(　2　)市も，旧国名の1字と国府を意味する1字が組み合わされた地名で，その県の県庁所在地になっています。

国府の近くには国分寺・国分尼寺が(　3　)天皇によって建立され，当時の建物は全く残っていませんが，そのなごりとして全国各地に「国分寺」「国分」という地名が多数あります。武蔵国の国分寺があった地は，そのなごりの地名そのままの東京都国分寺市で，《武蔵国分寺跡》が保存されています。また《相模国分寺跡》は神奈川県海老名市にあり，発掘された地は保存され，公園となりました。岡山県の備中国分寺は田園風景の中の五重塔で知られますが，⑥江戸時代に再建されたものです。

地方の役所の重要な遺跡はほかにもあって，⑦九州の(　4　)が⑧中国や朝鮮半島との外交や九州の行政も担当した役所で，福岡県に大規模な《(　4　)政庁跡》があります。また東北の多賀城が，蝦夷と戦うための軍事基地，かつ陸奥国府として置かれ，発掘跡は宮城県多賀城市の《多賀城跡》として保存されています。

日本古代史の政治制度はその後の日本史全体に大きな影響を及ぼしましたので，古代の遺跡を訪れたり，地名の由来を考えたりすることは，とても大切なことでしょう。

問1　文中の(1)～(4)にあてはまる語句や人名を漢字で答えなさい。

問2　文中の［　　　　　］に入る文を1行で答えなさい。

問3　下線部①について，1920年代の次の出来事を，時期の早い順に並べかえた場合，3番目になるものを，次の**ア～エ**の中から選び，記号で答えなさい。

ア　世界恐慌　　**イ**　治安維持法制定　　**ウ**　関東大震災　　**エ**　国際連盟発足

問4　下線部②から1967年に発掘された木簡の**〔写真の説明〕**，および**〔表〕**「当時の地方行政区域の制度についての政治史料」とあわせて，当時の政治制度について正しく説明されている文を，あとの**ア～エ**の中から1つ選び，記号で答えなさい。

〔写真の説明〕

木簡には，「己亥年十月上捄国阿波評松里」(「己亥年」は西暦699年，「上捄国」は上総国で現在の千葉県の一部)と書かれ，その後，全国から発掘された同時期の木簡でも行政区域については同様の記述になっています。

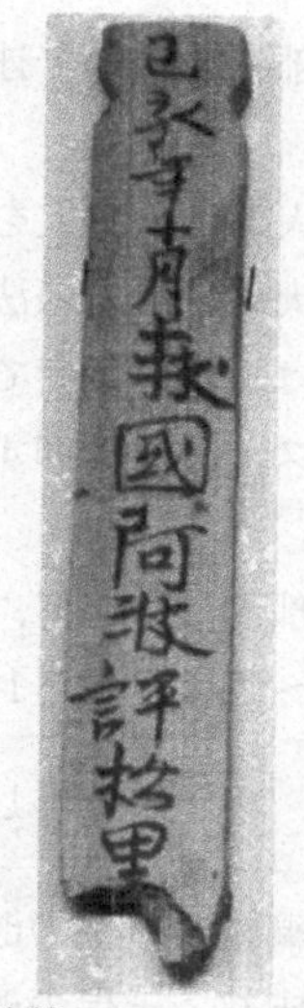

(奈良県立橿原考古学研究所附属博物館所蔵のレプリカ　聖光学院社会科撮影)

〔表〕当時の地方行政区域の制度についての政治史料

制度(史料名)	地方行政区域
改新の詔(みことのり)の記述(日本書紀)	「国ごとに国司，郡ごとに郡司」
律令制度(大宝律令)	「国ごとに国司，郡ごとに郡司，里ごとに里長」

ア　日本書紀の表記通りに，大化改新以前は「郡」ではなく「評」が用いられていた。
イ　木簡の表記が誤りで，大化改新以後，大宝律令制定まで「評」ではなく「郡」が用いられていた。
ウ　日本書紀の表記が誤りで，大化改新以後，大宝律令制定まで「郡」のかわりに「評」が用いられていた。
エ　大宝律令の表記が誤りで，大宝律令制定後は「郡」のかわりに「評」が用いられていた。

問５　下線部③の大阪(江戸時代までは「大坂」)に関連して述べた文として正しいものを，次の**ア〜エ**の中から1つ選び，記号で答えなさい。

ア　石山本願寺は一向一揆の中心だったが，その跡地(あとち)に豊臣秀吉は大坂城を築いた。
イ　近松門左衛門は『仮名手本忠臣蔵(かなでほんちゅうしんぐら)』など歌舞伎の傑作(けっさく)を多く著(あらわ)した。
ウ　江戸幕府の異国船打払令に反対した大坂町奉行の大塩平八郎が処罰(しょばつ)された。
エ　渋沢栄一は大阪に富岡製糸場を設立し，明治期の殖産興業に大いに貢献(こうけん)した。

問６　下線部④の平安京および周辺の寺院について述べた文として正しいものを，次の**ア〜エ**の中から1つ選び，記号で答えなさい。

ア　東寺は，天台宗をひらいた空海によってつくられた。
イ　平等院は，摂政関白だった藤原道長によってつくられた。
ウ　知恩院は，浄土宗をひらいた法然によってつくられた。
エ　金閣は，室町幕府の3代将軍足利義政によってつくられた。

問７　下線部⑤について述べた文として正しいものを，次の**ア〜エ**の中から1つ選び，記号で答えなさい。

ア　戦国大名は，主人を打ち倒(たお)す下剋上のなか，天皇や貴族，寺社らの領地を守った。
イ　戦国大名は独自の法律をつくらず，鎌倉幕府の御成敗式目を使っていた。
ウ　鉄砲は日本で生産できないので，戦国大名はヨーロッパから輸入した。
エ　キリスト教を信仰(しんこう)する大名には，信者の少年をローマ教皇のもとへ送った者もいた。

問８　下線部⑥について，次の**〔政策〕**をおこなった人物と改革の組み合わせとして正しいものを，あとの**ア〜エ**の中から1つ選び，記号で答えなさい。

〔政策〕　物価が上昇(じょうしょう)したため，流通を独占(どくせん)する株仲間のしわざとして解散を命じた。

ア　徳川綱吉：享保の改革　　**イ**　徳川吉宗：享保の改革
ウ　水野忠邦：天保の改革　　**エ**　松平定信：天保の改革

問9　下線部⑦の歴史的な出来事について述べた文として正しいものを，次の**ア～エ**の中から1つ選び，記号で答えなさい。

ア　弥生時代に中国から送られた金印が，福岡県沖ノ島から江戸時代に発見された。

イ　鎌倉時代にモンゴル軍が2度も日本に襲来(しゅうらい)し，文禄・慶長の役とよばれた。

ウ　江戸時代に島原の乱が起き，鎮圧(ちんあつ)後に幕府はバテレン追放令を発した。

エ　明治時代に北九州に八幡製鉄所がつくられ，筑豊炭田の石炭が利用された。

問10　下線部⑧に関連して，東アジア諸国・地域と日本との関係について述べた文として正しいものを，次の**ア～エ**の中から1つ選び，記号で答えなさい。

ア　日清戦争後の下関条約によって日本は台湾を植民地としたが，三国干渉を受けて返還(へんかん)し，賠償金(ばいしょうきん)も得られなかった。

イ　江戸幕府の鎖国政策で貿易が制限されるなか，中国とは貿易が継続(けいぞく)され，長崎の出島に中国人が収容された。

ウ　朝鮮出兵で日本と朝鮮は交戦したが，豊臣秀吉の死後に国交が回復され，たびたび使節が日本に派遣された。

エ　日中戦争で日本と中国は断交し，戦後も日中間で国交はなかったが，サンフランシスコ会議で国交が回復した。

[3]　聖光学院では，高校2年の7月に北海道へ修学旅行に行きます。高校2年生のアツシ君は旅行中に日記を書きました。この日記を読んで，あとの問いに答えなさい。

1日目　羽田空港から飛行機で釧路に向かった。空港の建物を出ると，①ずいぶん肌寒(はださむ)く，気候の違(ちが)いを感じた。

2日目　宿泊(しゅくはく)した温泉地を出て，②近くにあるアトサヌプリという火山の見物をした。噴気(ふんき)が出ていて，独特の臭(にお)いがしていたのが印象的だった。かつては，ある鉱物資源の採掘(さいくつ)がおこなわれていたらしい。その後，バスは知床半島へ向かった。知床半島の南部にある羅臼町(らうすちょう)で休憩(きゅうけい)した時に海をながめたら，北方四島のひとつである(　1　)島が見えた。知床周辺は自然が豊かな地域として知られており，③世界自然遺産に認定(にんてい)されている。

3日目　サロマ湖へ向かった。サロマ湖では，④ホタテガイやカキの養殖(ようしょく)がさかんなので，養殖に使う道具を港で見ることができた。

4日目　網走で⑤流氷に関しての展示をおこなう「オホーツク流氷館」と，「⑥博物館網走監獄(かんごく)」を見学した。その後，帯広方面へ向かった。帯広は(　2　)平野にあり，⑦周辺では農業がさかんだ。

5日目　富良野へ向かった。富良野はラベンダー畑が有名で，日本人観光客だけでなく，外国人観光客も多かった。富良野からは札幌に向かった。札幌は明治時代に碁盤目(ごばんめ)状に区画された計画都市だ。この開発には(　3　)という，北海道の開拓(かいたく)と防衛の役割を担(にな)った人々が大きく関わっていたようだ。

6日目　電車で小樽に向かった。古くから(　4　)船による交易で栄えた⑧都市だ。小樽では(　5　)細工の店で，家族にお土産を買った。なぜ小樽で(　5　)細工製造がさかんなのかというと，かつてニシン漁がおこなわれる際に，網を浮かせるための道具として(　5　)玉が使われていたからなのだそうだ。ニシンは保存性を高めるために乾燥させて，(　4　)船で関西方面などへ運ばれたらしい。また，小樽の街を散策していると，あちこちで⑨ロシア語で書かれた貿易会社の看板を目にした。小樽観光を終えて，集合場所の⑩新千歳空港へ向かった。新千歳空港からは，日本や世界各地への航空便が飛んでいる。羽田空港行きの飛行機に乗って修学旅行が終わった。

問1　文中の(　1　)～(　5　)にあてはまる語句を答えなさい。ただし，(　1　)～(　4　)は漢字で答えなさい。

問2　下線部①について，次の地図は寿都町(Ⅰ)・士別市(Ⅱ)・根室市(Ⅲ)の位置を示したものです。また，あとの表は寿都町・士別市・根室市いずれかの「1月の気温と降水量」,「7月の気温と降水量」を示したものです。地図中のⅠ～Ⅲと，表中の[あ～う]の組み合わせとして正しいものを，あとの**ア～カ**の中から1つ選び，記号で答えなさい。

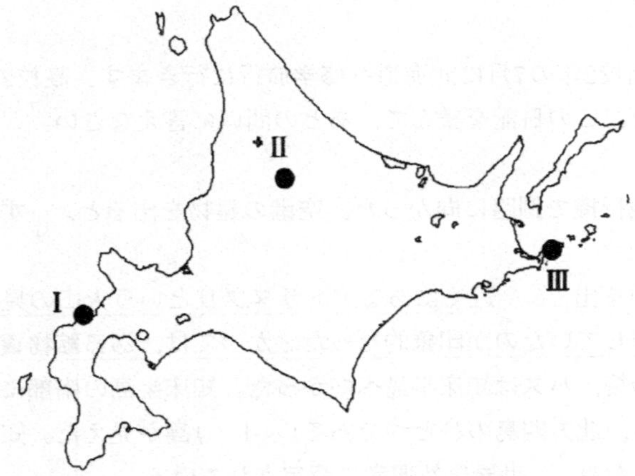

	1月の気温(℃)	1月の降水量(mm)	7月の気温(℃)	7月の降水量(mm)
あ	−8.5	64.2	19.7	130.5
い	−2.3	120.2	19.5	94.5
う	−3.4	30.6	14.9	115.1

(気象庁ウェブサイトより作成)

ア Ⅰ：あ　Ⅱ：い　Ⅲ：う　**イ** Ⅰ：あ　Ⅱ：う　Ⅲ：い
ウ Ⅰ：い　Ⅱ：あ　Ⅲ：う　**エ** Ⅰ：い　Ⅱ：う　Ⅲ：あ
オ Ⅰ：う　Ⅱ：あ　Ⅲ：い　**カ** Ⅰ：う　Ⅱ：い　Ⅲ：あ

問3　下線部②の鉱物資源について説明した文として正しいものを，次の**ア〜エ**の中から1つ選び，記号で答えなさい。

ア　火薬やマッチの材料として用いられるほか，ゴムに加えることで用途に合わせた硬度に変化させることができる。

イ　蓄電池の材料として用いられ，スマートフォンやタブレット，電気自動車など近年の生活に欠かせないものである。

ウ　薄く加工して屋根を葺く材料としたり，電気の伝導率が高いため電線に用いられたりしている。

エ　精錬する際に電気を大量に必要とするため，日本では鉱石からの製造はおこなわれなくなった。

問4　下線部③について，次の(a)・(b)の問いに答えなさい。

(a)　1972年のユネスコ総会において，いわゆる世界遺産条約が採択されました。世界自然遺産とは，この条約に基づいて登録された「顕著な普遍的価値」をもつ自然遺産のことです。次にあげる世界自然遺産の例Ⅰ〜Ⅲと，それらの地図中の場所[あ〜う]の組み合わせとして正しいものを，あとの**ア〜カ**の中から1つ選び，記号で答えなさい。

Ⅰ　グレート・バリア・リーフ
Ⅱ　グランドキャニオン国立公園
Ⅲ　ヴィクトリアの滝

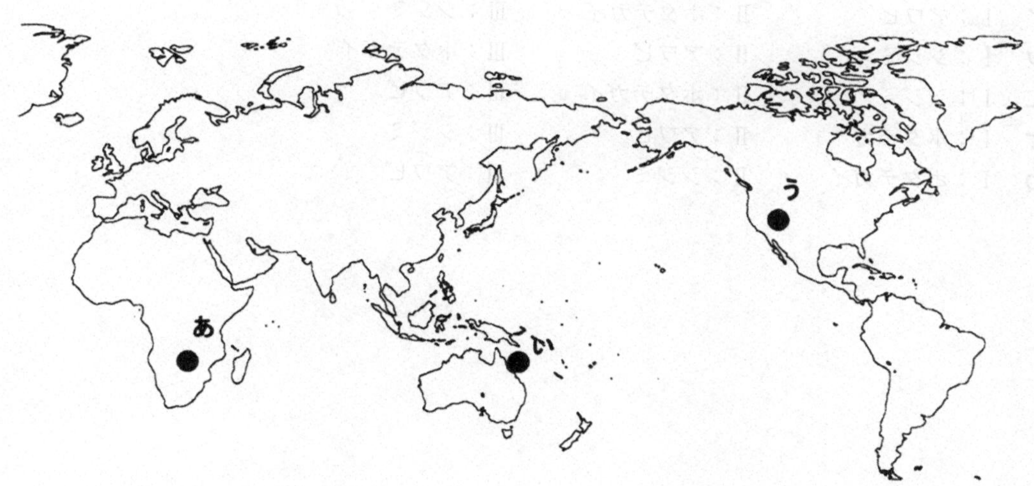

ア Ⅰ：あ　Ⅱ：い　Ⅲ：う　**イ** Ⅰ：あ　Ⅱ：う　Ⅲ：い
ウ Ⅰ：い　Ⅱ：あ　Ⅲ：う　**エ** Ⅰ：い　Ⅱ：う　Ⅲ：あ
オ Ⅰ：う　Ⅱ：あ　Ⅲ：い　**カ** Ⅰ：う　Ⅱ：い　Ⅲ：あ

（b） 聖光学院では中学３年の時に選択社会科演習という宿泊行事があり，選択できる行き先の中には白神山地（Ⅰ）・小笠原諸島（Ⅱ）・屋久島（Ⅲ）といった世界自然遺産の地があります。これらⅠ～Ⅲと，それらが世界自然遺産に登録されることになった「顕著な普遍的価値」の説明[あ～う]の組み合わせとして正しいものを，あとの**ア～カ**の中から1つ選び，記号で答えなさい。

Ⅰ　白神山地　　Ⅱ　小笠原諸島　　Ⅲ　屋久島

あ　東アジア最大の原生的なブナ林で，世界のほかの地域のブナ林よりも豊かな多様性
い　海洋島（一度も大陸と陸続きになったことがない島）の著（いちじる）しく高い固有種率と現在進行形の生物進化
う　巨大（きょだい）なスギ天然林の景観と植生の垂直分布が顕著な生態系

ア　Ⅰ：あ　Ⅱ：い　Ⅲ：う　　**イ**　Ⅰ：あ　Ⅱ：う　Ⅲ：い
ウ　Ⅰ：い　Ⅱ：あ　Ⅲ：う　　**エ**　Ⅰ：い　Ⅱ：う　Ⅲ：あ
オ　Ⅰ：う　Ⅱ：あ　Ⅲ：い　　**カ**　Ⅰ：う　Ⅱ：い　Ⅲ：あ

問５　下線部④について，サロマ湖ではホタテガイやカキといった貝類の養殖がさかんです。日本国内で漁獲（ぎょかく）される貝類の説明Ⅰ～Ⅲと，その名称（めいしょう）の組み合わせとして正しいものを，あとの**ア～カ**の中から1つ選び，記号で答えなさい。

Ⅰ　この貝は浅海（せんかい）の岩礁帯（がんしょうたい）に生息している。漁師は潜水（せんすい）して岩礁から引きはがして漁獲する。
Ⅱ　この貝は浅海の砂地に生息している。貝柱を乾燥させたものは，中国料理では高級食材として珍重（ちんちょう）される。
Ⅲ　この貝は汽水や淡水（たんすい）に生息している。大きなかごのような道具で，砂泥底（さでいぞこ）をひっかいて漁獲する。

ア　Ⅰ：アワビ　Ⅱ：シジミ　Ⅲ：ホタテガイ
イ　Ⅰ：アワビ　Ⅱ：ホタテガイ　Ⅲ：シジミ
ウ　Ⅰ：シジミ　Ⅱ：アワビ　Ⅲ：ホタテガイ
エ　Ⅰ：シジミ　Ⅱ：ホタテガイ　Ⅲ：アワビ
オ　Ⅰ：ホタテガイ　Ⅱ：アワビ　Ⅲ：シジミ
カ　Ⅰ：ホタテガイ　Ⅱ：シジミ　Ⅲ：アワビ

問６　下線部⑤について，次の図の矢印は流氷の流れる方向を，曲線**A**・**B**は流氷の到達（とうたつ）する限界を示しています。流氷の到達するもう1つの限界の線を，解答用紙の図に書き込（こ）みなさい。

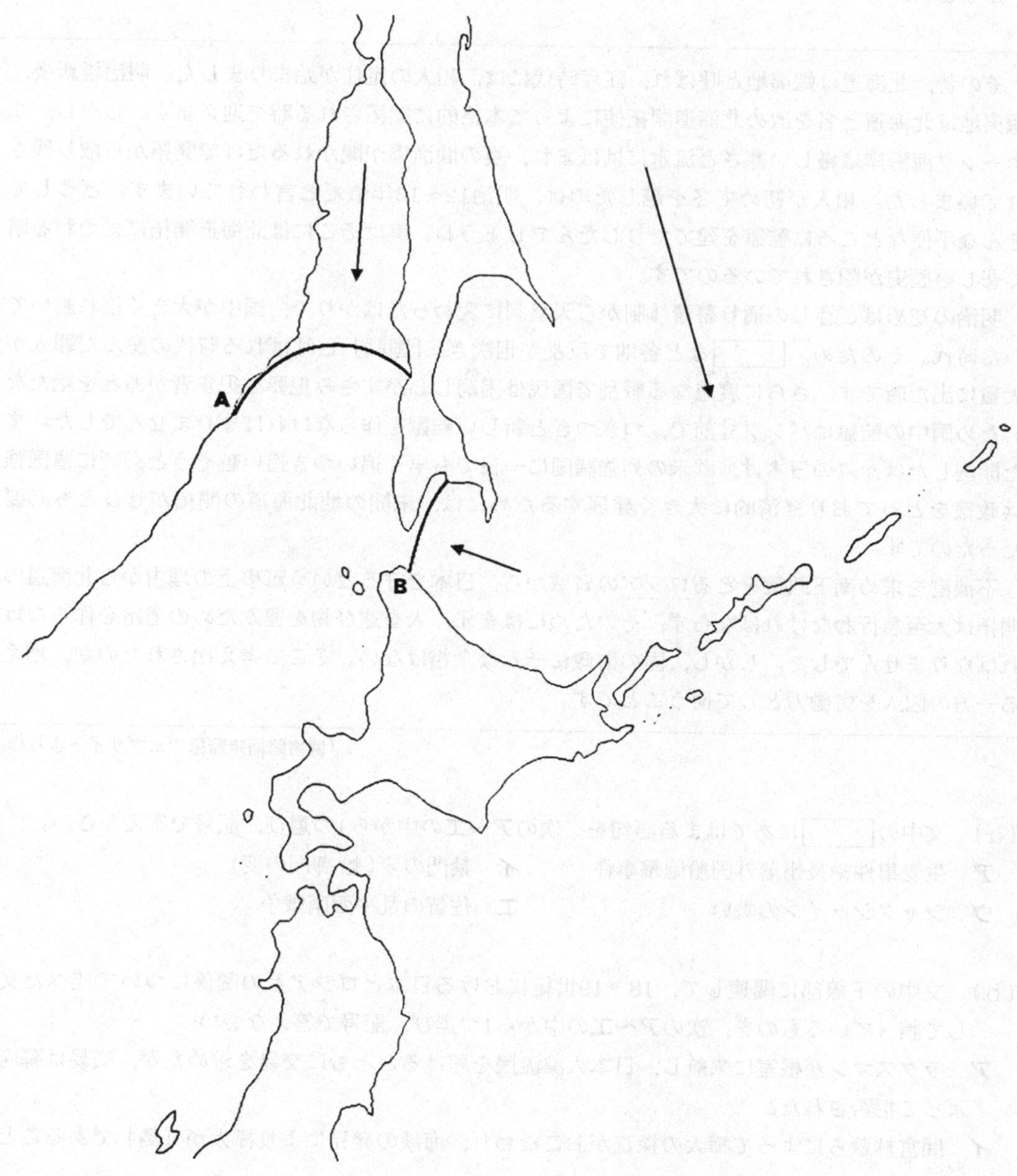

問7　下線部⑥について，次の文は「博物館網走監獄」のウェブサイトから引用したものです(ただし，問題の作成上，表記を一部改めてあります)。これを読んで，あとの(ａ)～(ｃ)の問いに答えなさい。

> その昔，北海道は蝦夷地と呼ばれ，江戸時代には，和人の定住が始まりました。明治維新後，蝦夷地は北海道と名を改め北海道開拓使によって本格的に開拓される時を迎えます。しかし，オホーツク海沿岸は厳しい寒さと流氷にはばまれ，夏の間漁場が開かれるだけで開拓から取り残されていました。和人が初めて冬を越したのは，明治12～13年頃だと言われています。どうしてそんな不便なところに監獄を建てたりしたんでしょうね。実はそこには北海道開拓にまつわる暗く悲しい歴史が隠されているのです。
>
> 明治の初めはご存じの通り幕藩体制から天皇制に変わったばかりで，国中が大きく揺れ動いていた時代。そのため，□□□□など各地で反乱が相次ぎ，「国賊」と呼ばれる時代の産んだ罪人が大量に出た時です。さらに度重なる戦乱で国民は困窮し心がすさみ犯罪を犯す者があとを絶たないため国中の監獄はパンク寸前で，つぎつぎと新しい監獄を作らなければなりませんでした。また開国したばかりの日本は，欧米の列強諸国に一日でも早く追いつき追い越そうと必死に富国強兵政策をとっており経済的に大きく発展するためには，未開の地北海道の開拓がぜひとも必要だったのです。
>
> 不凍港を求め南下政策をとるロシアの脅威から，日本を守るという軍事上の理由から北海道の開拓は大至急行わなければならず，そのためにはまず，人を運び物を運ぶための道路を作らなければなりませんでした。しかし，国の財政にそんな余裕はない。そこで考え出されたのが，増える一方の囚人を労働力として使うことです。

(博物館網走監獄ウェブサイトより作成)

(ａ)　文中の□□□□にあてはまる語句を，次の**ア～エ**の中から1つ選び，記号で答えなさい。

ア　生麦事件や長州藩外国船砲撃事件　　**イ**　禁門の変(蛤御門の変)

ウ　シャクシャインの戦い　　**エ**　佐賀の乱や西南戦争

(ｂ)　文中の下線部に関連して，18～19世紀における日本とロシアとの関係について述べた文として誤っているものを，次の**ア～エ**の中から1つ選び，記号で答えなさい。

ア　ラクスマンが根室に来航し，日本人漂流民を届けるとともに交易を求めたが，交易は幕府によって拒否された。

イ　間宮林蔵らによって樺太の探査がおこなわれ，海峡の発見により樺太が「島」であることが確認された。

ウ　日米修好通商条約が結ばれたことを受けて，その後，日本とロシアとの間でも修好通商条約が締結された。

エ　樺太千島交換条約により，日本はロシアから樺太を譲り受けるかわりに，千島列島の権利を手放した。

(c) 網走刑務所に入れられた囚人たちが，昼夜を問わず開削した道路として最も有名なものが，札幌－旭川－北見－網走を結ぶ「中央道路」です。この道路のおおよそのルートとして正しいものを，次の**ア～エ**の中から1つ選び，記号で答えなさい。

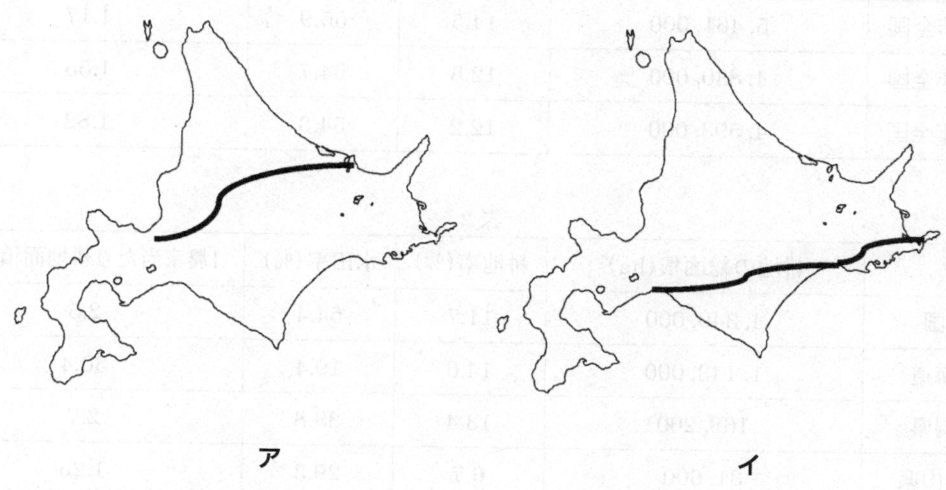

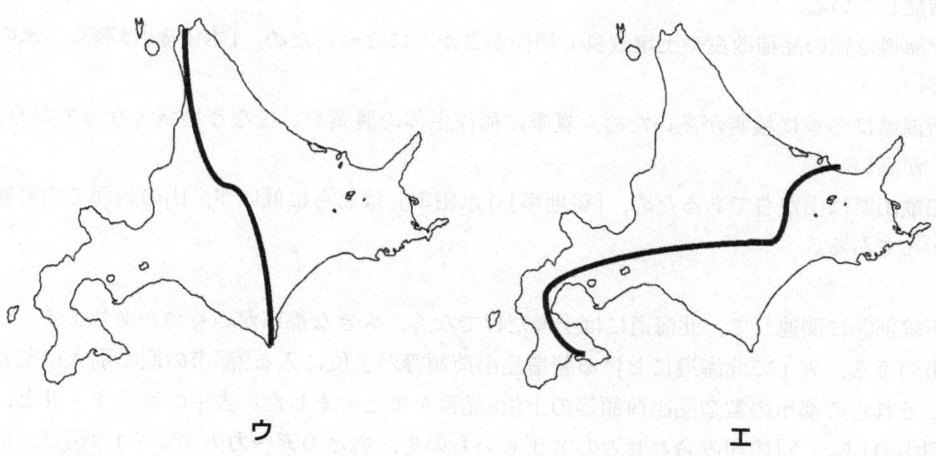

問8　下線部⑦に関連して，次の表1は，1980年，2000年，2010年の日本全国における「耕地の総面積」・「*耕地率」・「**水田率」・「1農家当たり耕地面積」を示したものです。また，表2は2021年の日本全国，北海道，新潟県，和歌山県における同じ項目を示したものです。この表を参考にして，日本の農業のようすについて説明した文として誤っているものを，あとの**ア～エ**の中から1つ選び，記号で答えなさい。

＊　耕地率とは，都道府県の総面積における耕地の割合を指す。

＊＊ 水田率とは，耕地面積における水田の割合を指す。

表1

	耕地の総面積(ha)	耕地率(%)	水田率(%)	1農家当たり耕地面積(ha)
1980年全国	5, 461, 000	14.5	55.9	1.17
2000年全国	4, 830, 000	12.8	54.7	1.55
2010年全国	4, 593, 000	12.2	54.3	1.82

表2

	耕地の総面積(ha)	耕地率(%)	水田率(%)	1農家当たり耕地面積(ha)
全国	4, 349, 000	11.7	54.4	2.5
北海道	1, 143, 000	14.6	19.4	30.4
新潟県	168, 200	13.4	88.8	2.7
和歌山県	31, 600	6.7	29.3	1.26

(『データブック オブ・ザ・ワールド 2023』より作成)

ア 日本の「耕地の総面積」・「耕地率」・「水田率」は減少し続けているが，「1農家当たり耕地面積」は増加している。

イ 北海道は稲の品種改良や土壌(どじょう)改良で稲作がさかんになったため，「水田率」は高く，米の生産量が多い。

ウ 新潟県は冬季に積雪が多いため，夏季に稲作主体の農業をおこなう地域となっており，「水田率」が高い。

エ 和歌山県は山がちであるため，「耕地率」・「水田率」はともに低いが，山の斜面(しゃめん)での果樹栽培(さいばい)がさかんである。

問9 下線部⑧に関連して，北海道には小樽だけでなく，大きな都市がいくつかあります。これらの都市のうち，表1で北海道における製造品出荷額(しゅっかがく)等が上位に入る2都市の産業別人口割合を，表2でそれらの都市の製造品出荷額等の上位3品目をまとめました。表中の都市Ⅰ・Ⅱと，あとの地図中の[あ～う]の組み合わせとして正しいものを，あとの**ア～カ**の中から1つ選び，記号で答えなさい。

表1

	第1次産業(%)	第2次産業(%)	第3次産業(%)
北海道平均	6.3	16.9	76.8
Ⅰ	2.2	18.7	79.1
Ⅱ	0.5	14.1	85.4

(矢野恒太記念会編『データでみる県勢 2023』より作成)

表2

	1位	2位	3位
Ⅰ	パルプ・紙	食料品	化学
Ⅱ	食料品	金属製品	印刷

(2019年調査の各自治体統計資料より作成)

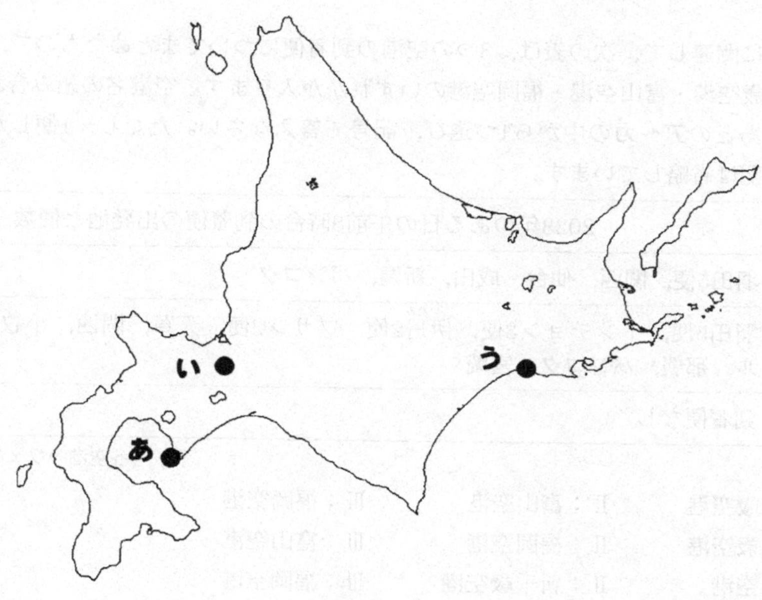

ア Ⅰ:あ　Ⅱ:い　**イ** Ⅰ:あ　Ⅱ:う
ウ Ⅰ:い　Ⅱ:あ　**エ** Ⅰ:い　Ⅱ:う
オ Ⅰ:う　Ⅱ:あ　**カ** Ⅰ:う　Ⅱ:い

問10　下線部⑨に関連して，2021年の「アメリカ合衆国への日本からの輸出品」・「アメリカ合衆国からの日本への輸入品」・「ロシアへの日本からの輸出品」・「ロシアからの日本への輸入品」を表にまとめました。次の表中のⅠ・Ⅱにあてはまる語句の組み合わせとして正しいものを，あとの**ア～カ**の中から1つ選び，記号で答えなさい。

	1位	2位	3位	4位	5位
アメリカ合衆国への輸出品	一般機械(いっぱん)	Ⅰ	電気機器	自動車部品	科学光学機器
アメリカ合衆国からの輸入品	一般機械	電気機器	医薬品	液化石油ガス	Ⅱ
ロシアへの輸出品	Ⅰ	一般機械	自動車部品	電気機器	バス・トラック
ロシアからの輸入品	Ⅱ	石炭	原油	パラジウム	魚介類(ぎょかいるい)

(『データブック　オブ・ザ・ワールド2023』より作成)

ア　Ⅰ：乗用車　　Ⅱ：鉄鋼
イ　Ⅰ：乗用車　　Ⅱ：液化天然ガス
ウ　Ⅰ：鉄鋼　　Ⅱ：液化天然ガス
エ　Ⅰ：鉄鋼　　Ⅱ：乗用車
オ　Ⅰ：液化天然ガス　　Ⅱ：鉄鋼
カ　Ⅰ：液化天然ガス　　Ⅱ：乗用車

問11　下線部⑩に関連して，次の表は，3つの空港の到着便（とうちゃくびん）についてまとめたもので，Ⅰ～Ⅲにはそれぞれ新千歳空港・富山空港・福岡空港のいずれかが入ります。空港名の組み合わせとして正しいものを，あとの**ア～カ**の中から1つ選び，記号で答えなさい。ただし，1便しかない場合は，「1便」の表記は省略しています。

空港名	2023年のある日の午前8時台の到着便の出発地と便数
Ⅰ	羽田5便，関西，仙台，成田，新潟，バンコク
Ⅱ	羽田5便，インチョン3便，伊丹（いたみ）2便，プサン2便，天草，関西，小牧，シンガポール，那覇，バンコク，宮崎
Ⅲ	到着便なし

（各空港のウェブサイトより作成）

ア　Ⅰ：新千歳空港　　Ⅱ：富山空港　　Ⅲ：福岡空港
イ　Ⅰ：新千歳空港　　Ⅱ：福岡空港　　Ⅲ：富山空港
ウ　Ⅰ：富山空港　　Ⅱ：新千歳空港　　Ⅲ：福岡空港
エ　Ⅰ：富山空港　　Ⅱ：福岡空港　　Ⅲ：新千歳空港
オ　Ⅰ：福岡空港　　Ⅱ：富山空港　　Ⅲ：新千歳空港
カ　Ⅰ：福岡空港　　Ⅱ：新千歳空港　　Ⅲ：富山空港

問12　波線部について，新型コロナウイルス対策の規制緩和（かんわ）によって，日本全国の観光地では，日本人だけでなく外国人観光客も増加しています。このことは，観光業界からは歓迎（かんげい）されている一方，観光地周辺の観光業に関わりのない地域住民からは不満の声もあがっています。こうした不満について，具体例を挙げながら40字以上60字以内で説明しなさい。

オ [13]～[15]で擬人化全体の説明をふまえて音楽の擬人化の説明を強調するため、[1]～[5]では概念メタファー、[6]～[12]では味の擬人化についていくつかの説が紹介されている。

カ [15]でまとめられている味の擬人化の説明を丁寧に行うために、[1]～[3]の音楽の擬人化から始めて、[6]～[9]の概念メタファー、[13]～[14]の擬人化全体についての説明を挟み込んでいる。

【下書き欄】――必要ならば使いなさい。

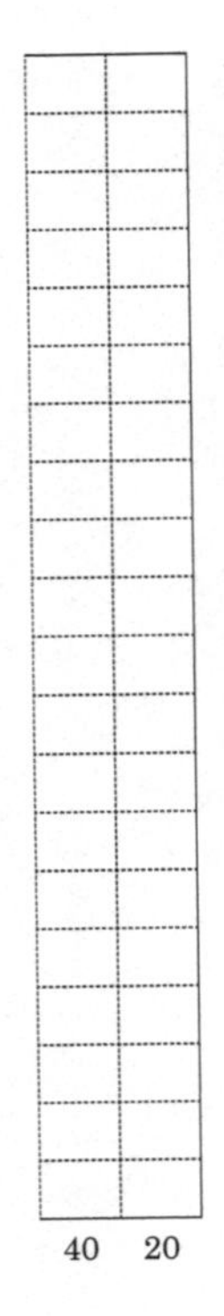

問三　――線部②に「『概念メタファー』という考え」とありますが、これはどのような考えですか。一行で説明しなさい。

問四　――線部③に「ダンスを通して理解された議論は、私たちが理解している議論とはまったく別のものに思われる」とありますが、それはなぜですか。その説明として最もふさわしいものを、次のア～オの中から一つ選び、記号で答えなさい。

ア　私たちの理解している議論は、両者が譲歩しながら合意を目指すものではなく、両者の要求が同時に実現する方法を探るものであるから。

イ　私たちの理解している議論は、お互いの意見を尊重し合うようなものではなく、自分の意見を押し通そうとするものであるから。

ウ　私たちの理解している議論は、楽しみながら進めていくものではなく、全力を尽くして本気で争うものであるから。

エ　私たちの理解している議論は、その時々の感性を競うものではなく、戦略の巧みさを競うものであるから。

オ　私たちの理解している議論は、日常的で親しみやすいものではなく、日々の生活からかけ離れているものであるから。

問五　――線部④に〈味は人である〉という概念メタファーを示す例はたくさんある」とありますが、なぜ「たくさんある」のですか。六十字以内で説明しなさい。

【下書き欄】――必要ならば使いなさい。

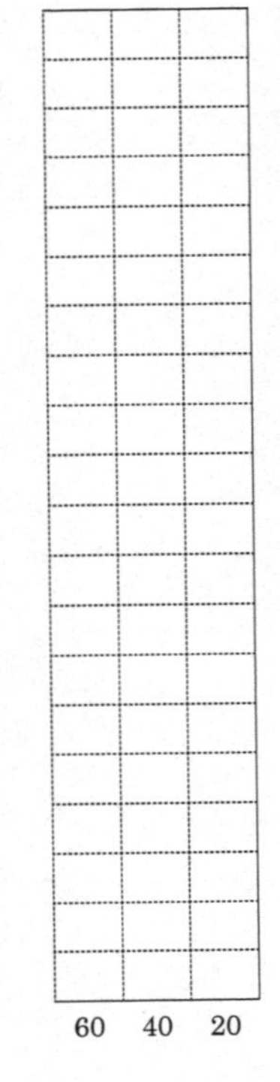

問六　本文の構成について説明した文として適切なものを、次のア～カの中から二つ選び、記号で答えなさい。

ア　[1]にある「優しいメロディ」と[15]にある「優しい味」に共通する「優しさ」を説明するために、[1]、[3]、[6]、[14]でさまざまな人の説を用いて論を深めている。

イ　[6]～[9]のレイコフとジョンソンの説と、[14]のダンチガーとスウィーツァーの説は両立できないが、いずれも音楽の擬人化と味の擬人化を統一的に説明するために必要なものとなっている。

ウ　[10]～[11]の辻本の指摘をふまえて、[13]～[15]において、擬人化による説明全体の限界を、味の擬人化に限らず意識しなくてはならないと主張している。

エ　[12]までの味の擬人化の説明では不十分であるので、[13]～[14]で擬人化全般の性質に言及することでより的確な説明を心がけている。

14 なぜ私たちは擬人化をするのか。ヒントとなるのはダンチガーとスウィーツァーの次の主張だ。「擬人化によって話し手は抽象概念が意図的行動をするかのように表すとともに、自分が抽象概念によってどのように影響されるかを表すことも可能となる」（ダンチガー&スウィーツァー［二〇二二］八八頁）。その一例として挙げられているのは「嫉妬が人々の生活を壊す」である。嫉妬というものが物理的に人の生活を壊す（襲ってきて怪我をさせたり、財産を奪ってしまったりする）ことはないが、嫉妬を「壊す」という意図的な行為をとる人に見立てることで、私たちが「生活を壊される」被害者になることが鮮明になる。嫉妬から影響を受けた人の状態を強調することができるのである。

15「優しい味」にもこの説明が当てはまるのではないだろうか。味を優しい行動をする人のように表すことで、その味を感じた人が受けた影響が際立ってくるということだ。言い換えると、他人から優しくされたときの心の状態と、優しい味の料理を食べたときの心の状態に似ているところがあり、それが「優しい」という表現を促しているのではないかということである。

——源河亨『「美味しい」とは何か』による
（問題作成上の都合から一部原文の表記を改めた）

（注）＊1 パウエル［二〇一七］五二頁……パウエルが二〇一七年に発行した著作。筆者は参考にした著作の著者名、発行年度、頁やchap.（章）をこの形式で示している。後の「Juslin［2019］chap.11.2」、「レイコフ&ジョンソン［一九八六］」、「辻本［二〇〇三］」、「ダンチガー&スウィーツァー［二〇二二］八八頁」も同様。

＊2 先ほど説明した……筆者は本文より前の部分で言及している。＊3「前述の通り」、＊4「本章で最初に」、＊5「先ほどの」も同様。

問一 ～～線部A「ややこしい」、B「とりわけ」について、本文中における意味・用法の説明として最もふさわしいものを、次のア～オの中からそれぞれ一つずつ選び、記号で答えなさい。

A「ややこしい」

ア 程度が高く気品あふれる様子。
イ やり方がいいかげんで無責任な様子。
ウ ごくわずかでたいしたことがない様子。
エ そうなりやすいという傾向がある様子。
オ 状況がこみいって複雑になっている様子。

B「とりわけ」

ア わかりきっていることだが改めて言うときに用いる。
イ 特別だとみなし他と区別して示すときに用いる。
ウ 前文に条件を付け加えるときに用いる。
エ 同じことを重ねたり加えたりするときに用いる。
オ 前に述べたことを別の言葉で説明し直すときに用いる。

問二 ——線部①に「なぜ『優しいメロディ』と言われるのだろうか」とありますが、人々がメロディと感情を結びつけて考えるのはなぜですか。四十字以内で説明しなさい。

6 ＊4本章で最初にメタファーを取り上げたとき、メタファーは直喩との対比で説明されると述べていた。そうすると、メタファーはまずもって言葉の表現の仕方に関わるものだと思われるかもしれない。しかし、②「概念メタファー」という考えを提示したレイコフとジョンソンによると、メタファーは表現レベルだけのものではない。むしろ、私たちが用いる概念のレベルにも存在している。概念、つまり、私たちの物事の捉え方や理解の仕方にもメタファーが用いられており、だからこそ言語表現にもそれが反映されているというのだ（レイコフ&ジョンソン［一九八六］）。

7 わかりやすい概念メタファーは〈議論は戦争である〉というものだ。議論には勝ち負けがあり、相手は敵とされ、相手の主張を攻撃したり、自分の主張を守ったり、優勢になったり劣勢になったり、戦略を立ててそれを実行に移したりする。私たちは議論を戦争と同じようにして捉えており、戦争の枠組みを使って議論とは何かを理解しているのである。

8 これとの対比で、〈議論はダンスである〉とみなしている文化を想像してみよう。議論の目的はバランスが良く美しいダンスをするようにして話し合いをすることであり、相手を攻撃したり自分を守ったりすることもない。どちらかが優勢になったり劣勢になったりもしない（ダンスのコンテストにはそうしたものがあるが、コンテストは他人と争うものであり、戦争の理解が入り込んでいる）。③ダンスを通して理解された議論は、私たちが理解している議論とはまったく別のものに思われるのではないだろうか。「議論」という言葉を違う意味で使っていると思えてくるかもしれない。

9 こうした例からレイコフとジョンソンは、私たちが何らかの物事を理解するときには、それが別の物事に喩えられ、その別物によって構造を与えられると述べている。別のわかりやすい例としては〈時は金なり〉がある。時間はお金のように、費やしたり、浪費したり、節約したりするものとして理解されているということだ。

10 以上を踏まえて味の理解に眼を向けてみよう。実際、④〈味は人である〉という概念メタファーを示す例はたくさんある。たとえば辻本［二〇〇三］では、「品の良い味」「控えめな味」「主張のある味」「素直な味」「味がけんかする」「あの味とこの味は相性が悪い」といった例が挙げられている。私たちが理解している「味」概念の一部は、人の性格や行動に関する概念の理解によって支えられているのである。

11 だが、〈味は人である〉という概念メタファーがあると指摘すれば話が終わるわけではない。というのも、味に関する他の概念メタファーもあるからだ。たとえば辻本［二〇〇三］では、〈味はものである〉（味を付け足す、味を消す、味を封じこめる）や、〈味は輪郭をもつ〉（味をふくらませる、味を引き締める、味がぼける）という概念メタファーが指摘されている。

12 そうすると、＊5先ほどの類似性に関する問題が再び現れてくる。味はさまざまな概念メタファーで捉えることが可能であるのに、なぜBとりわけ人のメタファーで捉えられるのか。人のメタファーが使われるときと他のメタファーが使われているときの違いは何か。それを説明しなければならないのである。

13 この問題に答えるために、なぜ私たちは擬人化をしてしまうのかについて、さらに踏み込んで検討してみよう。

四、次の文章を読んで、あとの問いに答えなさい。

[1] 「優しいメロディ」とは「優しい人の喋り方」と似た聴覚的特徴をもつメロディのことである。優しさを感じさせる人の喋り方は、ゆっくりとしたテンポで、音程の上下はあまりなく、音量もそこまで大きくなく、安定している。「優しいメロディ」もこうした特徴をもっているだろう。その証拠に、「優しいメロディ」のテンポを速めたり、音程を高くしたり、音程の上下を激しくしたり、音量を大きくしたりすると、楽しみを抱いた人の喋り方と似た「楽しいメロディ」になる。また、音色を曇った感じにすると「悲しいメロディ」となる(ただし、「優しいメロディ」と「悲しいメロディ」は特徴が多く共通しているので混同されやすい)。例外がないわけではないが、基本的な法則として、メロディがもつ優しさ／楽しさ／悲しさ／恐怖／怒りは、対応する気持ちを抱いた人の喋り方と聴覚的特徴が共通していると言えるのだ(*1パウエル[二〇一七]五二頁)。

[2] ここで、*2先ほど説明した類似性が気になった人もいるだろう。「優しいメロディ」は優しい人の喋り方と共通する特徴があるというのは、簡単に言えば、両者が似ているということだ。しかし、*3前述の通り類似性は何にでも成り立つ。そのため、そのメロディは他の多くのものにも似ているだろう。たとえば、ゆっくりとした点ではカタツムリの動きに似ていると言えるし、安定した点では低いテーブルに似ているとも言える。それなのに①なぜ「優しいメロディ」と言われるのだろうか。そのときにメロディと人の喋り方に注目させるものは何なのか。

[3] この疑問に対する答えは進化の観点から与えられる。私たち人間は感情のサインを過剰に読み取ってしまうよう進化したということだ。人間は他人と関わりながら社会的生活を送っており、そうした生活では他人の気持ちを読み取る必要がある。たとえば、何か協力をお願いするなら相手が機嫌の良いときがいいし、怒っている人は攻撃的なので近づかない方がいい。このように他人の気持ちを判定することが重要であるため、私たち人間は、喋っている人の声の調子からその人の感情を読み取るようになった。そして、この能力が過剰に働くために、メロディも感情の表れであるかのように聴こえてしまうのである(Juslin [2019] chap.11.2)。

[4] しかし、こうした説明は「優しい味」にはふさわしくない。というのも、優しい振る舞いをしている人を本当に舐め、文字通りの味を感じたことがある人などそうそういないからだ。それでも多くの人は、「このスープは優しい味がする」と言えたり、他人がそう言っているのを聞いてその意味を理解できたりする。そうであるなら、「優しい味」という表現を使ううえで、そのスープと優しい人の味覚的共通点は必要ないはずだ(そもそも、本当に舐めてみた場合に、優しい行動と優しい味は味が似ているのだろうか？)。

[5] 以上のように音楽の擬人化に関する説明は味の擬人化には当てはまらない。そこで別の方針に眼を向けよう。それは認知言語学で「概念メタファー」と呼ばれるものである。メタファーはここまで説明してきた隠喩のことなのだが、認知言語学では「概念メタファー」という訳語が定着しており「概念隠喩」とはあまり言わないので、少々Aややこしいが以下は「隠喩」ではなく「メタファー」と表記する。

ア　小百合を甲子園に誘うために機嫌を取ろうとしていたが、小百合の反応が思わしくなかったため、次に何を話せばよいかと焦っている。

イ　自分には魚の知識が足りないと学校で思い知ったため、小百合の話を聞いて自分も甲子園に出場するまでに知識を増やさなければと意気込んでいる。

ウ　一緒に甲子園に出場するからには、せめて最低限の意思疎通をしておきたいと思ったが、小百合の反応は芳しくなく、どうすればよいかわからず途方に暮れている。

エ　小百合と一緒に甲子園に出場するためには今の実力では不十分なので、生き物について豊富な知識を持つ小百合に少しでも追いつくための手がかりを得ようとしている。

オ　寡黙な小百合と会話するためにいろいろと話題を考えたが、小百合の機嫌が悪くなってしまったため、小百合の好きな魚の話題から甲子園の話につなげようとしている。

問七　――線部⑥に「ごめん……」とありますが、「私」はどのようなことに対して申し訳ないと思ったのですか。六十字以内で説明しなさい。

【下書き欄】――必要ならば使いなさい。

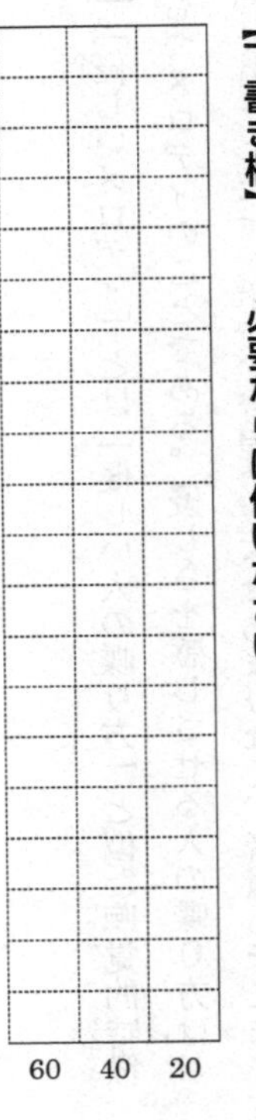

問八　――線部⑦に「液体に変身したシジミを、そうめんが橋となって口に導く感じ」とありますが、そのときの様子を表す言葉として最もふさわしいものを、次のア～オの中から一つ選び、記号で答えなさい。

ア　つるつる

イ　とろとろ

ウ　ざらざら

エ　ずるずる

オ　どろどろ

問九　――線部⑧に「言わなければならないことを言えた」とありますが、「言わなければならないこと」とはどういうことですか。二十字以内で説明しなさい。

【下書き欄】――必要ならば使いなさい。

問十　――線部⑨に「歓声を上げて光を二人で追いかけた」とありますが、このとき「私」はどのような気持ちになっていると言えますか。四十字以内で説明しなさい。

【下書き欄】――必要ならば使いなさい。

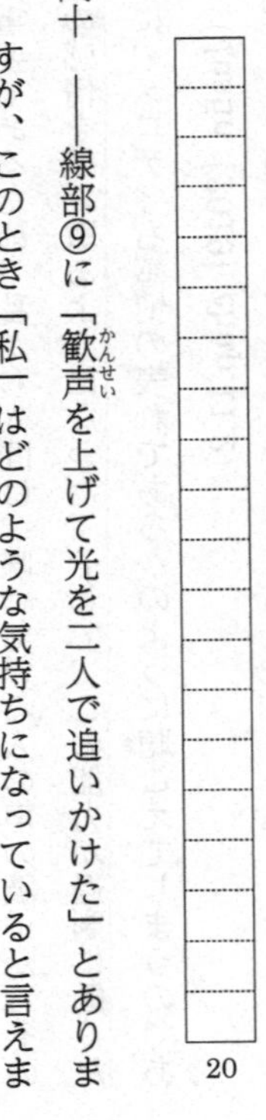

問三　――線部②に「私は唖然とするばかりで、話に加われない」とありますが、このときの「私」の心情について説明した文として最もふさわしいものを、次のア～オの中から一つ選び、記号で答えなさい。

ア　シジミ一つで会話が盛り上がり始めた部員たちの様子にあっけにとられてしまい、自分はそのような知識を得られるような家庭環境ではなかったと感じ、劣等感を抱いている。

イ　今さら自分が口を挟んだところで、場をかき乱してしまうばかりで、部員たちを納得させるような知識を披露することは到底できないと感じ、意気消沈している。

ウ　生き物への愛情や関心を持っており、自分には思いもよらないようなやりとりを展開する部員たちに驚くと同時に、周囲との差に引け目を感じている。

エ　同級生であるにもかかわらずシジミの知識が豊富な部員たちを見て、先輩に教わるのを待つだけの自分の姿勢を気付かされ、恥ずかしくなっている。

オ　自分はシジミを食べ物としてしか知らなかったが、周囲の部員たちが生き物として接している様子に圧倒され、自分の浅はかさを実感している。

問四　――線部③に「言い訳をひねりだして」とありますが、ここではどう考えることが「言い訳」になっていますか。二十字以内で説明しなさい。

【下書き欄】――必要ならば使いなさい。

20

問五　――線部④に「体感では一分くらい」とありますが、これはどういうことですか。その説明として最もふさわしいものを、次のア～オの中から一つ選び、記号で答えなさい。

ア　小百合もまた自分が来ることを予想していたので、片付けをしてから返事をした割には、すぐに反応があったということ。

イ　意を決して小百合の部屋をノックしたが、どのように話そうかためらっているうちに、あっという間に時間が経ってしまったということ。

ウ　小百合を説得するためにやむなく部屋を訪れることになったが、せめて失礼がないようにしなければならないという思いから、少しの沈黙が永遠にも感じられたということ。

エ　事前に部屋に行くことを伝えていなかったため、小百合には部屋を片付ける時間が必要であり、いつもより小百合の返事が遅かったということ。

オ　小百合を説得しようと部屋を訪れたものの、小百合の反応が想像できず緊張し、待つ時間が実際よりも長く感じられたということ。

問六　――線部⑤に「好きになったきっかけって、あるの？」とありますが、このときの「私」の様子について説明した文として最もふさわしいものを、次のア～オの中から一つ選び、記号で答えなさい。

(注) ＊1 ＡＯ入試……大学の推薦入試の方式。
＊2 沈したときに……カヌーが転覆することを「沈する」と言う。
＊3 あの詩……「私」が大切にしている、青春について書かれた詩。

問一 ～～線部Ａ「間髪を容れず」、Ｂ「我関せず」、Ｃ「粗相」について、これらの言葉を本文中と同じ意味で使っている文として最もふさわしいものを、次のア～オの中からそれぞれ一つずつ選び、記号で答えなさい。

Ａ「間髪を容れず」
ア 今までの努力を無にしないため、間髪を容れずに最後まで考え抜こう。
イ 気の合う友人とコーヒーを飲みながら、間髪を容れず会話する。
ウ 我が家の駐車場は狭いので、間髪を容れず駐車する。
エ 早押しクイズでは、間髪を容れずボタンを押すべきだ。
オ この先は危険な道が続くので、間髪を容れず歩くようにしよう。

Ｂ「我関せず」
ア 英語で道を尋ねられて困っている友人を、我関せずといった顔で眺める。
イ 火災に見舞われたショッピングセンターで、客たちは我関せず飛び出した。
ウ 私は我関せず彼の自尊心を傷つけたことに気付き、後悔にさいなまれている。
エ 三日前から我関せず煮込んできたカレーは、私の自慢の逸品だ。
オ デパートの初売りで、開店と同時に我関せず商品に飛びつく。

Ｃ「粗相」
ア 最近ついていないと思って相談したら、粗相が優れていないせいだと教えられた。
イ 多くの人が参加する親戚の結婚式では、周囲をよく見て粗相のないようにしたい。
ウ 明日から陳列する商品に粗相がないか、デパートでは念入りにチェックされている。
エ まずは丁寧に粗相することから始めないと、すぐに後悔することになる。
オ かつては不安そうな態度でおどおどしていた彼も、すっかり粗相が板についてきた。

問二 ――線部①に「ダメか」とありますが、「私」はどのようなことに対して「ダメか」と思っていますか。二十字以内で具体的に答えなさい。

【下書き欄】――必要ならば使いなさい。

20

てきたんだ。連れてきたご両親が、うちのオヤジたちにご挨拶しながら教えてくれた」

「そっか」

やっぱり偶然じゃなかったかも。ま、いいかと思いながら、私も大きく伸びをする。

「空気が、もう初夏じゃないね。夏の扉が開いていくんだなぁ。考えてみたら、もうすぐ六月か」

かさねちゃんは、脱力したように下を向いた。

「六月ねぇ。気が重い」

「なんで」

「一日は、那珂川の鮎の解禁日！」

なんで知らないのよ、と呆れた目で私を見る。

「あんた、那珂川に釣り客がどれだけ押し寄せるか、実感ないでしょ。ウチの民宿もスゴイよ。シーズン終了まで連日満室。全国の釣りマニアが集うんだもん。厨房が忙しいからって、あたしも手伝わされるの。あーやだ」

なるほど、それもあって料理上手なのか。

「それとね、六月一日は教室もチェックだからね。人間模様が面白いよ」

「へえ？」

ふふと笑い、かさねちゃんは私の手をとった。

「ま、それは後のお楽しみに。そうめんの腹ごなし、夜の散歩に行こうぜ！」

私を引っ張りながら門の外に出て、スマホのライトを頼りに夜道をぐんぐん進んでいく。

「ね、どこに行くの」

「もうわかるよ。ほら！」

かさねちゃんはスマホのライトを消した。

真っ暗な中に小さい黄緑の光がふわふわ見えてきた。一つだけじゃない、二つ、三つ……たくさん。

「え……？　なにこれ」

キョロキョロ見回していると、彼女は大笑いする。

「ホタルだよ」

「マジ！　初めて見るよ！」

かすかな無数の光が、私たちを取り囲んでいる。そっと両手を空に伸ばして包んでみた。静かに覗くと、手の中にささやかな光が息づいている。

「ねえ、かさねちゃん。ホタルってなんで光るの」

「求愛らしいよ」

「ホタルたちも青春してるんだ！」

手を開放すると、光が旅立っていった。

こんな小さいホタルが、それぞれに青春の輝きを放っている。宇宙の神様から見た私たちは、こんな感じなのかもしれない。

騒がしいまでのカエルの合唱を聴きながら、⑨歓声を上げて光を二人で追いかけた。

——村崎なぎこ『ナカスイ！　海なし県の水産高校』による

（問題作成上の都合から一部原文の表記を改めた）

「なに、なんかC粗相したの、あんた」

したんだよ！　とは言えずに、ただ下を向いていた。

「……ね、これいいんじゃない？『ご当地おいしい！甲子園』に」

心臓が跳ねる。声の主は小百合ちゃんだ。

「え？　え？」

思わず、彼女を二度見した。

小百合ちゃんは、ちらちらと私を見る。

「……優勝すれば、大学に推薦で行けるかもしれないんでしょ。私、ナカスイに来て、毎日がとっても楽しい。こんな日が来るなんて思ってなかった。神宮寺先生に、全国から魚好きのツワモノが集まる水産大学に行ったら、もっと楽しいかもしれないわよ——って言われた。私、水産大学に行ってもっともっと魚の勉強をしたい。その足掛かりになるように、甲子園に出たい」

「先生にいつ言われたの」

「何日か前」

それなら、なんでもっと早く出るって言ってくれなかったんだろう。

「うん、いいかもねぇ。シジミそうめん。なんたる偶然。アニメの神がもたらした奇跡だわ、これは」

妙に、かさねちゃんが棒読みなのが気になる。もしかして——。

二人は示し合わせていたんでは。

かさねちゃんは、小百合ちゃんが神宮寺先生のアドバイスを受けて大会参加に心が動いたのを知った。しかし、そのまま素直に参加させたのでは、よろしくない。なぜなら、私がアホで、小百合ちゃんの気持ちも事情も何も知らないから。つまりは、無神経にアレコレ傷つける可能性が高い。

アニメの内容は、配信前から公表されているはず。シジミそうめんが出ることをわかっていて、かさねちゃんが小百合ちゃんにシジミを獲りにいけと言っていたのでは。

そういや、小百合ちゃんがスマホをいじったら、タイミングよくかさねちゃんが来た。LINEか何かで呼んだのかもしれない。

私がシジミそうめん食べることで、なにか「気づき」を得るか。それが、小百合ちゃんとかさねちゃんのテストだったのかも。

……いや、すべては偶然。神のお導きなんだろう。

私も冷静になったのか、ふと思った。

「でもさ、滋賀のご当地料理じゃダメじゃない？　何か、那珂川オリジナルを感じさせるものじゃないと。それに、男子チームはきっとスゴイの出してくるよ。なんせ、ブレーンはあの進藤君だから……」

「ま、あんたも疲れたでしょ。また明日考えよう」

それもそうだ。今日はここまで。

外の空気が吸いたくなって、母屋に戻るかさねちゃんと一緒に外に出た。

夜空を見上げると、宝石箱をひっくり返したように輝きが散らばっている。宇都宮の自宅じゃ、こんな空は絶対見られない。しかし見慣れているのか、かさねちゃんは無反応であくびをしている。

「ねえ、かさねちゃん。知ってたの？　その……小百合ちゃんがナカスイに来た理由」

「もちろん。あの子、合格発表の翌週にはもうウチの下宿に引っ越し

「何に使うの?」
「そうめん」
「なんでシジミがそうめんなのさ」
　思わず声が出てしまった。
「今ね、春アニメの『漕げ、麺ロード!』にハマってんの」
「もしかして、こないだ言ってたやつ? イケメンの男子部員が自転車に乗って、どうのこうのとかいう」
「そう。琵琶湖が舞台なの。滋賀は全国有数の小麦の産地なんだって。で、地元の高校に『琵琶湖自転車一周部』っていうのがあって、部員が小麦粉を使ったご当地麺類を食べて琵琶湖の周りを自転車漕ぎつつ、地元の活性化を模索していくの」
　そうか、理由がわかった。
「最新話が、そうめん回だったんだね」
「そうなの!　さっき配信で観たばっかり。琵琶湖のセタシジミを使ったシジミそうめんが出てくるんだけどさ、めっちゃウマそうで。いま食べなきゃあたしの人生先に進めない。お願い、そのシジミ売って」
　小百合ちゃんは、あっさりと水槽を差し出した。
「あ、あげる……。タダで獲ったものだし」
「うれしー!」
　かさねちゃんは、水槽を抱きしめてほおずりした。
「じゃあさ、今からここで作るから夜食に食べようよ。みんなで」
　さっき、夕食にとんかつを食べたばかりだ。でも、かさねちゃんの甘い誘いは、首を縦に振らずにはいられないものだった。

　作り方は簡単で、シジミで出汁をとった汁を冷まして麺つゆを入れ、茹でて冷水で締めたそうめんを深めの器に盛り、汁をかける。それだけのものだった。それだけなのに……。
　口に運ぶお箸が止まらない。感動して、私はそうめんを箸でつまみあげてマジマジと眺めた。
「すごいね、これ。⑦液体に変身したシジミを、そうめんが橋となって口に導く感じ」
「あんたの食レポって、なんか独特だね」
　そう笑いながら、かさねちゃんはあっと言う間に汁を飲み干した。
　残った殻を、彼女は箸でつつきながらため息をつく。
「でも、殻が麺に絡んで、除けるの邪魔だったね。初めに身を全部出してしまうのと、どちらが面倒か。うーむ」
「マシジミ、どうもありがとう。ごちそうさまでした」
　お箸を置いた小百合ちゃんは、空になった水槽に向かって手を合わせる。
　シジミもそうめんも、それぞれ単体では今まで普通に食べてきたものだ。でも、二つを合わせるのは生まれて初めて。普通の素材が出会うだけで、こんな奥深い料理になるとは。その滋味パワーは私の心の燃料になってくれたようで、⑧言わなければならないことを言えた。
「小百合ちゃん、ごめん。確かに私、魚に興味ないのにナカスイに来た。でも、先生や小百合ちゃんにいろいろ教えてもらって、魚の種類や個性や魅力に気づけた。たぶんナカスイに来なければ、シジミそうめんも一生食べずに終えていたと思う。なので……来て良かったと思います。この下宿にも」

んやお父さんは、小百合がつらいなら、無理に行かなくていいって言ってくれて……」

小百合ちゃんは愛おしむように、本を撫でた。

「家にずっといるようになったら、この図鑑をおばあちゃんがプレゼントしてくれたの。人間の世界は考えないで、お魚の暮らしでも眺めてごらんって。毎日読んでたら、魚っていいなぁって、うらやましくなった。水の中で暮らしてるから、イヤなことは聞こえないでしょ」

ああ、やっちゃった、私。ものすごい自己嫌悪感が襲ってくる。

「それで魚に興味を持ち始めたの。お母さんやお父さんも喜んでくれて、いろんな魚の本を買ってくれたり、水族館や、川や海にもいっぱい連れていってくれた。中学も行けないなら行かなくていいよ、お母さんが全部教えてあげるからって。高校も無理だと思ってたけど、検索してたらナカスイを知ったんだ。推薦入学があって、県外の生徒でも受験できて、下宿の制度もある。なによりも、私みたいな不登校の生徒でも受け入れてくれる。ここなら、行けるかもしれない。毎日魚のことを勉強できるのかもしれない。昔の私を知らない人ばかりなら、教室に入れるかもしれない。魚が好きな人ばかりなら、私が息を吸える世界かもしれない。お母さんにそう言ったら、すぐナカスイを見に連れていってくれた。実習場を覗いたら、鮎の養殖池のところに神宮寺先生がいたんだ。ナカスイの志望理由を言ったら、『ようこそ。ここは、あなたの世界よ。大丈夫、魚が好きならナカスイはそれだけで十分。この学校に来て、私と一緒に魚たちの世話をしてくれたら魚も私も嬉しいわ』って笑ってくれた」

私は何も言えず、シジミの水槽を見つめていた。小百合ちゃんの顔を見ることができない。ただ、彼女の息が荒くなっていくのがわかる。

「だ、だから鈴木さんみたいな人がいてびっくりした。魚に興味がないのに、ナカスイに来たんでしょ？　普通に学校に通えてたのに、普通がイヤって、私にはよくわからない。なんで普通がダメなの。私は、なりたくても絶対無理なのに」

「⑥ごめん……」

どうやって謝ればいいのかわからない。

なんて思い上がっていたんだろう。自分の勝手な青春のために、こんな繊細な子を振り回そうとしていたなんて。

雰囲気が重くて、いたたまれなかった。もう小百合ちゃんを説得できないし、私にはその資格もない。だけど、出ていくタイミングがつかめない――。

小百合ちゃんも雰囲気から逃れるためか、スマホをいじり始めた。

「お邪魔～。芳村さん、起きてるかーい」

かさねちゃんの甲高い声と、玄関の戸がガラガラ開く音が響く。驚いて思わず腰を浮かすと、部屋着姿のかさねちゃんが入ってきた。私がいることが意外だったらしく、素っ頓狂な声をあげた。

「あんた、なんでここにいんの」

「だってここは、私と小百合ちゃんの下宿だし」

なんかムカついて、手でシッシッと払った。

「用があるのは、あんたじゃないの。芳村さん、そのシジミさ、あたしに売ってくんない？」

小百合ちゃんは目を見開いた。

と拭った。

　こういう学校行事も青春なんだ。だったら、別に無理して「おいしい！甲子園」に出なくていいのかも。

　でも、*3あの詩には「たやすいことに逃げるな」とあったような。

「どうするかなぁ」

　放課後、ため息をつきながら下宿に向かって自転車を漕いでいると、後ろからかさねちゃんが追いついてきて並走した。

「ねえ。どうすんの、甲子園。もう時間ないよ」

「な、なんとかするよ」

「じゃあ、今日きっちり決めて。あたしだって、そうそう待ってられないんだから」

　そう言うと、あっと言う間に自転車で走り去った。相変わらずの「ガチ走り」だ。

　そうだ。③言い訳をひねりだして、たやすいことに逃げてはいけない。「ご当地おいしい！甲子園」に一年の女子三人で出場する。小百合ちゃんとかさねちゃんと私で泣いて笑って、青春するんだ。

　今晩、下宿で小百合ちゃんを説得しよう。そう心に決め、自転車を漕ぐ足に力を入れた。

　田の字型の間取りで、彼女の部屋は私の部屋の対角線にある。自分の部屋で夕食を食べた後、隣の広間に入り小百合ちゃんの部屋に続く襖をノックしてみた。

「小百合ちゃん？　さくらだけど。部屋に入ってもいいかな？」

　しばらく（④体感では一分くらい）沈黙が続いたあと何かを片付けるような音がして、消え入りそうな声で「どうぞ」と聞こえた。失礼しますと念のため断ってから襖を開ける。

　息を呑んだ。原因は本だ。魚関係の本が、畳を埋め尽くしている。

　さっきの音は、小百合ちゃんが「通路」を作ってくれた音のようだ。私は、襖から座卓へと向かう「けものみち」のような通路を進んだ。

　シジミの水槽が、座卓の上に置いてある。明日は土曜日で学校が休みだから連れてきたのか。パジャマ姿の私は、学校のジャージを着た小百合ちゃんの向かいに正座し、ちょっとわざとらしく水槽を覗いた。

「うん、すごいね、シジミ。本当にすごい」

　何がすごいのかはさておき、とりあえず褒めまくる作戦に出た。

「そもそも、小百合ちゃんもすごいよね。なんで、そんなに魚に詳しいの」

「……好きだから」

　そりゃそうだ。なんてアホな質問をしてしまったんだ。

「⑤好きになったきっかけって、あるの？」

　しばらく黙ったあと、床に散らばっている本の中から、子供用の「魚図鑑」を取り出した。その状態は、何度も何度も数えきれないほど読まれたことを物語っている。

「……私、小学五年生から学校に行ってないの」

「え」

「同じ学年の女子に毎日毎日学校でイヤなこと言われて……。学校に行くことを考えるだけで、息がつまって足が動かなくなった。お母さ

A間髪を容れず、渡辺君の声が飛んできた。
「そっちの方が可哀そうだろ。マシジミの餌は、植物性プランクトンだぞ。緑色の水がそれなの！」
私の頬が、再び熱くなった。知らないんだもの、仕方ないじゃないか。
「……マ、マシジミは、こういう緑に染まった水を、透明にろ過してくれるの。水槽の掃除屋って呼ばれてるよ。水槽の水質浄化用のマシジミが売られていることもあるし」
かさねちゃんはツインテールの右側をもてあそびながら、思い出したように言う。
「そういや、万葉集にもシジミ登場するんだって。数字の四、時間の時、美しいで『四時美』。あたし、あやうくオヤジに四時美って名付けられるところだったらしいし。オヤジああ見えて、実は文学好きなんかね」
目を閉じ、進藤君は歌うように口に出した。
「住吉の　粉浜の四時美　開けも見ず　隠りてのみや　恋ひ渡りなむ
――だね」
なんだ、この人たちは。なんでこんなにスラスラと。
②私は唖然とするばかりで、話に加われない。
B我関せずスマホを見ていた島崎君が、ボソッとつぶやいた。
「みなさん、今日の趣旨をお忘れじゃないですか。実況観ましょうよ。生徒が全然映ってないですけど。進行方向の川の風景ばかりですね。神宮寺先生、ぜったい先頭を突っ走ってるんですよ」
かさねちゃんの賑やかな笑い声が、無機質な部室に響き渡った。
「先導はアウトドア部のカヌーが得意な子か、引率の教員かどっちかなんだよ。今年の三年にカヌーでインターハイ出た人がいるはずだけど、神宮寺先生が譲らないんだね」
午後になるとゴールした三年生たちが次々に学校に戻り、安藤部長たちはテンション高く部室にやってきた。
「おめでとうございます！　無事ゴールですね」
「先輩たち、おつかれさまです！」
二年生も部室に来て拍手で出迎え、ジュースで乾杯する。
濡れた髪をほどいている安藤部長は、涙でうるんだ目を手で拭った。
「すごい疲れたけど、めっちゃ良かった。でも終わっちゃったよ」
「う、うん……青春も終わっちゃった気分。も、文字通りゴールなんだ」
桑原副部長は声が詰まり、うまくしゃべれない。
二人は抱き合って、わんわんと泣き出した。
監事の石塚先輩は笑い泣きしながら、二年生と一緒に二人に花吹雪をかけている。部長は涙と鼻水にまみれた顔で、石塚先輩を振り返った。
「石塚君も、＊2沈したときに助けてくれてありがとう。私、みんなと一緒で本当に良かった」
努力、涙、その先に待つ笑顔。それらをつなぐ友情という絆。
青春だ。これこそが、私が求めているもの。
先輩たちの姿を眺めながら、みんなに悟られないように目頭をそっ

※記述解答においては「ご当地おいしい!甲子園」を「甲子園」と表記してよい。

「あ、そうだ!」

思い出したように叫び、島崎君がスマホをいじりだした。

「去年、『ご当地おいしい!甲子園』で優勝したの、確か熊本の子だったはずです。それを武器に、どっかの有名大学に*1 AO入試で合格したような」

彼が示した画面には、去年の優勝高校の公式サイトが出ていた。PDFの学校だよりを開くと、優勝のおかげでAO入試に合格できましたというインタビュー記事が掲載されている。

小百合ちゃんは興味を示さず、水槽に視線を戻した。①ダメか。

「あんたさ、芳村さんの水槽に何がいるかわかる?」

相変わらず、かさねちゃんは私の名前を呼ばない。ムカつきながらも、妙に気になって水槽を覗いてみた。しばらく眺めたけど、薄く緑がかった水は全く動きがない。

「わかった、ひっかけ問題でしょ。正解は『何もいない』」

「シジミがいる」

小百合ちゃんの言葉は予想外すぎた。

「魚屋さんで買ってきたの?」

「この間の日曜日、学校近くの用水路で獲ったの」

小百合ちゃんの目は、いたって真面目だ。でも私には冗談としか思えない。

「なんでこの辺にシジミがいるの。いくら私だって知ってるよ。シジミの名産地が島根県の宍道湖だって。あそこは汽水湖なんでしょ。海水と淡水が入り混じってる」

「シジミにもいろいろ種類があるんだよ」

そう言いながら進藤君が来て、水槽を覗き込んだ。

「これは、マシジミっていって淡水に棲むシジミ」

「えええええ! 味は?」

無意識に言って気づいた。私って——。

「鈴木って、食い気すげえなぁ。いつも食べる話にもってくもんな」

渡辺君の言葉に、頬が熱くなるのを感じる。もしかして私って実は、「普通」以上の食いしん坊なのでは。

あくまでもジェントルマンな進藤君は、優しい目で私を見た。

「ちょっと味は薄めだけど、普段食べてるシジミと同じだよ。海なし県仲間の滋賀県だって、琵琶湖の『セタシジミ』っていう淡水シジミがご当地食材で有名だし。実は、宇都宮でもシジミが獲れる場所あるんだよ」

「うそ!」

「でも、たぶん臭くて食べられないと思う。このあたりのシジミだったら、水質も良いし大丈夫だと思うけど」

知らなかった。海なし県にシジミがいるなんて。思わず水槽をかじりつくように眺めた。水槽の底には砂が敷いてあって、言われてみれば確かに小さな貝がゴロゴロいる。ただ、私が知っているシジミよりも色は薄くて黄土色に近い。でも——。

「ねぇ、小百合ちゃん。水、もう少しキレイにしてあげたら? シジミが可哀そう」

【国語】（六〇分）〈満点：一五〇点〉

【注意】字数指定のある問題では、句読点やカッコなども字数に含みます。

一、次の①～⑤の文の――線部のカタカナを、それぞれ漢字に直しなさい。

① 昨今の経済事情を鑑みて、無駄な経費のセツゲンを図る。

② 当時は驚かれたが、今となっては先見のメイがあったと言うほかない。

③ 当事者の気持ちを理解しようとせずに、無責任にホウゲンしてはばからない。

④ 長い説明であったが、タイイを要約すると以下の通りだ。

⑤ 労働力問題を解決するために、ＡＩ技術はゲキヤクたりうるか。

二、次の①～⑤の文Ａ・Ｂの□には、ひらがなにすると同じ一字になる別の漢字が入ります。例にならって、ＡとＢにあてはまる漢字一字をそれぞれ答えなさい。

例	
Ａ　蛙の□は蛙。 Ｂ　身を□にして働く。	→□こ　〈答〉Ａ子・Ｂ粉

①
Ａ　委員長としての彼の振る舞いは、□の打ち所がない。
Ｂ　どんなに努力したところで、到底彼の□ではない。

②
Ａ　思いつきで言った冗談を□に受ける。
Ｂ　相手投手の□を外すために打席を離れる。

③
Ａ　合戦の地に先に到着して地の□を得る。
Ｂ　順番に説得していくのは、□にかなった方法だ。

④
Ａ　後任の社長には、自分の□のままになる人物を指名しよう。
Ｂ　納得のいかない結論に、□を唱える。

⑤
Ａ　大差で負けていたが、唯一彼だけは□を吐いて活躍した。
Ｂ　□を見ることに長けているリーダーのおかげで、逆転に成功した。

三、次の文章は、村崎なぎこの『ナカスイ！　海なし県の水産高校』の一節である。那珂川水産高等学校（ナカスイ）に入学した鈴木さくら（「私」）は、全国の高校生が「ご当地グルメ」を発案して競う「ご当地おいしい！甲子園」の出場を目指し、「私」と同じく大和かさねの家に下宿している芳村小百合を仲間にしたいと思っている。問題文は、三年生の行事「那珂川カヌー訓練」が行われた日に、「私」たちが先輩の応援のため部室に集まった場面から始まっている。これを読んで、あとの問いに答えなさい。

第1回 **2024年度**

解答と解説

《2024年度の配点は解答欄に掲載してあります。》

＜算数解答＞ 《学校からの正答の発表はありません。》

[1] (1) $\frac{17}{21}$ (2) 3840 (3) 25日目

[2] (1) 16384：1 (2) 4個 (3) 383個

[3] (1) 785cm^3 (2) ア A イ E ウ B・H (3) 392.5cm^2

[4] (1) 解説参照 (2) 36分 (3) ア $82\frac{46}{47}$ イ $227\frac{17}{29}$

[5] (1) ③ (2) ④ (3) ②・④ (4) ①・④ (5) ②・③

○推定配点○

[3]・[5] 各8点×10([3](2)ウ，[5](3)～(5)各完答) 他 各7点×10 計150点

＜算数解説＞

重要 [1] (四則計算，数の性質，割合と比，仕事算)

(1) $\square=\left\{3\div\left(1\frac{5}{6}+1\frac{3}{8}\right)\right\}\times\frac{11}{9}-\frac{1}{3}=\frac{17}{21}$

(2) 1～120までの数の和…(1＋120)×120÷2＝7260
120までの3の倍数の和…(3＋120)×40÷2＝2460
120までの5の倍数の和…(5＋120)×24÷2＝1500
120までの15の倍数の和…(15＋120)×8÷2＝540
したがって，求める数の和は7260－(2460＋1500)＋540＝3840

(3) 仕事全体の量…60，50，40の最小公倍数600とする
Aさん1日の仕事量…600÷60＝10
Bさん1日の仕事量…600÷50＝12
Cさん1日の仕事量…600÷40＝15
1日目～3日目までの仕事量…(10＋12＋15)×2＝74
600÷74…8回余り8
したがって，仕事を終わるのは3×8＋1＝25(日目)

[2] (平面図形，規則性，割合と比，数の性質)

重要 (1) 7回の操作でできた正方形の縦と横の長さの比
…1：1

6回目の長方形の縦と横の長さの比…2：$\frac{1}{2}$＝4：1

したがって，初めの縦と横の長さの比は
(4×4×4×4×4×4×4)：1＝(64×64×4)：1＝16384：1

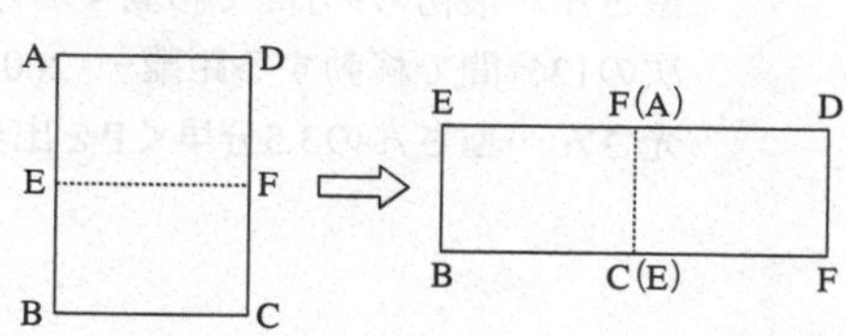

やや難 (2) もとの長方形と操作後の長方形の縦の長さの比…2：1
もとの長方形と操作後の長方形の横の長さの比…1：2

もとの長方形と8回の操作後の長方形の縦の長さの比…(2×2×2×2×2×2×2×2)：1＝(16×16)：1＝256：1

周の長さ…(縦の長さ＋横の長さ)×2＝縦の長さ×2＋横の長さ×2

8回目に初めて周の長さが奇数…7回目まで2をかけ合わせた256÷2＝128で，もとの縦の長さを割った商が奇数

したがって，縦の長さは128×1，128×3，128×5，128×7の4個

(3) 4回目の操作後の縦の長さと横の長さの比が2：1の場合

…5回目の操作後の縦の長さと横の長さの比は1：2→2＋1＝1＋2より，周の長さは等しい

最初の縦の長さと横の長さの比…(2×4×4×4×4)：1＝512：1

3回目の操作後の縦の長さと横の長さの比が2：1の場合

…最初の縦の長さと横の長さの比…(2×4×4×4)：1＝128：1

したがって，「縦の長さ÷横の長さ」の商が整数になる場合，

129～511までの511－128＝383(個)

重要 [3] **(平面図形，図形や点の移動，立体図形，割合と比)**

(1) QB×QB…図1より，10×10×2＝200(cm²)

したがって，求める体積は

(200－10×10)×3.14÷4×10＝785(cm³)

(2) 図2

A→(F)　B→B　C→(A)　D→(E)

E→(G)　F→(C)　G→(D)　H→H

したがって，アA，イE，ウB・H

(3) 図ア…10×10×3.14÷4＝78.5(cm²)

図1…(1)より，78.5cm²

図イ…20×3.14÷4×10＝157(cm²)

したがって，求める面積は

78.5＋78.5＋157＋78.5

＝78.5×3＋157＝392.5(cm²)

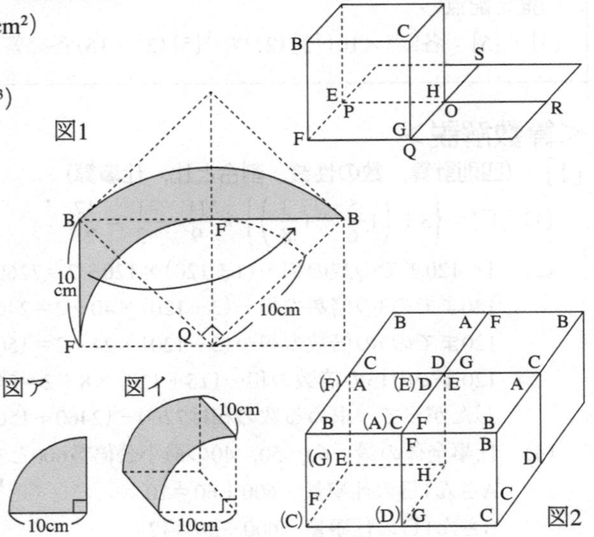

[4] **(速さの三公式と比，旅人算，グラフ，割合と比，単位の換算)**

P・Qの間…9000m

聖さん…Pを出発して最初の9分間は分速200m，次の4分間は分速200m，次の4分間は分速150m，次の4分間は分速100m，次の4分間は分速200mという移動を反復する

聖さんが最初の9分間で移動する距離…200×9＝1800(m)

次の12分間で移動する距離…(200＋150＋100)×4＝1800(m)

光さん…聖さんの3.5分早くPを出発して分速150mで移動する

重要 (1)　聖さん

0～13分で移動した距離

…200×13＝2600(m)

17分までに移動した距離

…2600＋150×4＝3200(m)

21分までに移動した距離

…3200＋100×4＝3600(m)

したがって，グラフは

右のようになる。

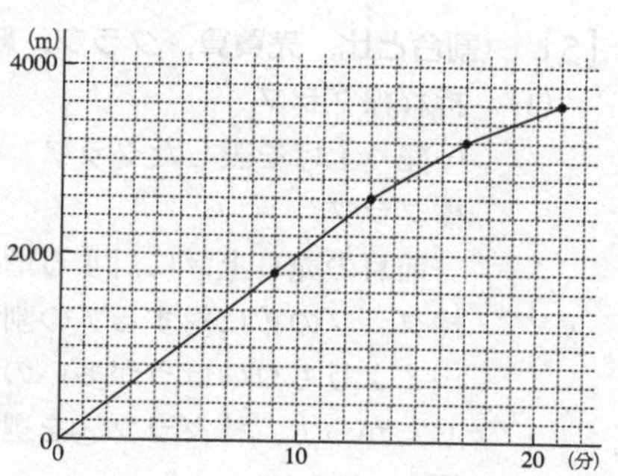

やや難 (2)　分速200mと150mの比…4：3

光さんが3.5分早くPを出発して

聖さんが追いつく時刻

…右図より，3.5÷(4－3)×3＝10.5(分)

光さんが3600m移動した時刻

…3600÷150－3.5＝20.5(分)

聖さんの時刻と光さんの時刻の差

…21－20.5＝0.5(分)

分速100mと150mの比

…2：3

光さんが聖さんに追いつく時刻

…右図より，21－0.5÷(3－2)×3

＝19.5(分)

聖さんが9000m移動する時刻

…9＋12×(9000－1800)÷1800

＝57(分)

聖さんが光さんよりも先にいる時刻

…10.5～19.5，22.5～31.5，34.5～43.5，46.5～55.5分

したがって，全部で9×4＝36(分)

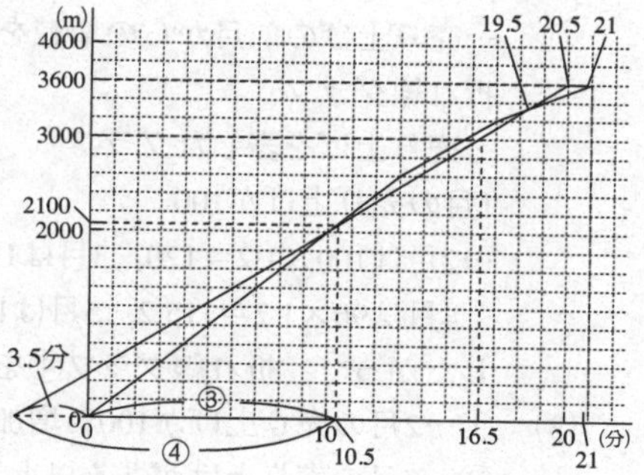

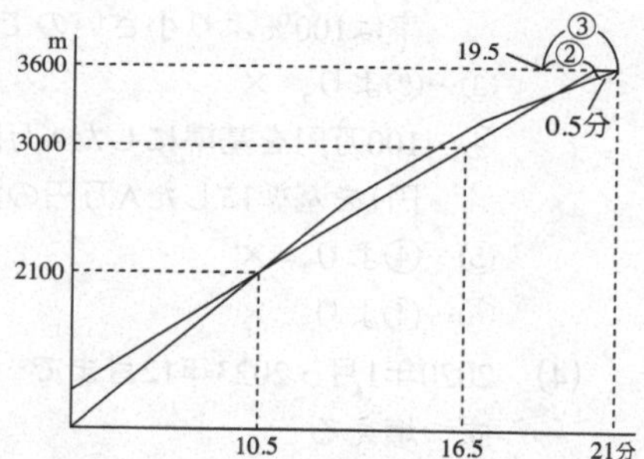

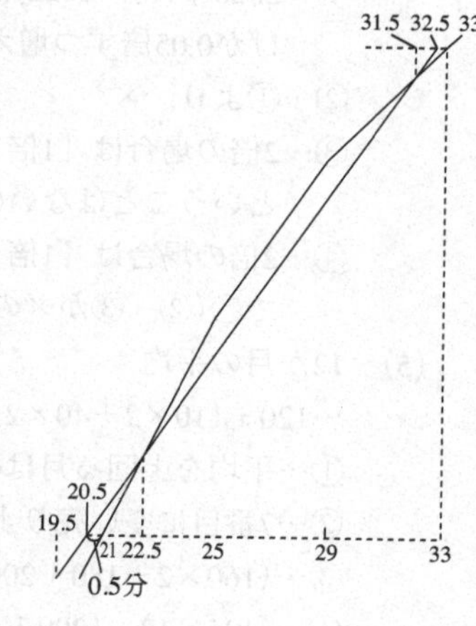

(3)　43.5分

聖・光さんの位置からQまでの距離

…9000－150×(43.5＋3.5)＝1950(m)

学さんが43.5－20＝23.5(分)で1950m進む分速

…$\frac{3900}{47}$(m)

34.5分

聖・光さんの位置からQまでの距離

…9000－150×(34.5＋3.5)＝3300(m)

学さんが34.5－20＝14.5(分)で3300m進む分速

…$\frac{6600}{29}$(m)

重要 [5] **(割合と比，売買算，グラフ，統計と表，平均算，論理)**

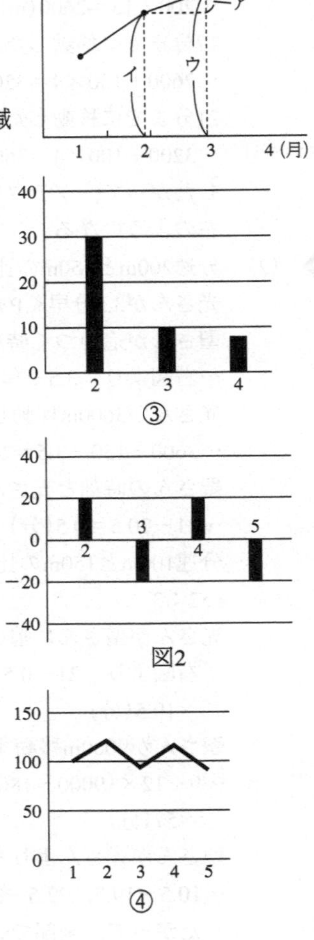

(1) 折れ線グラフ
…売り上げを表したグラフ
棒グラフ
…前月の売り上げに対する増減の割合を表したグラフ
棒グラフのイに対するアの割合からウに対するアの割合への増減
…イよりもウのほうが多いのでアの割合は減っている
したがって，棒グラフ③を選ぶ

(2) 図2のグラフ
…売り上げの前月からの増減を表したグラフ
折れ線グラフ
…売り上げを表したグラフ
1月の売り上げが100
…2月は100×1.2＝120，3月は120×0.8＝96，
4月は96×1.2＝115.2，5月は115.2×0.8＝92.16
したがって，折れ線グラフ④を選ぶ

(3) ①…2月の売り上げが100％増加する場合も可能なので×
②…3月の売り上げがある以上，2月の売り上げに対する減少率は100％より小さいので○
③…②より，×
④…100万円を基準にしたA万円の増加率よりも，100＋A(万円)を基準にしたA万円の減少率のほうが小さいので○
⑤…④より，×
⑥…④より，×

(4) 2020年1月～2023年12月まで…48か月の間，売り上げが0.05倍ずつ増える
①…2020年1月～2022年7月まで，12×2＋7＝31(か月)売り上げが0.05倍ずつ増えるので○
②…①より，×

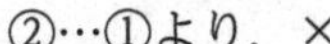

③…2倍の場合は「1倍×2」，3倍の場合は「2倍×1.5」になり，それぞれの期間はほぼ等しいということはないので×
④…2倍の場合は「1倍×2」，4倍の場合は「2倍×2」になり，それぞれの期間はほぼ等しいので○(②・③が×のため，④は○)

(5) 12か月の平均
…120＋(10×2＋40×2＋60＋80－20－40)÷12＝135(万円)
①…平均を上回る月は4か月であり，×
②…7番目に多い売り上げは120万円であり，○
③…(160×2＋180＋200)÷(135×12)≒0.44であり，○
④…{135×12－(200＋180＋100＋80)}÷8＝1060÷8＝132.5(万円)に対して，5番目に多い売り上げは130万円であり，×

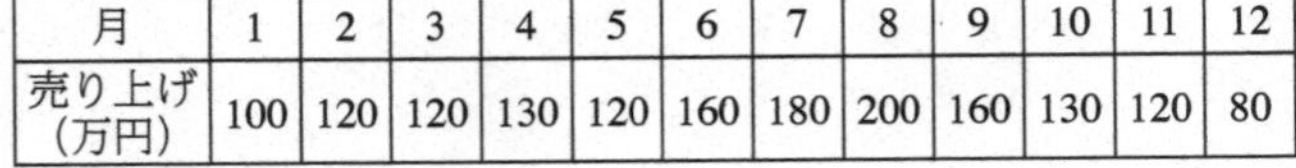

月	1	2	3	4	5	6	7	8	9	10	11	12
売り上げ(万円)	100	120	120	130	120	160	180	200	160	130	120	80

★ワンポイントアドバイス★

[1]の3題，[2](1)「正方形ができたときの初めの縦と横の長さの比」，[3]「立方体の回転」，[4](1)「グラフの図示」，さらに，[5]「グラフと割合」，「表と平均」などを優先して解くとよい。時間配分に注意しよう。

<理科解答> 《学校からの正答の発表はありません。》

[1] (1) あ 子房 い 花粉 う 受粉 え 胚珠 (2) お 草 か 肉 き 雑 (3) (ア)・(オ) (4) (ア)・(オ) (5) 子葉
(6) (a) 水，空気，適当な温度 (b) (エ)・(カ)・(ケ)
(c) 処理2 (条件) 25℃の明るい室内で，水を含ませないスポンジ上で育てる。
(7) (イ) (8) 光合成 (9) オナモミ，センダングサ などから1つ

[2] (1) 種子島 (2) (イ) (3) GPS (4) 自転の速さ (5) (a) 逆断層
(b) (エ) (c) (エ) (6) (ク)

[3] (1) (イ) (2) (ア)・(イ)・(ウ) (3) (イ) (4) 31.6g (5) (ウ)・(オ)
(6) 17.6g (7) (イ)・(ウ)・(カ)

[4] (1) 5 (2) 6通り (3) (a) 30g (b) 3目盛り (c) 4個
(4) (a) $0.025g/cm^3$ (b) 浮力 (c) (エ) (d) 8g (e) 00012
(5) (オ)

○推定配点○
[1] (1)・(2) 各1点×7 他 各2点×9(各完答) [2] 各3点×8
[3] (1)～(5) 各3点×5((2)・(5)各完答) (6)・(7) 各4点×2((7)完答)
[4] (1)～(3) 各2点×5 (4)・(5) 各3点×6 計100点

<理科解説>

[1] (植物のはたらき―種子のつくりと発芽)

(1) 受粉と受精を経て，胚珠は種子になり，子房は果実になる。

(2) 草食動物と肉食動物では，目のつき方や歯の発達のしかたが異なる。

(3) デンプンはアミラーゼによって麦芽糖に分解され，さらにマルターゼによってブドウ糖に分解される。カタラーゼは過酸化水素を分解する酵素で，ヒトの肝臓や皮膚などにもあるが，食物に対する消化酵素ではない。セルラーゼは細胞壁の主成分であるセルロースを分解する酵素で，ヒトは持っていない。ヤギやヒツジは，消化管の中の微生物がセルラーゼをつくるので，紙を食べることができる。ペプトンはタンパク質が酵素ペプシンによって分解されたものであり，さらに分解されるとアミノ酸になる。胆汁は脂肪の分解を助けるはたらきをするが，胆汁そのものに消化酵素は含まれない。

(4) 樹木のイチョウは裸子植物，食虫植物のモウセンゴケは被子植物の双子葉類である。スギナ，マツバラン，ワラビはシダ植物で，スギゴケはコケ植物である。

(5) 胚乳のない種子では，胚の一部である子葉に栄養分が蓄えられている。

(6) (a) 多くの植物の種子では，発芽条件は水，空気(酸素)，適当な温度の3つである。

重要 (b) (ア)・(イ) 誤り。グループA，Bともに発芽している種子があるので，食塩水に浮くかど

うかは関係ない。　(ウ)　誤り。処理1のあとの種子はどれも発芽していない。(エ)　正しい。発芽したのは，処理2のあとの種子だけである。　(オ)　誤り。　(カ)　正しい。発芽したのは，条件2の種子だけである。　(キ)・(ク)　誤り。　(ケ)　正しい。10℃の明るい室内での実験を行っていない。

(c)　発芽したのは，処理2だけを行った条件2の種子である。この条件から水を取り除けば，水が必要であることを確かめる対照実験になる。

(7)　植物が根から吸収して利用するのは窒素化合物であって，気体の窒素そのものではない。大気中の窒素は，気孔から出入りしているが，そのままでは利用できない。大気中の窒素を利用できるのは，根に根粒菌が生息している一部のマメ科植物など少数の植物だけである。

(8)　水と二酸化炭素を原料にして，光エネルギーを使ってデンプンと酸素をつくるはたらきを，光合成という。葉緑体をもつ植物がおこなう。

(9)　表面にカギがついていて動物のからだにくっつくものとして，オナモミ，センダングサ，ヌスビトハギ，チカラシバ，ヤエムグラなどがある。また，粘液でくっつくメナモミ，チヂミザサなどもある。これらの中から1つ答えればよい。

[2]　**(大地の活動—地殻変動と人工衛星)**

(1)・(4)　国内でのロケットの打ち上げでしばしば使われるのが種子島宇宙センターである。赤道に近いほど，西から東への地球の自転が速いことを利用するため，1966年当時占領下にあった沖縄以外で，できるだけ南にある場所が選ばれた。ここからは南東方向は海であり，人が多く住む場所がないことも利点であった。

(2)　地球観測衛星「だいち」は，地図の作成や資源の探査，災害状況の把握などに使われている。また，「みちびき」は，衛星測位システムを担うものであり，地球上で複数の衛星からの電波を受信することで受信機の位置を正確に測るものである。なお，「かぐや」は2007～2009年に月のまわりを周回し観測した衛星である。「ひまわり」は気象衛星で，現在運用されているのは9号である。

(3)　人工衛星を使った測位システムのうち，アメリカが運用しているのがGPS(グローバル・ポジショニング・システム)である。日本の「みちびき」なども含め，世界中で運用されているシステムの総称はGNSS(グローバル・ナビゲーション・サテライト・システム)である。

(5)　(a)・(b)　地震によってAB間の距離が近づいたとき，AB間には両側から圧縮する力がはたらいている。そのため，断層の右側(南東側)が，左側(北西側)の乗り上げるような逆断層が生じている。AはBの向きである南東側へ，BはAの向きである北西側へ動き，Aに対してBが隆起するように動く。

(c)　マグニチュードが2大きいと，地震のエネルギーの規模は1000倍になる。マグニチュード9の地震のエネルギーの1000分の1であれば，マグニチュードは7である。

(6)　人工衛星と観測点の最短経路は，直線であり，図の点線である。しかし，実際に観測点に到着するのは，反射した実線である。そのため，人工衛星から観測点までの距離は大きく観測される。このシステムでは，人工衛星の位置は正確にわかっていて，その電波をもとにして受信機の正確な位置を測定するのだから，位置がずれてしまうのは観測点の位置である。

[3]　**(ものの溶け方—硝酸カリウムの溶解度)**

(1)　もやもやが見える現象はシュリーレン現象とよばれ，濃い水溶液と水とでは，光の進み方が違うため，光が屈折して起こる。濃い水溶液は水よりも重いので，上から下に移動しながら広がる。よって，もやもやも主に下向きに移動する。

(2)　小さな容器から上向きにもやもやが移動したのだから，小さな容器に入っていたのは，30%

よりもうすく軽い水溶液である。

(3) 小さな容器から上向きにもやもやが移動した場合に，小さな容器に入っていたのは，水槽に入れた水溶液よりもうすく軽い水溶液である。水槽に15%の水溶液を入れたときに，もやもやが見えなかったのだから，小さな容器に入っていた水溶液の濃度は，15%よりも大きい。水槽に25%以上の水溶液を入れたときに，もやもやが見えたのだから，小さな容器に入っていた水溶液の濃度は，25%よりも小さい。

重要 (4) 回収直後のぬれた硝酸カリウムの重さが15.7gであり，乾燥させると12.1gになったから，回収したときにビーカーから除いた水の量は，15.7－12.1＝3.6gである。よって，ビーカー内の飽和水溶液中の水の量は100－3.6＝96.4gであり，硝酸カリウムの量は42.6－12.1＝30.5gである。よって，水100gに溶ける量は，96.4：30.5＝100：□ より，□＝31.63…で，四捨五入により31.6gとなる。

(5) (ア)：誤り。例えば食塩水は，中性で無色だが，電気を通しやすい。

(イ)：誤り。例えばエタノール水溶液は，中性で無色だが，特有のにおいがある。

(ウ)：正しい。中性の水溶液では，BTB溶液は緑色を示す。

(エ)：誤り。フェノールフタレイン溶液は，中性と酸性では無色である。

(オ)：正しい。中性の水溶液では，どちらのリトマス紙も色が変わらない。

(カ)：誤り。例えばエタノール水溶液は，中性で無色だが，加熱しても何も残らない。

(6) 回収直後のぬれた硝酸カリウムの重さが16gであり，乾燥させると13.6gになったから，回収したときにビーカーから除いた水の量は，16－13.6＝2.4gである。また，ビーカー内の飽和水溶液中の硝酸カリウムの量は50－13.6＝36.4gである。水100gに溶ける量は45.5gだから，硝酸カリウム36.4gが溶ける水の量は，100：45.5＝□：36.4 より，□＝80gである。100gの水のうち，80gがビーカーに残っており，2.4gが回収とともに出ていったので，蒸発した量は，100－80－2.4＝17.6gとなる。

(7) (ア)：誤り。水90gに硝酸カリウム10gを混ぜると，10%の水溶液になる。これを5℃に冷やすと，溶ける硝酸カリウムの量は，17×0.9＝15.3gである。10gの硝酸カリウムは溶けたままで，結晶は析出しない。

(イ)：正しい。水80gに硝酸カリウム20gを混ぜると，20%の水溶液になる。これを5℃に冷やすと，溶ける硝酸カリウムの量は，17×0.8＝13.6gである。20gの硝酸カリウムは溶け切れず，一部は結晶となって析出する。

(ウ)：正しい。水70gに硝酸カリウム30gを混ぜると，30%の水溶液になる。これを5℃に冷やすと，溶ける硝酸カリウムの量は，17×0.7＝11.9gである。30gの硝酸カリウムは溶け切れず，一部は結晶となって析出する。

(エ)：誤り。水90gに硝酸カリウム10gを混ぜると，10%の水溶液になる。これを25℃に冷やすと，溶ける硝酸カリウムの量は，38×0.9＝34.2gである。10gの硝酸カリウムは溶けたままで，結晶は析出しない。

(オ)：誤り。水80gに硝酸カリウム20gを混ぜると，20%の水溶液になる。これを25℃に冷やすと，溶ける硝酸カリウムの量は，38×0.8＝30.4gである。20gの硝酸カリウムは溶けたままで，結晶は析出しない。

(カ)：正しい。水70gに硝酸カリウム30gを混ぜると，30%の水溶液になる。これを25℃に冷やすと，溶ける硝酸カリウムの量は，38×0.7＝26.6gである。30gの硝酸カリウムは溶け切れず，一部は結晶となって析出する。

[4] (力のはたらき―てんびんのつりあい)

(1) 左を下げるはたらきは，1×10＋2×20＝50だから，右を下げるはたらきが，□×10＝50となればつりあう。よって，□＝5の位置につるせばよい。

(2)　右を下げるはたらきが50になるのは，5×10以外に，4×10＋1×10，3×10＋2×10，3×10＋1×20，2×20＋1×10，2×10＋1×30，1×50の6通りがある。

やや難 (3)　(a)・(b)・(c)　Xを1個ぶら下げたとき，右を下げるはたらきは，4×10＋5×10＝90なので，左を下げるはたらきも90である。次に，Xの下にBを1個ぶら下げたとき，右の目盛り3の位置にBを何個かぶら下げてつりあうので，右を下げるはたらきは，3×30＝90よりも大きく，3×40＝120，3×50＝150，…などが考えられる。右を下げるはたらきが120とすると，左のBをぶら下げた位置は，(120－90)÷10＝3目盛りである。Xをぶら下げた位置も3目盛りなので，Xの重さは90÷3＝30gとなる。右を下げるはたらきが150とすると，左のBをぶら下げた位置は，(150－90)÷10＝6目盛りとなり，図に合わない。150より大きい場合も合わない。よって，Xの重さは30gで，つるした位置は3目盛りと決まる。このとき，右につるした重さは40gだから，おもりBは4個ぶら下げた。

(4)　(a)　一辺が20cmの立方体の体積は，20×20×20＝8000cm^{3}である。重さが200gなので，密度は200÷8000＝0.025g/cm^{3}である。

(b)　水中にある物体に浮力がはたらくのと同様に，空気中にある物体にも，その体積に応じた浮力がはたらく。浮力の大きさは，物体が押しのけた空気の重さに等しい。

(c)　大きな体積によってはたらく浮力で浮いているのは気球である。気球の中の空気は温められて密度が小さく，外は密度が大きいために，空気を含めた気球の重さよりも浮力が大きく，気球が浮かぶ。他は，翼の上下を流れる空気の速さの差によって，揚力が発生して浮かぶ。

(d)　8000cm^{3}の発泡スチロールによって押しのけられた空気の重さは，0.001×8000＝8gである。

(e)　図4で浮力も考えると，左を下げるはたらきは，5×(200－8)＝960である。右を下げるはたらきは，1×20＋4×200＝820なので，残り960－820＝140をおもりBで補えばよい。おもりBを最も少なくするには，目盛り5の位置に2個，目盛り4の位置に1個ぶら下げて，5×20＋4×10＝140とすればよい。問題文の答え方にしたがうと，「00012」となる。

(5)　右側には200gのおもりが4目盛りの位置に下がっている。左側は，(200－8)gの発泡スチロールが下がっていると考えればよいので，4目盛りよりやや左側につるす必要がある。この状態で装置を真空にすると，浮力がなくなるので，左右ともぶら下がっているのは200gずつである。よって，支点から遠くにぶら下がっている左側の方が下がる。なお，真空になったところで重力は何も変わらないので，装置が浮き上がることはあり得ない。

★ワンポイントアドバイス★

1つ1つの実験の操作の持つ意味をよく整理し，理解して，ありうる可能性を考えていこう。

<社会解答> 《学校からの正答の発表はありません。》

[1] 問1 サウス　問2 エンゲル　問3 オ　問4 (例) 時間内に荷物を届けることが困難になる。(19字)

[2] 問1 (1) 防人 (2) 源実朝 (3) 季語 (4) 田沼意次　問2 あげく
問3 イ　問4 ア　問5 ウ　問6 ア　問7 エ　問8 ウ　問9 ウ
問10 イ　問11 イ

[3] 問1 (例) (その範囲内に)商店街がないので，自動車を持たない人は毎日の生活に必要な食品や日用品を入手するのが困難です　問2 エ　問3 エ・キ
問4 (だいこん) ウ (ほうれんそう) イ　問5 イ　問6 イ　問7 ウ
問8 E イ F ア

[4] 問1 イ　問2 (a) (例) 男は外で働き，女は家庭を守るという生活スタイルが理想とされたから。(33字) (b) ウ　問3 A イ D ア　問4 (例) イクメンとは育児に積極的に参加する男性のことである。しかし，子育てをするのは親として当然であり，これをとりたてて立派なことだと評価することは差別的であるといえる。

○推定配点○
[1] 問4 4点　他 各3点×3　[2] 問1・問2 各3点×5　他 各2点×9
[3] 問1 5点　他 各3点×9(問3完答)　[4] 問2(a)・問4 各5点×2　他 各3点×4
計100点

<社会解説>

[1] (総合―時事問題，日本国憲法など)

問1 グローバルサウスは，アフリカやアジア，南アメリカなど南半球に多い発展途上国をまとめて表すことば。どの国を入れるかの明確な定義はなく，中国を入れる場合と入れない場合がある。経済成長がめざましく，人口が中国を抜いて世界最多となったインドは，グローバルサウスの盟主とされる。

重要 問2 エンゲル係数は，家計の消費支出に占める食料費の割合を示すもので，家計の生活水準を示す指標である。食費にかかる費用は貧富にかかわらず比較的定量であるため，係数が大きければ貧困な生活，係数が小さければ豊かな生活と判断することができる。

基本 問3 国事行為は，日本国憲法第4条，第6条，第7条で定められた，天皇が国家機関として行う「国事に関する行為」のこと。法律・条約・政令の公布，国会の召集，衆議院の解散，国務大臣などの任免・認証などがある。これらの国事行為にはすべて内閣の助言と承認を必要とし，内閣が責任を負う。

問4 自動車運転業務の年間時間外労働時間の上限が960時間に制限されることにより，運送業者が従前通りの業務を行うことができなくなり，事業の継続が困難になる可能性もある。また，輸送量が減少することになり，従前よりも輸送に多くの時間が必要となったり，運送料金が上昇することもあり得る。

[2] (日本の歴史―短歌や俳句などを題材にした日本の通史)

重要 問1 (1) 防人は，律令制において九州の警備に配置された兵士。3年交替で勤務し，装備・往復食糧は自弁であった。730年に東国兵士に限るようになり，10世紀前半まで続いた。 (2) 源実朝は，鎌倉幕府3代将軍(在職1203～19年)。母は北条政子。実権を握る北条氏に対し，政所を中心に将軍権力の拡大に努めた。万葉調の歌人として聞こえ，家集に『金槐和歌集』がある。

(3)　季語は，俳句・連歌で，句の季節を示すためによみこむように特に定められた語。例えば，うぐいすは春の季語，金魚は夏の季語。　(4)　田沼意次は江戸時代中期の幕府老中。9代将軍徳川家重の小姓，10代将軍家治の側用人から出世し，田沼時代を現出した。商業資本と結んで積極的に産業振興政策をとったが，賄賂政治で不評を買い，将軍家治の死去とともに1786年に失脚した。

やや難 問2　あげく(挙げ句)は，連歌で，第一句を発句といったのに対して，最後の句の意。これが転じて，いろいろなことをした最後に行き着いた好ましくない結果を意味するようになった。

問3　『万葉集』は8世紀後半に成立した現存最古の和歌集。また，「令和」は，『万葉集』第5巻に収録されている「梅花の歌」からの引用である。なお，持統天皇は飛鳥時代の女帝。『万葉集』は，万葉仮名(国語の音を表記するために，その音や訓を借りて表音文字に用いた漢字)で記されている。

基本 問4　承久の乱を起こしたのは，後白河上皇ではなく，後鳥羽上皇。

問5　「二条河原の落書」は，建武元年(1334年)8月頃，京都二条河原に立てられたといわれる落書。「此比(このごろ)都ニハヤル物，夜討強盗謀綸旨(にせりんじ)」の句で始まり，建武の新政当時の混乱した世相を鋭く風刺し，新政を批判している。作者は不明。なお，Xは『平家物語』の書き出しである。

問6　寛政の改革は，老中松平定信が1787年から93年まで行った幕政の改革。この改革の一環として，定信は，1790年，儒学のうち朱子学を正学とし，これ以外の学派を異学として湯島聖堂で教授することを禁止した(寛政異学の禁)。イは徳川吉宗，ウは田沼意次，エは水野忠邦の行った政策。

基本 問7　法隆寺の金堂や五重塔，回廊の一部は世界最古の木造建築物とされ，世界文化遺産にも登録されている。アは薬師寺，イは飛鳥寺，ウは唐招提寺。

問8　「君死にたまふことなかれ」は，1904年，与謝野晶子が『明星』に発表した反戦長詩「旅順口包囲軍の中に在る弟を嘆きて」の表題。旅順は日露戦争の激戦地の一つ。また，韓国併合は，朝鮮支配を企図した日本が，1904年以降，韓国(大韓帝国)の内政・外交権を次第に掌握した末，1910年の韓国併合条約により韓国を領有したことをいう。

やや難 問9　昭和時代は1926～1989年。ソ連のチェルノブイリ(チョルノービリ)原発で事故が起こったのは1986年。アは2001年，イは1995年，エは1973年。

問10　昭和30年代は，テレビの普及率はまだ低く，繁華街などにテレビが設置され，多くの人がこれを視聴した(街頭テレビ)。そして，プロレス，大相撲，プロ野球が人気を集めた。アー日本のテレビ放送が始まったのは昭和時代の1953年。ウー家電の「三種の神器」は，電気洗濯機，電気冷蔵庫，白黒テレビ。エー21世紀になってテレビ番組の視聴率がふるわなくなった背景には，インターネットの普及がある。

やや難 問11　長歌は，和歌の歌体の一つで，五・七音の句を3回以上続け，最後を七音で結ぶ。反歌として短歌を添えることが多い。万葉集に多くみられるが，平安時代以降は衰退した。

[3]　(日本の地理―地図の読み取り，日本の産業，交通など)

問1　Bの範囲内に商店街がないことに注目する。

問2　図2中の(　3　)や(　4　)に新たに豆腐屋や魚屋ができたとは考えにくい。

問3　Ⅰ・Aはみかん，Ⅱ・Dはドラゴンフルーツ，Ⅲ・Cはぶどう，Ⅳ・Bはなしである。

やや難 問4　だいこんの東京都中央卸売市場への入荷量は，夏は北海道や東北地方からが多く，冬は東京周辺の千葉県，茨城県などからが多い。ほうれんそうの東京都中央卸売市場への入荷量は，夏も冬も東京周辺の茨城県，群馬県からが多い。なお，アはレタス，エはきゅうりである。

基本 問5 写真Bは液化天然ガスを輸送する専用船である。

問6 北海道・鹿児島県・沖縄県は，農産物，水産物などを加工する食料品工業が盛んである。なお，1は輸送用機械，3は化学である。

問7 地元の農産物を全国の農産物と一緒に混ぜて流通させると，「地産地消」とは言えなくなる。

問8 E地点は駅前であるので，オフィスビルで働く人をターゲットとすることができる。一方，F地点は住宅密集地なので，近隣の住宅から徒歩で訪れる人をターゲットとすることができる。なお，D地点はエ，C地点はウである。

[4] (総合―男女間の平等をテーマにした歴史，政治など)

問1 紙幣に描かれた女性は津田梅子。梅子は，1871年，日本で最初の女子留学生の一人として渡米した。

問2 (a) 本文中の「西洋各国で工場の機械化が進むと，「男は外で働き，女は家庭を守る」という生活スタイルが理想と考えられるようになりました。」に注目して考える。 (b) アメリカでは，第一次世界大戦中，働き盛りの男性が兵士として戦場に動員された。このため，工場などでは労働力が不足し，女性が重要な労働力となった。この流れの中で，女性にも参政権を認めるべきだという議論が高まったが，これが実現したのは第一次世界大戦後の1920年であった。

問3 日本は，国会議員の男女比，閣僚の男女比で，女性の比率が極端に低い。他方，教育，健康の2分野では男女格差はごく小さい。

問4 育児は，両性が平等に行うべきことなのに，あえて男性の育児参加を称賛することは，差別的だといえる。

★ワンポイントアドバイス★

グローバルサウスのような最新の時事用語が問われている。よって，テレビや新聞を意識して見たり，読んだりすることが求められる。

＜国語解答＞ 《学校からの正答の発表はありません。》

一 ① 警笛 ② 車窓 ③ 沿岸 ④ 悲痛 ⑤ 厳寒

二 ① そく ② んせん ③ つあい ④ もむろ ⑤ ざなり

三 問一 A ウ B オ C ウ 問二 ア 問三 エ 問四 ウ
問五 (例) 二人の間の気まずい雰囲気を変えるため。 問六 イ 問七 オ
問八 (例) 同じ場所にいてもお互いに別な場所を見ているので，様々な影響を与え合い，面白い毎日を過ごせるような関係だと思えるから。 問九 (例) 「僕」と織絵さんが結ばれ，二人の幸せな未来が始まること。

四 問一 A イ B エ C ウ D ア 問二 エ 問三 エ 問四 ウ
問五 イ 問六 (例) 義務に従う尊敬に値する人同士が，相手を自分と同一視するとともに，相手の自由を認めて自律性を尊重すること。 問七 (例) 他者と私を同一視する愛によって友情が成り立つとしたアリストテレスの考えに加えて，友情には義務に従う力である相手の自律性の尊重も必要だとしたこと。

○推定配点○

一 各3点×5 二 各3点×5 三 問一 各3点×3 問八 10点 問九 8点

他　各6点×6　　四　問一　各3点×4　　問六　10点　　問七　11点　　他　各6点×4
計150点

＜国語解説＞

一　(漢字の書き取り)

基本 基本 ①　ここでは，列車や車両が注意をうながすために出す音のこと。「警」には，非常を知らせるという意味がある。その意味で「警告」「警報」という言葉がある。　②　ここでは，特急列車の窓のこと。窓の外を窓外(そうがい)，窓の前を窓前(そうぜん)と書き表すこともある。　③　海や湖などの岸に沿っている地域のこと。鉄道に沿っている地域は，沿線という。　④　あまりの悲しさやつらさに耐えられないほどであること。「痛」には，心が痛むという意味がある。その意味で「心痛(しんつう)」「痛恨(つうこん)」などの言葉がある。　⑤　非常に寒いこと。「厳」には，はげしいという意味がある。その意味で，「厳守」「厳重」などの言葉がある。

二　(言葉の知識)

重要 ①　漢字では「姑息」と書く。　②　漢字では「琴線」と書く。　③　漢字では「割愛」と書く。

やや難 ④　ゆっくりとした様子を意味する言葉は「おもむろに」である。　⑤　その場しのぎでいい加減な様子を意味する言葉は「おざなりな」である。

三　(物語―主題・心情・場面・細部表現の読み取り，記述，ことばの意味，慣用表現)

問一　A 「取り繕う」とは，見かけを良くすることである。不都合や欠点を隠し，良い面だけを見せようとする行為を指す。ウの牛乳をこぼした弟が，何とか笑顔を見せている様子があてはまる。アの「丁寧」に，取り繕うという表現はあわない。イの猫の毛並みをととのえる様子にも，この言葉は合わない。エの「誠実な姿勢」，オの修理という状況にも，取り繕うは合わない。　B 「奇をてらう」とは，変わった行動で注目を引くことである。注目を浴びるために，奇をてらう行動をしたとある，オが解答になる。アの「心の中にある奇をてらう」は，変わった行動という意味に結びつかない。イの「奇をてらう思いで声援」も，もともとの意味に合わない。ウの地震で起こされた母の様子は，注目を引くためとは考えられない。エの「けんかをしたまま，奇をてらうこともできずに……」も，もともとの意味に合わない。　C 「おずおずと」とは，恐れや不安からためらう様子を意味する。締め切りを過ぎた算数の宿題の提出をためらっている様子がうかがえる，ウが解答になる。「ひさしぶりの休み」とあるア，「楽しみにしていた誕生日ケーキ」とあるイ，クリスマスプレゼントで喜ぶエは，恐れや不安に結びつかず，ふさわしくない。悔しさで泣いているオも，恐れや不安からのためらいには結びつかず，ふさわしくない。

重要 問二　物語の初めの部分に書かれているように，「僕」は織絵さんにプロポーズをしようとしているのである。だが，美術館で織絵さんが落ち込んでしまい，「僕」は指輪を渡すタイミングをつかめずにいた。傍線部①で，「僕」は鞄の中に小箱を滑らせているが，この小箱には指輪が入っている。文章の最後の方で，「僕」は鞄の中の小箱に手を伸ばすが，傍線部①の時点では，自分の近くに置くように準備したとも考えられる。つまり，美術館では渡すタイミングをつかめずにいたが，このレストランでは渡すことができるかもしれないと考えたのである。以上のように，場面の情報をおさえる。「指輪を渡すことができるかもしれない」とある，アが解答になる。イは「このまま指輪を織絵さんの鞄の中に入れてしまって」とあるが，おかしい。自分の鞄の中に入れたのである。ウは「指輪のことはもう考えたくない」とあるが，おかしい。迷っているということは，考えていることを意味する。エはプロポーズするチャンスをうかがっている「僕」の様子に結びつかない。おかしい。オは「指輪を渡す機会は訪れないだろう」とあるが，おかしい。

傍線部①の部分では，チャンスがあるかもしれないと思ったため，鞄の中に滑らせたのである。

問三　絵を見ている織絵さんは「山吹くんはどう？」と,「僕」に絵の感想を聞く。「僕」は「いい絵だね」と答えるが，それ以上のことは言えない。傍線部③直前にあるように，美術館ではその場で必死に調べて，織絵さんに話すことができた。プロポーズをしようという状況である。織絵さんの前で，格好の良いところを見せたいでであろう。だが，傍線部②が含まれる場面では，美術館とちがって，絵の作品名も画家もわからない。そのため，調べようもない。「悲しい日になるのかもしれない」とも書かれている。何も答えられずに織絵さんをがっかりさせて，プロポーズもできないかもしれないという不安を「僕」は抱えている。以上の状況を読み取り，選択肢を比較する。「美術に詳しいふり……いいところを見せようとした」と美術館における「僕」の様子,「話せる情報は何もなく」と本当は美術に無知な「僕」の様子,「幻滅させてしまうと焦っている」と織絵さんをがっかりさせることを心配する「僕」の様子，それら3点を記した，エが正解になる。アは「怒りが沸き上がっている」とあるが，おかしい。「僕」が怒る状況ではない。イは「お金に余裕があるようなそぶり」とあるが，おかしい。お金の話ではない。ウは,「既に気づかれていた」とあるが，おかしい。文章中には「もしかして彼女は，気づいているのだろうか」とある。気づかれたと確信している訳ではない。オは,「もうプロポーズはできないと諦めている」とあるが，おかしい。手のひらに汗がにじんでいる状況から，完全にあきらめている様子は読み取れない。

問四　文章の最後の方に，織絵さんの本心が書かれている。「知識や背景を知るのも楽しいけど,私，山吹くん自身の言葉の方が，ずっと好き」の部分である。織絵さんはそのような気持ちを抱いているのに，必死に調べて美術の知識を披露しようとしている山吹くんの様子を聞いて，視線を落としたのである。また，文章最後の方に「さっき言おうと思ったの」とあるように，織絵さんは本心を語ろうとしていたのである。だが，傍線部③直後でギャルソンが話しかけてきたことから，織絵さんは話すタイミングを逃していた。「自分の言葉で美術について語ってほしい」とあり,「思いを飲み込んでいる」と話せなかった様子も記しているウが解答になる。アは「言葉を失っている」とあるが，おかしい。話すことをおさえてはいるが，失ってはいない。イは「怒りを覚えている」とあるが，おかしい。怒りを覚えているような様子ではない。エは「罪悪感を覚えている」とあるが，おかしい。文章最後の部分に結びつかない。オは「根本的に合わない」とあるが，おかしい。「山吹くん自身の言葉の方が，ずっと好き」という内容に合わない。

問五　男性と女性が二人でレストランに食事に来る。明らかにデートをしている状況である。だが,この場面において,「僕」は織絵さんに謝っている。織絵さんは瞳をゆらして，視線を落としている。周りから見ると，デートの状況としてあまり好ましくない。ギャルソンは，この状況を気まずい雰囲気であるととらえていたと考えられる。そして，この状況に介入して，雰囲気を少しでも良くしようと考えたのであろう。そのため,「おや……口に合いませんでしたか？」と，美術とは関係ない食事の話題をふったのであると考えられる。「二人の気まずい雰囲気」＋「変えるため／良くするため」という方向性でまとめる。

問六　傍線部⑤以降の文脈をおさえることで，解答を考えることができる。波線C以降で，シェフは「作品から想像を広げておつくりしました。〈色彩の魔術師〉と呼ばれた彼にちなんで，たくさんの色を召し上がっていただこうと思いましてね」と発言している。その色彩の魔術師とは，織絵さんが気に入っているアンリ・マティスのことである。シェフはアンリ・マティスの作品の影響を受けて，色とりどりのソースを用いたのである。そして，色とりどりのソースを用いた目的は，傍線部⑥よりもさらに後ろの方に書かれている。「心もお腹も満ちる一皿を，お届けしたいと思いましてね」というシェフの言葉である。シェフは，食べた人の心もお腹も満たしたいと思っていたのである。以上の点を参考にして，それぞれの選択肢を比較する。「マティスの作品に触発されて作った」「食べた人々の心と体を満たし，辛いこともある日常を喜びに満ちた日々に変えたい」とある，イが正解になる。アは「人々を日常から解放する」とあるが，日常から解放という表現は，イの「人々の心と体を満たし」という表現に比べて，指している内容が明確ではない。誤答になる。ウの「人々の個性に合わせて自分らしく生きていくことの喜び」，エの「人々に喜びを与える美術館の代わり」も，明確に述べられたシェフの目的に合わない。誤答になる。オは「織絵さんのような絵がわかる人にこそ」とある。シェフの色とりどりのソースを使った料理を提供する対象は，織絵さんだけではない。誤答になる。

基本 問七　傍線部⑥の直前で気づいたことは，〈色彩の魔術師〉がアンリ・マティスであることと，織絵さんがこの作品を観たがっていたことである。傍線部⑥以降で，織絵さんは「私たち，あの作品が観たくて美術館に行ったんです」とまで述べている。その絵を観ることができなくて，織絵さんは落ち込んでいたのである。だが作品を観ることができ，上機嫌になった。以上の点をおさえて，選択肢の内容を比較するとよい。「……マティスの作品だと気づいた」「織絵さんの心の変化に，『僕』も納得できた」とある，オが解答になる。アの「織絵さんが真剣に絵と向き合う人だと気づいた」，イの「この料理が……マティスの作品を元にしていると気づいた」，ウの「……見えなかったものが見えてくると気づいた」，エの「想像を膨らませる楽しさに気づいた」は，それぞれ気づいた内容がふさわしくない。気づいた内容は，傍線部⑥の直前から明確に読み取れる。

重要 問八　傍線部⑦の「こんなふうに」とは，絵の中に描かれた二人の様子に関係する。傍線部⑦以降にあるように，絵の中にいる二人は，同じ場所にいてもお互いに別な場所を見つめている。そのような関係だと，お互いに様々な影響を与えることができるので，面白い毎日が過ごせそうだと織絵さんは考えているのだろう。以上の点をふまえて，書くべき内容をまとめる。記述の際には，「同じ場所にいてもお互いに別な場所を見ている」と「こんなふうに」が表している内容をおさえたうえで，「影響を与え合って面白い毎日を過ごせそう/面白さを感じ続けられそう」などの表現を続ける。

やや難 問九　「リボンの小箱」を出したのだから，「僕」はプロポーズをするのである。織絵さんは「僕」と，同じ場所にいることを望んでいるのだから，それを受け入れるだろう。そして，織絵さんの「こんなふうになれたらいいな」という言葉を聞いた後の，「僕」のプロポーズであるため，「僕」自身も織絵さんの考え方に納得しており，その後の二人の未来は，良い方向に進むと考えられる。以上をふまえて，書くべき内容をまとめる。記述の際には，「二人が結ばれる／「僕」の愛を織絵さんが受け入れる」という内容に，「二人の幸せな未来が始まる」という表現を書き加えるとよい。

四（論説文―要旨・理由・細部表現の読み取り，記述，接続語）

問一　A　空欄Aよりも前には，欲求を叶えて空腹が解消される様子が書かれている。空腹が解消されるのだから，肯定的に書かれている。だが空欄Aよりも後では，欲求を叶えるために動くことが，「他律的」であると否定的に述べられている。空欄の前後で，文脈が逆接的につながっている。逆接的につなぐことができる，イの「しかし」があてはまる。　B　空欄Bよりも前の段落では，この文章で述べられる「自律性」とは何かを説明している。空欄Bよりも後の部分では，「自律性」の説明をふまえて，「義務」の説明に話を進めている。「自律性」から「義務」へと，話題が切り替わっているのである。話題を切り替えるときに用いる言葉は，エの「では」である。　C　空欄Cより後には，「私以外の人は嘘をついてはいけない」という，「義務」に関する具体例が書かれている。具体例を導く言葉は，ウの「たとえば」である。　D　空欄Dより前には，自分だけを例外扱いする義務を望むとき，人は自分の欲求の奴隷になっていることが書かれている。そして，そのため空欄D以降のように，自律的な人間が従うべき義務とは何かが明らかになるのである。つまり，空欄Dよりも前の考えによって，空欄D以降のような結論が導かれるのである。空欄Dには，「だから」「それゆえ」などの表現があてはまる。アの「したがって」がふさわしい。

問二　傍線部①を含む段落の，次の段落に着目する。食欲に従って行為することは，自分で選んだわけではないものに支配されることを意味する。その意味で，「他律的」に行動することになってしまう。欲求を満たすことができたとしても，自由な状態ではないのである。つまり，欲求とは自分で選んで出てくるものではないため，支配され，他律的になり，不自由になるということだ。そのため，「欲求を持つこと」「自分で選択できない」とある，エが解答になる。アは「文化的な秩序が崩れた社会全体」などとあるが，おかしい。そういう大きな話ではない。イは「第三者の意図によってあらかじめ決められている」とあるが，おかしい。第三者という存在が決めるようなものではない。ウは「自らの意志で選択した行為が……」とあるが，おかしい。「他律的」な行為になるので，自らの意志で選んだ行為にならない。オは「倫理的でないものもあり」とあるが，おかしい。「倫理」の問題ではない。

問三　解答の手がかりとなる部分は，傍線部②以降にある。「『義務』とは，一つの規範である」とある。その規範には「特定の人々に対してだけ当てはまる規範」と「すべての人々に当てはまる規範」があり，空欄D以降にあるように，自律的な人間が従うべき義務とは，すべての人々に等しく当てはまる規範なのだ。傍線部②直前では「自律性こそが人間の自由に他ならない」とあり，この文章では自律性の備わった人間を肯定的に見ているので，傍線部②の「私たち」も，自律性の備わった人間と考えるべきである。「私たち」＝「自律性の備わった人間」と考え，従うべきなのは「すべての人々に当てはまる規範」であるとおさえて，それぞれの選択肢を比較する。

アは「会員でなければ」となる。「会員」「非会員」で義務をわけている。「すべての人々に当てはまる規範」ではない。ふさわしくない。イは「入院している患者」，ウは怖い先生に見られる可能性がある人，オは「生徒」に義務づけられた規範である。ふさわしくない。エは，たとえ家族のためであっても，すべての人は嘘をついてはいけないという内容である。「すべての人々に当てはまる規範」である。これがふさわしい。

重要　問四　傍線部③以降に着目する。義務に従って行為できる人間同士が，真の友情を交わすことができると書かれている。つまり，真の友情を交わすためには，お互いに普遍的な義務に従える自律的な人間でなくてはならない。お互いに，義務に従って行為できる人間であれば，友人の秘密を暴露したりはしないと信頼できる。だから，安心して本音を言うことができる。「お互いに自律的で信頼できて義務に従う人間である→義務に従う人間だと信頼し合える・友人になることができる→安心して本音を言うことができる」と整理できる。以上をふまえて，選択肢の内容を比較する。「友人の自律性を信頼する」「普遍的な義務に従う」「友情を育むために不可欠」とある，ウが解答になる。ウ以外の選択肢は，相手が自律的であることを信頼するという「普遍的な義務」について書かれていない。不十分な選択肢である。

問五　「他者を『私』の目的のための手段として利用する」という状況を表す慣用表現を選ぶことが求められている。イの「だしにする」は，他者を利用する，または利用して捨てるという意味があり，他者を自分の目的達成のために手段として使う状況を正確に表している。アの「反故にする」は，主に約束や契約を無視することを意味する。この文脈に合わない。ウの「袖にする」は，人を無視することを意味する。この状況に合わない。エ「こけにする」は，他人をばかにすることを意味する。こちらも問題の状況とは異なる。オの「二の次にする」は，何かを優先しないことを意味する。他者を利用する状況とは合わない。

やや難　問六　傍線部⑤に「愛」とある。傍線部④よりも前にあるように，愛するとは，他者を私とある意味で同一視することである。また，傍線部⑤に「尊敬」とある。尊敬とは，傍線部④以降にあるように，他者の自律性を尊重して，他者に自由があると認めることである。傍線部⑤直前にあるように，義務に従っていて，尊敬に値する人間同士が，以上の「愛」と「尊敬」を持って結びつくことが傍線部の内容になる。以上の点をふまえて，解答をまとめる。記述の際には，「義務に従う人同士」＋「相手と自分を同一視」＋「相手の自由と自律性を尊重」という内容を中心にする。

重要 問七　傍線部⑥の「アップデート」とは，より新しいものに変えたという意味。傍線部⑥直前の表現も意識すると，「カント」が伝統的な友情観をアップデートしたことについて説明する記述問題だとわかる。伝統的な友情観とは，アリストテレスの友情観である。つまり，「アリストテレスの友情観からカントの友情観」という流れをおさえて，書くべき内容をおさえるとよい。それぞれの友情観に関しては，文章中の複数部分に説明がある。アリストテレスの友情観に関しては，例えば，傍線部③以降の「前章で紹介したアリストテレス……」で始まる段落内に「アリストテレスは，友情を愛によって結びつくものとして捉えていた」とある。その愛は，他者を私とある意味で同一視するものだとも説明されている。また，「前章で紹介したアリストテレス……」で始まる段落内には，「カントは愛とともに『尊敬』を挙げていた」とある。この「尊敬」に関しては，「したがって，他者を尊敬するということは……」で始まる段落内に，「他者の自律性を尊重することに等しい」とある。その前の段落からは「自律性」が欲求に抵抗して，道徳的な義務に従うことができる力であることも説明されている。以上のような点をまとめて，記述答案を作成する。記述の際には，「他者と私を同一視する愛」に「義務に従う力である，相手の自律性を尊重すること」が加わったという方向性でまとめる。

★ワンポイントアドバイス★

全体的にボリュームの多い入試問題である。限られた時間の中で，どのように効率的に解き進めることができるのか。十分に考えて取り組みたい。過去問を活用した練習は必須である。

第2回

2024年度

解 答 と 解 説

《2024年度の配点は解答欄に掲載してあります。》

＜算数解答＞ 《学校からの正答の発表はありません。》

[1] (1) $1\frac{1}{3}$ (2) 4255m (3) 23個

[2] (1) (a) 12通り (b) 432通り (2) (c) 6通り (d) 18通り

[3] (1) 117秒後 (2) 12秒前 (3) ア 9 イ 27 ウ 45 エ 75

[4] (1) $\frac{1}{8}$倍 (2) $\frac{7}{16}$倍 (3) $\frac{4}{3}$秒後 (4) 4回，5.6秒後

[5] (1) 図：解説参照 45cm² (2) 477cm²

○推定配点○

[1] 各8点×3 他 各7点×18 計150点

＜算数解説＞

[1] (四則計算，速さの三公式と比，流水算，単位の換算，割合と比，分配算，消去算)

(1) $\square=1\frac{3}{4}-\left(\frac{14}{3}\times\frac{5}{14}-1\frac{4}{9}\right)\times\frac{15}{8}=1\frac{3}{4}-\frac{5}{12}=1\frac{1}{3}$

重要 (2) 上りと下りの時間の比…185：115＝37：23

したがって，求める距離は115×60÷(37＋23)×37＝4255(m)

やや難 (3) 最後の聖也さんと光司さんの個数の比…①：③

聖也さんが4個渡す前の2人の個数の比…(①＋4)：(③－4)

式…(①＋4)×2－1＝②＋7＝③－4より，①＝4＋7＝11

4個渡す前の聖也さんの個数…11＋4＝15(個)

初めの聖也さんの個数…$15\div\left(1-\frac{2}{7}\right)=21$(個)

2人の個数の合計…11×(1＋3)＝44(個)

したがって，初めの光司さんの個数は44－21＝23(個)

[2] (場合の数，数の性質，平面図形)

奇数…1，3，5，7，9

偶数…2，4，6，8

重要 (1) 性質A

…各行と各列の奇数の個数が1個または3個

(a) 図3

ア…5，7，9の3通り

イ…残りの奇数2通り

ウ…残りの奇数1通り

したがって，全部で3×2×1×2＝12(通り)

1	2	オ
3	4	エ
ア	イ	ウ

図3

(b)　図4

カ・キ・コ…5, 7, 9の配列は3×2×1＝6(通り)

ク・ケ・サ・シ…偶数4個の配列は4×3×2×1＝24(通り)

奇数が3個の列…3通り

したがって，全部で6×24×3＝432(通り)

1	カ	3
キ	ク	ケ
コ	サ	シ

図4

やや難　(2)　性質B

…各行と各列の数の和が3の倍数

(c)　各行の数の和…上から6, 15, 24

したがって，各列の数の和が12, 15, 18になる並べ方は

3×2×1＝6(通り)

	12	15	18
6	1	2	3
15	4	5	6
24	7	8	9

図5

(d)　各行の数の和…上から6, 15, 24

各列の数の和…3の倍数

右図…3×2×1×2＝12(通り)

したがって，(c)を含めて，6×3＝18(通り)

	15	15	15
6	1	2	3
15	5	6	4
24	9	7	8

	15	15	15
6	1	2	3
15	6	4	5
24	8	9	7

[3]　(速さの三公式と比，単位の換算)

R_2…R_1出発の1分後に出発する

R_1，R_2についてのルールX

…R_3がBC間を移動中，または，R_1，R_2がB地点に着くのとR_3がC地点に着くのが同時のとき，R_3を優先してB地点で待機する

R_3についてのルールY

…R_1，R_2がBC間を移動中，R_3は，C地点で待機する

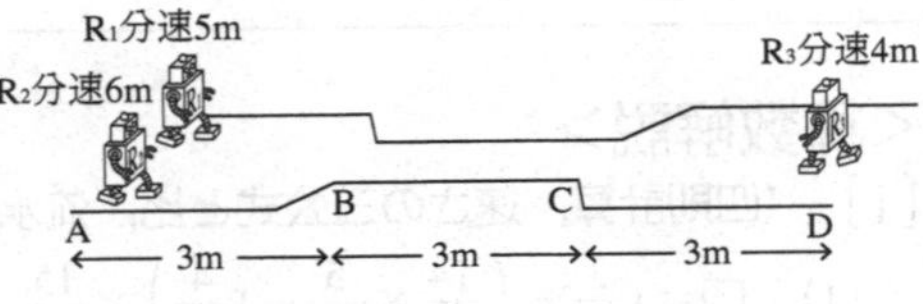

重要　(1)　3m進む時間

R_1…3÷5＝0.6(分)

R_2…3÷6＝0.5(分)

R_3…3÷4＝0.75(分)

したがって，右図より，R_2がD地点に到着するのは出発して2.95－1＝1.95(分後)　　すなわち117秒後

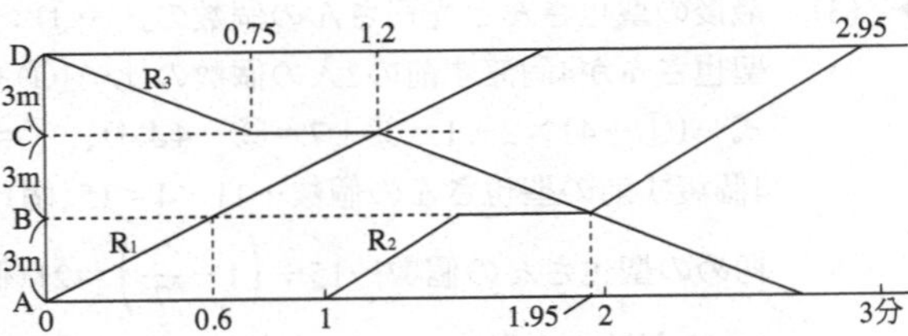

(2)　R_3がB地点に到着する時刻

…0.75×2＝1.5(分後)

6mを移動するR_1とR_2の時間差

…(0.6－0.5)×2＝0.2(分)

R_2がA地点を出発した時刻

…1.5＋0.2－0.5＝1.2(分後)

したがって，R_3が出発するのは

R_1の1.2－1＝0.2(分前)

すなわち12秒前

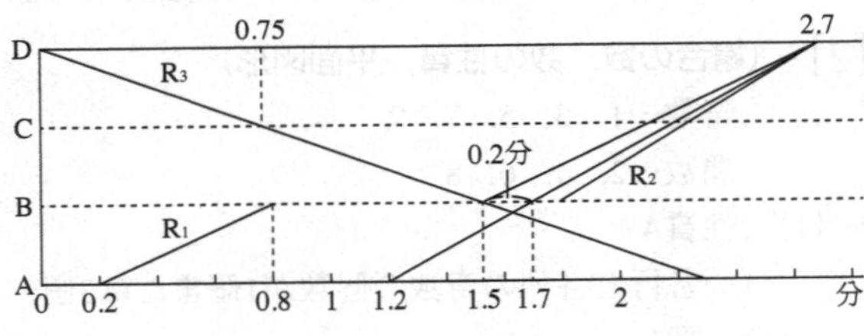

やや難　(3)　(a)　0.75－0.6＝0.15(分)以上前すなわちア9秒以上前

(b) R_1がC地点に到着する時刻

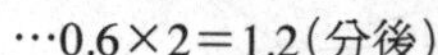

…0.6×2＝1.2(分後)

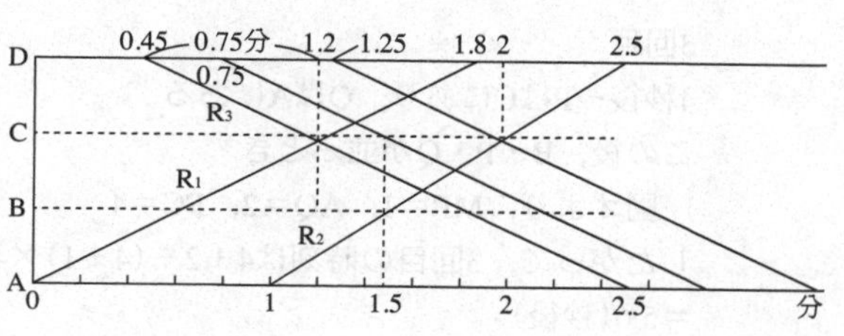

R_2がB地点，C地点に到着する時刻

…1＋0.5＝1.5(分後)，2分後

したがって，R_3が出発する時刻は，

R_1が出発する時刻の

イ1.2－0.75＝0.45(分後)から

0.45＋0.3＝0.75(分後)までと，2－0.75＝1.25(分)以上後

すなわち，イ27秒後からウ45秒後までと，エ75秒以上後

重要 [4] **(平面図形，相似，図形や点の移動，速さの三公式と比)**

P…CM上を片道2秒で2往復する

Q…Pと同時に出発してNA上を片道4秒で1往復する

P，Qの速さの比…2：1

(1) 3秒後の三角形ABQ

…図アより，$\frac{1}{4}\div2=\frac{1}{8}$(倍)

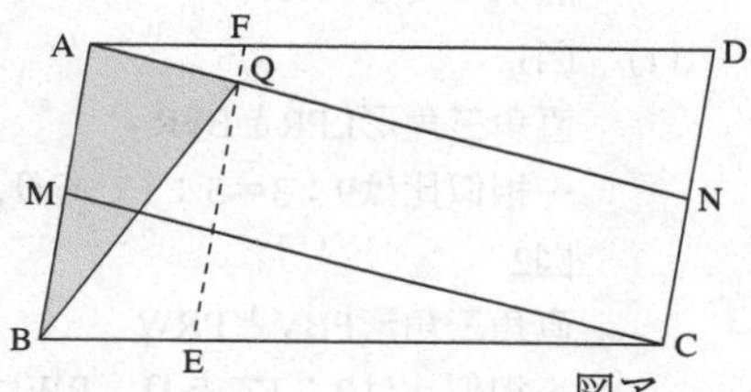

図ア

(2) 3秒後の四角形BPDQ

三角形QAB

…(1)より，$\frac{1}{8}$倍

三角形PBC

…$\frac{1}{4}\div2=\frac{1}{8}$(倍)

三角形PCD

…$\frac{1}{2}\div2=\frac{1}{4}$(倍)

三角形QDA

…$\frac{1}{8}\div2=\frac{1}{16}$(倍)

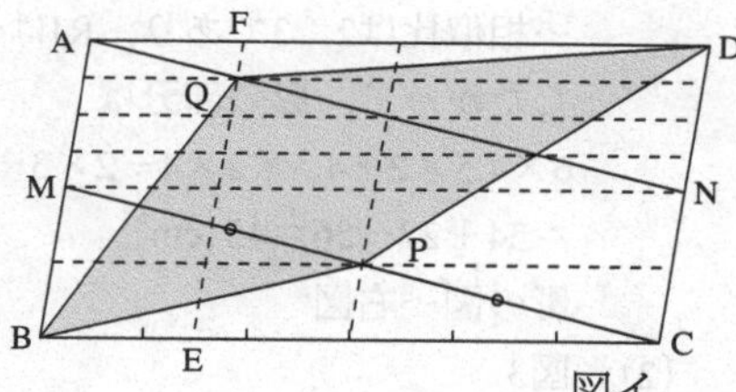

図イ

したがって，四角形BPDQの面積は平行四辺形全体

の$1-\left(\frac{1}{8}\times2+\frac{1}{4}+\frac{1}{16}\right)=\frac{7}{16}$(倍)

(3) 三角形QNDとPCD

…相似比は1：2

したがって，求める時刻は$2\div(2+1)\times2=\frac{4}{3}$(秒後)

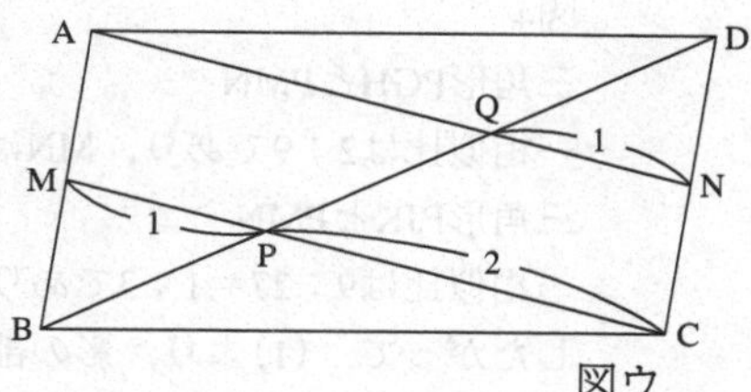

図ウ

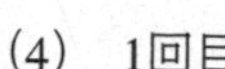

(4) 1回目

…(3)より，$\frac{4}{3}$(秒後)

2回目

2秒後…PはMにあり，QはNAの中点Jにある

この後，B・P・Qが並ぶとき

…図エより，MP＝2，AQ＝4，JQ＝1

したがって，2回目の時刻は4÷(5×2)×(5＋1)＝2.4(秒後)

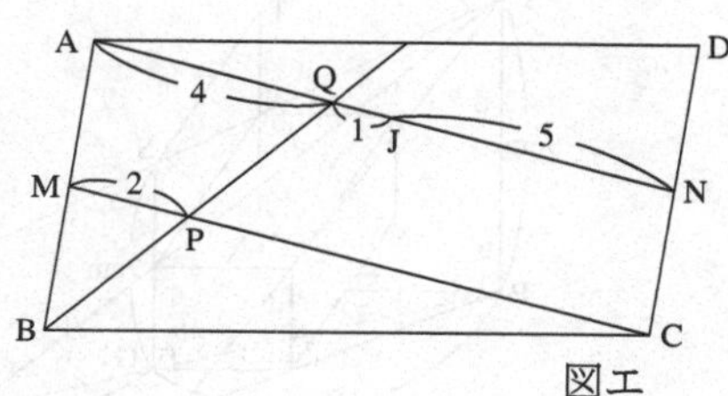

図エ

3回目

4秒後…PはCにあり，QはAにある

この後，B・P・Qが並ぶとき

…図オより，MP＝1，AQ＝2，PC＝4

したがって，3回目の時刻は4＋2÷(4＋1)×4

＝5.6(秒後)

4回目…$6\frac{2}{3}$(秒後)

以上より，求める回数は4回，3回目の時刻は5.6(秒後)

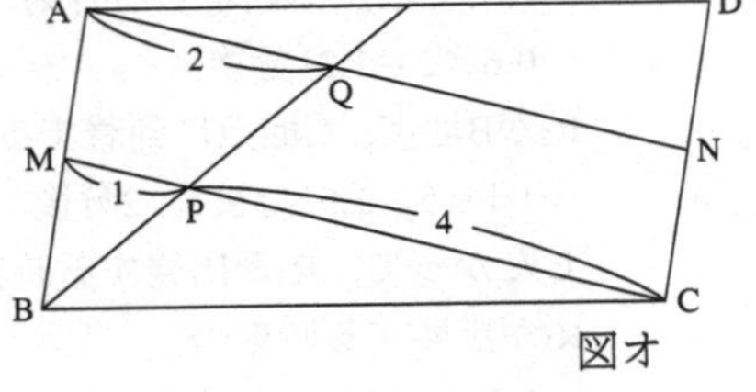

図オ

重要 [5]　(立体図形，平面図形，相似，割合と比)

直方体の高さ…3cm

照明の高さ…9cm

(1)　図1

直角三角形LPRとBFR

…相似比は9：3＝3：1であり，PF：FR＝2：1

図2

直角三角形PBVとPRW

…相似比は2：3であり，RWは3÷2×3＝4.5(cm)

三角形PBCとPRJ

…相似比は2：3であり，RJは4÷2×3＝6(cm)

したがって，影の部分は

6×4.5×2＋4.5×2×4÷2×3÷2－(4×6＋4×6÷2)

＝54＋27－36＝45(cm²)

影の図…右図

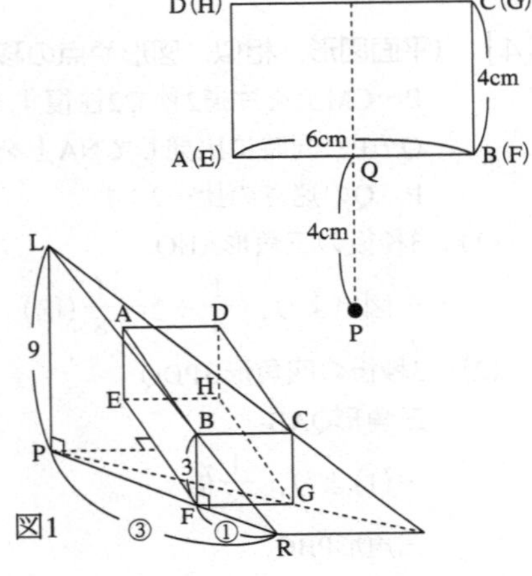

図1

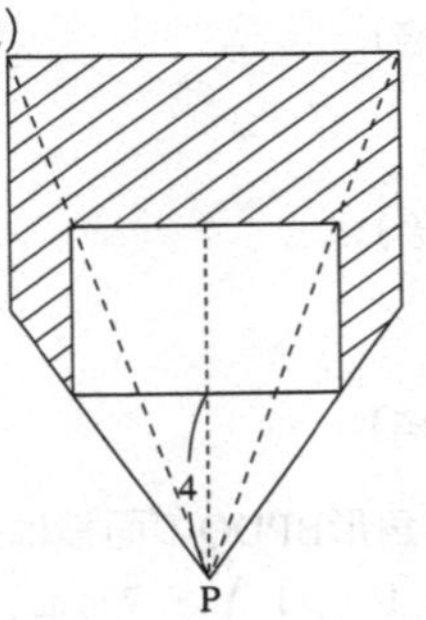

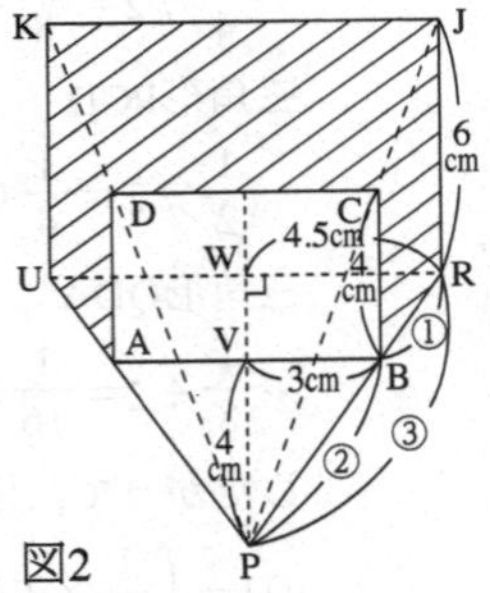

(2)　図3

直角三角形LPMとSGM…相似比は9：7

図4

三角形PGHとPMN

…相似比は2：9であり，MNは6÷2×9＝27(cm)

三角形PJKとPMN

…相似比は9：27＝1：3であり，KOは12×2＝24(cm)

したがって，(1)より，影の部分は

45＋(27＋9)×24÷2＝477(cm²)

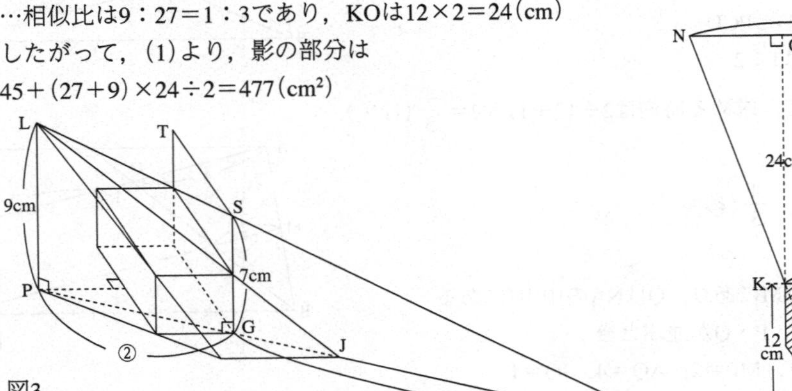

図3

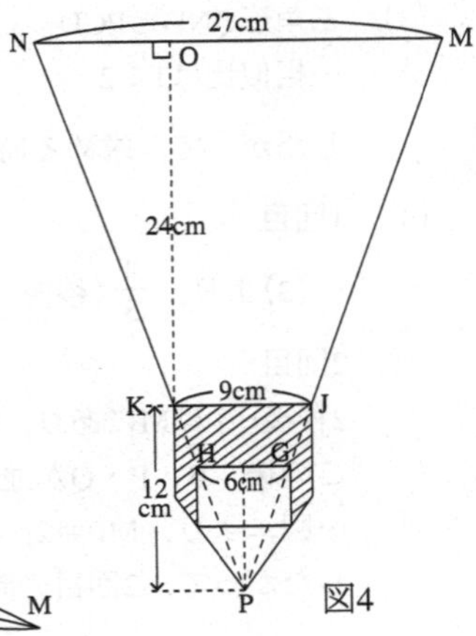

図2

図4

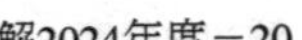

★ワンポイントアドバイス★

[1] (3)「アメの個数」は，最後の「個数が3倍になったとき」をもとにして式を考えていくと計算がしやすくなるが「消去算」が簡単ではない。[2]「3行3列のマス目と奇数」の問題は，(2)「性質B」が容易ではない。

＜理科解答＞ 《学校からの正答の発表はありません。》

[1] (1)

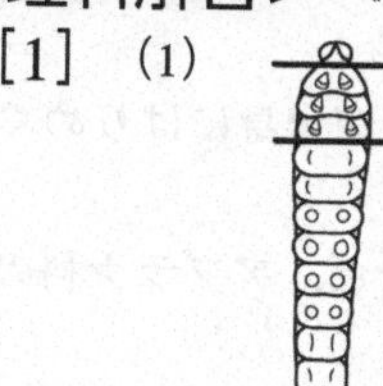
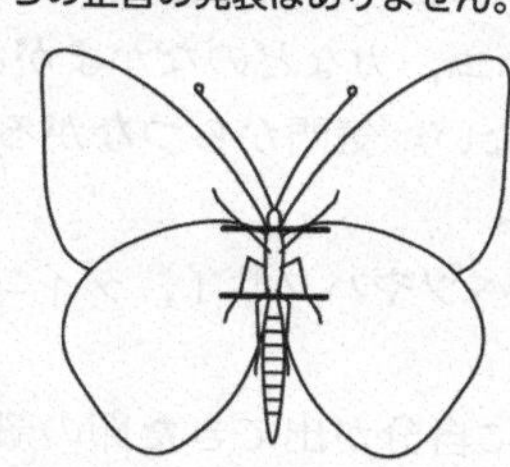
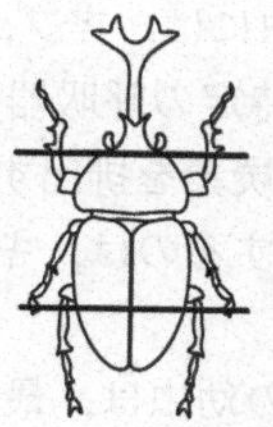

(2) (あ) 触角 (い) 複眼 (う) 単眼 (え) 3 (お) 節[体節]
(か) 気門 (3) (ア) (4) (a) (ア) (b) (エ) (c) (ウ) (d) (イ)
(5) アブ，ハエ，カ などから1つ (6) 気管 (7) (a) (ア)
(b) たまごのから (c) 4回 (d) 羽化 (8) (エ)・(オ)・(カ)・(ク)

[2] (1) (a) (ア)・(ウ)・(カ) (b) (ア) (2) (エ) (3) (エ)・(オ)
(4) 陸地の衝突によって，海底の地層がしゅう曲し，高いところへ持ち上げられたから。
(5) (オ) (6) (イ)・(エ)

[3] (1) (あ) アルゴン (い) 二酸化炭素 (2) (a) 7.67 (b) 2.86g
(c) 7.76L (3) (ア) (4) 1.78g/L

[4] (1) 冷蔵庫 (イ) 冷凍庫 (オ) (2) (a) (カ) (b) (イ)
(3) AGEBFDC (4) (カ) (5) (a) 手の熱がアイスクリームに伝導し，やわらかくなって，すくいやすい利点。 (b) 発泡ポリスチレン[発泡スチロール，ポリスチレンフォーム] (6) 0.94gより大きく，1.02gより小さい (7) D (8) (エ)

○推定配点○

[1] (2)・(4) 各1点×10 他 各2点×11((8)完答) [2] 各3点×7((3)・(6)各完答)
[3] (1) 各2点×2 他 各3点×5 [4] (1)～(3) 各2点×5 他 各3点×6
計100点

＜理科解説＞

[1] (昆虫─昆虫の体のつくりと生活)

(1) モンシロチョウの幼虫のあしは，前から3対，4対，1対の計8対(16本)あるが，そのうち3対(6本)が成虫のあしになり，その部分が胸部である。他のあしは成虫では消滅する。モンシロチョウの成虫は，頭部，胸部，腹部がはっきり分かれている。カブトムシなど甲虫のなかまは，前ばねが硬い殻のようになっているため，上から見ても頭部，胸部，腹部の区別が分からない。下から見れば分かるが，本問では上から見た図で判断しなければならない。そこで，3対のあしの部分が胸部であり，触角のあるところが頭部になるように区切るしかない。

(2) 昆虫の頭部で，においを感じる器官は触角である。単眼は明るさを感じるだけであり，複眼は物の形などを見分けることができる。胸部には，3対のあしが必ずあり，多くは2対のはねがある。腹部には節ごとに気門があり，空気の出入りがおこなわれる。

(3) 多くの昆虫の成虫は，単眼を3つ持っており，空中で姿勢を保つのに役立っている。しかし，カブトムシやクワガタムシなど一部の昆虫の成虫には単眼がない。

重要 (4) (a) カマキリの長い前あしには，エサをつかまえるために，いくつものとげがある。

(b) ゲンゴロウの後ろあしには，水中を泳ぐのに便利なように，多くの毛がついている。

(c) セミの幼虫は土の中で生活しており，前あしは土を掘るためカマのような形である。

(d) バッタの後ろあしは，草むらで大きく飛ぶのに使われるため，太く長い。

(5) はねが1対(2枚)しかない昆虫には，アブ，ハエ，カなどのなかまがある。

(6) 昆虫には肺やえらのような特定の呼吸器はない。気門からつながる気管が全身にはりめぐらされ，直接に酸素を運び二酸化炭素を排出する。

(7) (a) モンシロチョウが産卵するのは，キャベツやハクサイ，ダイコンなど，アブラナ科の植物の葉である。

(b) ふ化したモンシロチョウの幼虫は，最初に自分が出てきた卵の殻を食べる。手近にある食べ物であると同時に，食べることで天敵からの目印を処分することにもなる。

(c) モンシロチョウの幼虫は4回脱皮をして5齢幼虫になる。次の脱皮でさなぎになる。

(d) 卵が幼虫になることを孵化(ふか)，幼虫がさなぎになることを蛹化(ようか)，さなぎが成虫になることを羽化(うか)という。

(8) 不完全変態は，さなぎにならずに，幼虫からそのまま成虫になる成長のしかたである。カマキリ，セミ，トンボ，バッタ，コオロギ，マツムシなどがあてはまる。アリやハチのさなぎは，巣の中にあって，われわれが見かける機会は少ない。カの幼虫はボウフラ，さなぎはオニボウフラとよばれる。ガとチョウはよく似た成長のしかたをする。

[2] (地層と岩石―火成岩と堆積岩)

(1) (a)・(b) マグマが冷えて固まった火成岩には，火山岩のグループと深成岩のグループがある。火山岩は地上や地下浅部でマグマが急に冷えて固まってできた岩石で，玄武岩，安山岩，流紋岩がある。大きな鉱物の結晶と，細かなガラス質の部分からなる。一方，深成岩は地下深部でマグマが年月をかけて冷え固まってできた岩石で，斑れい岩，閃緑岩，花こう岩がある。どの鉱物もよく成長している。

(2) 粒の大きい順に礫＞砂＞泥であり，泥をさらに分けると，シルト＞粘土である。陸に近いところは流れが速いため，小さい粒は堆積せず，大きい粒から堆積する。陸から離れると，小さい粒も堆積する。よって，粒の大きさは(え)＞(お)＞(か)となる。この順になっているのは(エ)だけである。

基本 (3) V字谷は，川の流れの速い山地で侵食作用によってできた深い谷である。扇状地は，山地から平地に変わる場所で，流れが急に遅くなって，礫や砂など大きな粒が堆積してできた地形である。三角州は，川が海に出る河口付近で，砂や泥が堆積してできる島のような地形である。

(4) インドは，もともとユーラシア大陸とは離れた陸地であったが，インドがユーラシア大陸に衝突し押し続けたことで，間にあった海底の地層がしゅう曲し，標高の高いところに持ち上げられた。このようにして，エベレストをはじめヒマラヤ山脈ができた。

(5) (ア)はミカヅキモ，(イ)はミドリムシ，(ウ)はゾウリムシ，(エ)はアメーバ，(オ)はケイソウである。

(6) 問題文に説明があるので，その内容から考える。生物の遺骸が分解されて有機物と肥料分ができる。雨が少ないと流出しにくい。これらのことが，肥沃な土地を生んでいる。

[3] (気体の性質―大気中の気体)

(1) 大気の78%が窒素，21%が酸素，0.93%がアルゴン，0.04%が二酸化炭素である。

(2) (a) 表1では，銅が2g増えるごとに，反応後の気体は0.51gずつ減っている。この通りに変化すれば，Xは7.45のはずである。しかし，銅が12gのときの気体の重さが7.67gだから，気体は7.67gよりも減らないことがわかる。よって，Xも7.67である。気体が7.67gよりも減らないのは，7.67gが酸素以外の気体だからである。

重要 (b) 表1から，銅2gと反応する酸素は0.51gである。銅の重さが12gのとき，使われた酸素の重さは，10−7.67=2.33gである。反応した銅の重さは，2:0.51=□:2.33 より，□=9.137…で，四捨五入により9.14gである。よって，反応せずに残った銅は，12−9.14=2.86gである。

(c) 表1から，10gの乾燥大気に含まれる酸素の重さは，10−7.67=2.33gである。この体積は，2.33÷1.43=1.629… で，四捨五入により1.63Lである。これが乾燥大気の体積の21%にあたるので，乾燥大気の体積は，1.63÷0.21=7.761… で，四捨五入により7.76Lとなる。

(3) 二酸化炭素は水に溶けて酸性を示す。そのため，アルカリ性の濃い水溶液の中に二酸化炭素を含む空気を通すと，中和して二酸化炭素が取り除かれる。選択肢のうち水に溶けてアルカリ性になる物質はアンモニアだけである。(イ)と(エ)は中性であり，(ウ)は塩酸なので酸性である。

やや難 (4) 窒素78Lとアルゴン0.93Lを混ぜると，78.93Lの大気窒素となる。ここで，窒素78Lの重さは，1.25×78=97.5gである。また，78.93Lの大気窒素の重さは，1.25×1.005×78.93=99.1558…で，四捨五入により99.16gである。これらのことから，アルゴン0.93Lの重さは，99.16−97.5=1.66gとなる。よって，アルゴンの密度は，1.66÷0.93=1.784…で，四捨五入により1.78g/Lとなる。

[4] (熱の性質―熱の移動に関する諸現象)

(1) 長時間放置すると，水の温度は周囲の温度と等しくなる。つまり，冷蔵庫内では10℃の水になり，冷凍庫内では−10℃の氷になる。

重要 (2) (a) 各グラフで温度が変化しているときだけに注目して比べるので，傾きが最も急なものを選べばよい。50秒あたりの温度の下がり方を計算すると，(ア)は(60−10)÷5=10，(イ)は(60−10)÷3=16.6…，(ウ)は(40−10)÷1=30，(エ)は(20−0)÷5=4，(オ)は(60−0)÷2=30，(カ)は(50−10)÷1=40となり，温度の変化の割合が最も大きいのは(カ)である。

(b) 接触させて最初のころは温度差が大きいので，温度の変化の割合が大きいが，徐々に温度が近づいていくと，温度差が小さくなり，温度の変化の割合がゆるやかになる。

(3) Xから各点まで，金属棒を伝わる長さを比べ，短い順に並べればよい。なお，EFの長さは17.5cmからX～Eの長さを引いて1cmである。XからAは4cm，Bは4+4=8cm，Cは2つの経路のどちらも4+4+4=12cm，Dは4+1+4=9cm，Eは4+1+2.5=7.5cm，Fは4+1+2.5+1=8.5cm，Gは4+1=5cmである。よって，早い順はAGEBFDCとなる。

(4) 同じ室内に長時間放置していた木の板と鉄の板の温度は等しい。氷を置いたとき，氷に向かって熱が伝わりやすいのは鉄なので，鉄の板の上の氷が早くとけ終わる。

(5) (a) 硬いアイスクリームをすくうとき，木のスプーンの場合，弱いものだと折れてしまう可能性がある。銅など金属のスプーンの場合，手の熱が金属を伝導してアイスクリームにも伝わるため，アイスクリームのうちスプーンに触れた部分は少しとけて軟らかくなる。そのため，アイスクリームを適度にすくいやすい利点がある。

(b) 発泡ポリスチレンは，体積の大半を気体が占めるため，熱を伝えにくい。さらに，軽く成型しやすく，外からの衝撃を吸収する性質があり，安価なので，魚など冷蔵の必要な生鮮食品を輸送するのに優れている。

(6) 表1の各物体の密度は，浮いたものが，ポリエチレン0.94g/cm³，ウイスキー0.92g/cm³，油0.92g/

cm³であり，沈んだものが，アクリル1.17g/cm³，銅8.96g/cm³，オレンジジュース1.02g/cm³である。水の密度は，2つのグループの間にあるので，0.94g/cm³と1.02g/cm³の間といえる。

(7) 国際宇宙ステーションの中の物体には，地球の重力と，ステーションの運動にともなう力がつりあった状態にあり，見かけの上で無重力と同じ状態にある。そのため，重いと軽いの区別がなくなり，対流は起こらなくなる。空気はホットプレートに近いところから順に暖まっていくので，温度が上がり始める順は，D＜A＝C＜Bである。

やや難 (8) (6)を参考に密度を比較すると，軽い順に，氷＜ウイスキー＜水＜オレンジジュースである。ウイスキーに浮かべた氷が水になると，ウイスキーよりも重いためにコップの底へ移動する。そのため，氷の表面はつねに20℃のウイスキーに触れ，とけるのが速い。一方，オレンジジュースに浮かべた氷が水になっても，オレンジジュースより軽いために，水面にとどまる。氷のまわりは冷たい水で囲まれるため，とけるのは遅い。

★ワンポイントアドバイス★

ふだんの学習では，図や写真，グラフなどを多用して，各現象を体系的に理解し頭に入れるようにしよう。

＜社会解答＞《学校からの正答の発表はありません。》

[1] 問1 エ　問2 インボイス　問3 総辞職
問4 (例) ロシアへのエネルギー依存度が高くなる。(19字)

[2] 問1 (1) 朱雀 (2) 甲府 (3) 聖武 (4) 大宰府
問2 (例) 天皇の住居である内裏から見て左右だ　問3 イ　問4 ウ　問5 ア
問6 ウ　問7 エ　問8 ウ　問9 エ　問10 ウ

[3] 問1 (1) 国後 (2) 十勝 (3) 屯田兵 (4) 北前
(5) ガラス　問2 ウ　問3 ア　問4 (a) エ
(b) ア　問5 イ　問6 右図
問7 (a) エ (b) エ (c) ア　問8 イ　問9 カ
問10 イ　問11 イ　問12 (例) 交通渋滞が起こったり，交通機関が満員で地元の人が乗れなくなったりする。また，ごみのポイ捨てが増え，地域の環境が悪化する。(60字)

○推定配点○

[1] 問4 4点　他 各3点×3　[2] 問2 4点　他 各3点×12
[3] 問1・問6 各3点×6　問12 5点　他 各2点×12　計100点

＜社会解説＞

[1] (総合―時事問題，日本国憲法など)

やや難 問1 日本政府は，2023年4月，民主主義や法の支配といった価値観を共有する発展途上国を「同志国」と位置づけ，その軍に対し，防衛装備品などを無償提供する新たな軍事的枠組み「政府安全保障能力強化支援(OSA)を創設した。

問2 インボイス制度は，2023年10月導入の，消費税の仕入税額控除の方式のこと。インボイスは，日本語で「適格請求書」といい，売り手が買い手に対して，正確な適用税率や消費税額を伝えるために発行する。

基本 問3　総辞職は，内閣総理大臣と国務大臣の全員が同時に辞職すること。衆議院で不信任決議案が可決または信任決議案が否決されたときは，内閣は10日以内に衆議院を解散するか，総辞職をしなければならない(日本国憲法第69条)。

問4　ドイツは，ロシアから大量の天然ガスを輸入している。脱原発が進むと，さらにロシアからの天然ガスの輸入が増えると予想され，ロシアへのエネルギー依存度が高まることに不安を感じるドイツ人がみられる。また，電気代の高騰に不満をもつ国民も多い。

[2]　(日本の歴史―遺跡を題材にした日本の通史)

重要 問1　(1)　朱雀門は，平城京，平安京で，朱雀大路から宮城に入る入り口。また，朱雀大路は，朱雀門から羅城門までの南北に通じる大路である。朱雀は古代中国における四神の一つで，鳥の姿に見立てられ，南方をつかさどる。　(2)　甲府市は山梨県の県庁所在地，「甲」は山梨県の旧国名である甲斐から，「府」はかつて国府が置かれたことに由来する。　(3)　聖武天皇は，奈良時代中期の天皇。光明皇后とともに仏教を深く信仰し，全国に国分寺，国分尼寺，奈良に東大寺を建立し，大仏を安置した。(4)　大宰府は，律令制において，筑前国筑紫郡におかれた役所の名。九州および壱岐・対馬の2島を統轄し，兼ねて外国からの攻撃を防ぎ，外交をつかさどった。福岡県太宰府市にその遺跡がある。

問2　内裏は天皇の住居とした宮殿。ここからみて，朱雀大路の東側を左京，西側を右京とした。

問3　アは1929年，イは1925年，ウは1923年，エは1920年。

問4　木簡についての記述から，改新の詔が発布された646年以降，大宝律令が発布される701年までは，「郡」ではなく，「評」の表記が用いられたと考えられる。

問5　石山本願寺は，大坂(大阪)石山(現在大阪城があるところ)にあった浄土真宗の寺院。戦国大名と肩を並べる一大領主勢力であったが，天下統一をめざす織田信長と激しく対立し(石山合戦)，その後，和睦，退去した。イー『仮名手本忠臣蔵』は並木千柳，二世竹田出雲などの合作。ウー大坂奉行所の大塩平八郎ではなく，蘭学者の高野長英，渡辺崋山ら。エー富岡製糸場ではなく，大阪紡績会社。

やや難 問6　知恩院は京都市東山区にある浄土宗の総本山。1212年，法然がこの地で没したのち，1234年弟子の源智が廟所を修理して知恩院と称したのが始まり。アー天台宗ではなく，真言宗。イー藤原道長ではなく，藤原頼通。エー足利義政ではなく，足利義満。

問7　1582年，宣教師ヴァリニャーノの企画により，九州のキリシタン大名である大友宗麟，有馬晴信，大村純忠が4人の少年をローマに遣わせた(天正遣欧使節)。アー「領地を守った」ではなく，「領地を奪った」。イー戦国大名は，御成敗式目を参考にしながら，独自の法である分国法をつくった。ウー日本国内でも，堺，根来，国友などで鉄砲は生産された。

基本 問8　水野忠邦は，天保の改革の一環として，大商人に対し，株仲間の解散を命じた。これは，物価の引き下げを目的にしたものであったが，物価が下がることはなく，失敗に終わった。

問9　1901年，現在の福岡県北九州市に建設された八幡製鉄所が生産を開始。ここで用いられた石炭は，主に地元の筑豊炭田で採掘されたものであった。アー「沖ノ島」ではなく，「志賀島」。イー「文禄・慶長の役」ではなく，「文永・弘安の役」。ウー島原の乱は1637年。バテレン追放令は1587年に豊臣秀吉が発した。

問10　江戸時代，将軍の代替りやその他の慶事に際し，朝鮮の国王から慶賀の使節が幕府に派遣された(朝鮮通信使)。豊臣秀吉の朝鮮侵略(文禄・慶長の役)の後，徳川家康は，対馬の宗氏を通して国交回復に努め，1605年，日韓和約で国交が回復。この結果，1607年から1811年まで計12回にわたって使節が来日した。アー「台湾」ではなく,「遼東半島」。また,賠償金は上乗せされた。イー「出島」ではなく,「唐人屋敷」。エー日中の国交が回復したのは1972年の日中共同声明によってである。

[3] (地理—北海道を題材にした自然,産業など)

重要 問1 (1) 国後島は,千島列島最南西端の島。千島列島中,択捉島に次ぐ2番目の面積をもつ。根室海峡を挟んで知床半島と相対する。 (2) 十勝平野は,北海道南東部,十勝川の流域に広がる平野。日本有数の畑作地帯を形成し,豆類の栽培がさかん。中心都市は帯広市。 (3) 屯田兵は,北海道の開拓,北方の防備,士族授産を目的に設けられた屯田制の兵。1875年設置,1904年に廃止。 (4) 北前船は,近江商人などが出資して,越前・加賀の船を用いて,西廻り航路により松前の昆布,にしん,北国の米などを大坂(大阪)へ,関西の塩,酒などを北国に運んだ。 (5) ガラスは,石英,炭酸ナトリウム,石灰石などを原料として,高温でこれらの熱して融解し,冷却してつくった硬く脆く,透明な物質。

問2 Ⅰの寿都町は日本海に面しているため,冬季,降雪が多い。よって,1月の降水量の多い「い」である。Ⅱの士別市は内陸に位置しているため,気温の年較差が大きい。よって,1月の気温が低く,7月の気温が高い「あ」である。残った「う」が,Ⅲの根室で,寒流の千島海流と濃霧の影響を受けやすいため,7月の気温が低いことが特色である。

やや難 問3 下線部②の鉱物資源は硫黄。硫黄は,もろくて黄色い非金属物質。単体では無臭だが,燃えると青白い炎を上げて悪臭のある亜硫酸ガスを発生させる。マッチ,ゴム,医薬品などに使う。なお,イはリチウム,ウは銅,エはアルミニウムの説明である。

問4 (a) グレート・バリア・リーフは,オーストラリア大陸北東岸沖にある世界最大のサンゴ礁。グランドキャニオンは,アメリカ合衆国西部,アリゾナ州北西部にある大峡谷。ヴィクトリアの滝は,アフリカ南部,ザンベジ川中流,ザンビアとジンバブエの国境にある滝。 (b) 白神山地は青森・秋田県境を東西に伸びる山地。東アジア最大級のブナの原生林があり,世界自然遺産に登録されている。小笠原諸島は,東京の南南東約1000kmの太平洋上にある諸島。固有種が数多く生息する独特の生態系をもち,「東洋のガラパゴス」ともよばれる。屋久島は,鹿児島県南部,佐多岬南方約60kmに位置するほぼ円形の島。樹齢1000年以上の屋久杉自然林があり,世界自然遺産に登録されている。

問5 Ⅰ:「浅海の岩礁帯」,「岩礁から引きはがして漁獲」などからアワビ。Ⅱ:「浅海の砂地」,「貝柱を乾燥させたものは,中国料理では高級食材」などからホタテガイ。Ⅲ:「汽水や淡水に生息」,「砂泥底をひっかいて漁獲」などからシジミ。

やや難 問6 流氷は,オホーツク海西部を流れる海流にのって,国後島,択捉島の南側から襟裳岬沖まで南下する。

問7 (a) 佐賀の乱は1874年,西南戦争は1877年。なお,生麦事件は1862年,長州藩外国船砲撃事件,禁門の変(蛤御門の変)は1864年,シャクシャインの戦いは1669年。 (b) 樺太千島交換条約により,日本はロシアから千島列島を譲り受けるかわりに,樺太の権利を手放した。 (c) 石狩平野,上川盆地,北見盆地を経て網走に至るルートを選ぶ。

問8 北海道の水田率は19.4%で,全国平均の54.4%に比べるとかなり低い。

基本 問9 Ⅰは釧路市(う),Ⅱは札幌市(い)である。なお,「あ」は室蘭市。

問10 日本のロシアへの最大の輸出品は乗用車,日本のロシアからの最大の輸入品は液化天然ガスである(2021年)。

問11 まず,Ⅲは午前8時台の到着便がないことから富山空港。Ⅱは韓国からの到着便が多いこと,天草からの到着便もみられることから福岡空港。残ったⅠが新千歳空港である。

重要 問12　観光地に過度な観光客が押し寄せることで，地域住民の生活及び自然環境，そして景観に対して負の影響を与える状況を，オーバーツーリズムという。電車，バスといった交通機関の混雑，街中のトイレの混雑，施設の入場制限などが起こったり，観光客によるごみのポイ捨て，深夜の大騒ぎによって環境が悪化するなどが起こっている。

★ワンポイントアドバイス★

「政府安全保障能力強化支援（OSA）」のような細かい時事問題が出題されている。しかし，配点はそれほど大きくない。基本問題で確実に得点する方が大切。

＜国語解答＞《学校からの正答の発表はありません。》

一　①　節減　②　明　③　放言　④　大意　⑤　劇薬

二　①　A　非　B　比　②　A　真　B　間　③　A　利　B　理　④　A　意　B　異　⑤　A　気　B　機

三　問一　A　エ　B　ア　C　イ　問二　（例）　小百合を甲子園出場の仲間にすること。
問三　ウ　問四　（例）　甲子園以外にも，私の求める青春はある。　問五　オ
問六　ア　問七　（例）　魚を好きになった理由を聞くことで，いじめられていた過去を思い出させて，小百合につらい思いをさせてしまったこと。　問八　ア
問九　（例）　ナカスイで素敵な青春を過ごせていること。　問十　（例）　ナカスイで良き仲間とともに，素敵な青春の日々を過ごし続けたいという気持ち。

四　問一　A　オ　B　イ　問二　（例）　進化して身につけた声の調子から感情を判断する能力が，メロディに対しても働くから。　問三　（例）　私たちの物事の捉え方や理解を助ける隠喩。　問四　エ　問五　（例）　味を人に関する概念メタファーで表すことにより，どのような影響を人が受けるのか，明確にすることができるから。　問六　エ・カ

○推定配点○
一　各2点×5　二　各2点×10　三　問一　各2点×3　問七　12点　問十　10点
他　各6点×7　四　問一　各2点×2　問二　10点　問五　12点　他　各6点×4
計150点

＜国語解説＞

一　（漢字の書き取り）

重要 ①　無駄を省いて，支出や消費を減らすこと。ここでは「節約」ということもできる。　②　「先見の明」とは，将来のことを予測して対策を考えるしっかりした判断力のこと。「先見の明がある人物」などという表現で使う。　③　言いたいことを遠慮なく言うこと。相手を傷つけるような乱暴で無礼な言葉を「暴言」と書き表すこともある。　④　ここでは文章の「要点」のこと。また，「要約」とは，長い話や文章を短くまとめること。　⑤　ここでは，非常に効果の高い手段のこと。「劇」には，はげしい，はなはだしいという意味がある。その意味で，「劇務」「劇烈」という言葉もある。

二　（言葉の知識）

重要 ①　A「非の打ち所がない」となる。完璧で欠点がないことを意味する。　B「彼の比ではない」

となる。彼には及ばないことを意味する。

② A「真に受ける」となる。真剣に受け止めることを意味する。 B「間を外す」となる。ここでは，タイミングを狂わせることを意味する。

重要 ③ A「地の利を得る」となる。有利な立場を手に入れることを意味する。 B「理にかなった方法」となる。合理的な方法を意味する。

④ A「自分の意のまま」となる。自分の意志に従って思い通りにすることを意味する。 B「異を唱える」となる。反対意見を言うことを意味する。

⑤ A「気を吐いて」となる。威勢のよさを示している様子を意味する。 B「機を見ることに長けている」となる。タイミングを見極めることが得意であることを意味する。

三 (物語─主題・心情・場面・細部表現の読み取り，記述，ことばの意味)

問一 A「間髪を容れず」は，少しの間も待たずに，すぐに，という意味。エの早押しクイズに関する内容が，「間髪を容れず」に合い，解答になる。アの「考え抜く」は「抜く」とついているように，即座に考えることとは異なり，時間がかかる。おかしい。イのコーヒーを飲みながらの会話，ウの駐車場への駐車，オの危険な道の歩行も，「間髪を容れず」で表される様子に合わない。誤答になる。 B「我関せず」は，自分には関係ないという意味。そのような意味で「我関せず」が用いられているのは，アになる。友人が困っているのに，自分には関係ないという態度でただ眺めていたのである。イの火事から飛び出す様子，ウの私が後悔している様子，エのカレーを煮込む様子，オの商品に飛びつく様子は，どれも「我関せず」という言葉に合わない。誤答になる。 C「粗相」とは，失礼な行為や言動，不注意から起こる失敗を意味する。イの親戚の結婚式は，粗相しないように注意すべき状況であり，正解になる。ウは，陳列する商品に関することであり，行動や言動の失敗を意味する「粗相」に合わない。アの「粗相が優れていない」，エの「丁寧に粗相する」，オの「粗相が板についた」は，それぞれ表現としておかしい。

基本 問二 この場面で，「私」が何を目的として行動しているのかを読み取る。「私」は小百合を甲子園出場の仲間にしたいのである。そのため，甲子園出場で有名大学に合格したという情報を，島崎君が小百合に見せたとき，期待したのである。「私」はこの情報で，小百合が甲子園出場の仲間になることを期待していたのだ。ただし，設問は「二十字以内」と字数指定が厳しい。そのため，「私」が目的としていることの中心のみを取り出してまとめる。「小百合を甲子園出場の仲間にすること」という方向でまとめたい。

問三 傍線部②を含む場面の展開をおさえて，解答を作成する。傍線部②よりも前にあるように，シジミが入っている水槽の水をきっかけに，話が盛り上がっていくのである。シジミのエサが植物性プランクトンであること，水質浄化用のシジミが売られていること，万葉集にシジミが登場していること。このような話の展開に，「私」はあっけにとられている。そして，「なんだ，この人たちは，なんでこんなにスラスラと」という風に，自分と周囲の差を意識して，引け目を感じているのである。以上の点をふまえると，「思いもよらないようなやりとりを展開する部員たちに驚く」「引け目を感じている」とある，ウが正解になるとわかる。アは「そのような知識を得られるような家庭環境ではなかった」とあるが，おかしい。傍線部②を含む場面の中で，「私」が家庭環境を嘆くような表現は読み取れない。イには「意気消沈」，エには「恥ずかしく」と「私」の心情を表す表現があるが，「唖然とする」に合う，驚きの気持ちが読み取れない。オは「シジミを食べ物としてしか知らなかった」とあるが，おかしい。「食べ物としてしか知らなかった」という表現にあてはまる事実はない。初めの場面で「味は？」と聞き，食べ物扱いしただけのことである。

問四 傍線部②から傍線部③までの展開をふまえることで，「私」の言い訳について考えることができる。「私」は，カヌーの実況を観ながら，「努力，涙，その先に待つ笑顔」や「友情という絆」が自分の求めていた青春だと感じる。そして，「別に無理して『おいしい！甲子園』に出なくていいのか」とまで考えるようになる。この内容が，「私」の言い訳なのである。「甲子園以外にも青春がある」と言い訳を考え，甲子園出場に対して後ろ向きになることに対して，傍線部③前後では，「逃げてはいけない」とも言っている。言い訳とは「甲子園以外にも青春がある」ということ。記述の際には，「甲子園以外にも青春がある」という方向で書く。

問五　「体感では一分くらい」という表現の意味を考えて，解答する必要がある。すぐに返事はなかったのである。だが，異様に長い沈黙が続いたという訳ではない。この場面で，「私」は小百合を甲子園に向けて説得しようとしている。説得できるかどうか，困難を伴う状況でもある。そのため，「私」は緊張感を抱いている。わざわざ「失礼します」と断っていることからも，「私」の緊張感が読み取れる。小百合の説得がどのように展開していくのかわからず，緊張している。それが，「体感では一分くらい」という表現につながっていると考えられる。そのため，「小百合の反応が想像できず緊張」「待つ時間が実際よりも長く感じられた」とある，オが解答になる。アの「すぐに反応があった」，イの「あっという間に時間が経ってしまった」はおかしい。声をかけて，一分も反応がないと感じたのである。「すぐ」「あっという間」とはいえない。ウの「沈黙が永遠にも感じられた」もおかしい。「一分」という表現は，永遠の長さを表すようなものではない。エは「小百合には部屋を片付ける時間が必要であり」とあるが，おかしい。「体感では一分ぐらい」の沈黙が続いた後，小百合は部屋を片付けている。

問六　傍線部⑤直前には「とりあえず褒めまくる作戦に出た」とある。「私」は甲子園出場のために，小百合を説得しようとしている。そのため，とりあえずご機嫌を取ろうとしているのである。ところが，小百合からは良い返事が返ってこない。「私」はなんてアホな質問をしてしまったのだとあわてながら，さらに傍線部⑤のような質問をしている。「機嫌を取ろうとしていた」「小百合の反応が思わしくなかった」「何を話せばよいかと焦っている」とある，アが解答になる。イ～オはすべて，「とりあえず褒めまくる」という「私」のご機嫌取りの様子が表されていない。

重要　問七　傍線部⑤で，魚を好きになったきっかけを「私」は小百合に聞いた。だが，その質問に答えることは，いじめられていた過去を思い出す必要があり，小百合は話しながらも息を荒くする。小百合は思い出し，つらい感情を抱いたのであろう。傍線部⑤から傍線部⑥の間に，「ああ，やっちゃった，私。ものすごい自己嫌悪が襲ってくる」とある。この時点で，「私」は小百合に対して謝りたい気持ちになっており，その部分からも，私が何に対して申し訳ないと考えているかが読み取れる。私は，小百合にいじめられていた過去を思い出させ，つらい思いをさせたことを申し訳ないと思っているのだ。記述の際には，「いじめられていた過去を思い出させた」「つらい思いをさせた」という内容を中心にする。

問八　傍線部⑦は，シジミが液体になり，口の中に滑らかに入っていく様子を意味すると考えられる。滑らかな様子を表す表現は，アの「つるつる」になる。イの「とろとろ」は，粘り気のあるものがゆっくりと流れる様子を意味する。この状況に合わない。ウの「ざらざら」は，触った感じが粗く滑らかでない様子を意味する。この状況に合わない。エの「ずるずる」は，麺類などを口に入れる際によく使われる表現だが，滑らかさで「つるつる」に劣る。オの「どろどろ」は，非常に粘り気のある状態を表し，液体がスムーズに流れる様子とは異なる。

問九　設問には「二十字以内で説明しなさい」とある。だが，傍線部⑧直後で，「私」は二十字よりもかなり長く発言している。「私」が長く発言した内容をおさえて，「私」が特に言わなければならないと考えていた内容を，二十字でまとめることを求められている。傍線部⑥の直前で，小百合は「私」がナカスイに来たことに疑問を抱いていた。その直後にかさねが部屋に入ってきて，話題はシジミに移る。その後，傍線部⑧直後で「小百合ちゃん，ごめん」とあることから，傍線部⑥の「ごめん……」の続きを「私」が話そうとしていたことが読み取れる。実際に「私」が話した内容をおさえると，「私」はナカスイで様々なことを学び，良かったと言っている。小百合が抱いていた疑問に対して，自分には役立っていると回答しようと，「私」は考えていたのである。以上の点をふまえて，「ナカスイで良き日々を過ごしている」という方向でまとめると良い。

やや難 問十　物語全体をふまえて，書くべき内容をまとめる。「私」は，良き青春時代を過ごすために，小百合やかさねと甲子園に出場することを希望していた。そのため，苦労しながらも小百合を説得して，様々な思いを抱きながらも，出場へ向かうことになった。その過程で，「私」は多くのことを学び，ナカスイに来たことを良きことだったと十分に感じている。傍線部⑨で，「私」は良き仲間であるかさねと一緒に声を上げている。二人で「光」を追いかけている。この時，「私」は幸せを感じている。そして，苦労することも含めて，充実した青春の日々を過ごし続けたいと考えているのだ。その点を読み取り，まとめていきたい。

四　(論説文―要旨・理由・細部表現の読み取り，記述，ことばの意味)

基本 問一　A「ややこしい」とは，こみいってわかりにくくなっている様子を意味する。選択肢の中では，「こみいって複雑」とあるオが解答になる。波線Aの部分では，「概念メタファー」という表現が，少々，複雑なのである。「気品あふれる」のア，「いいかげんで無責任」のイ，「ごくわずか」のウ，「そうなりやすい」のエは，いずれも状況に合わない。　B「とりわけ」は，同じようなものの中でも程度がきわだっている様子を表す。選択肢の中では，「特別だとみなし他と区別」とある，イが解答になる。波線Bの部分では，さまざまな概念メタファーの中でも，特に人のメタファーがきわだっている様子を表現するために「とりわけ」という表現が用いられている。

問二　傍線部①より後に，「この疑問に対する答えは……」で始まる段落がある。その段落内に解答になる内容が書かれている。人間は進化の過程で「人の声の調子からその人の感情を読み取るようになった」のである。そして，メロディを聞くときもその能力が過剰に働くので，メロディも感情の表れであるかのように聴こえてしまうのである。これが「メロディと感情を結びつけて考える」理由である。以上の点をおさえて，解答をまとめる。記述の際には「声の調子から感情を判断するように進化した」＋「その能力がメロディに対しても働く」という方向で書く。

やや難 問三　設問には「一行で説明しなさい」とある。そのため，多くの文字数で表現できないことはおさえておきたい。五段落に「メタファー」は隠喩であると書かれている。そして六段落にあるように，その「隠喩」は，私たちの概念，つまり，物事の捉え方や理解の仕方にも用いられるのである。七～九段落では，概念メタファーの例として，「議論は戦争である」「議論はダンスである」「時は金なり」が書かれているが，それぞれの表現の中に用いられている「隠喩」によって，私たちの理解は助けられている。以上の点をふまえて，書くべき内容を整理する。「私たちの物事の捉え方や理解を助ける」＋「隠喩」のようにまとめると，概念メタファーの説明としてふさわしくなる。

問四　七段落と八段落に「議論」に関する説明がある。七段落に書かれているように，議論は「戦争」と同じようなものであり，自分の主張を守ったり，優勢になったり劣勢になったり，戦争の枠組みで理解されるものなのである。これが，私たちの理解している議論である。一方，八段落には「ダンス」で表される「議論」に関する想像が書かれている。「ダンス」で表現すると，「バランスが良く美しいダンスをするように話し合いをすること」が表現され，「相手を攻撃したり自分を守ったりすること」「どちらかが優勢になったり」することもなくなるのである。ダンスを通して「議論」を理解すると，それは美しさなどの感性に関わるものになり，相手を攻撃したり自分を守ったりという戦争的な戦略に関わるものではなくなる。そのため，私たちが理解している議論とはまったく別のもののように思われるのだ。以上の点をふまえて，選択肢を比較する。私たちの理解している議論に関して，「その時々の感性を競うものではなく」とダンスで表される内容を否定して，「戦略の巧みさを競うものであるから」と戦争で理解されるものに近いと表現した，エが解答になる。アは「私たちの理解している議論……両者の要求が同時に実現」とあるが，おかしい。私たちの理解している議論の説明が正しくない。イは「お互いの意見を尊重」「自分の意見を押し通そう」という対比になっているが，おかしい。文章中に書かれた，「ダンス」「戦争」の対比に合わない。ウは「楽しみながら進めていく」とダンスを否定的に書いているようであるが,「ダンス」の美しさを述べている文章内容に合わない。エは「親しみやすい」「日々の生活からかけ離れた」という対比になっているが,「ダンス」と「戦争」の対比に合う内容ではない。

問五　味を人に関する概念メタファーで示す例がたくさんある理由を明らかにする設問である。傍線部④以降の文脈をおさえて，書くべき内容を整理したい。十二段落に「なぜ，とりわけ人のメタファーで捉えられるのか」とある。味を人にたとえるメタファーがたくさんあることに関する疑問がくり返されている。そして十三段落には，「この問題に答えるために……さらに踏み込んで検討してみよう」と書かれている。そのため，それ以降に解答の手がかりをおさえていきたい。十四段落には，擬人化することで，人は「自分が抽象概念によってどのように影響されるかを表すことも可能となる」とある。その後，「嫉妬が人々の生活を壊す」や「優しい味」という具体例が書かれているが，擬人化をすることによって，それぞれ「嫉妬」や「優しい味」が人にどのような影響を与えるのかがわかりやすくなると説明されているのだ。そのような状況であるから，味に関しても人を使ったメタファーの使用が多くなっている。そう読み取ることができる。記述の際には，「味を人に関する概念メタファーで表す」＋「人が受ける影響が明確になる」という方向でまとめる。

重要 問六　ア　一段落の「優しいメロディ」は，聴覚的メロディがゆっくりとしたテンポで，優しい感情の表れのように聞こえてしまうのである。十五段落の「優しい味」は，他人から優しくされたときの心の状態に似ているという点で優しいのである。四段落に「こうした説明は『優しい味』にはふさわしくない」とあるように，筆者は「優しいメロディ」と「優しい味」を共通したものとして説明していない。「共通する『優しさ』を説明するために」とある，アは誤答になる。

イ　レイコフとジョンソンの説は，物事の概念の理解にメタファーが用いられており，だからこそ言語表現にもそれが反映されているというもの。ダンチガーとスウィーツァーの説は，擬人化によって自分が抽象概念にどう影響されるかを表すことも可能になるというもの。どちらも比ゆ的な表現が人の理解を促すことを表している。「両立できない」とするイは誤答になる。

ウ　十三から十五段落では，擬人化による説明全体の限界が主張されているのではなく，擬人化で説明することの効果などが説明されている。ウは誤答になる。　エ　十二段落までの説明では，味を人にたとえる概念メタファーが多いことの説明としては不十分なのである。十三段落には「さらに踏み込んで検討してみよう」とある。十三段落以降で人はなぜ擬人化するのかという説明が加わり，十五段落のまとめにつながる。十三段落以降，より的確な説明を進めているのである。エは適切。　オ　文章の題が「『美味しい』とは何か」とあることからもわかるように，この文章は「味の擬人化」について説明しているのである。「音楽の擬人化」の説明のために，味の擬人化を紹介しているわけではない。オは誤答になる。　カ　十五段落がまとめで，味の擬人化について説明している。そのために「音楽の擬人化」「概念メタファー」「擬人化全体」と話を進めていた。カは適切。

★ワンポイントアドバイス★

登場人物の発言から，その本心を読み取らなければならない設問がある。物語の展開を意識して，なぜ登場人物がそのように発言したのかを読み取る必要がある。場面の情報を細かくおさえていくことを意識したい。

2023年度

★★★★★★★★★★★★★★★★★★★★★★★

入　試　問　題

2023年度

聖光学院中学校入試問題(第1回)

【算　数】（60分）〈満点：150点〉

[1] 次の問いに答えなさい。

（1） 次の計算の□にあてはまる数を答えなさい。

$$8\frac{4}{5}\div\left\{\left(\square-\frac{6}{7}\right)\times 1.2+\frac{16}{21}\right\}=3$$

（2） 空の水そうにポンプAとポンプBの2台を使って同時に水を入れ始め，水そうを満水にする作業をします。作業の途中でポンプBが2分間停止したとすると，水そうが満水になるのに8分かかります。また，作業の途中でポンプAが8分間停止したとすると，水そうが満水になるのに12分かかります。

2台のポンプが途中で停止することなく動くとすると，水そうが満水になるのに何分何秒かかりますか。

（3） あるサッカースタジアムには手荷物検査の窓口が5か所あり，そのうちのいくつかをあけてそれぞれ2分で1人ずつの検査を完了させてスタジアム内に観客を入場させることができます。また，窓口の前には11分ごとに［ア］人を乗せたバスが到着して検査待ちの列に全員並びます。ある日，午後2時の手荷物検査開始時に，この瞬間に到着したバスから降りた観客を含めて100人が列に並んでいましたが，5か所の窓口のうち［イ］か所をあけて対応したところ，検査待ちの人や検査中の人がはじめていなくなったのが午後3時14分でした。

このとき，［ア］，［イ］にあてはまる整数の組を，(［ア］，［イ］)のかたちですべて答えなさい。

[2] 下の図のような，AB＝AC＝10cm，BC＝12cmの二等辺三角形ABCがあります。はじめに点Pは点Bの位置に，点Qと点Rは点Cの位置にあり，3点P，Q，Rは同時に移動を開始し，点Pと点Qは点Aへ向かって辺上を毎秒1cmの速さで，点Rは点Bへ向かって辺上を毎秒［ア］cmの速さで移動します。直線QRは常に辺ABに平行であるとき，次の問いに答えなさい。

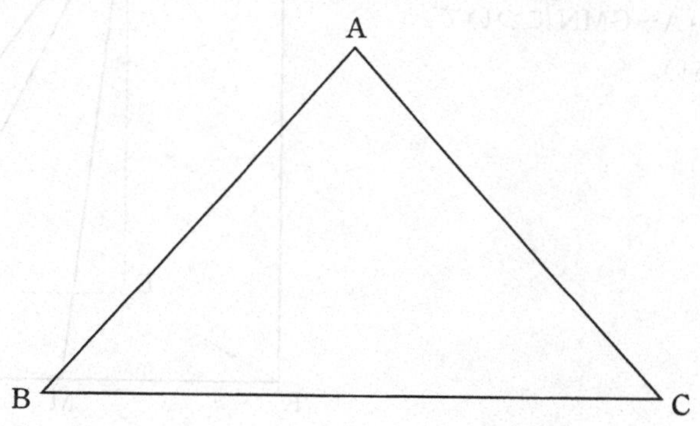

(1) [ア] にあてはまる数を答えなさい。

(2) 三角形APQと三角形QRCの面積について，面積の大きいほうが小さいほうの25倍になるのは，3点P，Q，Rが移動を開始してから [イ] 秒後です。[イ] にあてはまる数として考えられるものをすべて答えなさい。

(3) 3点P，Q，Rが移動を開始してから5秒後の3点の位置をそれぞれP_5，Q_5，R_5とし，8秒後の3点の位置をそれぞれP_8，Q_8，R_8とします。直線P_5Q_5とP_8R_8の交点をX，直線P_5R_5とP_8R_8の交点をY，直線P_5R_5とQ_8R_8の交点をZとします。このとき，直線AR_5の長さは8cmとなります。

① 三角形P_5XYの面積は何cm^2ですか。

② 直線YZの長さは何cmですか。

[3] 1から10までの数が書かれたカードが1枚ずつ，計10枚あり，聖(たかし)さんと光(ひかる)さんの2人がカードを引き，それぞれ手元に置きます。このとき，次の問いに答えなさい。ただし，聖さんの手元のカードと光さんの手元のカードは区別するものとします。

たとえば，聖さんの手元のカードが1と2で，光さんの手元のカードが3と4である場合と，聖さんの手元のカードが3と4で，光さんの手元のカードが1と2である場合は区別します。

(1) 聖さん，光さんが1枚ずつカードを引いたとき，聖さんの手元のカードと光さんの手元のカードの組み合わせは全部で何通りありますか。

(2) 聖さん，光さんが2枚ずつカードを引いたとき，聖さんの手元のカードと光さんの手元のカードの組み合わせは全部で何通りありますか。

(3) 聖さん，光さんが5枚ずつカードを引いたとき，聖さんの手元のカードに書かれた数の和が光さんの手元のカードに書かれた数の和より15だけ大きくなりました。このとき，聖さんの手元のカードと光さんの手元のカードの組み合わせは全部で何通りありますか。

(4) 聖さん，光さんが5枚ずつカードを引いたとき，聖さんの手元のカードに書かれた数の積が光さんの手元のカードに書かれた数の積の7倍になりました。このとき，聖さんの手元のカードと光さんの手元のカードの組み合わせは全部で何通りありますか。

[4] 右の図のような，1辺の長さが4cmの立方体ABCD－EFGHがあります。辺FGと辺GHの真ん中の点をそれぞれM，Nとします。三角すいA－GMNについて，次の問いに答えなさい。

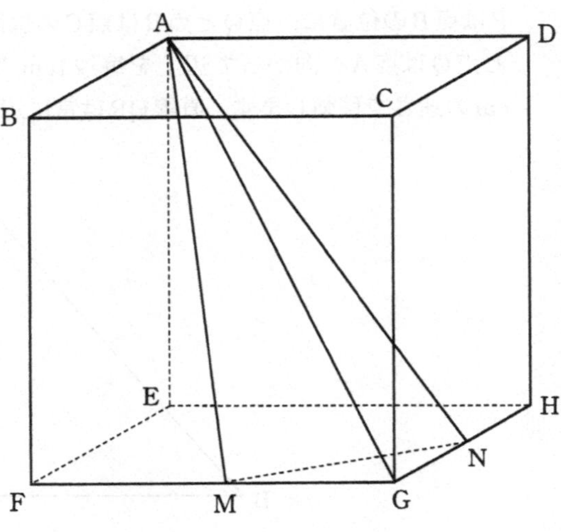

（1） 底面EFGHから2cmの高さにある平面によって，三角すいA－GMNを切ると，断面はどのような図形になりますか。真上から見た図を解答欄にかき入れ，内部を斜線で示しなさい。ただし，解答欄のマス目の1目盛りは1cmとします。

（2） 側面CGHDと平行で，側面CGHDから1cm離れた平面で三角すいA－GMNを切ると，断面はどのような図形になりますか。側面CGHDから見た図を解答欄にかき入れ，内部を斜線で示しなさい。ただし，解答欄のマス目の1目盛りは1cmとします。また，その図形の面積は何cm^2ですか。

（3） （2）で三角すいA－GMNを切ってできた2つの立体のうち，点Gを含む立体の体積は何cm^3ですか。

[5] 「秒針」「分針（長針）」「時針（短針）」の3つの針がついた時計を考えます。それぞれの針が1周するのにかかる時間は，「秒針」が1分，「分針」が60分，「時針」は12時間です。

このとき，次の問いに答えなさい。

（1） 「時針」と「分針」が重なってから，次にこれらの針が重なるまでにかかる時間は何分ですか。

（2） 「時針」と「分針」と「秒針」が重なってから，次に「時針」と「分針」が重なるとき，これらの針と「秒針」がつくる小さいほうの角の大きさは360度の何倍ですか。

いま，「時針」と「分針」が1周するのにかかる時間はそのままで，「秒針」が1周するのにかかる時間を60秒から□秒にしたところ，3つの針が重なった状態から動かし始めて，次に「時針」と「分針」が重なるとき，ちょうど「秒針」もこれらの針に重なりました。ただし，□にあてはまる数は60よりも大きい数であるものとします。

（3） □にあてはまる数のうち，最も小さい数を答えなさい。

（4） □にあてはまる数のうち，最も小さい**整数**を答えなさい。

【理　科】（40分）〈満点：100点〉

［1］ 次の文章を読み，あとの(1)～(8)の問いに答えなさい。

ホウセンカの根を洗い，赤インクを溶かした水に入れました。しばらくして，茎を輪切りにしたところ，茎の断面に赤くなった部分がありました。その断面をルーペで観察したところ，図1のようになっていました。

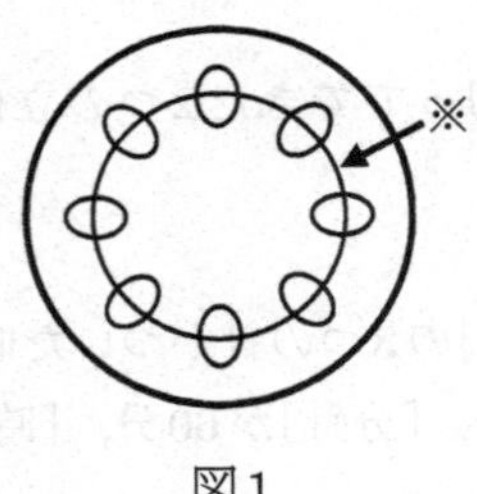

図1

(1) 赤インクで赤くなった部分はどこですか。解答欄の図の中を塗りつぶして示しなさい。

(2) (1)で塗りつぶした部分にあって，根から水や養分を運ぶ管の名前を漢字2字で答えなさい。

(3) ホウセンカと同じ茎のつくりをしている植物を，次の(ア)～(カ)の中からすべて選び，記号で答えなさい。

(ア) アサガオ　(イ) アブラナ　(ウ) タケ　(エ) ツユクサ
(オ) ヒマワリ　(カ) ユリ

(4) 赤インクを溶かした水に根を入れたホウセンカの，茎の中の色の染まり具合を調べたところ，日なたで風が当たる場所に置いておいたものの方が，より早く染まることがわかりました。その理由を述べた次の文の［　　　　］に入る言葉を答えなさい。

日なたで風が当たる場所に置いておいたものの方が，［　　　　］から。

(5) 赤インクを溶かした水に根を入れたホウセンカの，葉の断面を観察したところ，赤くなった部分がありました。その断面をルーペで観察したところ，図2のようになっていました。赤インクで赤くなった部分はどこですか。解答欄の図の中を塗りつぶして示しなさい。

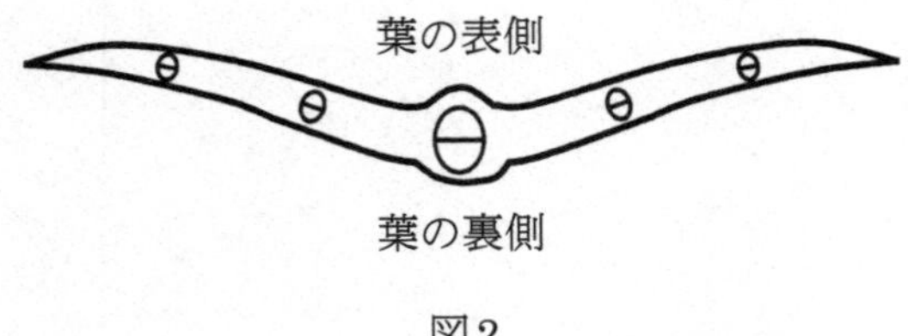

図2

(6) ホウセンカと同じように，図1のような断面をもつ木があります。この木の枝の一部分の※よりも外側を，1cmの幅で1周はぎとりました。1ヶ月後にこの枝を観察すると，はぎとった部分の近くの皮がふくらんでいました。このことについて説明した次の文章の(あ)・(い)にあてはまる言葉を，あとの(ア)～(ク)の中からそれぞれ1つずつ選び，記号で答えなさい。また，(う)にあてはまる管の名前を漢字2字で答えなさい。

(あ)から来た(い)が運ばれるとき，※よりも外側をはぎとったためにこの部分より先に移動することができず，はぎとった部分より手前に(い)がたまったために皮がふくらんだ。つまり，(い)が移動する管である(う)が，※より外側にあると考えることができる。

(ア) 根　(イ) 地下茎　(ウ) 葉　(エ) 花
(オ) 水　(カ) 栄養分　(キ) 酸素　(ク) 養分

(7) (2)の管と(6)の(う)が束になった部分の名前を答えなさい。
(8) (7)の部分をもたない植物は，それをもつ植物とからだのつくりが大きく違います。(7)の部分の有無以外の違いを答えなさい。

[2] 次の文章を読んで，あとの(1)～(5)の問いに答えなさい。

私たちがふだん使っている時刻を表す方法は，1日の長さを24等分する方法で「定時法」とよばれます。一方，江戸時代の日本では，「不定時法」とよばれる方法が使われていました。これは，①日の出と日の入りを基準とするもので，昼の時間と夜の時間をそれぞれ6等分した長さを一刻と定める方法でした。よって，②「不定時法」では1日のうちでも昼の一刻の長さと夜の一刻の長さが異なっているのが普通でした。

時刻のよび方に関しては，図1のように，真夜中の前後約1時間あたりを「子の刻」，次を「丑の刻」として順番に十二支をあてはめてよんでいました。また，「子の刻」を「九つ」，「丑の刻」を「八つ」として一刻ごとに数を少なくしていき，「巳の刻」を「四つ」とよび，その次からまた「九つ」とよぶ方法も使われていました。

「不定時法」に由来する言葉は，いまでも日常的に使われることがあります。太陽が(あ)する時刻は「(い)の刻」に含まれる時刻です。そのため，現在の12時を正午といいます。午前は正午より前の時間帯を，午後は正午より後の時間帯を表す言葉です。みなさんが大好きな③おやつも「不定時法」に由来し，歌舞伎や④落語でも「不定時法」に由来する言葉が登場します。テレビや劇場で聞く機会があったら意識してみましょう。

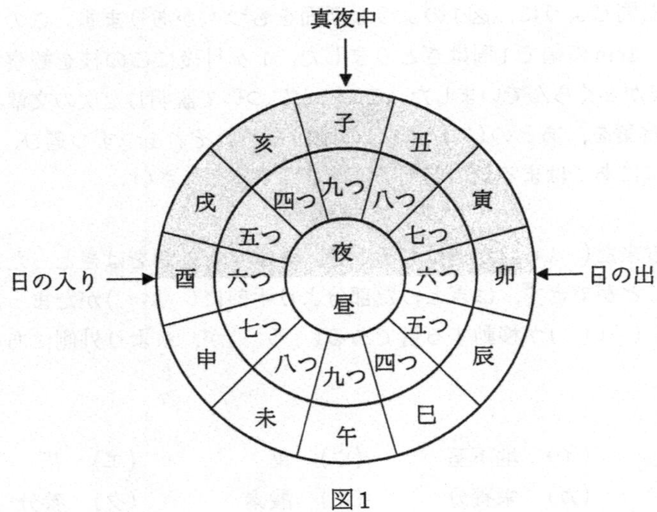

図1

(1) 下線部①について，日の出と日の入りは現在どのように定められていますか。最も適したものを，次の(ア)～(オ)の中から1つ選び，記号で答えなさい。

(ア) 日の出と日の入りは太陽の中心が地平線と重なった瞬間(しゅんかん)である。

(イ) 日の出は太陽の下端(かたん)が地平線より上に出た瞬間で，日の入りは太陽の上端(じょうたん)が地平線より下に入った瞬間である。

(ウ) 日の出は太陽の下端が地平線より上に出た瞬間で，日の入りは太陽の下端が地平線より下に入った瞬間である。

(エ) 日の出は太陽の上端が地平線より上に出た瞬間で，日の入りは太陽の上端が地平線より下に入った瞬間である。

(オ) 日の出は太陽の上端が地平線より上に出た瞬間で，日の入りは太陽の下端が地平線より下に入った瞬間である。

(2) 下線部②について，次の(a)～(c)の問いに答えなさい。ただし，日の出と日の入りは現在定められたものを使うものとします。

(a) 昼の一刻の長さと夜の一刻の長さについて説明した文として正しいものを，次の(ア)～(カ)の中から2つ選び，記号で答えなさい。

(ア) 春分の日と秋分の日では，どちらも昼の一刻の長さと夜の一刻の長さは同じである。

(イ) 春分の日の数日後に昼の一刻の長さと夜の一刻の長さが同じになる。

(ウ) 秋分の日の数日後に昼の一刻の長さと夜の一刻の長さが同じになる。

(エ) 夏至(げし)の日の昼の一刻の長さは1年で最も長い。

(オ) 冬至の日の昼の一刻の長さは1年で最も長い。

(カ) 夏至の日の昼の一刻の長さと冬至の日の夜の一刻の長さは同じである。

(b) 2022年の夏至の日において，横浜(よこはま)市の日の出の時刻は4時27分，日の入りの時刻は19時0分でした。この日に「不定時法」を用いた場合，昼の一刻と夜の一刻の差は何分ですか。

(c) 次の(ア)~(オ)の中から**正しくないもの**を1つ選び，記号で答えなさい。

(ア) 昼の長さと夜の長さが同じ日は，一刻の長さは現在の2時間と同じ長さである。

(イ) 昼の一刻の長さが1年で最も長い日には，地面に垂直に立てた棒の影が棒より南側にできるときがある。

(ウ) 昼の一刻の長さが夜の一刻の長さより短い日には，日の入りの位置が真西より北側になる。

(エ) 一年中いつでも，日の出から三刻経過したときに太陽は真南にある。

(オ) 一年中いつでも，子の刻の長さと丑の刻の長さは同じだが，丑の刻の長さと未(ひつじ)の刻の長さは同じであるとは限らない。

(3) (あ)・(い)にあてはまる言葉を答えなさい。ただし，(い)はひらがな2字で答えなさい。

(4) 下線部③について，おやつは，昼の「八つ」に間食していたことに由来します。日の出から四刻経過した時刻を「おやつの時間」とし，春分の日，夏至の日，冬至の日において，現在の「定時法」で比較(ひかく)しました。「おやつの時間」について比較した文として最も適したものを，次の(ア)~(キ)の中から1つ選び，記号で答えなさい。

(ア) 春分の日の「おやつの時間」が3つの日の中では最も早い。それは現在の14時0分頃(ごろ)である。

(イ) 春分の日の「おやつの時間」が3つの日の中では最も早い。それは現在の14時10分頃である。

(ウ) 春分の日の「おやつの時間」が3つの日の中では最も早い。それは現在の15時0分頃である。

(エ) 夏至の日の「おやつの時間」が3つの日の中では最も早い。それは現在の13時20分頃である。

(オ) 夏至の日の「おやつの時間」が3つの日の中では最も早い。それは現在の15時0分頃である。

(カ) 冬至の日の「おやつの時間」が3つの日の中では最も早い。それは現在の13時20分頃である。

(キ) 冬至の日の「おやつの時間」が3つの日の中では最も早い。それは現在の15時0分頃である。

(5) 下線部④について，古典落語の1つである「時そば」は，「不定時法」が使われていた江戸時代の，ある客とそば屋の主人とのやり取りを滑稽に表現した演目です。次の文章は，「時そば」を入試問題用に書き直したものです。これを読んで，あとの(a)・(b)の問いに答えなさい。

春分の日の夜，小腹が空いた男Aが通りすがりの屋台のそば屋をよび止め，しっぽくそば(ちくわ入りのそば)を注文しました。そばを食べる前の男Aは，世間話をしながらそば屋の看板の絵柄をほめていました。その後，そばが出されると，箸が割り箸であること，器の美しさ，かつお出汁のきいたつゆ，麺のこしやちくわの分厚さなどをやや大げさにほめました。そばを食べ終わった男Aは，

「いくらだい？」

と尋ねました。そば屋の主人は，

「へぇ，16文ちょうだいします」

と答えました。

「あいにく1文銭しか持ってないんだ。手を出してくれないかい？」

男Aはそば屋の主人に手のひらを広げさせ，その上に1文銭を1枚ずつ数えながら置いていきました。

「一二三四五六七八，そば屋さんいま何どきだい？」

「九つです」

とそば屋の主人が言ったあと，男Aは間髪をいれずに

「十，十一，十二，十三，十四，十五，十六。ごちそうさん，あばよ」

と言い，すぐさま男Aは立ち去っていきました。

この下品なやり取りの一部始終を見ていた男Bは，『なんだ，あの男は。そば屋にお世辞ばっかり使って』と，最初は男Aの立ち居振る舞いや言動をいぶかしく思いましたが，男Aの手口に気づくと，その鮮やかさに感心し，自分も試してみたくなりました。翌日の夜，男Bは少し早めに外に出て屋台のそば屋を探しました。すると，昨日とは異なるそば屋を見つけて，男Aの手口を試そうとしました。ところが，このそば屋の箸や器は汚く，つゆやそばの味も悪く，ほめるところが一つもありませんでした。男Bは早々に支払いを行うことにしました。

「いくらだい？」

「へい，16文ちょうだいします」

これをやりに来たんだと，男Bは思いました。

「あいにく1文銭しか持ってないんだ。手を出してくれないかい？」

「へい，こちらに頂きます」

「いくよ。一二三四五六七八，そば屋さんいま何どきだい？」

「へい，四つで」

「うっ。いつ，むう，なな，やあ……」

男Bの悪だくみは失敗に終わりました。

(a) 男Aと男Bは，現在の「定時法」で何時から何時の間にそばの代金を支払いましたか。最も適したものを，次の(ア)～(カ)の中から1つ選び，記号で答えなさい。

(ア) 2人とも23時から1時の間に支払った。

(イ) 2人とも21時から23時の間に支払った。

(ウ) 男Aは21時から23時の間に，男Bは23時から1時の間に支払った。

(エ) 男Aは23時から1時の間に，男Bは21時から23時の間に支払った。

(オ) 男Aは21時から22時の間に，男Bは4時から5時の間に支払った。

(カ) 男Aは4時から5時の間に，男Bは21時から22時の間に支払った。

(b) 男Bも男Aと同じ金額でそばを食べるには，1文銭を何枚渡(わた)したあとに，そば屋に時刻を尋ねるべきでしたか。その枚数を答えなさい。

[3] 次の文章を読んで，あとの(1)・(2)の問いに答えなさい。

物質の変化には，物理変化と化学変化の2種類があります。水は加熱されると液体から気体に変化します。このように，同じ物質のまま姿や形が変わることを物理変化といいます。一方，水素は燃焼(ねんしょう)させると酸素と結びついて，水になります。このように，ある物質が別の物質に変わることを化学変化といいます。

(1) 物理変化にあてはまるものを，次の(ア)～(オ)の中から2つ選び，記号で答えなさい。

(ア) ドライアイスを放置すると，消えてなくなった。

(イ) 石灰水(せっかいすい)に二酸化炭素を通すと，白く濁(にご)った。

(ウ) 氷を冷凍庫(れいとうこ)に長期間入れておくと，氷が小さくなった。

(エ) 水を電気分解すると，酸素と水素が発生した。

(オ) 鉄くぎを放置すると，さびて色が変化した。

(2) マグネシウムは金属の一種で，酸素中，二酸化炭素中のどちらでも燃焼させることのできる物質です。マグネシウムについて次の[実験1]・[実験2]をおこないました。あとの(a)～(d)の問いに答えなさい。ただし，マグネシウムを酸素中で燃焼させた場合，マグネシウムは酸素と反応して酸化マグネシウムだけができます。また，マグネシウムを二酸化炭素中で燃焼させた場合，マグネシウムは二酸化炭素と反応して酸化マグネシウムと炭素だけができます。なお，できた酸化マグネシウムと炭素は，これ以上反応することはありません。

[実験1] マグネシウムの重さをはかったあと，酸素中で燃焼させました。そして，燃焼後に残った固体の重さをはかりました。表1はその結果を表しています。

表1

燃焼前のマグネシウムの重さ[g]	6	12	18	24
燃焼後に残った固体の重さ[g]	10	20	30	40

[実験2] マグネシウムの重さをはかったあと，二酸化炭素中で燃焼させました。そして，燃焼後に残った固体の重さをはかりました。表2はその結果を表しています。

表2

燃焼前のマグネシウムの重さ[g]	6	12	18	24
燃焼後に残った固体の重さ[g]	11.5	23	34.5	46

(a) 金属について説明した文として最も適したものを，次の(ア)～(オ)の中から1つ選び，記号で答えなさい。

(ア) すべての金属は水より密度が大きい。
(イ) すべての金属は電気を通す。
(ウ) すべての金属は二酸化炭素中で燃焼する。
(エ) すべての金属は塩酸に溶(と)ける。
(オ) すべての金属は水酸化ナトリウム水溶液(すいようえき)に溶ける。

(b) 次の文章の(あ)～(く)にあてはまる数値をそれぞれ答えなさい。

ある重さのマグネシウムを燃焼させると，酸素中，二酸化炭素中のどちらでも，燃焼後に残る酸化マグネシウムの重さは同じでした。

[実験1]では酸素中で燃焼させることで，マグネシウムと酸素を反応させており，燃焼前のマグネシウムの重さと燃焼後に残った固体の重さの比を，最も簡単な整数比で表すと(あ):(い)です。[実験1]のマグネシウムと酸素の反応は，次のように表せます。

$$\text{マグネシウム}+\text{酸素}\xrightarrow{\text{燃焼}}\text{酸化マグネシウム}$$

一方，[実験2]では二酸化炭素中で燃焼させることで，マグネシウムと二酸化炭素を反応させており，燃焼前のマグネシウムの重さと燃焼後に残った固体の重さの比を，最も簡単な整数比で表すと(う):(え)です。[実験1]と[実験2]でマグネシウムの重さと燃焼後に残った固体の重さの比が異なっている理由は，[実験2]の燃焼後には，酸化マグネシウムだけでなく炭素も残っているからです。[実験2]のマグネシウムと二酸化炭素の反応は，次のように表せます。

$$\text{マグネシウム}+\text{二酸化炭素}\xrightarrow{\text{燃焼}}\text{酸化マグネシウム}+\text{炭素}$$

[実験1]の結果をもとに考えると，60gのマグネシウムを酸素中で燃焼させるとき，燃焼に使われる酸素の重さは(お)gです。また，燃焼後に残る酸化マグネシウムの重さは(か)gです。

[実験2]の結果をもとに考えると，60gのマグネシウムを二酸化炭素中で燃焼させるとき，燃焼に使われる二酸化炭素の重さは(き)gです。また，燃焼後に残る炭素の重さは(く)gです。

(c) 90gのマグネシウムリボンを酸素中で燃焼させたところ，すべてのマグネシウムが酸化マグネシウムになり，燃焼後に残った固体の重さは149gでした。この結果は，(b)で求めた整数比と異なっています。この理由として最も適したものを，次の(ア)～(オ)の中から1つ選び，記号で答えなさい。

(ア) マグネシウムリボンに不純物として炭素が含(ふく)まれていたから。
(イ) マグネシウムリボンの表面積が大きかったから。
(ウ) 加熱の時間が長かったから。
(エ) 加熱の時間が短かったから。
(オ) 酸素がより多くマグネシウムと結びついたから。

(d) ある重さのマグネシウムを酸素と二酸化炭素の混合気体中で燃焼させたところ，すべてのマグネシウムが酸化マグネシウムになり，燃焼後に残った固体の重さは，燃焼前のマグネシウムの重さより5.5g大きくなりました。また，燃焼に使われた酸素の重さは，燃焼に使われた二酸化炭素の重さの4倍でした。混合気体中で燃焼させる前のマグネシウムの重さは何gですか。ただし，この燃焼でおこる反応は次の2つだけであるものとし，どちらの反応も，燃焼前のマグネシウムの重さと燃焼後に残った固体の重さの比は，それぞれ(b)で求めた整数比になるものとします。

マグネシウム＋酸素 $\xrightarrow{\text{燃焼}}$ 酸化マグネシウム

マグネシウム＋二酸化炭素 $\xrightarrow{\text{燃焼}}$ 酸化マグネシウム＋炭素

[4] 次の文章[A]・[B]を読んで，あとの(1)～(3)の問いに答えなさい。

[A] 最近は目にする機会が減りましたが，過去には，振(ふ)り子(こ)が一往復するのにかかる時間が一定であることを利用した，振り子時計とよばれる時計が使われていました。振り子が一往復するのにかかる時間を振り子の周期といいます。振れ幅(はば)がある程度小さい場合は，振り子の周期は振り子の重さや振れ幅の大きさにかかわらず，振り子の長さだけで決まることが知られていて，このことを①振り子の等時性といいます。重さ100gの振り子について，振り子の等時性が成り立つ程度の小さい振れ幅で，振り子が動くときの②振り子の長さと周期の関係を調べたところ，表1のようになりました。

表1

振り子の長さ[cm]	10	30	50	70	90
振り子の周期[秒]	0.61	1.11	1.45	1.70	1.89

(1) 下線部①について，次の(a)～(c)の問いに答えなさい。

(a) 16世紀後半に，教会のシャンデリアが揺(ゆ)れているようすを見て，振り子の等時性を発見したとされるイタリアの科学者の名前を答えなさい。

(b) (a)の科学者について説明した文として正しいものを，次の(ア)～(カ)の中から1つ選び，記号で答えなさい。

(ア) 望遠鏡を改良して天体観測をおこない，木星に衛星があることを発見した。

(イ) リンゴが落ちるのを見て，万有(ばんゆう)引力を発見したという逸話(いつわ)がある。

(ウ) 相対性理論を発表した。

(エ) 多方面で才能を発揮し，絵画「モナ・リザ」の作者でもある。

(オ) のちに『ロウソクの科学』という本にまとめられることになる講演をおこなった。

(カ) ダイナマイトを発明し，巨万(きょまん)の富を得た。

(c) 同じ長さの振り子であっても，振れ幅が大きくなりすぎると，振り子の等時性が成り立たなくなります。このことについて説明した次の文の(あ)・(い)にあてはまる言葉の組み合わせを，あとの(ア)～(カ)の中から1つ選び，記号で答えなさい。

振れ幅が大きく振り子の等時性が成り立たないときは，振れ幅が小さく振り子の等時性が成り立つときに比べて，最下点を通るときの速さは(あ)，周期は(い)。

	(あ)	(い)
(ア)	速くなり	長くなる
(イ)	速くなり	短くなる
(ウ)	変わらず	長くなる
(エ)	変わらず	短くなる
(オ)	遅(おそ)くなり	長くなる
(カ)	遅くなり	短くなる

(2) 下線部②について，次の(a)・(b)の問いに答えなさい。

(a) 表1をもとに，振り子の長さと振り子の周期の関係を表す折れ線グラフを，定規を用いて描(えが)きなさい。ただし，横軸(じく)を振り子の長さ，縦軸を振り子の周期とします。

(b) 表1の振り子の周期は，振り子が動き始めてからしばらくして，振り子が左端(ひだりはし)に到達(とうたつ)したと同時にストップウォッチをスタートさせ，一往復して左端にふたたび到達したときにストップウォッチを止める，という方法で測定されたものです。より正確な周期を測定するためには，どのような工夫(くふう)をすればよいですか。1つ答えなさい。ただし，測定にはストップウォッチだけを使うものとします。

[B] 周期に合わせてタイミングよく振り子を押(お)すと，その力が小さくても，簡単に振れ幅が大きくなります。このような現象を，共振(きょうしん)といいます。振り子に限らずどんなものでも共振はおこり，日常生活においてもしばしば見ることができます。それは，ものには大きさやかたち，材質などに応じて振動しやすい周期があるからです。

ここで，「歩く」という動作について考えてみましょう。歩いているときの脚(あし)の動きは，股関節(こかんせつ)を支点とした振り子のような運動であるとみなすことができます。特に意識せずに一定のペースで歩いているときは，その振り子の周期に合わせて力を入れて共振をさせているため，楽に歩くことができます。もっと短い周期で(急いで)歩こうとしたり，逆にわざと長い周期で(ゆっくり)歩こうとしたりして疲(つか)れてしまうことを，経験したことがあるかもしれません。

そこで，図1のように股関節から下の脚を均質でまっすぐな棒と大胆(だいたん)にみなして，歩くようすについて考えてみることにします。この棒を，棒振り子とよぶことにします。棒振り子の場合も，その振れ幅がある程度小さい場合は振り子の等時性が成り立ち，その周期は，棒の3分の2の長さの振り子の周期と同じであることが知られています。③脚をこのような振り子とみなして考えると，一定のペースで楽に歩いている人の歩く速さが，身長によってどのように異なるかを調べることができます。

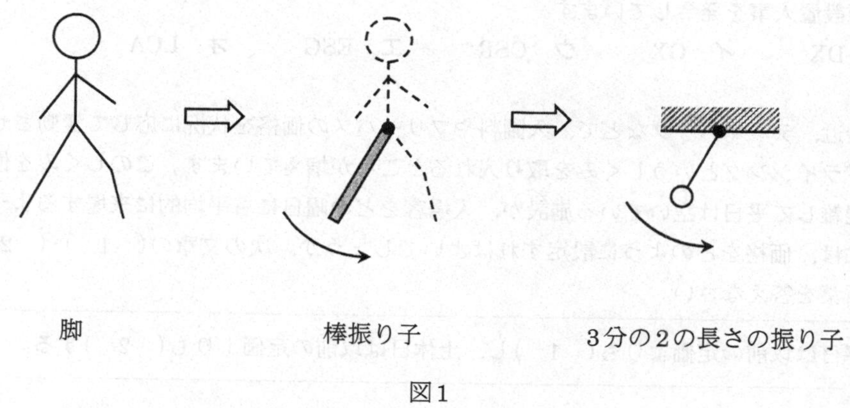

図1

（3） 下線部③について，（2）の(a)で描いたグラフを利用して，次の(a)・(b)の問いに答えなさい。ただし，脚の長さは身長の45%とし，歩幅(ほはば)は脚の長さと等しいものとします。また，脚を振り子とみなしたときの振れ幅は，振り子の等時性が成り立つ程度に小さいものとします。

(a) 身長140cmの人が一定のペースで楽に歩くとき，歩く速さは時速何kmですか。ただし，答えが割り切れない場合は，小数第2位を四捨五入して小数第1位まで答えなさい。

(b) 次の文章は，身長168cmの人が一定のペースで楽に歩くようすと，身長140cmの人が一定のペースで楽に歩くようすを比べたものです。(　あ　)・(　い　)にあてはまる言葉を，あとの(ア)～(オ)の中からそれぞれ1つずつ選び，記号で答えなさい。ただし，同じ記号を繰(く)り返(かえ)し使ってもかまいません。

身長168cmの人は，身長140cmの人に比べて，歩幅は1.2倍であり，周期は(　あ　)ので，歩く速さは(　い　)。

(ア) 1倍より小さい
(イ) 1倍である
(ウ) 1倍より大きく1.2倍より小さい
(エ) 1.2倍である
(オ) 1.2倍より大きい

【社　会】(40分)〈満点：100点〉

[1] 次の問いに答えなさい。

問1　「脱炭素社会実現に向けた社会や産業構造の変革」を指す言葉を，次の**ア**～**オ**の中から1つ選び，記号で答えなさい。なお，昨年7月，政府はこうした取り組みをすすめるため，担当大臣の新規設置人事を発令しています。

ア　DX　　**イ**　GX　　**ウ**　CSR　　**エ**　ESG　　**オ**　LCA

問2　最近，テーマパークなどで，入園料やフリーパスの価格を状況に応じて変動させるダイナミックプライシングというしくみを取り入れるところが増えています。このしくみを使って，土休日は混雑して平日は空いている施設が，入場客をどの曜日にも平均的に来場するように誘導するためには，価格をどのように設定すればよいでしょうか。次の文章の(　1　)・(　2　)にあてはまる言葉を答えなさい。

平日は以前の定価よりも(　1　)し，土休日は以前の定価よりも(　2　)する。

問3　日本国憲法第41条の(　　　)にあてはまる語句を漢字で答えなさい。

国会は，国権の(　　　)機関であつて，国の唯一の立法機関である。

問4　通常，「反対」の対義語は「賛成」であるにもかかわらず，沖縄での辺野古新基地建設について議論する際には，選挙などで，「反対」派と「容認」派と表現されることがあります。なぜ「賛成」派ではなく「容認」派と表現するのか，その理由を自分なりに考えて20字以上40字以内で説明しなさい。ただし，句読点も字数に含めます。

[2] 次の文章を読んで，あとの問いに答えなさい。

日本人の人名について，歴史をひもときながら考えてみましょう。

日本では昔，貴族・武家などの男性は，今の成人式にあたる(　1　)のとき，それまでの名前である「幼名」とは別に「諱」をもらいました。この諱は正式な名前で，儀式などのときに主君が呼びかけたり，本人が神前で誓ったり，公文書に署名したりするときに用いました。この習慣は①中国などアジアの国々でもみられました。諱は日本ではほとんど漢字2字です。時には主君など目上の人から，その諱の漢字1字をもらうことがあり，このことを「偏諱」といいます。たとえば，足利高氏は②鎌倉幕府を倒した功績により(　2　)から諱の尊治(親王)の1字をもらって足利尊氏に改名しました。

「諱」は「忌み名」という当て字があり，この名を避けて呼ぶために，「号」や「字」などの別名を名乗ったり，また③律令制の官職名である④百官名を用いて「仮名(呼び名)」を名乗ったりしていました。『枕草子』の作者で知られる(　3　)は，本人の名が伝わっておらず，彼女の近親者の「仮名」による名だといわれています。中世以後，朝廷は財源を補うため金銭と引き換えに武士の任官をおこない，しだいに百官名は武家官位として形式的なものになりました。

さて，(　2　)のように「○○天皇」という呼称は「追号」といい，生前のその天皇にゆかりのある地名や名前にあやかって死後に決められ贈られます。奈良時代までの場合，諱に対して「諡号(諡)」ともよばれました。明治維新で一世一元の制が定められ，元号が追号に用いられるようになったため「明治天皇」などとよばれますが，それは死後はじめて使われますので，在位中(生前)は「今上天皇」や「天皇(陛下)」とよびます。つまり，歴史の教科書に載っている天皇は⑤死後の諡号・追号で表現され，生前そのようによばれていないわけですが，(　2　)は自ら追号を名付けた唯一の例外です。これは，摂関政治期に藤原氏をおさえて政治をおこなった天皇にあやかりたかったために名付けたといわれています。

古墳時代，天皇(古墳時代以前は大王)は自分に仕える豪族たちに「*氏名」を与える唯一の存在であったため，天皇やその一族には □。このことは世界の為政者としてはめずらしい例です。氏名が与えられた豪族の名は，氏名と名の間に“の”をつけて読みます。また，その地位や役職に応じて「姓」という称号も与えられました。たとえば蘇我馬子は，最初の公式な歴史書である『(　4　)』では「蘇我大臣馬子」と表記されています。氏名はほかに物部氏の大連，藤原氏の朝臣などが有名です。

中世になると，同じ氏名をもつ一族は諸家に分裂し，“家”を表す「名字(苗字)」(以下，名字)を名乗るように変化しました。たとえば，武家の棟梁である源氏という氏名の子孫として，源氏出身の足利・新田・徳川などが有名です。摂関政治で全盛期を築き，京都宇治に平等院をひらいた(　5　)の子孫は，鎌倉時代に一条・二条・九条・近衛・鷹司に分かれ，「五摂家」とよばれました。

江戸時代，名字を名乗るのは武士の特権でしたが，⑥明治時代のはじめに一般の民衆もみな名字をもつことが法令によって義務づけられました。このとき多くの名字が新たに作られたようで，古来のものとあわせ，日本の名字は非常に種類が多いことで知られます。お隣の⑦韓国は逆に名字の種類が非常に少なく，国や時代によって人の名前にはさまざまな特色があることがわかります。

＊ 氏名：古代の豪族・貴族の血縁集団を指す名で，中世以後に名字に分かれました。

問1　文中の(　1　)～(　5　)にあてはまる語句や人名を漢字で答えなさい。

問2　文中の □ に入る文を，文中の語句を用いながら答えなさい。

問3　下線部①に関連して，中国などアジアの国々との貿易に関する次の4つの出来事を，時期の早い順に並べかえた場合，3番目になるものを，**ア**～**エ**の中から選び，記号で答えなさい。

ア　東南アジア諸国に日本町ができるほど朱印船貿易がさかんになった。
イ　幕府の将軍が朝貢の形をとって中国と貿易をおこない，銅銭や生糸が輸入された。
ウ　鎖国政策がおこなわれるなか，対馬藩を介して朝鮮から木綿が輸入された。
エ　大輪田泊(今の神戸港)などが整備され，中国から宋銭や生糸が輸入された。

問4　下線部②について述べた文として正しいものを，次の**ア**～**エ**の中から1つ選び，記号で答えなさい。

ア　将軍からの奉公に報いるために，御家人は御恩をおこなった。
イ　将軍はしだいに権力を失い，主な政務は管領によっておこなわれた。
ウ　一揆防止や喧嘩両成敗を主な内容とする武家法が定められた。
エ　困窮した御家人を救済するため，借金を帳消しにする徳政令を出した。

問5　下線部③に関連して，大宝律令に定められた内容として正しいものを，次の**ア**～**エ**の中から1つ選び，記号で答えなさい。

ア　班田収授法にもとづき，戸籍に登録された人々に口分田が与えられた。
イ　太政官が政務の中心で，土地をめぐる訴訟は問注所であつかった。
ウ　租・庸・調はすべて成人男性のみに課し，都まで運ばせた。
エ　自分で開墾した土地は永久に私有が認められたため，荘園が増えた。

問6　下線部④に関連して，本文および次の表から読み取れる内容として正しいものを，あとの**ア**～**エ**の中から1つ選び，記号で答えなさい。

人名	*官職名	官職名の本来の職務・エピソード
源頼朝	右兵衛権佐	兵衛府(武官)の次官。頼朝は，兵衛府の唐名の「武衛」ともよばれるが，のち征夷大将軍に任命される。
源実朝	右大臣	右大臣の唐名の「槐門」が『金槐和歌集』の由来。
徳川光圀	中納言	中納言の唐名の「黄門」から「水戸黄門」とよばれる。
大石良雄	内蔵助	内蔵寮(宮中の宝物管理をあつかう)の次官。「忠臣蔵(赤穂浪士の討ち入り)で有名。
大岡忠相	越前守	越前国(現在の福井県)の国司の長官。時代劇やドラマの主人公「大岡越前」で有名。
井伊直弼	掃部頭	掃部寮(宮中清掃や儀式準備をあつかう)の長官。横浜市の桜木町駅近くにある掃部山公園の由来(開港の恩人であるため)。

＊　官職名：朝廷からの任官だけでなく，一族で名乗っているものも含めています。

ア　江戸時代になっても武士は，名乗っている官職の職務を実際おこなっていた。
イ　征夷大将軍や大老になった者の官職は非常に格が高く，ほかと大きな差がある。
ウ　武士への任官は，百官のなかでも軍団関係や国司など武官に限られた。
エ　武士の名前の語尾に「すけ」が多いのは，律令制度の官職名のなごりである。

問7　下線部⑤について，有名な僧に死後朝廷が贈る「大師」号も諡で，空海に「弘法大師」，最澄に「伝教大師」が贈られたことは有名です。この2人の僧について述べた文a～dのうち，正しいものの組み合わせを，あとの**ア**～**エ**の中から1つ選び，記号で答えなさい。

a　最澄・空海ともに阿弥陀如来を信仰して極楽浄土への往生を説いた。
b　空海は高野山に金剛峯寺をひらき，山奥の寺で厳しい修行をおこなった。
c　最澄は平安京内に教王護国寺をひらき，唐から戒律を伝えた。
d　それまでの仏教と異なり，2人がひらいた仏教の宗派は密教とよばれた。

ア　a・c　　**イ**　a・d　　**ウ**　b・c　　**エ**　b・d

問8　下線部⑥の時代に活躍(かつやく)した政治家とその説明の組み合わせとして正しいものを，次の**ア～エ**の中から1つ選び，記号で答えなさい。

ア　伊藤博文　：薩摩藩出身で，日本初の首相になり，のち憲法制定の中心となった。

イ　小村寿太郎：ポーツマス条約を結んだ外相で，のち関税自主権を回復した。

ウ　板垣退助　：自由民権運動の中心となり，のち首相となったが暗殺された。

エ　大久保利通：長州藩出身で，維新の中心だったが，のち西南戦争で戦死した。

問9　下線部⑦に関連して，近現代の日韓・日朝関係について述べた文として正しいものを，次の**ア～エ**の中から1つ選び，記号で答えなさい。

ア　朝鮮半島をめぐって江華島(こうかとう)事件が起こり，日本は朝鮮半島への進出を断念した。

イ　日清戦争後に日本は韓国を植民地化し，日露戦争が起こる前に韓国を併合した。

ウ　日本が太平洋戦争で敗れたあとに，韓国は社会主義国として独立した。

エ　日本と韓国は，サンフランシスコ会議ののち，日韓基本条約で国交回復した。

[3]　次の文章を読んで，あとの問いに答えなさい。

聖光学院の体験型学習講座の1つに，「里山」における自然環境を体験する講座があります。この「里山」とは，①山林・人里と隣り合っており，樹林や農地などが含まれた場所のことをいいます(図1参照)。そして，②「里山」における樹林や農地は，人里における人間生活とのかかわり合いをもつことで作られてきました。つまり，「里山」における自然環境は，人里に住む人間の手によって管理されることで，保持され続けてきたのです。

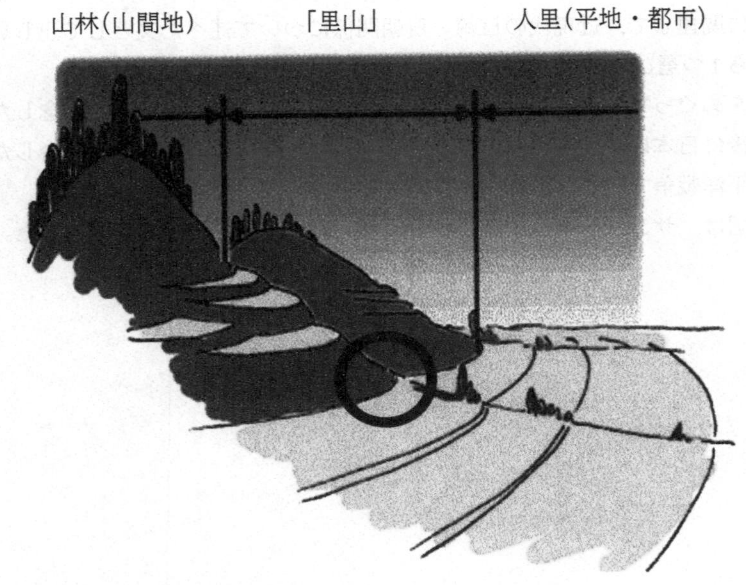

図1　山林と「里山」，人里の位置関係
(農林水産省ウェブサイトより作成)

しかし，日本が③経済的に発展すると，人々の生活スタイルの変化によって，「里山」と人里の人間生活とのかかわり合いが減少しました。また，人里にあった④都市の範囲が拡大し，「里山」を切り開き，住宅地などが造成されるようになりました。

現在に残る「里山」は，人間生活とのかかわり合いは減少したものの，人里に一番近い自然環境として存在しています。新年度になって，みなさんと一緒に身近な「里山」に分け入って，その自然環境を体験・学習できる日がくることを，心待ちにしています。

問1　下線部①に関連して，次の4つの図は，各都道府県面積における，林野面積率の大きい6都道府県，小さい6都道府県，耕地面積率の大きい6都道府県，小さい6都道府県のいずれかを表したものです。このうち耕地面積率の大きい6都道府県を表したものを，次の**ア**～**エ**の中から1つ選び，記号で答えなさい。

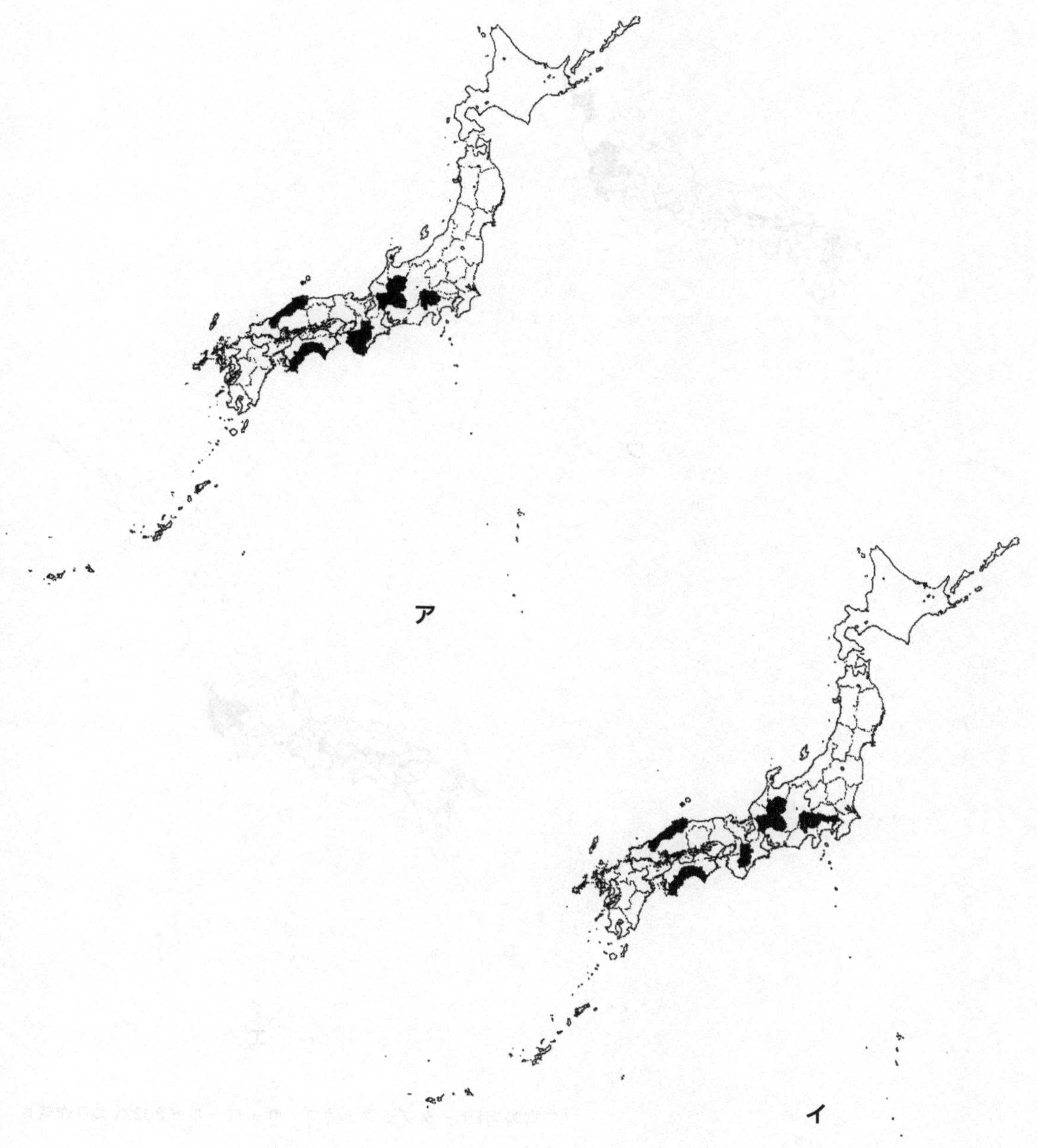

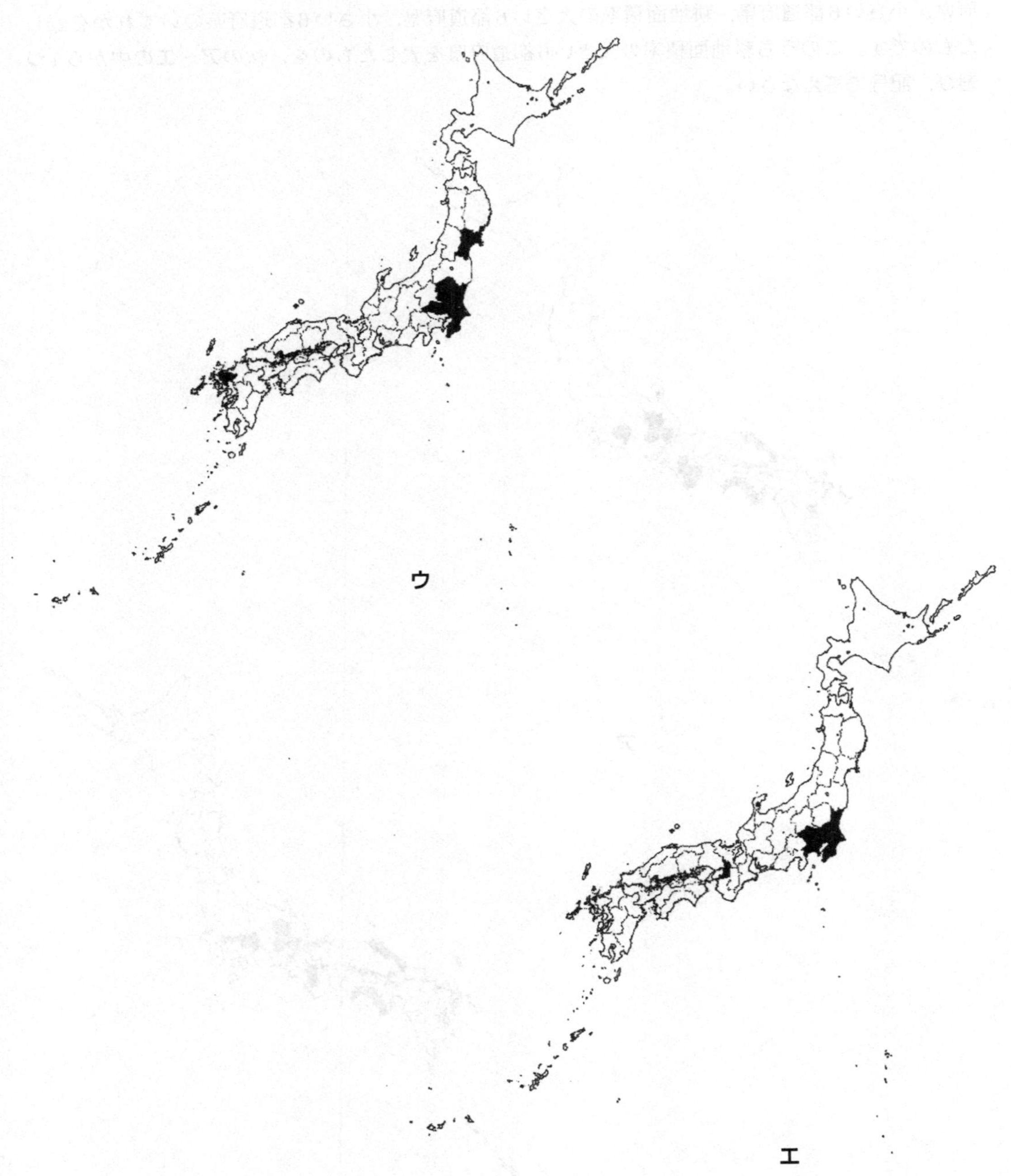

(二宮書店『データブック・オブ・ザ・ワールド2022』より作成)

問2　図1中の○の地点では，特徴のある地形が形成されています。その地形について述べた文として正しいものを，次の**ア**～**エ**の中から1つ選び，記号で答えなさい。

ア　ここは，河川の侵食作用が川の上流より強まるため，周囲が段丘状に削られた地形がみられる。

イ　ここは，河川の侵食作用が川の上流より強まるため，上流から下流に向けて三角形状に広がる地形がみられる。

ウ　ここは，河川の運搬作用が川の上流より弱まるため，上流から下流に向けて扇形に広がる地形がみられる。

エ　ここは，河川の運搬作用が川の上流より弱まるため，「里山」を切り開くようにＶ字形の谷がみられる。

問3　下線部②について，この具体的なことがらとして**ふさわしくないもの**を，次の**ア**～**エ**の中から1つ選び，記号で答えなさい。

ア　「里山」の樹林は伐採され，人里におけるエネルギー資源の一部をまかなっていた。

イ　「里山」の樹林は降雨時に，その斜面が崩壊して土砂が流出するのを防ぐ役割をになっていた。

ウ　「里山」の樹林は降雨時に，雨水の一時的な大量流出による洪水を防ぐ役割をになっていた。

エ　「里山」の樹林は主に常緑樹で，その落葉を発酵させ，畑地の肥料の一部をまかなっていた。

問4　下線部③に関連して，経済的な発展は地形図の変化にも表れます。次の2つの地形図は1967年と現在における都市周辺(今の東京都稲城市)の地形図です。この地形図中の変化について述べた文として誤っているものを，あとの**ア**～**エ**の中から1つ選び，記号で答えなさい。

(1／25000地形図，地理院地図より作成)

ア　新しい貨物線や鉄道が開通し，新たな駅が建設され，周囲の建物の数も増加した。

イ　点線部Aの内側の地域はかつて丘陵地であり，老人ホームや神社が新たに建設された場所である。

ウ　現在の市役所は，かつて町役場が存在していた場所から移転している。

エ　南多摩駅の西側には新たな道路が丘陵地を通るように建設され，その道路沿いに図書館ができた。

問5　下線部④に関連して，都市においては工業生産がさかんですが，その生産物の中には周囲の山林との関連をもつものがあります。次の写真A・Bについての説明文Ⅰ・Ⅱと，その生産物が作られている主な場所を示した図Ⅲ・Ⅳのうち，写真Aについて表したものの組み合わせとして正しいものを，あとの**ア**～**エ**の中から1つ選び，記号で答えなさい。

A

B

Ⅰ：この生産物は，山林から採取したものを素材とし，ろくろでひき削って形作られたものに，落葉樹からとった塗料を塗って乾燥させ，その後，模様を描いたものである。

Ⅱ：この生産物は，山林から採取したものを素材とし，ろくろでひき延ばして形作られたものに，灰や鉱物を溶かした薬品を塗って，焼いたものである。

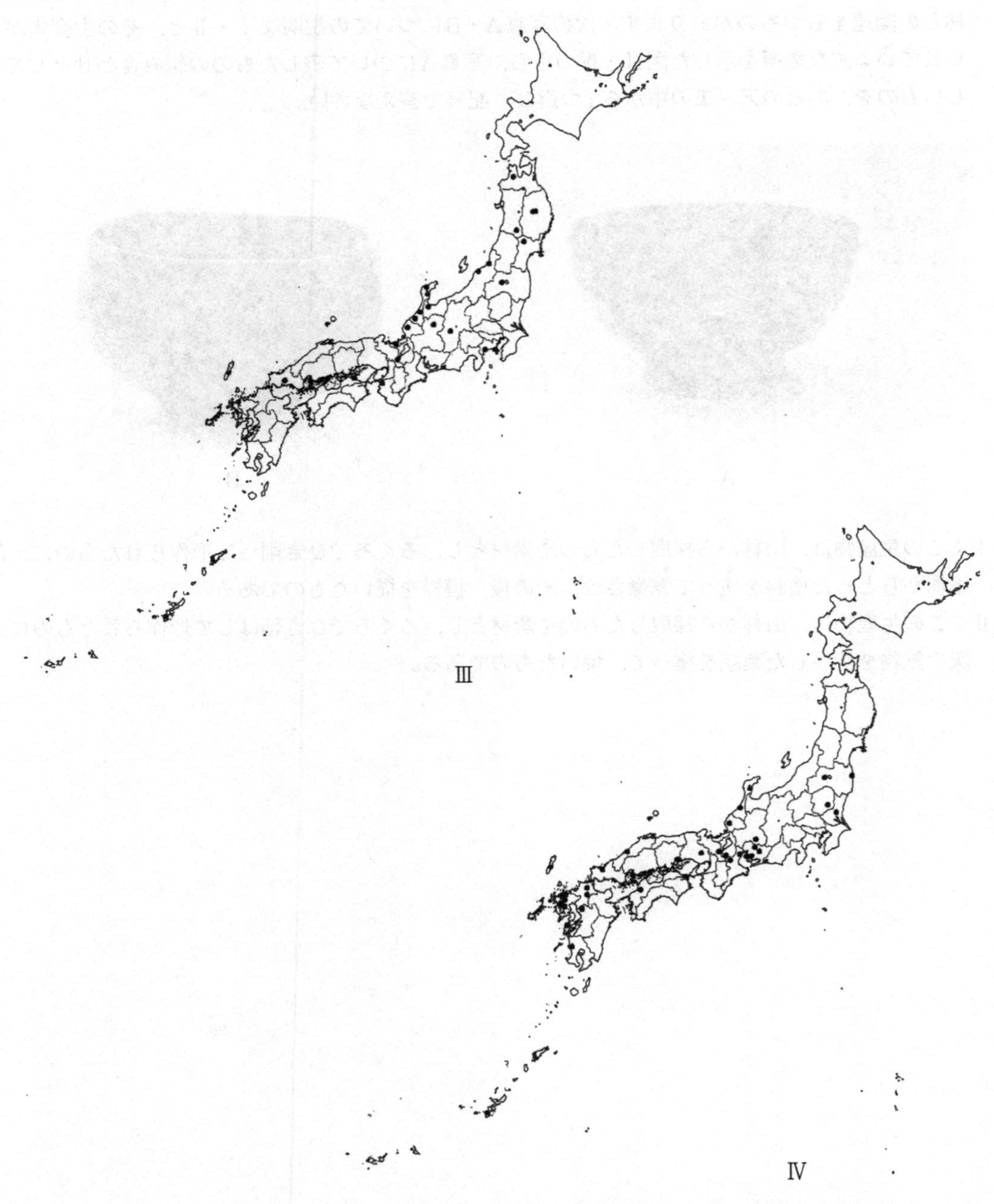

(経済産業省「国が指定した伝統的工芸品237品目」より作成)

ア　Ⅰ：Ⅲ　　イ　Ⅰ：Ⅳ　　ウ　Ⅱ：Ⅲ　　エ　Ⅱ：Ⅳ

問6　日本にある樹林は，その場所の気候や人による植林の影響(えいきょう)などによって，その分布の範囲に特徴が表れます。次のA～Dの図は，エゾマツ，シラカバ(シラカンバ)，スギ，ヒノキのいずれかの，現在の生育地と植林されている地を示しています。また，あとのⅠ～Ⅳの説明文と雨温図は，エゾマツ，シラカバ，スギ，ヒノキのいずれかの樹林の特徴とA～Dの分布図中にある●の地点における雨温図を示しています。シラカバとヒノキにあてはまる正しい組み合わせを，あとの**ア**～**ク**の中から，1つずつ選び，記号で答えなさい。

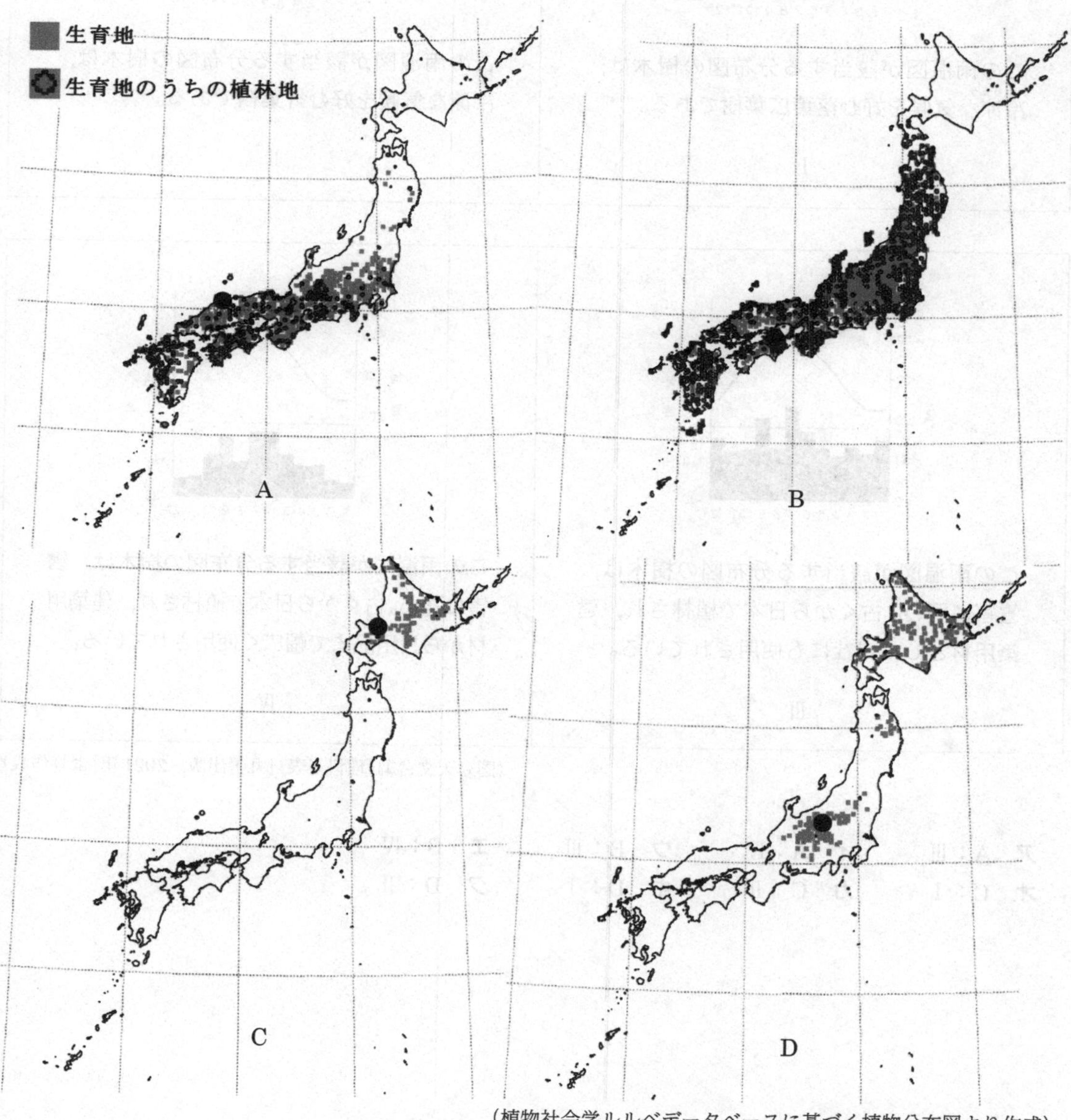

(植物社会学ルルベデータベースに基づく植物分布図より作成)

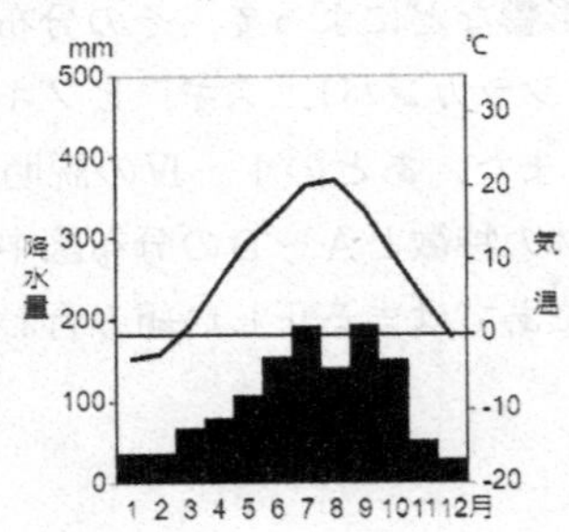

この雨温図が該当(がいとう)する分布図の樹木は，冷涼(れいりょう)な気候を好む落葉広葉樹である。

Ⅰ

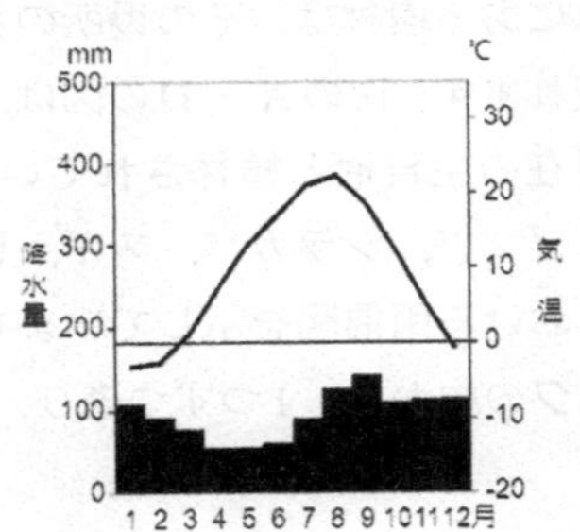

この雨温図が該当する分布図の樹木は，冷涼な気候を好む針葉樹である。

Ⅱ

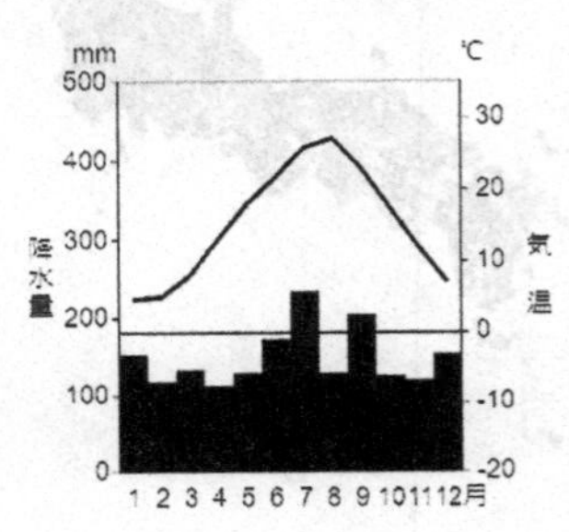

この雨温図が該当する分布図の樹木は，雪害に弱い。古くから日本で植林され，建築用材として寺社にも使用されている。

Ⅲ

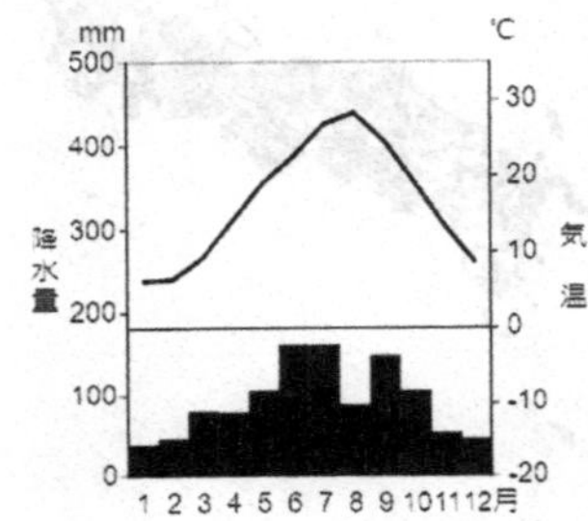

この雨温図が該当する分布図の樹木は，雪害に強い。古くから日本で植林され，建築用材から日用品まで幅広く使用されている。

Ⅳ

(国立天文台編『理科年表』[丸善出版，2021年]より作成)

ア　A：Ⅲ　　**イ**　A：Ⅳ　　**ウ**　B：Ⅲ　　**エ**　B：Ⅳ
オ　C：Ⅰ　　**カ**　C：Ⅱ　　**キ**　D：Ⅰ　　**ク**　D：Ⅱ

問7　近年，山林にいるサルやイノシシ，シカなどの野生動物が，人里に立ち入るなどの報告が多くなっています。これは近年の「里山」における変化が1つの要因とされています。それを説明した次の文中の［　1　］～［　3　］にあてはまる言葉や語句を，18ページの本文や図1を参考にしながら答えなさい。ただし，［　2　］は図1中にある漢字2字の語句が入ります。

> 近年，「里山」が［　1　］ため，山林と同じ自然環境に近づいたり，経済的な発展により［　2　］の範囲が「里山」へ拡大したりしたという変化によって，野生動物の行動範囲が結果として［　3　］ことが，1つの要因とされている。

[4]　交通事故に関する，以下の問題**A・B**に答えなさい。

A　次の図表1は，2012年～2021年の10年間における，日本全国の交通事故発生件数とそれによる死者数を示したものです。これを見て，あとの問いに答えなさい。

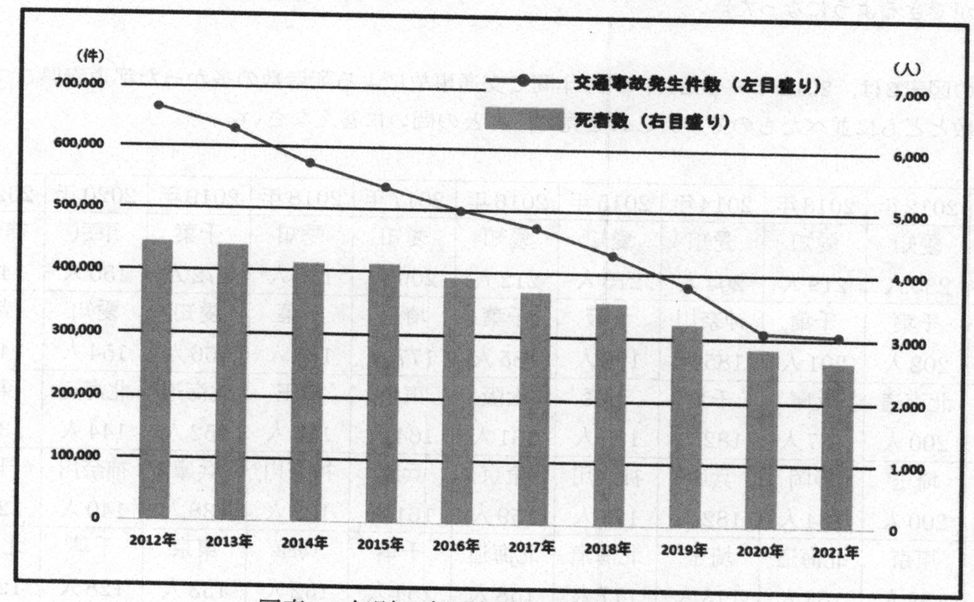

図表1　年別の交通事故発生件数と死者数

（警察庁「道路の交通に関する統計」2021年より作成）

問1　図表1から読み取れる内容として誤っているものを，次の**ア**～**エ**の中から1つ選び，記号で答えなさい。

ア　交通事故発生件数は10年間で半分以下になっている。

イ　交通事故による死者数は2020年に3,000人を下回った。

ウ　交通事故発生件数のうち，死亡事故の件数が半分以上を占めている。

エ　交通事故発生件数の減少割合に比べると，交通事故死者数の減少割合は低い。

問2　図表1にみられるように，交通事故発生件数・死者数は近年減少傾向にあります。その原因や背景として**ふさわしくないもの**を，次の**ア**～**カ**の中から2つ選び，記号で答えなさい。

ア　飲酒運転を根絶するために，警察が取り締まりを強化するとともに，啓発活動をさかんにおこなうようになった。

イ　すべての座席でシートベルトを着用することや，幼児が乗車する際にチャイルドシートを使用することが義務化された。

ウ　運転者がスマートフォンやタブレット端末を手に持って，事故や渋滞などの交通情報を検索しながら運転できるようになった。

エ　高齢者のドライバーに対して，検査や講習がおこなわれるようになり，運転免許証を自主的に返納する動きも加速した。

オ　障害物を感知して衝突に備えるブレーキシステムなど，自動車の性能や安全性が以前に比べて向上した。

カ　AI(人工知能)の技術を駆使した完全自動運転が普及したことで，運転技術に関係なく安全運転ができるようになった。

B　次の図表2は，2012年～2021年の10年間で交通事故による死者数の多かった都道府県5つを，死者数とともに並べたものです。これを見て，あとの問いに答えなさい。

	2012年	2013年	2014年	2015年	2016年	2017年	2018年	2019年	2020年	2021年
1	愛知 235人	愛知 219人	愛知 204人	愛知 213人	愛知 212人	愛知 200人	愛知 189人	千葉 172人	東京 155人	神奈川 142人
2	千葉 202人	千葉 201人	神奈川 185人	大阪 196人	千葉 185人	埼玉 177人	千葉 186人	愛知 156人	愛知 154人	大阪 140人
3	北海道 200人	兵庫 187人	千葉 182人	千葉 180人	大阪 161人	東京 164人	埼玉 175人	北海道 152人	北海道 144人	東京 133人
4	埼玉 200人	静岡 184人	兵庫 182人	神奈川 178人	東京 159人	兵庫 161人	神奈川 162人	兵庫 138人	神奈川 140人	千葉 121人
5	東京 183人	北海道 184人	埼玉 173人	北海道 177人	北海道 158人	千葉 154人	兵庫 152人	東京 133人	千葉 128人	北海道 120人

図表2　都道府県別の交通事故死者数ワースト5

(警察庁「道路の交通に関する統計」2021年より作成)

問3　図表2を見ると，2012年～2018年にかけて，愛知県の交通事故死者数が全国で最も多かったことがわかります。このことから，愛知県が特に運転マナーの悪い都道府県なのかと思ってしまうかもしれません。そうした想像が必ずしも正しくないことを，次の図表3と図表4を参照して2行以内で説明しなさい。

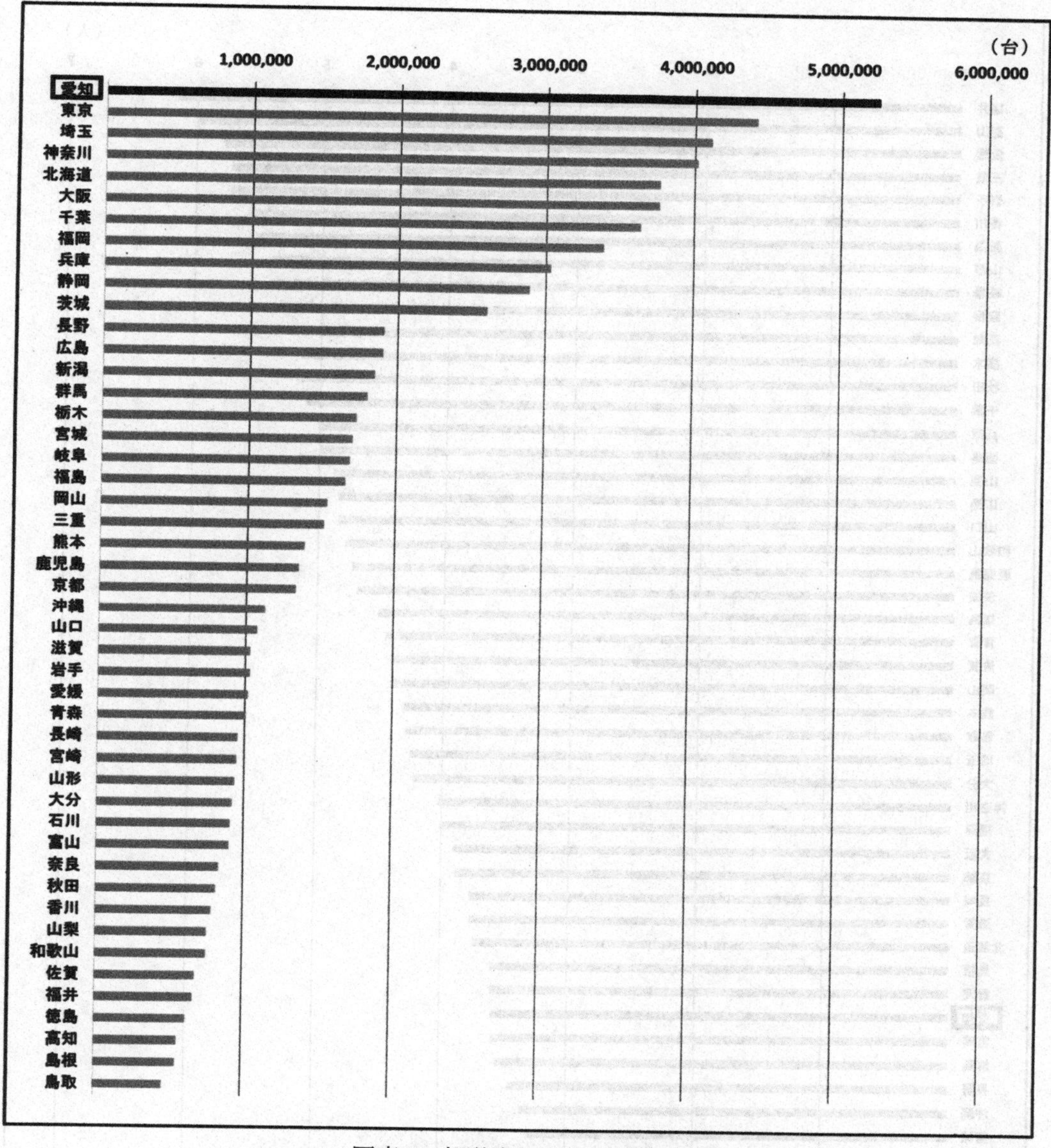

図表3　都道府県別車両保有数

(一般財団法人　自動車検査登録情報協会「都道府県別・車種別保有台数表」平成30年[2018年]より作成
参考：田口勇『数字の嘘を見抜く本』[彩図社，2020年])

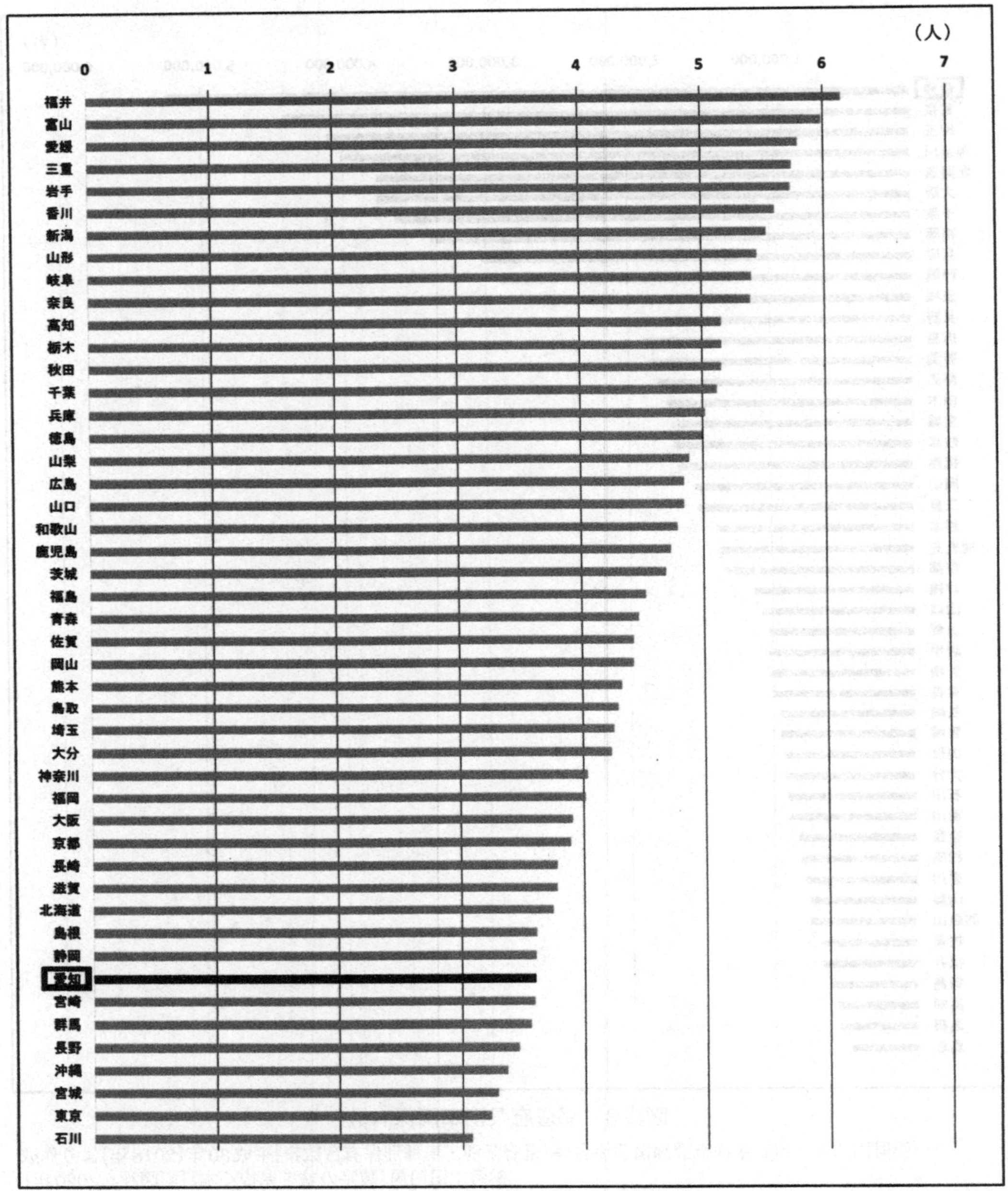

図表4　車両10万台あたりの交通事故死者数

(公益財団法人　交通事故総合分析センター「交通統計」平成30年版より作成
参考：田口勇『数字の嘘を見抜く本』[彩図社，2020年])

問4　図表2を見ると，愛知県は2019年以降に，交通事故死者数で全国最多という不名誉(ふめいよ)な地位を脱(だっ)したことがわかります。その背景には，県民に対する積極的な啓発活動があったことが知られています。このことに関連した次の①・②は，愛知県の交通事故防止を啓発した新聞広告の一部です。この①・②のいずれかを選び，それがどういった人を対象に，何に注意を促(うなが)したものなのかを2行以内で説明しなさい。

①　②

(中日新聞，愛知県，愛知県警ほか主催プロジェクト「AICHI SAFETY ACTION」
[企画＝電通中部支社]より作成)

付けられている。

エ　⑤「民主化」は一般的な使い方ではないことを表すために、⑥「改良」は実態は異なるという主張を表すために付けられている。

オ　⑤「民主化」はその重要性を表すために、⑥「改良」は実際に行われたわけではないということを表すために付けられている。

問七　――線部⑦に「利益」とありますが、これは何にとっての、どのような利益ですか。三十字以内で説明しなさい。

【下書き欄】――必要ならば使いなさい。

20
30

問八　――線部に「〈やさしい日本語〉が日本語それ自体の規範（きはん）になってはならない」とありますが、それはどうしてですか。八十字以内で説明しなさい。

【下書き欄】――必要ならば使いなさい。

20
40
60
80

より良い形で伸ばすことを念頭に置いて行うべきだから。

イ　ネイティブと非ネイティブでは日本語の習熟度に大きな差があるのは当然であり、その点を考慮して採点基準を変えることが結果的に公平な採点につながるから。

ウ　レポートにおいて重要なのは表現ではないので、表現の誤りによる減点はせずに、学生の作り上げたレポートから読み取れる学生の将来性を見るべきだから。

エ　レポートの採点はもともと主観的なものであり、レポートを提出した学生の環境に配慮すべきかどうかは、採点者である筆者の判断に委ねられるべきだから。

オ　学生の書いたレポートはそれまで触れてきた日本語の量に左右されるものであり、その経験から来る能力差を点数化することは教育上意味がないから。

問四　——線部③に「専門家の繰り出す表現がときに難しいものになる」とありますが、それはどうしてですか。その説明として最もふさわしいものを、次のア～オの中から一つ選び、記号で答えなさい。

ア　専門家は長年の経験に裏打ちされた豊かな語彙力を有しており、専門的な知識を持ち合わせていない一般人の語彙力では正確には理解しづらいこともあるから。

イ　難解な言葉の意味を追究することそのものが研究の対象となる場合もあるが、専門家である以上、誰にでもわかりやすい繊細な言葉遣いを心がけることは義務であるといえるから。

ウ　自分たちの研究に箔を付けるためにわざわざ難しい言葉を多用することもあるが、専門的で複雑な問題には難解な言葉の方が似つかわしいと世間でも理解が得られているから。

エ　平易な言葉で説明できる問題を難しい言葉で表現している場合もあるが、複雑な問題の場合は、複雑な思考と、それを可能にする複雑な言葉を用いなければ正確に捉えられないから。

オ　一般社会と切り離された専門性の高い複雑な分野ばかりに関わっていると、必然的に日常生活で使われているような言葉での説明がしにくくなってしまうから。

問五　——線部④に「言葉のまとまりをかたちづくる」とありますが、これはどういうことですか。二十字以内で説明しなさい。

【下書き欄】——必要ならば使いなさい。

20

問六　——線部⑤「民主化」、——線部⑥「改良」でそれぞれ「、」が付けられている理由について説明した文として最もふさわしいものを、次のア～オの中から一つ選び、記号で答えなさい。

ア　⑤「民主化」は誤った使い方であることを表すために、⑥「改良」は皮肉のこもった表現にするために付けられている。

イ　⑤「民主化」は特殊な用法であることを表すために、⑥「改良」はよく使われる用法であることを表すために付けられている。

ウ　⑤「民主化」は実現に至らない可能性もあることを表すために、⑥「改良」は実は大して変わっていないことを表すために

＊7　件の……「先ほど挙げた」という意味。
＊8　プロパガンダ……意図的に特定の考え方へと人々を誘導するもののこと。

問一　～～線部A「一抹の」、B「浮き彫り」について、これらの言葉を本文中と同じ意味で使っている文として最もふさわしいものを、次のア～オの中からそれぞれ一つずつ選び、記号で答えなさい。

A「一抹の」

ア　今日こそはうまくいくにちがいないと、一抹の望みをかけていた。
イ　修学旅行が終わってひとりで帰宅していると、一抹の寂しさを感じた。
ウ　彼はいつも一抹のことばかり気にして、全体を見ようとしない。
エ　一抹の問題として片付けてしまうには、あまりにも大きすぎる問題だ。
オ　親に嘘がばれたらどうなるかと思うと、一抹の恐怖におののいた。

B「浮き彫り」

ア　見事な浮き彫りの熊が店頭に並んでいたので、つい買ってしまった。
イ　隠れているつもりのようだが、しっぽが出ているので犬がいるのは浮き彫りだった。
ウ　リトマス試験紙を使って、試験管の中身が酸性かアルカリ性かを浮き彫りにした。
エ　思いつきで始めた企画だったのでうまくいかず、計画性のなさが浮き彫りになった。
オ　自分の将来を浮き彫りにするために、さまざまな人に意見を求めた。

問二　――線部①に「ある種の『甘え』」とありますが、その例として最もふさわしいものを次のア～オの中から一つ選び、記号で答えなさい。

ア　道を歩いていて急に外国人に声をかけられたときに、あたかも英語を話しているかのような口調で日本語を話す。
イ　親にお小遣いの額を上げてほしいとき、いつもは使わないような敬語を使って説得しようとする。
ウ　入部したばかりの中学一年生も参加する試合に関する説明会において、部の中で日頃使っている略語で説明する。
エ　寝坊して遅刻してしまったとき、電車が遅れていたことにかこつけて先生に見逃してもらおうとする。
オ　まだ言葉が伝わらない赤ちゃんに大人が話しかけるとき、擬音語や擬態語を多用してわかりやすく話す。

問三　――線部②に「私は、これが不公平な処置だとは思わない」とありますが、筆者はなぜこのように考えているのですか。その説明として最もふさわしいものを、次のア～オの中から一つ選び、記号で答えなさい。

ア　レポートの採点は教育の一環でもあり、レポートを提出した学生の進路や言語的な背景をもとに、それぞれの学生の能力を

あった。（同書四七三―四七四頁　※原文を基に一部改訳）

しっくりくる言葉を探し、類似した言葉の間で迷いつつ選び取ることは、それ自体が、思考というものの重要な要素を成している。逆に言えば、語彙が減少し、選択できる言葉の範囲が狭まれば、その分だけ「人を熟考へ誘う力も弱まる」ことになり、限られた語彙のうちに示される限られた世界観や価値観へと人々は流れやすくなる。ニュースピークとはまさに、その事態を意図した言語なのである。

語彙と文法の制限によって簡素化・平明化を実現したニュースピークは、淀みのない滑らかなコミュニケーションを人々に可能にさせるが、しかしその事態は、人々がこの言語によって飼い慣らされ、表現力・思考力が弱まり、画一的なものの見方や考え方に支配されることを意味していた。

もちろん、これは小説のなかの話であり、ある種の思考実験に過ぎない。（とはいえオーウェル*8は、二〇世紀前半に猛威を振るった現実の全体主義国家の言語政策やプロパガンダなどを手掛かりに、ニュースピークを周到に構想したわけだが。）

また、〈やさしい日本語〉はニュースピークのようなものだ、と言いたいわけでもない。ニュースピークは、全体主義に適わない世界観や価値観を表現する言葉を積極的に廃止し、「ありとあらゆる他の思考様式を完全に排除すること」（同書四六〇頁）を明確に意図して設計されている。その一方で〈やさしい日本語〉は、先に確認したように、地域に住む人々の多様な背景を尊重し、相手の立場に立ったコミュニケーションを推進することを目的としている。それゆえ、人々は〈やさしい日本語〉の使用によって、画一的なものの見方どころか、多角的なものの見方を獲得できる可能性が大いにあるだろう。

しかし、仮に〈やさしい日本語〉が全面化するとすれば――つまり、いかなる場面でも〈やさしい日本語〉の使用が推奨されたり要求されたりするとすれば――その際にはこの言語はニュースピーク的なものに近づくことになる。誰か（言語学者？　国の機関？）が意図して減らした語彙と表現形式に従ったかたちであらゆる報道がなされたり、あらゆるレポートや論文が書かれたりするようになれば、どのような語彙や表現形式が制限されるかに応じて、思想的な偏りが生まれたり強まったりするだろう。また、たとえば価値中立的な言葉や政治的に中立的な言葉だけを用いる、といった方針を採ったとしても、言うまでもなくその方針自体が、一種の思想的な偏りを示すものとなる。

そして、それ以前に、〈精密コード〉としての側面を失った日本語は、それを使用する者の表現力や思考力を著しく弱めてしまうことだろう。

――古田徹也『いつもの言葉を哲学する』による

（問題作成上の都合から一部原文の表記を改めた）

（注）＊1　社会的包摂……すべての人を社会の一員として取り込むこと。

＊2　符丁……仲間内だけで通用する特殊な言葉。

＊3　単位認定……大学などで授業の内容を習得したと認めること。

＊4　前掲書……庵功雄の『やさしい日本語』のこと。

＊5　全体主義国家……個人の自由や権利を認めず、全体の利害を優先する国家。

＊6　本書第一章で～確認したように……筆者は本文より前の部分で言及している。

ていってしまうことになる。

要するに、言葉は常に伝達のための手段であるわけではなく、しばしば、④言葉のまとまりをかたちづくること――表現を得ること――それ自体が目的となる場合がある、ということだ。その点で、「日本語母語話者にとって最も重要な日本語能力は、「自分の考えを相手に伝えて、相手を説得する」ということである」(同書一八一頁)という、同書で繰り返されている主張は、言葉の働きの一方を強調し過ぎているように思われる。もちろん、その種のコミュニケーションスキルもきわめて重要だ。しかし、これがほかの何よりも重要であるというわけではない。すなわち、その伝えるべき「自分の考え」それ自体を生み出すことも、同じくらい重要な言葉の働きなのである。

それから、言語の簡素化と平明化を推進することが、必ずしも言語の⑤民主化につながるとは限らない、という点も強調しておくべきだろう。

多様な人々の間で用いられる共通言語を意図してつくろうとする際には、一般的に、語彙と文法を制限して学習や運用のコストを減らすという方法がとられる。しかし、人工的な共通言語のこうした特徴は、たとえばジョージ・オーウェル(一九〇三―一九五〇)の小説『1984』に登場する、*5全体主義国家の公用語「ニュースピーク」の特徴と似通っている。

*6本書第一章でいくつか具体的な事例を通して確認したように、多くの言葉は、物事に対する特定の見方、世界観、価値観といったものを含んでいる。(たとえば、「土足で踏み込む」、「かわいい」、「しあわせ」など。)言葉は思考を運ぶ単なる乗り物なのではなく、ある種、「思考が言語に依存している」(『1984』四六〇頁)とも言えるのである。そして、*7件の全体主義国家は、言語のこの特徴を最大限に利用している。すなわち、旧来の英語を⑥改良した「ニュースピーク」なる新しい言語を発明し、その使用を強制することによって、国民の表現力や思考力を弱め、全体主義に適う物事の見方に嵌め込むのである。

ニュースピークの具体的な設計思想は、文法を極力シンプルで規則的なものにすること、そして、体制の維持や強化にとって不要な語彙を削減し続けることである。小説の登場人物の口からは、「年々ボキャブラリーが減少し続けている言語は世界でニュースピークだけだ」(同書八二頁)とも語られている。たとえば、「good(良い)」という言葉の程度を強めるのに「excellent(素晴らしい)」とか「splendid(見事)」といった言葉があるのは無駄であって、「plusgood(+良い)」とか「doubleplusgood(++良い)」という言葉で十分とされる(同書八一頁)。作者のオーウェルは、小説の付録として「ニュースピークの諸原理」を詳細に著しているが、そこで彼は次のようにも綴っている。

我々の言語と比較してニュースピークの語彙は実に少なく、さらに削減するための新たな方法がひっきりなしに考案され続けた。ニュースピークは他の言語と異なり、年々語彙が増えるのではなく、減少し続けたのである。選択範囲が狭まれば狭まるほど人を熟考へ誘う力も弱まるのだから、語彙の減少はすなわち⑦利益でための評価の場であると同時に、教育の場でもある。それゆえ、採点の基準も、個々の学生の力を伸ばす方向で考えるべきであって、機械が採点するのではないのだから、画一的な基準で片づけるべきではない。ケースバイケースで、教員がそのつど頭を悩ませながら考えるべき事柄だろう。

たとえば私は、非日本語ネイティブの留学生が日本の大学院への入学を志望しており、将来的に日本語で論文を書く意志がある場合には、誤字脱字や「てにをは」の乱れなどの表現上おかしい部分について、学生の希望や習熟度に応じて指摘するようにしている。というのも、「てにをは」は必ずしも些細なものなどではなく、誤読を引き起こさない正確な文章を書く際に、しばしば非常に重要なポイントになるからだ。

ビジネス文書に関しても、同様にケースバイケースと言えるだろう。「てにをは」や単語の選択などが重要なケースもあれば、そうでないケースもある。当該の文書がどのような目的で書かれ、どのような場で読まれるか等々によって、日本語ネイティブがそれを受容すべきかどうかは当然変わってくるのである。

また、たとえば③専門家の繰り出す表現がときに難しいものになるのは、難しい言葉を無駄にこねくり回しているから――本当は分かりやすく言えるのに、敢えて好きこのんで難しい言葉を用いているから――というケースも確かにあるが、そればかりではない。

医学であれ、工学であれ、法学等々であれ、専門家が扱う問題は、まさにその道の専門家が必要であるほどに、そもそも難しい。複雑な問題をあるがままに正確に捉え、解決の方途を正確に言い表そうとするならば、その表現はおのずと複雑で、繊細なものになっていく。

もっとも、専門家は常に難しい言葉の使用に終始していればよいというわけではない。専門家と市民との十分なコミュニケーションは本当に重要であり、そこでは難しい言葉はしっかりと噛み砕かれるべきだ。ただし、その前にまずもって、専門の領域において突き詰めた思考と表現が必要なのだ。

また、種々の社会問題の込み入った中身に分け入ったり、人間の心理の微妙な襞を分析したり、古来受け継がれてきた世界観や価値観の内実をB浮き彫りにしたり、といった場合にも、慎重に繊細に言葉を練り上げることが必要となる。そうやって腐心することではじめて表現できることがあり、その表現によってはじめて見えてくるものがあるのだ。そして、そのような実践が可能であるためには、言語という巨大な文化遺産の奥深くにアクセスし、その厖大な蓄積を利用しつつ、変更を加えたり新たなものを付け加えたりしていく道が、私たちに確保されていなければならない。つまり、〈やさしい日本語〉ではなく、*4前掲書で言うところの「精密コードとしての日本語」(同書二〇九頁)を用いることが、そこでは可能でなければならない。

しかもそれは、各分野の専門家や、あるいは作家といった職業の人に可能であればよい、というものではない。〈精密コードとしての日本語〉の使用が私たちのうちのごく一部に限られてしまえば、そこに大きな知的格差や、あるいは権威・権力の偏りが生まれ、日本語は非民主化されてしまうことになる。また、そもそも、過去の言葉の蓄積を理解できる人が少なくなれば、その分だけ遺産自体が先細り、朽ち日本語を母語とする者が高度に使いこなしているものを皆が従うべき「規範」として立て、そこから逸脱した使用を嘲ったり厳しく注意したりするのでは、社会的包摂や多文化共生からは遠ざかるばかりだろう。むしろ、「日本で安心して生活するために最低限必要な日本語」（同書八六頁）を基準に皆が日本語の学習やコミュニケーションのあり方を考えていくことは、特定の障害のある人や在日外国人などが「日本の中に自らの「居場所」を作る」（同書七三頁）ことにつながりうる。

以上の指摘は非常に重要だ。〈やさしい日本語〉を知恵を絞って構築し、日本語教育の現場などに普及させて日本語習得のハードルを下げることは、たとえば移民など、この国の地域社会で生きていく必要のある人々にとっても、また、彼らと共生していく日本語ネイティブの住民にとっても有益であることは間違いない。

さらに、同書では、〈やさしい日本語〉はそのほかの点でも日本語ネイティブ自身にとって大いに恩恵があると指摘されている。私も含め、日本語ネイティブはしばしば、「「適当に言っても通じる」という①ある種の「甘え」」（同書一八四頁）のなかにいる。たとえば、企業でも官庁でも大学等々でも、自分でもよく分かっていない曖昧な業界用語を＊2符丁のように用いて、仲間内でうなずき合って過ごす、というのはよく見られる光景だ。また、無駄に難しい言葉をこねくり回して立派な話をしているように見せかける、というケースもしばしばあるだろう。

そうした甘えや幻惑から脱して、自分とは異なる背景を有する相手の立場に立ち、物事を分かりやすく表現して伝えようとすることは、多くの場面でコミュニケーションの成功の機会を増やしてくれるほか、物事のより明確な理解や、より多角的な理解を促進してくれるだろう。

ただし、〈やさしい日本語〉が日本語それ自体の規範になってはならない。私はこの一点に関してのみ、〈やさしい日本語〉の推進に対してA一抹の懸念を抱いている。

たとえば同書では、日本語ネイティブにとっては拙く思えるような日本語も一種の「方言」ないし日本語のバリエーションであって、たとえば在日外国人がそうした日本語で「大学のレポートや会社のビジネス文書を書いても受容すべきだ」（同書二〇七頁）と言われている。もしもこの主張が、あらゆるレポートやビジネス文書についての規範的主張として展開されているのだとしたら、それには明確に反対したい。

大学教員としての私自身の経験でいえば、たとえば授業に出ている留学生と話し、その人の母語が日本語ではないと了解した場合には、その学生が日本語で書いたレポートについては、基本的に表現の部分に関する配慮を行っている。誤字脱字が多かったり、「てにをは」がおかしい箇所があったり、単語の選択に疑問があったりする場合でも、おおよそ目を瞑っている。そして、内容の方を重視して精査している。他方で、日本語ネイティブの学生については、そうした表現上のおかしさは減点の対象にしている。

②私は、これが不公平な処置だとは思わない（ネイティブと非ネイティブの境界線が曖昧であるなど、微妙なケースは存在するけれども）。レポートの提出や採点といった一連の過程は、＊3単位認定などの

【下書き欄】――必要ならば使いなさい。

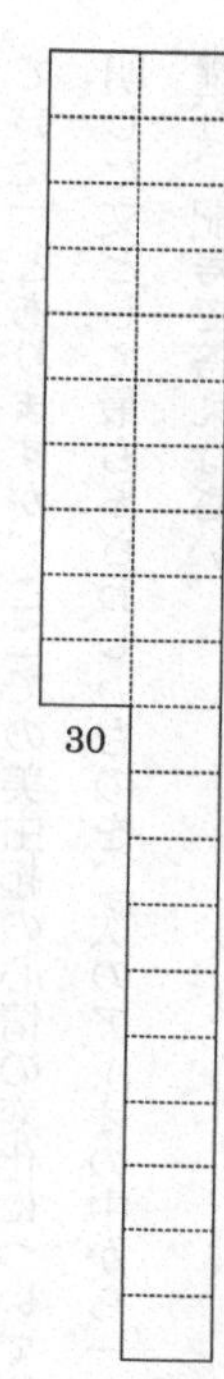

問九　――線部⑧に「へそを曲げた中園が食堂を辞めると言いだす」とありますが、美由起はどうして「へそを曲げた中園が食堂を辞めると言いだす」かもしれないと思ったのですか。八十字以内で説明しなさい。

【下書き欄】――必要ならば使いなさい。

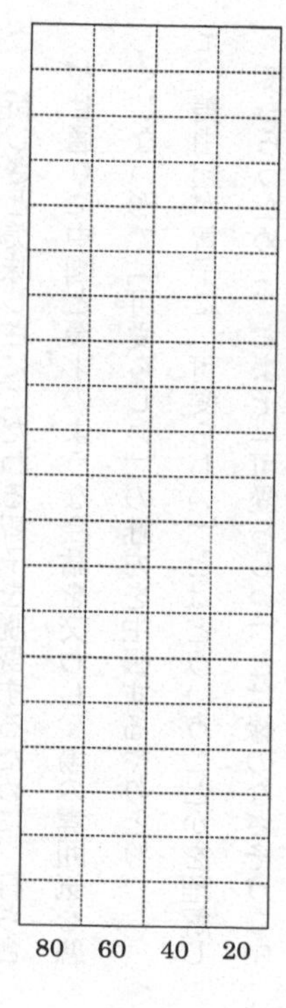

四、次の文章を読んで、あとの問いに答えなさい。

日本語学・日本語教育学者の庵功雄さんが著した『やさしい日本語』は、簡略化された〈やさしい日本語〉の概要を示しつつ、社会におけるその重要性を指摘しており、目下の論点にとって非常に参考になる著書だ。

そこで提唱されている〈やさしい日本語〉とは、簡単にまとめるならば、(1)語彙を絞る、(2)文型を集約するなどして文法を制限する、(3)難しい表現を噛み砕く、といった方法により、特定の障害のある人や在日外国人などにとっても習得や理解がしやすいように調整された日本語のことだ。

この〈やさしい日本語〉は、災害時における行政やメディアによる広範な情報発信という用途のほか、平時においても、多様な人々が暮らす日本の地域社会の共通言語として用いることによって、社会的包摂*1や多文化共生につながることが目指されている。具体的には、たとえば、

「地震直後に必要になる水や保存食はもちろんのこと、給水車から給水を受けるためのポリタンク等も事前に購入しておきたい」

という日本語ネイティブ向けの防災の呼びかけは、

「地震のすぐあとのための水や食べ物はとても大事です。水をもらうときのためのポリタンク（水を入れるもの）も買ってください」

といった文章に言い換えることが推奨される（『やさしい日本語』一八七―一八八頁）。

同書中で紹介されているエピソードのなかで特に印象深いのは、聴覚に障害のある一人の男性のエピソードだ。彼はろう学校で必死に日本語を学んだが、彼の母語である日本手話が日本語と大きく文法体系が異なることなどもあり、敬語の使い分けや助詞の使い方などはうまく習得できなかった。就職後、彼が「てにをは」の不自然な文――たとえば、〈仕事が終わらせる〉など――を書いたりすると、周囲の同僚にからかわれたり、蔑まれたりするようになり、相当の辛苦を味わったという（同書一三八―一三九頁）。同様のつらい思いは、日本で働く在日外国人なども少なからず経験していることだろう。

問六　――線部⑤に「茶番」とありますが、ここではどういうものですか。その説明として最もふさわしいものを、次のア～オの中から一つ選び、記号で答えなさい。

ア　智子に「昭和レトロ」なオムライスを美味しく作ってもらいたい美由起が、自分の子供と考え方の共通する中園の口を借りて、「昭和レトロ」の魅力を語らせるやりとり。

イ　美由起が智子に「昭和レトロ」なオムライスを作らせたいと思うがゆえに、昭和生まれの中園の実感をしゃべらせることで、その時代の良さを共有するやりとり。

ウ　新しさと美味しさにこだわる智子を説得するために、打ち合わせ通りに中園と漫才のような会話を交わし、場の雰囲気を悪くしない形で「可愛らしい」の魅力を主張するやりとり。

エ　美由起が智子に「可愛らしい」とはどういうことかを理解してもらうために、およそ「可愛らしい」とは縁のなさそうな中園と子供じみた会話を続けるやりとり。

オ　智子に「可愛らしい」という自分の方向性を受け入れさせたい美由起が、意外な反応を見せた中園の発言を利用し、間接的に智子の自尊心をくすぐろうとするやりとり。

問七　――線部⑥に「込み上げてくる笑いを噛み殺しながら、美由起はこの人のこと、そんなに嫌いじゃないかもしれないと思い直していた」とありますが、ここでの美由起の心情の変化について説明した文として最もふさわしいものを、次のア～オの中から一つ選び、記号で答えなさい。

ア　料理人としての腕前に絶大な自信を持つ智子に自分の考えを受け入れさせる困難さを感じていたが、自尊心を刺激することで扱いやすくなると知り、これならうまく利用することができそうだと思うようになっている。

イ　高い技術を背景に我を押し通そうとする智子に仕事仲間としてのやりにくさを感じていたが、ちょっとした挑発にも本気になってしまうところに親しみを感じ、これから一緒にやっていけるのではないかと思うようになっている。

ウ　高飛車な物言いをする智子にとっつきにくさを覚えていたが、料理人としての圧倒的な技量とすぐに感情的になってしまう人間らしさに魅力を感じ、自分のやりたいことを実現させるためにも智子についていくのがよいのかもしれないと思うようになっている。

エ　正確な技術で美味しい料理を作り、正論を口にする智子に近寄りがたいものを感じていたが、頼まれれば嫌とは言えない義理堅さも持っていることを知り、もっとその人となりを知ってみたいと思うようになっている。

オ　話し合うこともせずに自分の意見を通そうとする智子の強引さに辟易していたが、口では荒っぽいことを言いながらも美由起や中園の真意を汲み取って協力してくれる優しさを感じ、今までの言動は強がりだったのかもしれないと思うようになっている。

問八　――線部⑦に「こちらのほうが正しい形のように思えてくる」とありますが、それはどうしてですか。三十字以内で説明しなさい。

しいものを、次のア～オの中から一つ選び、記号で答えなさい。

ア　中園は智子の作ったオムライスを試食して何か一言言ってやろうと思っていたが、あまりの出来に言葉を失ってしまい、結果として智子の腕前を認めたことを示してしまったということ。

イ　中園は智子の強引なやり方に怒り心頭に発していたが、そのオムライスの美味しさに自分の負けを認めざるを得なくなり、悔しさのあまり何も言えなくなってしまったということ。

ウ　中園はこれまで食堂に関わりがなかった智子のことなど信用できるはずもなく、料理長だからといって、どんな料理を出されても何も言うつもりはないと意思表示をしたということ。

エ　中園は智子のオムライスの見た目と匂いに圧倒され、潔く負けを認めようと思っていたが、試食したデミグラスソースの味に違和感をおぼえ、すぐには美味しいと言えなかったということ。

オ　中園は智子の作ったオムライスのあまりの美味しさに圧倒されていたが、直接それを言葉で伝えるよりは、あえて沈黙することでなんとか自分の威厳を保とうとしていたということ。

問四　――線部③に「ほんの一瞬の表情だったが、中園を狼狽えさせるには充分だった」とありますが、このときの中園の心情を四十字以内で説明しなさい。

【下書き欄】――必要ならば使いなさい。

20　40

問五　――線部④に「あなたまだ、そんなことを」とありますが、このときの智子の心情について説明した文として最もふさわしいものを、次のア～オの中から一つ選び、記号で答えなさい。

ア　頭の固い中園はともかく、美由起なら賛成してくれると信じていたのに裏切られ、大食堂を支配する「昭和レトロ」という固定観念の前に、名状しがたい無力感を抱いている。

イ　安くても古くさい現在の大食堂のメニューでは早晩客足が遠のくと直感しており、「昭和レトロ」を譲ろうとしない美由起の考え方をいかに変えていくかを冷静に考えている。

ウ　大食堂の旧態依然としたやり方に対して違和感を持っており、「昭和レトロ」にこだわる美由起の発想では大食堂を変えることはできないとうんざりしている。

エ　今のままではこの大食堂を続けていくことができなくなるのに、会社の方針に盲従して「昭和レトロ」のオムライスに固執する美由起の発言にあきれた気持ちになっている。

オ　新しいオムライスの美味しさに絶対的自信を持っており、その味を認めずになお「昭和レトロ」の方が良いと言い張る美由起に対して、そのあきらめの悪さを見下している。

＊4　懐古趣味……古いものを好むこと。レトロ。

問一　〜〜線部A「まだるっこしく」、B「言質」について、これらの言葉を本文中と同じ意味で使っている文として最もふさわしいものを、次のア〜オの中からそれぞれ一つずつ選び、記号で答えなさい。

A「まだるっこしく」

ア　人気のない夜の暗がりの雰囲気はまだるっこしく、勇気を振り絞って一歩踏み出した。

イ　笑顔を浮かべている赤ちゃんの様子はまだるっこしく、皆が目を細めた。

ウ　早口な二人の会話はまだるっこしく、おっとりとした自分にはまったくついていけない。

エ　幼なじみとの関係性はとてもまだるっこしく、いつまでも続いていくものだ。

オ　翻訳ソフトを使って商談を進めるのはまだるっこしく、拙い英語で話し始めてしまった。

B「言質」

ア　これだけ点差がついたのだから、この試合はもう言質を取ったも同然だ。

イ　宿題をやっていないという言質を取られないように、こっそりと遊びに出かけた。

ウ　協力するという言質を取った以上は、最後まで付き合ってもらおう。

エ　彼は言質を取ることを生きがいにしているので、山奥でひっそりと暮らしている。

オ　強豪校は言質を取ることが求められているので、その分練習は厳しい。

問二　――線部①に「実力行使に出ているではないか」とありますが、これはどういうことですか。その説明として最もふさわしいものを、次のア〜オの中から一つ選び、記号で答えなさい。

ア　智子が美味しいオムライスを目の前で作ってみせることで、料理人は話し合うよりまずは手を動かして料理を作ることが大事だと中園に教えようとしているということ。

イ　中園と智子がそれぞれにオムライスを作って美由起に試食させることで、どちらが料理長にふさわしいか、美由起に公平に判断させようとしているということ。

ウ　オムライスを智子のレシピに沿って作ってみることで、本当にその味わいが現状のものよりも勝っているのかどうか、美由起と一緒に試してみようとしているということ。

エ　料理人としての腕を振るったオムライスの試作品を食べさせることで、料理長となった智子が自分の意見を中園や美由起に聞き入れさせようとしているということ。

オ　中園の反対を押し切ってでも厨房に入り、実際に調理をすることで、智子が自分にもオムライスぐらい作れるということを証明しようとしているということ。

問三　――線部②に「図らずも沈黙で感想を伝えてしまった」とありますが、これはどういうことですか。その説明として最もふさわ仕事にやり甲斐を覚えるのは久し振りだ。この、指の先にまでどくどくと血が通っている感覚。視界までがクリアで、多少無理をしても疲れる気がしない。そうだ自分は元々、百貨店の仕事が好きだったのだ。

考えていたことが予想以上にうまくいって、美由起は舞い上がっていたのだろう。皿の上にスプーンが放り出されるカランという音に、はっと現実に引き戻された。

空になった皿を手に、中園が神妙な面持ちで立ちつくしている。しまった、はしゃぎすぎた。中園にだって、料理人としてのプライドがあるはずなのに。長年にわたり大食堂を支え続けてくれた相手に対して、あんまりな仕打ちである。

かといって、「ごめん」と謝るのもおかしなことになりそうだ。美由起は気まずさを押し隠しつつ、中園の言葉を待った。

「めちゃくちゃ、旨かった」

悔しさの滲んだ声だった。それでも中園は、負けを認めた。

「これに比べりゃ俺のオムライスなんて、卵に火が通りすぎてて米と全然馴染んでねぇ。同じ材料でこんなもん作られたら、これからどうすりゃいいんすか」

いつもはよくも悪くも騒がしいのに、驚くほど覇気がない。料理人としてのプライドどころか、心までへし折られている。

「中学んとき鬼怖え先輩にシメられて、まぶた縫い合わされそうになったとき以来の絶望っす」

物騒な過去の記憶まで垂れ流しにして、中園はゆっくりとした動作で皿をシンクに置いた。まるで引退をする歌手が、マイクをステージにそっと置くかのように。

「は、アンタなに言ってんのよ」

傷心の中園にも、智子は容赦がない。鼻先でハッと笑い、手近にあった木べらを突きつけた。

「これからどうすりゃって、決まってるでしょ。一刻も早く、さっきのオムライスを作れるようになりなさいよ」

もっと、こてんぱんに言い負かすつもりなのかと思った。中園も、目と口をまん丸にして智子を見つめ返している。

「なによ、その顔。アンタ副料理長でしょう。私以外に誰も作れないんじゃ困るじゃないの」

「あれを俺も、作れるようになるんすか」

「あたりまえでしょう。作れるまで朝晩特訓するから」

「――姐さん」

「やめて。気持ち悪い呼びかたしないで」

美由起は強張っていた肩をほっと緩めた。最悪の場合、⑧へそを曲げた中園が食堂を辞めると言いだすのではと危ぶんでいた。

悔しくてたまらないのに負けを認めることができるのは、これから伸びてゆく人間の大事な資質だ。中園ならば、智子の技術を自分のものにしようと、必死に食らいついてゆくに違いなかった。

――坂井希久子『たそがれ大食堂』による

(問題作成上の都合から一部原文の表記を改めた)

(注) ＊1 チープな……価格が手頃である。

＊2 ノスタルジー……懐かしさ。

＊3 五徳……ガスレンジの上に設置し、フライパンを置くための器具。

短く指示が飛び、慌てて皿を差し出した。フライパンからオムライスが飛び出し、その上にポンと載る。

「うわぁ！」

なんて綺麗なオムライス。大食堂のショーケースに貼りついてメニューを選んでいた、子供時代のときめきが蘇る。

智子はあっという間にもう一つを作り上げると、「このくらいはいいでしょう」と言ってフライパンに赤ワインを注いだ。それを火にかけてアルコールを飛ばし、ケチャップを入れて延ばしてゆく。

従来よりも赤みの深いソースがぱつんと張ったオムライスのお腹にかけられて、ますます食欲をそそる色味になった。

「どう。特別なものは使っていないわよ」

見ていたから知っている。まるで魔法のようだった。

中園もまた、焼きムラのないきめ細かな卵の表面に見入っている。レシピの変更は、ソースに入った赤ワインくらいのもの。それなのに、いつものオムライスとは見た目から違っていた。

「いただきます」

スプーンを入れるのももったいないが、食べてみないとはじまらない。覚悟を決めてひと口分を崩し、頰張ってから美由起は目を見開いた。

「んー！」

もはや言葉にならない。

個人的な好みとしては、カバータイプに軍配が上がると思っていた。でももしかしたら、本当に美味しいラッピングオムライスを食べたことがなかっただけなのかもしれない。

「美味しい！　こちらのほうがケチャップライスに半熟の卵がとろとろ絡んで、一体感がありますね」

カバータイプの場合、ライスと接するのはフライパンで焼かれた面だ。その点ラッピングだと、半熟の側でライスを包む。半熟卵と米の親和性の高さは、もはや言うまでもない。オムライスが米料理であることを考えると、⑦こちらのほうが正しい形のように思えてくる。

「これのどこに古臭さがあるっていうんですか。レトロな見た目を残しつつ、現代人の舌も唸らせる。最高のオムライスですよ！」

なによりお値段も据え置きにできる。美由起はすっかり興奮し、二つ目にもかかわらずぺろりと平らげてしまった。

「そうまで言ってもらえると、料理人冥利につきるわね」

智子もまた、美由起の惜しみない賛辞に気をよくしている。ならばもうひと押しだ。

「これをオムライスリニューアル！　と謳って売り出しましょう。同じラッピングタイプでもこんなに違うなら、お客様にとっても新鮮な驚きがあるはずです」

もしかして、智子にならできるんじゃないだろうか。輝きを忘れたこの大食堂に、魔法をかけ直すことが。ただの*4懐古趣味に終わらない、幅広い世代から愛される店にしていけば、きっと売り上げもついてくる。

「そうかもね。べつに私も、カバータイプに特別な思い入れがあるわけではないし」

よし、B言質は取った。この大食堂を、どこのデパートにでもあるテナントになど渡すものか。

「たしかに可愛いすよね。お腹のところがぽこんとして、そこにちょうど毛布を掛けるみたいに赤いケチャップが載っかってて。絵心なくても黄色と赤のマジックさえあれば描けちゃう感じ、最高に可愛いっす」

しかも適当に話を合わせている様子ではない。奥二重の鋭い目で真剣にオムライスの魅力を語っている。

中園ほどオムライスの「可愛さ」を理解できている気がしないが、美由起は「そうなのよ！」と尻馬に乗った。

「しかもラッピングオムライスって、素人が作ってもそんなに可愛くならないの」

「そうっすね。ころんとした形が作れない」

「だから家庭でも、カバータイプが主流になってるんだって」

「へぇ、時代だなぁ」

⑤茶番はこのくらいで充分だ。美由起は表情をあらためて、智子に向き直る。

「ですから前場さん、ケチャップソースの、最高に美味しいラッピングオムライスを作ってくれませんか？」

智子の料理人としての腕と、できるかぎり美味しいものを提供したいという熱意は買う。あとはこちらのコンセプトにうまくはまりさえすれば、反目せずにやっていけるのではないだろうか。そんな期待を込めて、返事を待った。

「どうして、私が」

「まさか、作れないわけじゃないでしょう？」

「いや、無理なんじゃないすか。ラッピングのほうが技術がいりますもん」

中園にまで煽られて、智子は首まで赤くなった。折り返している厨房服の袖をさらにまくり上げ、卵を二つ片手に掴む。

「いい？　今のうちに『すみませんでした』と謝る準備をしておきなさい！」

なんだか格好いい。智子はもう、プロの眼差しで卵をかき混ぜはじめている。

⑥込み上げてくる笑いを噛み殺しながら、美由起はこの人のこと、そんなに嫌いじゃないかもしれないと思い直していた。

プロの料理人というのは、作る姿も鑑賞に値する。

たとえば舞いの名手のように、無駄な動作が一切ない。菜箸も使わずフライパンの上で卵がかき混ぜられてゆく様をもう一度目の当たりにして、美由起は感嘆のため息をつく。

ここまでの手順は、さっきと同じだ。さて問題は、この後である。

智子はまだ半熟すぎるのではないかと思われる段階でフライパンを揺するのをやめ、残っていたチキンライスを卵の向こう側半分に載せた。

あとは神業だ。フライパンの底を*3五徳に軽く打ちつけてから、握った拳で柄をトントンと叩いて卵を巻いてゆく。まるでオムライスがひとりでに躍って形をなしてゆくみたいだ。思わず「おおお！」と称賛の声が洩れる。

「お皿！」

「あ、はい！」

のコンセプトでずっとやってきた。そこまでの値上げはさすがに、常連客の足が遠のく理由になる。
「でもそのぶん、美味しいものが食べられるんだから」
「いやいや、高くて旨いものが食べたい客は、大食堂には来ねぇの。ここはチープ＊1な旨さを求める奴らが来るところなの！」
「だけど私は、若社長に――」
「そんなに好き勝手やりてぇんなら、自分で身銭切って店出せや！」
中園に凄まれて、智子がはじめて言葉に詰まった。そこにえぐられたくない傷でもあったのか、唇を噛み、眉を寄せる。③ほんの一瞬の表情だったが、中園を狼狽えさせるには充分だった。
「えっと。マネージャー、なんか言って！」
苦しいときの、マネージャー頼み。中園こそ、今にも泣きだしそうな顔になっている。
美由起はすっかり空になった皿にスプーンを置き、口元を指で拭った。
「ごちそうさまです。本当に美味しかった」
「いや、完食してるじゃないっすか！」
智子の経歴は、伊達ではない。料理の腕はたしかだと、このひと皿でよく分かった。
それでもひと晩考えて、自分なりに軸を定めてきたのだ。なにを食べさせられても、ぶれるつもりはない。
「ですがお値段据え置き、ラッピングタイプのケチャップソース。うちのオムライスは、それでいきます」
もしも智子が本当に若社長から食堂の全権を預けられているのなら、刃向かわないのが利口なのかもしれない。食堂部門で再出発どころか、今度こそ降格処分になることもあり得る。
それでもこのひと月、美由起なりに大食堂のことを考えてきたのだ。黙って引き下がるわけにはいかない。大食堂の存続が危ぶまれているなら、なおのことだ。
「うちの売りはあくまでも、『昭和レトロ』ですから」
④「あなたまだ、そんなことを」
自信満々に宣言した美由起に、智子が軽蔑の眼差しを向けてくる。いいかげんにしてちょうだいとその目が物語っている。
「分かります。前場さんは『古臭い』のが嫌なんでしょ。ですからここに、『昭和レトロ』の定義を打ち立てます。一つ、昭和らしいもの」
美由起はそう言って、右手の人差し指を立てた。
「二つ、ノスタルジー＊2を感じるもの」
続いて中指。
「三つ目」最後に薬指を立て、問答無用に言い放つ。
「可愛らしいもの！」
三本指を突きつけられて、智子と中園が揃って腑抜けた顔になる。気持ちは分かるが、美由起は正気だ。
「可愛い？」と呟いてから、智子が額を押さえて首を振る。
「言っていることが、分からないわ」
「私ではなく、小五の娘の意見です。ラッピングタイプのオムライスは『可愛い』そうです」
「ああ、うん。俺、なんか分かるかも」
驚いたことに、小五女子の感性に寄り添ってきたのは中園だった。

強引な女だ。けれどもフライパンを揺する手つきひとつ取ってもたしかな修業の跡が窺えて、胃袋が期待の声を上げてしまう。

タイル張りの厨房の床は水を流した後なのか濡れており、パンプスでは歩きづらい。それでもカウンターを挟んでのやりとりはAまだるっこしく、美由起は意を決して中に踏み込んだ。

「具はあえて、現状のレシピのままにしてみました」

ということは、鶏胸肉、タマネギのみじん切り、マッシュルームだ。仕上がったチキンライスを二枚の皿に盛り、智子は卵に手を伸ばす。

卵は一人につき二つ。泡立て器でしっかりと混ぜ、笊で濾してカラザを取り除く。そのひと手間に目を瞠り、文句を言っていた中園もひとまずは口を閉じた。

バターはたっぷり。フライパンに卵液を流し入れるとたちまちじゅわっと音を立てて膨らむ。智子の右手には菜箸が握られているものの、左手でフライパンを揺するだけで中身が流動し、かき混ぜられたようになってゆく。表面がつやつや、ぷるぷるの半熟状態になったら、なんの苦もなくつるりと移動し、卵がライス全体を覆い隠した。

その上から、小鍋で温めていたデミグラスソースをかける。市販品らしからぬ、深い黒褐色をしている。

「ソースは自宅で作ってきました」

ほどよく煮詰められたソースの芳醇な香りに、じゅるりと唾が湧いてくる。試食用として小さめに作ったようだが、正規のサイズで食べたいくらいだ。

「どうぞ、大食堂の新オムライスです」

「いや、『新』じゃねぇし！」

悪態をつきつつも、中園が真っ先に皿をひったくる。悔し紛れに大口を開けてオムライスを頬張り、そのまま眉を寄せて黙ってしまった。

「美味しい！」

代わりに声を上げたのは、美由起である。半熟の卵とやや苦みのあるデミグラスソースが絶妙に絡み、舌の上でとろけてゆく。従来のレシピ通りだというライスは口に入れるとほろほろとほぐれ、かといってパサついているわけでもない。

銀座あたりの、老舗洋食店で出てきてもおかしくはない味だ。少なくとも、昔ながらの百貨店の大食堂で食べられるクオリティではない。

「でしょう」

微笑む智子は満足げだ。はじめてこの人の、皮肉っぽくない笑顔を見た気がする。

「待て待て、なんだよ自家製デミグラスって！」

②図らずも沈黙で感想を伝えてしまった中園が、我に返って嚙みついた。

「うちのオムライスは六百八十円。完全に足が出るだろう！」

「そのぶんはもちろん、価格に反映させます」

「は、値上げするってこと？　いくら」

「千二百円くらいが妥当かと」

「高えよ！」

マルヨシ百貨店の大食堂は、ボリュームたっぷりでお手頃価格。そ

【国　語】（六〇分）〈満点：一五〇点〉

【注意】字数指定のある問題では、句読点やカッコなども字数に含みます。

一、次の①～⑤の文の――線部のカタカナを、それぞれ漢字に直しなさい。

① 客席に目をテンじると、彼がこちらを見つめていた。
② 弔意を示すために、ハンキをかかげる。
③ 制作に五年かけただけあって、シュッショクのできばえだ。
④ 彼のトウイ即妙な受け答えは、周囲の人を驚かせた。
⑤ 落ち込んでいる彼にハッパをかけた。

二、次の①～⑤の文の～～線部は、（　）内の意味を表す言葉です。例にならって、□□にあてはまる言葉をひらがな二文字でそれぞれ答えなさい。

例	難しい課題でも、彼は□□を投げることなく取り組んだ。（あきらめて手を引く）　→〈答〉さじ

① 最近は□□も杓子も海外旅行に行きたがる。（だれもかれも）
② 今のは反則だと□□巻く彼をなだめた。（強い口調で言い立てる）
③ お小遣いをあげようにも、無い□□は振れない。（持っていないものはどうしようもない）
④ 夜更かしは体に□□る。（悪い影響を及ぼす）
⑤ 山あいの□□びた温泉旅館で一泊した。（いかにも田舎という感じのする）

三、次の文章を読んで、あとの問いに答えなさい。

「なんだよアンタ、勝手に厨房に入ってんじゃねぇよ！」
「言っている意味が分からないわ。料理長が厨房に入らないで、どうやって仕事をするの」
「だから、認めてねぇって言ってんだよ！」
約束の営業二時間前に出勤してみると、早くも中園と智子が厨房でやり合っていた。甘くて香ばしい香りが漂っているのは、智子がチキンライスを炒めているからだ。
見とれるほど手際がよく、米の一粒一粒にケチャップがまんべんなく絡んでゆく。そういえば掃除機がけを優先したせいで、朝ご飯を食べそびれた。鳴りそうになるお腹を押さえつつ、カウンター越しに声をかける。
「おはようございます。なにをしているんですか」
朝一で話し合いをするはずが、①実力行使に出ているではないか。智子は手元に目を落としたまま、チキンライスを仕上げてゆく。
「おはようございます。あれこれ言うより、食べてもらったほうが早いと思って」

2023年度

聖光学院中学校入試問題(第2回)

【算　数】(60分)〈満点：150点〉

[1] 次の問いに答えなさい。

(1) 次の計算の□にあてはまる数を答えなさい。

$$\left(\square\times0.375-\frac{5}{6}\right)\div\frac{4}{7}+\frac{17}{24}=3\frac{1}{3}$$

(2) ある宝石店では，ルビーの指輪と真珠(しんじゅ)のネックレス1つずつをセットで買うと，それぞれを定価で買ったときの合計の□%引きになります。このときのセットの価格と，それぞれを定価で買ったときの合計との差は，ルビーの指輪の定価の7%にあたり，真珠のネックレスの定価の9%にあたります。このとき，□にあてはまる数を答えなさい。

(3) スペード，ハート，クラブ，ダイヤの2，3，4，5，6が各1枚ずつ，合計20枚のカードがあります。これらのカードの中から3枚を選んで横一列に並べます。このとき，スペードのカードどうしが隣(とな)り合わない並べ方は全部で何通りありますか。

[2] AとBの2つの水そうにそれぞれ1Lずつ水が入っています。これら2つの水そうに水を入れていく操作を同時に始めます。

まず，水そうAには，操作を始めて最初の2分間は水を入れず，その後の2分間は毎分0.5Lの割合で水を入れていきます。また，水そうBには操作を始めて3分後から4分後の間に水を入れなかったことがわかっています。

操作を始めてから3分間の，「水そうBに入っている水の量」の「水そうAに入っている水の量」に対する割合を示したグラフは図1のようになりました。

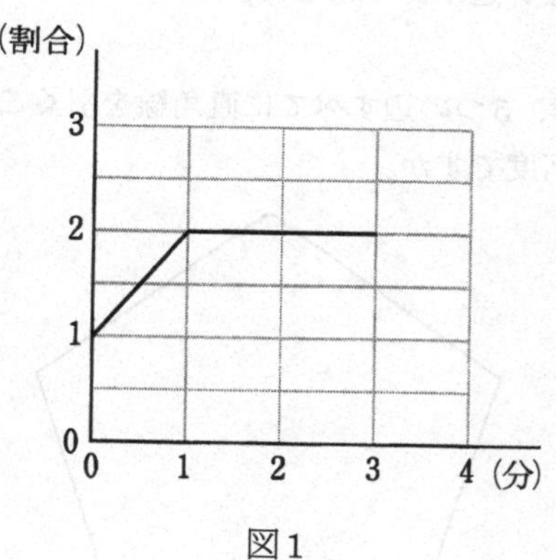

図1

（1） 操作を始めてから3分間で,「水そうBに入っている水の量」が2.8Lになるのは操作を始めてから何分後ですか。

（2） 操作を始めてから4分間の,「水そうBに入っている水の量」の変化を解答欄のグラフにかきなさい。ただし，グラフの横軸は時間，縦軸は「水そうBに入っている水の量」とします。

（3） 図1のグラフの，操作を始めて3分後から4分後の変化の様子を，解答欄のグラフにかきなさい。

（4） 操作を始めてから4分間で,「水そうBに入っている水の量」の「水そうAに入っている水の量」に対する割合が1.8になるのは，操作を始めてから□分後です。□にあてはまる数として考えられるものをすべて答えなさい。

[3] 図1のように直線XYと，XY上にない点Pがあります。XY上の点Xと点Yとの間に点Qがあり，直線PQとXYが垂直であるとき，PQをPからXYに引いた「直角線」と呼ぶことにします。

また，図1の直線RYとXYは垂直なので，点RからXYに直角線を引くことができますが，点SからはXYに直角線を引くことはできません。

さて，多角形の内部の点から，その多角形の辺に直角線を引くことができるかどうかを考えます。例えば，正方形の場合，内部にあるどの点からでも4つの辺すべてに直角線を引くことができます。このとき，次の問いに答えなさい。

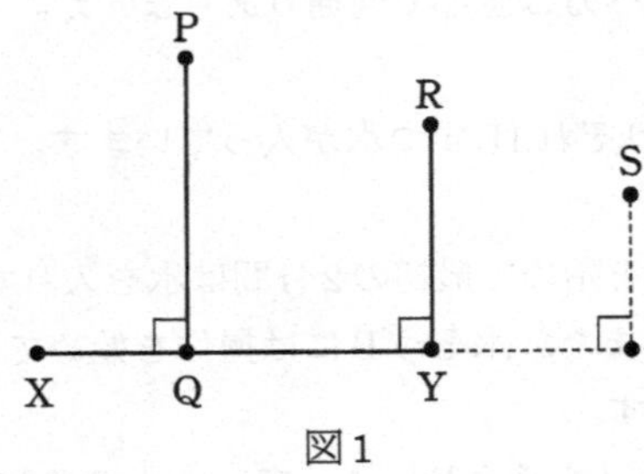

図1

（1） ある三角形の内部のある点から，すべての辺に直角線を引こうとしたところ，この点からは直角線を引くことができない辺がありました。この三角形はどのような三角形ですか。1行で答えなさい。

（2） 図2の正五角形の内部で，5つの辺すべてに直角線を引くことができる部分を考えます。この部分の図形の内角の和は何度ですか。

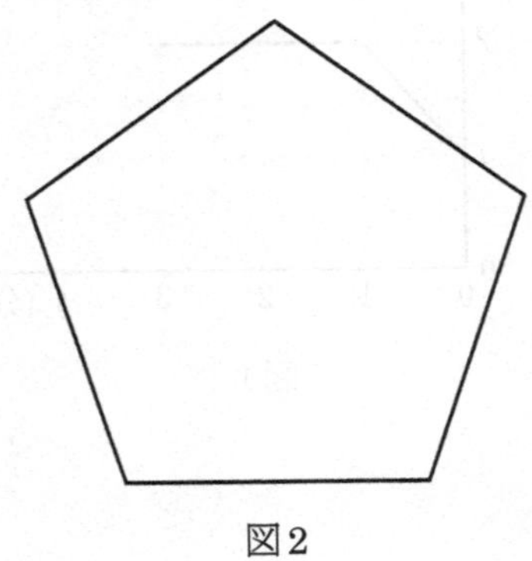
図2

（3） 図3のひし形ABCDについて，辺AB上にAE：EB＝6：5となる点Eをとると，直線CEは点CからABに引いた直角線となりました。このひし形ABCDの内部で，4つの辺すべてに直角線を引くことができる部分を考えます。この部分の面積は，ひし形ABCDの面積の何倍ですか。

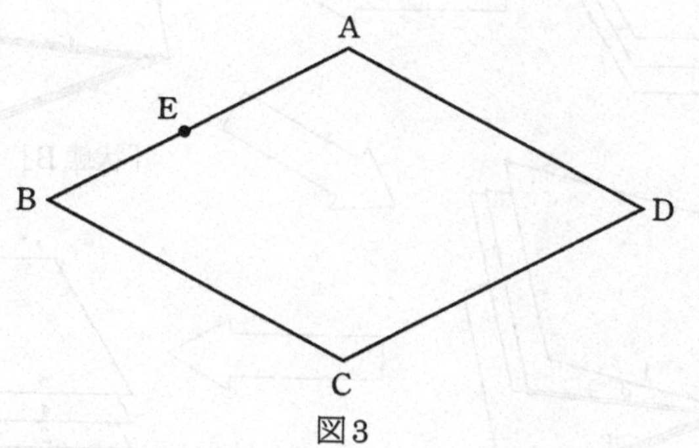

図3

[4] 同じ長方形の紙を何枚か用意してぴったりと重ねた状態を「状態A」とします。この状態Aに対して以下の操作①～③を，次のページの図のように行うことを考えます。

操作①： 状態Aのまま長いほうの辺の真ん中で全体を半分に折り，折り目でホチキス留めをして冊子を作ります。この状態を「状態B」とします。

操作②： 冊子の表紙を1ページ目として裏表紙まで順にページ番号を決め，そのページ番号を1から順に各ページの下部に書きます。ここでできた状態を「状態C」とします。

操作③： ページを開いてからホチキス留めをはずします。ここでできた状態を「状態D」とします。

状態Dは，状態Aのように長方形の紙が重なった状態で，それぞれの紙には4つのページ番号が書かれています。

たとえば，最初の紙の枚数が3枚のとき，状態Aから始めて操作①～③を行って状態Dを作ると，次の図のようになります。

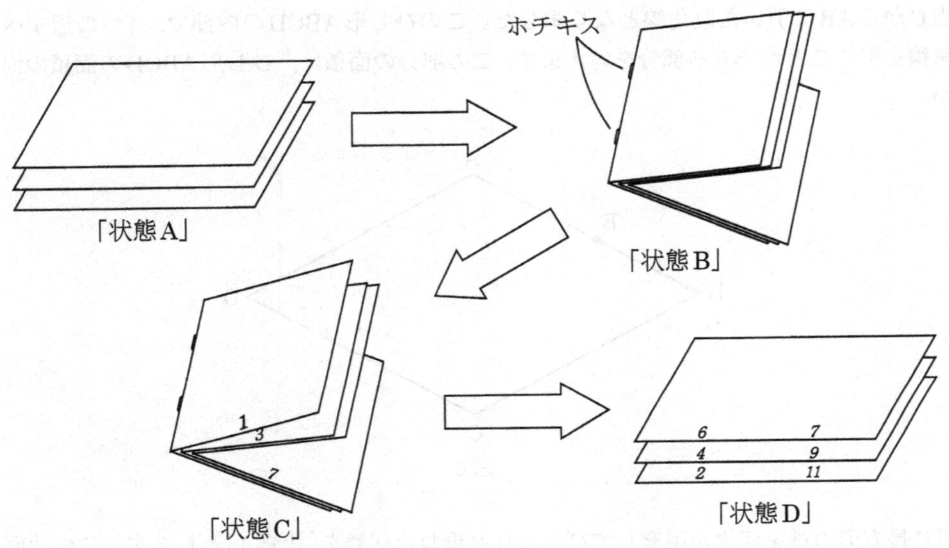

このとき，状態Cにおいて，裏表紙のページ番号は12となります。また，操作②において，4回目にページをめくった直後に書かれているページ番号は8であることになります。紙は厚さを無視して折り曲げることができるものとして，次の問いに答えなさい。

ただし，この冊子を切り離したり，破いたりしてはいけません。

(1)　最初の紙を8枚として，状態Aから始めて操作①～③を行って状態Dを作りました。このとき，ページ番号「7」が書かれているのは，状態Dの上から何枚目ですか。

(2)　最初の紙を12枚として，状態Aから始めて操作①～③を行って状態Dを作りました。このとき，状態Dの上から4枚目に書かれている4つのページ番号の数をすべて足すといくつになりますか。

次に，最初の長方形の紙を20枚として，状態Aから始めて操作①～③を行って状態Dを作りました。しかし，操作②において□回目にページをめくるときに2枚同時にめくってしまったため，裏表紙のページ番号が80ではなく78となってしまいました。

(3)　状態Dにおいて，一番上の紙に書かれているページ番号の数をすべて足すといくつになりますか。考えられる数をすべて答えなさい。

(4)　状態Dにおいて，ある紙に書かれているページ番号の数をすべて足すと100になりました。このとき，□にあてはまる数として考えられるものをすべて答えなさい。

[5] 図1のような，1辺の長さが10cmの立方体の展開図が平面上にあります。この展開図から立方体を作るときに，折り曲げた面が通過してできる立体について考えます。

このとき，次の問いに答えなさい。ただし，円周率は3.14とします。

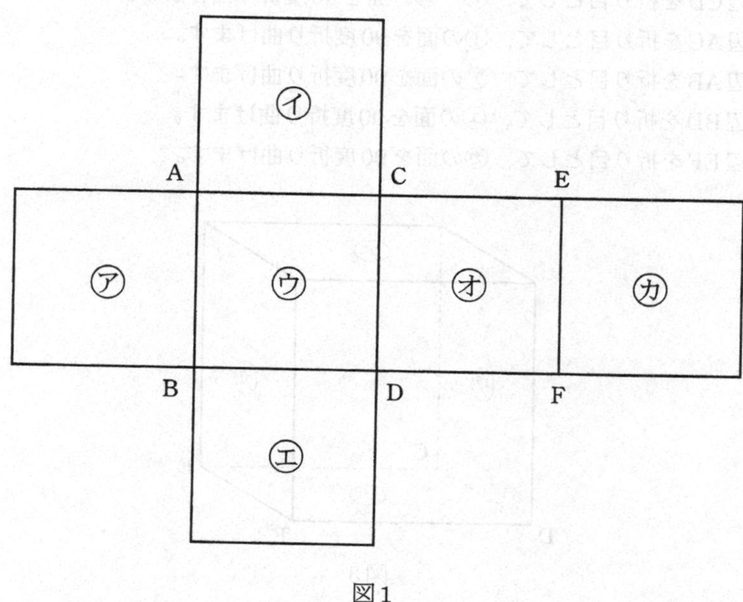

図1

（1） 図2のように，㋒の面を底面とする立方体を次の手順で作ります。

（手順1） 辺ABを折り目として，㋐の面を90度折り曲げます。

（手順2） 辺ACを折り目として，㋑の面を90度折り曲げます。

（手順3） 辺BDを折り目として，㋓の面を90度折り曲げます。

（手順4） 辺CDを折り目として，㋔と㋕の面を90度折り曲げます。

（手順5） 辺EFを折り目として，㋕の面を90度折り曲げます。

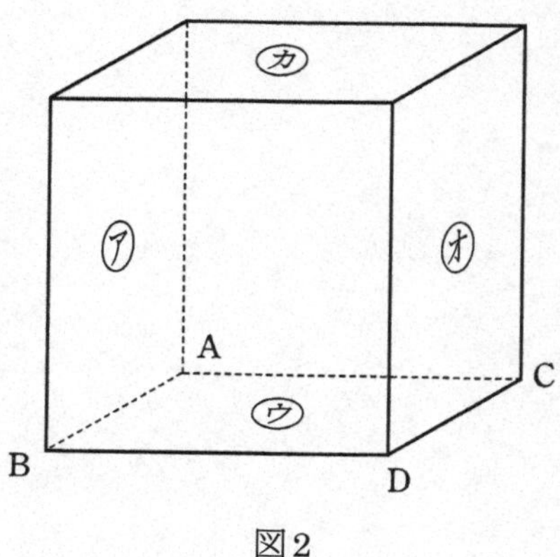

図2

① (手順1)で，㋐の面が通過してできる立体の体積は何cm^3ですか。

② (手順1)～(手順5)で，折り曲げた面が通過してできる立体の体積の合計は何cm^3ですか。

(2) 図3のように，㋔の面を底面とする立方体を次の手順で作ります。

(手順1) 辺CDを折り目として，㋐～㋓の面を90度折り曲げます。
(手順2) 辺ACを折り目として，㋑の面を90度折り曲げます。
(手順3) 辺ABを折り目として，㋐の面を90度折り曲げます。
(手順4) 辺BDを折り目として，㋓の面を90度折り曲げます。
(手順5) 辺EFを折り目として，㋕の面を90度折り曲げます。

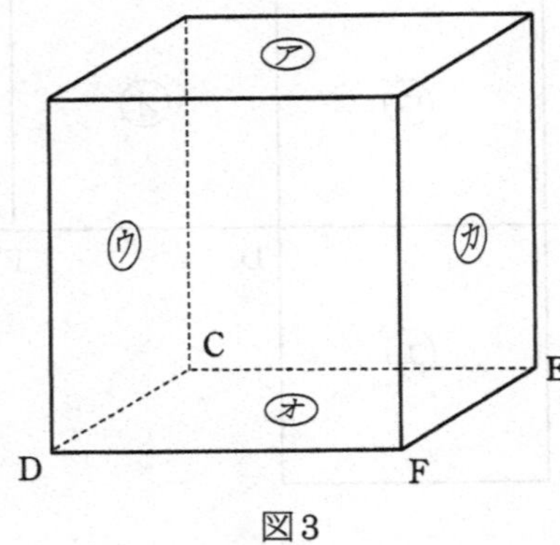

図3

このとき，(手順1)～(手順5)で，折り曲げた面が通過してできる立体の体積の合計は何cm^3ですか。

【理　科】（40分）〈満点：100点〉

[1]　次の文章を読んで，あとの(1)～(8)の問いに答えなさい。

みなさんは天然記念物という言葉を聞いたことがありますか。動物，植物および地質鉱物で日本にとって学術上価値の高いものが天然記念物に指定されています。そのうち特に重要なものについては「特別天然記念物」に指定されています。現在，75件の特別天然記念物が指定されていますが，そのうち21件は動物，30件は植物です。「牛島の①フジ」や「東根の大②ケヤキ」などのように名木，巨樹(きょじゅ)，老樹という理由で特定の樹木が指定されているものもあれば，「③トキ」や「④タンチョウ」などのように⑤生物の種が特別天然記念物として指定されているもの，「長岡の⑥ゲンジボタルおよびその発生地」や「鯛(たい)の浦(うら)タイ生息地」などのように生物の種と生息している場所が指定されているものもあります。動物21件のうち14件が生物の種で指定されており，(　あ　)類が9件，(　い　)類が4件，(　う　)類が1件指定されています。

天然記念物には，人が関わって作り上げられたもの，例えば並木や家畜(かちく)，家禽(かきん)なども含(ふく)まれます。「天然」という言葉には，「人の手が加わっていない」という意味があるため，矛盾(むじゅん)を感じるかもしれません。しかし，ヒトも生態系を構成している生物の1つです。「人工」と「自然や天然」というように，言葉として対比させて使うこともありますが，日本という国の中で⑦「ヒト」と「ヒト以外の生物」はお互(たが)いに関わりあいながら暮らしてきました。天然記念物はそれらの関わりあいを物語る「文化史」としての意義ももっています。

聖光学院のある神奈川県には特別天然記念物に指定されているものはありません。しかし，千葉県や埼玉県，東京都の大島など，関東地方にも特別天然記念物に指定されているものがあります。機会があれば是非(ぜひ)見学してみてください。

(1)　下線部①について，フジはマメ科の植物です。マメ科の植物の特徴について説明した文として正しいものを，次の(ア)～(エ)の中から1つ選び，記号で答えなさい。

(ア)　種子は栄養を胚乳(はいにゅう)に多く含む。
(イ)　花を咲(さ)かせるが，花びらが無いものが多い。
(ウ)　根粒(こんりゅう)とよばれる，養分をつくるものを根にもつものがある。
(エ)　育ちにくいため，雑草のように生えることは少ない。

(2)　下線部②のケヤキについて説明した文として正しいものを，次の(ア)～(エ)の中から1つ選び，記号で答えなさい。

(ア)　常緑の針葉樹で，東北地方から北海道でよく見られる。
(イ)　高さは3m程度の低木で，大きく成長することは珍(めずら)しい。
(ウ)　ほうきを逆さにしたような形をしている。
(エ)　雄株(おかぶ)と雌株(めかぶ)があり，秋に葉を黄色く色づかせる。

(3)　下線部③のトキについて説明した文として**正しくないもの**を，次の(ア)～(エ)の中から1つ選び，記号で答えなさい。

(ア)　日本では佐渡島(さどがしま)において，放鳥された野生の個体が生息している。
(イ)　人工繁殖(はんしょく)に成功しており，現在は日本で150羽(わ)以上が飼育下にある。
(ウ)　保護のため，日本の野生の個体は一度すべて捕獲(ほかく)された。

(エ)　日本固有の種で，外国には生息していない。

(4)　下線部④のタンチョウについて説明した文として正しいものを，次の(ア)～(エ)の中から1つ選び，記号で答えなさい。

(ア)　頭頂部に赤い羽毛(うもう)が生えている。

(イ)　全長は50cm程度で，ツルのなかまの中では小さめである。

(ウ)　冬は沖縄などの南部，夏は北海道などの北部で生活をする渡り鳥(わたりどり)である。

(エ)　日本では北海道の釧路湿原(くしろしつげん)一帯が生息地として有名である。

(5)　下線部⑤について，特別天然記念物に**指定されていない**生物を，次の(ア)～(オ)の中から1つ選び，記号で答えなさい。

(ア)　アホウドリ　　(イ)　オオサンショウウオ　　(ウ)　カモシカ

(エ)　コウノトリ　　(オ)　ヒグマ

(6)　(　あ　)～(　う　)にあてはまる言葉の組み合わせとして正しいものを，次の(ア)～(エ)の中から1つ選び，記号で答えなさい。

	(　あ　)	(　い　)	(　う　)
(ア)	哺乳(ほにゅう)	鳥	両生
(イ)	哺乳	鳥	爬虫(はちゅう)
(ウ)	鳥	爬虫	哺乳
(エ)	鳥	哺乳	両生

(7)　下線部⑥のゲンジボタルについて，次の(a)～(c)の問いに答えなさい。

(a)　ゲンジボタルの幼虫について説明した文として正しいものを，次の(ア)～(エ)の中から1つ選び，記号で答えなさい。

(ア)　淡水(たんすい)中で生活し，体長は2～3cm程度になる。

(イ)　海水中で生活し，成虫になる直前に川をのぼる。

(ウ)　川辺の土中で生活し，さなぎの時期を水中で過ごす。

(エ)　木の多く生える場所の土中で生活し，一晩で羽化(うか)して成虫になる。

(b)　ゲンジボタルの幼虫がエサとする生物を，次の(ア)～(エ)の中から1つ選び，記号で答えなさい。

(ア)　オキアミ　　(イ)　カタツムリ　　(ウ)　カワニナ　　(エ)　ミミズ

(c)　ゲンジボタルの成虫は尾部(びぶ)が発光することで有名です。発光のしくみについて説明した文として正しいものを，次の(ア)～(エ)の中から1つ選び，記号で答えなさい。

(ア)　尾部をこすり合わせることによって生じる熱によって光る。

(イ)　酵素(こうそ)とよばれるタンパク質のはたらきによって光る。

(ウ)　発電器官をもち，その電気のはたらきで光る。

(エ)　月明かりを尾部が反射することによって光る。

(8)　下線部⑦について，現在は多くの生物が絶滅(ぜつめつ)の危機に瀕(ひん)しており，ヒトの活動がそれに大きな影響(えいきょう)を与(あた)えています。次の(a)～(c)の問いに答えなさい。

(a)　ヒトが誕生したのは約20万年前といわれています。地球が誕生してから現在までの46億年間で考えると，ヒトの活動とは関係なく，地球上の生物が大量に絶滅したことは何度かあることが知られており，恐竜(きょうりゅう)が絶滅した時期は約6600万年前といわれています。地球が誕生してから現在までを365日として，地球誕生を1月1日の0時0分，現在を翌年の1月1日の0時0分としたとき，ヒトが誕生したのは12月31日の23時37分頃になります。このように考えると，恐竜が絶滅したのは何月何日になりますか。

(b) ヒトの活動により絶滅したと考えられる生物を，次の(ア)～(ク)の中から2つ選び，記号で答えなさい。

(ア) エミュー　(イ) カバ　(ウ) クロサイ
(エ) ジャイアントモア　(オ) シロサイ　(カ) ダチョウ
(キ) ドードー　(ク) ニホンウナギ

(c) 生物の多様性を保全するための活動の1つに，温室効果ガスの1つである二酸化炭素の放出量を減らして地球の平均気温の上昇を抑えるというものがあります。日常の生活の中でどのようにすれば二酸化炭素の排出量削減に関われますか。次の文の(え)にあてはまる語句を答えなさい。また，［　　　　］に入るよう，子どもにもできる具体的な取り組みを考えて答えなさい。

電気を作ったり，ものを燃やすために使われる(え)の使用量を減らすために，［　　　　］ことで，二酸化炭素の排出量削減に関わることができる。

[2] 次の文章を読んで，あとの(1)～(7)の問いに答えなさい。

ある水溶液について，溶けているものを溶質，溶かしているものを溶媒とよびます。たとえばショ糖(砂糖)を溶かした水溶液の場合，溶質はショ糖で溶媒は水ということになります。また，水溶液にどのくらい溶質が溶けているかを表すものとして濃度があります。濃度としてよく使われているのが質量パーセント濃度で，たとえば，水溶液100gに溶質が10g溶けているときは，質量パーセント濃度が10%となります。なお，100gの水溶液中にショ糖と塩化ナトリウム(食塩)が10gずつ溶けている場合でも，ショ糖，塩化ナトリウムの質量パーセント濃度はどちらも10%となります。

水溶液と純粋な水とを，溶媒である水のみ通過可能な膜で仕切ると，水から水溶液の方へと水の移動が起こります。この膜のことを半透膜，この移動のことを浸透，半透膜を通って水が移動するときにはたらいている力の大きさを浸透圧とよびます。浸透圧は濃度に比例します。濃度の異なる2つの水溶液を半透膜で仕切ると，濃度の小さい水溶液から大きい水溶液へと水の移動が起こります。植物や動物の細胞は半透膜と同じ性質をもつ膜で覆われています。動物の細胞内や植物の細胞内にもいろいろな物質が溶け込んでいるため，細胞を細胞内の液体よりも浸透圧の大きい液体に浸すと細胞内からどんどん水が出ていってしまいます。日常生活の中でも浸透圧に関する現象が多くみられます。

スーパーなどで売っているスポーツドリンクの一部や，薬局で売っている多くの目薬などの浸透圧は人間の細胞内の浸透圧と同じくらいに調整されています。人間の細胞内の浸透圧は質量パーセント濃度0.9%の塩化ナトリウム水溶液と同じですが，人間の細胞内には塩化ナトリウム以外の物質も当然含まれています。ある水溶液の浸透圧を考える際，その水溶液の溶質1gが食塩に換算すると何gに相当するのかを表した数値を使うことがあります。これを食塩当量とよびます。表1は，いろいろな溶質の食塩当量を表したもので，質量パーセント濃度10%のショ糖水溶液の浸透圧は，質量パーセント濃度0.86%の塩化ナトリウム水溶液の浸透圧と同じになることがわかります。2種類以上の溶質が含まれている場合，たとえば，クエン酸と塩化ナトリウムがどちらも質量パーセント濃度5%の水溶液の浸透圧は，質量パーセント濃度5.75%の塩化ナトリウム水溶液の浸透圧と同じになることがわかります。

表1

溶質	食塩当量[g]
ブドウ糖	0.16
ショ糖	0.086
クエン酸	0.15
塩化カリウム	0.79

（1） 質量パーセント濃度20%のショ糖水溶液1Lに溶けているショ糖は何gですか。ただし，この水溶液の密度は1.1g/cm^{3}です。

（2） 浸透によって起こる現象を表したものはどれですか。次の(ア)～(オ)の中からすべて選び，記号で答えなさい。

(ア) ナメクジに塩をふるとナメクジが小さくなる。

(イ) ティッシュの先端(せんたん)を水につけると水がティッシュを伝わって上がってくる。

(ウ) 白菜などの野菜に塩をふってしばらく置くと，野菜から水が出てくる。

(エ) スイカに塩をふって食べると甘(あま)さが引き立つ。

(オ) ベーキングパウダーにレモン汁(じる)をかけると泡(あわ)が出てくる。

（3） 質量パーセント濃度0.9%の塩化ナトリウム水溶液と同じ浸透圧であるブドウ糖水溶液1000gがあります。この水溶液に溶けているブドウ糖は何gですか。

（4） 次の(ア)～(エ)の水溶液の浸透圧を比べるとどうなりますか。大きい方から順に記号で答えなさい。

(ア) 質量パーセント濃度10%の塩化ナトリウム水溶液

(イ) 質量パーセント濃度10%のショ糖水溶液

(ウ) 質量パーセント濃度10%の塩化カリウム水溶液

(エ) 質量パーセント濃度10%のクエン酸水溶液

（5） 質量パーセント濃度5%のショ糖水溶液にクエン酸を加えて質量パーセント濃度0.9%の塩化ナトリウム水溶液と同じ浸透圧になる水溶液1000gを作るとき，加えるクエン酸は何gですか。ただし，答えが割り切れない場合は，小数第2位を四捨五入して小数第1位まで答えなさい。

（6） 最近では市販(しはん)のスポーツドリンクを買わずに家で作る人も増えています。あるレシピには，ショ糖とクエン酸と塩化ナトリウムを質量比6：1：1で加えると美味(おい)しいスポーツドリンクができると書かれています。このスポーツドリンク1000gを作るときに必要なショ糖，クエン酸，塩化ナトリウムはそれぞれ何gですか。ただし，このスポーツドリンクの浸透圧は質量パーセント濃度0.9%の塩化ナトリウム水溶液と同じであるものとし，答えが割り切れない場合は，小数第2位を四捨五入して小数第1位まで答えなさい。

（7） ある目薬1gに含まれている成分は，塩化ナトリウム6mg，塩化カリウム1.5mg，ブドウ糖0.5mgです。この目薬の浸透圧は，質量パーセント濃度0.9%の塩化ナトリウム水溶液の浸透圧の何倍ですか。ただし，答えが割り切れない場合は，小数第3位を四捨五入して小数第2位まで答えなさい。

[3] 次の文章を読んで，あとの（1）～（7）の問いに答えなさい。

図1のような，回路の部分を表す6種類のカードがあります。カード①は導線を，カード②は1つの電気抵抗(ていこう)を，カード③～⑥は並列(へいれつ)につながった複数の電気抵抗を表しています。カード①は4枚，カード②は5枚，カード③は2枚，カード④～⑥は1枚ずつあります。これらのカードの中から5枚を選んで，図2の点線部分に1列に並べて回路図を作ります。ただし，回路図を作るときには，同じカードを複数選んでもかまいません。また，選んだ5枚のカードをどのような順番で並べても同じ種類の回路図とします。

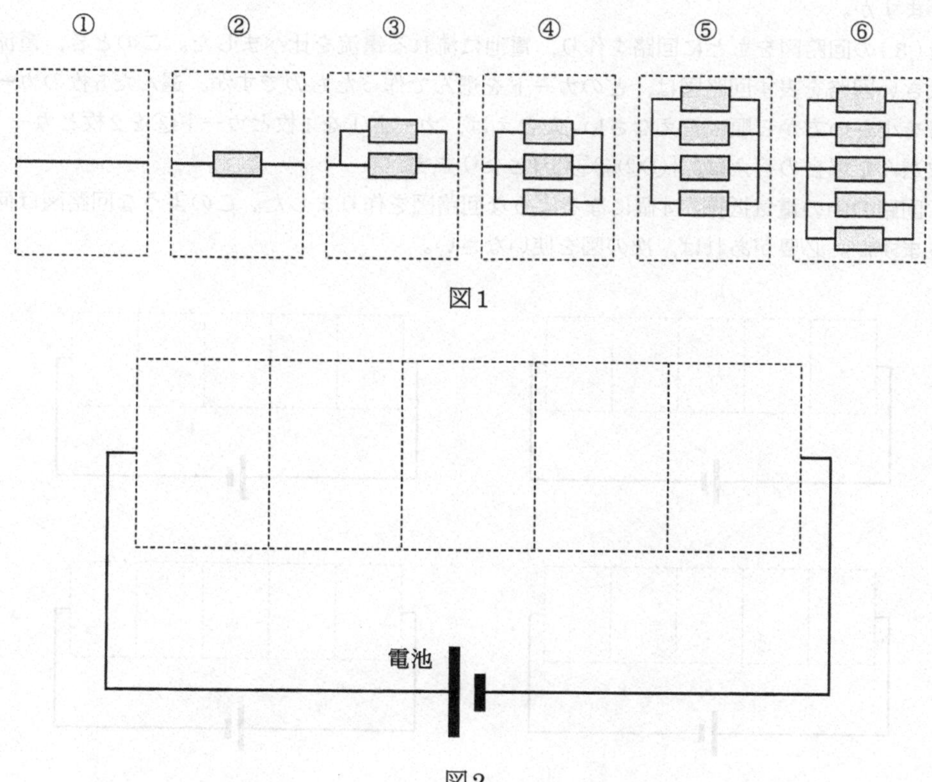

図1

図2

回路図をもとに実際に回路を作って，電流や，電気抵抗で発生する熱量を調べます。回路で使う電気抵抗はどれも同じものとし，導線には抵抗がないものとします。

はじめに，カード①を4枚とカード②を1枚選んだ回路図をもとに，電池1個で回路を作りました。そして，電池の個数を1個から2個，3個，…と取りかえたときの電気抵抗に流れる電流と電気抵抗で10秒間に発生する熱量を調べると，表1のようになりました。ただし，10秒間に発生する熱量は，電池1個のときに発生する熱量を基準とします。

表1

電池の個数	1	2	3	4	5	6
電流[ミリアンペア]	630	1260	1890	2520	3150	3780
10秒間に発生する熱量[倍]	1	4	9	16	25	36

次に，電池を1個に戻(もど)し，いくつかの回路図をもとに回路を作り，電気抵抗に流れる電流と，電気抵抗で10秒間に発生する熱量を調べました。

(1) カード①を3枚とカード②を2枚選んだ回路図をもとに回路を作ったとき，1つの電気抵抗に流れる電流は何ミリアンペアですか。

(2) カード①を4枚とカード③を1枚選んだ回路図をもとに回路を作ったとき，1つの電気抵抗で10秒間に発生する熱量は基準の何倍ですか。

(3) 回路の中の電気抵抗が3個になるような回路図を作りました。このような回路図は何種類ありますか。

(4) (3)の回路図をもとに回路を作り，電池に流れる電流を比べました。このとき，電流が最も大きい回路を表す回路図は，どのカードを選んで作ったものですか。選んだ5枚のカードの番号を小さい方から順に答えなさい。たとえば，カード①を1枚とカード②を2枚とカード③を2枚選んだ場合の答えは，「①②②③③」となります。

(5) 回路の中の電気抵抗が4個になるような回路図を作りました。このような回路図は何種類ありますか。必要があれば，次の図を使いなさい。

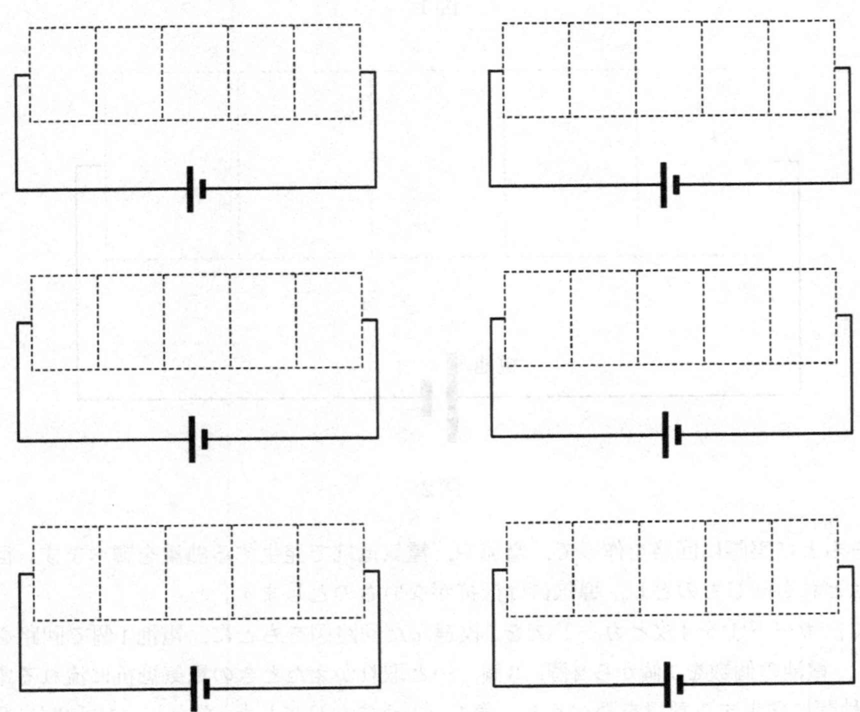

（6） （5）の回路図をもとに回路を作り，1つの電気抵抗で10秒間に発生する熱量を比べました。このとき，10秒間に発生する熱量が最も小さい電気抵抗を含(ふく)む回路を表す回路図は，どのカードを選んで作ったものですか。選んだ5枚のカードの番号を小さい方から順に答えなさい。たとえば，カード①を1枚とカード②を2枚とカード③を2枚選んだ場合の答えは，「①②②③③」となります。

（7） 回路の中の電気抵抗が5個になるような回路図を作りました。このような回路図は7種類あります。これらの回路図をもとに回路を作り，電気抵抗で10秒間に発生する熱量の合計を比べました。その合計が小さい方から3番目の回路では，電気抵抗で10秒間に発生する熱量の合計は基準の何倍ですか。ただし，答えが割り切れない場合は，分数で答えなさい。必要があれば，次の図を使いなさい。

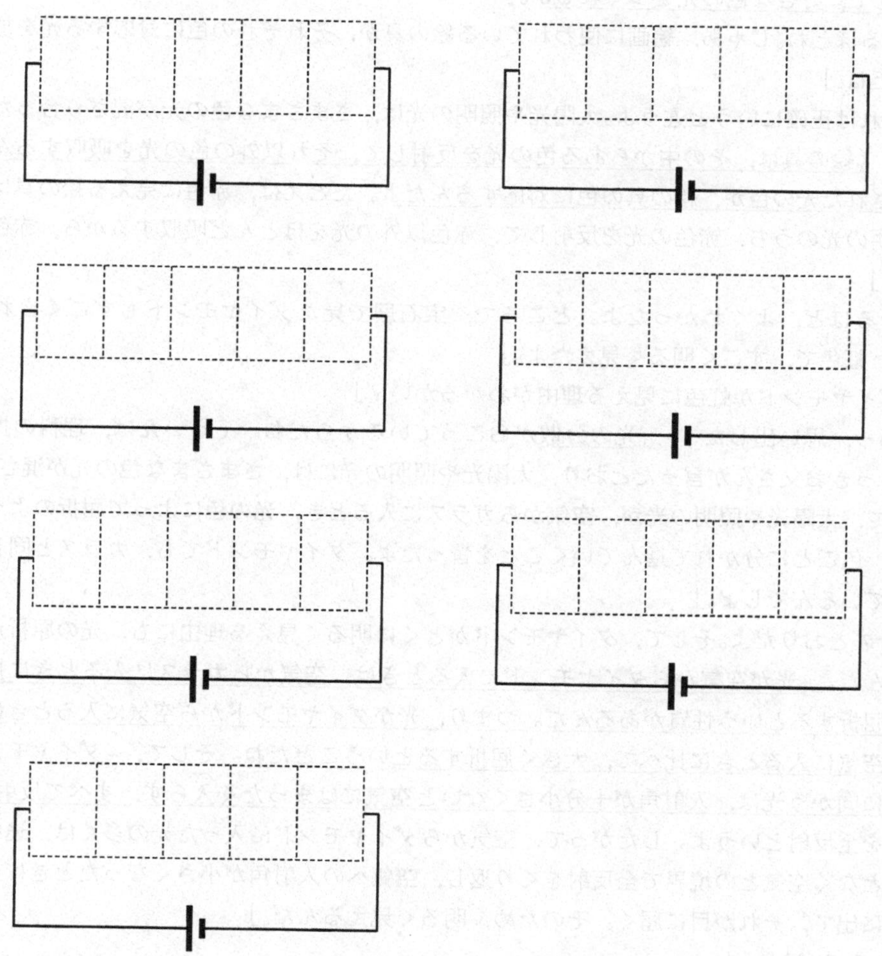

[4] 次の文章を読んで，あとの(1)〜(8)の問いに答えなさい。

ある日，聖さん(以下，聖)とお父さん(以下，父)は，東京の上野にある美術館と博物館へ行き，絵画展と宝石展を観覧しました。

聖「絵画展も宝石展も見ごたえがあって楽しかった！　絵画展で展示されていた油絵は，とっても色あざやかで心を打たれたよ。きれいな色というのは，とても感動するなぁ。でも，色って一体なんだろう。」

父「色の正体は，光といえるね。それぞれの色に対応した光があるんだ。とくに，赤色，緑色，青色の3色を光の三原色というよ。そして，赤色の光と緑色の光が同じ割合で混ざった光は黄色に見え，緑色の光と青色の光が同じ割合で混ざった光は水色に見え，青色の光と赤色の光が同じ割合で混ざった光は赤紫色に見えるんだ。①赤色，緑色，青色の3色の光をさまざまな割合で混ぜることで，好きな色の光をつくれるよ。」

聖「なるほどね。じゃあ，絵画に使われている絵の具が，それぞれの色に対応する光を放出しているんだね。」

父「それは正確にいうと違うよ。太陽光や照明の光は，さまざまな色の光が混ざり合った光なのだけど，②絵の具は，その中からある色の光を反射して，それ以外の色の光を吸収するんだ。その反射された光の色が，絵の具の色に対応するんだよ。たとえば，赤色に見える絵の具は，太陽光や照明の光のうち，赤色の光を反射して，赤色以外の光をほとんど吸収するから，赤色に見えるんだ。」

聖「なるほど，よくわかったよ。ところで，宝石展で見たダイヤモンドもすごくきれいだったなぁ。虹色で，すごく明るく見えたよ。」

父「ダイヤモンドが虹色に見える理由がわかるかい？」

聖「あっ，思い出した！　③光の分散がおこっているからだね。そういえば，理科の授業で習った。さっきお父さんが言ったとおり，太陽光や照明の光には，さまざまな色の光が混ざっている。そして，太陽光や照明の光が，空気からガラスに入るとき，光の色によって屈折のようすが違うから，色ごとに分かれて進んでいくことを習ったよ。ダイヤモンドでも，ガラスと同じことがおこっているんでしょ。」

父「そのとおりだよ。そして，ダイヤモンドがとくに明るく見える理由にも，光の屈折が関係しているんだ。④光が空気からダイヤモンドに入るときは，空気からガラスに入るときに比べて，大きく屈折するという性質があるんだ。つまり，光がダイヤモンドから空気に入るときは，ガラスから空気に入るときに比べて，大きく屈折するということだね。そして，⑤ダイヤモンド中から空気に向かう光は，入射角が十分小さくないと空気にはまったく入らず，すべて反射するんだ。これを全反射というよ。したがって，空気からダイヤモンドに入った光の多くは，途中で外に出ることなく空気との境界で全反射をくり返し，空気への入射角が小さくなったときにはじめて空気中に出て，それが目に届く。そのため，明るく見えるんだ。」

聖「なるほどなぁ。」

（1） 下線部①について，赤色，緑色，青色の3色の光を同じ割合で混ぜた光をつくりました。この光は何色ですか。漢字1字で答えなさい。

（2） 下線部②について，黄色の絵の具に（1）でつくった光を当てたとき，黄色の絵の具は何色の光を吸収しますか。次の（ア）～（カ）の中から最も適したものを1つ選び，記号で答えなさい。

（ア） 赤色　　（イ） 緑色　　（ウ） 青色
（エ） 赤色と緑色　　（オ） 赤色と青色　　（カ） 緑色と青色

（3） 水色，赤紫色，黄色の3色の絵の具を混ぜて，（1）でつくった光を当てると，黒色に見えました。この理由を説明した文として正しいものを，次の（ア）～（エ）の中から1つ選び，記号で答えなさい。

（ア） この混ぜた絵の具は，黒色の光を放出するため，黒く見える。
（イ） この混ぜた絵の具は，水色，赤紫色，黄色の3色の光を反射するため，黒く見える。
（ウ） この混ぜた絵の具は，赤色，緑色，青色の3色の光を反射するため，黒く見える。
（エ） この混ぜた絵の具は，赤色，緑色，青色の3色の光を吸収するため，黒く見える。

（4） 下線部③について，図1は太陽光が空気からガラスに入るときにおこる光の分散をわかりやすく表したものです。図の中のA～Cの線は，赤色，緑色，青色のいずれかの光の道すじを表しています。A～Cの線が表す光の色の組み合わせとして正しいものを，あとの（ア）～（カ）の中から1つ選び，記号で答えなさい。

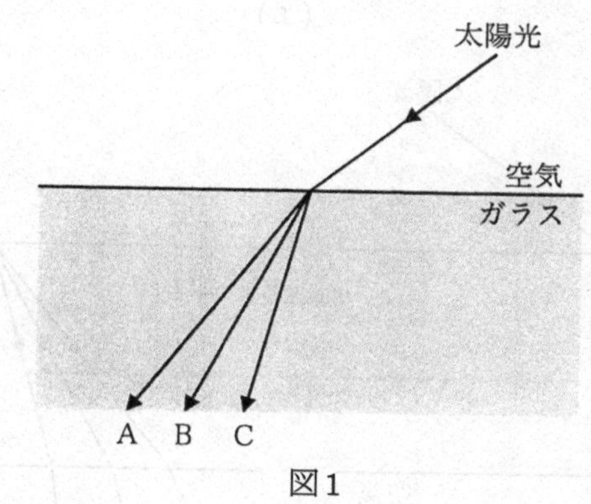

図1

	A	B	C
（ア）	赤色	緑色	青色
（イ）	赤色	青色	緑色
（ウ）	緑色	赤色	青色
（エ）	緑色	青色	赤色
（オ）	青色	赤色	緑色
（カ）	青色	緑色	赤色

(5) 太陽光が空気からガラスに入り，(4)のように光の分散がおこったあと，再び空気に入るときの道すじを表した図として最も適したものを，次の(ア)～(エ)の中から1つ選び，記号で答えなさい。

(ア)　　(イ)

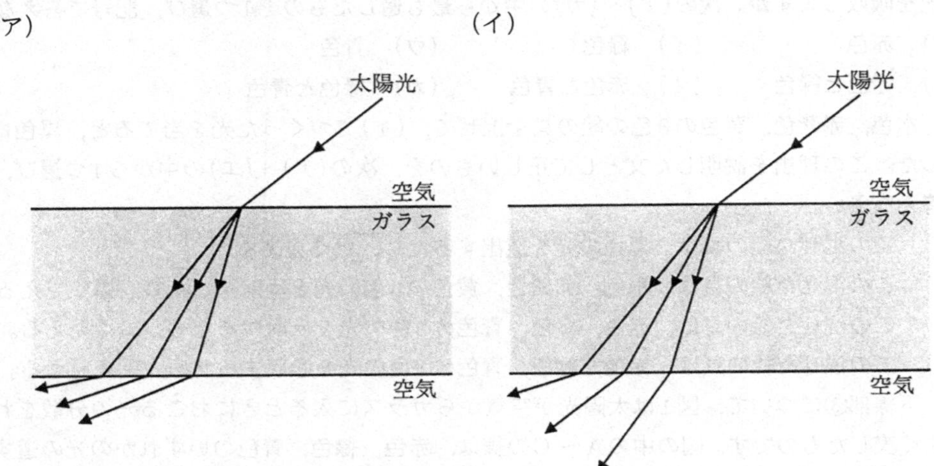

(ウ)　　(エ)

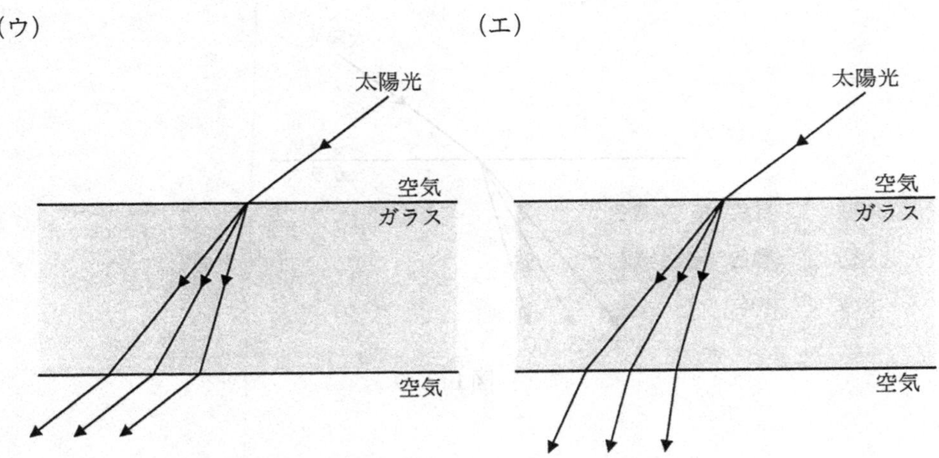

（6） 下線部④について，空気とガラスの境界と，空気とダイヤモンドの境界でおこる光の屈折について説明した文として正しいものを，あとの(ア)～(カ)の中からすべて選び，記号で答えなさい。ただし，入射角と屈折角とは，図2に示されている角度のことをいいます。なお，図の中の点線は境界線に対して垂直です。

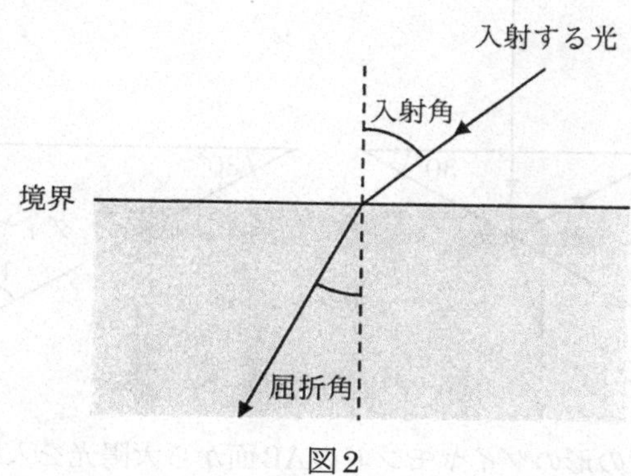

図2

（ア） 光が空気からガラスに入って屈折したとき，入射角は屈折角よりも小さい。

（イ） 光がガラスから空気に入って屈折したとき，入射角は屈折角よりも小さい。

（ウ） 光が空気からダイヤモンドに入って屈折したとき，入射角は屈折角よりも小さい。

（エ） 光がダイヤモンドから空気に入って屈折したとき，入射角は屈折角よりも小さい。

（オ） 光が同じ入射角で，空気からガラス，または空気からダイヤモンドに入って屈折したとき，屈折角が大きいのは空気からダイヤモンドに入ったときである。

（カ） 光が同じ入射角で，ガラスから空気，またはダイヤモンドから空気に入って屈折したとき，屈折角が大きいのはガラスから空気に入ったときである。

（7） 下線部⑤について，光がガラス中から空気へ向かうとき，入射角がおよそ42°より大きくなると，全反射することが知られています。一方，光がダイヤモンド中から空気へ向かうとき，入射角がおよそ25°より大きくなると，全反射することが知られています。図3は，三角形の形に切ったガラスのある場所に，入射角0°で光が空気から入射したときの光の道すじを表しています。図4のように，図3のガラスと同じ形に切ったダイヤモンドの同じ場所に，同じ入射角で光が空気から入射したときの光の道すじを，解答用紙に描(えが)きなさい。

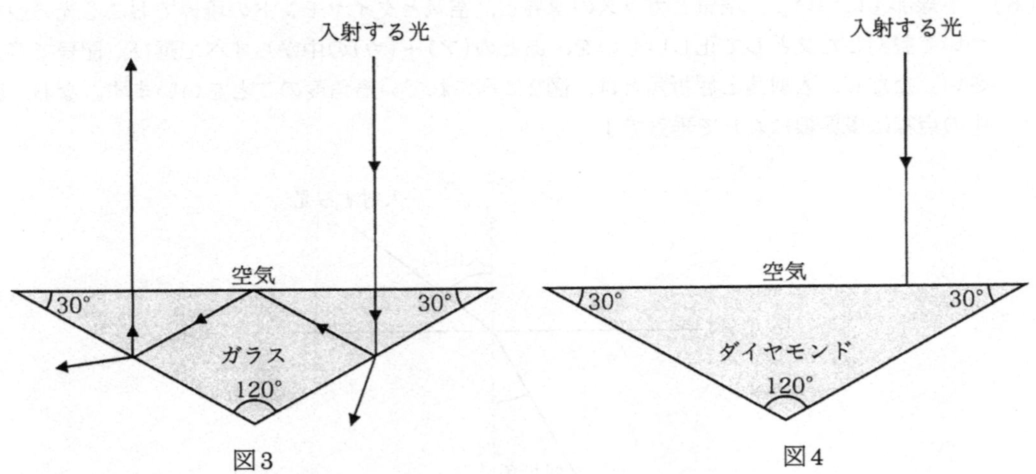

図3　　図4

（8）　図5のように，宝石の形のダイヤモンドのAB面から太陽光を入射させたところ，光の分散がおこり，CD面で反射したのちDE面で反射し，AE面から空気へ出てきました。このとき，AE面から出てくる光の色について，点Aから近い順に並べたものとして正しいものを，あとの(ア)～(カ)の中から1つ選び，記号で答えなさい。

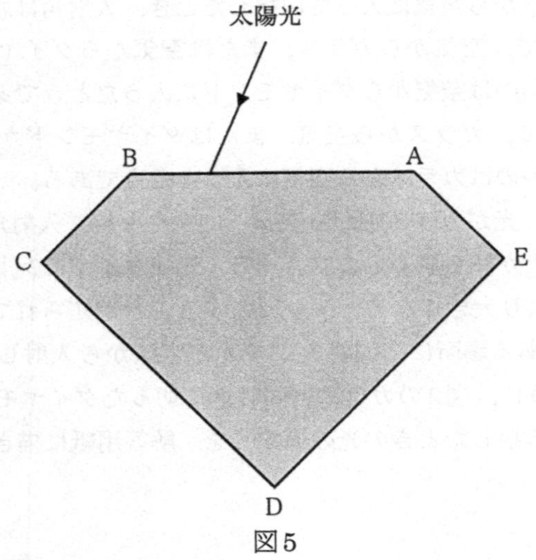

図5

（ア）　赤色　緑色　青色
（イ）　赤色　青色　緑色
（ウ）　緑色　赤色　青色
（エ）　緑色　青色　赤色
（オ）　青色　赤色　緑色
（カ）　青色　緑色　赤色

【社　会】(40分)〈満点：100点〉

[1]　次の問いに答えなさい。

問1　「アメリカが主導する新たな経済圏構想」の立ち上げが2022年5月に東京で発表され，早くも6月には日本を含む14の国が参加を表明しました。この経済圏構想を指す言葉を，次の**ア**～**オ**の中から1つ選び，記号で答えなさい。

ア　IPEF　　**イ**　TPP　　**ウ**　RSEP　　**エ**　SCO　　**オ**　ASEAN

問2　昨年は，「チロルチョコ」，「うまい棒」，「ガリガリ君」などの値上げも話題になったように，多くの商品やサービスの価格が値上がりする，インフレーションとよばれる現象が注目されました。昨年注目されたこうした事例は，いずれも作り手側の事情で発生したインフレーションです。このような作り手側の事情で発生するインフレーションとは違い，買い手側の事情で発生するインフレーションの例として，最もふさわしいものを，次の**ア**～**エ**の中から1つ選び，記号で答えなさい。

ア　天候不良で小麦が不作となり，小麦粉の仕入れ価格が上がったため，有名うどんチェーン店で売られるうどんの価格が上昇した。

イ　法律の改正で最低賃金が上がり，工場で働く人の賃金も上がったため，その工場で作られるお菓子の価格が上昇した。

ウ　テレビでバナナが健康に良いと紹介されたため，みんながバナナを買おうと殺到し，品薄になったため，バナナの価格が上昇した。

エ　産油国が周辺の紛争に巻き込まれ原油の輸出が滞り，ガソリンの卸売り価格が上がったため，ガソリン店頭価格が上昇した。

問3　日本国憲法第28条の(　　　)にあてはまる語句を漢字で答えなさい。

勤労者の(　　　)する権利及び団体交渉その他の団体行動をする権利は，これを保障する。

問4　通常，「賛成」の対義語は「反対」であるにもかかわらず，選択的夫婦別姓制度導入について議論する際には，選挙などで，「賛成」派と「慎重」派と表現されることがあります。なぜ「反対」派ではなく「慎重」派と表現するのか，その理由を自分なりに考えて20字以上40字以内で説明しなさい。ただし，句読点も字数に含めます。

[2] 次の文章を読んで，あとの問いに答えなさい。

昔の人々の生活の痕跡が確認できる場所を遺跡といい，遺跡を発掘して歴史を明らかにしていく学問を(1)といいます。

日本での本格的な(1)調査は，1877年に①お雇い外国人のエドワード＝モースがおこなった大森貝塚の発掘調査が最初です。大森貝塚からは，貝殻，魚や動物の骨，土器のかけらなどが出土しました。1884年には東京で，大森貝塚で見つかった土器とは異なる形式の土器が発見されました。この形式の土器は，最初に発見された地名を付して［ A ］土器と名付けられました。

こうして新たな発見が重ねられていく一方で，戦前の日本では，古墳時代以前の歴史は②『古事記』や『日本書紀』に記された神話などにもとづいて説明されていました。しかし，③戦後になると，神話にもとづく歴史は否定され，事実にもとづく歴史を求める声が社会的に高まっていきました。こうした時代背景の中で，(1)による重要な発見が相次ぎました。

1946年，相沢忠洋氏は，④岩宿で関東ローム層から石器を発見し，日本にも旧石器時代があったことを証明しました。1947年には，静岡県の［ B ］遺跡で本格的な発掘調査がおこなわれ，事実にもとづく歴史を求める多くの人々が調査に協力しました。その結果，農具や水田・高床倉庫の痕跡などが多数見つかり，［ A ］時代のムラの姿が明らかになりました。

その後，飛鳥・奈良・京都・鎌倉・東京(江戸)などで，遺跡のある可能性が高い所では，しばしば発掘調査がおこなわれ，多くの発見がなされてきました。

たとえば，1972年には，奈良県明日香村で(2)古墳が発見されました。古墳の石室に描かれていた，「飛鳥美人」とよばれる女子群像などの色鮮やかな絵は，当時始まった新聞のカラー写真印刷によって人々に広く知られることとなり，「戦後最大の発見」といわれました。

京都では，⑤平安時代の遺跡だけではなく，足利義満の花の御所や，豊臣秀吉の邸宅である聚楽第など，⑥室町時代や安土・桃山時代の遺跡の調査もおこなわれています。

鎌倉は，1333年に攻め落とされたこともあり，鎌倉時代の建物はほとんど残っていませんが，発掘調査によって，鎌倉時代の建物の痕跡がたくさん発見されています。たとえば，承久の乱の時の執権であった(3)をまつった法華堂跡が2020年に発掘調査され，建物の規模などが判明しました。

東京でも，文字史料からはわからない歴史の真実を明らかにする発掘成果があがっています。江戸時代，キリスト教は禁止されていたため，江戸の町にはキリスト教徒を収容する切支丹屋敷がありました。そこを発掘調査したところ，江戸時代に日本に密航して捕まり，切支丹屋敷で死去した⑦イタリア人宣教師シドッチのものとみられる墓が見つかりました。遺体はキリスト教の方式に従って埋葬されており，キリスト教禁止の時代でも，シドッチの遺体は丁重に扱われていたことがわかりました。

近年では，水底にある遺跡を発掘する水中(1)という分野もあります。長崎県鷹島海底遺跡からは，(4)の時にモンゴル軍が用いた「てつはう」の実物が見つかり，「てつはう」は，鉄製ではなく，焼き物の中に火薬を詰めた武器であることが判明しました。

このように，さまざまな史実が発掘調査によって明らかとなってきています。みなさんも，(1)の成果に注目してみましょう。

問1　文中の(　1　)~(　4　)にあてはまる語句や人名を漢字で答えなさい。ただし,(　4　)は2字で答えなさい。

問2　文中の［　A　］・［　B　］にあてはまる語句の組み合わせとして正しいものを,次の**ア**~**エ**の中から1つ選び,記号で答えなさい。

ア　A:縄文　B:登呂　　**イ**　A:縄文　B:吉野ヶ里
ウ　A:弥生　B:登呂　　**エ**　A:弥生　B:吉野ヶ里

問3　下線部①に関連して,明治政府はお雇い外国人を採用するなどして,日本の近代化をすすめました。明治政府による日本の近代化について述べた文として誤っているものを,次の**ア**~**エ**の中から1つ選び,記号で答えなさい。

ア　全国的な郵便制度を発足(ほっそく)させ,また,新橋-横浜間には鉄道を開通させた。
イ　地租改正をおこない,年貢にかわる新しい税として地租を米で納めさせた。
ウ　廃藩置県を成しとげたあと,徴兵制を導入し,近代的な軍隊を創設した。
エ　大日本帝国憲法を発布して,衆議院と貴族院からなる議会を開設した。

問4　下線部②について述べた文a~dのうち,正しいものの組み合わせを,あとの**ア**~**エ**の中から1つ選び,記号で答えなさい。

a:『古事記』は,太安万侶が覚えていた話を,稗田阿礼が文字で記したものである。
b:『古事記』は,稗田阿礼が覚えていた話を,太安万侶が文字で記したものである。
c:『日本書紀』は,刑部親王らが編さんした,和文で記された歴史書である。
d:『日本書紀』は,舎人親王らが編さんした,漢文で記された歴史書である。

ア　a・c　　**イ**　a・d　　**ウ**　b・c　　**エ**　b・d

問5　下線部③に関連して,第二次世界大戦後の占領期の日本の諸改革について述べた文として正しいものを,次の**ア**~**エ**の中から1つ選び,記号で答えなさい。

ア　選挙制度改革がおこなわれ,18歳(さい)以上の男女に選挙権が与(あた)えられた。
イ　教育改革がおこなわれ,6・3・3・4制の学校制度が定められた。
ウ　農地改革がおこなわれ,自作農にかわって多くの小作農が誕生した。
エ　財閥解体がおこなわれ,いわゆる四大財閥は完全に解体された。

問6　下線部④について，岩宿遺跡の場所として正しいものを，次の地図中のア～エの中から1つ選び，記号で答えなさい。

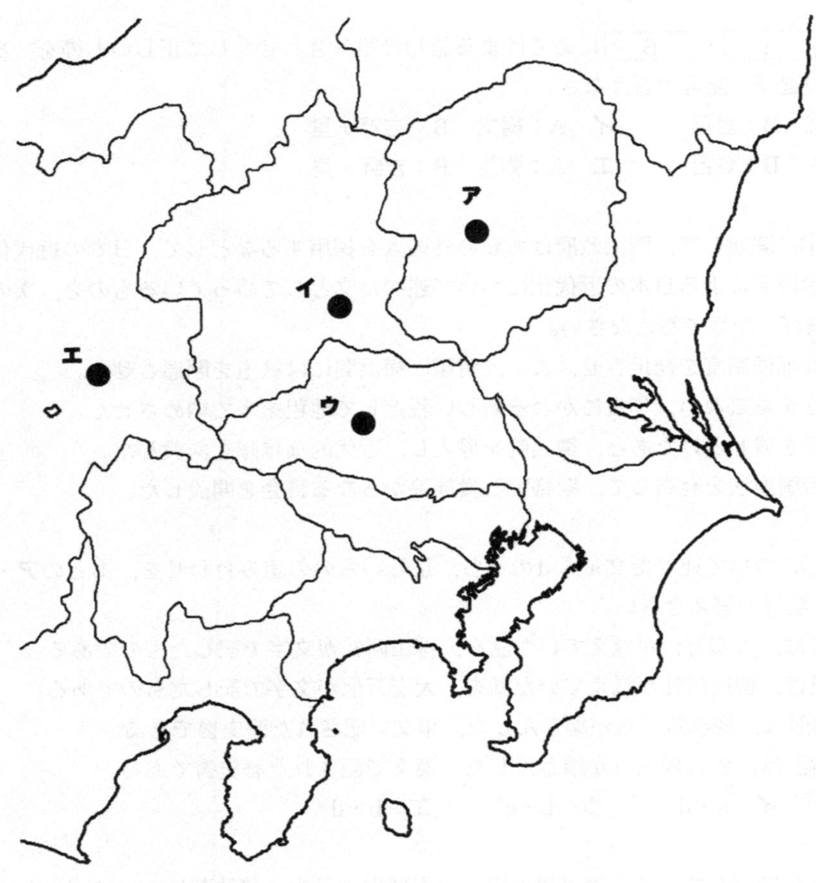

問7　下線部⑤の時代に起きた次の出来事を，時期の早い順に並べかえた場合，3番目になるものを，**ア～エ**の中から選び，記号で答えなさい。

ア　堀河(ほりかわ)天皇に天皇の位をゆずった白河上皇が，院政を開始した。

イ　征夷大将軍となった坂上田村麻呂が，蝦夷討伐(とうばつ)に出陣(しゅつじん)した。

ウ　紀貫之が，かな文字を用いて『土佐日記』を書いた。

エ　平清盛の娘(むすめ)の徳子(建礼門院)が，高倉天皇の中宮(ちゅうぐう)となった。

問8　下線部⑥の時代の出来事について述べた文として正しいものを，次の**ア～エ**の中から1つ選び，記号で答えなさい。

ア　足利尊氏によって南北朝の合体が実現し，室町幕府が全国政権となった。

イ　裁判の基準となる御成敗式目が定められ，問注所で裁判がおこなわれた。

ウ　禅宗が広まり，雪舟はすぐれた水墨画を描き，足利義政は金閣を造った。

エ　土倉・酒屋からの借金に苦しむ人々が，正長の土一揆を起こした。

問9　下線部⑦について，シドッチの取り調べは新井白石が担当し，シドッチから聞いたヨーロッパやキリスト教の情報を書物にまとめています。このことに関連して，新井白石の政治について述べた文として正しいものを，次の**ア**～**エ**の中から1つ選び，記号で答えなさい。

ア　金銀の国外流出を防ぐため，長崎での貿易額に制限を加えた。
イ　幕府領の年貢の税率の決め方を，検見法から定免法に改めた。
ウ　幕府の財政問題を解決するため，それまでより質の劣る小判を鋳造させた。
エ　株仲間の結成をうながし，独占的な商売を認めるかわりに税を納めさせた。

問10　波線部のように，遺跡のある可能性が高い所では，マンションや商業施設など大型の建物を建てる際に，事前に試掘調査をして遺跡の有無を確認し，もし遺跡が発見されれば，発掘調査をするか，または建築計画を変更します。このように事前に試掘調査をおこなう理由について述べた次の文中の［　　　　］にあてはまる言葉を答えなさい。

> 大型の建物を建てる際の基礎工事によって，［　　　　］しまうおそれがあるため。

[3]　次の年表は1923年以降の100年間に，日本で発生したさまざまな自然災害のうち，いくつかを示したものです。これを見て，あとの問いに答えなさい。

1923年	①関東大震災	相模湾を震源とし，南関東から東海地方にかけて被害が発生した。
1933年	昭和三陸地震	②三陸地方で津波の被害が甚大であった。
1947年	カスリーン台風	降水量が多く，［　A　］が埼玉県東村(現加須市)で氾濫するなどの被害が出た。この影響で，河川の氾濫対策がすすんだ。
1954年	洞爺丸台風	③青函連絡船洞爺丸の沈没事故が発生した。
1959年	伊勢湾台風	これを契機に1961年に災害対策基本法が制定され，④防災意識が高まった。
1960年	(　1　)地震津波	(　1　)で起きた地震により発生した津波が，太平洋を越えて三陸地方を襲った。
1964年	新潟地震	これを契機に，⑤液状化現象の研究がさかんになった。
1991年	雲仙普賢岳噴火	長崎県の(　2　)半島にある雲仙普賢岳で噴火が発生した。⑥火砕流によって大きな被害が出た。
2011年	東日本大震災	死者・行方不明者の9割は津波の被害によるものとされた。沿岸部では水産加工業などの被害が甚大であった。また，⑦福島第一原発が放射能漏れ事故を起こした。

2019年	台風19号　長野県内豪雨災害	長野県内で B が氾濫し，北陸新幹線の車両基地が水没するなどの被害が出た。

問1　文中の(　1　)・(　2　)にあてはまる語句を答えなさい。ただし，(　2　)は漢字で答えなさい。

問2　文中の A ・ B にあてはまる河川名の組み合わせとして正しいものを，次の**ア**～**エ**の中から1つ選び，記号で答えなさい。

ア　A：多摩川　　B：千曲川
イ　A：多摩川　　B：天竜川
ウ　A：利根川　　B：千曲川
エ　A：利根川　　B：天竜川

問3　下線部①に関連して，関東大震災の瓦礫を利用して横浜市内の海沿いに山下公園が建設されました。山下公園には，かつて北太平洋航路の貨客船として活躍した氷川丸が係留されています。氷川丸は横浜船渠(横浜にかつてあった造船所)で建造され，氷川丸も横浜船渠も国指定重要文化財となっています。どちらも，日本の近代化・工業化に大きな役割を果たしたという評価によるものです。これに関連して，近現代の日本の工業について説明した文として誤っているものを，次の**ア**～**エ**の中から1つ選び，記号で答えなさい。

ア　富岡製糸場は，フランスの技術者を招いて指導を受け，綿糸の生産をおこなっていた。生産された綿糸は明治から昭和にかけて，日本の重要な輸出品であった。
イ　官営八幡製鉄所で近代的な製鉄がおこなわれるようになった。北九州は近隣で石炭を産出したことや，中国から鉄鉱石を輸入しやすかったことが，立地の要因であった。
ウ　日本はかつて半導体製造がさかんで，日本企業が生産量の上位を占めた。現在では台湾や韓国，アメリカ合衆国の企業が生産の中心である。
エ　日本の自動車生産は，かつて世界1位の生産台数を記録した。現在では，依然として世界上位の生産台数であるものの，日本企業による海外での生産がすすんでいる。

問4　下線部②について，三陸海岸で津波の被害が大きくなったのは，リアス海岸が続いているためです。リアス海岸は津波の被害が大きくなるという特徴がありますが，通常時は波がおだやかで，養殖業に適しています。このため，三陸海岸では養殖業がさかんです。次の表は，2019年の養殖業の生産量の順位表です。Ⅰ～Ⅲの品目の組み合わせとして正しいものを，あとの**ア～カ**の中から1つ選び，記号で答えなさい。

	1位	2位	3位	4位	5位
Ⅰ	広島県	宮城県	岡山県	兵庫県	岩手県
Ⅱ	宮城県	岩手県	徳島県	兵庫県	長崎県
Ⅲ	佐賀県	兵庫県	福岡県	熊本県	宮城県

(矢野恒太記念会『データでみる県勢2022』より作成)

ア　Ⅰ：のり　Ⅱ：かき　Ⅲ：わかめ
イ　Ⅰ：のり　Ⅱ：わかめ　Ⅲ：かき
ウ　Ⅰ：かき　Ⅱ：わかめ　Ⅲ：のり
エ　Ⅰ：かき　Ⅱ：のり　Ⅲ：わかめ
オ　Ⅰ：わかめ　Ⅱ：かき　Ⅲ：のり
カ　Ⅰ：わかめ　Ⅱ：のり　Ⅲ：かき

問5　下線部③に関連して，青函連絡船は，1908年から1988年まで津軽海峡を横断する貨客船でした。島国である日本は，各地に海峡が存在して，島と島を隔てています。各地の海峡について説明した文として正しいものを，次の**ア～エ**の中から1つ選び，記号で答えなさい。

ア　鳴門海峡は，四国と淡路島の間の海峡で，海流が速すぎて橋を架ける工事ができないため四国と淡路島は船でむすばれている。その速い海流は渦潮を形成し，観光の目玉となっている。

イ　根室海峡は，北海道と択捉島の間の海峡である。択捉島は日本の領土であるが，ロシアによる支配を受けているため，日本人が簡単に訪れることができない。

ウ　関門海峡は，本州と九州の間の海峡で，船によってむすばれ，橋はかけられていない。海峡内にある島では，江戸時代に剣豪同士が決闘をおこなったことで知られている。

エ　対馬海峡は，九州と朝鮮半島の間の海峡で，中央部には対馬がある。海峡の両岸にある福岡市と韓国の釜山市は空路だけでなく海路でもむすばれている。

問6　下線部④について，現代の防災に関して説明した文として誤っているものを，次の**ア～オ**の中から1つ選び，記号で答えなさい。

ア　洪水や高潮発生時における浸水域や避難地域を示したハザードマップが作られるなど，住民が避難行動を取るための情報が示されるようになっている。

イ　地震や津波の被災地では，被害にあった建物を改築するなどして保存し，人々の防災意識を高めるための資料館としている。

ウ　建物の耐震構造や免震装置の技術が向上し，規模の大きな地震でも建物が倒壊することが以前より減ってきている。

エ　地震発生の数時間前に緊急地震速報がスマートフォンに届くようになったことで，迅速な避難ができるようになった。

オ　降雪の多い地域では，ロードヒーティングや融雪剤の散布，水を流して雪をとかす融雪パイプなどが普及している。

問7　下線部⑤について，次の地形図**ア**～**エ**のうち，●地点で液状化現象が他の3つに比べて起こりにくいと考えられるものを1つ選び，記号で答えなさい。

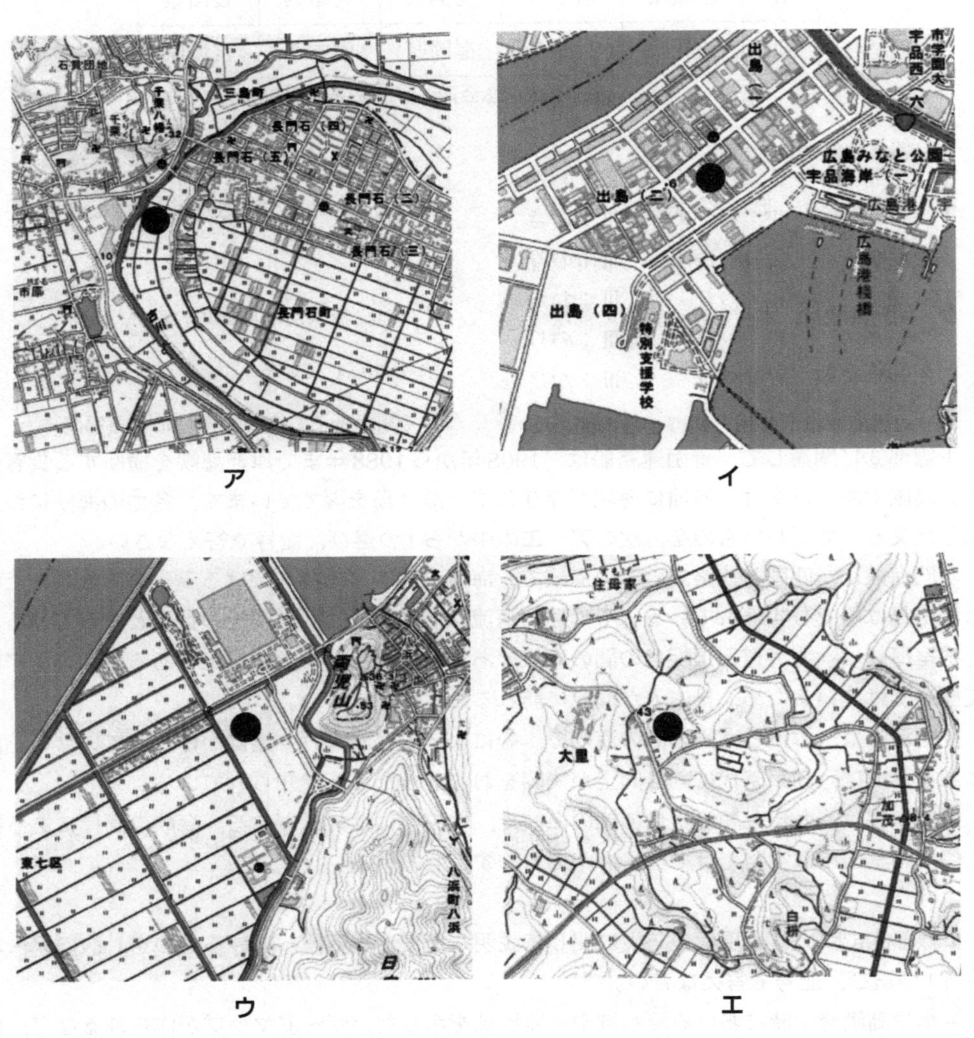

(地理院地図より作成)

問8　下線部⑥に関連して，九州には火砕流によって形成された台地であるシラス台地があります。これに関連して，日本各地の台地でおこなわれている農業について説明した文Ⅰ・Ⅱの正誤の組み合わせとして正しいものを，あとの**ア**～**エ**の中から1つ選び，記号で答えなさい。

Ⅰ　鹿児島県や宮崎県のシラス台地は，かつて近隣の火山によって生じた火砕流が堆積(たいせき)した土壌(どじょう)であるため，土壌の目が粗(あら)く，水はけがよい。そのため水田の整備が難しく農業はさかんではなかったが，近年は客土によって水田が整備され，九州南部の温暖さを利用して，稲作がさかんになった。

Ⅱ　北海道東部の根釧台地は，夏季も千島海流の影響で気温があまり上がらず，土地の養分も乏(とぼ)しいために稲作や畑作には向いていない。そのため，第二次世界大戦後に，近代的な酪農(らくのう)の実験をするための農場を建設したことをきっかけに，酪農がさかんになった。

ア　Ⅰ：正　Ⅱ：正
イ　Ⅰ：正　Ⅱ：誤
ウ　Ⅰ：誤　Ⅱ：正
エ　Ⅰ：誤　Ⅱ：誤

問9　下線部⑦について，次の2枚の写真は2022年3月に，福島第一原発の近くで撮影(さつえい)されたものです。どの地点で撮影されたものですか。あとの地図中の**ア**～**カ**の中から1つ選び，記号で答えなさい。

(聖光学院社会科撮影)

問10　波線部について，宮城県では，2015年におこなわれた調査の結果，東日本大震災前の2010年に比べて労働力人口が減少した町が多くみられました。そのような状況であるにもかかわらず，特定の業種については労働力人口の割合が増えた町もあります。次の図表1～3と資料をみて，最も労働力人口の減少率が高い町名を1つあげ，とりわけその町において，労働力人口が減少した理由と，特定の業種における労働力人口の割合が増加した理由を，解答欄に合わせて60字以上80字以内で答えなさい。なお，町名と「では、」は，字数に含めません。

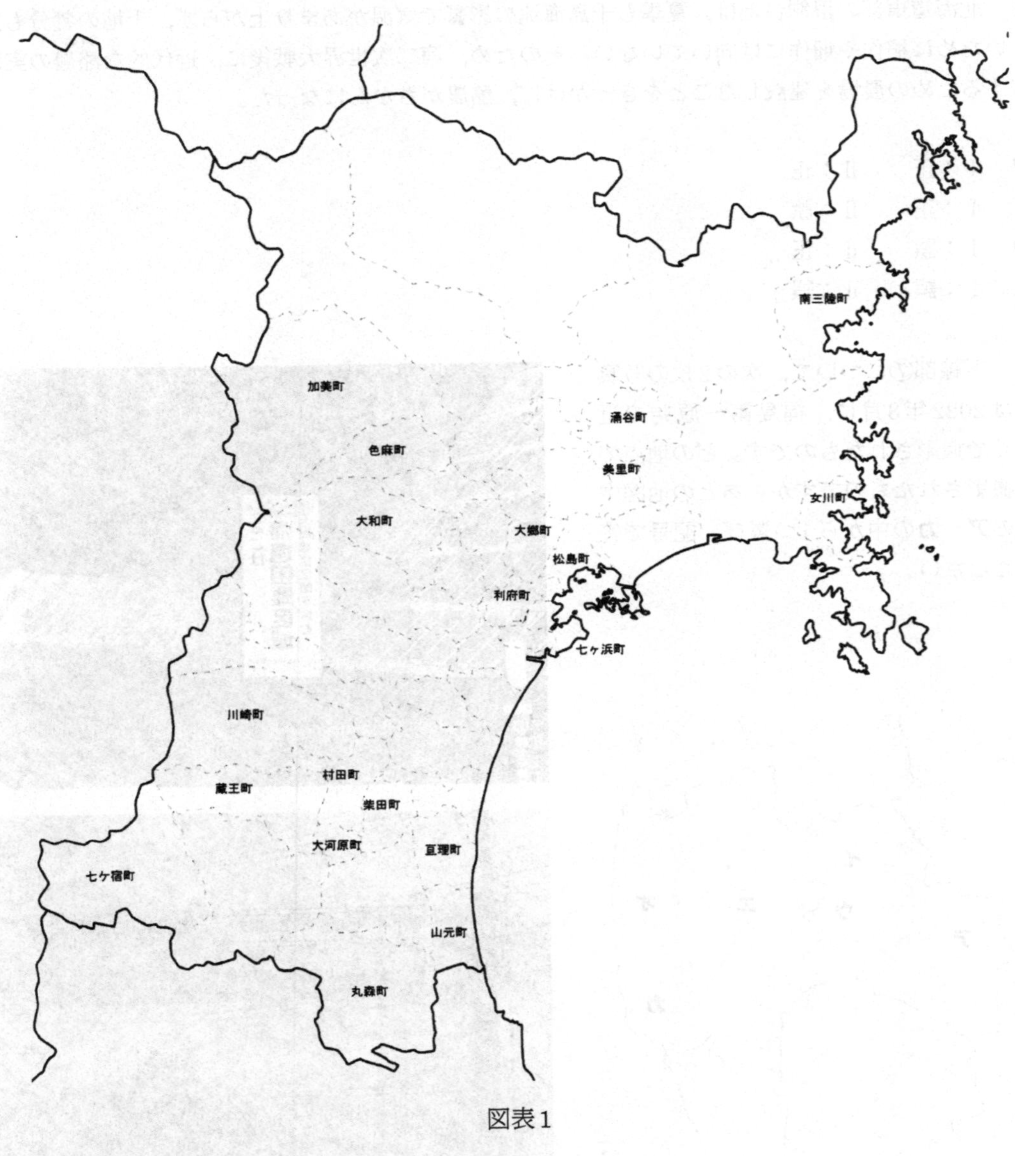

図表1

町名	増減率(%)
蔵王町	−3.3
七ヶ宿町	−16.6
大河原町	−3.8
村田町	−3.9
柴田町	0.9
川崎町	−5.3
丸森町	−7.9
亘理町	−4.8
山元町	−25.9
松島町	−5.1
七ヶ浜町	−9.0
利府町	6.9
大和町	15.0
大郷町	−6.9
色麻町	−0.2
加美町	−2.0
涌谷町	−4.0
美里町	1.4
女川町	−32.8
南三陸町	−26.5

図表2

宮城県内の町における，2010年を基準とした
2015年の労働力人口増減率
(宮城県統計課人口生活班「平成27年　国勢調査
就業状態等基本集計結果」より作成)

本町の被災状況は，人的被害では犠牲率が8.26%であり，家屋被害においても約7割の住家が全壊となり大規模半壊，半壊，一部損壊を含めると約9割の住家が被害を受けた。人命・住家共に被災市町村のうちで最も高い被災率となった。町の産業基盤である漁業・水産業では，漁船の約9割が，水産加工事業所は8割が流失，約3割の経営体が廃業する状況に至り，商工業者も同様に3割の事業者が廃業せざるを得ない状況となった。

資料

その町の町長の2014年の談話
(復興庁ウェブサイト「新たな視点でのまちづくり」より作成)

町名	農林業	建設業	製造業	運輸業等	小売業等	宿泊(しゅくはく)業等	医療(いりょう)・福祉
蔵王町	−0.4	1.5	−2.2	0.2	0.0	−0.9	1.1
七ヶ宿町	−6.0	−0.1	−0.2	3.0	−1.1	−1.4	2.4
大河原町	0.0	0.9	−1.1	0.2	−1.2	−0.4	1.4
村田町	0.8	2.4	−3.2	0.6	0.0	−0.3	0.4
柴田町	−0.2	1.9	−0.9	0.1	−1.4	−0.5	1.1
川崎町	−2.2	2.2	−0.9	0.3	−0.5	−0.4	0.7
丸森町	−1.1	1.4	−1.4	−0.3	−0.3	0.1	1.2
亘理町	−2.0	2.6	−1.0	−0.4	−0.3	−0.3	0.9
山元町	−1.9	6.3	−3.0	−0.8	−2.7	−0.4	0.0
松島町	0.2	2.0	−0.4	−0.3	−1.7	−1.4	1.6
七ヶ浜町	0.0	1.8	−0.7	0.1	−2.0	0.6	0.2
利府町	−0.1	1.4	−0.3	−0.2	−2.4	−0.4	1.5
大和町	−0.8	−0.1	3.0	0.0	−1.2	−0.2	0.7
大郷町	0.5	0.7	0.1	−1.0	−1.9	0.3	1.1
色麻町	−1.1	0.1	0.6	0.3	−1.0	−0.2	0.9
加美町	−0.6	1.0	1.0	−0.4	−1.1	−0.1	1.4
涌谷町	−0.1	1.7	−2.1	0.1	−0.6	−0.4	1.3
美里町	−1.1	1.7	−0.2	−0.9	−1.4	−0.3	2.1
女川町	−0.1	14.6	−6.9	−1.1	−3.4	−0.9	−0.2
南三陸町	−0.1	5.5	−2.2	−0.2	−4.0	−0.3	0.1

図表3

宮城県内の町における，2010年を基準とした，2015年における主な業種別労働力割合の差

（宮城県統計課人口生活班「平成27年　国勢調査　就業状態等基本集計結果　産業別15歳(さい)以上就業者の割合の推移」より作成）

[4] 次の文章を読んで，あとの問いに答えなさい。

21世紀の世界は地域紛争に満ちています。たとえば，アメリカで黒人の人権が問題となるなど，人種差別にかかわる対立はあとを絶ちません。また，①アフガニスタンにおけるイスラム原理主義の影響力拡大やウクライナ問題なども大きな問題となっています。本問では，こうした紛争や混乱の背景にある「人種」と「民族」について考えてみたいと思います。

人種という言葉は，人類を皮膚の色，目や鼻の形などの外見から分類する場合に用いられ，かつてはこうした外見的特徴は生物学的な違いによるものであると考えられてきました。しかし20世紀後半の研究によって，生物学的な意味においては，人種という分類は存在しないことが明らかになりました。皮膚の色などの身体的特徴は，紫外線などの環境に対する適応の結果であると結論づけられたのです。1948年の「世界人権宣言」で国連は人種的偏見にもとづく一切の差別を否定しましたが，ユネスコはさらに踏み込んで，人種という考え方自体が②歴史的に形成された特定の価値観によるものであると宣言しています。今日では，「人種」は人々を外見で区別する際に用いられる便宜的な分類と理解されています。

一方，民族は，『ブリタニカ国際大百科事典』によると「一定地域に共同の生活を長期間にわたって営むことにより，言語，習俗，③宗教，政治，経済などの各種の文化内容の大部分を共有し，集団帰属意識によってむすばれた人間の集団の最大単位」と定義されています。人種が「外見」による人々の区別であるのに対し，民族は「文化」の共有によって歴史的に形成された集団を表す区分というわけです。

人間はどのような外見であろうと，どのような集団に帰属していようとも，生物学的には単一の種に属するものとして，動物と対比される存在に過ぎません。たとえば北海道や樺太の先住民を表す「[　　　]」という語も，もともとは動物から区別された「人間」を表す言葉でした。わたしたちはさまざまな人々がもつ文化の多様性を尊重し，すべての人間が平等な存在であるということを忘れてはいけません。

問1　文中の[　　　]にあてはまる語句を答えなさい。

問2　下線部①について，アフガニスタン，ウクライナの場所を，次の地図中の**ア**～**オ**の中からそれぞれ1つずつ選び，記号で答えなさい。

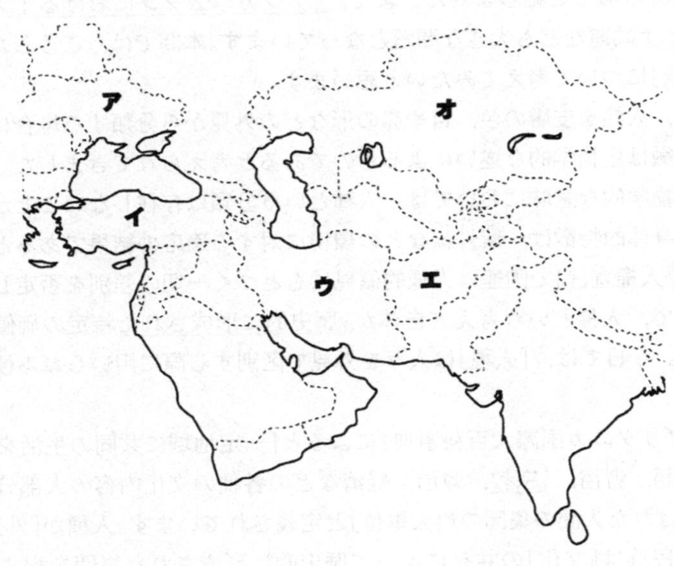

問3　下線部②について，ヨーロッパで「人種」という言葉が一般的に用いられるようになったのは，コロンブスやマゼランが活躍した「大航海時代(15世紀末から16世紀)」のことといわれています。なぜこの時代に「人種」という言葉が広く用いられるようになったと考えられますか。次の文中の［　　　　　　］にあてはまる言葉を答えなさい。

この時代，ヨーロッパ人は［　　　　　　］から。

問4　下線部③について，民族や国籍にかかわらず世界中で多くの人々が信仰している宗教を「世界宗教」といいます。これに対し，ある特定の民族と強く結びついた宗教を，「民族宗教」とよんでいます。次の宗教のうち，民族宗教にあたるものの組み合わせとしてふさわしいものを，**ア**～**カ**の中から1つ選び，記号で答えなさい。

ア　ユダヤ教・仏教　　**イ**　ユダヤ教・イスラム教　　**ウ**　ユダヤ教・ヒンドゥー教
エ　仏教・イスラム教　　**オ**　仏教・ヒンドゥー教　　**カ**　イスラム教・ヒンドゥー教

問5　次の図1・図2に関する，あとの(a)・(b)の問いに答えなさい。

図1

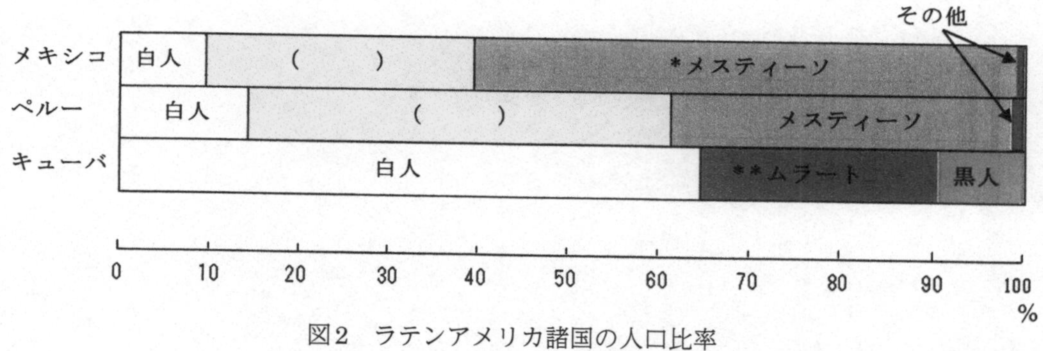

図2　ラテンアメリカ諸国の人口比率

*　メスティーソは白人と(　　)の混血

**　ムラートは白人と黒人の混血

(二宮書店『データブック・オブ・ザ・ワールド2022』より作成)

(a)　図1はペルーの画家によって18世紀に描(えが)かれた，ラテンアメリカに暮らす夫婦(ふうふ)とその子どもの絵です。絵の中央に描かれている女性は，図2中の(　　　)という民族に分類されています。図2中の(　　　)にあてはまる言葉を，次の**ア**～**エ**の中から1つ選び，記号で答えなさい。

ア　アボリジニ　　**イ**　イヌイット

ウ　インディオ(インディヘナ)　　**エ**　ヒスパニック

(b)　図1の絵の左側に描かれている男性は，ヨーロッパのある国の出身者か，その子孫であると考えられます。図2のグラフ中の「白人」のうちの多数を占める人々の出身国でもあるこの国を，次の**ア**～**エ**の中から1つ選び，記号で答えなさい。

ア　スペイン　　**イ**　ドイツ　　**ウ**　イギリス　　**エ**　フランス

問6　世界中で人種差別が問題となっている一方，メキシコでは人種差別や，人種問題に起因する対立はほとんどみられないといわれています。その理由を本文や図1・図2を参考に1行で説明しなさい。

問五 ――線部③に「自分のオリジナリティが何か、がわかる」とありますが、どういうことですか。その説明として最もふさわしいものを、次のア～オの中から一つ選び、記号で答えなさい。

ア 先行研究を疑ってみることで、自身の研究の問題点も明確になるということ。

イ 先行研究を深めることで、自分の教養の不足が改めて確認されることになるということ。

ウ 先行研究を吟味することで、既存の情報に対する自分の立ち位置が明らかになるということ。

エ 先行研究を統合することで、すでにある情報に独創性が付与されることになるということ。

オ 先行研究を批判することで、自身の研究の優位性を証明することになるということ。

問六 ――線部④に「自分たちが言語しか扱えないという限界を、わきまえているほうがよい」とありますが、どうしてですか。その説明として最もふさわしいものを、次のア～オの中から一つ選び、記号で答えなさい。

ア 現代では技術が発達しているため、映像やパフォーミングアートといった非言語情報のアウトプットの方法がもっている影響力の強さを無視することができないから。

イ 研究ではインプットした言語情報を生産物としてアウトプットする手法がとられているが、その方法では非言語情報を用いる領域に関する研究を行うことができないから。

ウ 非言語的な情報処理のノウハウを知っている人々であれば、既存の学問の領域を越えて、誰もが利用可能な知的公共財を生み出す可能性を秘めているから。

エ 研究は言語で行われることが常識となっているが、世界には言語以外の手段で情報処理する人がおり、その人たちを通じて自分たちには見えていなかったものが見えるかもしれないから。

オ 非言語の一次情報を扱うためには、知性に基づいた言語情報に変換するのではなく、実際の体験に基づいた非言語情報のまま出力する必要があるから。

問七 ――線部⑤に「学問という情報生産者になる」とありますが、「学問」における「情報生産者」とはどういう人のことですか。第[三]段落以降の内容を踏まえ、情報を生産する過程も含めて六十字以内で説明しなさい。

【下書き欄】――必要ならば使いなさい。

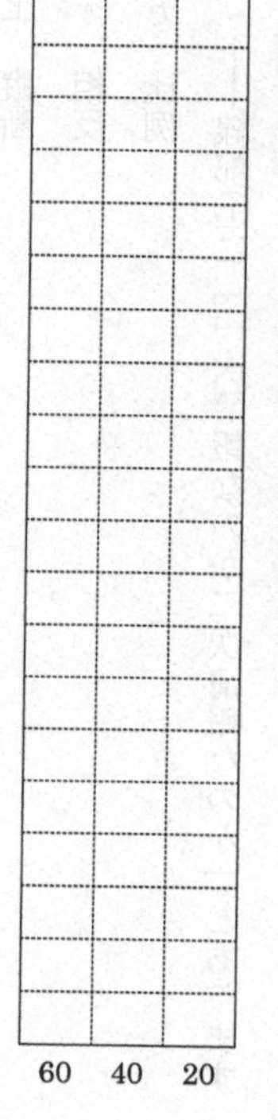

まったくオリジナルな、誰も真似のできない自分独自の表現や作品を生産したいなら、あなたは研究者を目指すより、アーチストやクリエイター[*6]を目指すほうがよいでしょう。

さあ、これが⑤学問という情報生産者になる、ということです。

——上野千鶴子『情報生産者になる』による

(問題作成上の都合から一部原文の表記を改めた)

(注) ＊1 東大上野ゼミ……筆者が東京大学で担当していた授業。
＊2 メタ分析……ここでは、視点を変えて分析すること。
＊3 パフォーミングアート……身体表現による芸術。舞台芸術。
＊4 ゲーテ……人名。後の「ロダン」「フーコー」も同じ。
＊5 ツール……手段や方法。
＊6 クリエイター……作品などを創造する人。

問一 [A]～[C]にあてはまる言葉を、次のア～カの中からそれぞれ一つずつ選び、記号で答えなさい。ただし、同じ記号は二回以上使えないこととします。

ア さらに
イ しかし
ウ たしかに
エ たとえば
オ ところで
カ なぜなら

問二 [X]・[Y]にあてはまる言葉を、次のア～カの中からそれぞれ一つずつ選び、記号で答えなさい。

ア 横行
イ 関連
ウ 作用
エ 縦断
オ 相反
カ 比例

問三 ——線部①に「一次情報なのか二次情報なのか」とありますが、ここでの「一次情報」の入手方法の例として最もふさわしいものを、次のア～オの中から一つ選び、記号で答えなさい。

ア ある集落にどのような伝説が伝わっているか調べるため、その場所に赴いて聞き取りを行う。
イ 十年前に起きた事件の真相を突き止めるため、先週放送していた特集番組を見返す。
ウ 自分の感性を磨くために、インテリアとして絵画の模写や彫刻の模造品を購入する。
エ その地方に伝わる妖怪の姿を知るため、現地に住む研究者がまとめた書籍を読む。
オ 来年の海外旅行を充実させるために、ガイドブックを見て観光スポットを調べる。

問四 ——線部②に「そういうレポートを review essay と呼びますが、しょせんそれだけのことです」とありますが、どうして「しょせんそれだけのこと」なのですか。一行で説明しなさい。

これが論文というアウトプットには求められます。

四 さて、一次情報はどうしたら手に入れることができるでしょうか。情報には言語情報と非言語情報とがありますが、研究とは言語的生産物です。一次情報は観察、経験、コミュニケーション、対話、インタビュー、アンケート調査、統計等から得ることができますが、最終的に言語的生産物としてアウトプットするためには、すべての情報を言語情報に変換しなければなりません。

情報収集data collectionの機会はありとあらゆるところにころがっています。日常生活そのものが情報収集の現場であると言っても過言ではありません。また二次情報であっても、メディアの言説、手紙、日記、証言、裁判記録等を一次情報としてメタ分析[*2]の対象として扱うことも可能です。

研究とは基本、言語情報をインプットし、言語情報を生産物としてアウトプットする情報処理の過程です。学問の世界には、身体よりは精神、感情よりは知性のような言語情報を優位に置く序列があります。しかし非言語情報をインプットして、そのまま非言語情報としてアウトプットするやりかただってあってよいかもしれません。

C 映像から映像へ、あるいはビジュアルな表現やパフォーミングアート[*3]によるアウトプットだって、考えられないわけではありません。わたしは学問を教えてきて、いつも自分のインプットとアウトプットが言語に偏重していることを感じてきました。わたしが知っているのは言語的な情報処理のノウハウだけですので、それしか教えることができませんが、世界にはもっと豊かで多様な非言語的な情報処理のインプットとアウトプットのノウハウを知って、それを伝達できる人々がいるに違いありません。それが学問と呼ばれていないだけで。言語を媒体に情報処理をする人々は、④自分たちが言語しか扱えないという限界を、わきまえているほうがよいと思います。

五 最後に学問とは何か、について述べておきましょう。

わたしは学問を、伝達可能な知の共有財、と定義しています。伝達可能ですから、学習することも可能です。学問にはアートや宗教のように秘技や秘教的なところはありません。学ぶとはもともと真似ぶからきたことば。明晰簡明で、まなぼうとおもえばまねぶことができること、そしてその成果物である情報財は、私有財ではなく公共財になることが目的です。

ですから、わたしは研究者を、アーチスト（芸術家）よりはアルチザン（職人）だと考えています。アーチストにとっては、「ゲーテ[*4]の作品」とか「ロダンの彫刻」のように固有名が伴うこと、そして他人の模倣でないことが決定的に重要ですが、アルチザンにとっては自分の作品から最終的に固有名が消えること、そうしてそれが誰もが利用可能な公共的な財になることが最終的なゴールです。ですから「フーコーの言説分析[*5]」と呼ぶ代わりに、固有名が落ちてたんに「言説分析」というツールが社会科学の公共財になり、それを発案した人が忘れ去られるということこそ、社会科学者の名誉となることでしょう。

そうやって「アイデンティティ」や「準拠集団」のようなさまざまな概念が、研究者集団の共有財産になってきました。その専門家集団の一員に自分も加わることが、研究者になるということです。もしすが、それは研究者の一面にすぎません。たしかに図書館を主たるデータ収集の場所にする研究もありますから、それを library survey と呼んでいます。最近ではネット・サーフィンのみでデータ収集をする学生もいるようですが。［ B ］図書館やウェブの世界ばかりがデータ収集の場ではありません。図書館の外、オフラインのフィールドには、膨大な経験という領域が広がっています。その経験の現場から、自分の手で得てきた情報を一次情報と言います。

最近の学校でさかんないわゆる「調べ学習」は、ほとんど library survey のことを指しているようです。いまどき情報コンテンツは図書館に行かなくてもネット上にあふれていますから、ネットで情報収集してコピペすれば一丁上がり、のレポートが小学生から大学生まで［ Y ］していますが、それを研究とは呼びません。*1東大上野ゼミでは、メディアの情報を器用にまとめただけのレポートは、決して認めませんでした。その情報は誰に属する情報なのか、①一次情報なのか二次情報なのかを、きびしく問いました。

もちろん特定の主題について、誰によって何がどれだけ言われているかを明らかにすることには、それなりの価値があります。②そういうレポートを review essay と呼びますが、しょせんそれだけのことです。世の中には、目配りのよい review essay を的確にこなす人材がいますが、こういう人は教育課程で長年にわたって、「以下の文章を読んで何字以内にまとめなさい」という訓練を受けてきた人なのでしょう。その分野で何が問われていてどこまでが明らかにされているかという review essay は、研究の前段階にすぎません。しょせん、よく勉強したね、という読書レポートの域を出ません。研究論文では、その部分を「先行研究の検討」と呼びます。なぜならあなたの立てた程度の問いは、あなた以前に、あなた以外のひとによって、とっくに立てられていると考えるところから、研究は出発するからです。

オリジナルな問いと言っても、まったく誰も立てたことのない問いなんて、めったにありません。ですが、「先行研究の批判的検討」をすることによって、自分の立てた問いのどこまでが解かれており、どこからが解かれていないかがわかるようになります。そこではじめて、③自分のオリジナリティが何か、がわかるのです。

［三］ 情報を消費したり収集したりすることを、インプット（入力）といいます。インプットした情報を加工して生産物にする過程を情報処理 information process と言います。情報処理の「プロセス」は、「加工」でもあり、「過程」でもあります。情報生産の最終ゴールは情報生産物をアウトプット(出力)することです。どれだけ情報をインプットしていても(これを博識と言います)、あるいはそれから多くの情報処理を経ていても（これを智恵と言います）、アウトプットしない限り、研究にはなりません。

情報生産者になるには、アウトプットが相手に伝わってなんぼ。なぜなら情報生産とはコミュニケーション行為だからです。情報が相手に伝わらない責任は、もっぱら情報生産者にあります。もし誤解を生むとしたら、その責任ももっぱら情報生産者にあります。その点で研究という情報生産の特徴は、詩や文学のような多義性を許さない、という点にあります。誤解の余地のない明晰な表現で、ゆるぎのない論理構成のもとで、根拠を示して自分の主張で相手を説得する技術……

時間が過ぎていく様子が読み取れる。

エ ――線部dの「海は少しずつ暗く淀んでいく」という表現からは、玉置さんの目を治すためにどのような言葉をかけたとしても、結果として玉置さんを責めることになってしまう「僕」の落ち込んでいく気持ちが読み取れる。

オ ――線部eの「視線をあげると、今日、検影法で見た中和の光のようなオレンジ色の巨大な満月が空に浮かんでいた」という表現からは、これからは視能訓練士という立場で玉置さんを全力でサポートしていこうという「僕」の確固たる決意が読み取れる。

カ ――線部fの「僕らは三人とも、同じ光を見ていた」という表現からは、玉置さんが少しずつ自分と向き合うことができるようになったことにより、よい方向に向かっていくのではないかという希望が三人の間で共有された様子が読み取れる。

四、次の文章を読んで、あとの問いに答えなさい。なお、設問の都合で問題文の意味段落に[一]～[五]の番号を付けてあります。

[一] 誰も立てたことのない問いを立てる……ことを、オリジナルな問いと言います。オリジナルな問いには、オリジナルな答えが生まれます。それがオリジナルな研究になります。

[A]オリジナリティとは何でしょうか?

オリジナリティとはすでにある情報の集合に対する距離のことを言います。距離は英語では distance ですが、つまりすでにある知の集合からの遠さ distance を自分の立ち位置 stance というのです。

誰も立てたことのない問いを立てるには、すでに誰がどんな問いを立て、どんな答えを出したかを知らなければなりません。すでにある情報の集合を知識として知っていることを、「教養」とも呼びます。教養がなければ、自分の問いがオリジナルかどうかさえわかりません。ですから、オリジナルであるためには教養が必要なのですが、教養とオリジナリティはしばしば[X]することがあります。教養は努力すれば身につけることができますが、オリジナリティはセンスです。ですから教養とオリジナリティ、どちらが大事？ と言われたら、どちらも大事だけれども、どちらかといえば教養があってオリジナリティに欠けるよりも、オリジナリティがあって教養に欠けるほうがまだまし、と言ってきました。なぜなら、オリジナリティのある人はあとから教養を身につける事ができるのに対し、教養のある人が、あとからオリジナリティを身につけるのはむずかしいからです。

[二] 情報には一次情報 first hand data と二次情報 second hand data とがあります。一次情報は経験的現実から自分の目と手で得た情報、二次情報は second hand と呼ぶように、いったん他人の手を通って加工ずみの情報です。セコンドハンドを略して「セコハン」というように、つまり中古情報です。他人の手でいったん加工された情報はすべてセコハン情報です。新聞や雑誌、ブログなどのメディアから得られた情報は、すべてセコハン情報です。

セコハン情報の収蔵場所が、図書館というところです。研究者は図書館にこもって書物ばかり読む人と思い込んでいるひともいるようで

【下書き欄】――必要ならば使いなさい。

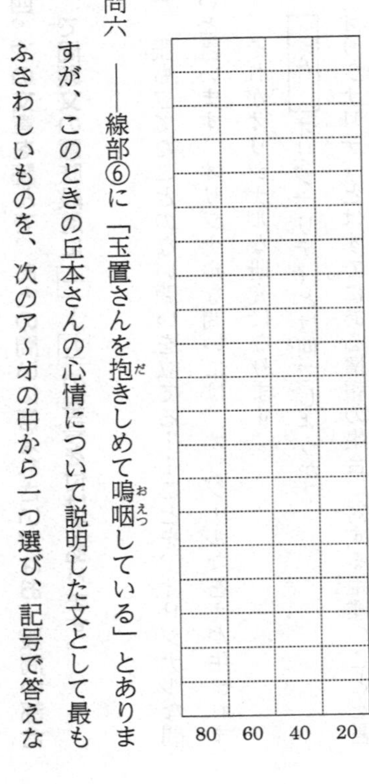

問六 ――線部⑥に「玉置さんを抱きしめて嗚咽している」とありますが、このときの丘本さんの心情について説明した文として最もふさわしいものを、次のア～オの中から一つ選び、記号で答えなさい。

ア 玉置さんに本当の自分を取り戻してほしいと思いカラコンを勧めたが、その結果、新しい自分を見つけることができないままにカラコンを着け続ける事態を招き、申し訳なく思っている。

イ 玉置さんが前向きになれるようカラコンを勧めたが、カラコンを着け続けることによって円錐角膜を進行させてしまうとは知らず、申し訳なく思っている。

ウ 玉置さんの傷ついた心に寄り添うためにカラコンを勧めたが、そのことによって彼女が本当の自分を手放してしまうという結果を招いてしまい、申し訳なく思っている。

エ 玉置さんに自信をつけさせようと思ってカラコンを勧めたが、彼女の傷がカラコンなしでは生きていけなくなるほど深いものだとは思いが至らなかったことを申し訳なく思っている。

オ 玉置さんの辛い過去を忘れられるようにカラコンを勧めたが、カラコンを着け続けることでかえって過去の心の傷が深まってしまったことを申し訳なく思っている。

問七 ――線部⑦に「僕が写せなくて本当に良かった」とありますが、それはどうしてですか。八十字以内で説明しなさい。

【下書き欄】――必要ならば使いなさい。

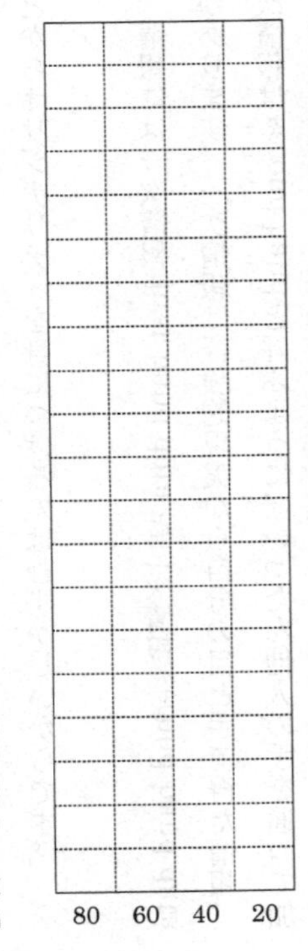

問八 ――線部a～fについて説明したものとして**ふさわしくない**ものを、次のア～カの中から二つ選び、記号で答えなさい。

ア ――線部aの「アパートから出てきた玉置さんの細い影は、昼間見たときよりもさらに細く感じた」という表現からは、失明の危機を突然知らされて戸惑う玉置さんが不安に押しつぶされそうな様子が読み取れる。

イ ――線部bの「僕らもまた赤と黒の中を行き来する影にすぎなかった」という表現からは、玉置さんを励まそうとする丘本さんと、自分の殻に閉じこもっている玉置さんの間で揺れ動く「僕」の不安定な気持ちが読み取れる。

ウ ――線部cの「並んで肩を寄せ合っている二人の影が、少しずつ長くなっていく」という表現からは、玉置さんと丘本さんの間でお互いに何をどのように話してよいかわからないままにさんに失望を隠せないでいる。

問三 ――線部③に「小さな女の子のような敵意もなく衒いもない、弱々しい声だった」とありますが、このときの玉置さんの様子について説明した文として最もふさわしいものを、次のア～オの中から一つ選び、記号で答えなさい。

ア 今までは失明の恐怖におびえるだけだったが、医療従事者としての「僕」を信頼し、具体的に治療法を提示してもらえるのではないかと思い、過去の自分をありのままに話そうとしている。

イ 失明するとわかっていながらもカラコンを着け続けているという矛盾した行動を理解できていないであろう「僕」に、自分の辛い過去を語ることで共感してもらおうとしている。

ウ 失明の危険性に直面して不安に押しつぶされそうになっていたが、自分自身の問題を見つめ直す中で少しずつ「僕」に心を開き始め、自分の抱えている思いを伝えようとしている。

エ 予想していなかったほど自分の目が悪い状態であることがわかり、その原因となっているカラコンを外すきっかけをつかみたいと思い、目の前にいる「僕」にすがろうとしている。

オ 失明の危機にある自分と向き合う中で自信が失われつつあったが、「僕」に自分の胸の内を伝えることで、少しでも前向きに考えるきっかけをつかもうとしている。

問四 ――線部④に「玉置さんの瞳も声も、少しずつ熱を帯びて、その後、潤んでいった」とありますが、このときの玉置さんの心情について説明した文として最もふさわしいものを、次のア～オの中から一つ選び、記号で答えなさい。

ア カラコンを着け続けることの危険性を十分に承知していたにもかかわらず、その事実から目を背けていた結果、今はカラコンなしでは自分が保てなくなったことに気づき、絶望している。

イ カラコンによって新しい自分に生まれ変われると信じてきたのに、話しているうちに、いつしかカラコンに依存して失明の危機を招くまでになっていたことを実感し、悲しみに暮れている。

ウ カラコンを外せないでいる自身の思いを少しでも理解してもらいたいと必死に語り続けていたが、それによってかつての辛い記憶がよみがえり、感情を抑えきれなくなっている。

エ カラコンを着けることで他人から認められた自分に満足していたが、結局本当の意味で新しい自分を見つけられたわけではないことに気づき、自分の浅はかさに嫌気がさしている。

オ カラコンを着けることによって自分の心の傷を癒やせると思っていたが、今はカラコンを着けていない時こそ本当の自分を出せるということがわかり、後悔の念にさいなまれている。

問五 ――線部⑤に「僕らは気付かないうちに、彼女が自分自身を救おうとする前向きな気持ちと努力を傷つけていたのかもしれない」とありますが、「彼女が自分自身を救おうとする前向きな気持ちと努力を傷つけていた」とはどういうことですか。八十字以内で説明しなさい。

――砥上裕将『7・5グラムの奇跡』による
（問題作成上の都合から一部原文の表記を改めた）

（注）＊1　ハスラー……自動車の名称。
＊2　カラーコンタクトレンズ……色の入ったコンタクトレンズ。「カラコン」も同じ。
＊3　円錐角膜……目の病気。
＊4　一眼レフ……カメラの一種。
＊5　ファインダー……カメラで写真を撮る際にのぞき込む部分。
＊6　検影法で見た中和の光……「検影法」は眼の検査の一つ。「中和の光」は検査の際に見える光。

問一　――線部①に「しばらく黙っていたが、小さく息を吐いた」とありますが、このときの丘本さんの心情について説明した文として最もふさわしいものを、次のア～オの中から一つ選び、記号で答えなさい。

ア　関係のない「僕」に頼み事をするのは気が引けるが、玉置さんと二人きりになった時に何を話せばよいかわからないため、「僕」の力を借りようと思っている。

イ　玉置さんとの関係がうまくいっていないことを「僕」に伝えたくはなかったが、玉置さんの目の治療を少しでも進めるためには「僕」の助けが必要だと思っている。

ウ　「僕」を巻き込むのは心苦しいものの、玉置さんとの話し合いの場をもつためには一人では心細く、意を決して「僕」に同行を頼もうと思っている。

エ　自分一人で玉置さんを説得するには力不足であり、医療従事者である「僕」がいることで、より適切なアドバイスがもらえると思い、「僕」を何としてでも誘おうと思っている。

オ　「僕」の助けを借りて、以前と同じように玉置さんの写真を撮ることができれば、彼女に心を開いてもらえるかと思い、一緒に来てもらいたいと思っている。

問二　――線部②に「痛々しそうに見つめる僕の視線」とありますが、このときの「僕」の心情について説明した文として最もふさわしいものを、次のア～オの中から一つ選び、記号で答えなさい。

ア　失明の危機にさらされて精神的に追い込まれているにもかかわらず、それでもなおカラコンを着け続けている玉置さんのことを気の毒に思っている。

イ　病院で検査の結果を告げられて動揺していた玉置さんに対して、視能訓練士として手伝える限界を感じ、改善が見込めない玉置さんに同情している。

ウ　失明の恐怖におびえつつもカラコンに固執している玉置さんに対して、彼女のここまでの人生を思うと、単純にカラコンをやめるようには言えずに悩んでいる。

エ　二人の会話のやりとりを固唾をのんで見守っていたが、突然丘本さんが自分に会話をふってきたことに対してなんと返してよいかわからず、動揺している。

オ　失明の危険性があるにもかかわらず、自分で治そうとする意志を十分にもつことができずにカラコンを外せないでいる玉置

と、丘本さんに言った。彼女は頷いて、それからしばらく、玉置さんをじっと見つめた後、

「遥香ちゃん、いくよ」

と、声をかけた。玉置さんは、コクンと一度頷いた。丘本さんは、一度だけ*5ファインダーから顔を離し、「遥香ちゃん、笑って」と、言った。玉置さんはその声を聞いて、一瞬だけ微笑んでいた。哀しいけれど限りなく優しい笑みがそこにあった。丘本さんのカメラはその瞬間を捉えた。

僕らは近づいて、写真を確認しようとした。すると、丘本さんから声があがった。

「これ、見て」

と、丘本さんは玉置さんに言った。玉置さんもそれを覗いた。その後、すぐに二人で目を合わせた。僕が近づくと、僕にもその写真を見せてくれた。明るいレンズとカメラの性能を生かしきった夕闇の美しい写真だった。紺色をした曖昧な時間と、外灯の光と玉置さんの真っ白な肌の色が調和した、誰がどう見ても美しい写真だった。

僕はその写真を確認した後に、丘本さんからカメラを受け取り、同じ時間に僕の撮った写真を、二人に見せた。玉置さんは驚いて数秒、僕を見つめた。僕も恥ずかしくなって、なんとも言えない表情になった。写真を確認した丘本さんの表情も急に緩んだ。同じカメラを使って、同じ光を使って、同じモデルを使っても、僕が撮った写真はどうしようもなく下手だった。

二枚の写真を比べれば一目瞭然だった。

丘本さんの写真には、玉置さんへの想いが込められていた。

「カラコンなんか、なくても、玉置さんは素敵です」

僕は、繰り返し真面目に彼女にそう言った。まるで、口説き文句のようだったけれど、誰もそんなふうには受け取らなかった。僕の言葉の意味が、いまやっと正確に玉置さんに伝わっている。そんな実感がその瞬間にあった。

「大切な人に向けることのできるこんな微笑みがあるなら、こんな優しい瞳があるなら、僕はあなたを本当に美しい人だと思います」

僕は、彼女の瞳をまっすぐに見つめて、そう言った。彼女の本当の瞳が僕を捉えていた。

また大粒の涙が、彼女の瞳から零れた。その直後にもう一度、丘本さんは、カメラを構えて、シャッターを切った。

玉置さんが、泣きながら微笑んだ。

玉置さんの涙を拭いたのは、丘本さんだった。「ごめんね」とお互いに、言葉にならない言葉を語りかけていた。

僕はそこから静かに離れた。

自分が不器用なことに、心から感謝した。玉置さんのありのままの美しさを、⑦僕が写せなくて本当に良かった。そして、誰かの瞳の光を心から信じていて、本当に良かったと思った。

陽は完全に落ち、外灯の周りを除いてあたりは闇に包まれた。海はただ、音と巨大な空間だけを残して、空と遠景の中に隠れた。

e 視線をあげると、今日、*6検影法で見た中和の光のようなオレンジ色の巨大な満月が空に浮かんでいた。まるで歪みのない正確な光が僕らのもとに届いていた。

f 僕らは三人とも、同じ光を見ていた。

ん。きっと、こうやって海に来ることだって、話をすることだってできなかったと思います。私は、自分ではもう間違いをただせない。失明するかもしれなくなっても、もう自分を変えられないんです。本当に消えてしまいたい」

そして、彼女は大粒の涙を流し始めた。丘本さんも、小さな声で、玉置さんに「ごめんなさい」と繰り返していた。

玉置さんの心にある大きな傷を庇うものが、カラコンだったのだ。彼女が語っているのは、自分自身の容姿についての問題じゃない。彼女の心と存在についての問題だった。⑤僕らは気付かないうちに、彼女が自分自身を救おうとする前向きな気持ちと努力を傷つけていたのかもしれない。丘本さんは、玉置さんのそんな気持ちを知っていたからこそ、彼女のカラコンについて、これまで強く注意できなかったのだろう。大好きな人をまっすぐに見つめていたその瞳が「嫌いだ」と言って別れを告げるなんて。なんてひどい言葉だろう。玉置さんがカラコンなしで外に出られなくなったのは、彼女自身のせいではない。カラコンを着けて、外の世界に繋がって、魅力的な自分を探さなければ生きていけないほど、彼女はずっと追い詰められていたのだ。

丘本さんは、玉置さんの言葉を聞きながら、同じように泣き出してしまっていた。

「ごめんね。私がもっとわかってあげられていたら」

そう言って、⑥玉置さんを抱きしめて嗚咽している。

「ううん、私こそごめんなさい」

丘本さんが玉置さんの涙を拭おうと彼女の頬に手を触れた瞬間、玉置さんがびくりと動き手が強く頬に当たった。その拍子に、カラコンが外れて落ちた。*3円錐角膜の進行した彼女の瞳は、カラコンのカーブに合わなくなっていたのだ。慌てて、カラコンを戻そうとする、玉置さんの手を、僕は止めた。

彼女は驚いて、僕の瞳をまっすぐに見つめていた。彼女の生まれたままの瞳がこちらを見ていた。

「カラコンなんかなくても、玉置さんは素敵です」

僕は、覚悟をもって言った。嘘ではなかった。たくさんの瞳を見てきた僕には、彼女の瞳の美しさが分かっていた。

「すごく明るい茶色で、月のように煌めいている瞳です。出会った人の印象に残る素敵な瞳だと思います。玉置さんが自信が持てないって思っているその瞳は、あなたのとても美しいところです。本当はもうカラコンなんて必要ないんです。僕がいまからそれを証明します」

僕は必死に話し続けた。彼女を救うために頭を働かせていた。いま自分にできることを全力で考え続けていた。

「丘本さん、カメラを貸してもらえますか」

丘本さんは驚いて、僕を見た。僕は半ば強引に、丘本さんからカメラを取りあげ、スイッチを入れて、玉置さんの写真を撮った。玉置さんの口を半開きにした泣き顔がこちらを向いて、*4一眼レフに収められた。僕はそれを、一眼レフのディスプレイに表示させた後、丘本さんに手渡し、

「丘本さん、いま、玉置さんを撮ってもらえますか?」

と聞いた。丘本さんは驚いていたが、とりあえず、頷き、カメラを構えた。僕は立ちあがって、二人から少しだけ離れた。そして、

「撮ってください」

瞳が『全然笑わないし、いつもこっちばっかり見てるし、なんかいつも目が合うから気持ち悪いんだよね。蛇に睨まれてるみたいで。俺はお前の瞳、マジで嫌い』って言って離れていったんです。私はすごくショックでした。

私はそれまで自分の瞳のことなんて気にしたことなかったけど、彼に『瞳が嫌い』って言われてから、自分を見ることすら怖くなっていきました。でも、瞳をまっすぐに見つめることなく、自分を見ることはできませんよね？　彼への気持ちが消えた後も、その言葉だけが残って、私は自分の瞳や容姿のすべてが好きになれなくなってしまったんです。そのうちに私は、他の誰かが私の瞳を見つめていることが怖くなって、気付いたら外に出られなくなっていました」

僕はその言葉を聞いて、どうして初対面の僕があれほど彼女に嫌われてしまったのか分かった気がした。無意識のうちに瞳を覗こうとする僕の仕草が気に入らなかったのだ。彼女が一番嫌がることを、出会った最初の瞬間から行っていた。もしかしたら、嫌がられるのではなく、怖がられていたのかも知れない。

「真衣ちゃんだけが私の話を聞いてくれて、私に自信をつけさせるために写真を撮ってくれました。できあがった写真を見せてくれて、『綺麗だよ』って言ってくれて、励ましてくれたんです。少しずつ、私が自分のことを好きになれるように、綺麗な服を選んでくれて、髪型も整えてくれて……。彼のことを打ち明けて、目にコンプレックスがあるって伝えたら、瞳を大きくするためにカラコンも教えてくれたんです。あのとき真衣ちゃんは、『本当の自分を取り戻すまでね』って、ちゃんと注意してくれていたのに」

僕が驚いて丘本さんの方を見ると、彼女は項垂れていた。カラコンを勧めたのは丘本さんだったのだ。

「積極的に私の写真を外の世界に送り出して、自信をつけさせてくれました。ＳＮＳでいいねがついて、コンテストで入賞したりして、写真が褒められると、自分が少しずつ外の世界に出ていけるようになっていることに気付きました。

もっと綺麗に写真を撮ってもらう方法はないのか、もっと褒められる方法はないのかって考えるうちに、外の世界と繋がることができるようになっていったんです。洋服を変えて、髪型を変えて、髪の色を変えて完璧に化粧をして、瞳の色を変えて、私はかつての自分を捨てました。もう以前の私とは別人で、だから、もう大丈夫だって思えたんです。新しい自分を見つけたんだって思っていました」

彼女の呼吸は荒くなっていく。

「特に瞳が変わっていれば……、大きくてキラキラしている色の違う瞳があれば、過去の私を捨てられる。もう傷つかなくて済む。もうあんな辛い思いはしなくてもいい。いつの間にかカラコンを外せなくなってしまって、今日みたいなことになっていて……。本当の私はどんな人間なのだろう？　どんな人間になってしまったのだろうって」

④玉置さんの瞳も声も、少しずつ熱を帯びて、その後、潤んでいった。まるで夕焼けの時間が少しずつ終わり、宵の静けさが広がっていくように、彼女の心は暗く深い場所に沈んでいく。

「私はたぶん、自分が間違っていることも分かっているんだと思います。過去の私を捨てるために、瞳をカラコンで覆いました。それがなければ、自分を飾って守らなければ、世界と向き合うことができませ玉置さんは顔をあげて、丘本さんを見ていた。丘本さんに、「野宮さんこっちに来て」と呼ばれ、玉置さんの横に腰かけた。遠くから見たら、僕らはすごく仲の良い友人同士に見えるだろう。本当にそうだったらいいのにと、少しだけ思っていた。

「野宮さん、どうかな」

丘本さんが、ずるい質問をした。玉置さんの瞳がこちらを見ていた。②痛々しそうに見つめる僕の視線に気付いて、玉置さんは目を逸らし、海を見た。僕も同じように海を見た。とても哀しい色をしていた。

「治療法は、いろいろあります。先生も方法を考えていると思います。僕らも力を尽くします。でも、なにより大切なのは、治したいと思う玉置さんの気持ちです。それがなければ、僕たちにはなにもできません」

そう言った後、僕は自分が玉置さんを責めるためだけに、ここに座っているような気持ちになった。

d海は少しずつ暗く淀んでいく。

「私のこと馬鹿な女だって思ってますよね？　失明するって分かっていることを、ワザとやっているだなんて」

と消え入りそうな声で言った後、玉置さんは小さくなって、またうつむいてしまった。「そんなことは……」と僕は答えたけれど、彼女の言葉を否定できなかった。

問題があることは、本人もずっと前から分かっていたのだろう。だがそれを止めることができない。痛みを抱えているのは、角膜ではなく彼女自身なのだ。僕は彼女を傷つけるためにここにいるわけではない。結局、なにも答えられないまま彼女をじっと見つめていた。僕の答えを待たず彼女は語り始めた。

「あれから、病院に行った後から、ずっと考えていたんです」

③小さな女の子のような敵意もなく衒いもない、弱々しい声だった。

「私はどんな人間？」

「どんな？」

と、僕は聞き返した。彼女は細い顎をコクリと動かした。

「私、なんて愚かな人間なのだろう。なんてどうしようもない人間なのだろう。なんて恥ずかしい人間なのだろうって、本当に消えてしまいたいくらい……。病院で、あの小さな男の子が私の怒鳴り声を聞いて、私を見たときの表情が何度も蘇ってきて、私なんていなくなってしまえばいいのにって思っていました。あの表情を見たとき、いまの私はどんな人間なんだろうって、思ったんです」

僕らはただ玉置さんの話に耳を傾けていた。彼女の本当の声が響き続けていた。

「自分の中のなにかが、たった一つ壊れてしまうだけで、人はこんなにも変わってしまうんですね」

彼女は切ない声でそう言った。彼女の言葉は続いている。

「私は、ずっと昔から、自分に自信がなかったんです。人ともうまく話せないし、冷たい感じがするって言われて、周りとも馴染めず、独りぼっちでした。大学に入ってからは余計に、そんな感じで……。でもそんなとき、私のことを好きになってくれた人がいたんです。私はそれが嬉しくて、彼のことが好きになってつき合い始めました。でも時間が経つうちに彼は私のことに飽きちゃって、私がじっと彼を見る

「どうしたんですか」

と、言って二回目になる助手席に乗り込むと、丘本さんは、①しばらく黙っていたが、小さく息を吐いた後、

「今から、遥香ちゃんに会いに行こうと思って」

と、なんだか申し訳なさそうに呟いた。

「僕も行った方がいいんですか。僕は玉置さんに嫌われているみたいだし、お一人で行った方がいいんじゃないかと思いますが」

そう言うと、丘本さんは少しだけ黙り込んだ。

「私一人じゃ遥香ちゃんを動かせないと思うから。それから……」

「それから？」

丘本さんは、大きく息を吸い込むと、

「一人じゃ会いに行く勇気がないから、野宮さん、よろしくお願いします」

そう言った後、頭を下げられた。その言葉の意味は分からなかったけれど、そんなふうに言われるとなにも言い返せなくなって、

「分かりました。じゃあ行きます」

と、返事した。車を発進させてしばらくして、丘本さんが、

「やっぱり良い人だね。野宮さん」

と、ボソッと言った。僕は聞こえないふりをした。

アパートの前に着いたときには、空は少しずつ茜色に染まり始めていた。aアパートから出てきた玉置さんの細い影は、昼間見たときよりもさらに細く感じた。後部座席に乗り込んだ彼女に、「こんばんは」と声を掛けると、怪訝そうな顔をした後、小さく会釈した。僕もそれに倣った。相変わらずの濃い化粧をほどこした顔を見て目を逸らした。彼女の瞳には、カラーコンタクトレンズが着けられていた。

玉置さんも車に乗り込んでからは、*2カラコンを隠すようにじっと目を閉じている。

「夕陽を見に行こう」

と、丘本さんはワザと明るい声で言ってから、車を走らせ始めた。たどり着いたのは、前回と同じ海だった。

三人で車から降りて、真っ赤に染まった海と防波堤を歩いた。景色の中には、赤と黒だけしかない。

b僕らもまた赤と黒の中を行き来する影にすぎなかった。ここにあるものはすべて、海と夕陽に取り込まれてしまう。防波堤の端っこまで来て、丘本さんは防波堤のへりに座った。玉置さんは少し躊躇ったけれど同じように座った。僕は二人の間に入るわけにもいかず、少し遠くで並んだ二人の影を見ていた。

「今日、びっくりしたよね」

と、丘本さんが切り出した。胸には今日もカメラが抱えられていた。

「うん……、ショックだった」

玉置さんはうつむいた。c並んで肩を寄せ合っている二人の影が、少しずつ長くなっていく。「でも」と、玉置さんは心細そうな声で言った。

「私は大丈夫だってことを証明したくて、病院に行ったのに、馬鹿みたいだよね……。ねえ、真衣ちゃん、私、見えなくなっちゃうのかな」

【国　語】〈六〇分〉〈満点：一五〇点〉

【注意】 字数指定のある問題では、句読点やカッコなども字数に含みます。

一、次の①～⑤の文の——線部のカタカナを、それぞれ漢字に直しなさい。

① これ以上損害が大きくならないようにゼンゴ策を検討する。

② このエコバッグは持ち運びに便利でチョウホウしている。

③ ミッペイできる容器に夕食の残りを入れる。

④ 和歌山の美しい景色は目のホヨウになる。

⑤ この会社はフルカブの社員と若手社員の意思疎通がよくとれている。

二、次の①～⑤の文の［　］には、それぞれ動物を表す言葉が入ります。例にならって、□にあてはまる言葉をひらがなで答えなさい。

例	弟は突然の出来事に［　］に□□□□□表情をした。 → 狐・つままれた　→〈答〉つままれた

① 彼は宝くじが当たることを信じて□□□［　］の皮算用ばかりしている。

② 夫婦喧嘩は［　］も□□□□という通り、首を突っ込まないほうが良いのかもしれない。

③ ［　］の□□□ほどの庭だが、母が丁寧に植物を育てている。

④ 勉強をしない僕に怒っている親に［　］の尾を□□思いで週末に遊びに行く許可を求めた。

⑤ 演技の経験がほとんどないのに主役に選ばれるなんて、まさに□□□□□から［　］だ。

三、次の文章は、砥上裕將の『7・5グラムの奇跡』の一節である。眼科で視能訓練士（目の検査や訓練を行う技師）として働く野宮（「僕」）は、同僚の丘本真衣、その幼馴染みの玉置遥香と海に出かけた際に、玉置さんの目に異常を認め、眼科の受診を勧める。受診の結果、玉置さんに失明の危険性があることがわかった。問題文は玉置さんが受診した日の夕方の場面である。これを読んで、あとの問いに答えなさい。

夕方、片づけが終わってから病院を出て、自転車のロックを外していると、車のクラクションが鳴った。視線を向けると赤いハスラー[*1]がライトを一度点滅させた。丘本さんだ。僕が近づいていって、

「お疲れ様です。どうしたんですか」

と、声を掛けると、丘本さんは儀礼的に微笑んだ後、後部座席を親指で指してから、人差し指で、助手席を指した。乗れ、ということだろう。僕は首をかしげてみせたけれど、もう一度同じジェスチャーをされたので、とりあえず、言われた通り乗ることにした。自転車はトランクに詰め込んだ。折り畳み自転車だったので簡単に収納することができた。後部座席には、カメラの機材や、カメラ本体が無造作に置かれていた。

第1回

2023年度

解答と解説

《2023年度の配点は解答欄に掲載してあります。》

＜算数解答＞ 《学校からの正答の発表はありません。》

[1] (1) $2\frac{2}{3}$ (2) 7分12秒 (3) (8, 4), (14, 5)

[2] (1) 1.2 (2) $1\frac{2}{3}$, $8\frac{1}{3}$ (3) ① 0.36cm^2 ② 1cm

[3] (1) 90通り (2) 1260通り (3) 7通り (4) 5通り

[4] (1) 図 解説参照 (2) 図 解説参照 面積 1.25cm^2 (3) 0.75cm^3

[5] (1) $65\frac{5}{11}$分 (2) $\frac{4}{11}$倍 (3) $60\frac{60}{179}$ (4) 80

○推定配点○

[1]・[2] 各6点×9 他 各8点×12 計150点

＜算数解説＞

[1] (四則計算，割合と比，仕事算・ニュートン算，数の性質，単位の換算)

(1) $\square=\frac{44}{15}\times\frac{5}{6}-\frac{16}{21}\times\frac{5}{6}+\frac{6}{7}=\frac{22}{9}-\frac{40}{63}+\frac{6}{7}=\frac{38}{21}+\frac{6}{7}=\frac{8}{3}$

重要 (2) A1分の給水量…ア　B1分の給水量…イ

ア：イ…ア×8＋イ×6＝ア×4＋イ×12，ア×(8－4)＝イ×(12－6)，ア×4＝イ×6より

ア：イ＝3：2

満水量…3×8＋2×6＝36

したがって，求める時間は36÷(3＋2)＝7.2(分)すなわち7分12秒

やや難 (3) 2時から3時14分まで…74分

11×6＝66(分)までの人数…100＋ア×6

検査した人数…100＋ア×6＝74÷2×イより，100＋ア×6＝37×イ

したがって，イ＝4のとき，ア＝(37×4－100)÷6＝8，イ＝5のとき，(37×5－100)÷6＝$14\frac{1}{6}$

より，ア＝14

…3時12分までの検査人数は5×72÷2＝180(人)，

3時14分までに180＋4＝184＝100＋14×6(人)が検査される。

[2] (平面図形，相似，図形や点の移動，速さの三公式と比，割合と比)

基本 (1) QRはABに平行

したがって，Rの秒速アは1÷10×12＝1.2(cm)

重要 (2) 面積比が25：1

…相似比は5：1

図1

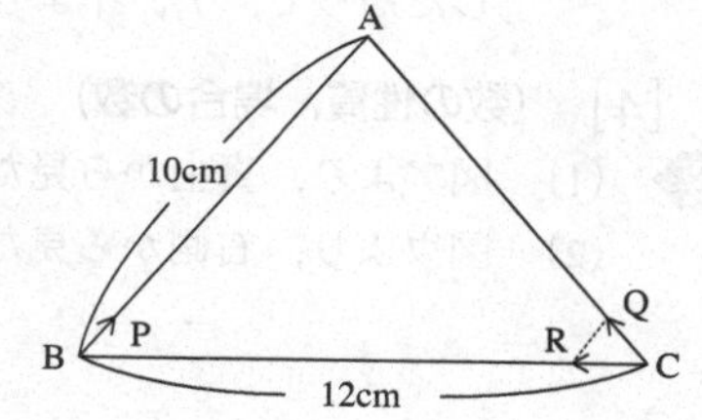

…10÷(1＋5)＝$\frac{5}{3}$(秒後)

図2

…$10 \div (5+1) \times 5 = \frac{25}{3}$(秒後)

(3) ① P_5X

…図3より，三角形P_8P_5XとP_8BR_8の相似比3：8

$(12-1.2\times 8)\div 8\times 3=0.9$(cm)

三角形P_5YXとYR_8R_8

…相似比0.9：3.6＝1：4

したがって，求める面積は

$0.9\times 4\div(1+4)\div 2=0.36$(cm²)

② P_5W…2.4cm　P_5R_5…5cm

三角形P_5ZWとR_5ZR_8

…図4より，相似比2.4：3.6＝2：3

P_5Z…2cm

したがって，①より，YZは2－1＝1(cm)

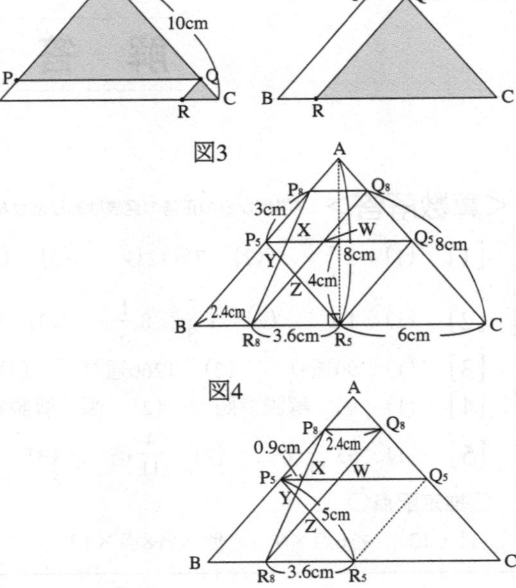

[3]　(場合の数，数列，和差算，数の性質)

基本　(1)　聖さんがカードを1枚，引く場合の数…10通り

光さんがカードを1枚，引く場合の数…9通り

したがって，2人のカードの数の組み合わせは10×9＝90(通り)

重要　(2)　聖さんがカードを2枚，引く場合の数…10×9÷2＝45(通り)

光さんがカードを2枚，引く場合の数…8×7÷2＝28(通り)

したがって，2人のカードの数の組み合わせは45×28＝1260(通り)

(3)　1から10までの整数の和…(1＋10)×10÷2＝55

光さんのカードの数の和…(55－15)÷2＝20

5個の整数の和が20になる場合…以下の7通り

1＋2＋3＋4＋10，1＋2＋3＋5＋9，1＋2＋3＋6＋8，1＋2＋4＋5＋8，1＋2＋4＋6＋7，1＋3＋4＋5＋7，2＋3＋4＋5＋6

やや難　(4)　光さんのカードの数の積…□

1から10までの数の積…□×□×7

1から10までの5の倍数…5，10　　1から10までの3の倍数…3，6，9

10，6を除く1から10までの偶数…2，4，8

5×3×6＝10×9の場合…5×3×6×8＝10×9×2×4

5×8＝10×4の場合…5×8×2×9＝10×4×3×6　―― ア

5×2×4と10×8の場合…残り3，6，9を組み合わせると5×2×4×3×6＝10×8×9　―― イ

したがって，ア，イより，組み合わせは2×2＋1＝5(通り)

[4]　(数の性質，場合の数)

重要　(1)　図アより，真上から見た図は図イのようになる。

(2)　図ウより，右側から見た図は図エのようになる。

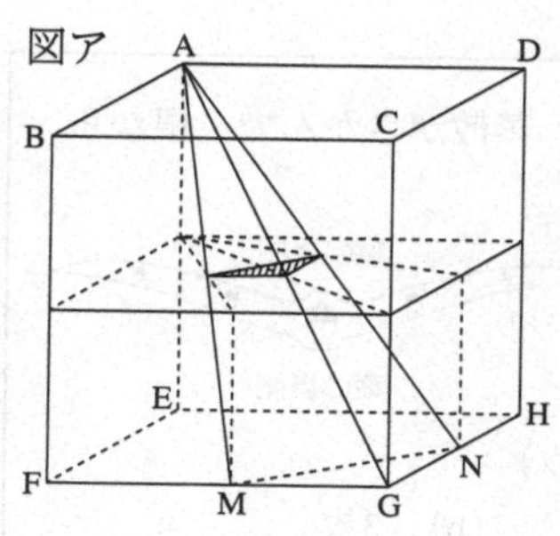

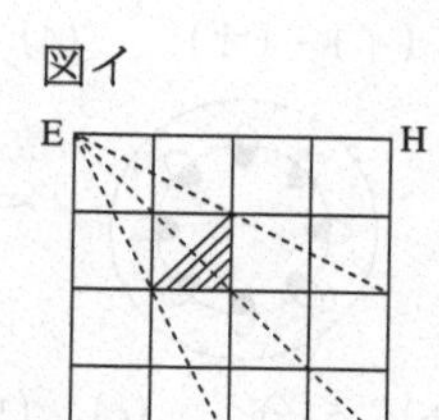

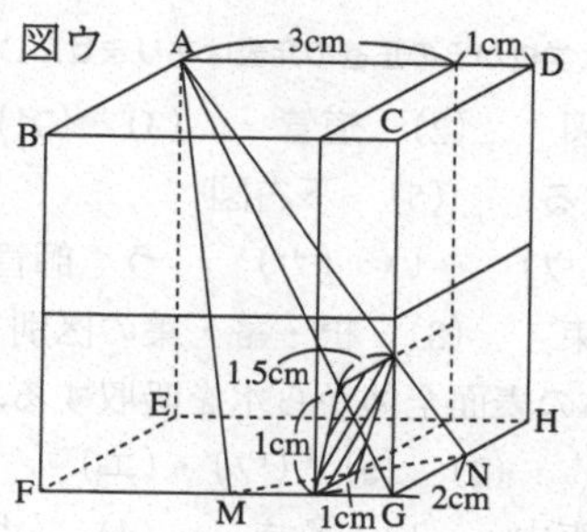

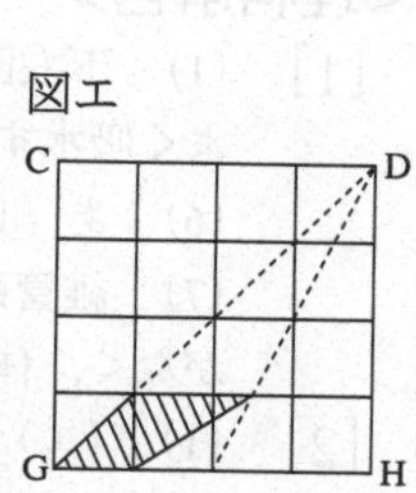

面積

$\cdots\left(2\times\frac{3}{4}+2\div2\right)\times1\div2=1.25(\text{cm}^2)$

(3)　四角錐S－JGNK

$\cdots(1+2)\times1\div2\times1\div3=0.5(\text{cm}^3)$

三角錐N－KLS

$\cdots1.5\times1\div2\times1\div3=0.25(\text{cm}^3)$

したがって，求める立体の体積は$0.5+0.25=0.75(\text{cm}^3)$

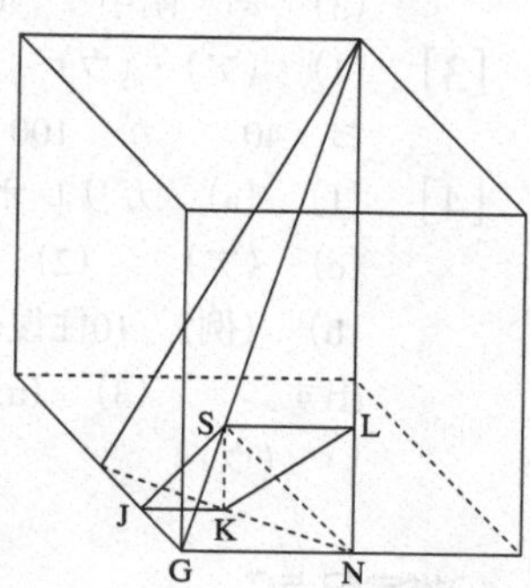

[5]　（速さの三公式と比，時計算，割合と比，数の性質，単位の換算）

基本　(1)　$360\div(6-0.5)=\frac{720}{11}$(分)

重要　(2)　秒針1分の角度…360度

$\frac{720}{11}-60=5\frac{5}{11}$(分後)の秒針の角度…$360\times\frac{5}{11}$(度)

したがって，求める割合は$\left(360\times\frac{5}{11}-6\times5\frac{5}{11}\right)\div360=\frac{5}{11}-\frac{1}{11}=\frac{4}{11}$(倍)

やや難　(3)　秒針1周…□秒とする。

1周□秒の秒針…1周60秒の秒針が$\frac{720}{11}$周するとき，(2)より，$\frac{720}{11}-\frac{4}{11}=\frac{716}{11}$(周)する。

したがって，□は$60\times720\div716=60\times720\div716=\frac{10800}{179}$(秒)

(4)　1周□秒の秒針…1周60秒の秒針が$\frac{720}{11}$周するとき，(2)より，$\triangle+\frac{1}{11}$(周)すればよい。

$\frac{720}{11}\times\frac{60}{\square}=\triangle+\frac{1}{11}\cdots720\times60=\triangle\times11\times\square+\square=\square\times(\triangle\times11+1)$

$720\times60=43200=2\times2\times2\times2\times2\times2\times3\times3\times3\times25$

…この約数のうち，「11の倍数＋1」である数を利用する。

$43200=12\times3600=45\times960=100\times432=320\times135=540\times80$より，□＝80

★ワンポイントアドバイス★

[1](3)「列に加わる人数・窓口の数」の2つめの組み合わせが気づき難く，[3](4)「他方の積の7倍になる場合」も容易ではなく，[4](3)「立体の体積」，[5](3)・(4)も難しい。時間配分に注意して，問題を選択することがポイント。

<理科解答> 《学校からの正答の発表はありません。》

[1] (1) 下左図 (2) 道管 (3) (ア)・(イ)・(オ) (4) 蒸散がさかんで，根からよく吸水する (5) 下右図
(6) あ (ウ) い (カ) う 師管
(7) 維管束 (8) 根・茎・葉の区別がなく，体の表面全体から水を吸収する。

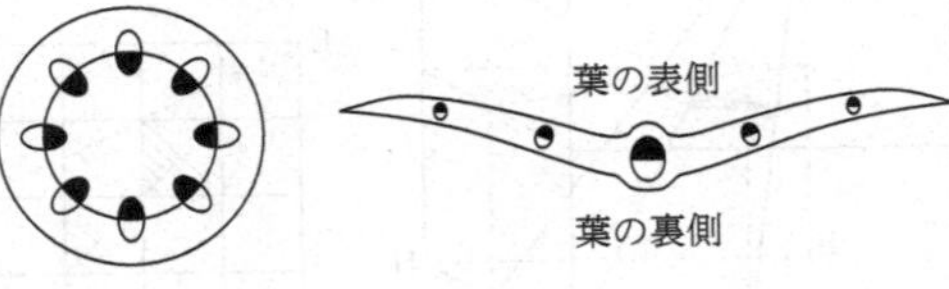

[2] (1) (エ) (2) (a) (ウ)・(エ) (b) 51分 (c) (ウ)
(3) あ 南中 い うま (4) (カ) (5) (a) (エ) (b) 3枚

[3] (1) (ア)・(ウ) (2) (a) (イ) (b) あ 3 い 5 う 12 え 23 お 40 か 100 き 55 く 15 (c) (ア) (d) 7.8g

[4] (1) (a) ガリレオ・ガリレイ (b) (ア)
(c) (ア) (2) (a) 右図
(b) (例) 10往復の時間を測って1往復の平均を出す。 (3) (a) 時速3.5km (b) あ (ウ) い (ウ)

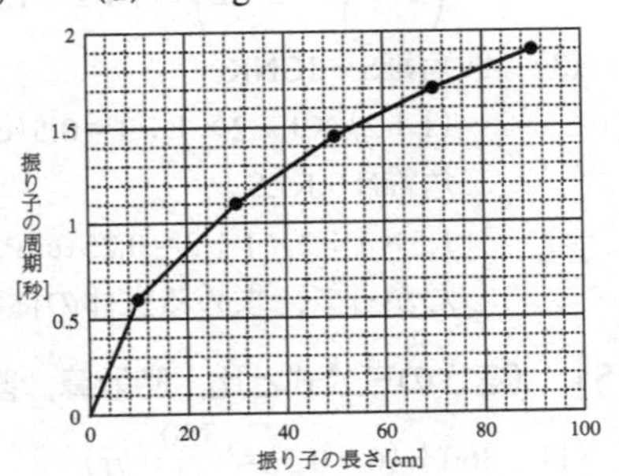

○推定配点○
[1] 各3点×8((3)，(6)各完答)
[2] 各3点×8((2)(a)，(3)各完答)
[3] 各3点×10((1)，(2)(b)「あ・い」，「う・え」各完答) [4] (3)(b) 各2点×2 他 各3点×6 計100点

<理科解説>

[1] (植物のはたらき―植物の茎のしくみ)

(1)・(2) 根から吸収した水や養分(無機物)は，茎の道管を通る。そのため，赤インクを溶かした水を吸うと，茎の内側に近い道管の部分が赤く染まる。

(3) 道管や師管が，図1のように輪の形で規則的に並ぶのは双子葉類である。選択肢では，タケ，ツユクサ，ユリが単子葉類であり，その他は双子葉類である

(4) 葉からの蒸散がさかんなときは，根からの水の吸収もさかんになる。

(5) 葉の道管は，葉脈の表側に近い方を通っている。師管は裏側に近い方を通る。

重要 (6) 葉で作られた栄養分(有機物)が通るのは師管である。師管は，茎では外側を通っているため，茎の皮をはぎ取ると，栄養分が通れなくなり，その手前に栄養分がたまっていく。

(7) 道管や師管のように，からだの中で物質を通す部分の束を維管束という。

(8) 維管束は，種子をつくってふえる植物の全てと，シダ植物にある。維管束がないのは，コケ類やソウ類などである。維管束がないものには，根・茎・葉の区別がない。根のように見えるものは，からだを支えるはたらきをするが，全身ぶんの水を吸収するわけではない。水分は，体の表面全体から吸収される。

[2] (太陽と月―不定時法)

基本 (1) 日の出も日の入りも，太陽の上端と地平線が重なった瞬間のことをいう。

(2) (a) 不定時法では，昼の長さや夜の長さを6等分するので，夏至の日の昼の一刻の長さは最も長く，夜の一刻の長さは最も短い。冬至の日はその逆である。また，春分の日や秋分の日は，

昼と夜の長さが同じくらいではあるが，太陽が上端と中心の間を動く時間があるので，少しだけ昼の方が長い。正確に昼夜等分になるのは，春分の日の数日前と，秋分の日の数日後である。

(b) 昼の長さは19時0分－4時27分＝14時間33分であり，夜の長さは24時間－14時間33分＝9時間27分である。昼の長さと夜の長さの差は，14時間33分－9時間27分＝5時間6分，つまり306分である。よって，一刻の長さの差は，306÷6＝51(分)となる。

(c) (ア)：正しい。一刻の長さは，昼も夜も12÷6＝2(時間)である。

(イ)：正しい。夏至の日は，朝や夕方に太陽がやや北にくるので，影は南側にできる。

(ウ)：誤り。例えば冬至の日は，太陽は真東よりやや南からのぼり，真西よりやや南に沈む。

(エ)：正しい。昼の長さはいつでも六刻であり，太陽の南中は六刻のちょうど真ん中である。

(オ)：正しい。丑の長さは夜の一刻で，未の長さは昼の一刻なので，多くの日で等しくない。

(3) 太陽が南中するのは，日の出と日の入りのちょうど真ん中の時刻である。それは図1から，午の刻にあたる。

(4) 太陽の南中は日の出から三刻である。「おやつの時間」は，日の出から四刻なので，太陽の南中から一刻である。昼の一刻が最も短いのは冬至であり，2時間よりも短い。よって，冬至の「おやつの時間」は，14時よりも少し前である。

(5) (a) 春分の日の一刻はおよそ2時間である。図1から，夜の九つはおよそ23時から1時であり，夜の四つはおよそ21時から23時である。

(b) 男Aの悪だくみが成功したのは，1文銭の9枚目を渡す代わりに，そば屋の主人に九つと言わせることができたからである。男Bが同じことをするには，1文銭の4枚目を渡す代わりに，そば屋の主人に四つと言わせればよいので，3枚目の後に尋ねればうまくいく。

[3] (燃焼―マグネシウムの燃焼)

(1) (ア)と(ウ)は，どちらも固体から気体に変化する昇華の例である。他の3つは，状態が変わっているのではなく，物質そのものが変化している。

(2) (a) (ア)：誤り。ナトリウムやカリウムなど，水よりも密度の小さい金属もある。

(イ)：正しい。電流を通すのは，すべての金属に共通の性質である。

(ウ)：誤り。二酸化炭素中で燃焼するのは，炭素よりも酸化しやすい金属だけである。酸化しにくい金属であれば，空気中や酸素中であってもそもそも燃焼しない。

(エ)：誤り。多くの金属は塩酸に溶けるが，銅や銀など塩酸には溶けない強い金属もある。

(オ)：誤り。アルカリ性の水溶液に溶ける金属は，アルミニウムや亜鉛など少数である。

(b) (あ)・(い) 表1から，マグネシウムと酸化マグネシウムの重さの比は3：5である。

(う)・(え) 表2から，マグネシウムと加熱後の重さの比は，12：23である。

(お)・(か) 60gのマグネシウムを燃焼させてできる酸化マグネシウムの重さは，3：5＝60：□より，□＝100gである。このとき結びついた酸素の重さは，100－60＝40(g)である。

重要 (き)・(く) 60gのマグネシウムを二酸化炭素中で燃焼させた場合，加熱後の重さは，12：23＝60：△ より，△＝115gである。酸化マグネシウムの重さは100gだから，残った炭素の重さは115－100＝15(g)である。このとき，二酸化炭素は40gの酸素をマグネシウムに奪われて15gの炭素になった。よって，反応した二酸化炭素の重さは，15＋40＝55(g)である。

重要 (c) 90gのマグネシウムを燃焼させてできる酸化マグネシウムの重さは，3：5＝90：□ より，□＝150gである。これが149gだったので，1g不足している。加熱が不充分だったのならば(エ)だが，すべてのマグネシウムが酸化しているという問題文に合わない。また，(イ)・(ウ)ならば重さが不足することはなく，(オ)のように決まった比より多く酸素が結びつくことはない。残る可能性は(ア)だけである。つまり，90gのうちには炭素が混ざってしまっており，これが燃焼してできた二酸化炭素が空気中に逃げたために，重さが不足したのである。

やや難 (d) 燃焼に使われた酸素と二酸化炭素は，すべて燃焼後の固体に入り，逃げる分はない。そのため，使われた酸素と二酸化炭素の重さの合計は5.5gである。使われた酸素と二酸化炭素の重さの比は4：1だから，酸素が4.4g，二酸化炭素が1.1gとなる。表1より，マグネシウムと酸素が反応する重さの比は3：2だから，反応したマグネシウムの重さは3：2＝□：4.4より，□＝6.6gである。また，表2より，マグネシウムと二酸化炭素が反応する重さの比は12：11だから，反応したマグネシウムの重さは12：11＝△：1.1より，△＝1.2gである。以上より，もともとのマグネシウムの重さは，6.6＋1.2＝7.8(g)となる。

[4] (物体の運動―振り子と人の歩行)

(1) (a) 振り子の周期が，重さや振れ幅に関わらず長さだけで決まるという法則は，イタリアのガリレオ・ガリレイ(1564～1642)によって見いだされた。ガリレオは，落下運動の法則を見出したほか，自作の望遠鏡で月面や惑星を観測し，地動説を唱えるなど，物理学，天文学で大きな業績を残している。木星の4つの大きな衛星はガリレオ衛星とよばれる。

(b) (イ)はアイザック・ニュートン，(ウ)はアルベルト・アインシュタイン，(エ)はレオナルド・ダ・ヴィンチ，(オ)はマイケル・ファラデー，(カ)はアルフレッド・ノーベルである。

(c) 振れ幅が大きいときは，振り始める最初の位置が高いので，最下点を通る速さは速い。しかし，経路が長くなるので，周期は長くなる。

(2) (a) 表1の5つの点をしっかり取り，問題文の指示通りに折れ線で描く。

(b) 振り子が左端で一瞬だけ止まるときを見極め，ストップウォッチを押す操作では，どうしても測定に誤差が生じてしまう。誤差の影響を小さくする工夫として，10往復の時間を測って10で割るという方法がある。生じた誤差は同じであっても，10で割るので誤差も10分の1になり，より正確に近づく。また，左端でストップウォッチを押すのではなく，最下点で押すようにした方が，誤差そのものを小さくできる。振り子の背景で中央の目印になるものを決め，通過した瞬間に押すとよい。

やや難 (3) (a) 身長140cmの人の脚の長さは，140×0.45＝63(cm)である。脚を棒振り子と見なすと，その3分の2の長さの振り子と周期が同じなので，42cmの振り子と周期が同じといえる。その周期は，描いたグラフを読むと1.3秒である。この人の歩幅は足の長さと同じ63cmであり，1周期で2歩歩くので，1.3秒間で126cm＝0.00126km進むことになる。1時間＝3600秒なので，1.3：0.00126＝3600：□ より，□＝3.48…で，四捨五入により，時速3.5kmとなる。

(b) 描いたグラフを見ると，振り子の長さが1.2倍のとき，周期は1.2倍よりも小さい。このことから，身長が168cmの人は，身長が140cmの人に比べ，歩幅が1.2倍である一方，1歩にかかる時間は1.2倍もかかっていないので，歩く速さは1倍～1.2倍の間となる。

なお，(a)と同様に計算すると，脚の長さは168×0.45＝75.6(cm)，その3分の2は50.4cmで，グラフを読むと1.46秒であり，1.46：0.001512＝3600：□ で，時速3.7kmとなる。これは，(a)より速いが，(a)の1.2倍まではいかない。

★ワンポイントアドバイス★

先入観で解き急ぎないよう，問題文と図，表などの要点を理解し，上手に利用してじっくり解こう。

<社会解答>《学校からの正答の発表はありません。》

[1] 問1 イ　問2 (1) 安く　(2) 高く　問3 最高　問4 (例) 普天間飛行場移設のため，辺野古新基地建設はやむを得ないという苦渋の選択だから。(39字)

[2] 問1 (1) 元服　(2) 後醍醐天皇　(3) 清少納言　(4) 日本書紀　(5) 藤原頼通　問2 (例) 氏名はありませんでした　問3 ア　問4 エ　問5 ア　問6 エ　問7 エ　問8 イ　問9 エ

[3] 問1 ウ　問2 ウ　問3 エ　問4 イ　問5 ア　問6 (シラカバ) キ　(ヒノキ) ア　問7 (1) (例) 減少した　(2) 都市[人里]　(3) (例) 拡大した

[4] 問1 ウ　問2 ウ・カ　問3 (例) 愛知県は自動車の保有台数が全国で最も多く，交通事故もそれだけ多い。しかし，自動車の台数あたりの交通事故数は少なく，運転マナーが悪いとは言えない。　問4 (選んだ図) ①　(説明) (例) 幼い子どもを持つ親に対して，自転車に乗る時の交通ルールやマナーを子どもに教えないと危険であると注意を促している。　(選んだ図) ②　(説明) (例) 雨の日に横断歩道を渡る歩行者に対し，周囲の自動車に注意を払って歩かないと危険であると注意を促している。

○推定配点○

[1] 問4 5点　他 各2点×4　[2] 各3点×13　[3] 各3点×10
[4] 問3・問4 各6点×2(問4完答)　他 各2点×3　計100点

<社会解説>

[1] (総合―時事問題，日本国憲法，環境問題など)

やや難 問1 GXは，GreenTransformationの略で，化石燃料をできるだけ使わず，クリーンなエネルギーを活用していくための改革やその実現に向けた活動のこと。なお，DXは，DigitalTransformation(デジタル化)の略，CSRは，CorporateSocialResponsibility(企業の社会的責任)の略，ESGは，Environment(環境)，Social(社会)，Governance(企業統治)の頭文字をとったもの，LCAは，Life CycleAssessment(ライフサイクルアセスメント)の略である。

問2 ダイナミックプライシングは，需要と供給に応じて価格を変動させること。例えば，テーマパークでは，平日は空いているので，入園料を以前の定価よりも安くし，土休日は混雑しているので，入園料を以前の定価よりも高くし，入園者数を分散することができる。

基本 問3 国会は，主権者である国民によって選出された国会議員によって構成されているので，国権の最高機関と位置付けられている。

やや難 問4 沖縄県宜野湾市にある普天間飛行場は，住宅密集地に隣接する米軍基地で，世界で最も危険な基地といわれる。普天間飛行場の国外，県外移設が望ましいが，現実には困難なため，県内の名護市辺野古に移設するのはやむを得ない，という意味で，「賛成」ではなく，「容認」という表現を使うことがある。

[2] (日本の歴史―日本人の人名を題材にした日本の通史)

重要 問1 (1) 元服は，平安時代以降，12～16歳の男子が成人したことを表すために行った儀式で，氏神の社前で衣類を改め，髪を結い，冠を着用し，幼名を廃して実名を新たにつけた。　(2) 後醍醐天皇は，鎌倉時代末期～南北朝時代の天皇。天皇親政を志し，北条氏を滅ぼして，建武の新政を成就。まもなく足利尊氏の離反により，吉野に脱し，南朝を樹立したが，失意のうちに没した。　(3) 清少納言は，歌人清原元輔の娘。紫式部と並び称された才女で，一条天皇の中宮定子に仕えた。随筆『枕草子』，家集『清少納言集』の作者。 (4) 『日本書紀』は，元正天皇の720年に完成した最古の官撰正史。神代から持統天皇に至る天皇中心の国家成立史で，編者は舎人親王ら。 (5) 藤原頼通は，平安時代中期の貴族。藤原道長の長子。後一条，後朱雀，後冷泉の3天皇52年間の摂政・関白。1052年，宇治の別荘を寺に改め，平等院とした。

問2 「自分に仕える豪族たちに氏名(うじな)を与える唯一の存在であった」という記述に注目して考える。

問3 エ(平安時代末)→イ(室町時代)→ア(安土桃山時代～江戸時代初期)→ウ(江戸時代)。

基本 問4 元寇に際し，幕府は元軍を撃退することはできたが，新たな領地を得たわけではないので，御家人に十分な恩賞を与えることができなかった。このため，多くの御家人が経済的に困窮した。幕府は，御家人を救済するために，1297年，借金を帳消しにする徳政令を発布した(永仁の徳政令)。 ア 奉公と御恩が逆。 イ 管領ではなく，執権。 ウ 一揆防止や喧嘩両成敗を主な内容とする武家法は，戦国時代に定められた分国法。

問5 班田収授の法は，律令制下，一定年齢に達した人民に口分田を分け与える制度。満6歳以上の男子に2段，女子にその3分の2を配分した。 イ 問注所ではなく，刑部省。 ウ 租は女性も負担した。 エ 自分で開墾した土地の永久私有が認められたのは，743年に発布された墾田永年私財法による。

やや難 問6 武士の名前の語尾に「すけ」が多いのは，律令制度において次官のことを「すけ(介)」とよんだことに由来する。

基本 問7 b 空海は，816年，紀伊(和歌山県)の高野山に金剛峯寺を開いた。 d 密教は，仏教の流派の一つで，大日如来が自ら悟りを開いたとされる深遠秘密の教え。加持・祈祷・山中での修行などを重んじる。日本では，空海によって伝えられた真言宗系の東密と，最澄によって伝えられた天台宗系の台密がある。 a 阿弥陀如来を信仰して極楽浄土への往生を説いたのは，法然，親鸞，一遍ら。 c 教王護国寺(東寺)を開いたのは空海。

問8 小村寿太郎は，明治時代の外交官。1901年に第一次桂太郎内閣の外相となり，日英同盟の締結，ポーツマス会議の全権として活躍。第二次桂太郎内閣外相のときに関税自主権の回復に成功した。 ア 薩摩藩出身ではなく，長州藩出身。 ウ 板垣退助は，首相にはなっていない。また，暗殺もされていない。 エ 大久保利通は薩摩藩出身。また，1878年，不平士族によって暗殺された(紀尾井坂の変)。

やや難 問9 日韓基本条約は，1965年，佐藤栄作内閣と朴正熙大統領によって締結された日本と大韓民国との条約。両国の国交正常化，1910年に結ばれた日韓併合条約の無効確認，韓国政府を唯一の合法政府とするとともに，通商関係の再開などが約定された。 ア 江華島事件を好機として日本は強攻策をとり，武力的威嚇のもと，朝鮮政府に日朝修好条規を調印させた。 イ 韓国併合は，日露戦争後。

[3] (日本の地理―里山を題材にした日本の自然，産業，地形図の読み取りなど)

問1 耕地面積率の大きい6都道府県は，関東平野が広がる茨城県・栃木県・埼玉県・千葉県，筑紫平野が広がる佐賀県，仙台平野が広がる宮城県である。なお，アは林野面積率の大きい6都道府県，イは耕地面積率の小さい6都道府県，エは林野面積率の小さい6都道府県である。

基本 問2 扇状地は，川が山地から平地に出るところを頂点として広がる扇形の地形。川の流れが急にゆるやかになるため，運搬力が衰え，砂や礫が堆積して形成される。

問3 里山の樹林は，さまざまな木が混在している雑木林。常緑樹は落ち葉が少なく，肥料としての利用は難しい。

問4 点線部Aの内側にある神社は，1967年の時点ですでに存在している。新たに建設されたものではない。

重要 問5　Aは漆器，Bは陶磁器。また，Ⅲは漆器の主な産地(青森県弘前市，福島県会津若松市，石川県輪島市など)，Ⅳは陶磁器の主な産地(愛知県瀬戸市，岐阜県多治見市，佐賀県有田町など)を示している。

やや難 問6　Cは北海道に分布範囲が限られているのでエゾマツ，Dは北海道や本州の高地に分布しているのでシラカバ。残ったA，Bは，分布範囲が広いBがスギ，分布範囲が狭いAがヒノキである。また，Ⅰは長野市，Ⅱは札幌市，Ⅲは松江市，Ⅳは高松市のそれぞれ雨温図である。

問7　リード文中の「人里にあった都市の範囲が拡大し，里山を切り開き，住宅地などが造成されるようになりました。」という記述に注目して考える。

[4]　(総合―交通事故を題材にした資料の読み取りなど)

問1　2012年～2021年の10年間における交通事故発生件数は，最も多い2012年で70万件弱，最も少ない2021年で約30万件。このうち，死亡事故の件数が半分以上を占めているとすると，2012年で死者数は30万人以上，2021年で15万人以上となるはずだが，実際の死者数は2012年が4千人強，2021年が3千人弱であるので，ウの記述は誤りと判定できる。

問2　図表3から，愛知県の車両保有数は，47都道府県中，最も多いことが読み取れる。車両保有台数が多いと，それだけ交通事故の発生件数は多くなる。一方，図表4から，愛知県の車両10万台あたりの交通事故死者数は，47都道府県中，下位にある。よって，愛知県が特に運転マナーが悪い都道府県であるとはいえない。

問3　ウ　運転者がスマートフォンやダブレット端末を手に持って，操作するのは道路交通法違反である。　カ　2023年現在，部分的な自動運転は普及しつつあるが，まだ完全自動運転は実現していない。

問4　①のポスターは，親が子どもに，「自転車のこぎ方」だけでなく，「交通ルール」や「交通マナー」まで教えてほしい，ということを訴えている。②のポスターは，横断歩道を渡るとき，「靴」だけでなく，「自動車」のことも気にしてほしい，ということを訴えている。

★ワンポイントアドバイス★

GX(グリーン・トランスフォーメーション)のような最新の時事用語が問われている。よって，テレビや新聞を意識して見たり，読んだりすることが求められる。

＜国語解答＞　《学校からの正答の発表はありません。》

一　①　転(じる)　②　半旗　③　出色　④　当意　⑤　発破

二　①　ねこ　②　いき　③　そで　④　さわ　⑤　ひな

三　問一　A　オ　B　ウ　問二　エ　問三　ア　問四　(例)　自分の発言が智子を傷つけてしまったとわかり，どうしたらよいのかあわてている。　問五　ウ　問六　オ
問七　イ　問八　(例)　ラッピングタイプのほうが米に半熟の卵が直接からむから。
問九　(例)　美由起が智子の技術を絶賛したことで，長年大食堂を支えてきた中園はプライドが傷つき，悔しさとショックから店で働く意欲をなくしてしまうのではないかと思われたから。

四　問一　A　イ　B　エ　問二　ウ　問三　ア　問四　エ　問五　(例)　伝えるべ

き「自分の考え」を生み出すこと。　問六　エ　問七　(例)　全体主義国家にとって，国民の思考をコントロールできる利益。　問八　(例)　語彙や表現形式が単純化した「やさしい日本語」は，それを使用する人の思想的な偏りを生んだり強めたりし，また表現力や思考力を弱めたりする可能性があるから。

○推定配点○
一　各3点×5　二　各3点×5　三　問一　各3点×2　問四　10点　問八　7点
問九　12点　他　各6点×5　四　問一　各3点×2　問七　7点　問八　12点
他　各6点×5　計150点

＜国語解説＞

一　(漢字の書き取り)

基本　①　方向などを変えること。「目を転じる」とは，ここでは視線を向けたということ。

②　人がなくなったとき，旗竿の先よりも少し下に掲げた旗のこと。「弔意」とは，人の死を悲しみとむらう気持ち。

やや難　③　ほかよりも一段とすぐれていること。

④　「当意即妙」は，その場に適応してすばやく機転をきかす様子。

⑤　爆薬のこと。「発破をかける」は，激しい言葉をかけて，気合いを入れさせること。

二　(慣用表現)

基本　①　「ねこも杓子も」となる。「ねこの手も借りたい」という表現の場合，だれの手でも良いから借りたい，つまり，きわめて忙しいことを意味する。

②　「いき巻く」となる。漢字で表記すると，「息巻く」となる。

③　「無いそでは振れない」となる。「袖(そで)振り合うも多生の縁」という言葉もある。袖が触れ合うようなちょっとしたことも，前世からの深い縁によって起こるという意味。

重要　④　「さわる」となる。漢字で表記すると「障る」となる。「気に障る言い方だ」「あいつの態度がしゃくに障る」のようにも，この言葉は使うことができる。

やや難　⑤　「ひなびた」となる。漢字で表記すると「鄙びた」となる。「しなびた」という表現もあるが，こちらは水気がなくなり，しぼんだ様子を表す。

三　(物語―主題・心情・場面・細部表現の読み取り，記述，ことばの意味)

問一　A　「まだるっこしい」とは，手間どってじれったい様子を意味する。波線Aでは，カウンターを挟んでのやり取りがじれったくて，美由起は中に踏み込んだのである。手間どってじれったい様子を表しているのは，オである。いちいち翻訳ソフトを使用するのがじれったくて，自分で英語を話し始めてしまったのである。アの「夜の暗がりの雰囲気はまだるっこしく」，イの「赤ちゃんの様子はまだるっこしく」，ウの「早口な二人の会話はまだるっこしく」，エの「幼なじみとの関係性はまだるっこしく」は，すべて手間どってじれったいという意味にあわない。

B　「言質」とは，あとで証拠となるような約束の言葉である。解答はウ。協力するという約束をしたのである。ア，イは約束をしているような文脈ではない。エ，オは「言質」という言葉が，文脈に合わない。

基本　問二　傍線部①を含む場面をおさえ，「実力行使」が表す内容を考える。①直前にあるような「話し合い」をすることもなく，智子は勝手に厨房に入り，料理を始めたのである。その料理をする目的は，①以降の「食べてもらったほうが早い」という表現から考えることができる。智子は自分自身の提案があり，その提案を理解してもらうためには，話し合うよりも実際に食べてもらった方が早いと考え，強引に料理を始めたのである。「腕を振るったオムライスの試作品を食べさせる」「自分の意見を中園や美由起に聞き入れさせようとしている」とある，エが解答になる。アは「料理人は話し合うよりまずは手を動かして料理を作ることが大事」「中園に教えよう」とあるが，おかしい。話し合うことよりも料理を作ることが大事と，中園に教えたい訳ではない。イは「中園と智子がそれぞれにオムライスを作って」とあるが，おかしい。①の場面で，料理をしているのは智子だけである。ウは，実力行使に出ているのが誰か，明確ではない。正解にならない。オは「智子が自分にもオムライスぐらい作れるということを証明しようとしている」とあるが，おかしい。そのようなことを証明したいのが，この部分の「実力行使」ではない。

問三　傍線部②よりも前の部分に，「中園が真っ先に皿をひったくる」「大口を開けてオムライスを頬張り，そのまま眉を寄せて黙ってしまった」とある。智子に対して批判的だった中園である。ここで「眉根を寄せて黙ってしまった」様子から，智子の料理の腕前を認めたことが読み取れる。②の「沈黙で感想を伝えてしまった」とは，智子の腕前を認めたことを示してしまったということと同じような意味になる。「あまりの出来に言葉を失ってしまい」「結果として智子の腕前を認めた」とある，アが解答になる。イは「悔しさのあまり何も言えなくなってしまった」とあるが，この部分の「眉根を寄せて黙ってしまった」様子からは，悔しくて何も言えない様子は読み取れない。ウは「どんな料理を出されても何も言うつもりはない」とあるが，おかしい。智子を認めた状況が記されていない。エは「オムライスの見た目と匂いに圧倒され，潔く負けを認めようと思っていた」とあるが，おかしい。状況を読み誤っている。オは「あえて沈黙することで自分の威厳を保とう」とあるが，おかしい。オも智子を認めた状況について，書かれていない。

重要　問四　智子と中園が言い争いのようになっている場面である。傍線部③直前にあるように，中園は「好き勝手にやりてぇんなら，身銭切って店だせや」とすごむ。だが中園のそのような言動は，何か智子のえぐられたくない傷をえぐってしまう。そのため，智子は表情を変える。智子の傷ついた様子が読み取れる。智子がそのような様子になった直後，中園は狼狽える。狼狽えるとは，予想外の様子に，どうして良いのかわからなくなり，あわてること。③以降の「中園こそ，今にも泣きだしそうな顔になっている」という表現からも，中園のあわてている様子が読み取れる。以上のような，③前後の中園の様子を読み取り，心情を記述する。記述の際には「自分の発言が智子を傷つけた」「どうしたらよいかわからず，あわてている」という内容を中心にする。

問五　傍線部④を含む場面では，「降格処分になることもあり得る」と恐れながらも，「売りはあくまでも，『昭和レトロ』ですから」と，美由起は主張する。大食堂の存続が危ぶまれているにもかかわらず，今までの方針である「昭和レトロ」にこだわろうとしたのである。そのような美由起の主張に対して，智子は軽蔑の眼差しを向けた。また，いいかげんにしてちょうだいという目つきにもなった。以上のように，美由起の考えを否定的にとらえて，これではダメだと思っている智子の様子をおさえて，「旧態依然としたやり方に対して違和感」「美由起の発想では大食堂を変えることはできないとうんざり」とある，ウが解答になる。アは「名状しがたい無力感」とあるが，美由起に対して否定的な智子の気持ちを明示していない。イは「美由起の考えをいかに変えていくかを冷静に考えている」とあるが，おかしい。そのようなことを冷静に考えている状況ではない。エは「会社の方針に盲従して『昭和レトロ』を譲ろうとしない美由起」とあるが，おかしい。美由起は「降格処分」を覚悟して発言しているのである。会社の方針に盲従しているわけではない。オは「その味を認めずに」とあるが，おかしい。美由起は「美味しい！」と声を上げ，味を認めている。

問六　傍線部⑤を含む場面の展開をおさえて，選択肢を比較する。⑤以降に「あとはこちらのコンセプトにうまくはまりさえすれば」とある。美由起は大食堂のコンセプトである「昭和レトロ」

にあった料理をしてもらいたいのである。そのため，コンセプトの説明を始めたのだが，「可愛らしいもの！」のところで，智子は首を振る。「可愛らしい」は，美由起の娘の意見に基づく定義だが，意外にも中園は共感して，真剣に「可愛さ」を語るようになる。「可愛さ」は，子供っぽい視点だが，ここで美由起は中園の言葉を利用して，「昭和レトロ」の「可愛さ」を語らせるのである。つまり，「昭和レトロ」の魅力を語らせるのだ。⑤を含む一文には，「茶番はこのくらいで十分だ」とある。この「茶番」のあと，美由起は智子の自尊心を刺激するような言葉を投げかけ，さらなる説得を行うようになる。「茶番」の完成は，美由起の自尊心をくすぐるやり取りになる。以上の点をふまえて，解答を考える。「智子に『可愛らしい』という自分の方向性を受け入れさせたい」「中園の反応を利用し」「自尊心をくすぐろうとするやり取り」とある，オが解答になる。アは「可愛らしい」の点にまったくふれていない。おかしい。イは「その時代の良さを共有するやりとり」とあるが，おかしい。単に時代の良さを共有したいわけではない。ウは「打ち合わせ通りに中園と漫才のような」とあるが，おかしい。打ち合わせしていたとは読み取れない。エは「智子に『可愛らしさ』とはどういうことかを理解してもらうために」とあるが，おかしい。「可愛らしさ」の理解が目的ではない。

重要 問七　料理の腕前がしっかりした智子。だが，強引に自分の考えを主張して，なかなか妥協しない。そのような智子の姿勢に，美由起は難しさを感じていた。だが，傍線部⑥の直前。ちょっとした中園の煽りに首まで赤くなる智子。美由起はそのような智子の姿に，笑いが込み上げて来た。つまり，智子に対して，好ましい感情を抱いたのである。このような展開をおさえて，選択肢の内容を比較する。「高い技術」「我を押し通そうとする智子」「やりにくさを感じていた」「ちょっとした挑発に本気……親しみを感じ」とある，イが解答になる。アは「自尊心を刺激することで扱いやすくなると知り」「うまく利用することができる」とあるが，おかしい。美由起はうまく利用してやろうと，悪い感情を抱いている訳ではない。ウは，「智子についていくのがよいのかもしれない」とあるが，おかしい。一緒にやっていこうとしているのである。エは，「頼まれれば嫌とは言えない義理堅さ」とあるが，おかしい。智子は挑発されたのである。オは，「真意を汲み取って協力してくれる優しさ」とあるが，おかしい。智子が真意を汲み取っているとは読み取れない。

問八　傍線部⑦を含む場面では，ラッピングタイプのオムライスとカバータイプのオムライスが比較されている。「美味しい！」に続く言葉からわかるように，美由起はラッピングタイプの方が良いと思うようになる。その理由は，美由起が言うように，ケチャップライスに半熟の卵がとろとろと絡むから。以上の点をおさえて，書くべき内容をおさえる。記述の際には「ラッピングタイプのほう」と，こちらのほうが指す内容を明示して，「半熟卵と米がからむから」と，正しい形のように思える理由を具体的に記す。⑦直前には「親和性が高い」という表現がある。「親和性が高い」とは，相性が良いことを意味している。そのため，相性の良さをより詳しく説明した解答にしたい。

やや難 問九　傍線部⑨までの部分で，美由起は智子のオムライスを絶賛している。そして，その場面で，「中園にだって，料理人としてのプライドがあるはずなのに，長年にわたり大食堂を支え続けてくれた相手に対して，あんまりな仕打ちである」とあるように，美由起は中園のプライドを傷つけてしまったことを認識した。中園は自分の目の前で，あれほど智子が絶賛されたのである。プライドが傷つき，ショックと悔しさから店で働く意欲を失っても不思議ではない。そう考えたからこそ，⑧にもあるように，「へそを曲げた中園が店を辞めると言い出す」と，美由起は危ぶんだのである。以上の状況をふまえて，解答をまとめていく。記述の際には「美由起の智子に対する絶賛が長年大食堂で働いてきた中園のプライドを傷つけた」＋「中園はショックを受ける，悔しがる」「店で働く意欲が失われる」という内容を中心にする。

四 **(論説文―要旨・理由・細部表現の読み取り，記述，ことばの意味)**

問一　A「一抹」とは，ほんのわずかという意味。基本的に，暗い感情の言葉とともに用いる。「一抹の寂しさ」とある，イが解答になる。アは「一縷の望み」と，表現すべきところである。「一縷」には，ごくわずかという意味があり，「一縷の望み」で，わずかな希望を意味する。
B「浮き彫り」とは，周りと区別して，はっきりとわかること。計画性のなさがはっきりしたという意味になる，エが解答になる。アは，正しくは「木彫り」になる。イ，ウ，オは，周りと区別してはっきりとわかるという状況ではない。

基本　問二　傍線部①直後に，「甘え」の具体例が記されている。自分でもよくわかっていない曖昧な業界用語を用いて，仲間内でうなずき合って過ごせるような状況なのである。また，無駄に難しい言葉をこねくり回して立派な話をしているように見せかけるというケースもあるのだ。ウは，部内でしか通用しないような言葉で説明会をなんとかしようとしているのである。仲間内でうなずき合えるような言葉でなんとかしようとしているところから，これが解答になる。ウ以外は，仲間内でなんとか通用してしまっている言葉を取りあえず使っている状況ではない。

重要　問三　傍線部②以降に「レポートの提出や採点といった一連の過程……教育の場」「個々の学生を伸ばす方向で考えるべき」と書かれている。筆者は「教育の場」であることを意識して，個々の学生を伸ばす方向で考えるべきだ，そのため状況に応じて対応することは不公平ではないと主張しているのだ。「レポートの採点は教育の一環」「それぞれの学生の能力をより良い形で伸ばすことを念頭に置いて行うべき」とある，アが解答になる。イは，教育的に学生を伸ばそうという意図について書かれていない。ウは「レポートにおいて重要なのは表現ではない」とあるが，おかしい。将来的に日本語で論文を書こうという場合，表現も重要である。ウのように，重要ではないと言い切れない。エは「それぞれの学生の能力をより良い形で伸ばすことを念頭に置いて行うべき」という主張に合わない。筆者はすでに伸ばそうという意思を持っている。オは「能力差を点数化することは教育上意味がない」とあるが，おかしい。文章における筆者の主張に合わない。

問四　傍線部③以降に，二点，記されている。一点が「難しい言葉を無駄にこねくり回している」「敢えて好きこのんで難しい言葉を用いている」である。そして，二点目が「専門家が扱う問題は……そもそも難しい」「正確に捉え，解決の方途を正確に言い表そう……複雑で，繊細なものになっていく」の部分である。好んで難しい言葉を使っている。難しくならざるを得なくて，難しい言葉を使っている。この二点をおさえた選択肢を見つけると良い。「平易な言葉で説明できる問題を難しい言葉で表現」「複雑な思考と，それを可能にする複雑な言葉を用いなければ正確にとらえられない」と，二点についてもれなく説明している，エが解答になる。エ以外は，③以降に説明された二点を十分にふまえていない。

問五　傍線部④直前の表現も合わせて考える。「要するに，言葉は……」で始まる段落には，④直前の表現を合わせて読むと，「言葉は常に伝達のための手段ではなく，しばしば，言葉のまとまりをかたちづくる」「それ自体が目的になる」とある。「伝達ための手段」とは，自分の考えを相手に伝えて相手を説得する能力であり，コミュニケーションスキルである。だが，同じ段落の最後にあるように，「伝えるべき『自分の考え』それ自体を生み出す」，つまり，自分の考えを言葉で伝えられるようにかたちづくることも，重要なのである。以上の点をふまえて，書くべき内容をまとめる。「要するに，言葉は……」で始まる段落の最後の部分を活用して記述すると良い。

問六　傍線部⑤の「民主化」は，一般的な意味の民主化ではなく，多くの人に利用しやすくなるという意味になっている。そのため，「、」がつけられているのだ。また，傍線部⑥の「改良」は，実際には全体主義国家に都合のよくなっただけであり，本当の意味の改良ではない。つまり，実態は異なるのである。「民主化」「一般的な使い方ではない」「改良」「実態は異なる」とある，エが解答になる。アの「民主化」部分には「誤った使い方」とある。文脈によってはそのように言葉を使うこともでき，「誤った使い方」と言い切るわけにはいかない。イの「改良」部分には「よく使われる用法」とある。このような用法がよく使われることはない。ウの「民主化」部分の「実現に至らない可能性」，「改良」部分の「大して変わっていない」は，どちらも文脈に合わない。オの「改良」部分には「実際に行われたわけではない」とある。実際に「改良」されたのである。文脈に合わない。

重要 問七 「ニュースピーク」は，文章中に具体例として扱われた「全体主義国家」が活用したものである。そのため，「何にとっての」の「何」の部分は，「全体主義国家」であることがわかる。また，その利益に関しては，「また，〈やさしい日本語〉は……」で始まる段落に着目する。国民の表現力や思考力を弱めることができるのである。そして，国民の思考を，全体主義国家の適う方向にはめ込むことができるのである。「全体主義国家にとって」＋「国民の思考をコントロールできる利益」などの方向でまとめるとよい。

やや難 問八 文章最後の方，「しかし，仮に〈やさしい日本語〉……」で始まる段落以降に着目する。やさしい日本語が全面化することによって，思考的な偏りが生まれたり強まったりする可能性について書かれている。また，「そして，それ以前に……」で始まる段落には，やさしい日本語を使用する者の表現力や思考力が著しく弱ってしまう可能性についても書かれている。やさしい日本語は，語彙や表現形式が単純化されている。そのため，そのようなことが起こってしまうのである。以上の内容をふまえて，解答をまとめる。記述の際には，「やさしい日本語の使用」＋「思想的な偏りが生まれる，強くなる」「表現力や思考力が弱まる」という方向性にする。

★ワンポイントアドバイス★

一，二には，漢字と知識関係の問題が出題されている。時に，手ごわい問題も出題されるが，時間配分のことを考えると，あまり時間をかけるわけにはいかない。一，二はすばやく終わらせて，その後の読解問題に時間をかけたい。

第2回

2023年度

解 答 と 解 説

《2023年度の配点は解答欄に掲載してあります。》

<算数解答> 《学校からの正答の発表はありません。》

[1] (1) $\frac{56}{9}$ (2) 3.9375 (3) 6180通り

[2] (1) 2.8分後 (2) 解説参照(図ア) (3) 解説参照(図イ) (4) 0.8, $\frac{10}{3}$

[3] (1) 解説参照 (2) 1440度 (3) $\frac{3}{8}$倍

[4] (1) 5枚目 (2) 98 (3) 79, 117, 120, 154, 162 (4) 31

[5] (1) ① 785cm³ ② 6280cm³ (2) 7850cm³

○推定配点○

[1] 各8点×3 他 各7点×18([2](4)完答) 計150点

<算数解説>

重要 [1] (四則計算，割合と比，売買算，場合の数)

(1) $\square=\left\{\left(3\frac{8}{24}-\frac{17}{24}\right)\times\frac{4}{7}+\frac{5}{6}\right\}\times\frac{8}{3}=\frac{7}{3}\times\frac{8}{3}=\frac{56}{9}$

(2) ルビーとネックレスの定価の比…9：7
定価の和…9＋7＝16とする。
定価の和－セット価格…9×0.07＝0.63
したがって，求める割合は0.63÷16×100＝3.9375(％)

(3) スペード…5枚 ハート・クラブ・ダイヤ…5×3＝15(枚)
スペードを除く3枚の並べ方…15×14×13(通り)
スペード1枚を含む3枚の並べ方…5×15×14×3＝15×15×14(通り)
スペード2枚を両端に置く並べ方…5×4×15＝15×20(通り)
したがって，全部で15×14×13＋15×15×14＋15×20＝15×14×28＋15×20＝15×412＝6180(通り)

[2] (割合と比，グラフ)

A…1Lの水が入っており，2～4分まで毎分0.5Lずつ給水する。
B…1Lの水が入っており，3～4分まで給水しない。
グラフ…Bの水量÷Aの水量の割合を示す。

基本 (1) 図2のグラフ…Bの水量が2.8Lになる時刻は2.8分後

(2) 解答欄のグラフ…次のページの図アのようになる。

やや難 (3) 解答欄のグラフ…次のページの図2より，4分の割合は3÷2＝1.5
3～4分でBの値は一定，Aの値は比例関係を示すので，割合の変化は反比例の関係になり次のページの図イになる。

(4) 割合が1.8になる時刻

1回目…図イより，0.8分後

2回目…Aの値$3\div1.8=\frac{5}{3}$，図2より，$4\times\frac{5}{3}\div2=\frac{10}{3}$(分後)

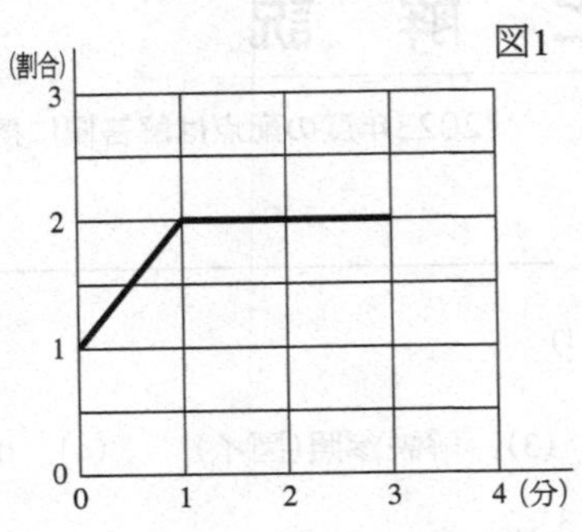

図1

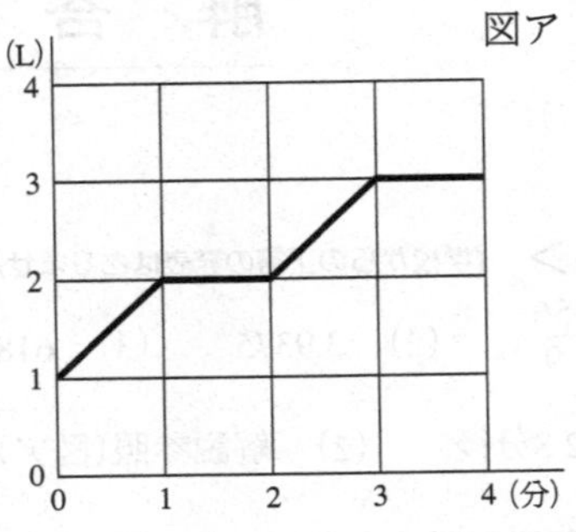

図ア

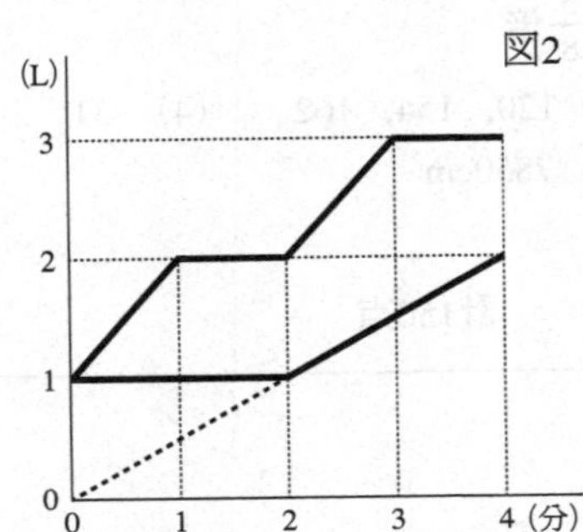

図2

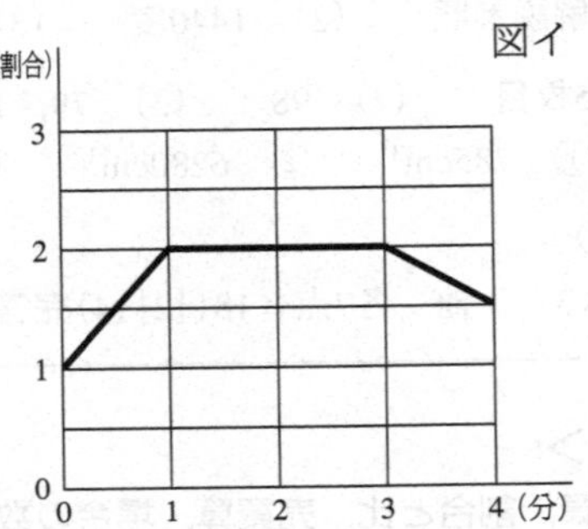

図イ

重要 [3] (平面図形，相似，割合と比)

(1) 解答例

90度より大きい内角を含む三角形

(鈍角三角形)

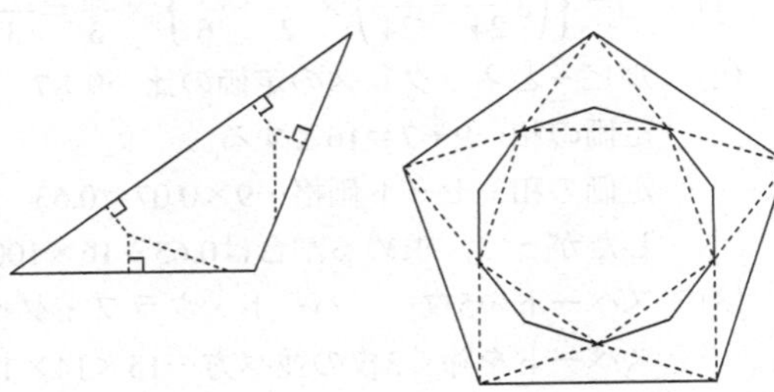

(2) 右図より，正十角形の内角の和は

$180\times(10-2)=1440$(度)

(3) 三角形AFD…右図より，面積を5とする。

ひし形ABCD…面積は$(5+6)\times2=22$

EHの長さ…三角形AEHとABJの相似より，

$$5\div11\times6=\frac{30}{11}$$

EG：EC…三角形EGHとCGJの相似より，

$$\frac{30}{11}:\left(\frac{30}{11}+6\right)=5:16$$

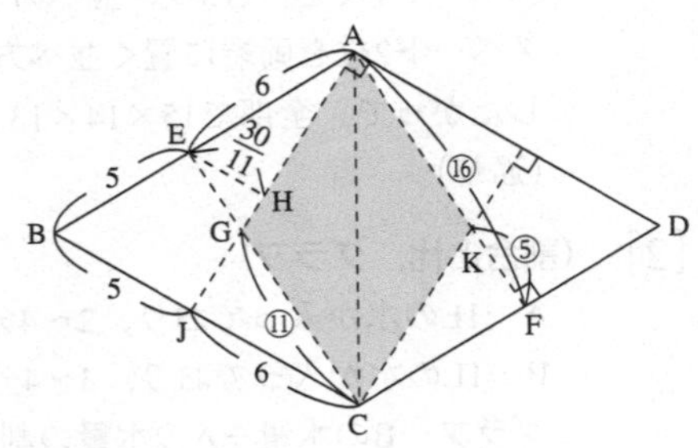

ひし形AGCK…面積は$6\div16\times11\times2=\frac{33}{4}$

したがって，求める割合は$\frac{33}{4}\div22=\frac{3}{8}$(倍)

[4] (数の性質，規則性，場合の数)

重要 (1) 下から1枚目の左の番号…1・2　下から3枚目の左の番号…5・6

したがって，紙が8枚の場合，7が書かれているのは上から$8-3=5$(枚目)

(2) 上から4枚目…紙が12枚の場合，下から$12-4+1=9$(枚目)

下から9枚目の左の番号…17・18

上から1枚目の右の番号…23・24

上から4枚目の右の番号…31・32

したがって，上から4枚目の番号の和は

17＋18＋31＋32＝49×2＝98

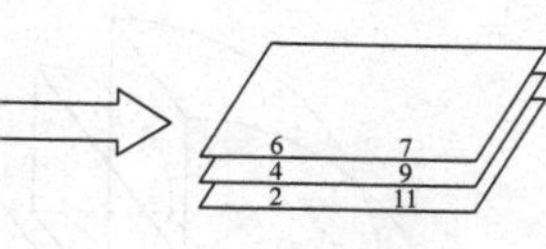

「状態C」　「状態D」

やや難 (3) 状態Dについて，場合分けをする。

左の番号について2枚同時にめくった場合

A：上から1・2枚目を同時にめくった場合

上から1枚目の左の番号…38　　下から1枚目の右の番号…39・40

これらの和…38＋39＋40＝117

B：A以外の場合

上から1枚目の左の番号…2×(20－1)＝38と37

上から1枚目の右の番号…39・40

これらの和…37＋38＋39＋40＝77×2＝154

右の番号について2枚同時にめくった場合

C：上から1・2枚目を同時にめくった場合

上から1枚目の左の番号…39・40　　下から1枚目の右の番号…41

これらの和…39＋40＋41＝120

D：C以外の場合

上から1枚目の左の番号…39・40　　下から1枚目の右の番号…41・42

これらの和…39＋40＋41＋42＝81×2＝162

上から1枚目を折られている状態で2枚同時にめくった場合

これらの和…39＋40＝79

やや難 (4) 右の番号について2枚同時にめくった場合

下から1・2枚目を同時にめくった場合

下から1枚目の左の番号…1・2　　下から1枚目の右の番号…78

これらの和…1＋2＋78＝81

下から2枚目の左の番号…3・4　　下から2枚目の右の番号…77

これらの和…3＋4＋77＝84

下から2・3枚目を同時にめくった場合

下から2枚目の左の番号…3・4　　下から2枚目の右の番号…76

これらの和…3＋4＋76＝83

下から3枚目の左の番号…5・6　　下から3枚目の右の番号…75

これらの和…5＋6＋75＝86

以下，同様に反復すると，下から9・10枚目を同時にめくった場合に番号の和が100になり，求める回数は20＋20－9＝31(回目)

重要 [5] (立体図形，平面図形，図形や点の移動)

(1) ① 10×10×3.14÷4×10＝785(cm^3)

② ①より，785×4＋20×20×3.14÷4×10

＝3140×2＝6280(cm^3)

(2) 次のページの図と①より，785×6＋3140＝7850(cm^3)

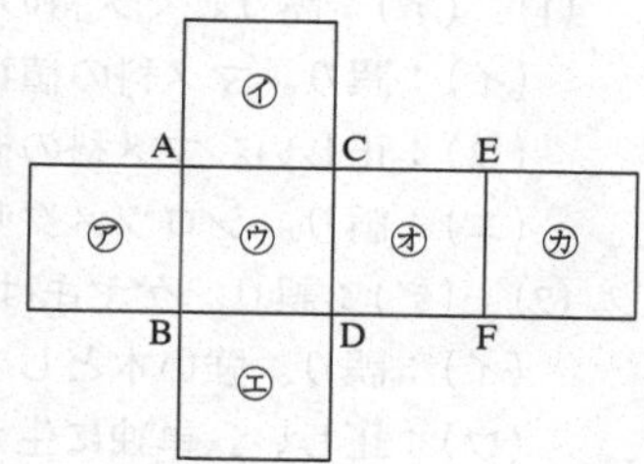

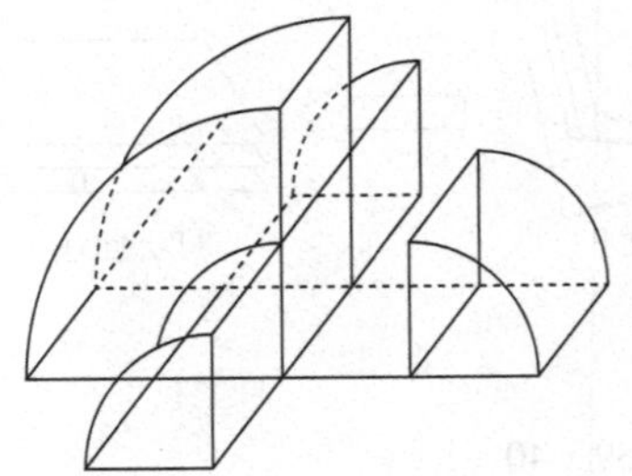

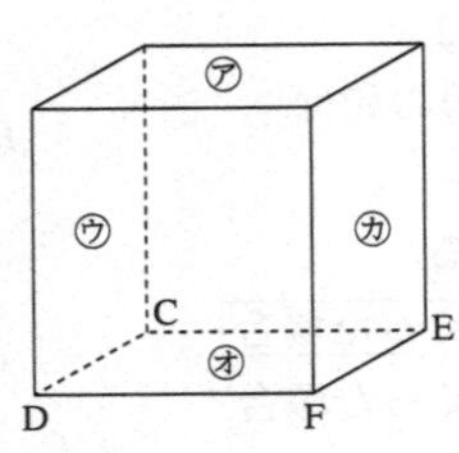

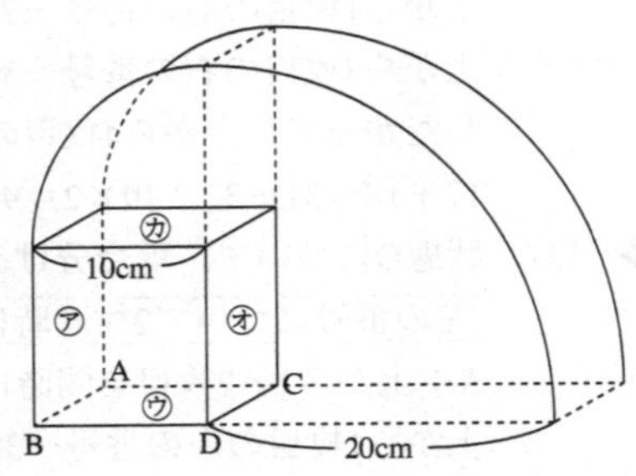

★ワンポイントアドバイス★

[2]「2つの水そうの水量とグラフ」は，(3)・(4)がミスしやすく，[4]「ページ番号」は，時間がかかり難しい。[5]「立方体の展開図」は，問題自体としては，それほど難しくない。時間配分を考え，優先する問題選択がポイント。

＜理科解答＞ 《学校からの正答の発表はありません。》

[1]　(1)　(ウ)　(2)　(ウ)　(3)　(エ)　(4)　(エ)　(5)　(オ)　(6)　(エ)
(7)　(a)　(ア)　(b)　(ウ)　(c)　(イ)　(8)　(a)　12月26日　(b)　(エ)・(キ)
(c)　え　化石燃料　(例)　電力の使用量を節約する

[2]　(1)　220g　(2)　(ア)・(ウ)　(3)　56.25g　(4)　(ア)＞(ウ)＞(エ)＞(イ)
(5)　32.3g　(6)　(ショ糖)　32.4g　(クエン酸)　5.4g　(塩化ナトリウム)　5.4g
(7)　0.81倍

[3]　(1)　315mA　(2)　1倍　(3)　3種類　(4)　①①①①④
(5)　5種類　(6)　①①②②③　(7)　$\frac{9}{49}$倍

[4]　(1)　白　(2)　(ウ)　(3)　(エ)　(4)　(ア)
(5)　(ウ)　(6)　(イ)，(エ)　(7)　右図　(8)　(カ)

入射する光
30°　30°
120°

○推定配点○
[1]　各2点×13((8)の(b)完答)　[2]　各4点×7((6)完答)　[3]　各3点×7
[4]　(7)　4点　他　各3点×7　計100点

＜理科解説＞

[1]　(植物・動物―動植物と人間のかかわり)

(1)　(ア)：誤り。マメ科の植物の種子に胚乳はなく，栄養分は子葉に蓄えられる。
(イ)：誤り。マメ科の植物の花は，花びらが5枚で横向きにつくものが多い。
(ウ)：正しい。マメ科の植物は，根粒で空気中の窒素を利用しアミノ酸をつくることができる。
(エ)：誤り。シロツメクサなど，雑草のように空き地に生えているマメ科の植物もある。

(2)　(ア)：誤り。ケヤキは落葉の広葉樹で，北海道など寒冷な土地にはあまり見られない。
(イ)：誤り。強い木として知られる高木で，高さが30m以上のものもある。
(ウ)：正しい。単独に生えているケヤキは，枝が上に大きく広がって扇形になる。

(エ):誤り。雄花と雌花は同じ木についており,雄株と雌株は分かれていない。

(3) (ア):正しい。佐渡島で人工繁殖のトキの放鳥が行われ,近年は自然繁殖も起こっている。

(イ):正しい。国内では佐渡島をはじめ,数か所でトキの人工繁殖と飼育がされている。

(ウ):正しい。国内では1981年に絶滅寸前だったトキの全数を保護し,野生絶滅となった。

(エ):誤り。トキは日本以外でも絶滅の危機にあるが,中国などで生息している。

(4) (ア):誤り。タンチョウの頭頂部は羽毛でおおわれておらず,赤い皮ふが見えている。

(イ):誤り。タンチョウの全長は100cm程度で,ツルの中では大型である。

(ウ):誤り。日本にすむタンチョウは渡りをせず,近距離を移動する程度である。

(エ):正しい。北海道東部に広く生息するが,タンチョウは釧路湿原付近に特に多い。

(5)・(6) 動物の特別天然記念物21件のうち,場所を特定せず種として指定されているものは14件で,そのうち鳥類がアホウドリ,トキ,タンチョウ,コウノトリ,ライチョウなど9件,ホ乳類がカモシカ,カワウソ,アマミノクロウサギ,イリオモテヤマネコの4件,両生類がオオサンショウウオの1件である。

(7) (a) ゲンジボタルの幼虫は,川など淡水の水中で生活している。体長は2~3cmで,成虫の1~1.5cmよりも大きい。完全変態であり,幼虫が岸に上がると,土の中でさなぎになる。

(b) ゲンジボタルの幼虫は,淡水に生息する細長い巻貝のカワニナをえさにしている。オキアミは海水にすむ節足動物,カタツムリとミミズは陸上にすむ。

(c) ゲンジボタルの腹部にはオス,メスともに発光器があり,光エネルギーのもとになる物質が,酵素と酸素のはたらきで変化するときに,化学的に光を出している。

(8) (a) 地球誕生からの46億年を365日に例えるとき,6600万年が何日にあたるかを計算すればよい。460000:365=6600:□ より,□=5.2…である。つまり,12月31日から逆に数えて5.2日目にあたるので,12月26日となる。

(b) ジャイアントモアはニュージーランドに生息していた鳥類で,ドードーはインド洋のモーリシャス島に生息していた鳥類である。いずれも,飛べない鳥であったとされ,人類による乱獲などにより前者は15世紀ごろ,後者は17世紀ごろに絶滅したとみられる。他の選択肢の動物は,現在も野生で生存している。

(c) 大気中の二酸化炭素濃度が上昇した原因は,石油や石炭,天然ガスのような化石燃料を大量消費したことである。化石燃料の消費を抑えるために,最も身近にできることは,電力使用の無駄をなくすことである。また,ガソリンなどの使用量を減らすために,少人数での自家用車の利用を控えて,自転車や公共交通機関を使うなどの取り組みもできる。社会全体としては,再生可能エネルギーの開発などが考えられる。

[2] (ものの溶け方ー水溶液の浸透圧)

重要 (1) ショ糖水溶液1L=1000cm^3の重さは,1.1×1000=1100(g)である。そのうち20%がショ糖なので,1100×0.2=220(g)である。

(2) (ア)・(ウ):正しい。濃度の小さい細胞内から濃度の大きい細胞外へ,水が出ていく。

(イ):誤り。毛細管現象とよばれ,ティッシュの繊維の狭いすき間を液体が昇る。

(エ):誤り。舌が塩辛さを感じた後に甘さを感じるためであり,水の移動とは関係ない。

(オ):誤り。反応によって二酸化炭素が発生しており,水の移動とは関係ない。

(3) 濃度0.9%の塩化ナトリウム水溶液1000gに溶けている塩化ナトリウム(食塩)は,1000×0.009=9(g)である。表1から,ブドウ糖1gは食塩0.16gに相当するので,食塩9gに相当するブドウ糖の量は,1:0.16=□:9 より,□=56.25gとなる。

(4) (ア)~(エ)とも,同じ重さの水溶液に溶けている溶質の重さは同じである。よって,表1の食塩当量の大きい順に並べればよい。なお，塩化ナトリウム(食塩)の食塩当量は1である。

やや難 (5)　0.9%の塩化ナトリウム水溶液に相当するクエン酸水溶液の濃さは，$0.9 \div 0.15 = 6$(%)であり，この6%のクエン酸水溶液を1000gつくるのが目標である。表1から，5%のショ糖水溶液は，$5 \times 0.086 = 0.43$(%)の塩化ナトリウム水溶液に相当する。さらに，相当するクエン酸水溶液の濃さに直すと，$0.43 \div 0.15 = \frac{43}{15}$(%)となる。固体のクエン酸は100%の水溶液とみなせば，混ぜる前後の濃度変化の比は，$\left(6 - \frac{43}{15}\right) : (100 - 6) = \frac{47}{15} : 94 = 1 : 30$だから，混ぜる量の比はその逆比の30：1である。よって，加えるクエン酸の量は，$1000 \times \frac{1}{30+1} = 32.3$(g)となる。

やや難 (6)　ショ糖とクエン酸と塩化ナトリウムを，質量(重さ)の比が6：1：1になるように混ぜると，表1から食塩当量の比は，$(6 \times 0.086) : (1 \times 0.15) : 1 = 0.516 : 0.15 : 1$となる。一方，0.9%の塩化ナトリウム水溶液を1000g作るには，塩化ナトリウム(食塩)が$1000 \times 0.9 = 9$(g)必要である。これを0.516：0.15：1で分けると，必要な塩化ナトリウムの重さは，$9 \div (0.516 + 0.15 + 1) \times 1 = 5.40\cdots$で，5.4gである。重さの比が6：1：1だから，ショ糖の重さは$5.4 \times 6 = 32.4$(g)，クエン酸の重さは$5.4 \times 1 = 5.4$(g)となる。

(7)　表1から，塩化カリウム1.5mgは，$1.5 \times 0.79 = 1.185$(mg)の塩化ナトリウム(食塩)に相当する。また，ブドウ糖0.5mgは，$0.5 \times 0.16 = 0.08$(mg)の塩化ナトリウムに相当する。よって，目薬1g中の成分を塩化ナトリウムに直すと，$6 + 1.185 + 0.08 = 7.265$(mg)に相当する。1g＝1000mgだから，目薬の濃さは0.7265%の塩化ナトリウム水溶液に相当する。これと0.9%を比べると，$0.7265 \div 0.9 = 0.807\cdots$で，0.81倍である。

[3] (電流と回路―抵抗のつなぎ方と発熱量)

(1)　抵抗が2個直列つなぎになるので，表1で電池が1個のときに比べ，電流は2分の1になる。よって，$630 \div 2 = 315$(mA)となる。

重要 (2)　抵抗が2個並列つなぎになるので，③の1つの電気抵抗に流れる電流は，表1で電池が1個のときと同じである。よって，③の1つの電気抵抗での発熱量も同じである。

(3)　電気抵抗が3個になるのは，①①②②②を使う方法，①①①②③を使う方法，①①①①④を使う方法がある。どの場合も，問題文により，5枚のカードをどのような順番で並べても同じ種類の回路図である。以上より，回路図の数は，3種類である。

重要 (4)　電気抵抗は，直列につなぐと電流が流れにくくなる。よって，直列部分のないつなぎ方，つまり，①①①①④を使う場合が，電流が最も大きく，電池からは$630 \times 3 = 1890$(mA)が流れる。なお，①①②②②の場合は，$630 \div 3 = 210$(mA)，①①①②③の場合は，$630 \div 1.5 = 420$(mA)が流れ，どちらも電気抵抗1つのときよりも電流が小さくなる。

(5)　電気抵抗が4個になるのは，①②②②②を使う方法，①①②②③を使う方法，①①①③③を使う方法，①①①②④を使う方法，①①①①⑤を使う方法がある。以上より，回路図の数は，5種類である。

やや難 (6)　1つの電気抵抗での発熱量が最も小さいのは，その1つの電気抵抗に流れる電流が最も小さいときである。そこで，(5)の5つの場合について，1つの電気抵抗に流れる電流を求めると次の通りとなる。

カード	回路全体の抵抗	電池から流れる電流	並列部分の1本の電気抵抗に流れる電流
①②②②②	1＋1＋1＋1＝4	630÷4＝157.5(mA)	並列部分なし
①①②②③	$1+1+\frac{1}{2}=\frac{5}{2}$	$630\div\frac{5}{2}=252$(mA)	252÷2＝126(mA)
①①①③③	$\frac{1}{2}+\frac{1}{2}=1$	630÷1＝630(mA)	630÷2＝315(mA)
①①①②④	$1+\frac{1}{3}=\frac{4}{3}$	$630\div\frac{4}{3}=472.5$(mA)	472.5÷3＝157.5(mA)
①①①①⑤	$\frac{1}{4}$	$630\div\frac{1}{4}=2520$(mA)	2520÷4＝630(mA)

以上より，①①②②③を使った場合の③の並列部分が，最も電流が小さいので，発熱量も最も小さい。基準の630mAに比べ電流が$\frac{1}{5}$なので，発熱量は$\frac{1}{5}\times\frac{1}{5}=\frac{1}{25}$になる。

やや難 (7)　回路にある5個の電気抵抗での発熱量の合計が小さい順は，電池から流れる電流が小さい順と同じである。これは，並列部分が少なく，電気抵抗がより直列に並んでいる順といえる。電気抵抗が5個になる7種類を，電池から流れる電流が小さい順に並べると，②②②②②を使う方法，①②②②③を使う方法，①①②②④を使う方法，①①②③③を使う方法，①①①②⑤を使う方法，①①①③④を使う方法，①①①①⑥を使う方法となる。小さいほうから3番目は①①②②④を使う方法であり，全体の抵抗は$1+1+\frac{1}{3}=\frac{7}{3}$である。よって，電池から流れる電流は，表1の電池が1個のときに比べて$\frac{3}{7}$倍であり，発熱量は$\frac{3}{7}\times\frac{3}{7}=\frac{9}{49}$(倍)となる。

[4] **(光の性質―光と色)**

(1)　光の三原色である赤色，緑色，青色を混ぜると，すべての色が混ざった光ができる。このような光を白色光といい，太陽光も白色光である。

(2)　問題文にあるように，赤色の光と緑色の光が混ざった光が黄色に見える。つまり，黄色の絵の具では，赤色の光と緑色の光が反射されており，それ以外の青色の光が吸収されている。

重要 (3)　(2)と同じように考えると，水色の絵の具では赤色の光が吸収されており，赤紫色の絵の具では緑色の光が吸収されている。これらのことから，水色と赤紫色と黄色の絵の具を混ぜると，赤色と緑色と青色の光が吸収されるので，すべての光が吸収されてしまい，黒色に見える。(ア)黒色の光というものはない。(イ)・(ウ)ならば，すべての色の光が見えるので白いはずである。

(4)　わずかの差ではあるが，赤色の光は小さく屈折し，青色の光は大きく屈折する。緑色はその中間である。夕焼けが赤く見えるのも，横から来た太陽光のうち赤色の光が届きやすいためである。

(5)　平行なガラスの表面に入るときに屈折した光は，ガラスから出るときには，もとの光の向きと平行になる。

(6)　(ア)・(ウ)：誤り。図2の通り，入射角は屈折角よりも大きい。

(イ)・(エ)：正しい。図2で光の向きの矢印を逆向きにし，入射角と屈折角を入れ替えて考えればよい。入射角は屈折角よりも小さい。

(オ)：誤り。問題文の下線部④の通り，ダイヤモンドの場合は大きく屈折するので，図2で光はより深い方へ屈折し，屈折角は小さくなる。つまり，屈折角が大きいのはガラスの場合である。

(カ)：誤り。図2で光の向きの矢印を逆向きにし，入射角と屈折角を入れ替えた状態を考えると，ダイヤモンドの場合は大きく屈折するので，空気側の光はより水面に近付き，屈折角は大きくなる。つまり，屈折角が大きいのはダイヤモンドの場合である。

(7)　光は図3と同じように，空気からダイヤモンドの上面へ直角に入射するので，屈折せずに右下面に到達する。図3では，反射光と屈折光に分かれている。ここでの光の入射角は右図のように30°である。ダイヤモンドは入射角が25°よりも大きいと全反射するので，屈折して出て行く光はなくすべて反射する。次に上面に当たったときも，入射角は60°だから全反射であり，最後に左下面に当たったときも，入射角は30°だから全反射である。結局，ダイヤモンドの場合は，図3から2本の屈折光を除いた道すじとなる。

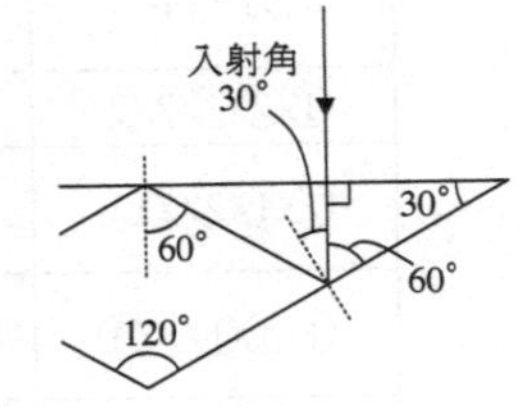

(8)　光を色ごとに分けると，赤色の光は小さく屈折し，青色の光は大きく屈折する。緑色はその中間である。そこで，光の道すじを図5に描くと，右図のようになる。

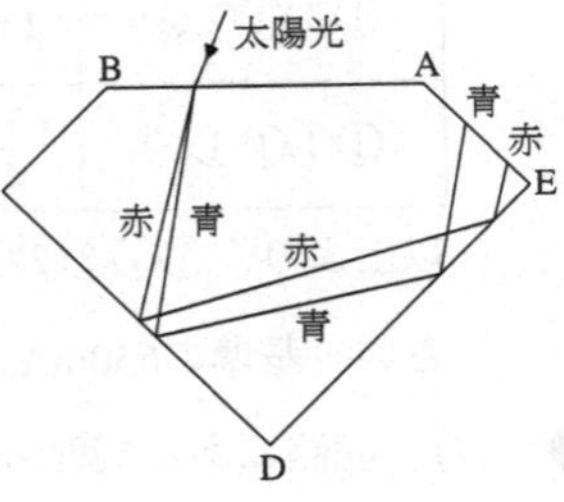

★ワンポイントアドバイス★

問題文が長く，こみ入った設定の問題では，条件を書き出して整理するなど，見やすい形に変えてから考えよう。

＜社会解答＞《学校からの正答の発表はありません。》

[1]　問1　ア　問2　ウ　問3　団結　問4　(例)　国民の意見が分かれているのに制度化を急ぐのは危険で，より慎重な議論が必要だから。

[2]　問1　(1)　考古学　(2)　高松塚　(3)　北条義時　(4)　元寇　問2　ウ　問3　イ　問4　エ　問5　イ　問6　イ　問7　ア　問8　エ　問9　ア　問10　(例)　遺跡の一部を破壊して

[3]　問1　(1)　チリ　(2)　島原　問2　ウ　問3　ア　問4　ウ　問5　エ　問6　エ　問7　エ　問8　ウ　問9　オ　問10　女川(町では)　(例)　津波による人的被害，家屋被害が大きく，主な産業である漁業・水産業でも事業者の廃業が相次いだ。一方，家屋などを立て直すため，建設業の労働力人口の割合は上昇した。

[4]　問1　アイヌ　問2　(アフガニスタン)　エ　(ウクライナ)　ア　問3　(例)　アフリカ，アジア，南北アメリカなどに進出し，ヨーロッパ人とは異なる人種に出会った　問4　ウ　問5　(a)　ウ　(b)　ア　問6　(例)　メスティーソとよばれる混血の人々が人口の半分以上を占め，人種間の融和が進んでいるから。

○推定配点○

[1]　問4　4点　他　各2点×3　[2]　各2点×13　[3]　問10　町名　2点　記述　6点　他　各3点×10　[4]　問3，問6　各4点×2　他　各3点×6　計100点

<社会解説>

[1] (総合一時事問題，経済，日本国憲法など)

やや難 問1 IPEFは，Indo-PacificEconomicFrameworkの略称で，インド太平洋経済枠組みと訳す。中国の影響力拡大を念頭に，自由で開かれたインド太平洋戦略の実現に向けて，アジアにおける経済面での協力，ルールの策定が主な目的である。2023年2月現在，アメリカ合衆国を中心に，インド太平洋地域の14か国が参加している。イのTPPは，Trans-PacificPartnershipの略称で，環太平洋経済連携協定と訳す。ウのRCEPは，RegionalComprehensiveEconomicPartnershipAgreementの略称で，地域的な包括的経済連携協定と訳す。エのSCOは，ShanghaiCooperationOrganizationの略称で，上海協力機構と訳す。オのASEANは，AssociationofSoutheastAsianNationsの略称で，東南アジア諸国連合と訳す。

問2 ウは，消費者(買い手側)がバナナを買おうと殺到して，価格が上昇したのだから，買い手側の事情でインフレーションが発生した例としてふさわしい。なお，ア，イ，エは，いずれも作り手側の事情で発生したインフレーションである。

基本 問3 団結権は，労働者が地位の向上を図り，労働条件について使用者などと対等に交渉するため，労働組合を組織する権利。日本国憲法第28条は，勤労者の権利としてこれを保障している。

やや難 問4 選択的夫婦別姓制度導入について，これに賛成する国民は多いが，これに反対する意見もみられる。このため，さらに時間をかけて，慎重に議論すべきだ，という意見も根強い。

[2] (日本の歴史一遺跡を題材にした日本の通史)

重要 問1 1 考古学は，人間の過去の文化の発展を，その遺物を通して研究する学問。特に，文字による記録のない時代については，考古学によって研究される部分がほとんどである。 2 高松塚古墳は，奈良県明日香村にある円墳。1972年の発掘により，石室に極彩色の人物，四神，日，月，星宿の壁画が発見された。壁画は，中国唐代の壁画墓に類似し，7世紀末～8世紀初頭頃の貴人の墓と推定されている。 3 北条義時は，鎌倉幕府2代執権。北条時政の子。源実朝の死後は，姉である政子とともに幕政を握り，北条氏専制の基礎を築いた。承久の乱に際し，公家を圧倒し，幕府権力を確立した。 4 元寇は，鎌倉時代，元の軍隊が2度にわたり日本に襲来した事件。1274年の文永の役，1281年の公安の役の総称。いずれも日本軍は，元軍の襲来を退けた。

基本 問2 A：弥生土器は，1884年，東京，本郷弥生町でその第一号が発見されたことから，このように名付けられた。 B：登呂遺跡は，静岡市駿河区登呂にある弥生時代の遺跡。1943年発見。住居跡，水田跡および多種の木製出土品により，当時の農村集落の実態を示したものとして有名。

問3 明治新政府は，地租改正をおこない，年貢にかわる新しい税として地租を「現金」で納めさせた。「米で納めさせた」が誤り。

やや難 問4 『古事記』は，稗田阿礼が暗誦し，これを太安万侶が撰録したもので，712年に成立。一方，『日本書紀』は，舎人親王らを編者として，元正天皇の720年に成立した歴史書。なお，刑部親王は大宝律令の編者の一人である。

問5 学校教育法が1947年3月に成立し，これによって6・3・3・4制の学校制度が規定された。最初の6は小学校，次の3は中学校，その次の3は高等学校，最後の4は大学を示している。 ア 「18歳以上」ではなく，「20歳以上」。 ウ 「自作農」と「小作農」が逆。 エ 「完全」ではなく「一部」。

基本 問6 岩宿遺跡は，群馬県東部，みどり市笠懸町にある旧石器時代の遺跡。

問7 イ(797年)→ウ(935年ごろ)→ア(1086年)→エ(1172年)。

問8 正長の土一揆は，1428年，近江坂本の馬借の蜂起を契機に，京都から畿内一帯に波及した土一揆。幕府に徳政令発布を要求するが拒否され，酒屋・土倉などを破却した。 ア 足利尊氏ではなく，足利義満。　イ　御成敗式目が制定されたのは鎌倉時代の1232年。　ウ　金閣ではなく，銀閣。

やや難 問9　江戸幕府は，1715年，新井白石の進言によって，長崎貿易により金銀が海外に流出することを抑えるため，貿易規模を制限する法令を発布した。イは徳川吉宗，ウは徳川綱吉，エは田沼意次。

問10　大型の建物を建てる際の基礎工事は，地盤を深い所まで掘り進み，杭を打ち込むので，遺跡の一部を破壊してしまうおそれがある。

[3]　(日本の歴史―自然災害を題材にした日本の通史)

問1　1　チリ地震は，チリの太平洋岸沖で，1960年5月22日(日本時間23日)に起こった歴史上最大級の地震。マグニチュード9.5。太平洋全域を津波が襲い，日本には24日に来襲。死者140人余，建物の被害約4000戸の被害をもたらした。　2　島原半島は，長崎県の南東部に突出する半島。中央部に雲仙岳がそびえ，有明海，島原湾，橘湾に囲まれる。

問2　A　加須市は，埼玉県北東部，利根川と元荒川に囲まれた低湿な平野に位置する市。　B　千曲川は，信濃川の上流，長野県を流れる部分の呼称。

基本 問3　富岡製糸場は，綿糸ではなく，生糸を生産した。

問4　かきは，養殖の生産量の半分以上を広島県が占めている。よって1はかき。わかめは，三陸海岸が最大の産地。よって，宮城県，岩手県が上位を占めているⅡはわかめ。のりは，有明海が最大の産地。よって，佐賀県，福岡県，熊本県が上位に入っているⅢはのり。

問5　対馬海峡は，対馬・壱岐の間の東水道，対馬・朝鮮半島南岸間の西水道からなる海峡。西水道は日本と韓国との国境となり，福岡市と釜山市の間に高速船が就航している。　ア　四国と淡路島の間には，大鳴門橋が架けられている。　イ　「北海道と択捉島の間」ではなく，「北海道と国後島の間」。　ウ　1973年に関門橋が開通している。

問6　緊急地震速報がスマートフォンなどに届くのは，地震発生の数秒から数十秒前。

重要 問7　アはかつての河川の流路，イは埋立地，ウは干拓地で，いずれも液状化現象が起こりやすい。一方，エは標高が周囲よりも高い台地上で，液状化現象は起こりにくい。

問8　Ⅰ　シラス台地では，畑作や畜産が盛ん。火山灰に覆われた土壌は水もちが悪く，稲作には向かない。　Ⅱ　根釧台地は，火山灰に覆われた土壌，夏でも低温の気候のため，長い間，放置されていた。太平洋戦争後，近代的な酪農を実験するための農場(パイロットファーム)を建設したことをきっかけに，日本一の酪農地帯に変わっていった。

問9　福島第一原子力発電所は，福島県東部，双葉町と大熊町にまたがる位置にある東京電力の原子力発電所。2011年3月11日，東北地方太平洋沖地震による大津波をきっかけに，原子力発電所史上屈指の大事故を起こした。

問10　図表3から，女川町は，他の業種がいずれも労働力人口が減少している中で，唯一，建設業だけが増加していることが読み取れる。

[4]　(地理―人種を題材にした世界の地理)

基本 問1　アイヌは，樺太，千島列島，北海道に古くから住む，アイヌ語を母語とする民族。アイヌとは神に対する「人間」を意味する。

問2　アフガニスタンは，中央アジアに位置する内陸国。北部をトルクメニスタン，ウズベキスタン，タジキスタン，北東部は中国，南東部はパキスタン，西部はイランと接している。ウクライナは，東ヨーロッパ平原の南西部を占める共和国。東はロシア，北西はポーランド，南西はルーマニア，南は黒海・アゾフ海に接する。なお，イはトルコ，ウはイラン，オはカザフスタンである。

問3　大航海時代は，15～16世紀，ヨーロッパ人がインド航路航海やアメリカ大陸への到達を達成した時代。

問4　ユダヤ教はユダヤ人，ヒンドゥー教はインド人のそれぞれ民族宗教とされる。

やや難　問5　(a)　インディオは，スペイン人によるアメリカ大陸先住民の呼称。特に，ラテンアメリカに住む先住民をさして用いられる。アはオーストラリアの先住民，イは北極海沿岸地域の先住民の呼称。また，エはアメリカ合衆国におけるスペイン語圏からの移民の呼称。(b)　ラテンアメリカの国々の多くはスペインによる植民地支配を受けた。このため，現在もスペイン語を公用語とする国が多い。

問6　図2から，メキシコは，メスティーソとよばれる白人と先住民の混血が，人口の半数を超えていることが読み取れる。

★ワンポイントアドバイス★

世界地理の問題が大問として出題されている。よって，主要な国や時事的に注目されている国の地図上の位置は確認しておく必要がある。

＜国語解答＞《学校からの正答の発表はありません。》

一　①　善後　②　重宝　③　密閉　④　保養　⑤　古株

二　①　とらぬ　②　くわない　③　ひたい　④　ふむ　⑤　ひょうたん

三　問一　ウ　問二　ア　問三　ウ　問四　エ　問五　(例)　玉置さんの心の支えであるカラコンを，事情も知らずに視能訓練士の立場から否定したことで，玉置さんの必死に生きようとする気持ちまで否定していたということ。　問六　エ

問七　(例)　僕の下手な写真は場を和ませたうえ，丘本さんが撮った玉置さんの微笑みのすばらしさや瞳の優しさを一層引き立て，玉置さんが「美しい人」だと伝えることに役だったから。　問八　イ，オ

四　問一　A　オ　B　イ　C　エ　問二　X　オ　Y　ア　問三　ア

問四　(例)　先行研究をまとめただけで，オリジナルな問いが立てられていないから。

問五　ウ　問六　ウ　問七　(例)　インプットした情報を適切に加工してアウトプットすることで，伝達可能な知の共有財を産み出すことができる人。

○推定配点○

一　各3点×5　二　各3点×5　三　問五・問七　各14点×2　問八　各4点×2

他　各6点×5　四　問一・問二　各3点×5　問四　8点　問七　13点　他　各6点×3

計150点

＜国語解説＞

一　(漢字の書き取り)

①　あとのために良くすること。「善後策」とは，うまく後始末をするための方策のこと。

②　便利でよく使うこと。「重宝な台所道具」というように，この言葉は修飾語のように使うこともできる。

基本　③　すき間のないように閉めること。すき間のないように封をすることは，「密封」という。

④ 体を休めて健康を保つこと。「目の保養」の場合，美しいものを見たりして，心を楽しませることを特に意味する。

重要 ⑤ ここでは，古くからその社会や集団にいる人。「古顔」という言い方もある。

二 (ことわざ・慣用句)

基本 ① 「とらぬ狸の皮算用」となる。まだ手に入らないうちから，それをあてにする様子を意味する。

② 「犬もくわない」となる。誰も相手にしない様子を意味する。

基本 ③ 「猫のひたい」となる。場所がせまいことを意味する。「雀のなみだ」という言葉もあるが，こちらは少ないことを意味する。

やや難 ④ 「虎の尾をふむ」となる。大きな危険をおかす様子を意味する。

⑤ 「ひょうたんから駒」となる。あるはずがない様子を意味する。「駒」とは，若馬のこと。

三 (物語―主題・心情・場面・細部表現の読み取り，記述)

重要 問一 傍線部①直後の展開をおさえる。丘本さんが「何だか申し訳なさそうに呟いた」とある。また，「一人じゃ会いに行く勇気がない」ともある。そして，頭を下げてでも，「僕」に同行を依頼している。丘本さんは，すまないと思いながらも，一人では心細いため，「僕」に同行を頼んでいるのだ。以上から考え，「『僕』を巻き込むのは心苦しい」「一人では心細く」「意を決して『僕』に同行を頼もう」とある，ウが解答になる。アは「関係のない『僕』」とあるが，おかしい。玉置さんに眼科の受診を勧めたのは，「僕」である。イは丘本さんの心苦しく思う気持ちや，心細く思う気持ちを記していない。エは「医療従事者である『僕』がいることで，より適切なアドバイス」とあるが，丘本さんは「僕」の同僚である。丘本さんも視能訓練士である。その状況だけでは，「小さく息を吐いた」の理由の説明にはならない。オも丘本さんの心苦しく思う気持ちや心細く思う気持ちを記していない。

問二 玉置さんが，失明の危険性があるのにも関わらず，カラコンをし続けている様子をおさえる。「痛々しい」とは，気の毒で見ていられないという気持ち。「失明の危機」「精神的に追い込まれている」「なおカラコンを着け続けている玉置さん」「気の毒」とある，アが解答になる。イは，失明の危機があるのにカラコンを着け続ける玉置さんの様子にふれていない。誤答になる。ウは，玉置さんに対する気の毒だという気持ちが書かれていない。エも，「痛々しい」に結びつく感情が書かれていない。オの「失望」はおかしい。ただ，がっかりしているだけになってしまう。気の毒に感じている様子に合わない。

問三 傍線部③前後の表現に着目して，選択肢の内容を比較する。③の直前には「あれから，病院に行った後から，ずっと考えていたんです」とある。また，③の直後には「私はどんな人間？」とある。玉置さんは，自分自身のことをずっと見つめ続けていたのである。そして今，「僕」と向かい合っている玉置さんは，弱々しい声でありながら，少しずつ「僕」に心を開き，話を始めようとしているのである。以上の展開をおさえる。「自分自身の問題を見つめ直す」「『僕』に少しずつ心を開き始め」「抱えている思いを伝えようとしている」とある，ウが解答になる。アは「『僕』を信頼し，具体的に治療法を提示してもらえるのではないかと思い」とあるが，おかしい。「僕」自身も眼科の受診を勧めている。治療法を提示できるわけではない。イは，玉置さんがずっと考えた様子などにふれていない。エは「カラコンを外すきっかけをつかみたいと思い」「『僕』にすがろう」とあるが，おかしい。この部分で，「僕」にすがろうとする玉置さんの様子は読み取れない。オは「少しでも前向きに考えるきっかけをつかもう」とあるが，おかしい。この部分では，そこまで前向きな強い気持ちを抱いていない。

問四 傍線部④までの部分には，玉置さんがカラコンをつけるようになった後の様子が書かれている。積極的に外の世界に出ることができるようになった。写真がSNSで「いいね」をもらうようになった。「新しい自分」に満足し始めた。そして玉置さんは「もう大丈夫だ」と思うようになっていたのだ。ところが，カラコンを外せなくなり，失明の危機に直面したとき，「本当の私はどんな人間なのだろう？どんな人間になってしまったんだろう」と，玉置さんは新しい自分を見つけられたわけではなかったことに気づく。「自分に満足していた」「本当の意味で新しい自分を見つけられたわけではない」「嫌気がさしている」とある，エが解答になる。ア，イは自分に満足した玉置さんが，本当の意味で新しい自分を見つけたわけではないと気づく様子が書かれていない。誤答になる。ウは「かつての辛い記憶がよみがえり」とあるが，この部分での玉置さんの心を苦しめているのは，「かつての辛い記憶」だけではない。オは，「本当の意味で新しい自分を見つけられたわけではない」となげく玉置さんの気持ちを正確には表していない。

問五　傍線部⑤直前に「玉置さんの心にある大きな傷を庇うものが，カラコンだったのだ」とある。カラコンは，玉置さんの心の支えであったのだ。だが，②の辺りで，「なによりも大切なのは，治したいと思う玉置さんの気持ちです」と発言するなど，「僕」はカラコンをつけ続ける玉置さんを否定していた。だが，傍線部⑤の辺りでは，「僕」は玉置さんがカラコンをつけ続けていた理由を知る。そこで，カラコンを否定することは，必死に生きようとしていた玉置さんの気持ちをも否定することだったと気づき始める。以上の内容を読み取り，解答をまとめる。記述の際には「カラコンは玉置さんの心の支えだった」＋「事情も知らず，『僕』は玉置さんのカラコンを否定した」＋「玉置さんの必死に生きようとする気持ちも否定していた」という内容を中心にする。

問六　傍線部⑥直前には「ごめんね。私がもっとわかってあげられていたら」とある。玉置さんの心の傷を十分には理解できていなかったにも関わらず，カラコンを勧めてしまい，玉置さんがカラコンを手放せなくなったことを，丘本さんは謝罪しているのである。「彼女の傷」「カラコンなしでは生きていけなくなるほど深いものだとは思いが至らなかった」「申し訳なく」とある，エが解答になる。エ以外は，丘本さんが玉置さんの心の傷を十分に理解できていなかった状況にふれていない。

やや難　問七　「僕は必死に話し続けた……」で始まる段落以降の展開をおさえて，書くべき内容をおさえる。「僕」は玉置さんの写真を撮った。そして，丘本さんにも玉置さんの写真を撮らせた。だが，僕の写真はどうしようもなく下手で，三人の表情は変わり，場が和むことになる。その後，二枚の写真を比べることになるが，丘本さんの写真には，玉置さんへの思いも込められており，微笑みがすばらしく，瞳が優しかったのである。その写真を前に「僕」は話す。「大切な人に向けることのできるこんな微笑みがあるなら，こんな美しい瞳があるなら，僕はあなたを本当に美しい人だと思います」と。このように役立つ写真が撮れたから，「僕」は「写せなくて本当に良かった」と考えたのである。記述の際には，上記の展開をふまえて，僕の写真が「場を和ませることに役立った」「丘本さんが撮った玉置さんを一層引き立てた」「玉置さんが美しい人だと伝えることに役立った」＋「から」という方向でまとめる。

重要　問八　ア　二重傍線aは，受診した日の夕方の玉置さんの様子である。「戸惑う玉置さん」「不安に押しつぶされそうな様子」はふさわしい。　イ　二重傍線部bにおける「僕」の玉置さんに対する気持ちは，不安定ではない。イはふさわしくない。　ウ「影が，少しずつ長くなっていく」から，時間の経過が読み取れる。ウはふさわしい。　エ　二重傍線dの直前には「僕は玉置さんを責めるためだけに，ここに座っているような気持ちになった」という表現がある。エはふさわしい。　オ　二重傍線eを含む場面で，玉置さんの件が良い方向に進むことが読み取れるが，「僕」の玉置さんを支えようという「確固たる決意」までは読み取れない。オはふさわしくない。
カ　二重傍線部f直前には，「正確な光が僕らのもとに届いていた」とある。そこから同じ光を見ていたことは考えられる。fはふさわしい。

四 **(論説文―要旨・理由・細部表現の読み取り，空欄補充，記述)**

問一　A　空欄A以前には，「オリジナルな研究」の流れが書かれている。空欄A以降には「オリジナリティ」とはそもそも何であるかが書かれている。空欄Aで，話題が変えられている。話題を変える役割を果たす言葉は，オの「ところで」である。　B　「図書館やネットがデータ収集の場」→「空欄B」→「図書館やウェブの世界ばかりがデータ収集の場ではない」そういう文脈である。空欄Bを挟んで，逆になる内容が書かれている。空欄Bには，イの「しかし」があてはまる。　C　非言語情報をインプットして，非言語情報をアウトプットする例として，「映像から映像へ」「ビジュアルな表現」「パフォーミングアート」があげられている。具体例を導く言葉は，エの「たとえば」になる。

基本

問二　X　空欄X直後に着目する。「教養は努力すれば身につけることができる」「オリジナリティはセンス」と書かれている。それぞれ一致しない，対立するものなのである。空欄Xには，オの「相反」があてはまる。　Y　ネットで情報収集してコピペしただけのレベルの低いレポートが広まっているという状況である。空欄Yには，悪いものごとが広く行われていることを意味する，アの「横行」があてはまる。

基本　問三　段落二の最初の部分に，「一次情報は経験的現実から自分の目と手で得た情報」とある。アは「その場所に赴いて聞き取りを行う」とある。これは一次情報である。アが解答になる。イの「特集番組」，ウの「模写」「模造品」，エの「研究者がまとめた書籍」，オの「ガイドブック」は，すべて何らかの形で加工されており，一次情報ではない。

問四　「しょせん」という言葉から，「そういうレポート」に対して，作者が好ましく考えていないことが読み取れる。傍線部②よりも先には「しょせん，よく勉強したね，という読書レポートの域を出ません」と否定的に述べている。筆者は，そのようなレポートは「研究の前段階」「先行研究の検討」に過ぎず，先行研究をまとめただけのものに考えている。そして，そのような検討を経て，自分のオリジナリティがわかり，「オリジナルな問い」につなげていくことが重要だと考えているのである。以上の点をふまえて，筆者が「しょせんそれだけのこと」と主張した理由をまとめる。記述の際には，「先行研究をまとめただけ」＋「オリジナルな問いになっていない」という方向性でまとめる。

問五　傍線部③直前の内容を押さえて，選択肢の内容を分析する。③直前にあるように，先行研究の批判的検討をすることで，自分の立てた問いのどこまでが解かれており，どこからが解かれていないのかがわかるようになるのである。そこで，自らのオリジナリティが出てくるのである。ウは「先行研究を吟味」とある。これは「批判的研究」に一致する。また「自分の立ち位置が明らかになる」とある。これは自分の立てた問いのどこまでが解かれており，どこからが解かれていないのかがわかることに一致する。解答はウになる。アの「疑ってみる」は，誰によって何がどれだけ言われているかという，先行研究の検討に合わない。イの「自分の教養不足を改めて確認」は，自分のオリジナリティにつながることではない。エの「先行研究を統合」も，先行研究の批判的検討に合わない。オの「自身の研究の優位性を証明」は，誰によって何がどれだけ言われているかという，先行研究の検討に合わない。

重要　問六　傍線部④の少し後で，筆者は「伝達可能な知の共有」が学問であると定義している。また，④よりも少し前では，世界には「もっと豊かで多様な非言語的な情報処理のインプットとアウトプットのノウハウ」があって，それを活用できている人々がいるに違いないとも述べている。筆者は，言語で行われる「知の共有」に限界を感じている。そして，さらなる「知の共有」の可能性を考え，非言語情報を用いる領域に関心を抱いているのだ。だからこそ，自分たちは言語しかできないとわきまえるべきだと述べているのだ。「非言語的な情報処理のノウハウを知っている人」「既存の学問の領域を越えて」「誰もが利用可能な知的公共財産を生み出す可能性を秘めている」とある，ウが解答になる。アは「非言語情報のアウトプットの方法がもっている影響力の強さ」とあるが，非言語情報に関して「アウトプット」のみに限定しているのはおかしい。イは「非言語情報を用いる領域に関する研究を行うことができない」とあるが，おかしい。情報処理に関して，課題になっているのである。エは「その人たちを通じて自分たちには見えていなかったものが見えるかもしれない」とあるが，ここでは情報処理の仕方が問題になっているのである。オは「非言語の一次情報」「非言語のまま出力する必要がある」とあるが，おかしい。そのような必要性は述べられていない。

やや難 問七　設問に指定された，第三段落以降の内容をふまえ，情報を生産する過程も含めてまとめていく。情報を生産する過程に関しては，特に三段落にまとまっている。相手に伝わるように，明晰な表現を使い，揺るぎない論理構成のもとで，適切に加工してアウトプットする必要があるのだ。そして，「学問」というのは，五段落にあるように，「伝達可能な知の共有財」であるから，それを産み出せるような人が「学問という情報生産者」ということになる。以上をふまえて，「インプットした情報を適切に加工してアウトプットする」と生産過程を書き，「伝達可能な知の共有財を産み出すことができる人」とまとめていく。

★ワンポイントアドバイス★

「第三段落以降の内容を踏まえ」「情報を生産する過程も含めて」という記述設問の中の言葉は，それ自体が解くための手がかりになっていることもある。注意しておさえていきたい。

大切なことはメモしておこうネ！

2022年度

★★★★★★★★★★★★★★★★★★★★★★★★

入　試　問　題

2022年度

聖光学院中学校入試問題（第１回）

【算　数】（60分）　＜満点：150点＞

［１］ 次の問いに答えなさい。

⑴ 次の計算の □ にあてはまる数を答えなさい。

$$\left(\frac{3}{7}-0.4\div\square\right)\times0.625+\frac{13}{24}=\frac{2}{3}$$

⑵ ある講演会の開催費（かいさい）は，会場の使用料 ア 円に，参加者１人につき イ 円を加えた額になります。

この講演会の入場料を１人あたり3500円にすると，参加者が100人の場合，入場料の合計と開催費が同じ額になります。また，入場料を１人あたり4000円にすると，参加者が80人の場合，入場料の合計と開催費が同じ額になります。

このとき，ア ，イ にあてはまる数をそれぞれ答えなさい。

⑶ 36人いるクラスの生徒を２つのグループＡ，Ｂに分けて，ある作業をしました。まずグループＡの生徒たちが１時間作業をして全体の半分を終え，次にグループＢの生徒たちが24分間作業をして全体の$\frac{1}{7}$を終え，最後に残った分をクラス全員で行い，全体の作業を終えました。クラス全員で作業した時間は何分間ですか。ただし，どの生徒も一定時間あたりの作業量は同じものとします。

［２］ 各位の数の和が各位の数の積以上である３桁（けた）の整数Ａを考えます。たとえば，925の各位の数の和は９＋２＋５＝16，各位の数の積は９×２×５＝90となり，925は整数Ａとしてふさわしくありません。

このとき，次の問いに答えなさい。

⑴ 百の位の数が９である整数Ａは全部で何個ありますか。

⑵ ３つの位の数の中に０を含（ふく）む整数Ａは全部で何個ありますか。

⑶ 次の３つの条件すべてにあてはまる整数Ａは全部で何個ありますか。

・３つの位の数の中に０はない。

・百の位の数は十の位の数以上である。

・十の位の数は一の位の数以上である。

⑷ 整数Ａは全部で何個ありますか。

［３］ 次のページの図のような１辺が10㎝の正方形ABCDと，辺CDを両側に５㎝ずつ延長した直線EFがあります。

この図形上を２点Ｐ，Ｑが同時に出発して，一定の速さで移動します。点Ｐは，点Ａを出発して，正方形ABCDの辺上をＡ→Ｂ→Ｃ→Ｄ→Ａ→Ｂ→・・・の順に繰（く）り返し移動します。また，点Ｑは点Ｅを出発して，直線EF上をＥ→Ｆ→Ｅ→Ｆ→・・・と往復します。

このとき，次の問いに答えなさい。

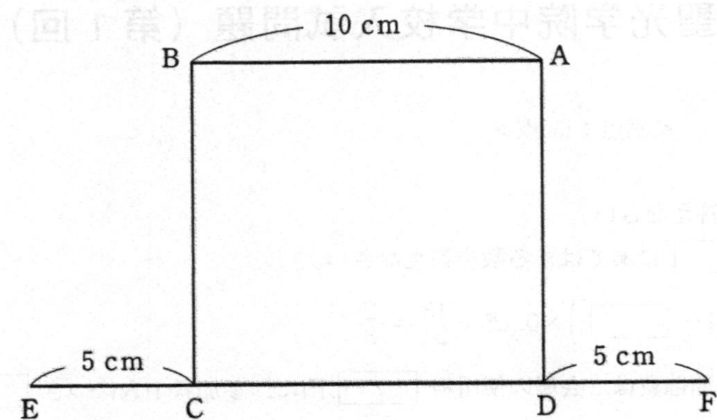

⑴　点Ｐが毎秒２㎝，点Ｑが毎秒５㎝で移動するとき，点Ｐと点Ｑが初めて重なるのは，２点が出発してから［ア］秒後，２回目に重なるのは［イ］秒後です。［ア］，［イ］にあてはまる数をそれぞれ答えなさい。

⑵　点Ｐが毎秒２㎝，点Ｑは点Ｐよりも速い速さで移動する場合について考えます。点Ｑが毎秒［ウ］㎝よりも速く，毎秒［エ］㎝よりも遅い速さで移動するときに限り，点Ｐが１回目に点Ｃ，Ｄを含(ふく)む辺CD上を移動するときに，点Ｑと重なることはありません。［ウ］，［エ］にあてはまる数をそれぞれ答えなさい。

⑶　点Ｐが毎秒２㎝，点Ｑは毎秒２㎝よりも速く，毎秒４㎝よりも遅い速さで移動する場合について考えます。点Ｐが１回目に辺CD上を移動する間に点Ｑと重なることがあり，点Ｐが２回目に点Ｄに重なるとき，点Ｑも同時に点Ｄに重なります。このとき，点Ｑの移動する速さは毎秒［オ］㎝です。［オ］にあてはまる数として考えられるものをすべて答えなさい。

［４］　１～５までの整数が書かれた赤，白，青の３色の玉が１個ずつ，合計15個あります。このとき，次の問いに答えなさい。

⑴　15個の玉の中から５個の玉を選んで一列に並べる並べ方のうち，左から順に赤，赤，白，白，白と並ぶような玉の並べ方は全部で何通りありますか。

⑵　15個の玉の中から３個の玉を選んで一列に並べます。玉に書かれた数字を左から百の位，十の位，一の位として３桁(けた)の数を作るとき，

㋐　３桁の数が144となるような玉の並べ方は全部で何通りありますか。

㋑　３桁の数が18の倍数となるような玉の並べ方は全部で何通りありますか。

⑶　15個の玉の中から４個の玉を選んで一列に並べ，玉に書かれた数字を左から千の位，百の位，十の位，一の位として４桁の数を作ることを考えます。

いま，ある４個の玉を選んだところ，それぞれの並べ方から作られる数の総和は，106656となりました。玉に書かれている４つの数の組み合わせとして考えられるものを，下の例のかたちですべて答えなさい。

例　３，２，２，４ → 小さい順に（２，２，３，４）

［５］ 次の問いに答えなさい。

⑴ 長さ27㎝の直線AB上を，長さ９㎝の２直線Ｐ，Ｑが移動することを考えます。

㈠ 図１のように，直線Ｐは左端が点Ａに，直線Ｑは右端が点Ｂにつくようにおかれています。

直線Ｐはある時刻に毎秒１㎝で点Ｂに向けて移動を開始し，右端が点Ｂについたら止まります。直線Ｑは，直線Ｐと同時に毎秒２㎝で点Ａに向けて移動を開始します。直線Ｑは左端が点Ａについたらすぐに，点Ｂに向けて移動を開始し，右端が点Ｂについたら止まります。

このとき，２直線Ｐ，Ｑが移動を開始してからの時間（秒）と，Ｐ，Ｑが重なっている部分の長さ（㎝）の関係を表すグラフを，解答欄にかき入れなさい。ただし，グラフの横軸の１目盛りは１秒，縦軸の１目盛りは１㎝とします。

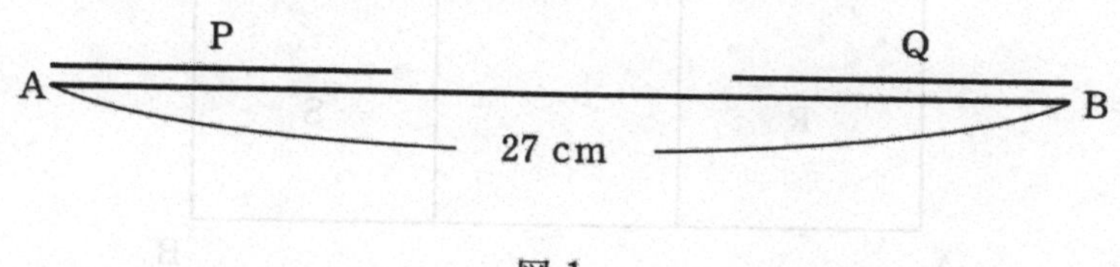

図１

㈡ 図２のように，２直線Ｐ，Ｑがともに左端が点Ａにつくようにおかれています。直線Ｐはある時刻に毎秒１㎝で点Ｂに向けて移動を開始し，右端が点Ｂについたら止まります。直線Ｑは，直線Ｐと同時に毎秒２㎝で点Ｂに向けて移動を開始します。直線Ｑは右端が点Ｂについたらすぐに，点Ａに向けて移動を開始し，左端が点Ａについたら止まります。

このとき，2直線Ｐ，Ｑが移動を開始してからの時間（秒）と，Ｐ，Ｑが重なっている部分の長さ（㎝）の関係を表すグラフを，解答欄にかき入れなさい。ただし，グラフの横軸の１目盛りは１秒，縦軸の１目盛りは１㎝とします。

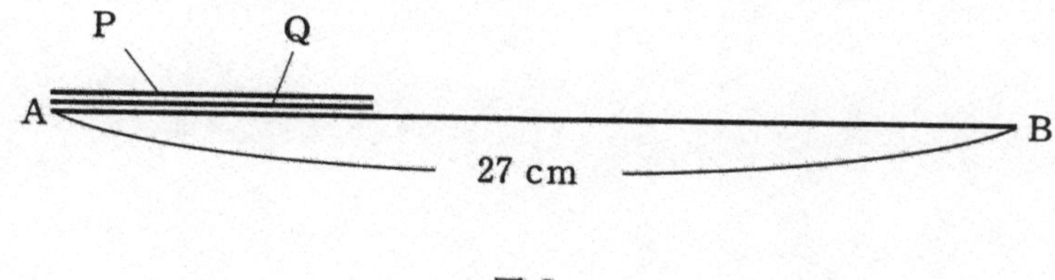

図２

⑵ 次のページの図３のような，１辺の長さが27㎝の正方形ABCDの中を，１辺の長さが９㎝である２つの正方形Ｒ，Ｓが一定の速さで移動することを考えます。

はじめ，正方形Ｒは左下の頂点が点Ａにあり，点Ａを含むＲの２辺と正方形ABCDの２辺が重なるようにおかれています。ある時刻に，正方形Ｒは点Ｃに向けて移動を開始します。Ｒの対角線の交点が直線AC上にあり，Ｒの辺が正方形ABCDの辺と平行になるように移動をし，Ｒの右上の頂点が点Ｃにつくまで，18秒間で移動をします。

また，正方形Ｓは右下の頂点が点Ｂにあり，点Ｂを含むＳの２辺と正方形ABCDの２辺が重なるようにおかれています。Ｒと同時に，正方形Ｓは点Ｄに向けて移動を開始します。Ｓの対角線の交点が直線BD上にあり，Ｓの辺が正方形ABCDの辺と平行になるように移動をし，Ｓの左上の頂点が点Ｄについたらすぐに点Ｂに向けて移動を開始し，Ｓの右下の頂点が点Ｂにつくまで，18秒間で移動をします。

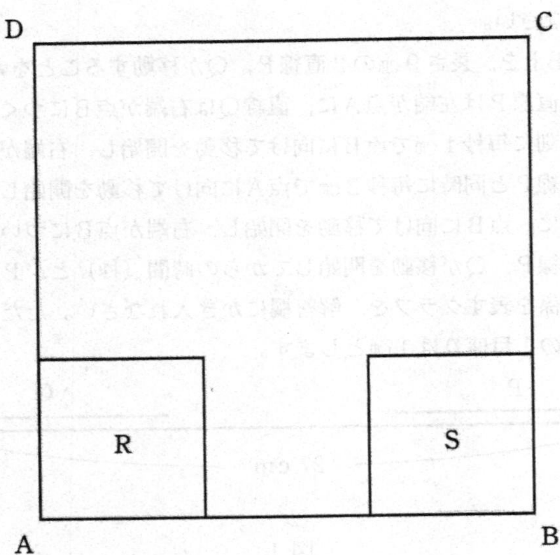

図３

(ウ)　移動を開始してから５秒後について，２つの正方形Ｒ，Ｓが重なる部分の面積は何㎠ですか。

(エ)　２つの正方形Ｒ，Ｓが重なる部分が正方形になるのは，移動を開始してから［　　］秒後です。(1)のグラフを利用して，［　　］にあてはまる数として考えられるものをすべて答えなさい。

【理　科】（40分）　＜満点：100点＞

［１］　次の文章を読んで，あとの(1)～(8)の問いに答えなさい。

10月，聖さん（以下，聖）とお父さん（以下，父）は，長野県の志賀高原に向かっています。ふもとの信州中野で高速道路から下り，志賀高原に向かう道を車で上っています。

聖「とってもきれいに葉が色づいているね！　高速道路から下りたときに，まわりに生えている木が横浜とはだいぶ違うなぁと思ったけど，またさらに変わってきたね。」

父「横浜だと，これほどたくさん紅葉している木を見ることはないからね。家の近くの根岸森林公園に生えている木は，秋に落葉しない木も多いし。」

聖「そうだね。どんぐりを落とす（　あ　）や，葉をちぎるといい匂いがする（　い　），冬になると赤い花が咲く（　う　），どれも一年中緑色の葉がついているね。」

父「春にお花見で見た（　え　）は落葉するよ。」

聖「公園の入り口近くにたくさん生えていて，木の形がほうきを逆さにしたような（　お　）も落葉するね。くさい実を落とす（　か　）も落葉するけど，紅葉じゃなくて（　き　）だ。」

父「このあたりできれいに色づいている木は，カエデのなかまのようだね。」

聖「高速道路から下りたときに比べて，空気がだんだん涼しくなってきたね。」

父「高速道路を下りたあたりの標高は350mくらい，今いる場所は1500mくらいかな。これから向かう宿のあたりは1600mくらいあるから，もう少し涼しくなるよ。」

聖「高速道路を下りたところにあった温度計には，19.0℃と表示してあったね。ということは，標高が100m変わるごとに0.6℃変化するはずだから，計算すると，えーと，このあたりの気温は（　く　）℃のはずだね。」

父「正解！　ちょうど今，道路の温度計に（　く　）℃と表示されていたよ。」

聖「家のあたりは，ほぼ標高０mだから，計算すると21.1℃になるね。でも，家の外にある温度計をスマホで確認すると，今の気温は22.0℃だよ。」

父「それほど大きな違いではないけど，それはこう説明できるよ。一般的に，北の方向へ100m移動する場合の温度変化は，標高が100m変わる場合の温度変化の0.001倍だといわれているんだ。ここ志賀高原は横浜に比べると北にあるからね。」

聖「そうなんだ。あとで宿に着いたら，①計算してみて，地図アプリで答え合わせしてみよう。」

父「そろそろ標高1600m，今晩泊まる宿のある一の瀬に着くよ。今の季節はまだ雪が積もっていないけど，このあたり一帯にはスキー場があって，標高が高いこともあって雪の質が良いんだよ。」

聖「生えている木の種類がさらに変わってきたね。」

父「そうだね。このあたりは（　け　）のダケカンバや，植林された（　こ　）のカラマツが多く生えているね。もう少し早い時期だと，どちらもきれいに色づいていたんだろうけど，もうその時期は終わってしまったみたいだね。」

聖「山のもっと上の方を見ると違う木が生えているみたいだね。」

父「（　さ　）のオオシラビソやコメツガだね。もともとこのあたりに生えていた木が手つかずのまま残されているんだよ。」

聖「なぜ高い山には（　さ　）が多いんだろう？」

父「根から葉へ水を運ぶ管の名前を知っているかい？」

聖「（　し　）だよね。」

父「そう。被子植物は（　し　）を通して水を運んでいる。ところが，寒くなって幹の中を運ばれる水が凍ってしまうと，水に溶けていた空気が気泡になるんだ。」

聖「水道水を凍らせると，白く濁った氷ができるのと同じだね。」

父「暖かくなって氷が融けると，この気泡が集まって大きな気泡になってしまうんだ。（　し　）の中に大きな気泡ができてしまうと水を運べなくなるんだけど，（　さ　）などの②裸子植物が水を運ぶ管は，（　し　）とはちょっとつくりが違うんだ。裸子植物が水を運ぶ管は気泡が集まりにくいつくりなので，水が凍ったり融けたりを繰り返すような寒い場所でも水を運べるんだ。」

聖「へー，そうなんだ。」

父「他にも③（　さ　）の木の形も関係あるんじゃないかな。さあ，宿に着いた。続きは夜にでも話そうか。」

⑴　（あ）～（か）にあてはまる植物の組み合わせを，次の㋐～㋚の中から１つ選び，記号で答えなさい。

	（あ）	（い）	（う）	（え）	（お）	（か）
㋐	イチョウ	クスノキ	ツバキ	サクラ	ケヤキ	マテバシイ
㋑	イチョウ	マテバシイ	ツバキ	サクラ	ケヤキ	クスノキ
㋒	イチョウ	マテバシイ	サクラ	ツバキ	ケヤキ	クスノキ
㋓	マテバシイ	クスノキ	サクラ	ツバキ	ケヤキ	イチョウ
㋔	マテバシイ	クスノキ	ツバキ	サクラ	ケヤキ	イチョウ
㋕	マテバシイ	イチョウ	サクラ	ツバキ	ケヤキ	クスノキ
㋖	マテバシイ	イチョウ	ツバキ	サクラ	ケヤキ	クスノキ
㋗	クスノキ	マテバシイ	ツバキ	サクラ	イチョウ	ケヤキ
㋘	クスノキ	イチョウ	ツバキ	サクラ	マテバシイ	ケヤキ
㋙	ケヤキ	クスノキ	サクラ	ツバキ	マテバシイ	イチョウ
㋚	ケヤキ	クスノキ	ツバキ	サクラ	マテバシイ	イチョウ

⑵　（き）にあてはまる言葉を漢字２字で答えなさい。

⑶　（く）にあてはまる数値を答えなさい。

⑷　下線部①について，志賀高原と同じ緯度で横浜の自宅の真北にあたる場所から，横浜の自宅までの距離を計算すると，何㎞ですか。

⑸　（け）～（さ）にあてはまる言葉を，次の㋐～㋓の中からそれぞれ１つずつ選び，記号で答えなさい。ただし，同じ記号を繰り返し使ってはいけません。

㋐　常緑広葉樹　㋑　落葉広葉樹　㋒　常緑針葉樹　㋓　落葉針葉樹

⑹　（し）にあてはまる言葉を漢字２字で答えなさい。

⑺　下線部②の花の特徴を簡単に答えなさい。

⑻　下線部③について，標高が高い山の上に（さ）が多く生えているのは，（さ）の木の形がそこで生育するのに都合がよいからです。どのような形をしていますか。

［２］ 次の文章を読んで，あとの⑴～⑸の問いに答えなさい。

表１は，夜空に明るく輝（かがや）いて見えている１等星の性質をまとめたもので，数値はすべておよその値（あたい）です。表の中の半径は，星の半径が太陽の半径の何倍であるかを表しています。距離（きょり）は，地球から星までの距離を［光年］という単位で表していて，１光年とは光が１年間に進む距離のことです。また，みかけの等級は，地球から観測したときの星の明るさを表したものです。一方で，絶対等級は，星から32.6光年離（はな）れた位置で観測したときの星の明るさを表したものです。

表２は，１等星以外の星の性質をまとめたものです。「ポラリス」は，地球から観測したときの高度が，観測地点の緯度（いど）と等しい星です。「くじら座タウ星」は，くじら座の方向にある星で，太陽と似た性質をもっています。「バーナード星」は，みかけの等級が9.5等で，肉眼では見ることができない星です。

表 1

記号	名前	温度 [℃]	半径 [倍]	距離 [光年]	みかけの等級 [等]	絶対等級 [等]
A	スピカ	25000	7.5	250	1	−3.5
B	リゲル	12000	78.9	860	0.1	−7
C	シリウス	9900	1.7	9	−1.5	1.4
D	アルタイル	7700	1.8	17	0.8	2.2
E	プロキオン	6500	2	11	0.4	2.6
F	ベテルギウス	3600	887	548	0.4	−5.5
G	アンタレス	3500	680	550	0.9	−5.2

表 2

名前	温度 [℃]	半径 [倍]	距離 [光年]	みかけの等級 [等]	絶対等級 [等]
ポラリス	6000	50	（ X ）	（ Y ）	−3.7
くじら座タウ星	5300	0.8	11.9	3.5	5.7
バーナード星	3100	0.2	6	9.5	13.2

⑴ 春の大三角形，夏の大三角形，冬の大三角形のいずれにも含（ふく）まれない星を，表１のＡ～Ｇの中から２つ選び，記号で答えなさい。

⑵ 2019年10月後半から2020年２月前半にかけて，地球から観測したときの明るさが次第（しだい）に暗くなっていき，爆発（ばくはつ）を起こすのではないかといわれた星を，表１のＡ～Ｇの中から１つ選び，記号で答えなさい。

⑶ 地球から観測したときの明るさが，「シリウス」より明るい恒星（こうせい）は何ですか。その名前を答えなさい。

⑷ 次のページの文章は，星の絶対等級について説明したものです。あとの(a)・(b)の問いに答えなさい。

星の温度と星の絶対等級について考えてみると，星の温度が7000℃を超えるような，表１の「シリウス」，「アルタイル」などは，星の色が（　あ　）で，星の絶対等級が小さいことがわかります。また，表１・２の「プロキオン」，「くじら座タウ星」，「バーナード星」に注目すると，星の温度が低いほど星の絶対等級が大きくなっていることがわかり，星の色が（　い　）である「バーナード星」は，肉眼では見えません。

ところが，星の色が（　い　）であっても，「ベテルギウス」や「アンタレス」のように肉眼で見える星があります。星の絶対等級は星の温度だけに関係しているわけではなく，星の半径にも関係していて，温度が高く半径も大きい「リゲル」や「スピカ」などは，とくに明るいということになります。これら４つの星のように，星の半径が非常に大きくなった星を，天文学では「巨星」や「超巨星」とよんでいます。

(a)　(あ)・(い) にあてはまる言葉として最も適したものを，次の(ア)～(オ)の中からそれぞれ１つずつ選び，記号で答えなさい。

(ア)　紫色　　(イ)　赤色　　(ウ)　緑色　　(エ)　黄色　　(オ)　青白色または白色

(b)　地球から観測したときに明るく見える星の１つとして「デネブ」があげられます。「デネブ」の温度は約8500℃，絶対等級は－8.3等です。「デネブ」は「巨星」または「超巨星」のような半径が大きい星ですか。もし，そう思うのであれば解答欄に○を，そう思わないのであれば×を書きなさい。また，そのように判断した理由も書きなさい。

(5)　表２の「ポラリス」について，次の(a)・(b)の問いに答えなさい。

(a)　「ポラリス」の説明として最も適したものを，次の(ア)～(カ)の中から１つ選び，記号で答えなさい。

(ア)　東の空から出て西の空に沈んでいくように見える。

(イ)　ほとんど動いていないように見える。

(ウ)　夏の夜空に見えるが，冬の夜空には見えない。

(エ)　北斗七星のすぐ隣にあり，ときどき瞬いて見える。

(オ)　南斗六星に含まれている星である。

(カ)　こと座に含まれている星である。

(b)　表２の（X）・（Y）にあてはまる数値の組み合わせとして最も適したものを，次の(ア)～(カ)の中から１つ選び，記号で答えなさい。

	(X)	(Y)
(ア)	248	0.9
(イ)	248	2
(ウ)	248	4.1
(エ)	448	0.9
(オ)	448	2
(カ)	448	4.1

［３］「地球は青かった」という言葉にもあるように，地球は水に覆われた星です。水には液体以外にも，固体の氷や気体の水蒸気などの状態があり，温度や圧力によって状態が変化します。これに関していくつかの実験をおこないました。次のページの図１・２は，ビーカーに水だけを入れて，

水の温度を測定しながら加熱したり冷却(れいきゃく)したりしたときの，経過時間と測定した水の温度との関係を表しています。それぞれの測定で使った水は同じ重さで，1分間あたりにやりとりした熱の量も同じです。あとの⑴～⑻の問いに答えなさい。

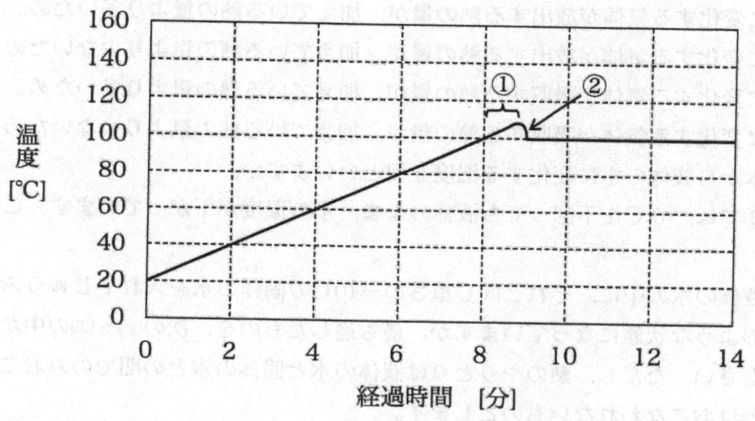

図１　加熱したとき

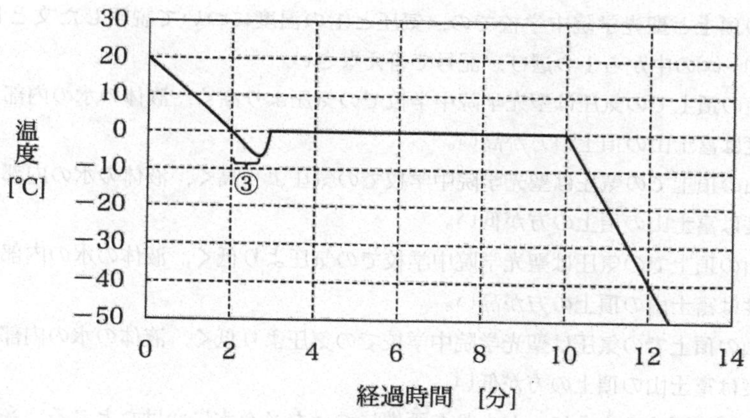

図２　冷却したとき

⑴　液体の水の内部からも蒸発が起こる温度を何といいますか。

⑵　図１の①では，100℃を上回っても液体のまま，水の温度が上がっています。この現象を「過熱」といいます。この現象をできるだけ起こりにくくする方法として最も適したものを，次の㋐～㋓の中から１つ選び，記号で答えなさい。

㋐　ビーカーを，傷が全くない新品のものにかえる。

㋑　ビーカーの中にふっとう石を入れてから加熱する。

㋒　少量の食塩を溶(と)かしてから加熱する。

㋓　水をろ過してから加熱する。

⑶　図１の②では，加熱していても水の温度が下がっています。この理由として最も適したものを，あとの㋐～㋗の中から１つ選び，記号で答えなさい。

㋐　気体に変化する液体が放出する熱の量が，加えている熱の量より多いため。

(イ)　気体に変化する液体が放出する熱の量が，加えている熱の量より少ないため。

(ウ)　気体に変化する液体が吸収する熱の量が，加えている熱の量より多いため。

(エ)　気体に変化する液体が吸収する熱の量が，加えている熱の量より少ないため。

(オ)　液体に変化する気体が放出する熱の量が，加えている熱の量より多いため。

(カ)　液体に変化する気体が放出する熱の量が，加えている熱の量より少ないため。

(キ)　液体に変化する気体が吸収する熱の量が，加えている熱の量より多いため。

(ク)　液体に変化する気体が吸収する熱の量が，加えている熱の量より少ないため。

(4)　固体の氷から液体の水に変化する温度を何といいますか。

(5)　図２の③では，０℃を下回っても液体のまま，水の温度が下がっています。この現象を何といいますか。

(6)　50℃の液体の水の中に，それと同じ重さの－10℃の固体の氷を入れてじゅうぶん時間が経（た）ったとき，どのような状態になっていますか。最も適したものを，次の(ア)～(エ)の中から１つ選び，記号で答えなさい。ただし，熱のやりとりは液体の水と固体の氷との間でのみおこなわれ，空気や容器などとはおこなわれないものとします。

(ア)　20℃以上の液体の水のみ　　(イ)　０℃以上，20℃未満の液体の水のみ

(ウ)　０℃の液体の水と固体の氷が混ざっている　　(エ)　－10℃以上，０℃未満の固体の氷のみ

(7)　富士山の頂上と聖光学院中学校での，気圧と(1)の温度について説明した文として正しいものを，次の(ア)～(エ)の中から１つ選び，記号で答えなさい。

(ア)　富士山の頂上での気圧は聖光学院中学校での気圧より高く，液体の水の内部からも蒸発が起こる温度は富士山の頂上の方が高い。

(イ)　富士山の頂上での気圧は聖光学院中学校での気圧より高く，液体の水の内部からも蒸発が起こる温度は富士山の頂上の方が低い。

(ウ)　富士山の頂上での気圧は聖光学院中学校での気圧より低く，液体の水の内部からも蒸発が起こる温度は富士山の頂上の方が高い。

(エ)　富士山の頂上での気圧は聖光学院中学校での気圧より低く，液体の水の内部からも蒸発が起こる温度は富士山の頂上の方が低い。

(8)　次のページの図３のように，おもりを両端（りょうたん）につけた糸を氷にかけたところ，糸で押（お）された部分の氷が一度融（と）けて，糸が通ったあとは再び凍（こお）りました。糸で押された部分とその他の部分での，圧力と(4)の温度について説明した文として正しいものを，あとの(ア)～(エ)の中から１つ選び，記号で答えなさい。

(ア)　糸で押された部分の圧力はその他の部分の圧力より高く，固体の氷が液体の水に変化する温度は糸で押された部分の方が高い。

(イ)　糸で押された部分の圧力はその他の部分の圧力より高く，固体の氷が液体の水に変化する温度は糸で押された部分の方が低い。

(ウ)　糸で押された部分の圧力はその他の部分の圧力より低く，固体の氷が液体の水に変化する温度は糸で押された部分の方が高い。

(エ)　糸で押された部分の圧力はその他の部分の圧力より低く，固体の氷が液体の水に変化する温度は糸で押された部分の方が低い。

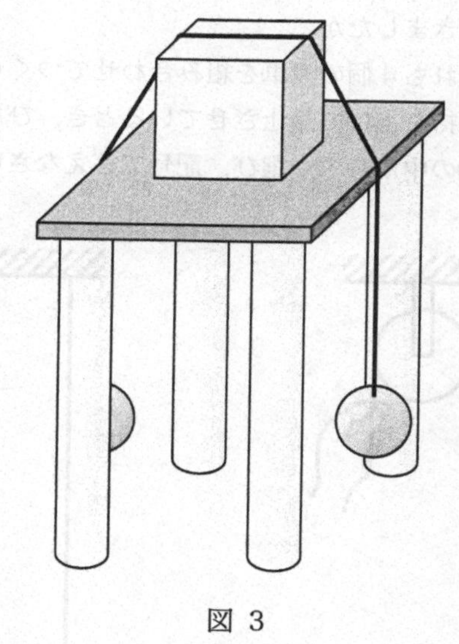

図 3

［４］ いくつかの滑車(かっしゃ)を組み合わせた装置を使うと，クレーンやエレベーターのように，重いものを小さな力で持ち上げることができます。あとの(1)～(4)の問いに答えなさい。ただし，滑車やひもの重さは考えないものとします。

(1) 図１のように，滑車に１本のひもが通されていて，ひもの一方の端(はし)を天井(てんじょう)に固定し，他方の端を手で持ってたるまないようにしています。滑車には水平な床(ゆか)の上に置いた重さ100ｇのおもりが取りつけられています。図１の状態からひもを真上にゆっくり引いて，おもりを床から５㎝持ち上げて静止させました。あとの(a)・(b)の問いに答えなさい。

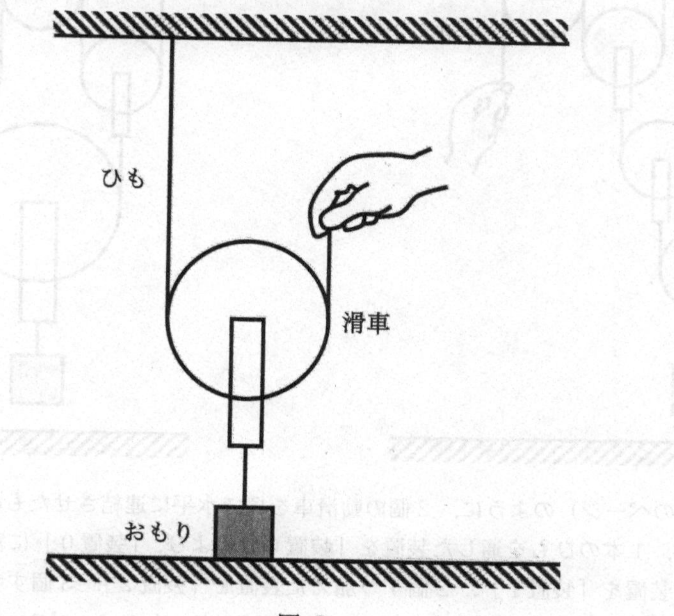

図 1

(a) このとき，ひもを引く力の大きさは何ｇですか。

(b)　このとき，ひもを何cm引きましたか。

(2)　次の(ア)～(エ)の装置は，いずれも４個の滑車を組み合わせてつくられたものです。これらの装置を使って重さ１kgのおもりを持ち上げて静止させているとき，ひもを引く力の大きさが最も小さいものはどれですか。(ア)～(エ)の中から１つ選び，記号で答えなさい。

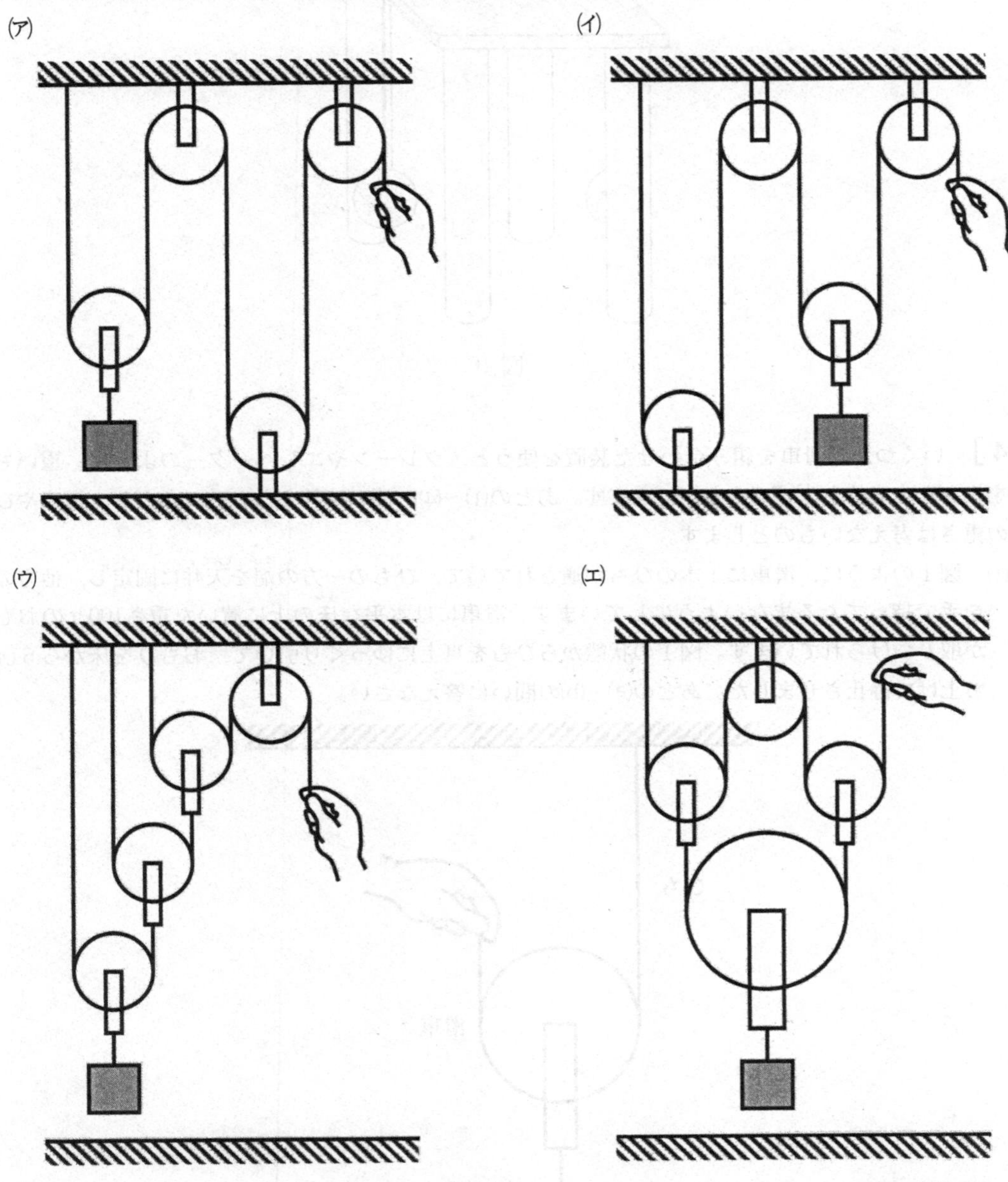

(3)　図２（次のページ）のように，２個の動滑車（どうかっしゃ）を棒で水平に連結させたものと１個の定滑車（ていかっしゃ）を組み合わせて，１本のひもを通した装置を「装置０」とよび，「装置０」に定滑車と動滑車を１個ずつ加えた装置を「装置１」，２個ずつ加えた装置を「装置２」，３個ずつ加えた装置を「装置３」，４個ずつ加えた装置を「装置４」，……とよびます。次のページの(a)～(c)の問いに答えなさい。ただし，動滑車はすべて棒で連結されていて，棒は常に水平に保たれています。また，棒の

重さは考えないものとします。

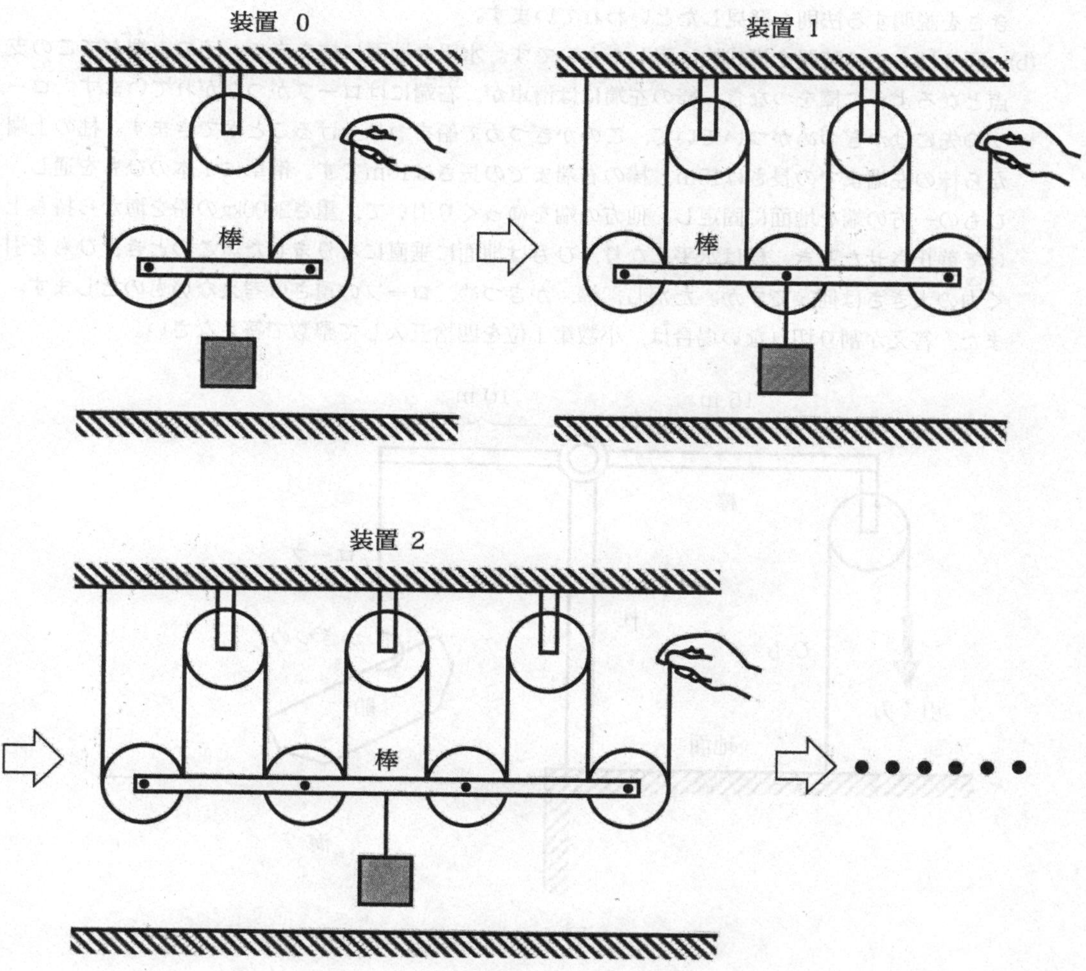

図 2

(a) 「装置０」を使って，ひもを真上にゆっくり引いて，重さ１kgのおもりを床から持ち上げて静止させました。このとき，ひもを引く力の大きさは何gですか。

(b) ある装置を使って，ひもを真上にゆっくり引いて，重さ２kgのおもりを床から持ち上げて静止させました。このとき，ひもを引く力は100gでした。どの装置を使いましたか。装置の番号を数字で答えなさい。

(c) (b)の状態から，ひもを真上にゆっくり引いて，おもりをさらに１cm持ち上げて静止させました。このとき，ひもを何cm引きましたか。

⑷ 人類が滑車を応用した歴史は古く，今から約2200年前の古代ギリシャですでに利用されていました。古代ギリシャのある人物は，敵の船を持ち上げて転覆（てんぷく）させるための，滑車を応用した装置を設計したといわれています。この装置について，あとの(a)～(c)の問いに答えなさい。

(a) 次の文章の □ にあてはまる人物の名前を答えなさい。

この装置は，□ が設計したといわれていることから「□ のかぎづめ」とよばれています。また，［　　　］は，風呂に入ったときに浴槽からあふれる水を見て浮力の大きさを説明する法則を発見したといわれています。

(b)　図３は，この装置を模式的に表したものです。水平な地面に柱を立て，その上端がてこの支点となるように棒をつなぎ，棒の左端には滑車が，右端にはロープがつながれています。ロープの先にはかぎづめがついていて，このかぎづめで船をつり上げることができます。柱の上端から棒の左端までの長さは15m，棒の右端までの長さは10mです。滑車に１本のひもを通し，ひもの一方の端を地面に固定し，他方の端をゆっくり引いて，重さ2000kgの船を海から持ち上げて静止させたとき，棒は水平になり，ひもは地面に垂直になりました。このとき，ひもを引く力の大きさは何kgですか。ただし，棒，かきづめ，ロープの重さは考えないものとします。また，答えが割り切れない場合は，小数第１位を四捨五入して整数で答えなさい。

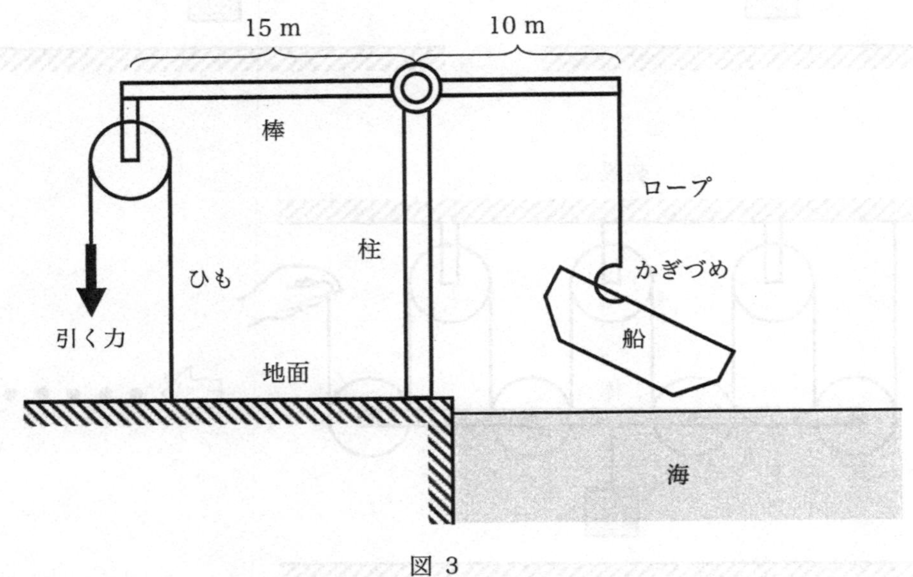

図３

(c)　図３では，１個の滑車を使っていますが，いくつかの滑車を組み合わせることで，より小さな力で船を持ち上げることができます。３個の滑車を組み合わせた装置で，できるだけ小さな力でひもを引いて船を持ち上げて静止させたいと思います。１個の滑車は棒の左端に固定されているとき，残り２個の滑車をどのように組み合わせるとよいですか。解答欄の図の中に，２個の滑車とひもを描きなさい。ただし，ひもは何本使ってもかまいませんが，引くひもは１本とします。

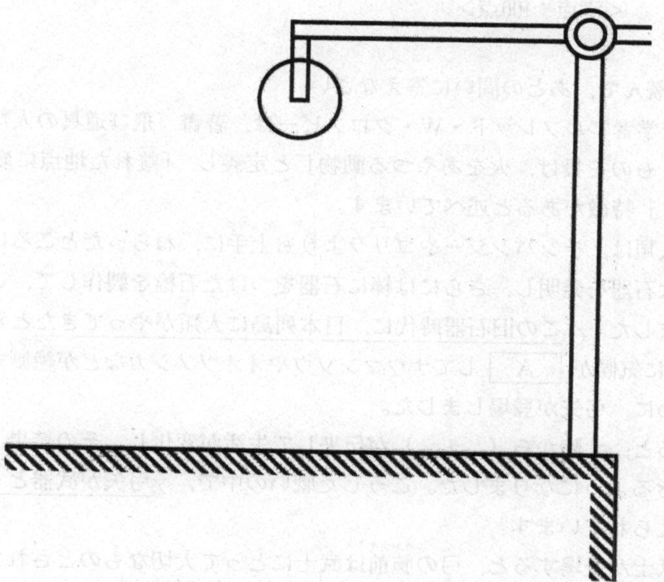

【社　会】（40分）　＜満点：100点＞

［１］次の文章を読んで，あとの問いに答えなさい。

アメリカの歴史学者アルフレッド・W・クロスビーは，著書『飛び道具の人類史』の中で，人類を「二足歩行し，ものを投げ，火をあやつる動物」と定義し，「離れた地点に変化を生じさせることに喜びを見出す」特徴があると述べています。

二足歩行する人類は，チンパンジーやゴリラよりも上手に，ねらったところに石を投げることができます。人類は石器を発明し，さらには棒に石器をつけた石槍を製作して，これを投げて動物を狩るようになりました。①この旧石器時代に，日本列島に人類がやってきたと考えられています。その後，縄文時代に気候が［ A ］してナウマンゾウやオオツノジカなどが絶滅すると，より［ B ］の動物を狩るために，弓矢が登場しました。

弥生時代になると，大陸から（　１　）が伝来して生活が変化し，その結果，食料や土地や水をめぐる戦いが起きるようになりました。こうした戦いの中で，②弓矢が武器としても用いられるようになったと考えられています。

③平安時代に武士が登場すると，弓の腕前は武士にとって大切なものとされました。後白河天皇と崇徳上皇が対立して起こった（　２　）の乱に出陣した源為朝は，弓の名人として知られています。

その後，④元寇で元軍の集団戦法に苦しめられた武士は，それまでの一騎打ち中心の戦い方から集団戦法へと，戦い方を変化させていきました。しかし，戦い方の変化があったにもかかわらず，戦いの主要な武器は引き続き弓矢でした。武士といえば刀で戦うイメージがありますが，鉄砲の伝来以前から，戦いでは飛び道具が重要だったのです。

日本に鉄砲が伝来すると，鉄砲や（　３　）が輸入されるようになりました。鉄砲は，（　３　）を爆発させて弾丸を飛ばす武器だからです。鉄砲は合戦に用いられ，国産化もすすみました。

⑤江戸時代になると，飛び道具の技術的な進歩はほとんど止まりますが，黒船来航によって開国させられると，江戸幕府や諸大名は，新式の鉄砲や大砲を輸入したり，国内で製造したりして，軍備強化を急ぎました。こうして入手した武器は，戊辰戦争でも使用されました。

⑥明治政府も，富国強兵政策のもと，軍備強化をすすめました。大砲は，陸上で使うだけではなく，三浦半島の（　４　）に設けられた造船所（のち海軍工廠）などで建造された軍艦にも搭載されました。⑦1941年に呉海軍工廠で完成した戦艦大和の主砲は，1トンあまりの砲弾を40㎞以上も飛ばす性能がありました。

第二次世界大戦後，日本の武器開発はＧＨＱによって停止され，（　４　）や呉の海軍工廠も米軍に接収されました。しかし，その後も物を遠くへ飛ばす興味が日本で失われることはなく，戦前は飛行機の設計をしていた糸川英夫氏が，外国のロケット開発に追いつこうと，国産ロケットの開発を始めました。そして，⑧1955年に，小型のロケットであるペンシルロケットの発射実験に成功したことで，国産ロケット製造の道が切り開かれました。

こうして，かつて石槍を投げていた人類は，ロケットを宇宙に飛ばす時代を迎えたのです。

問１　文中の（１）～（４）にあてはまる語句を漢字で答えなさい。

問２　文中の［ A ］・［ B ］にあてはまる語句の組み合わせとして正しいものを，次のページのア～エの中から１つ選び，記号で答えなさい。

ア [A]：温暖化　[B]：大型　イ [A]：温暖化　[B]：小型
ウ [A]：寒冷化　[B]：大型　エ [A]：寒冷化　[B]：小型

問３　下線部①に関連して，旧石器時代の日本列島での人々の生活のようすについて述べた文として正しいものを，次のア～エの中から１つ選び，記号で答えなさい。

ア　打製石器のナイフを製作して，動物の肉を切っていた。
イ　磨製石器の斧を製作して，木を切っていた。
ウ　動物の骨を加工して釣り針を製作して，魚釣りをしていた。
エ　土器を製作して，貝や豆を煮て食べていた。

問４　下線部②に関連して，弥生時代から奈良時代にかけて起きた戦いについて述べた文として正しいものを，次のア～エの中から１つ選び，記号で答えなさい。

ア　『後漢書東夷伝』には，邪馬台国が周囲の国と戦ったことが記されている。
イ　仁徳天皇は，関東地方に攻め込んでワカタケル大王を倒し，勢力を拡大した。
ウ　天皇の位をめぐって大海人皇子と大友皇子が戦い，大海人皇子が勝利した。
エ　倭国が朝鮮半島に軍勢を派遣して，唐・百済連合軍と白村江で戦った。

問５　下線部③に関連して，平安時代の出来事について述べた文として正しいものを，次のア～エの中から１つ選び，記号で答えなさい。

ア　民の負担を減らすため，菅原道真が桓武天皇に平安京造営の中止を提案した。
イ　聖武天皇によって律令政治の立て直しがはかられ，墾田永年私財法が出された。
ウ　醍醐天皇の命令で，紀貫之たちによって『古今和歌集』が編纂された。
エ　藤原道長は摂政や関白となって政治の実権をにぎると，院政を開始した。

問６　下線部④について述べた文として正しいものを，次のア～エの中から１つ選び，記号で答えなさい。

ア　執権の北条時宗は，西国の御家人を動員するために六波羅探題を設置した。
イ　御家人の竹崎季長は，元寇での自分の活躍を『太平記』に書かせた。
ウ　鎌倉幕府は，相模湾沿いに防塁を築かせて，２度目の元寇に備えた。
エ　フビライは，弘安の役の時には中国南部からも遠征軍を派遣した。

問７　下線部⑤について述べた文として誤っているものを，次のア～エの中から１つ選び，記号で答えなさい。

ア　士農工商の四民平等とされ，武士と百姓が結婚することがひろく認められた。
イ　五街道が整備されて国内の陸上輸送がさかんになり，宿場町がにぎわった。
ウ　米などの大量の物資が集まる大坂が，「天下の台所」として栄えた。
エ　長崎を通じて西洋の医学や科学などが伝わり，後期には蘭学が発展した。

問８　下線部⑥が明治時代初めにおこなった政策について述べた文として正しいものを，次のア～エの中から１つ選び，記号で答えなさい。

ア　土地の持ち主に検地帳を発行して，地価の３％の地租を新たな税とした。
イ　大名に土地と人民を返上させ，大名を新たな役職である県令に任命した。
ウ　藩を廃止して，藩のかわりに県を置き，東京・京都・大阪は府とした。
エ　太陽暦を改め，月の満ち欠けに基づく太陰太陽暦を導入した。

問９　下線部⑦に関連して，太平洋戦争に関する次のページのア～エの出来事を時代順に並び替えた場合，３番目になるものを選び，記号で答えなさい。

ア　アメリカ軍の沖縄上陸　**イ**　ソ連の対日宣戦布告

ウ　ハワイ真珠湾攻撃　**エ**　ミッドウェー海戦

問10　下線部⑧の年に起きた出来事として正しいものを，次の**ア**～**エ**の中から１つ選び，記号で答えなさい。

ア　吉田茂首相がサンフランシスコ平和条約に調印した。

イ　自由党と日本民主党が合同して，自由民主党が結成された。

ウ　日米安全保障条約の改定をめぐって，安保闘争が起きた。

エ　大韓民国と朝鮮民主主義人民共和国との間で朝鮮戦争が始まった。

［２］　次の新聞記事を読んで，あとの問いに答えなさい。

76年前，広島と長崎で人類に初めて核兵器が使われた。被爆地に世界から人々が集うのは，平和を願う「原点」だからだろう。・・・(中略)・・・

今この瞬間も，地球を滅ぼせる大量の核兵器が存在する。核弾頭数は①<u>冷戦期</u>の約７万発をピークに，約１万３千発まで減ったが，米ロの②<u>核軍縮条約の先細り</u>に加え，中国の軍拡や北朝鮮の動向も懸念材料だ。・・・(中略)・・・

そんな中，核兵器禁止条約が今年１月に発効した。核保有国や日本など「核の［A］」の下にある国々は参加していないが，人類が核兵器を違法なものと否定する画期的な内容だ。

冷戦期に核兵器削減に導いた考え方も再び注目されている。当時のレーガン大統領とゴルバチョフ書記長が85年の首脳会談で共同声明に記した「核戦争に［B］はない」との合意だ。同じ表現が今年６月，バイデン・プーチン両大統領による米ロ首脳会談の共同声明にも盛り込まれた。

危機と好機が共存する時代に，被爆国日本の核廃絶に向けた覚悟が問われる。

（『朝日新聞　夕刊』2021年８月２日より作成）

問１　新聞記事中の下線部①について，この時期の言葉ではないものを，次の**ア**～**エ**の中から１つ選び，記号で答えなさい。

ア　鉄のカーテン　**イ**　雪どけ　**ウ**　一帯一路　**エ**　プラハの春

問２　新聞記事中の下線部②に関連して，2019年に実際に失効してしまった条約を，次の**ア**～**エ**の中から１つ選び，記号で答えなさい。

ア　中距離核戦力（ＩＮＦ）全廃条約　**イ**　包括的核実験禁止条約（ＣＴＢＴ）

ウ　新戦略兵器削減条約（新ＳＴＡＲＴ）　**エ**　核不拡散条約（ＮＰＴ）

問３　新聞記事中の［A］には，ある生活雑貨（日用品）が入ります。その生活雑貨の名称を答えなさい。ただし，漢字でなくても構いません。

問４　新聞記事中の［B］にあてはまる語句を漢字２字で答えなさい。

問５　この新聞記事は，広島の平和記念資料館に保管される「国家元首級の芳名録」を特集する中で書かれたものです。その芳名録に，1981年２月25日，当時の教皇ヨハネ・パウロ２世も言葉を残し，当日，原爆死没者慰霊碑に花を手向けたことが紹介されています。そしてその折，教皇が発した「平和アピール」は当時の冷戦下の国際情勢に警鐘を鳴らすものであったとして，その一部も次のように紹介されています。この言葉の［C］にあてはまる語句を漢字２字で答えなさい。

「戦争は [C] のしわざです。戦争は [C] の生命の破壊(はかい)です。戦争は死です」
「広島を考えることは核戦争を拒否(きょひ)することであり，平和に対しての責任を取ることです」

問６　次の憲法前文の [D]・[E]・[F] にあてはまる言葉の組み合わせとして正しいものを，あとのア～カの中から１つ選び，記号で答えなさい。

日本国民は，恒久の平和を念願し，人間相互の関係を支配する崇高な理想を深く自覚するのであって，平和を愛する諸国民の [D] に信頼して，われらの安全と生存を保持しようと決意した。われらは，平和を維持し，[E]，圧迫と偏狭を地上から永遠に除去しようと努めてゐる国際社会において，名誉ある地位を占めたいと思ふ。われらは，全世界の国民が，ひとしく [F] から免かれ，平和のうちに生存する権利を有することを確認する。

	D	E	F
ア	専制と隷従	恐怖と欠乏	公正と信義
イ	専制と隷従	公正と信義	恐怖と欠乏
ウ	恐怖と欠乏	公正と信義	専制と隷従
エ	恐怖と欠乏	専制と隷従	公正と信義
オ	公正と信義	専制と隷従	恐怖と欠乏
カ	公正と信義	恐怖と欠乏	専制と隷従

［３］　次の文章を読んで，あとの問いに答えなさい。

近頃(ちかごろ)，新聞やニュースなどで①「多様性」という言葉をよく見聞きするようになりました。この背景にはグローバル化がすすみ，文化的背景を異にする人々が同じ社会の中で共生するようになったことが要因の１つに挙げられます。

冷戦期における「東」と「西」や，「右派」と「左派」のような二者択一(にしゃたくいつ)的な簡略化された世界理解は，現在刷新されてきました。世界にはさまざまな文化が存在することを認め，人種や宗教をはじめとして，個々の立場を尊重する中で「違(ちが)う」ということを積極的に受け入れることが大切であると，世界の中で考えられるようになってきたのです。このような動きは，たとえば2001年の第31回②ユネスコ総会で採択(さいたく)された「文化的多様性に関する世界宣言」からもうかがうことができ，この宣言は，「世界人権宣言」の精神を大切にしています。「世界人権宣言」の前文にある，「人類社会のすべての構成員の固有の尊厳と平等で不可侵(ふかしん)の権利を承認(しょうにん)することは，世界における自由，③正義，平和の基礎(きそ)である」という内容は，あらゆる個人の権利を保障することを示している点からも，多様性の理解にとっても重要な指針であるといえます。

一方で，この多様性というテーマは④異文化理解という側面のみならず，個人の問題をも含(ふく)むようになってきました。既存(きそん)の固定観念によって紋切り型(もんきりがた)に理解してきたものをもう一度考え直し，一人一人が生きやすい世の中をめざすべきと考えられています。

これら多様性の問題は，社会レベルのものから，個人レベルのものまでさまざまですが，共通していえることは他者を理解することの大切さです。

では，他者を理解するために一体何を意識すべきでしょうか。たとえば，さまざまな体験を通じ，より多くの知識を自分のものにすることが重要です。知らなければ，何かを判断したり，理解したりすることはできないからです。また，⑤自分を理解することも重要です。自分が大切にしている歴史・言語・宗教・文化を知ることで，そのような背景が一人一人の人間に備わっていることが理解できるからです。自己理解は他者理解の第一歩なのです。

問１　下線部①について，「多様性」という意味をもつ言葉を，次のア～エの中から１つ選び，記号で答えなさい。

ア　ダイバーシティ

イ　インターナショナル

ウ　ユニバーサル

エ　マジョリティ

問２　下線部②について，ユネスコの主な活動内容としてふさわしくないものを，次のア～エの中から１つ選び，記号で答えなさい。

ア　識字率の向上

イ　労働条件の改善

ウ　義務教育の普及（ふきゅう）

エ　世界遺産の登録と保護

問３　下線部③に関連して，正義や公正という言葉は，英語では「ジャスティス（justice）」と表記されますが，日本の省の中に，英語表記にすると「ジャスティス（justice）」を含む省があります。その省を，次のア～エの中から１つ選び，記号で答えなさい。

ア　防衛省　　イ　財務省　　ウ　法務省　　エ　外務省

問４　下線部④について，異文化理解の方法としてふさわしくないものを，次のア～エの中から１つ選び，記号で答えなさい。

ア　海外旅行をして，ふだん使わない食材でつくられた現地の料理を積極的に楽しんだ。

イ　和服に興味をもった外国の友人に，着物の着付けの仕方を教えてあげた。

ウ　宗教上の理由で肉を食べない友人に，日本食理解のためにスキヤキをふるまった。

エ　夏休みに海外ホームステイを活用し，他言語の家庭の中で生活をともにした。

問５　下線部⑤について，物事は時間の中でさまざまな変化が生じるものですが，そのような変化の中であっても，私たちは「昨日の自分」と「今日の自分」を「同じ自分」であると考えます。このように，自分が自分であり続けている意識のことを「自己同一性」といい，この言葉の英語表記の先頭の２文字をとって「ＩＤ」と略されたり，そのままカタカナ語としても使われたりします。このカタカナ語をカタカナで答えなさい。

［４］　次の文章を読んで，あとの問いに答えなさい。

聖光学院は①神奈川県にあります。神奈川県は，かつての相模国と（　１　）国の一部が合わさっています。神奈川県内ではさまざまな②工業に加え，漁業や農業が営まれています。また，いろいろな地形的特徴（とくちょう）があります。これらをみていきましょう。

神奈川県南東部の三浦半島には三浦丘陵（きゅうりょう）があります。標高は183mと低いですが，③三浦富士とよばれる山もあります。④海岸線にはいくつもの漁港がみられ，特に三崎港は遠洋漁業の基地として知られています。また，丘陵地に広がる畑では冬季も比較（ひかく）的穏（おだ）やかな気候をいかして，⑤野菜の生産がさかんにおこなわれています。

三浦丘陵はそのまま多摩丘陵へとのびていきます。多摩丘陵は横浜市から東京都方面までつながっており，丘陵地に市街地が広がる横浜市は⑥坂道の多い都市となっています。

神奈川県の中央部には相模川が流れています。相模川は（　２　）県から流れ出しており，古くから横浜市は（　２　）県道志村に広い土地を保有しています。相模川の支流である道志川の水源確保のため，道志村の⑦山林のもつ保水力が重要だからです。

相模川の中流域では⑧河岸段丘もみられます。相模川には⑨城山ダム，相模ダムがあります。また，支流の中津川上流には宮ヶ瀬ダムがあり，治水や利水がおこなわれています。相模川は平塚市や茅ヶ崎市を流れ，相模湾に注ぎます。この相模川の源流域の１つとなっているのが丹沢山地です。神奈川県の東部からでも，丹沢山地の表玄関である大山が，背後に富士山を従えるようにしてそびえているのが望めます。大山は富士山とともに人々の信仰を集め，江戸時代には「大山詣り」として，年間数十万人の人々が大山にある阿夫利神社の参拝に訪れていました。道中には⑩真言宗の大山寺があり，ここでは神道と仏教が混在しています。これは⑪日本固有の神道信仰に，伝来した仏教信仰が調和し，さらに修験道がさかんになった結果生じたものと考えられています。

このように，神奈川県は都市化がすすむ東部と，自然の残る西部の対比がみられます。⑫東部では人口は増加傾向にありますが，西部では人口の減少傾向がみられ，これは今後の神奈川県の課題となると考えられます。

問１　文中の（１）・（２）にあてはまる語句を漢字で答えなさい。

問２　下線部①に関連して，次の写真は神奈川県東部のある場所を写したものです。どの方向から写したものですか。次のページの地図中のア～エの中から１つ選び，記号で答えなさい。

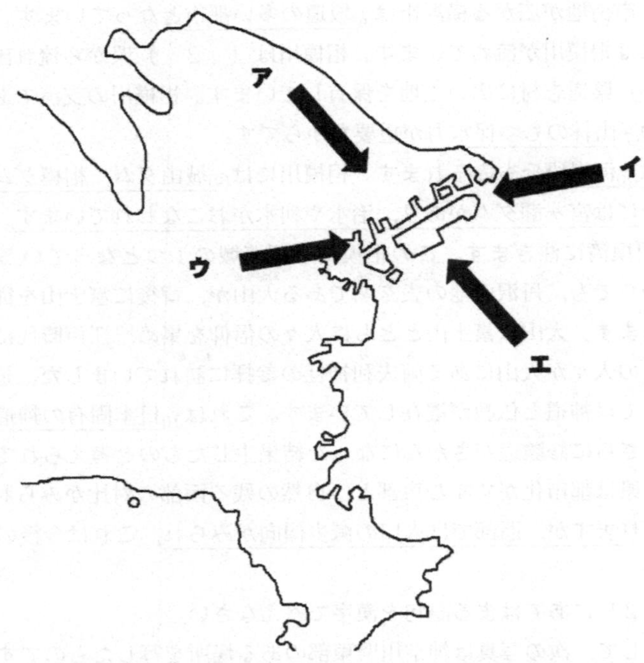

問３　下線部②について，工業のさかんな都市である，倉敷市・高岡市・千歳市でおこなわれている工業について説明した文Ⅰ～Ⅲと，それぞれにあてはまる都市の組み合わせとして正しいものを，あとの**ア**～**カ**の中から１つ選び，記号で答えなさい。

Ⅰ　空港があるため，電子機器製造がおこなわれている。また，農業地域であるため，食品工業もさかんである。

Ⅱ　河川の河口部を埋め立てた土地に建設されたコンビナートでは，鉄鋼・化学・機械などさまざまな工業がさかんである。

Ⅲ　水力発電による豊富な電力を背景に発達したアルミニウム精錬はおこなわれなくなったが，今でもアルミニウム加工業はさかんである。

ア　Ⅰ：倉敷市　　Ⅱ：高岡市　　Ⅲ：千歳市
イ　Ⅰ：倉敷市　　Ⅱ：千歳市　　Ⅲ：高岡市
ウ　Ⅰ：高岡市　　Ⅱ：倉敷市　　Ⅲ：千歳市
エ　Ⅰ：高岡市　　Ⅱ：千歳市　　Ⅲ：倉敷市
オ　Ⅰ：千歳市　　Ⅱ：倉敷市　　Ⅲ：高岡市
カ　Ⅰ：千歳市　　Ⅱ：高岡市　　Ⅲ：倉敷市

問４　下線部③に関連して，日本には「○○富士」という名称でよばれる山が多数あり，これらを郷土富士とよびます。郷土富士Ⅰ～Ⅲと，その郷土富士の周辺環境について説明した文あ～うの組み合わせとして正しいものを，次のページの**ア**～**カ**の中から１つ選び，記号で答えなさい。

Ⅰ　開聞岳（薩摩富士）　　Ⅱ　利尻岳（利尻富士）　　Ⅲ　鳥海山（出羽富士）

あ　この山は離島にある。この島は近隣の島などと合わせて国立公園に指定されている。また，昆布やウニなどの漁がさかんである。

い　この山は２つの県の境目にある。南部の山麓には，日本三大急流に数えられる河川の下流域に平野が広がり，稲作がさかんである。

う　この山は半島の先端にある。山の北東方向には有名な温泉観光地があり，砂蒸し風呂で知られる。また，近隣の港ではカツオの水揚げや水産加工がさかんである。

ア　Ⅰ：あ　Ⅱ：い　Ⅲ：う　　イ　Ⅰ：あ　Ⅱ：う　Ⅲ：い
ウ　Ⅰ：い　Ⅱ：あ　Ⅲ：う　　エ　Ⅰ：い　Ⅱ：う　Ⅲ：あ
オ　Ⅰ：う　Ⅱ：あ　Ⅲ：い　　カ　Ⅰ：う　Ⅱ：い　Ⅲ：あ

問５　下線部④について，三浦半島は都市近郊でありながら，漁業がさかんです。日本は海に限らず湖沼や河川でさまざまな漁業が営まれ，これが豊かな魚食文化につながっています。これに関連して，全国各地でみられる魚介類を用いた郷土料理の説明として誤っているものを，次のア～エの中から１つ選び，記号で答えなさい。

ア　「鯉こく」や「鯉のあらい」は，長野県などの内陸県でよくみられる料理で，水田やため池を利用して養殖したコイを用いたものである。

イ　「ふなずし」は，滋賀県の料理で，琵琶湖で漁獲されるフナ類を米と塩で漬けて保存性を高めてあり，独特の風味で知られる。

ウ　「石狩鍋」は，北海道の料理で，近海で漁獲されるサンマや，道内で栽培のさかんな野菜を用いたものである。

エ　「鯛めし」や「鯛そうめん」は，瀬戸内海周辺でみられる料理で，天然や養殖を含めタイの漁獲がさかんなことからひろまった。

問６　下線部⑤について，三浦半島ではキャベツやダイコンの生産がさかんです。これらはアブラナ科の野菜です。アブラナ科の野菜について説明した次のア～エのうち，下線部が誤っているものを１つ選び，記号で答えなさい。

ア　キャベツは球状の葉を食用とし，秋に出回るものは春のものに比べて，柔らかい歯触りである。

イ　ハクサイは球状の葉を食用とし，秋から冬にかけてよく出回るため，鍋料理の具材として用いられる。

ウ　カブは根や葉を食用とし，葉の部分はスズナともよばれ，春の七草の１つとして知られている。

エ　ワサビは根や葉を食用とし，きれいな水を好むため，清流の近くや湧き水の得られる場所で栽培される。

問７　下線部⑥に関連して，坂道の多い都市として知られる小樽市・神戸市・下関市・長崎市について説明した文のうち，小樽市を示すものを，次のア～エの中から１つ選び，記号で答えなさい。

ア　交易で栄えたこの都市は，日本の近代化に際しては重工業が発達した。その遺構の一部は世界文化遺産に登録されている。

イ　海峡に面した交通の要地として栄えたこの都市は，古くから漁業がさかんで，日本を代表する水産会社の創業地であり，現在でもフグ漁などがおこなわれている。

ウ　交易で栄えたこの都市は，市街地のすぐ背後まで山地が迫るため，海を埋め立てて造成した人工島を住宅用地や工業用地，空港として利用している。

エ　ニシン漁や交易で栄えたこの都市は，現在では倉庫と運河を組み合わせた風景が観光地として人気を博しており，北陸地方とのフェリー航路も設けられている。

問８　下線部⑦に関連して，森林のうち林業などに利用せず，他の資源や産業を保護するために利用されるものを保安林といいます。保安林について説明した次の文Ⅰ・Ⅱの下線部の正誤の組み合わせとして正しいものを，あとのア～エの中から１つ選び，記号で答えなさい。

Ⅰ　富山県の砺波(となみ)平野では散居村(さんきょそん)とよばれる，家屋が点在する風景がみられるが，家を風や雪などから守るために家の周囲には木が植えられている。

Ⅱ　神奈川県の真鶴(まなづる)半島では，「お林(はやし)」とよばれる魚付き林(うおつきりん)が保全されているが，魚付き林とは，山林のもたらす有機物が魚介類の成長によい影響(えいきょう)を与(あた)えるものである。

ア　Ⅰ：正　Ⅱ：正　　**イ**　Ⅰ：正　Ⅱ：誤
ウ　Ⅰ：誤　Ⅱ：正　　**エ**　Ⅰ：誤　Ⅱ：誤

問９　下線部⑧に関連して，河川のつくる地形について説明した文として誤っているものを，次のア～エの中から１つ選び，記号で答えなさい。

ア　三角州は河川の運んだ土砂(どしゃ)などが河口部に堆積(たいせき)してできたもので，地盤(じばん)が弱い傾向があり，地震(じしん)の際には液状化現象を起こすことがある。

イ　扇状地は河川の運んだ土砂が山間部から平野部に出たところに堆積してできたもので，扇状地の中央部は水が豊富であるため，水田がつくられることが多い。

ウ　Ｖ字谷は，河川が侵食(しんしょく)してできた谷のことをいう。Ｖ字谷が連続した地形に海水が入り込(こ)んでできたものがリアス海岸である。

エ　河川は，平野部では少しの地形変化で蛇行(だこう)しやすい傾向がある。蛇行した部分がもとの流れから切(き)り離(はな)されたものを三日月湖という。

問10　下線部⑨に関連して，日本中にさまざまなダムがあり，治水・利水を目的としています。日本における治水・利水について説明した文として誤っているものを，次のア～エの中から１つ選び，記号で答えなさい。

ア　讃岐平野では降水量が少ないため，かつて満濃池のようなため池が多くつくられた。現在では吉野川からの香川用水が用水確保に用いられている。

イ　渥美半島は大河川がないために水の乏(とぼ)しい地域であったが，矢作川から取水した明治用水によって，キャベツやキクの一大生産地となった。

ウ　濃尾平野では大河川が集中していることで洪水(こうずい)が頻発(ひんぱつ)したために，地域を堤防(ていぼう)で囲み，洪水発生時に避難(ひなん)するための水屋という建物がつくられた。

エ　東京都東部から埼玉県にかけての地域では，かつて洪水が頻発したために，地下に放水路とよばれる施設(しせつ)がつくられて対策をおこなっている。

問11　下線部⑩に関連して，平安・鎌倉時代の仏教について述べた文として正しいものを，次のア～エの中から１つ選び，記号で答えなさい。

ア　唐で密教を学んだ空海は，比叡山に延暦寺を建立し真言宗をひろめ，のちにこの寺から親鸞・道元・日蓮といった各宗派の開祖たちが世に送り出された。

イ　空也は，鎌倉時代に浄土宗をひらき，念仏を唱えれば救われるという教えを説いて，踊(おど)りながら念仏を唱える踊念仏という方法で教えをひろめた。

ウ　浄土真宗は，阿弥陀仏をひたすら信じることを重要とし，自分が悪人であると自覚する人こそ救済されるとする悪人正機(しょうき)説が唱えられた。

エ　唐から伝わった臨済宗と曹洞宗は禅宗という宗派に区分され，座禅によって悟(さと)りを得ることをめざし，他力本願の教えを説いた。

問12　下線部⑪に関連して，奈良県には大神（おおみわ）神社という神社があります。この大神神社について述べた次の文章中の［　　］にあてはまる文を，10字以内で答えなさい。

> 日本には全国で８万社もの神社が存在していますが，奈良県の三輪山（みわやま）の麓（ふもと）にある大神神社は，その中でも特徴的な神社として知られています。『古事記』や『日本書紀』にも伝承が残っているほど非常に古い歴史をもっており，原初の信仰の姿をそのまま留（とど）めた神社といわれています。大神神社は他の多くの神社と異なり，参拝者が手を合わせて拝む場所はあるものの，本殿がありません。それは，［　　　　］と考えられているからです。

問13　下線部⑫に関連して，次の図は令和２年１月１日現在の神奈川県内の年齢別人口構成を示したものです。図中のⅠ～Ⅲはそれぞれ，厚木市・箱根町・横浜市港北区のいずれかです。０歳～14歳は年少人口，15歳～64歳は生産年齢人口，65歳以上は老年人口とよばれます。Ⅱにおいて，生産年齢人口の割合が高くなっている理由は，他の都県との関係が深いと考えられます。この理由を，20字以上30字以内で答えなさい。

なお，解答の際にⅡにあたるものを「厚木市」・「箱根町」・「横浜市港北区」の中から１つ選び，「　」はつけずに書き出しとして用いること。

	Ⅰ	Ⅱ	Ⅲ
0歳～14歳	11.9%	12.2%	6.3%
15歳～64歳	62.5%	67.9%	56.2%
65歳以上	25.6%	19.8%	37.5%

※端数（はすう）の関係で合計が100%にならない場合もあります。

（神奈川県ウェブサイト「神奈川県年齢別人口統計調査結果」より作成）

オ　黒い影が動いているのは幽霊の仕業であると考えたが、冷静に自らの信仰的知識に照らし合わせて幽霊など存在しないと気づき、再び見て風で枯れ尾花が揺れていただけだと考え直した。

問八　――線部⑦に「『エンタテイメントとしての妖怪』を生み出した」とありますが、これはどういうことですか。六十字以内で説明しなさい。

【下書き欄】――必要ならば使いなさい。

えているから。

ウ　「ぬりかべ」のような荒唐無稽な現象であっても、それを「妖怪」とみなすことは、その現象を信じていた当時の人々にとっては合理的なことであったと考えているから。

エ　とかく擬人化されがちな「ぬりかべ」のようなものを、キャラクターとしてではなく、現象そのものとして捉えることで、真摯な態度で「妖怪」と向き合って研究したいと考えているから。

オ　日本各地に点在し、それぞれの土地ならではの特色ある妖怪たちに、共通する視点を設定するには、「ぬりかべ」のようなものも「妖怪」の中に含めるべきだと考えているから。

問五　――線部④に「『科学的知識』『非科学的な道具的知識』『信仰的知識』」とありますが、次のA～Cのことわざや民間伝承をそれぞれにあてはめたとき、その組み合わせとして最もふさわしいものを、次のア～オの中から一つ選び、記号で答えなさい。

A　急いては事をし損じる

B　つばめが低く飛ぶと雨が降る

C　来年のことを言うと鬼が笑う

ア　A＝科学的知識　　B＝非科学的な道具的知識
　　C＝信仰的知識

イ　A＝科学的知識　　B＝信仰的知識
　　C＝非科学的な道具的知識

ウ　A＝非科学的な道具的知識　　B＝科学的知識
　　C＝信仰的知識

エ　A＝非科学的な道具的知識　　B＝信仰的知識
　　C＝科学的知識

オ　A＝信仰的知識　　B＝科学的知識
　　C＝非科学的な道具的知識

問六　――線部⑤に「このように分析された『知識』」とありますが、この「分析」はどのような観点に基づいて行われるものですか。二十字以内で説明しなさい。

【下書き欄】――　必要ならば使いなさい。

20

問七　――線部⑥に「なあんだ。枯れ尾花か」とありますが、この人の思考はどのように変化しましたか。その説明として最もふさわしいものを、次のア～オの中から一つ選び、記号で答えなさい。

ア　幽霊に遭遇するという経験は、ある意味では信仰に近い気持ちを生じさせるが、いったん枯れ尾花と認識したことで、その興奮が冷めてしまった。

イ　寂しい気持ちを一人で噛みしめながら歩いていたときに、一瞬幽霊が出たと思って感情が揺さぶられたものの、冷静な観察によって自らの思い違いを修正することとなった。

ウ　当初は信仰的知識しかもっていなかったために、黒い影の正体を突き止めることはできなかったが、科学的・道具的知識を手に入れたことで、その正体を突き止めることができた。

エ　寂しい夜道で黒い影を見て、はじめは信仰的知識によって幽霊だと理解したが、あらためて見直したことで、風に揺れている枯れ尾花であって幽霊ではないと思うようになった。

低さがその温床になっている。

問二　――線部①に「『妖怪』という言葉をどのように定義したらいいのか」とありますが、筆者はどうして「妖怪」という言葉を定義しようとしたのですか。その説明として最もふさわしいものを、次のア～オの中から一つ選び、記号で答えなさい。

ア　自分が好きな分野である妖怪について、その存在を信じてもらうためには、何をもって妖怪とみなすかをはっきりさせて議論を進めるべきだと考えているから。

イ　研究を有意義なものとする上で、不思議な存在として暫定的に定義しただけでは、対照的な存在である妖怪と神との区別がつけられず、議論の妨げになると考えているから。

ウ　日本の人文科学では、用語や概念の定義をしようとしない傾向が強いが、妖怪についての学問的な議論を成立させるためには、それらの定義が必要不可欠であると考えているから。

エ　妖怪というものはあいまいで、時に神とも混同されてしまうが、そこを区別して妖怪の特徴を見極めるためには、現実をふまえた正確な定義がなくてはならないと考えているから。

オ　研究対象としての妖怪は捉えどころのないものであり、長年研究してもいまだに一時的な定義しかできないほど、定義するのが難しいものだと考えているから。

問三　――線部②に「私はなぜ『妖怪』を取り上げようと思い立ったのか」とありますが、文化人類学を専門とする筆者が「妖怪」を取り上げたのはどうしてですか。その説明として最もふさわしいものを、次のア～オの中から一つ選び、記号で答えなさい。

ア　これまで妖怪は文化人類学ではなく文学の領域に属するものとして見られてきたが、文化人類学の領域として論じることで、新たな視点で日本の文化を捉えることができると考えたから。

イ　現地に行ってフィールドワークをすることが難しい状況では、自分の好みに合っており、身近な存在でもある妖怪について調べることでしか全体像を探ることができなかったから。

ウ　教科書を編纂したのをきっかけに、知識と信仰の関係に注目したが、その関係によって日本人の精神世界を説明することができそうなテーマが自分の好みに合う妖怪だったから。

エ　自分自身が様々な地域に出かけていった結果、民間で語り継がれている妖怪というテーマこそが、日本人の精神世界を通じて文化の普遍性を明らかにできるものだと気づいたから。

オ　文化を全体的に把握しようとする文化人類学では、直接全体像をつかむのは不可能なので、まずは自分の興味に応じて、妖怪という側面から日本人の精神世界に迫りたいと思ったから。

問四　――線部③に「『ぬりかべ』のような現象」とありますが、筆者が「『ぬりかべ』のような現象」を「妖怪」とみなしているのはどうしてですか。その説明として最もふさわしいものを、次のア～オの中から一つ選び、記号で答えなさい。

ア　存在として捉えられるようなものばかりでなく、目に見えない「ぬりかべ」のようなものも含めて、「妖怪」として幅広く研究の対象にしたいと考えているから。

イ　民俗事象としての「ぬりかべ」がひとつの現象として伝承されていくことで、「妖怪」であることから排除されないようにしたいと考

「怪異・妖怪現象」は立ち現れなかったことになる。

その人が「信仰的知識」をまったくもっていないわけではない。ただ、この状況ではそれを「黒い影」の説明のために動員する必要を感じなかったのである。

現代では日ごろから、日常生活のなかに生じるさまざまな現象を「霊的存在・力」に結びつけて説明してはいけない、そう考えることは非科学的なことだという、近代の科学・合理主義的な教育を受けてきた。ときには不思議に思うことでも、不思議に思わないように慣らされている。いわば「道具的知識」を身につけている。しかし、昔は相対的に「信仰的知識」で説明しようという傾向が強かったようである。

日本の「妖怪」に関する文化も、こうした「信仰的知識」の一角を占める知識であり、それをB温床としつつ、さらにその知識が「信仰的知識」という枠を越えた知識、もう少し積極的な言い方をすれば、人びとの想像力（創造力）を刺激して豊かな文化領域を、つまり⑦「エンタテイメントとしての妖怪」を生み出した、と考えられる。

――小松和彦『妖怪文化入門』による

（問題作成上の都合から原文を一部中略し、また表記も改めた）

（注）＊1 祭祀……神々や祖先をまつること。

＊2 腐心……ある目的のために心を砕いて工夫などをすること。

＊3 徘徊……うろうろと歩き回ること。

＊4 狐狸……キツネとタヌキのこと。人を化かすと言い伝えられている。

＊5 情報のフィードバック……新しい情報を得てそれに対する反応を返すこと。

問一 ～～～線部A「動員」、B「温床」について、これらの言葉を本文中と同じ意味で使っている文として最もふさわしいものを、次のア～オの中からそれぞれ一つずつ選び、記号で答えなさい。

A「動員」

ア 聖光祭を円滑に運営するために、それぞれのグループにひとつずつ役割を動員する。

イ 芸術作品を鑑賞するときは、五感を動員してその場の空気を感じ取ることが大切だ。

ウ この時間帯はお客さんが多いわりにはお店にいる動員が少ないので、とても忙しい。

エ 昨日、隣の家に動員してきた家族が、引っ越しの挨拶にやってきた。

オ 先生の顔を見たとたん、宿題を忘れていたことが動員されて頭が真っ白になった。

B「温床」

ア 地元の野菜を温床としたシチューを看板メニューに掲げて、横浜に新規出店した。

イ 人は大きな願いになればなるほど、自分の力で解決せずに温床に頼ってしまうものである。

ウ 私に何度もアドバイスを求めておきながら、結局彼はそれを温床としなかった。

エ 日々当たり前の練習を続けてきた結果、自分なりの温床を生み出すことができた。

オ 多くの不正が発覚しているこの会社では、説明責任への意識のある地方ではウナギを信仰上の理由から食べることが禁止されている。

こうした「知識」は「超越的もしくは神秘的な（「霊的存在・力」とも表現できる）存在や力を前提とした知識」と規定することができる。「超越的・信仰的知識」には、霊的存在や神秘的力があることを確信している信仰者の知識からそうした存在に関わる知識を学習しただけの知識まで多様な内容をもっている。

いつの時代でも、「今日の観点」からすれば、知識は、科学的根拠があるといえる知識、科学的には根拠はないが慣習的に習得した知識、信仰的知識の混合としてあった。もっとも、それらの知識を習得している人びとにとってはすべて「合理的な知識」であった。日本人がアリを食用としないことも、③「ぬりかべ」のような現象を「狐狸*4」の仕業と説明することも、それを信じる人びとには「理にかなった説明」だったのである。

ここで大切なことは、「今日の観点」ということをしっかり自覚することである。その上で、当該社会に内在する考え方を把握することである。当該社会のなかに、④「科学的知識」「非科学的な道具的知識」「信仰的知識」の概念を持ち込んでいるのは、私たちなのである。そうすることで当該社会の知識をより深く理解する視点が切り開かれる。まず文化の諸構成要素から、「知識」という概念で文化要素のある領域を括り出し、それを腑分けしながら考察する。それがいわゆる「分析する」という知的な作業なのである。

さて、それでは「怪異」とか「妖怪」といった語を用いて表現する現象・存在は、⑤このように分析された「知識」のどのような部分にかかわっているのか。どのような知的メカニズムが働いているのだろうか。

それを、ここでは「幽霊の正体見たり枯れ尾花」という有名な川柳を使って説明してみよう。

ある月夜の晩に、寂しい道を一人で歩いていた。ふと脇をみると、黒い影が動いているのが目に入った。その人はびっくりして「さては幽霊が出たか」と思って逃げ出そうと思ったが、気を落ち着けてしっかりその影を見ると、枯れた尾花が風に揺れ動いているだけだった。「⑥なあんだ。枯れ尾花か」というわけである。

第一段階では、この人は月明かりだけの夜の闇のなかに黒い影を認めたとき、それを彼が持っている知識のなかでも「信仰的知識」にとっさに照らして説明しようとしたのである。つまり、「黒い影」は「怪異・妖怪現象」と判断され、その正体は「幽霊」ということになった。そのまま、この人がその場から逃げ出したならば、きっとこの体験はずっと「幽霊に遭遇した体験」ということになっただろう。最初から最後まで「信仰的知識」によって説明するわけである。

しかし、幽霊が出たと一瞬判断したものの、ほんとうに幽霊なのかを確かめようとする気持ちが生じ、おそるおそるその影の方に近づいてよくよく見ると、枯れ尾花が風に揺れていた。この第二段階では、「科学的知識」「道具的知識」が改めてA動員されて、その知識の範囲内で、この現象は説明されることになったのである。すなわち、当初は「怪異・妖怪現象」として把握された「黒い影」は、情報のフィードバック*5によって「怪異・妖怪現象ではない」と訂正される。また、この人に同行者がいて、その同行者は、隣の人が「幽霊が出た！」と叫んで逃げ出したときも、終始冷静沈着であって、「黒い影」を最初から草のたぐいが動いているだけであろうと判断していたならば、その人の前にはまったく出してくるための手続きや分析方法・視点について、少し考えてみたい。

私が専門とする文化人類学とか民俗学は、なによりもまずフィールドワークを大切にする学問である。図書館に行って本を読むことも、もちろん大事な仕事の一つである。しかし、この学問の特徴は、それと同時に、いやそれ以上に自分自身がさまざまな地域に出かけていって、そこに住む人たちの生活文化やその社会の仕組みなどを調べ、それを記述し、そこからいろいろな問題意識や発想法を得て、特別なテーマを設定して議論することにある。その場合の人類学的視点の大きな特徴の一つは、ホーリズム（全体論）とかホーリスティックな視点などと評されるところにある。すなわち、文化を多様な側面から構成された統合体として記述する点に価値を見出してきた。そのため、人類学者や民俗学者、とくに人類学者は、調査地の社会・文化をできるだけ全体論的に描き出すことに腐心[*2]してきた。

しかしながら、そうはいっても、短期間に一挙にその全体を描き出すことはできない。このため、自分の好みにあった側面からアプローチする。その自分の好みが、私の場合、「信仰」とか「宗教」と呼ぶ側面であった。そのなかに「妖怪」が含められていたのである。

今から三〇年ぐらいも前になるだろうか、三一歳のときに、『現代文化人類学』という教科書の編纂に携わったことがある。「宗教と世界観」という部分を担当したのだが、そのなかで、「信仰」という用語の定義・説明をしなければならなかった。私はアメリカの人類学者の意見にしたがって、「信仰」を「知識」という広い概念のなかに組み込んで定義することをした。人間が生まれてからいろいろな「知識」を身につける。そういう知識のなかのある部分に「信仰」というラベルを貼ることができる「知識」もあると考えたのである。人間の知識には、二つのタイプがある。一つは「科学的な知識」であり、もう一つは、「世俗的な（非信仰的）・道具的な知識」である。

「世俗的・道具的知識」のなかには、今日では科学的根拠をもつといえる知識もあるが、その多くは慣習としての知識がかなりの比率を占めている。この「世俗的・道具的知識」から「科学的な知識」を切り出した残りが、科学的根拠のない習慣的な「道具的知識」とすることもできるであろう。

私たち日本人はいろいろな食べ物を食べている。その一方では食べない、食べてはいけない動物や植物もある。ゴキブリやアリは食べない。でも、ゴキブリやアリを食べても病気になるわけではない。もちろんその辺を徘徊[*3]しているゴキブリをそのまま食べれば病気になるかもしれないが、それを唐揚げにすれば殺菌できるし、食べたらけっこうおいしいかもしれない。だが、私たちはそれをしない。科学的にはそれを食べたら死ぬということではないし、むしろ栄養があるかもしれないが（調べたわけではないが）、私たちの社会では、食べ物にはしていない。単に「食べ物にしない」というだけのことである。そうした慣習的・文化的知識をさまざまな社会はもっているのである。しかし、科学が進めば、科学的に栄養価が高いということで、これまでには考えられない生き物が食料になるかもしれない。

【中略】

その一方では、信仰的な理由で食べてはいけない動物もある。日本の現在でもまだ暫定的な定義に留まっているのだが、その本のなかでは、「妖しい」「怪しい」という二つの言葉を重ねているのだから、人間が遭遇したときに「不思議なもの」「不思議なこと」と思う事柄であって、それをとりあえず「妖怪存在」（京極夏彦風に言えばモノ）と「妖怪・怪異現象」（コト）に分け、その統合的な意味でのカテゴリーとして「妖怪」を定義した。さらに「妖怪」と「神」として把握される存在とを区別するために、*1「祭祀」の有無という条件をつけたらどうか、とも提案した。

学問的な議論をするためには、用語や概念を定義する必要がある。そうしなければ、一人勝手な議論をしてしまい、共通の議論の場を確保できない。多くの研究者がともに了解する定義や概念であることが望ましいが、まだ定着していない場合は、なおさら自分の用法を研究者たちに知らせる必要がある。

前述の本のなかで、「妖怪」には、視覚によって把握される、形のある存在としての「妖怪」ばかりではなく、聴覚によって、あるいは触覚や嗅覚によって把握される「妖怪」もあることにも注意を促した。「妖怪」という概念を限定しつつも広く規定するのが、研究の戦略上、得策と考えたからである。

たとえば、「ぬりかべ」という民俗事象がある。これは、野山を歩いていて、突然先に進むことができなくなる現象をいう。もし妖怪を「存在」として定義すれば、こうした現象は「妖怪」から排除される。ところが、この「ぬりかべ」現象の伝承をもとにして、水木しげるはそれを絵画化＝存在化している。そうなると、「ぬりかべ」現象は「ぬりかべ」という存在に変換されて、「妖怪」のカテゴリーに含まれることになる。京極夏彦風にいえば、「「ぬりかべ」という現象がある」から、「「ぬりかべ」という存在がいる」、という表現に変わってしまうわけである。

民間で語り伝えられてきた「妖怪」の多くは、「小豆あらい」「天狗倒し」「古杣」などのように、聴覚でとらえられた「現象」としての「妖怪」である。私はそうした不思議な現象をも含めて「妖怪」を定義しようとした。さらに言えば、水木しげるの絵のように、「ぬりかべ」が存在として描かれたとしても、その存在の出現それ自体はやはり「妖怪現象」といえるだろう。「存在する」とは「現象」の一形態なのである。

このように、議論を成り立たせるために、なによりもまず基本となる用語や概念の定義が求められる。しかしながら、日本の人文科学では、議論の前提となるそうした定義をおこなおうとしない傾向がとても強い。議論のキーワードを、たとえば、「聖なるもの」という言葉を乱発しながらも、「その概念をあえて定義しない」などと開き直った物言いをする論文さえも見出される。文脈から読者が勝手に推測せよ、というわけである。これでは「学術論文」とはいえず、「二次的な文学作品」といったほうがいいのだろう。

②私はなぜ「妖怪」を取り上げようと思い立ったのか。「妖怪」はこれまでほとんど学術的に論じられることがなかった。しかし、「妖怪」をあれこれ考察していくと、これまでとは違った角度から日本人の精神生活の「見えない世界」を「覗く」ことができるように思われた。どのような世界が覗けたのかは、私の妖怪関連の著作、たとえば前述の『妖怪学新考』とか『日本妖怪異聞録』『酒呑童子の首』『異界と日本人』といった本を読んでいただきたい。ここでは「妖怪」を学術的な議論の場に持ち

【下書き欄】―― 必要ならば使いなさい。

問六 ――線部⑤に「どうしてそんな顔をするのか、滝田徹には全くわからなかったのだ」とありますが、滝田徹は今になって、「彼女」が「そんな顔」をしたのはどうしてだと考えていますか。それを説明した次の文の［　］にあてはまる内容を、十字以内で答えなさい。

滝田徹は今になって、「彼女は、自分（滝田徹）が［　　　］から、『そんな顔』をしたのだろう」と考えている。

【下書き欄】―― 必要ならば使いなさい。

問七 ――線部⑥に「滝田、自信を持て」とありますが、このとき松島豊はどのように思っていますか。その説明として最もふさわしいものを、次のア～オの中から一つ選び、記号で答えなさい。

ア 彼女に対してわがままにならないように自分を律していた滝田徹に対して、素直に思いを伝えてよいのだということに気づいてほしいと思っている。

イ 今までは空気のような存在だった滝田徹が、急にリアルな存在感を持ち始めたことをいぶかしく感じ、どうにかして早く帰らせてしまおうと思っている。

ウ いつもと違って次々と質問をしてくる滝田徹に戸惑いつつも、そうした本質的な疑問は他人に頼らず自分ひとりで考えるべきであり、そのためには早く帰った方がよいと思っている。

エ 時間外労働をしている上、口数を多くして気遣いを見せる滝田徹に対して、お互いのためにも、いつもと同じように速やかに帰ってもらいたいと思っている。

オ 自分のペースをかき乱してくる滝田徹の言動に面食らいつつも、このままでは気がすまないので、一言皮肉を言ってやろうと思っている。

問八 ――線部⑦に「松島豊の言葉がなかったら、自分の馬鹿さ加減に、一生気づかずにいたかもしれない」とありますが、滝田徹はどういうことに気づいたのですか。文章全体をふまえて、八十字以内で説明しなさい。

【下書き欄】―― 必要ならば使いなさい。

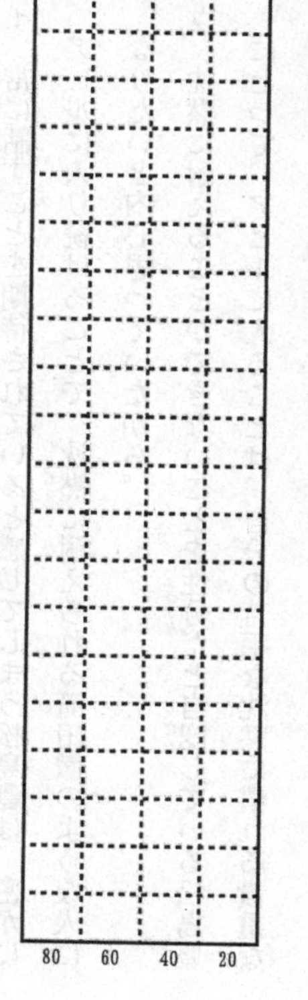

四、次の文章を読んで、あとの問いに答えなさい。

二〇年近く前になるが、私は『妖怪学新考』（一九九四年）という本を書いた。その冒頭で、議論の出発点になる、①「妖怪」という言葉をどのように定義したらいいのかという問題で、悪戦苦闘した。しかしそこでは、「妖怪」とは何かということについて、実は十分に答えを出し切れなかった。

ばかりか、今までの経緯を知らない兵頭健太が入っていることを思い、喪失感に包まれている。

オ　日々の疲れを癒やしてくれたチョッキーを失ったことで、自分にとってかけがえのない存在であったチョッキーへの思いをかえって強く認識している。

問三　――線部②に「先ほどから聞きたくて仕方のなかったこと」とありますが、滝田徹はどうして聞きたかったのですか。その説明として最もふさわしいものを、次のア～オの中から一つ選び、記号で答えなさい。

ア　いつも一緒にいたチョッキーが今どうなっているかを想像するとやりきれず、その気持ちをぶつけられるのは目の前の松島豊くらいしかいないと思ったから。

イ　チョッキーとの付き合い方を見つめ直すにあたって、学生の頃から十年以上もアヒルと関わってきた松島豊がアヒルとどのように付き合ってきたのかを聞いて、参考にしようと思ったから。

ウ　慣れ親しんだチョッキーとの別れがつらく、自分と同じようにアヒルを心の支えにしてきた松島豊に助言を求めることで、そのつらさを乗り越えて少しでも前向きになろうと思ったから。

エ　チョッキーと同じような着ぐるみのアヒルに入っていた松島豊なら、他人からはなかなか理解されない自分の話を聞いて共感してくれるのではないかと思ったから。

オ　チョッキーのことを考えると居ても立ってもいられず、松島豊とアヒルとの関係性を知ることで、今後のチョッキーとの関わり方が見えてくるかもしれないと思ったから。

問四　――線部③に「松島豊がアヒルでいるのには、何か他に、理由があるはずだと思った」とありますが、松島豊がアヒルに入り続けているのはどうしてですか。その説明として最もふさわしいものを、次のア～オの中から一つ選び、記号で答えなさい。

ア　アヒルに入っている時間は、いつもとは違う自分を演じることのできる貴重なものであり、松島豊にとってはかけがえのないものだから。

イ　常に話すことを期待されていると感じてしまう松島豊は、密かにアヒルに入り続けることで、沈黙に耐えられる滝田徹のような人になりたいと内心思っていたから。

ウ　沈黙に耐えることができないことを性分だと自認している松島豊にとって、アヒルに入ることは、自分の苦手な沈黙に慣れる貴重な機会となっているから。

エ　松島豊は普段、沈黙が続くと周囲を慮って何かを話さなければならないとつい考えてしまうが、アヒルに入っている間は無理に話さなくてすむから。

オ　滝田徹がチョッキーに入っている生き生きとした姿を見て、松島豊はアヒルに入っているときの解放感を図らずも再認識したから。

問五　――線部④に「滝田徹の動揺は収まらない」とありますが、ここで滝田徹はどうして動揺しているのですか。六十字以内で説明しなさい。

問一　〰〰線部Ａ「こともなげに」、Ｂ「比類のない」、Ｃ「ありありと」について、これらの言葉を本文中と同じ意味で使っている文として最もふさわしいものを、次のア～オの中からそれぞれ一つずつ選び、記号で答えなさい。

Ａ「こともなげに」

ア　買ったばかりのアイスクリームを落とした女の子が、こともなげに泣きじゃくっていた。

イ　こともなげに故郷に戻れずにいる彼は、望郷の念を抱いている。

ウ　段差につまづいて転んだ男の子は、こともなげに立ち上がって元気に走り去っていった。

エ　ありえない光景を目にした彼は、こともなげに立ち尽くしている。

オ　金メダルのかかった二人の戦いは、こともなげによって決着がついた。

Ｂ「比類のない」

ア　どうか遠慮せずに、比類のない意見をお聞かせください。

イ　生物学上、比類のない生物はこの世に存在しないと言われている。

ウ　一切の財産を失った彼は、比類のないものを食べて生活している。

エ　彼は、比類のない才能をいかんなく発揮して、数々の名作を世に送り出した。

オ　宿題を忘れて怒られた彼は、比類のない表情を浮かべた。

Ｃ「ありありと」

ア　このキャラクターは、全世界のありありとある人の心を魅了し続けている。

イ　この小説では、近未来の都市の様子がありありと描かれている。

ウ　もっとありありとした鮮やかな色づかいにした方が、見栄えがよくなるに違いない。

エ　クリスマスにもらったぬいぐるみを、ありありとかわいがっている。

オ　昨日は風邪で欠席していた彼も、今日はありありと登校していた。

問二　――線部①に「マウスを握る滝田徹の手に、つい力がこもる」とありますが、このときの滝田徹の心情について説明した文として最もふさわしいものを、次のア～オの中から一つ選び、記号で答えなさい。

ア　自分が毎日メンテナンスをして清潔を保っているチョッキーに他人が入ることで、自分の努力が徒労に帰すことへの怒りを感じている。

イ　いつも口数の少ない自分自身の性格のせいで、何よりも大切なチョッキーを守りきることができず、チョッキーに対する罪悪感でふさぎこんでいる。

ウ　自分以外の人間がチョッキーの中に入ることを思い浮かべて、チョッキーを渡したくないと強く言えなかったことをよりいっそう悔やんでいる。

エ　誰よりもチョッキーのことを思っている自分がその中に入れない

を合わせない人間がいるって、こんな業務形態の会社の中で、お前の存在だけは誰もが知ってるんだ。知らない人間はいない。滝田徹という男は十年以上、九時から五時半という勤務時間を完璧に守り通している。もはや定説だ。これは言い換えれば、お前が長い時間をかけて築き上げてきた、信用でもあるんだ。だからな、⑥滝田、自信を持て」

立ったままの松島豊が何かを力説していたが、滝田徹の耳にはほとんど届いていなかった。最後の言葉以外は。

「……自信？」

「ああ。絶対にわがままなんかじゃない。自信を持って、帰れ」

そうだ。ずっと、彼女の気持ちを一番大切に思ってきたのだ。その自分の考え方に、どうして自信が持てなかったのだろう。大切だからこそ悲しませたくないのだと、その気持ちに偽りはないのだと、何故言えなかったのだろう。

「どっちもいい子だから、上手くいかないってこともあるんだよね。相手の気持ち考えて、自分の気持ち、考えないからね」

独り言ともつかない店主の言葉が、もう一度聞こえたようだった。

もしかしたら彼女も、さっきの松島豊のように、無理をさせているのではないかと、そんなことまで考えてしまっていたのだろうか。

長いため息が、滝田徹の口をついた。

結局は、自分の至らなさが招いた結末だったということなのだ。最後の最後に彼女を、深く悲しませてしまったに違いない。悲しませたくないと思うあまり、結局は悲しませてしまう。これこそ、本末転倒と言わずして何と言うのか。

「お、おい、滝田、滝田、大丈夫か？」

「ありがとう、松島。前回といい、今日といい、お前は僕にとってまさしく『インフォメーションセンター』だ」

「……？」

どこに向かうべきか。どうやって向かうべきか。

客に対してそれを提示するのが、水谷佳菜の仕事だという。兵頭健太はそこで、自身が向かうべき場所を、水谷佳菜に指し示してもらったのだ。

そして今日、滝田徹は初めて、松島豊の意見を参考にしようと考えた。

⑦松島豊の言葉がなかったら、自分の馬鹿さ加減に、一生気づかずにいたかもしれない。今さら気づいても、どうなるものでもないだろうが。

「帰る」

力なくつぶやくと滝田徹は、パソコンの電源を切り、机の上を整頓して、カバンを手に取った。

「……お疲れ」

松島豊がようやくそう口にしたとき、滝田徹はすでに、フロアの出口に差し掛かっていた。

――村木美涼『商店街のジャンクション』による

（問題作成上の都合から一部原文の表記を改めた）

（注）＊1 「時計」店主……商店街にある喫茶店「時計」の店主。「映画館の主」の友人。

＊2 アヒル……松島豊が学生時代からのアルバイトで時折入っている着ぐるみ。

＊3 沈痛な面持ち……深い悲しみに沈んでいるような表情。

＊4 修験僧のような生活……ここでは、時間に正確に行動する生活のこと。

涙目になった松島豊は、さらに何度か咳込みながら、あえぐように息を吸い込んだ。

「そりゃ、何でもかんでも俺の言い分が通れば、さすがにそう思うかもしれないな……ゲホッ……二年だろ、普通ならお互い、我が見えてもおかしくないだろうしな」

「それは、悪いことか？」

「悪いっつうか……落ち着かないだろうが。つまりは、お前の本音が、見えないってことだからなあ。適当にあしらってるだけじゃないかとか、陰で馬鹿扱いしてんじゃないかとか、何つうの、疑心暗鬼ってやつか？」

「いや、断じて馬鹿扱いはしていない」

彼女のことを、そんなふうに思ったことはただの一度もない。

「お前のほうはそうでも、疑心暗鬼ってやつは、そういうもんなんだって。いっぺん思い始めると、止まらないんだ」

「……いったい、どうすればよかったんだ？」

呆然とつぶやく滝田徹の脳裏には、あの日の光景がＣありありとよみがえっていた。待ち合わせた店の、料理の匂いまでもが漂ってくる。

「知るかよ」

ようやく咳が収まったのか、松島豊が息をつく。

「俺はお前と、交際なんかしてないからな」

肩をすくめる松島豊を、滝田徹は呆然と見つめた。もちろん、松島豊を通して、*3沈痛な面持ちで向かいの席に座っていた、あの日の彼女を見つめていたのだ。

滝田徹はあの日、ごめんと口にすることしか出来なかった。自分に非があるのなら、それ以外の言葉を、口にしてはいけないと思ったからだ。でも彼女はその瞬間、今にも泣き出しそうな顔になった。⑤どうしてそんな顔をするのか、滝田徹には全くわからなかったのだ。別れたいと言い出したのは彼女なのに、何故先に泣き出すのか。泣き出したいのはこっちだという思いを、滝田徹は必死で押さえつけていた。

「……交際、してないよな？」

滝田徹の視線を受けて、松島豊の目にはいくぶん、怯えたような色が浮かんでいた。

しかし滝田徹の目に映っているのは、泣きそうになりながら、それでも泣かずに去って行った、彼女の後ろ姿だった。

もしかしたら、あの日口にするべきだったのは、謝罪の言葉ではなくて、松島豊が言うところの「本音」だったのだろうか。

滝田徹の頭の中には、たった今気づいたそんな思いが、色濃く広がり始めていた。

「ずっと一緒にいたいと、言ったほうがよかったのか？」

滝田徹のつぶやきに、椅子を後ろに撥ねのけるようにして、松島豊が立ち上がった。

「や、やっぱり帰れ。帰りたくなくても帰れ。お前には、*4修験僧のような生活が一番似合ってるんだ。時計を見ろ。もう七時を過ぎたぞ。体中の細胞が今、軋んでるんだ。その音を聞け。な、滝田、耳を澄ませ」

「それこそ、わがままじゃないのか……？」

「そんなことはない。それはお前の思い違いだ。いいか、滝田、時報代わりにもなりそうなお前の仕事ぶりを、会社中の人間が知ってるんだ。これがどれ程大変なことか、わかるか？　十年働いていてもめったに顔松島豊が、手を止めて、いぶかしむような表情を向けている。

「あ、ああ……」

頷きつつも、④滝田徹の動揺は収まらない。チョッキーと共に過ごした日々の記憶が、次から次へとよみがえってくる。古めかしい商店街で過ごした時間は、滝田徹にとってはまさに、心躍るひとときだったのだ。

「何があったか知らないけどさ、あんまり無理すんなよ」

「無理？」

「口数が多いだろうが、どう考えても。いるはずのない時間にたまたまいるからって、気を遣って、俺に調子を合わせなくてもいいんだぜ。黙りこくってそこにいたところで、一向に気にしないんだからさ、こっちは。俺は俺で、しゃべりたくなったらしゃべる。いつも通り、気楽にやろうぜ」

「いや、別に……」

「いいって、いいって」

言いかけた滝田徹を、すぐさま松島豊がさえぎる。

「それ以上、多くを語るな。体に悪いぞ。ただでさえ、やったこともない時間外労働に従事してんだ。あげく協調性まで見せろなんて、俺はそこまで、わがままな男じゃないつもりだ。いつも通りの滝田徹でいてくれ。そのほうが、こっちもはるかに気が楽だ」

べらべらと、バカンスの疲れも取れた様子で、すっかり本来の調子を取り戻している。

「だから別に……」

お前に合わせているつもりはない。

そう言いかけて、滝田徹は口をつぐんだ。松島豊の言葉に甘えようと思ったわけではない。再び、何かが心に引っかかったのだ。

わがまま。

声には出さずに、口の中でその言葉を繰り返した。

耳にするたびいつも、心の中に鈍い痛みが走る。四年前に去って行った彼女が、最後に口にした言葉だからだ。

「自分がものすごくわがままな人間になった気がするの」

あの日以来、わがままという言葉の意味も、よくわからなくなってしまった。どうして彼女は、そんな考え違いをしてしまったのだろう。今にも泣き出しそうだった彼女の顔が、頭の底にずっとこびりついている。

「……松島」

「なんだ？」

キーボードをカシャカシャと言わせながら、松島豊は、鼻歌でも歌うような口調だ。

「もう一つだけ、質問をさせてくれ」

「おう、いいぞ」

「お前が僕と、すでに二年間交際をしているとして」

「ゲホッ」

途端に、松島豊がむせた。そのまま、続けざまに咳込んでいる。

「どういう原理が働くと、自分はわがままだと感じるんだ？」

かまわずに、滝田徹は続けた。

「何を言い出すかと思ったら……ゲホ……」

「お前の考察を、是非とも聞かせてくれないか」

「そりゃ……」

何か、もっと違う感覚。

兵頭健太と水谷佳菜の話を聞きながら、少しずつ生じていた感覚だ。

そしてそれこそが、チョッキーを守り切れなかった本当の理由ではないかと、滝田徹の中には今、疑念が生じ始めている。そのせいで、肝心なことは何も言えないまま、金曜は兵頭健太、土曜は水谷佳菜、そして日曜にようやく滝田徹という、店主の采配に従ってしまったのではないのかと。

何か、もっと違う感覚。

自分自身の感覚でありながら、もうあと少し、手が届かないもの。なかなか正体を見極められない、もどかしい距離感が、今日一日、滝田徹から集中力を削ぎ、苛立ちをあおり続けていた。

それなのに、松島豊はたった今、その正体をあっさり口にしなかったか。

もどかしい距離感を、一気に引き寄せてはくれなかったか。

柴犬のような薄茶色で、三角に垂れた耳と左目の周り、野球ボールほどの丸い尻尾が焦げ茶色。そして赤い首輪。

チョッキーを思い浮かべるだけで、心の中に愛おしさがこみ上げてくる。

チョッキーの中に収まり、チョッキーという存在に包まれることで、滝田徹はいつも守られていた。同時に、この上もない解放感に満たされていたのだ。巨大アヒルの中で初めて知った、B比類のない解放感だ。

でもそれは、いったい何からの解放感だったのか。

誰が見てもチョッキーでしかないということは、滝田徹はそこに、存在しないということだ。その状態で、この上もない解放感を味わっていた。つまり、滝田徹であるということから、滝田徹は解放されていたと、そういうことではないのか。チョッキーの中にいる限り、滝田徹として行動することはもちろん、滝田徹として物事を考える必要もない。それこそが、滝田徹の心をこれまでないほどに、軽やかにしてくれていたのではないのか。

しかし、滝田徹は気づき始めてしまった。

逃げ場所を求めている兵頭健太にとってはもちろん、水谷佳菜にとってもまた、チョッキーは、一種の逃げ場所として機能しようとしている。二人の言い分を聞きながら、そんなことにチョッキーを利用してくれるなと、いったんは腹を立てたのだ。

それでも、じわじわと落ち着かない気持ちは湧き起こり始めた。

自分にとってはどうなのか。

自分にとってもチョッキーは、逃げ場所として機能しているのではないのか。

そして松島豊はたった今、こう口にした。

一生アヒルと一緒ってわけにも、いかないんだけどな。

平日は仕事をして、週末はチョッキーの中に入る。それをお前は、このまま一生涯続けていく気なのか。

その問いかけこそが、「何か、もっと違う感覚」の正体だ。チョッキーと距離を置かざるを得ない状況に追い込まれて、初めて生じた感覚だ。

初めて、自分の内側から生じてきた問いかけだ。

ふいに、チョッキーの体温を肌に感じた気がして、滝田徹は泣きたくなる思いだった。

「おい滝田、お前、大丈夫か？」

田徹の中に、松島豊への関心を引き起こしているのだろう。松島豊がアヒルであるがゆえに、引き起こされる関心だ。

南の島へバカンスなどと、アヒルとそこまで距離を置いて、松島豊は何も感じていないのだろうか。

「何故って……なんでだったかな」

「いつからやっているんだ？」

モニターを見たまま、松島豊は首を傾げている。

「ああと、結構前だな。学生の頃からだから、ここで働き始めるよりも前か」

「え」

Aこともなげに語られたその言葉に、滝田徹は動きを止めた。

「それがどうかしたのか？」

「い、いや……」

つまりもう十年以上、下手をすると十五年近くも、松島豊はアヒルだったというのか。動揺を何とか押し込めつつ、滝田徹は、松島豊の顔を見つめ続けた。

松島豊は、あまり背が高くない。ほぼ平均的な身長の滝田徹を、八掛けにしたくらいだ。よって足の長さも、ほぼ八掛けと言っていいだろう。つまりアヒルとしては、滝田徹よりもよほど、見栄えがするということだ。

「一日とか二日とか、最初はそんな約束だったんだけど、なんやかんや言って、ずっと続いてるなあ。あの手のバイトってさ、成り手が少ない分、結構時給がいいだろう。大した仕事でもないのにさ。学生の頃は、そういうのが狙い目だったからな」

「就職しても続けているのは、どうしてなんだ？」

決して高給取りではないが、副業が必要なほど、低給というわけでもない。③松島豊がアヒルでいるのには、何か他に、理由があるはずだと思った。

「そうあらためて訊かれると困るけどさあ」

キーボードを打つ手を止めて、松島豊はめずらしく、いくらか戸惑ったような表情を見せた。

「俺さあ、そこそこしゃべるだろ？」

「……」

そこそこの意味を取り違えていないかと思ったが、滝田徹は黙っていた。

「性分なんだよなあ。誰もしゃべってないとさ、俺が求められてるような気がしてしょうがないんだ。追い立てられるって言うかさ」

腕組みをしながら、苦笑を浮かべて頷いている。

「お前がつくづくうらやましいよ。下手すりゃ、一日中だって黙っていられるだろう。一種の特技だよな。俺から見りゃ、特殊技能の部類だ」

嫌味を口にしている気配は、松島豊からは全く感じられない。

「けどさ、あの中に入ると、黙ってられるんだよな。たいして努力もいらない。だいたい、アヒルにしゃべりを期待してる人間なんて、誰もいないからな。気楽なもんだ」

「それが、続けている理由か？」

「ま、一種の息抜きだな。とは言え、一生アヒルと一緒ってわけにも、いかないんだけどな」

滝田徹は目を見開いて、平素より茶色がかった松島豊を見つめた。

はずっとあの部屋にいたのだ。定刻通りに戻ると、毎日変わらず、丸い目を向けてくれた。仕事の疲れなど、瞬時に吹き飛んだのだ。

でも昨日、本来の持ち主である映画館の主に、チョッキーを届けなければならなかった。せめて、メンテナンスはこれまで通り続けさせて欲しい。そう申し出るのが精いっぱいだった。

「じゃあ、金曜が健太君ということで」

白髪を切りそろえた「時計」*1店主の、にこやかな顔が思い浮かんだ。

カウンター席に並んであれやこれやと議論が続いたあと、結局は、一日ずつ順番に、チョッキーに入るという結論になってしまったのだ。

今頃は兵頭健太が、チョッキーの頭部を手に取っているに違いない。いや、もうとっくに中に収まって、チラシ配りを始めているかもしれない。

①マウスを握る滝田徹の手に、つい力がこもる。

チョッキーがどれ程かけがえのない存在か、どれ程強いつながりを感じているか、ちゃんと説明して、頼むから他を当たってくれと言うべきだったのだ。でも滝田徹は途中から、カウンター席で続く議論に、口をはさむことすら出来なくなってしまっていた。口数の少なさが、肝心なところで災いした格好だ。

いや、本当にそれだけか。

滝田徹は自問した。

何か、もっと違う感覚が、兵頭健太や水谷佳菜の話を聞いているうちに、自分の中に生じてはいなかったか。

逃げてばかりの人生だったが、いったんチョッキーの中に入れば、逃げずに済むはずだと兵頭健太は言った。普段なら怖くて出来ないことも、チョッキーの中にいる間は出来るかもしれないと、水谷佳菜は言った。それが、二人がチョッキーの中に入りたいと考えた理由だ。

そして滝田徹は、話を聞くうちにだんだんと、落ち着かない気持ちになっていったのだ。

「家が嫌なら仕事って、それ以外の選択肢はないのかよ。……まあ、お前らしいっちゃあ、お前らしいけどな」

苦笑交じりに言いながら、自分のモニターに目を戻すと、松島豊はまたキーボードをたたき始めた。

「……松島」

「うん？」

「アヒル*2は、まだ続けているのか？」

②先ほどから聞きたくて仕方のなかったことを、ようやく滝田徹は口にした。

「ああ、まあな」

モニターから目を離さず、たいして気のない様子で松島豊は答えた。

その顔に、滝田徹はあらためて目を向けた。南の島帰りのせいで、照明に不具合があるかのように、そこだけトーンが暗い。

「何故、アヒルを始めたんだ？」

一度は代役を引き受けたが、松島豊かアルバイトをしている理由に、興味を持ったことはなかった。その後も続けているのかどうかを、知りたいと思ったこともなかったのだ。しかし今日、松島豊の顔を見た途端、滝田徹は無性にそれが知りたくなった。

家に帰ってもチョッキーはいない。金曜日だというのに、チョッキーの中に入ることが出来ない。そして今後はもしかしたら、チョッキーとの関係に、大きな違いが生じてくるかもしれない。この現状がおそらく、滝

【国語】（六〇分）〈満点：一五〇点〉

【注意】字数指定のある問題では、句読点やカッコなども字数に含みます。

一、次の①～⑤の文の――線部のカタカナを、それぞれ漢字に直しなさい。

① 四十七人のチュウシンが、主君のかたきを見事に討ち果たした。

② 部活動では、勝利シジョウ主義よりも自由に楽しくできる方が自分には合っている。

③ 昨日の試合は、残り時間三分のゴールですっかりケイセイが逆転した。

④ 三渓園は、横浜の有名なケイショウ地である。

⑤ 全員で行くことは難しいので、ユウシだけでお見舞いに行きます。

二、次の①～⑤の文の～～線部は、（　）内の意味を表す言葉です。例にならって、□□にあてはまる言葉をひらがな二文字でそれぞれ答えなさい。

例
いくら彼でも、プロ野球選手には□□打ちできない。（まともに張り合って勝負すること） →〈答〉たち

① 助けられた時は□□の息だったが、今ではすっかり元気になった。（今にも息絶えそうな状態）

② 日々の食事にも事□□生活を送っている。（必要なものがなくて困ること）

③ □□半可な知識では、彼女にかなうまい。（十分でなく、中途半端な様子）

④ 大通りには木造の民家が□□を並べている。（多くの家が建ち並んでいる様子）

⑤ このチームの選手たちは、□□ぞろいだ。（集まった人々がみな優れていること）

三、次の文章は、村木美涼の『商店街のジャンクション』の一節である。滝田徹は副業として、毎週金～日曜日の三日間、着ぐるみの「チョッキー」に入るアルバイトをしている。ある日、兵頭健太と水谷佳菜から突然「チョッキー」に入りたいと言われ、戸惑っているうちに三人で一日ずつ交代で入ることになってしまった。問題文は、その後の初めての金曜日、本業の職場で同僚の松島豊と話をしている場面である。これを読んで、あとの問いに答えなさい。

チョッキーにたどり着いてから半年余り、金曜日を心待ちにして、毎日仕事に励んでいたと言っていい。それなのに今日は、家に帰ってもチョッキーはいない。専用ハンガーと専用台座だけが、一人暮らしの部屋に寂しく残されている。

「つまり、帰りたくないという意味か？」

「ああ」

半ば投げやりに、滝田徹は頷いた。

そう、チョッキーがいないあの部屋になど、帰りたくはない。家でのメンテナンスを申し出てからは、チラシ配りのない平日も、チョッキー

2022年度

聖光学院中学校入試問題（第２回）

【算　数】（60分）　＜満点：150点＞

［１］ 次の問いに答えなさい。

⑴ 次の計算の □ にあてはまる数を答えなさい。

$$\frac{1}{5}\div\left\{1\frac{4}{9}-\left(\square+1.5\right)\times\frac{3}{7}\right\}=12.6$$

⑵ ７時から８時の間で長針と短針のつくる角が直角になるのは７時 □ 分です。□ にあてはまる数として考えられるものをすべて答えなさい。

⑶ 定価200円の品物Ｘがあります。Ａ店ではこの品物Ｘを，10個目までのものは12％引き，11個目以降のものは15％引きで販売(はんばい)しています。一方，Ｂ店ではこの品物Ｘを，５個目までのものは定価で，６個目以降のものは17％引きで販売しています。片方の店だけで品物Ｘを購入するとき，Ａ店よりもＢ店で購入した方が安いのは，品物Ｘを何個以上購入したときですか。

［２］ １が書かれた正方形のカード1，２が書かれた正方形のカード2，３が書かれた正方形のカード3，４が書かれた正方形のカード4，…がそれぞれたくさんあり，これらのカードの大きさはすべて同じであるとします。いま，このカードを1から順に１枚，４枚，９枚，16枚，……だけ使って，下の図のように時計回りに敷(し)き詰(つ)めて正方形をつくります。

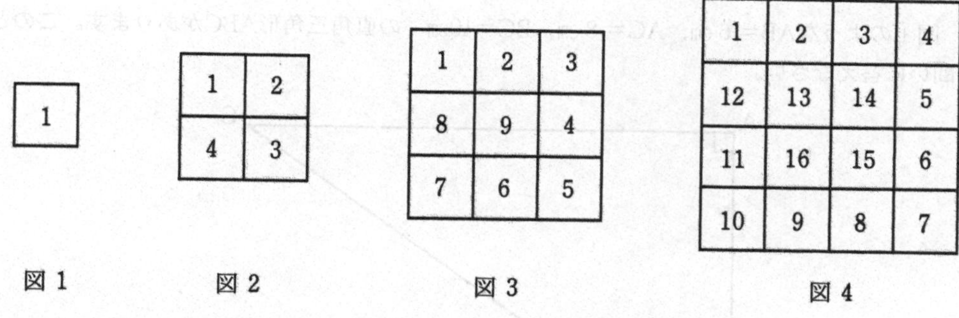

図１　図２　図３　図４

図１はカード1をおいたものです。以後これを【正方形１】とよびます。

図２は４枚のカードを並べたもので，以後これを【正方形２】とよびます。

図３は９枚のカードを並べたもので，以後これを【正方形３】とよびます。

図４は16枚のカードを並べたもので，以後これを【正方形４】とよびます。

同じように正方形をつくり，できた正方形の１辺に並んでいるカードの枚数Ａを用いて，それぞれ【正方形Ａ】とよぶことにします。

また，次のページの図５のように，【正方形Ａ】の横に並んだ部分を上から順に１行目，２行目，３行目，……とよび，次のページの図６のように縦に並んだ部分を左から順に１列目，２列目，３列目，……とよぶことにします。

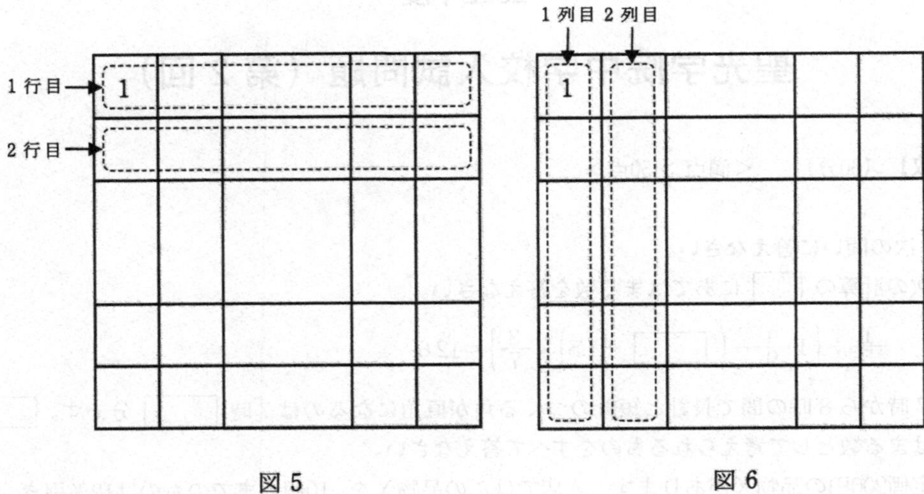

図５　　図６

このとき，次の問いに答えなさい。

(1)　【正方形１】から【正方形10】までの10通りの正方形をつくるのに必要なカードは全部で何枚ですか。また，これら10通りの正方形の１列目にあるカード30は全部で何枚ですか。

(2)　【正方形25】の10行目の24列目にあるカードに書かれている数字を答えなさい。

(3)　【正方形30】の14行目の16列目にあるカードに書かれている数字を答えなさい。

(4)　2022が書かれたカードを使う【正方形A】のうち，Aが最も小さいものでは，この2022が書かれたカードは［ア］行目の［イ］列目にあります。［ア］，［イ］にあてはまる数をそれぞれ答えなさい。

［３］　図１のようなAB＝６㎝，AC＝８㎝，BC＝10㎝　の直角三角形ABCがあります。このとき，次の問いに答えなさい。

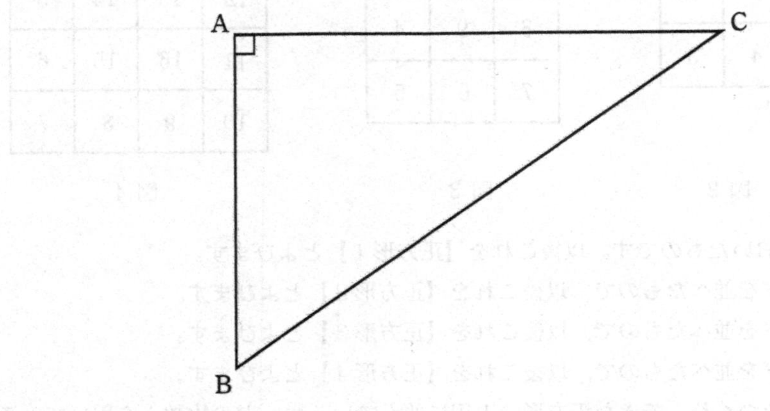

図１

(1)　辺AB上に点Pを，辺AC上に点Qを，AP＝AQ＝４㎝となるようにそれぞれとります。三角形ABCを，直線PQを折り目として折ったときに重なっている部分の面積は何㎠ですか。

次に，図２のように２辺がAB，ACと重なる１辺の長さが２㎝の正方形の頂点のうち，三角形ABCの内部にある点をＲとします。この点Ｒを中心に直角三角形ABCを180度回転移動させたとき，３点Ａ，Ｂ，Ｃが移動してできる点をそれぞれＤ，Ｅ，Ｆとします。

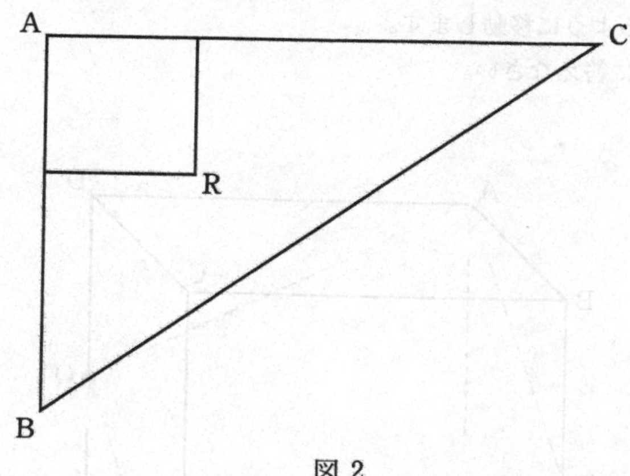

図２

⑵　三角形ABCと三角形DEFが重なってできる図形の周の長さは何㎝ですか。

⑶　辺EF上に点Ｈを角RHEが90度となるようにとるとき，RHの長さは何㎝ですか。

⑷　⑶のとき，辺ACと辺EFの交点をＳとします。このとき，SHの長さは何㎝ですか。

［４］　聖（たかし）さん，光（ひかる）さん，学（まなぶ）さんの３人が，池の周りを移動します。聖さんは午前８時にＡ地点を出発して，時計回りに一周します。光さんと学さんは午前８時４分30秒にＡ地点を出発して，光さんは反時計回りに，学さんは時計回りに一周します。

聖さんと光さんかすれ違（ちが）ってから40秒後に，光さんと学さんかすれ違い，その後，聖さんと学さんは同時にＡ地点に到着（とうちゃく）します。３人の移動の速さはそれぞれ一定であり，光さんと学さんの移動の速さの比は４：５であるとして，次の問いに答えなさい。

⑴　光さんと学さんが出会う地点を聖さんが通過するのは，２人が出会う何分前ですか。

⑵　聖さんと光さんの速さの比を最も簡単な整数比で答えなさい。

⑶　光さんがＡ地点に戻（もど）る時刻は午前８時何分何秒ですか。

しかし，実際には光さんと学さんは遅（おく）れて同時に出発したため，聖さんと光さんがすれ違ってから光さんと学さんがすれ違うまで，予定より時間がかかり，光さんと学さんがすれ違ったときには，聖さんはＡ地点には到着していませんでした。

⑷　このとき，光さんと学さんがＡ地点を出発したのは，午前８時４分30秒より後で，午前８時［ア］分［イ］秒より前であったことが分かります。［ア］，［イ］にあてはまる数を答えなさい。

［５］　次のページの図のような１辺の長さが10㎝の立方体ABCD－EFGHがあり，辺BFの真ん中の点をＰ，辺DHの真ん中の点をＱとします。

この立方体に対して，１辺の長さが10㎝の２つの正方形ＸとＹが，面EFGHと平行で，ＸとＹの各辺が立方体の辺と平行な状態を保ったまま，それぞれ移動します。

正方形Ｘは，その対角線の交点が点Ｇにある状態から点Ｐに向かって直線GP上を通るように移動し，その後，点Ａに向かって直線PA上を通るように移動します。また，正方形Ｙは，その対角線の交点が点Ｇにある状態から点Ｑに向かって直線GQ上を通るように移動し，その後，点Ａに向かって直線QA上を通るように移動します。

このとき，次の問いに答えなさい。

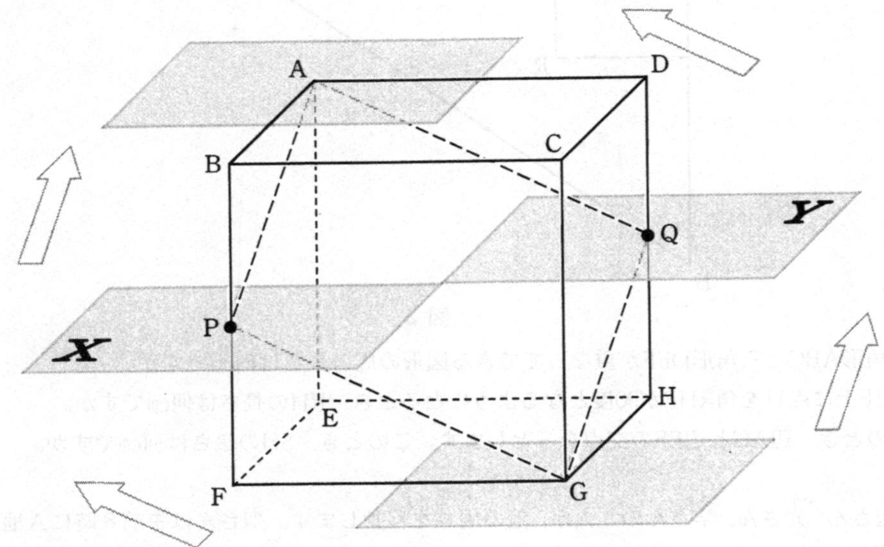

⑴　２つの正方形ＸとＹが，面EFGHからの高さが４㎝のところにある状態を考えます。このとき，ＸとＹが重なる部分の図形を真上から見た様子を，解答欄の図に斜線で示しなさい。また，その部分の面積は何㎠ですか。ただし，解答欄のマス目の１目盛りは１㎝とします。

⑵　正方形ＸとＹがともに通過する部分がつくる立体の体積は何㎤ですか。

⑶　正方形Ｘが通過する部分のうち，立方体の内部に含まれる部分がつくる立体の面の数と，体積をそれぞれ求めなさい。

【理　科】（40分）　＜満点：100点＞

［１］　次の文章を読んで，あとの⑴～⑹の問いに答えなさい。

皆さんは誕生日やクリスマスなどに，ケーキを囲んでお祝いをしたことはあるでしょうか。お店でケーキを買うことはあっても，自分で手作りすることはあまりないかもしれません。実は，意外に少ない材料でケーキをつくることができます。

よく見かけるショートケーキをつくる場合，スポンジケーキにクリームなどの飾り付けをすれば完成です。スポンジケーキは①小麦粉と②卵，バターだけで，③ベーキングパウダーを使わなくてもつくることができます。クリームは④生クリームと⑤砂糖だけでもつくることができます。最後に⑥イチゴを飾ってみましょう。非常に簡単ですが，ショートケーキの完成です。

頑張って自分でつくったお菓子には，お店で買ったお菓子とは違った良さがあると思います。一度，試してみてはどうでしょうか。

⑴　下線部①について，次の(a)・(b)の問いに答えなさい。

(a)　小麦粉に含まれる主な成分は何ですか。次の㋐～㋔の中から１つ選び，記号で答えなさい。

㋐　炭水化物　　㋑　タンパク質　　㋒　脂肪　　㋓　ビタミン　　㋔　ミネラル

(b)　小麦粉はコムギのどの部分を粉末にしたものですか。次の㋐～㋔の中から２つ選び，記号で答えなさい。

㋐　根　　㋑　葉　　㋒　茎　　㋓　胚　　㋔　胚乳

⑵　下線部②について，次の(a)・(b)の問いに答えなさい。

(a)　普段，目玉焼きなどの料理をするときに使う卵は何の卵ですか。カタカナで答えなさい。

(b)　次の（あ）～（う）の図は，何の生物から産まれた卵を描いたものですか。正しい組み合わせを，あとの㋐～㋕の中から１つ選び，記号で答えなさい。ただし，図の大きさの関係は実際とは異なります。

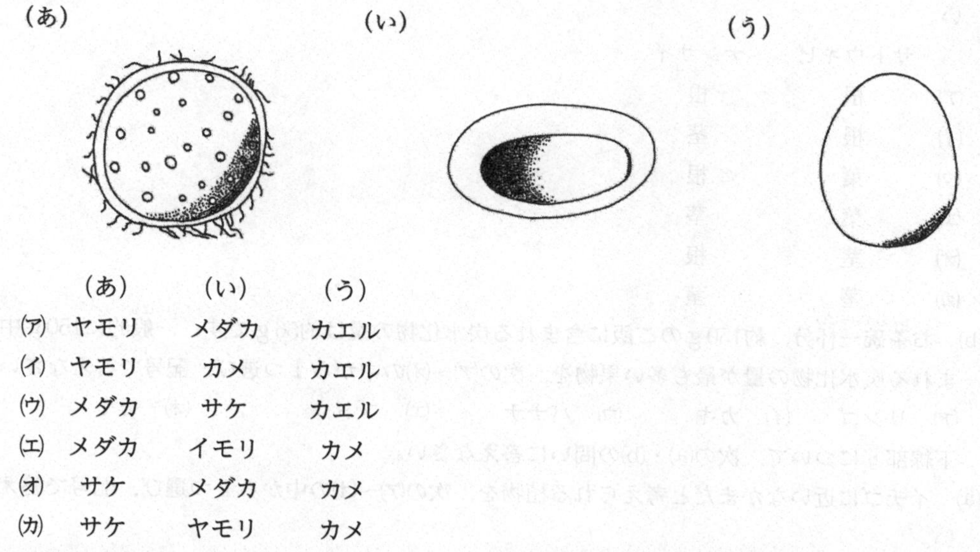

	（あ）	（い）	（う）
㋐	ヤモリ	メダカ	カエル
㋑	ヤモリ	カメ	カエル
㋒	メダカ	サケ	カエル
㋓	メダカ	イモリ	カメ
㋔	サケ	メダカ	カメ
㋕	サケ	ヤモリ	カメ

⑶　下線部③について，ベーキングパウダーには小麦粉などでつくった生地を膨らませるはたらきがあります。生地を膨らませる方法には，このほかにも微生物を使うものがあります。これにつ

いて，次の(a)～(c)の問いに答えなさい。

(a)　ベーキングパウダーには重曹が含まれています。ベーキングパウダーを生地に混ぜて水を加えると，重曹を生地に混ぜて加熱したときと同じように，気体が発生することによって生地が膨らみます。このとき発生する気体は何ですか。次の(ア)～(オ)の中から１つ選び，記号で答えなさい。

(ア)　酸素　(イ)　水素　(ウ)　窒素　(エ)　二酸化炭素　(オ)　アンモニア

(b)　パンの生地を膨らませるときは，微生物のはたらきで(a)の気体を発生させることがほとんどです。このとき使われる微生物は何ですか。最も適したものを，次の(ア)～(オ)の中から１つ選び，記号で答えなさい。

(ア)　大腸菌　(イ)　ミドリムシ　(ウ)　酵母　(エ)　乳酸菌　(オ)　ゾウリムシ

(c)　(b)の微生物のはたらきで(a)の気体以外につくられるものを，次の(ア)～(オ)の中から１つ選び，記号で答えなさい。

(ア)　食塩　(イ)　砂糖　(ウ)　エタノール　(エ)　酢　(オ)　油

(4)　下線部④について，次の(a)・(b)の問いに答えなさい。

(a)　牛乳に含まれている成分のうち，ある成分の濃度を大きくすると生クリームができます。その成分は何ですか。次の(ア)～(オ)の中から１つ選び，記号で答えなさい。

(ア)　炭水化物　(イ)　タンパク質　(ウ)　脂肪　(エ)　ビタミン　(オ)　ミネラル

(b)　生クリームを容器に入れて強く振り続けると何ができますか。次の(ア)～(オ)の中から１つ選び，記号で答えなさい。

(ア)　チーズ　(イ)　バター　(ウ)　マーガリン　(エ)　ヨーグルト　(オ)　練乳

(5)　下線部⑤の砂糖などの炭水化物について，次の(a)・(b)の問いに答えなさい。

(a)　砂糖はサトウキビやテンサイなどからつくられます。サトウキビやテンサイのどの部分から砂糖はつくられますか。正しい組み合わせを，次の(ア)～(カ)の中から１つ選び，記号で答えなさい。

	サトウキビ	テンサイ
(ア)	根	根
(イ)	根	茎
(ウ)	葉	根
(エ)	葉	茎
(オ)	茎	根
(カ)	茎	茎

(b)　お茶碗一杯分，約150 gのご飯に含まれる炭水化物の量は約56 gです。一般的に150 g中に含まれる炭水化物の量が最も多い果物を，次の(ア)～(オ)の中から１つ選び，記号で答えなさい。

(ア)　リンゴ　(イ)　カキ　(ウ)　バナナ　(エ)　ブドウ　(オ)　モモ

(6)　下線部⑥について，次の(a)・(b)の問いに答えなさい。

(a)　イチゴに近いなかまだと考えられる植物を，次の(ア)～(オ)の中から２つ選び，記号で答えなさい。

(ア)　ユリ　(イ)　サクラ　(ウ)　タンポポ　(エ)　チューリップ　(オ)　リンゴ

(b)　イチゴの１つの花の中には，たくさんの雌しべがあります。食べる部分の表面の粒々の数だけ雌しべがあるので，栽培するイチゴ１つ１つに人の手で花粉をつけることは非常に大変です。そのため，イチゴ農家のビニルハウス内には，花粉をつけるためにミツバチが放されていることがあります。

ビニルハウス内には複数の品種が植えられていることもあるため，異なる品種どうしで受粉をするものもあります。例えば，「品種Ａ」の花に「品種Ｂ」の花粉がつくこともありますが，その花から収穫されるイチゴは「品種Ａ」です。品種の混ざったイチゴが収穫されないのはなぜですか。その理由を簡単に答えなさい。

［２］ 次の文章は，空気中の水蒸気についての聖さん（以下，聖）とお父さん（以下，父）の間の会話です。あとの⑴～⑸の問いに答えなさい。

聖「お父さん，大変だ。外にでてみたら，まわりが（　あ　）で白くなってよく見えないよ。」

父「そうだね，今朝は寒いからね。もう少し視界がよくなると『もや』というよ。」

聖「へえー。」

父「（　あ　）や『もや』は，空気中の水蒸気が冷やされ，小さな水滴になって浮かんでいる現象だよ。どちらも，暖かく湿った空気が冷たい水面の上に移動してきたり，冷たい空気が暖かい水面の上に移動してきたりすると発生するよ。また，夜になって昼間温められた地面から①熱が放射され，地面とともに地面に近い空気が冷やされても発生するよ。」

聖「その現象は，『放射（　い　）』というんだよね。テレビで気象予報士のお姉さんが言っていたよ。」

父「よく知っているね。他にも，暖かい空気と冷たい空気が接触する前線付近で，暖かい空気が冷やされても（　あ　）が発生したり，②山の斜面を暖かい空気が上昇すると，ある高さで（　あ　）が発生したりもするんだよ。」

聖「色々なところで，（　あ　）は発生するんだね。」

父「地面に接しているところで発生すると（　あ　）や『もや』といい，地面に接していないところで発生すると雲というんだ。どれも空気中の水蒸気が冷やされて発生したものなんだ。そういえば，これらに似た現象として『かすみ』もあるね。」

聖「えっ？『かすみ』って何？」

父「『かすみ』は，小さな水滴だけでなく，小さなちりや煙が浮かんで，ぼんやりと白くなる現象だよ。ちなみに，（　あ　）や『もや』は天気予報で使われるけど，『かすみ』は使われないんだよ。」

⑴ （あ）にあてはまる言葉を答えなさい。

⑵ （い）にあてはまる言葉を答えなさい。

⑶ 下線部①について，この現象は，赤外線とよばれる光のなかまが関係しています。赤外線の効果に関係するものはどれですか。次の㋐～㋓の中から１つ選び，記号で答えなさい。

㋐ エアコンの温風で部屋を暖めた。　　㋑ 非接触型体温計を額にかざして体温を測定した。
㋒ 曇りの日でも海水浴で日焼けした。　㋓ 電子レンジで牛乳を温めた。

⑷ 下線部②について，(あ)が発生する理由には，空気中に含まれる水蒸気の量が関係しています。１m^3の空気中に存在できる水蒸気の最大の重さを飽和水蒸気量といい，単位には［g/m^3］を使います。飽和水蒸気量は気温によって異なります。

また，飽和水蒸気量に対して，１ m^3 の空気中に実際に含まれる水蒸気の重さを百分率で表したものを湿度（しつど）といいます。次のグラフは，飽和水蒸気量と気温の関係を表したものです。あとの(a)・(b)の問いに答えなさい。

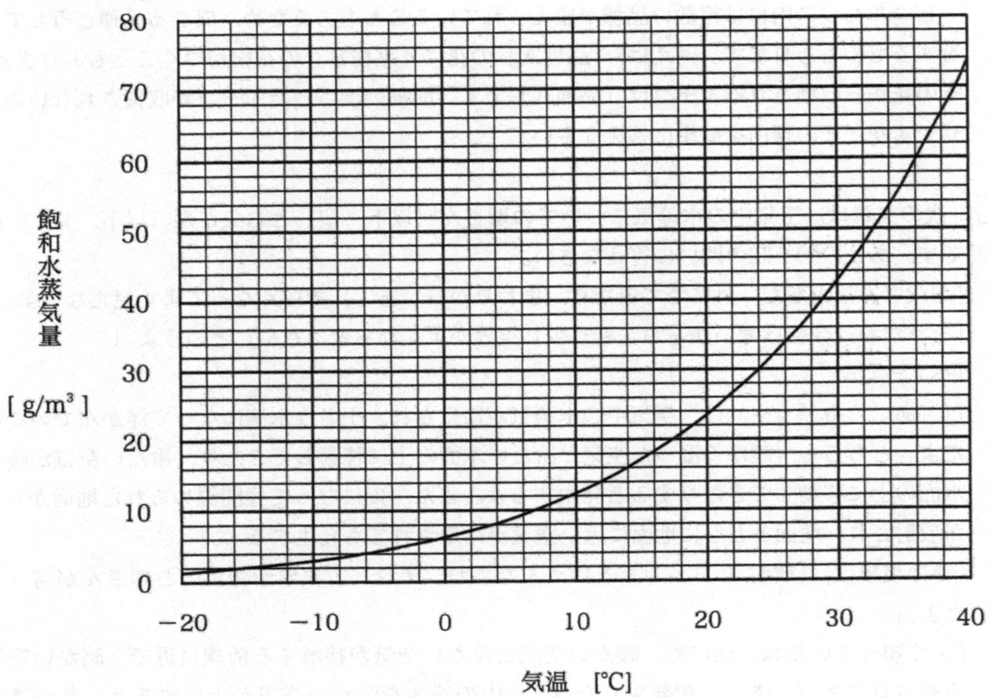

(a) 気温が24℃で，１ m^3 の空気中に実際に含まれる水蒸気の重さが10ｇであるとき，湿度は何％ですか。ただし，答えが割り切れない場合は，小数第１位を四捨五入して整数で答えなさい。

(b) 気温が20℃で，１ m^3 の空気中に実際に含まれる水蒸気の重さが14ｇであるとき，気温が何℃下がると，湿度が100％になり，水滴ができ始めますか。整数で答えなさい。

(5) 空気中に水滴が発生していないときは，高さが100m変わるごとに気温が１℃ずつ変わり，空気中に水滴が発生しているときは，高さが100m変わるごとに気温が0.5℃ずつ変わります。次の(a)・(b)の問いに答えなさい。

(a) ある場所の気温が20℃で，１ m^3 の空気中に実際に含まれる水蒸気の重さが18ｇであるとき，空気が何m上昇すると，湿度が100％になり，水滴ができ始めますか。(4)のグラフを見て，最も適したものを，次の(ア)～(オ)の中から１つ選び，記号で答えなさい。

(ア) 220m

(イ) 440m

(ウ) 880m

(エ) 1100m

(オ) 1560m

(b) 標高2000mの山があります。標高1400mから山頂にかけて，雲がかかっています。山頂の気温が10℃であるとき，標高500mの登山口の気温は何℃ですか。

［３］ 物質Ｘは白色の結晶で，水に溶けやすい性質があります。また，エタノールはアルコールの一種で，消毒液やお酒などに含まれています。エタノール，水，物質Ｘについて，次の⑴～⑷の問いに答えなさい。

⑴ 消毒液や，消毒液に含まれるエタノールについて説明した文として**正しくないもの**を，次の㈠～㈥の中から１つ選び，記号で答えなさい。

㈠ エタノールを含む消毒液は，肌への刺激を抑えるために，エタノール以外に保湿剤など様々な物質を含んでいるものもある。

㈡ エタノールと水を混ぜてつくった，エタノールの濃度が約60～80％の水溶液は，純粋なエタノールと比べて蒸発しやすい。

㈢ エタノールは燃えやすく，エタノールを含む消毒液を使う際は火の取り扱いに注意する必要がある。

㈣ エタノールを含んだ消毒液と無水エタノールとを比べると，無水エタノールの方がエタノールの濃度は大きい。

㈥ 消毒液には，エタノール以外のアルコールも含まれていることがある。

⑵ お酒や，お酒に含まれるエタノールについて説明した文として**正しくないもの**を，次の㈠～㈥の中から１つ選び，記号で答えなさい。

㈠ お酒を飲んで体内に入ったエタノールは，主に肝臓で分解される。

㈡ 素材の臭みを消したり，やわらかくしたりするために，料理にお酒を利用することがある。

㈢ お酒を飲むことを禁止している宗教がある一方で，儀式・儀礼にお酒を使う宗教もある。

㈣ トウモロコシは，お酒の原材料にも燃料用エタノールの原材料にもなっている。

㈥ 2022年４月より成年年齢が18歳に引き下げられるため，法律上18歳からお酒を飲むことが許される。

⑶ 次の表は，水，エタノール，物質Ｘの水溶液，それぞれ100mLの重さを表しています。エタノール，物質Ｘの水溶液に，水を凍らせてつくった氷を入れた直後，氷はどうなりますか。最も適した組み合わせを，あとの㈠～㈣の中から１つ選び，記号で答えなさい。ただし，エタノール，物質Ｘの水溶液はすべて20℃であるものとし，氷の温度は０℃であるものとします。

	水	エタノール	物質 Ｘ の水溶液
100 mL の重さ［g］	99.8	78.9	114

	エタノール	物質Ｘの水溶液
㈠	浮く	浮く
㈡	浮く	沈む
㈢	沈む	浮く
㈣	沈む	沈む

⑷ 次のページのグラフは，物質Ｘの溶解度と液体の温度との関係を表したものです。溶解度は，水100ｇもしくは水とエタノールの混合液100ｇに溶かすことのできる，物質Ｘの最大の重さを表しています。例えば，40℃の水100ｇに，物質Ｘは40ｇまで溶かすことができますが，水70ｇとエタノール30ｇが混ざった40℃の混合液100ｇには，物質Ｘは10ｇまでしか溶かすことができません。つまり，混合液中のエタノールの割合が大きいほど，同じ温度における物質Ｘの溶解度は小

さくなっています。あとの(a)～(d)の問いに答えなさい。ただし，水や混合液に溶けきれなくなった物質Ｘは，すべて沈殿（ちんでん）するものとします。

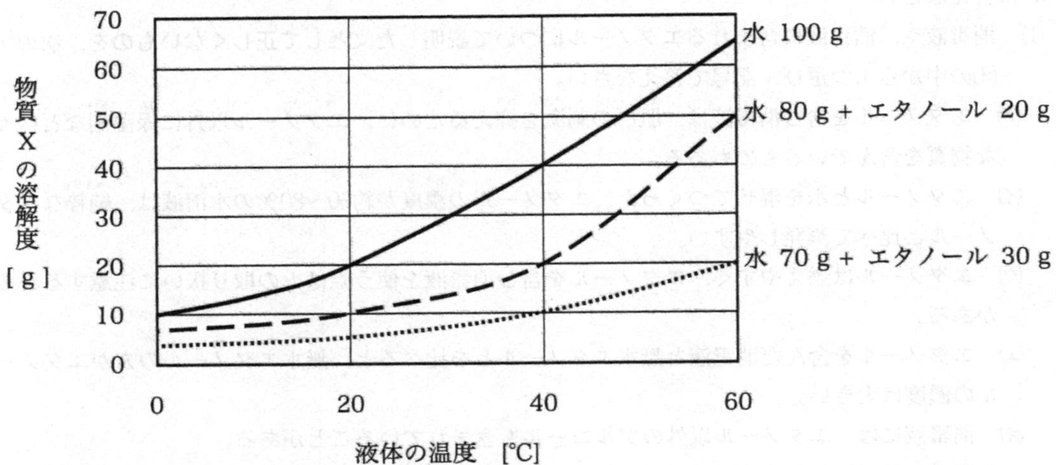

(a)　次の文章中の下線部①～③の内容はそれぞれ正しいですか。正誤の組み合わせを，あとの(ア)～(ク)の中から１つ選び，記号で答えなさい。

60℃の水100ｇに物質Ｘを溶かせるだけ溶かし，物質Ｘの飽和（ほうわ）水溶液をつくりました。この飽和水溶液から物質Ｘを沈殿させるには「冷却（れいきゃく）する」，「水を蒸発させる」，「エタノールを入れる」の３つの方法があります。

物質Ｘの飽和水溶液を60℃から１℃ずつ０℃まで冷却した場合，水溶液の温度が１℃下がるごとに沈殿する物質Ｘの重さは①<u>常に同じです</u>。

物質Ｘの飽和水溶液を60℃に保ったまま，水を１ｇずつ蒸発させた場合，水が１ｇ蒸発するごとに沈殿する物質Ｘの重さは②<u>常に同じです</u>。

物質Ｘの飽和水溶液を60℃に保ったまま，エタノールを１ｇずつ入れた場合，エタノールが１ｇ入るごとに沈殿する物質Ｘの重さは③<u>常に同じです</u>。

	①	②	③		①	②	③		①	②	③
(ア)	正	正	正	(イ)	正	正	誤	(ウ)	正	誤	正
(エ)	正	誤	誤	(オ)	誤	正	正	(カ)	誤	正	誤
(キ)	誤	誤	正	(ク)	誤	誤	誤				

(b)　水144ｇとエタノール36ｇが混ざった20℃の混合液に，物質Ｘは最大何ｇ溶かすことができますか。

(c)　40℃の水105ｇに物質Ｘ40ｇを溶かしました。その後40℃を保ってエタノールを45ｇ入れた場合，溶けきれなくなって沈殿する物質Ｘは何ｇですか。

(d)　60℃の水300ｇに物質Ｘ175ｇを溶かし，60℃の物質Ｘの水溶液をつくりました。この水溶液に水とエタノールが混ざった混合液150ｇを入れたのち20℃まで冷却したところ，溶けきれなくなった物質Ｘ130ｇが沈殿しました。入れた混合液中のエタノールは何ｇですか。

［４］　なめらかな床の上にある小さな鉄球が棒磁石や電磁石から引っ張られる力の大きさを，床に固定されたはかりで調べる［実験１］～［実験６］をおこないました。小さな鉄球は糸ではかりにつなげられています。あとの⑴～⑺の問いに答えなさい。ただし，棒磁石や導線はどれも同じもので，電磁石をつくるための導線の長さは4.71mです。また，円周率は3.14とします。

［実験１］　図１のように，１本の棒磁石のＮ極と小さな鉄球との距離をいろいろと変えたときのはかりの値を調べたところ，あとの表１のようになりました。

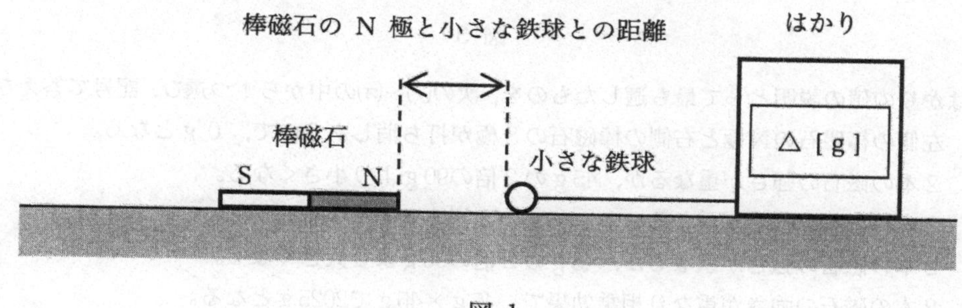

図１

表１

距離［cm］	1	2	3	4	5	6
はかりの値［g］	180	45	20	11.25	7.2	5

⑴　棒磁石のＮ極と小さな鉄球との距離が1.5㎝のとき，はかりの値は何ｇですか。

［実験２］　図２のように，２本の棒磁石を重ねて固定し，棒磁石のＮ極と小さな鉄球との距離を２㎝にして，はかりの値を調べました。

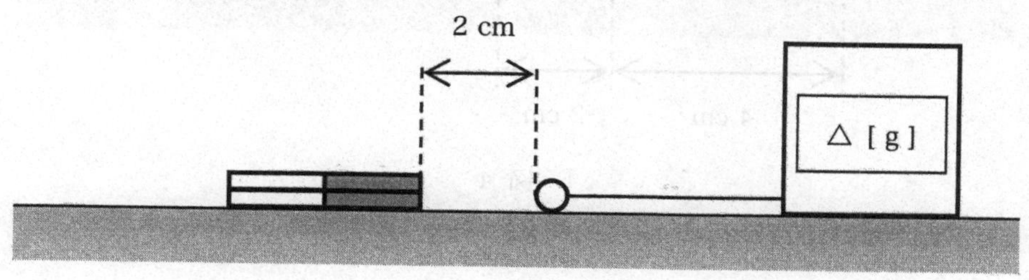

図２

⑵　はかりの値として最も適したものを，次の㋐～㋔の中から１つ選び，記号で答えなさい。

㋐　160ｇ～180ｇの範囲にある値　　㋑　130ｇ～150ｇの範囲にある値
㋒　80ｇ～100ｇの範囲にある値　　㋓　40ｇ～ 60ｇの範囲にある値
㋔　10ｇ～ 30ｇの範囲にある値

［実験３］　次のページの図３のように，２本の棒磁石をつなぎ，棒磁石のＮ極と小さな鉄球との距離を２㎝にして，はかりの値を調べました。

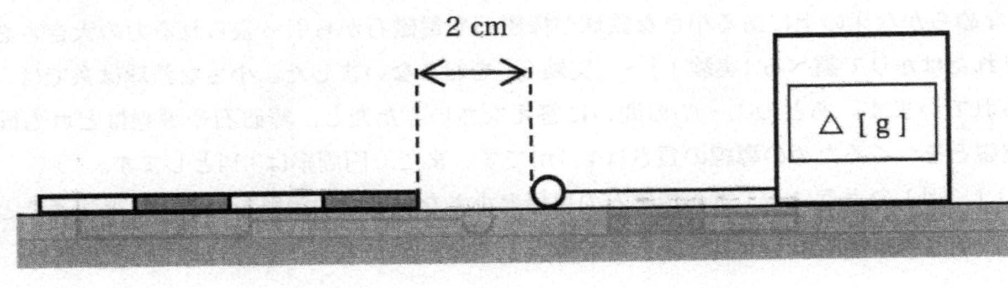

図 3

⑶　はかりの値の説明として最も適したものを，次の㋐～㋔の中から１つ選び，記号で答えなさい。
㋐　左側の棒磁石のＮ極と右側の棒磁石のＳ極が打ち消しあうので，０ｇとなる。
㋑　２本の磁石の強さが重なるが，45ｇの２倍の90ｇより小さくなる。
㋒　２本の磁石の強さが重なるので，45ｇの２倍の90ｇとなる。
㋓　２本の磁石の強さが重なるが，45ｇの２倍の90ｇより大きくなる。
㋔　２本の磁石の強さが重なり相乗効果で，45ｇ×45ｇで2025ｇとなる。

［実験４］　断面積0.785㎠，長さ４㎝の円柱形の鉄しんに，端（はし）から端まで間隔（かんかく）が均等になるように導線を60回巻いて電磁石をつくりました。図４のように，電磁石のＮ極と小さな鉄球との距離を２㎝に固定して，電磁石に流れる電流の強さを変えたときのはかりの値を調べたところ，あとの表２のようになりました。

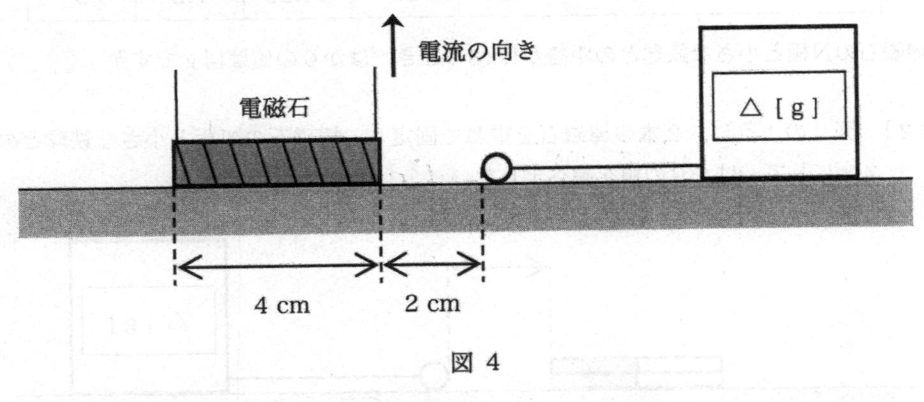

図 4

表 2

電流の強さ［アンペア］	0.24	0.32	0.52	0.58	0.64	0.68
はかりの値［ｇ］	60	80	130	145	160	170

⑷　電磁石を，［実験１］で使った棒磁石と同じ強さの磁石にするには，電流の強さを何アンペアにすればよいですか。

［実験５］　断面積0.785㎠，長さ４㎝の円柱形の鉄しんに，端から端まで間隔が均等になるように

導線を120回巻いて電磁石をつくりました。図５のように，電磁石のＮ極と小さな鉄球との距離を２㎝に固定して，電磁石に流れる電流の強さを変えたときのはかりの値を調べました。

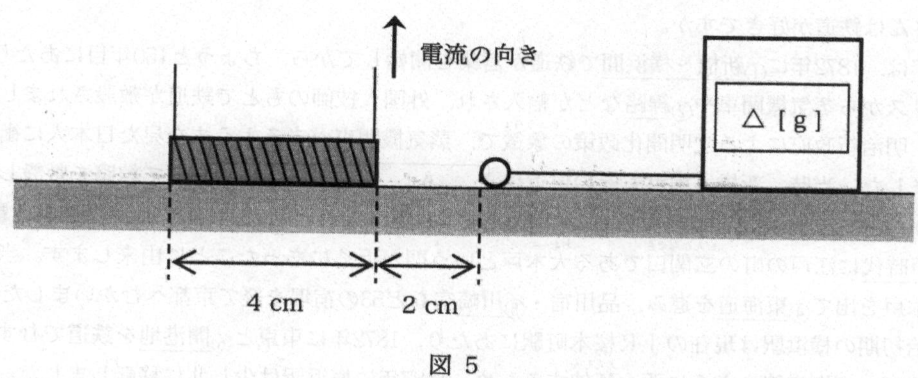

図５

⑸　はかりの値が100ｇのとき，電流の強さは何アンペアですか。

［実験６］　断面積0.785㎠，長さ８㎝の円柱形の鉄しんに，端から端まで間隔が均等になるように導線を120回巻いて電磁石をつくりました。図６のように，電磁石のＮ極と小さな鉄球との距離を２㎝に固定して，電磁石に流れる電流の強さを変えたときのはかりの値を調べました。

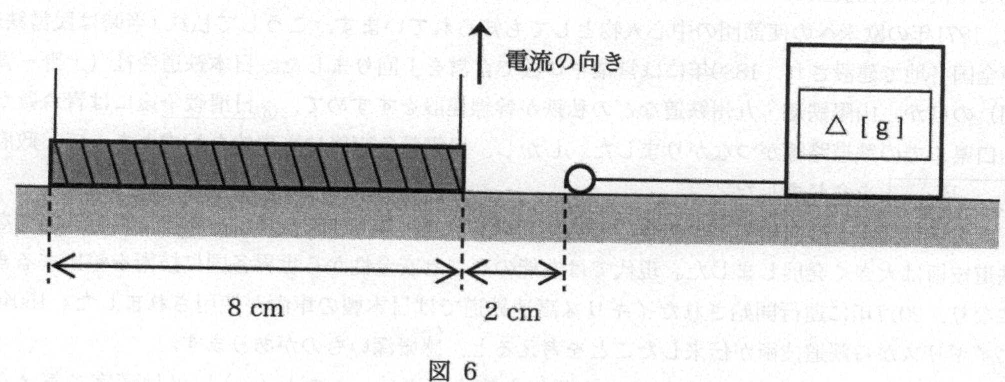

図６

⑹　電流の強さが0.6アンペアのとき，はかりの値は何ｇですか。

⑺　はかりの値が，⑹でのはかりの値の２倍になるようにするには，いくつかの工夫（くふう）が考えられます。その中の１つを，具体的な数値を使って説明しなさい。ただし，この電源は最大１アンペアまでしか流すことができません。電磁石のＮ極と小さな鉄球との距離は２㎝のまま固定します。また，電磁石をつくるための導線の残りの長さは0.942ｍとします。

【社　会】（40分）　＜満点：100点＞

［１］ 次の文章を読んで，あとの問いに答えなさい。

みなさんは鉄道が好きですか。

今年は，1872年に①新橋～横浜間で鉄道が営業を開始してから，ちょうど150年目にあたります。イギリスから蒸気機関車や②線路などが輸入され，外国人技師のもとで鉄道が敷設されました。鉄道は，明治新政府による文明開化政策の象徴で，蒸気機関車が走るようすを見た日本人に衝撃をあたえました。当時，新橋も横浜もその付近は［　A　］ので海を埋め立てて線路を敷設し，その築堤が（　1　）駅周辺で発掘されたことが昨年話題になりました。（　1　）駅という駅名は，③江戸時代に江戸の町の玄関口である大木戸という門が近くにあったことに由来します。当時はこの大木戸を出て④東海道を進み，品川宿・⑤川崎宿など53の宿場を経て京都へむかいました。

明治初期の横浜駅は現在のＪＲ桜木町駅にあたり，1872年に東京と⑥開港地を鉄道でむすんだわけですが，東海道線をさらに西へ延伸するため，1887年に横浜駅は少し北に移転しました。しかし1923年の⑦関東大震災で駅舎が被災したため，1928年に横浜駅は現在の地に移転しました。

明治時代に話をもどすと，東京から京阪神までの幹線鉄道として1889年に東海道線が全通し，翌年にひかえていた，全国から東京に代表者が集まる（　2　）の開設に間に合いました。しかし当時の明治政府は財政難で東海道線以外の鉄道路線拡充が難しいため，公家の（　3　）らのよびかけで華族や資本家が出資して日本鉄道会社が1881年につくられました。この会社の成功を受け，1880年代は会社設立ブームとなり，産業革命実現の一端を鉄道が担うことになりました。（　3　）は，1871年の欧米への使節団の中心人物としても知られています。こうして私鉄（当時は民営鉄道）が全国各地で建設され，1889年には営業キロ数で官営を上回りました。日本鉄道会社（上野～青森間）のほか，山陽鉄道・九州鉄道などの私鉄が幹線建設をすすめて，⑧日清戦争後には青森県から山口県までの鉄道路線がつながりました。しかし，日露戦争直後に軍事的な配慮もあって，政府は［　B　］を命じました。

その後，都市やその近郊では電車の時代が到来し，太平洋戦争を経て，⑨戦後は新幹線開発など鉄道技術は大きく発展しました。現代では性能の高さと安全性から世界各国に技術を輸出するまでになり，2017年に運行開始されたイギリス高速鉄道では日本製の車両が使用されました。150年前にイギリスから鉄道技術が伝来したことを考えると，感慨深いものがあります。

問１　文中の（１）～（３）にあてはまる語句を答えなさい。ただし（１）以外は漢字で答えなさい。

問２　文中の［A］・［B］に入る言葉の組み合わせとして正しいものを，次のア～エの中から１つ選び，記号で答えなさい。

ア　［A］：東海道の宿場が近い　［B］：私鉄の国有化
イ　［A］：東海道の宿場が近い　［B］：国鉄の民営化
ウ　［A］：市街地で民家が多い　［B］：私鉄の国有化
エ　［A］：市街地で民家が多い　［B］：国鉄の民営化

問３　下線部①の新橋・横浜それぞれの地に停車場が置かれ，明治後期に「駅」とよばれるようになりました。この駅という名称は，古代律令制で設けられた駅家の制度に由来すると考えられますが，この駅家の制度が設けられた目的について述べた文として正しいものを，次のページのア

～エの中から１つ選び，記号で答えなさい。

ア　各地の守護が年貢を駅に集めて都の政府に送るため。

イ　太政官など中央の政治命令を地方に伝達するため。

ウ　各地の重要な軍事拠点(きょてん)に兵士をむかわせるため。

エ　参勤交代によって各地の大名が都に集まるため。

問４　下線部②の線路は鉄でできていますが，日本に鉄器が初めて伝来した時期に最も近い時期の出来事を，次のア～エの中から１つ選び，記号で答えなさい。

ア　大山古墳がつくられる。　　　　　イ　卑弥呼が邪馬台国の女王になる。

ウ　大陸から仏教や儒教が伝来する。　エ　磨製石器や土偶がつくられる。

問５　下線部③について述べた文として正しいものを，次のア～エの中から１つ選び，記号で答えなさい。

ア　豊臣氏を滅(ほろ)ぼした徳川家康は，その直後に征夷大将軍に任命された。

イ　将軍徳川家光の時代に，長崎以外で外国とは全く通交をおこなわない政策をとった。

ウ　将軍徳川吉宗は，上げ米の制など幕府の財政難に対処する改革をおこなった。

エ　老中田沼意次の悪政に対して，大塩平八郎が大坂で反乱を起こした。

問６　下線部④は江戸時代に整備された五街道の１つで，江戸の日本橋から京の三条大橋まで約500㎞のルートですが，当時の民衆は片道を歩く（一部は海路）のに，おおむね何日かかりましたか。当時の平均日数に最も近いものを，次のア～エの中から１つ選び，記号で答えなさい。

ア　約５日　　イ　約15日　　ウ　約30日　　エ　約50日

問７　下線部⑤の宿場は，江戸期に川崎大師（平間寺(へいげんじ)）への参詣(さんけい)がさかんとなり発達しました。この寺院は真言宗ですが，日本に初めて真言宗が伝来した時期の文化の説明として正しいものを，次のア～エの中から１つ選び，記号で答えなさい。

ア　社会の不安を除くため，聖武天皇によって東大寺の大仏が造立された。

イ　国風の文化が発達し，藤原頼通によって平等院が建立された。

ウ　東大寺南大門が再建され，写実的な金剛力士像がつくられた。

エ　中国風文化が尊重され漢詩がさかんになり，また延暦寺が建立された。

問８　下線部⑥について，【横浜開港に関する条約名】および【条約の内容と変更(へんこう)】の組み合わせとして正しいものを，あとのア～エの中から１つ選び，記号で答えなさい。

【横浜開港に関する条約名】

甲：日米修好通商条約

乙：日米和親条約

【条約の内容と変更】

Ａ：下田が開港地とされたが，翌年横浜開港に変更された

Ｂ：神奈川が開港地とされたが，翌年横浜開港に変更された

ア【横浜開港に関する条約名】：甲　【条約の内容と変更】：Ａ

イ【横浜開港に関する条約名】：甲　【条約の内容と変更】：Ｂ

ウ【横浜開港に関する条約名】：乙　【条約の内容と変更】：Ａ

エ【横浜開港に関する条約名】：乙　【条約の内容と変更】：Ｂ

問９　下線部⑦が起こった大正時代後期の政治や社会について述べた文として誤っているものを，

次のア～エの中から１つ選び，記号で答えなさい。

ア　ワシントン会議で海軍軍縮条約が結ばれ，日本も軍縮をおこなった。

イ　シベリア出兵を見越した商人の米の買い占めによって米騒動が起こった。

ウ　平民宰相とよばれた原敬首相が，衆議院選挙で普通選挙を実現させた。

エ　社会主義を取り締まる治安維持法が出され，思想弾圧が始まった。

問10　下線部⑧の【日清戦争】および，その【講和条約】の説明文の組み合わせとして正しいものを，あとのア～エの中から１つ選び，記号で答えなさい。

【日清戦争】

甲：義和団が北京の日本公使館を包囲したことを機に，清国政府が宣戦布告して開戦となった。

乙：朝鮮支配をめぐる日清間の対立が原因で，甲午農民戦争を機に日清両国が衝突して勃発した。

【講和条約】

A：日本は旅順・大連の租借権や南樺太を獲得したが，賠償金を得られなかったため日比谷焼き打ち事件が起こった。

B：日本は朝鮮の独立を承認させ，台湾や遼東半島を獲得したが，三国干渉によって遼東半島は返還させられた。

ア【日清戦争】：甲　【講和条約】：A

イ【日清戦争】：甲　【講和条約】：B

ウ【日清戦争】：乙　【講和条約】：A

エ【日清戦争】：乙　【講和条約】：B

問11　下線部⑨について，戦後の国内の政治や社会について述べた文として正しいものを，次のア～エの中から１つ選び，記号で答えなさい。

ア「所得倍増」のスローガンで経済政策がすすめられ，世界第２位のＧＮＰ（国民総生産）が実現した。

イ　石油危機が起こったため，高騰していた地価や株価が一気に急落し，バブル景気が崩壊した。

ウ　吉田茂首相が自由民主党を結成し，長期保守政権のもとでソ連との国交回復や国連加盟を実現させた。

エ　沖縄の祖国復帰運動が高まって日本復帰が実現し，このため池田勇人首相はノーベル平和賞を受賞した。

問12　波線部に関連して，愛知県知多半島を通る武豊線が東海道線全通より早く1886年にすでに開通していました。愛知県で初の鉄道路線として，また日本鉄道史上最古級といわれる亀崎駅の駅舎・半田駅の跨線橋＊や珍しい直角二線式転車台が武豊駅にあることが知られています。この武豊線は，現在は東海道線を本線として大府駅から分岐する支線ですが，終点の武豊駅周辺は当時それほど人口の多くない港町でした。また現在にいたるまで有名な寺社や炭鉱があるわけでもありません。それではなぜ開通が非常に早かったのか，１行で説明しなさい。

＊　跨線橋：線路を跨いで渡るための陸橋のこと。最古とされた半田駅のものは昨年撤去されました。

（『朝日新聞デジタル』2009年3月22日より）

［２］　次の新聞記事と日本国憲法の条文を読んで，あとの問いに答えなさい。

ＳＮＳに不適切な投稿をしたとして，（　１　）から２度の戒告処分を受けた①仙台高裁判事（以下，Ａ判事と記載します）について，②（　２　）の裁判官訴追委員会（委員長・新藤義孝衆院議員）は16日，罷免を求めて裁判官（　３　）裁判所に訴追することを決定した。

訴追委は衆参各10人の国会議員で構成され，裁判官の言動が「威信を著しく失う非行」などにあたると判断した場合に訴追する。裁判官の訴追は過去９件（８人）あり・・・(中略)・・・約８年７か月ぶり。これまでは刑事事件で逮捕されたり，裁判関係者から便宜供与を受けたりしたケースが大半で，ＳＮＳの発信が問題となるのは初めて。

Ａ判事は2018年10月，民事訴訟に関する不適切な投稿を対象に（　１　）から戒告の懲戒処分を受け，20年８月には・・・(中略)・・・殺害事件を巡り，フェイスブックに不適切投稿をしたとして再び戒告となった。いずれも「裁判官への国民の信頼を損ねた」ことが理由だった。

(中略)

Ａ判事の弁護団は，「裁判官の人権や『（　４　）の自由』に対する重大な脅威だ。（　３　）裁判で罷免の理由がないことを主張していく」とのコメントを発表。

(中略)

裁判官は憲法で身分が保障され，心身の故障以外は，（　３　）裁判によらなければ罷免されない。（　３　）裁判所は衆参両院の各７人で構成され，国会閉会中も裁判を開ける。結論に不服の申し立てはできず，罷免の場合は法曹資格が失われる。

（『読売新聞オンライン』2021年6月16日　なお問題作成の都合上，一部の表現を改めた）

第64条
第１項　（　２　）は，罷免の訴追を受けた裁判官を裁判するため，両議院の議員で組織する（　３　）裁判所を設ける。
第２項　（　３　）に関する事項は，法律でこれを定める。

第78条
裁判官は，裁判により，心身の故障のために職務を執ることができないと決定された場合を除いては，公の（　３　）によらなければ罷免されない。裁判官の懲戒処分は，行政機関がこれを行ふことはできない。

問１　新聞記事中の下線部①に関連して，高等裁判所が設置されていない都市を，次のア～エの中から１つ選び，記号で答えなさい。

ア　新潟　　**イ**　広島　　**ウ**　高松　　**エ**　福岡

問２　新聞記事中の（１）にあてはまる機関を，新聞記事と憲法第64条・第78条を参考にして，漢字で答えなさい。

問３　新聞記事中の下線部②について，これは日本国憲法第64条・第78条に基づく動きです。上に示した憲法条文の（２）・（３）と，新聞記事中の（２）・（３）には同じ語句が入ります。（２）・（３）にあてはまる語句をそれぞれ答えなさい。（２）は漢字で答えなさい。（３）はひらがなで答えても構いません。

問４　新聞記事中の（４）にあてはまる語句を，この新聞記事の内容をふまえて，漢字で答えなさい。

問５　この新聞記事の内容と最も関わりの深い大原則を，次のア～エの中から１つ選び，記号で答えなさい。

ア　財政民主主義　　**イ**　三審制　　**ウ**　議院内閣制　　**エ**　三権分立

［３］　次の文章を読んで，あとの問いに答えなさい。

「世界最初の旅行代理店」といわれる①トーマス・クック社が，2019年９月に破産申請をおこない，100年以上にわたる歴史に幕を下ろしました。

②同社の倒産について，日本経済新聞は次のように報じています。

> トーマス・クックは業績悪化の理由について，英国の（　　　）離脱に伴う不透明感で国外旅行を手控える傾向が続いていることを挙げた。大陸欧州での記録的な熱波や，格安な［　あ　］の普及なども背景にあるという。ＢＢＣ（英国放送協会）は，［　い　］により［　う　］と分析した。
>
> （『日本経済新聞』2019年９月23日　なお問題作成の都合上，一部の表現を改めた）

2011年に大きく経営状況が悪化したトーマス・クック社は，懸命な努力によりその危機を脱したものの，その回復は常に遅れがちでした。破産前の２年間，イギリスでは気候不順などによって旅行需要が大きく低下したうえ，（　　　）離脱の行方が不透明な状況が続く中で，［　え　］によってさらに海外旅行がしにくくなったことが経営悪化に追い打ちをかけたと考えられています。

一方，わが国ではこの間も海外旅行者数の伸(の)びは堅調(けんちょう)で，1980年代後半からその数は大きく増加し，2019年には延べ約2000万人の日本人が海外へ出発しました。しかし，2020年に蔓延(まんえん)した新型コロナウィルスの影響(えいきょう)は大きく，同年の日本人出国者数は約317万人にまで減少しました。1977年の日本人出国者数が約315万人ですから，45年前の水準にまで落ち込(こ)んだということになります。

新型コロナウィルスのために，日本でも多くの旅行会社が苦境に立たされましたが，いつの時代にも，どの世代の人にとっても，③海外旅行はさまざまな国の文化を体験するのみならず，自分とは異なる人々の生活を通して，日本の文化や自分の生き方を見直すよいきっかけとなるものです。

問１　下線部①について，同社が企画(きかく)した世界最初の世界一周旅行のコースは次のようなものでした。

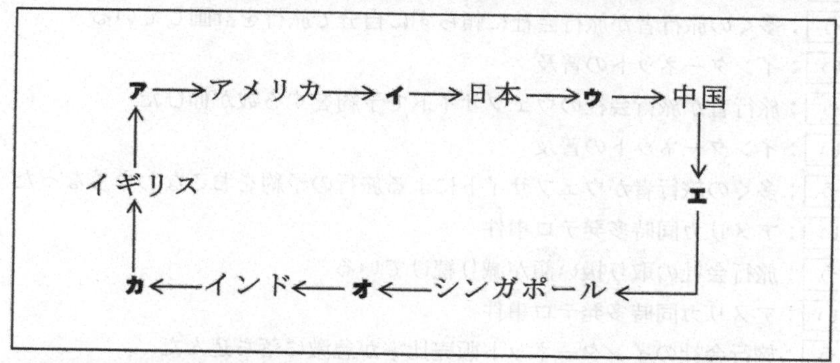

次の衛星写真は2021年３月に撮影(さつえい)されたものですが，写真に写っている運河は1869年に開通したもので，上記の世界一周旅行の際には，この運河が利用されました。この運河は上記のルートのどこに入りますか。ア～カの中から１つ選び，記号で答えなさい。

(Copernicus Sentinel data 2021)

問２　本文中の（　）にあてはまる語句をアルファベットで答えなさい。なお，本文と新聞記事中の（　）には同じ語句が入ります。

問３　下線部②について，トーマス・クック社の倒産の背景には，政治・経済的な要因のほかにさまざまな要因があったことが，本文中の新聞記事からもわかります。また，こうした社会的変化は，トーマス・クック社のみならず，当時の日本の旅行会社の経営状況にも大きな影響を及ぼしたという指摘があります。当時の日本の旅行会社を取り巻く状況に関するあとの図１・２を参考に，トーマス・クック社の倒産理由に関する(a)・(b)の問いに答えなさい。

(a)　新聞記事中の あ にあてはまると考えられる語句を答えなさい。

(b)　ＢＢＣ（英国放送協会）のコメントは日本の状況からも類推することができます。これをふまえて，新聞記事中の い と う にあてはまる言葉の組み合わせとしてふさわしいものを，次のア～カの中から１つ選び，記号で答えなさい。

ア　い：インターネットの普及
　　う：多くの旅行者が旅行会社に頼らずに自分で旅行を計画している
イ　い：インターネットの普及
　　う：旅行者が旅行会社のウェブサイトで予約をする数が伸びた
ウ　い：インターネットの普及
　　う：多くの旅行者がウェブサイトによる旅行の予約をおこなわなくなった
エ　い：アメリカ同時多発テロ事件
　　う：旅行会社の取り扱い額が減り続けている
オ　い：アメリカ同時多発テロ事件
　　う：旅行会社のインターネット販売比率が急激に落ち込んだ
カ　い：アメリカ同時多発テロ事件
　　う：旅行会社を使わず，宿泊施設に直接電話をする人の割合が減少している

旅行会社の取扱額とインターネット販売比率の推移

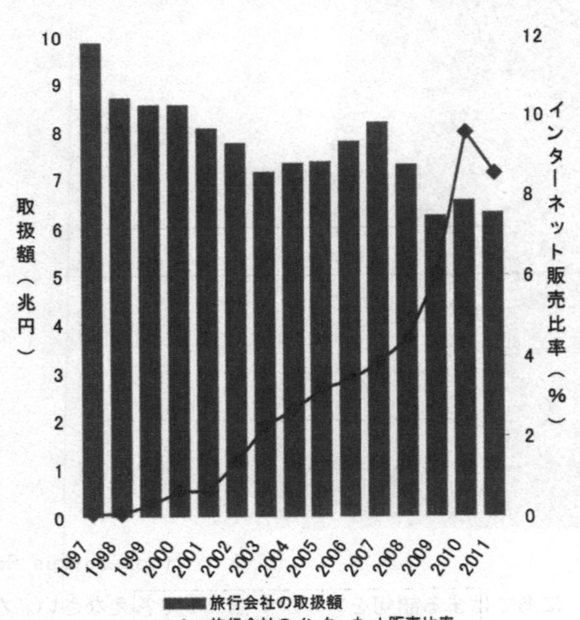

資料：取扱額は「旅行年報2012」〔（財）日本交通公社〕
インターネット販売比率は「数字が語る旅行業2013」

図１

宿泊施設の予約方法

	2008年	2010年
旅行会社の店舗	９％	７％
旅行会社に電話	６％	４％
旅行会社のウェブサイト	３％	３％
ネット専門の旅行予約サイト	16%	28%
宿泊施設に直接電話	35%	32%
宿泊施設のウェブサイト	12%	13%
その他	19%	13%

図２

（図１・２ともに　観光庁「旅行産業を取り巻く現状と現行諸制度の状況について」

平成25年９月30日より作成）

問４　文中の［え］にあてはまる語句と，イギリス国内の旅行者に与(あた)える影響の組み合わせとして正しいものを，次のア～エの中から１つ選び，記号で答えなさい。なお，ポンドとはイギリスの通貨単位のことです。

ア　［え］：ポンド高
　　影響：輸入品の価格が高くなり，生活が不安定になりがちである。

イ　［え］：ポンド安
　　影響：輸入品の価格が安くなり，収入が減少しがちである。

ウ　［え］：ポンド高
　　影響：国外で買い物がしやすくなり，旅行費用が安く抑(おさ)えられることが多い。

エ　［え］：ポンド安
　　影響：国外で買い物がしにくくなり，旅行費用の総額が高くなることが多い。

問５　下線部③に関連する次の(a)～(c)の問いに答えなさい。

(a)　函館は北緯41度46分に位置します。この都市とほぼ同緯度の都市を，次のページの地図を参考にしながら，次のア～エの中から１つ選び，記号で答えなさい。なお，地図中の４つの●は，ア～エのうちいずれかの都市の位置をそれぞれ示しています。

ア　ローマ（イタリア）
イ　オスロ（ノルウェー）
ウ　ロンドン（イギリス）
エ　レイキャビク（アイスランド）

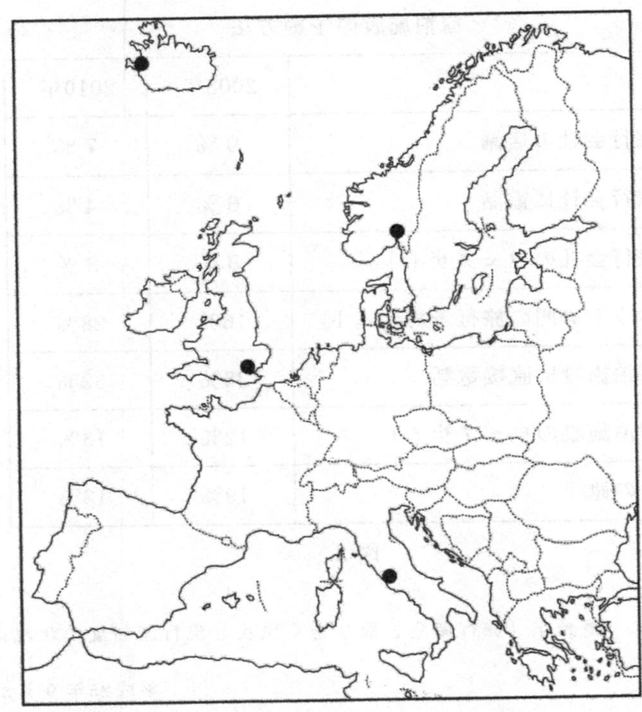

(b)　(a)の都市は東経12度28分の位置にあり，羽田空港からこの都市までは飛行機で約13時間かかります。羽田空港を12月24日14時30分発のフライトで出発すると，この都市に着くのは現地時間で何日の何時頃（ごろ）ですか。次の**ア**～**カ**の中から１つ選び，記号で答えなさい。なお，時刻はすべて24時間表示です。

ア　12月24日19時30分頃　　**イ**　12月25日19時30分頃
ウ　12月24日11時30分頃　　**エ**　12月25日11時30分頃
オ　12月24日３時30分頃　　**カ**　12月25日３時30分頃

(c)　2020年から日本では，偽造（ぎぞう）防止のためにパスポートデザインの大幅（おおはば）な変更（へんこう）をおこない，パスポートの各ページに日本の伝統的な芸術作品が印刷されることとなりました。次にあげた２枚の絵はそのもととなった作品の一部ですが，この絵（版画）の作者を次の**ア**～**エ**の中から１つ選び，記号で答えなさい。

ア　歌川広重　　**イ**　葛飾北斎　　**ウ**　喜多川歌麿　　**エ**　東洲斎写楽

［4］ 徹(とおる)さんは，日本の自然や地域の生活，自然災害について調べてみました。あとの問いに答えなさい。

問1　徹さんは，日本の自然環境(かんきょう)について調べました。まず，上の地図中のA～Eの5地点における各月の降水量の図（次のページ）を作成しました。次に各地点の降水量の図の読み取りをおこない，なぜそのような状況(じょうきょう)になるのかという理由を考えました。

B・E地点における降水量の【図の読み取り】と，その【理由】としてふさわしいものを，読み取りはあとのア～オの中から，理由はあとのカ～コの中からそれぞれ1つずつ選び，記号で答えなさい。

【降水量の図】

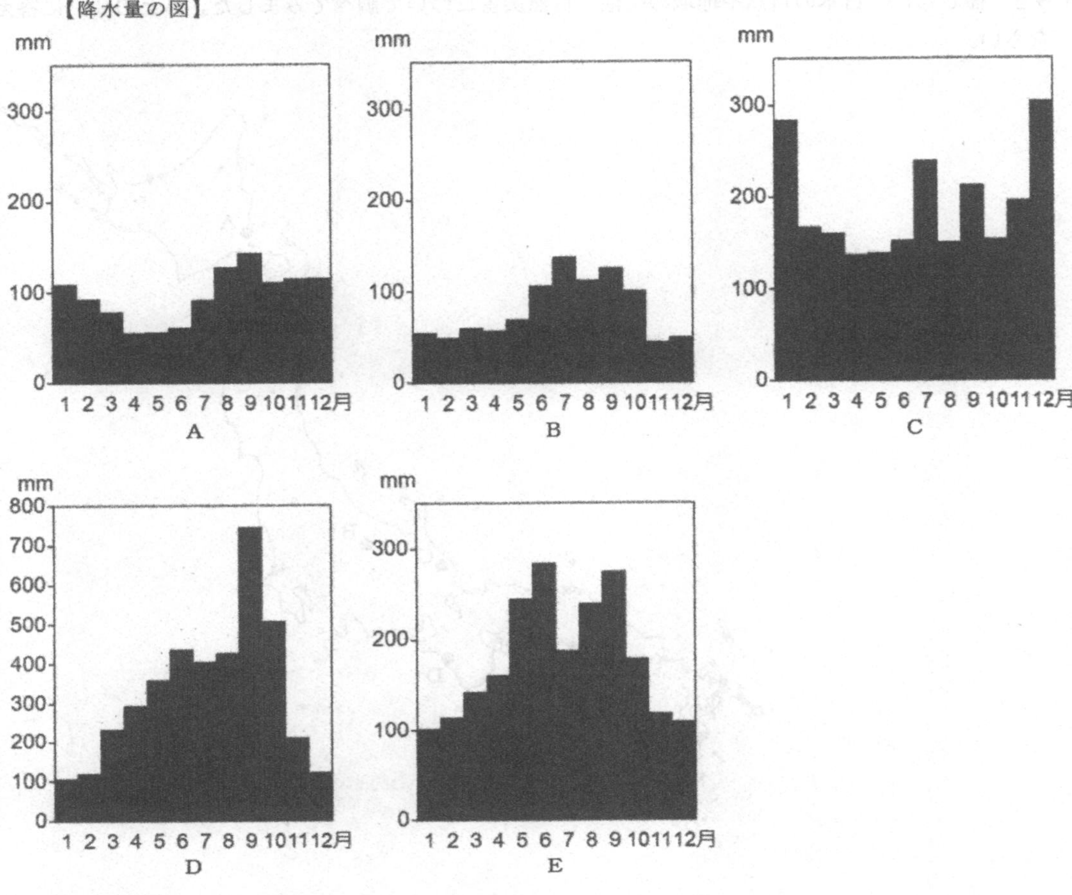

【図の読み取り】

ア　雨量の多くなる月が冬季の12～１月にあることがわかる。

イ　雨量の多くなる月が５～６月と８～９月にあることがわかる。

ウ　雨量の多くなる月が６～10月にあり，年間を通じて雨量が５地点の中で一番多いことがわかる。

エ　雨量の多くなる月が７月と９月にあるものの，年間を通じて雨量が５地点の中で一番少ないことがわかる。

オ　雨量の多くなる月が８～１月にあり，4～６月は雨量が少ない時期が続くことがわかる。

【理由】

カ　前線帯が南から北へ移動したのちに高気圧に覆(おお)われ，再度前線帯が北から南へ移動してくることと，熱帯性低気圧の影響(えいきょう)があると考えられる。

キ　日本列島への北西からの季節風が日本海を越(こ)えて吹(ふ)いてくることと，周囲の地形の影響があると考えられる。

ク　日本列島への南東からの季節風が太平洋を越えて吹いてくることと，周囲の地形の影響があると考えられる。

ケ　前線帯が移動してくるものの，他地点より影響は少なく時期も遅(おそ)くなることと，日本列島への北西からの季節風が日本海を越えて吹いてくるためと考えられる。

コ　前線帯が移動してくるための降雨はあるが，周囲の地形の関係で，海からの季節風の影響が年間を通じて少ないためと考えられる。

問２　徹さんは，四国における河川のようすと県境を描（えが）いた図を作成し，その説明文をつくりました。説明文中の（１）・（２）にあてはまる語句を，あとの**ア**～**カ**の中から１つずつ選び，記号で答えなさい。

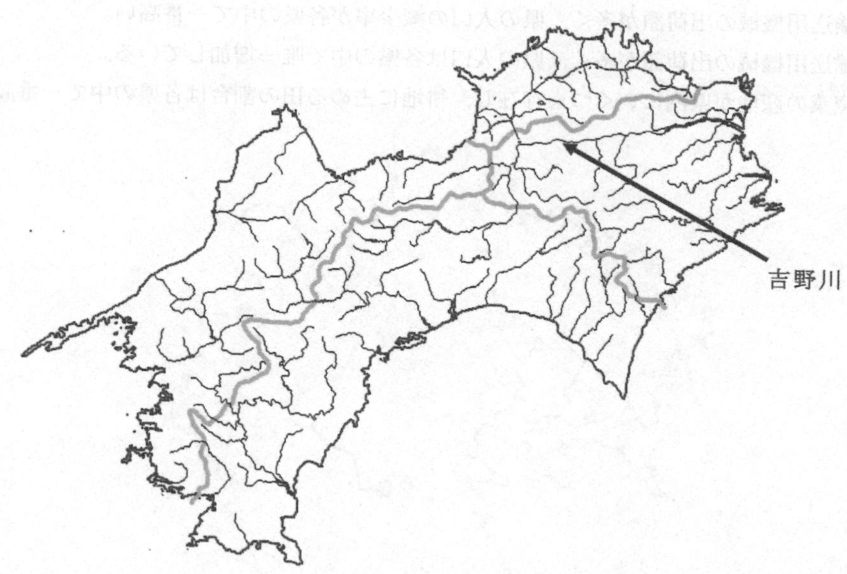

【説明文】

四国には４つの県が存在し，図中の太い赤の実線が県境となっています。また細い黒の実線は主な河川を表しています。すると香川県と徳島県，愛媛県と高知県の県境を越えるような河川がほとんどないことがわかります。これはこの県境に（　１　）が存在しているからです。また図中の吉野川は流路が東西方向に直線的になっています。その理由の１つとして，この付近に東西方向に直線的な（　２　）がいくつもあるからです。

ア　尾根（おね）　**イ**　火山帯　**ウ**　フォッサマグナ
エ　断層　**オ**　扇状地　**カ**　プレートの境界

問３　徹さんは，九州において問２の図と同様に，河川のようすと県境の一部を描いた図（次のページ）を作成しました。また九州各県について説明文をつくりました。あとの(a)～(c)の問いに答えなさい。

(a)　徹さんは，この図に宮崎県と熊本県の県境を描こうと思い，図中のＡ地点まで書き込みました。Ａ地点から南側では，県境はどこに存在していると考えられますか。解答用紙中のＡ地点から南に続く県境を，Ｂ地点までつなげて書き込みなさい。

(b)　徹さんは，九州各県の県境を調べているうちに，ある２県の県境は，ほかに比べて河川が県境になっている割合が高いことに気づきました。それは何県と何県の県境ですか。それぞれ漢字で答えなさい。

(c)　徹さんは九州各県についてのア～キの説明文をつくりました。そのうち長崎県・鹿児島県にあたるものを，次のア～キの中からそれぞれ１つずつ選び，記号で答えなさい。

ア　い草やトマトの生産量が多く，大規模なカルデラ地形をつくっている火山がある。
イ　ウナギの養殖や畜産業の産出額の割合が高く，耕地に占める畑地の割合が高い。
ウ　畜産業の産出額の割合が高く，県の面積に占める林野面積率も各県の中で一番高い。
エ　地熱による発電量が多く，スギ材の産出や乾燥シイタケなどの生産がさかんである。
オ　輸送用機械の出荷額が多く，県の人口の減少率が各県の中で一番高い。
カ　輸送用機械の出荷額が多く，県の人口は各県の中で唯一増加している。
キ　窯業の産地が県内にいくつも存在し，耕地に占める田の割合は各県の中で一番高い。

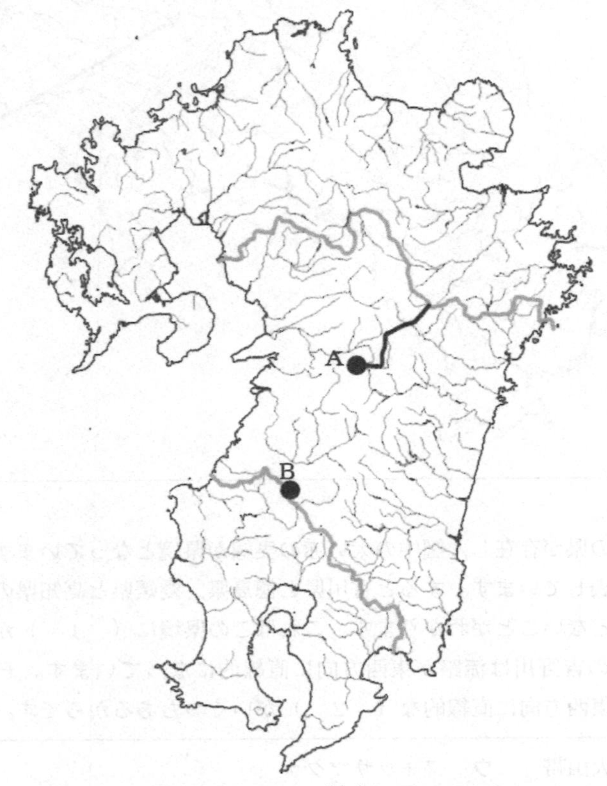

問４　徹さんは，富士山ハザードマップを調べ，噴火の際の災害のようすを知りました。あとの図Ⅰ～Ⅲは富士山が噴火をした際に予想される災害のうち，「火砕流・火砕サージ*が到達する可能性のある範囲」，「降灰の可能性のある範囲」，「溶岩流が24時間で到達する可能性のある範囲」のいずれかを示しています。図Ⅰ・Ⅱで示されたものを，次のア～ウの中からそれぞれ１つずつ選び，記号で答えなさい。なお，図中の▲は富士山の山頂を示しています。

＊　火砕流は火山灰，火山ガス，溶岩片などが一団となり，高速で山の斜面を流れ下る現象。そのうち火砕流よりも，溶岩片・軽石に乏しく，火山灰と火山ガスからなる，より希薄な混合物の流れを火砕サージという。

ア　火砕流・火砕サージが到達する可能性のある範囲　　**イ**　降灰の可能性のある範囲
ウ　溶岩流が24時間で到達する可能性のある範囲

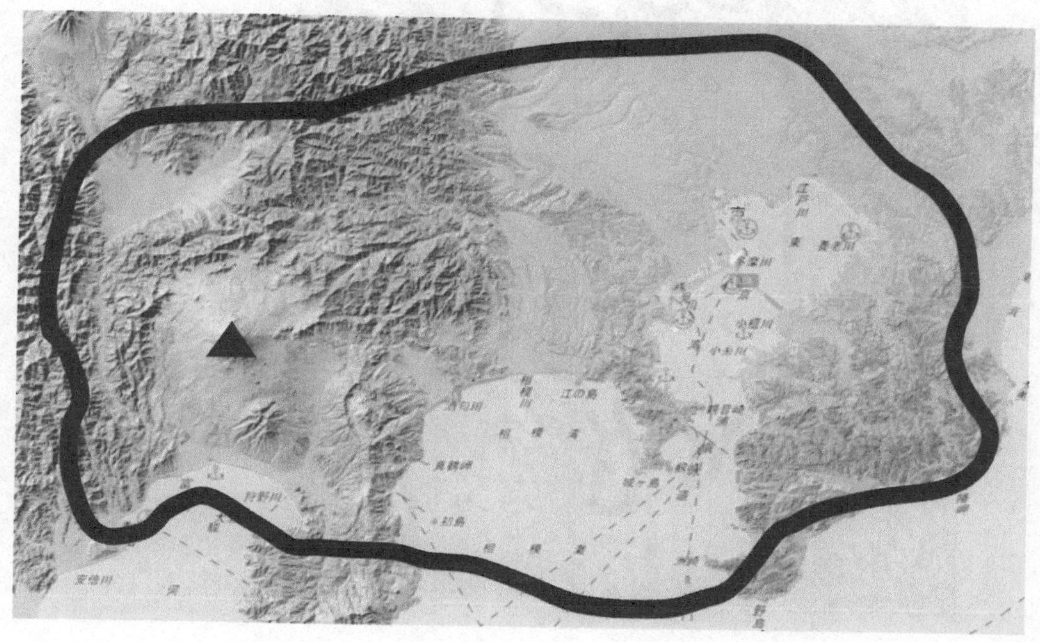

Ⅰ

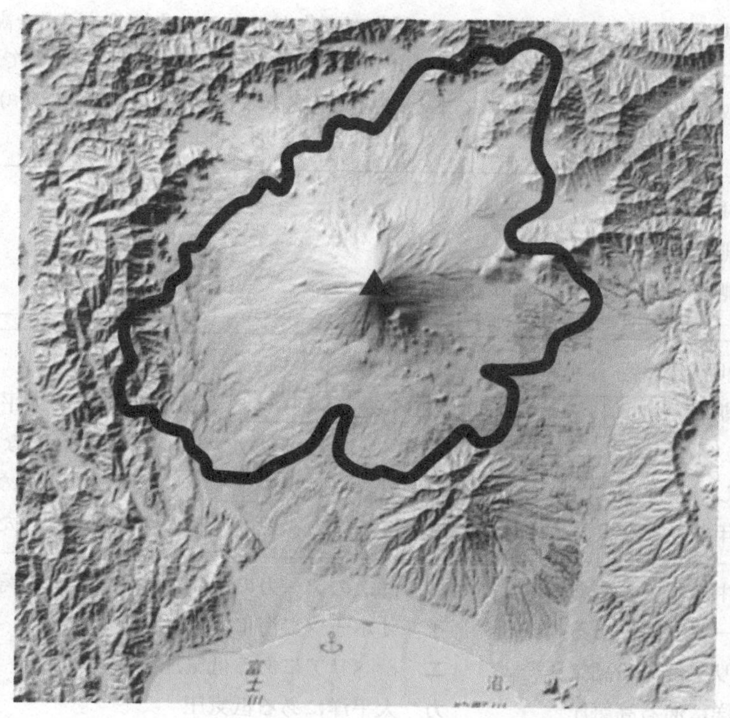

Ⅱ

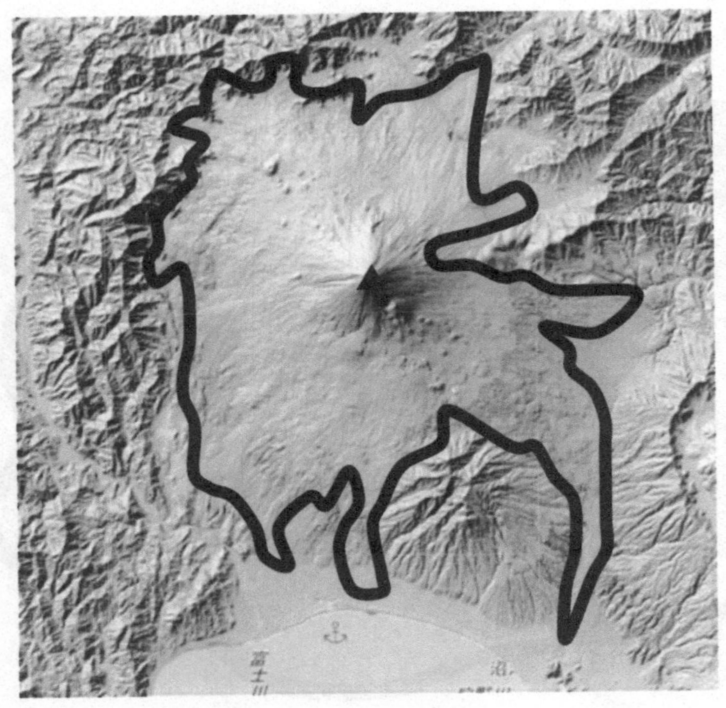

Ⅲ

（「富士山ハザードマップ（令和３年３月改訂）」・地理院地図より作成）

問５　徹さんは，1980年に東北地方において稲作が不作だったことを知り，資料を調べてみました。次のページの図は，東北地方における1980年10月15日の作況（さっきょう）指数を示したものです。徹さんはこの図の読み取りと，その原因についてまとめた説明文をつくりました。あとの(a)～(d)の問いに答えなさい。

> 【図の読み取り】
> 太平洋側で不作になっている。
> 日本海側は不作になっていない場所もある。

> 【原因の説明文】
> 夏の時期に，［　1　］から吹いてくる［　2　］風が東北地方の太平洋側に吹いてきたため，平年より［　3　］状況になった。そのため稲の生育が悪くなり不作となった。しかし日本海側は，奥羽山脈を越えてきた風が［　4　］風になるため，日照時間や気温が平年並みとなり，太平洋側に比べて不作の状況はやわらぐこととなった。

(a)　説明文中の［1］にあてはまるものを，次の**ア**～**カ**の中から１つ選び，記号で答えなさい。

ア　オホーツク海にある高気圧　　**イ**　オホーツク海にある低気圧

ウ　シベリアにある高気圧　　**エ**　シベリアにある低気圧

オ　太平洋にある高気圧　　**カ**　太平洋にある低気圧

(b)　説明文中の［2］にあてはまるものを，次のページの**ア**～**エ**の中から１つ選び，記号で答えなさい。

ア　乾いた暖かい　　イ　乾いた冷たい　　ウ　湿った暖かい　　エ　湿った冷たい

(c)　説明文中の 3 にあてはまるものを，次のア～エの中から１つ選び，記号で答えなさい。

ア　日照時間が長く，気温が高い　　イ　日照時間が長く，気温が低い

ウ　日照時間が短く，気温が高い　　エ　日照時間が短く，気温が低い

(d)　説明文中の 4 にあてはまるものを，次のア～エの中から１つ選び，記号で答えなさい。

ア　乾いた暖かい　　イ　乾いた冷たい　　ウ　湿った暖かい　　エ　湿った冷たい

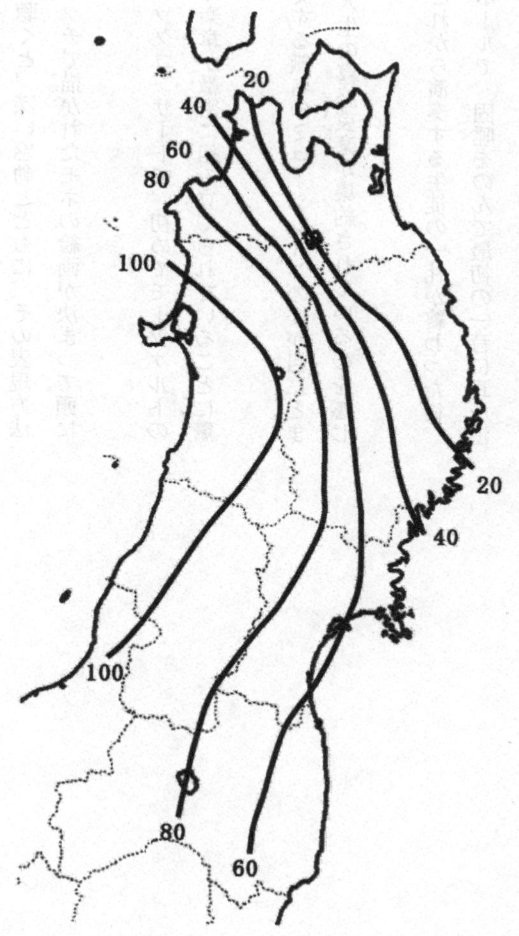

（国立研究開発法人　防災科学技術研究所　自然災害情報室　ウェブサイトより作成）

ますが、それはどういうことですか。一行で説明しなさい。

問七　――線部⑥に「音楽の鑑賞」とありますが、ここでの「鑑賞」の態度としてふさわしい例を、次のア～カの中から二つ選び、記号で答えなさい。

ア　ドビュッシーの作品を聴くと、深い感動とともに、その表現方法の重なりから、独特のタッチで描かれたモネの絵画が決まって頭に浮かぶ。

イ　友人に誘われたクラシックコンサートで、初めてモーツァルトの音楽を聴き、それぞれの楽章が緻密に組み立てられていることに驚きを覚えた。

ウ　駅前でひたむきに演奏する無名のミュージシャンの姿が目にとまり、その音楽に彼女の人生の喜怒哀楽が集約されているのを感じた。

エ　ピアノの発表会で、これから演奏する生徒の一礼が終わった後、物音一つしなくなったホールで、固唾をのんで最初の一音に耳を澄ませた。

オ　日曜の昼下がり、散歩の途中で、近隣の学校の吹奏楽部が演奏する音楽が聞こえてきたため、しばし立ち止まってその優雅な旋律に耳を傾けた。

カ　オーケストラが演奏するベートーベンの『運命』を聴き、その構成や音楽性の美しさに感動し、彼のたどった数奇な運命について考察する。

ア　依然　イ　反映　ウ　比例
エ　集大成　オ　反作用　カ　本末転倒

問二　――線部①に「このような状態」とありますが、これはどのような状態ですか。四十字以内で説明しなさい。

【下書き欄】――必要ならば使いなさい。

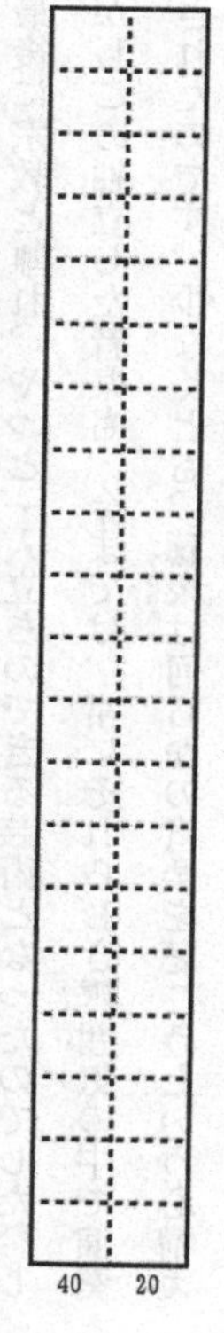

問三　――線部②に「音楽を音楽として受け取ることのできない」とありますが、それはどういうことですか。その説明として最もふさわしいものを、次のア～オの中から一つ選び、記号で答えなさい。

ア　人間は、精神の糧としての音楽を聴き分ける耳を失い、粗雑な音楽であっても立派なものとして受け取るようになったということ。

イ　人間は、音楽を鑑賞することを通じて心を豊かにするという本来の目的を失っていき、日常で溢れている音楽に満足するようになったということ。

ウ　人間は、音楽に個性を見出すことができなくなり、どの音楽も等しいものとして受け取るようになったということ。

エ　人間は、音楽を心の拠り所として受け取る姿勢を失っていき、ただの音響として受け取るようになったということ。

オ　人間は、聴くことのできる音楽の選択肢が増えることによって、状況に応じて望んだ音楽を聴くようになったということ。

問四　――線部③に「皮肉にも彼の夢は実現したのです」とありますが、それはどういうことですか。その説明として最もふさわしいものを、次のア～オの中から一つ選び、記号で答えなさい。

ア　演奏されていても人々の関心を引かないような音楽を作るというサティの試みは失敗したが、彼の死後まもなく、無個性な音楽が溢れる世界になってしまったということ。

イ　弱い音でひっそりと演奏するというサティの試みは失敗したが、彼の死後まもなく、たとえ音量を大きくして注意を引こうとしても、音楽が人々に届かなくなってしまったということ。

ウ　音楽と生活を結びつけようとする実験的なサティの試みは失敗したが、彼の死後まもなく、音楽が生活の中に溶け込み、両者が切っても切り離せないものとなってしまったということ。

エ　自分の個性を消して無性格な音楽を作り出そうとする斬新なサティの試みは失敗したが、彼の死後まもなく、作家は音楽に自分の個性を乗せることを重視しなくなってしまったということ。

オ　優れた自らの音楽をあえて目立たないように演奏するという逆説的なサティの試みは失敗したが、彼の死後まもなく、演奏技術の高い優れた音楽が世の中から失われてしまったということ。

問五　――線部④に「音楽の在り方が変わった」とありますが、それはどういうことですか。六十字以内で説明しなさい。

【下書き欄】――必要ならば使いなさい。

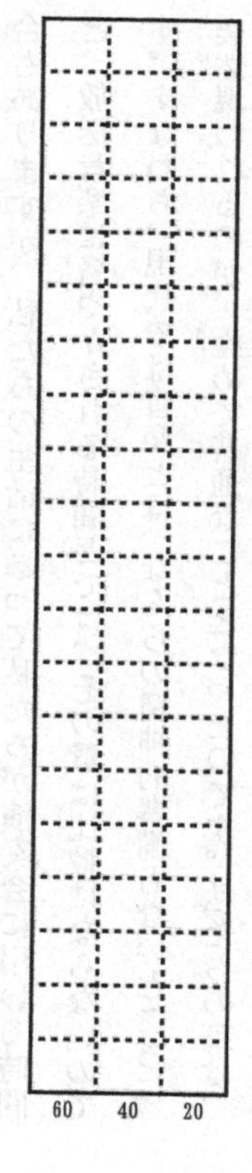

問六　――線部⑤に「眼における瞼に相当するものをもたない」とあり

たのです。室内に置かれた大型のテレビから出続けている音は、もはや、近代人には単なる家具でしかないのです。もしその音に耳を傾けているとすれば、何か垢ぬけのしない音楽青年のようにさえ見えるのです。事実、私たちの注意を奪うような音楽が聴こえることは稀であり、いたずらに無性格な音響が響いているに過ぎないのです。このことは二つの意味をもっています。当時のサロンの客人は音楽を音楽として受け取り得たことと、作家が自分の個性を消し、無性格な単なる家具になろうと、自ずから努力した場合でさえ、未だ人の話を、止めさせるに十分な何かを、いわば音楽性をもっていたということです。一方テレビから流れ出る昨今の作品は、できるだけ強烈な動かすべからざる決定的な印象を与えようとしながら、終に、ワニス塗り[*3]の家具以上の印象を、与え得ないということなのです。これは、音楽自体にもその責任はありましょうが、④音楽の在り方が変わったことにその主たる原因があります。

原始時代にあっては、音楽は文学、詩、踊りと密接に結合し、いわば同一のものでさえあっだのですが、まず舞踊と離れ、次に文学と離れ、最後に宗教と離れ、やっと一人立ちのできる芸術となったのでした。しかしこの独立した音楽も、今までは、常にそれらしき雰囲気の中で演奏されたのです。少なくとも、聴衆は何らかの音楽を聴こうという心構えをもって演奏に接したのでした。音楽作品が、たとえどのようなものであっても、その音は、常に音楽を望んでいる耳に入ったのです。しかし、今や、音楽はその雰囲気をも聴衆の心情をも完全に無視して、単独に鳴り響くのです。もちろん、音楽が自発的にその雰囲気を無視したのではなく、近代の機械文明がこれを勝手に切り離してしまったのです。一方、演奏会と呼ばれる未だに古典的な形態の下に、音楽が演奏される場合もありますが、私たちの生活にあって私たちが演奏会に用いる時間と、放送音楽に脅やかされる時間とでは、その量は比較にならないのです。すなわち、現代では音楽とは、なんらの精神的準備もないところに、突然現われるのが、極めて普通なこととなったのです。私たちの耳は、⑤眼における瞼に相当するものをもたないので、これらの音楽を単に騒音として聴き流さざるを得ないことになるのです。したがって、強制的にこのように習慣づけられた耳を、再び音楽を理解する耳にすることは、かなり困難なことなのです。

このように音楽を聴き流すように慣習づけられた私たちが、今度は逆に、何か音楽作品を聴こうとする場合には、［B］として、耳に聴こえてくる音響美の外に、何かいつもとは違った意味を音楽からくみ取ろうとする方向に傾くのです。単に音楽が見事に構成されていると感ずるのみでは鑑賞とは考えられず、哲学的思索とか、文学的連想とかを無理に作り出すことに努力し、終に、さきに述べた⑥音楽の鑑賞から遠のいていく結果を生むのです。

——伊福部昭『音楽入門』による

（問題作成上の都合から一部原文の表記を改めた）

（注）＊1　第一主題……一曲を構成する部分の名称。「第二主題」、「展開部」、「再現部」、「集結部」も同じ。

＊2　厠……トイレのこと。

＊3　ワニス塗りの家具……ニスで塗られた家具。ここでは、ありふれた家具であることを表している。

問一　［A］・［B］にあてはまる言葉を、次のア～カの中からそれぞれ一つずつ選び、記号で答えなさい。

取り上げてしまったのです。

モーターやエンジンによる私たちの労働には、歌は全く必要なくなったのです。冠婚葬祭にあっても音楽の部分を除外していく傾きにあるのです。いわば、私たちの生活から生まれる音楽は徐々に否定されてきているのです。

一方、機械文明の生んだレコード、ラジオ、映画、テレビ等によって、強制的に私たちの心境とはなんら関係のない音楽が、暴力的に私たちに朝から晩まで降りかかってくるのです。

少数の頭脳によって選定された曲目が画一的に街を満たすのです。作家がいかに芸術的な感動をもって書いた傑作であろうとも、私たちは*1第一主題で煙草を買い、第二主題で釣銭を受け、展開部で知人と話をし、再現部で切符を買い、集結部で電車に乗ることが可能なのです。また、「愛の歌」や、「小夜曲」の伴奏で夫婦喧嘩もできるし、*2厠の中で「神の栄光」を聴くこともできるのです。いわば、音楽は私たちの生活を無視し始めているのです。

①このような状態では、私たちはもはや、音楽を精神の糧として受け取る態度を持することができなくなるのです。この度合は、今のところ機械文明に［Ａ］しております。試みに輸入された映画を一見すれば明らかでありましょう。ハリウッドで作られるアメリカ映画は、ほとんど全部がいわゆる音楽で満たされています。なんらの意味も必要も効果もないところに、ただ音楽が詰め込まれているのですが、これは、一日中テレビをつけ放しにしている人々と同様に、無神経といわざるを得ません。このような無神経は、明らかに人間が機械に支配されていることを物語ります。これは音楽にとっても不幸なことであり、人類にとっても、たしかに嘆かわしいことではないでしょうか。更にまた、この頃は自動車の中で音楽を鑑賞する流行さえが現われ始めていますが、これは、もはや、②音楽を音楽として受け取ることのできない明瞭な証拠ということができます。

このように、私たちの周囲は実に音楽に溢れているのではありますが、それに反比例して、私たちは真の音楽を聴き分ける心と耳を失いつつあるのです。また、見方を変えれば、音楽は単に音響でさえあればよいという結果を生み、どんな粗雑な作品でも音楽として立派に通用するという現象が生まれます。このような状態からすぐれた音楽が生まれ、または正しい音楽の鑑賞が起こり得るとも考えられません。デ・ファリャが「スペインの庭の夜」に七年を投じ、ドビュッシーが「ペレアスとメリザンド」に十四年もの歳月を用い、更に、バラキレフが第一交響曲に三十二年の歳月を費やしたことは、単なる昔話となるかも知れません。

かつて、エリック・サティは、音楽があまり人々の注意を惹かずに、ただ何となく聴こえている程度のものであることも面白いという見解から「家具の音楽」という作品を書き、広い室の方々に演奏者が散らばって、室の内の客人がそれぞれ話の興に乗った頃合を見て、ごく目立たないように弱く演奏を始めるという計画を立て、これを実験したことがありますが、この天才の音楽は、どのように弱い音で演奏しても、その結果は、客人の話を止めさせるほどに印象的であったのです。この妙な、彼の計画は完全に失敗したのです。すなわち音楽は飽くまで音楽であって、終に、家具にはなれなかったのでした。この作家は一九二五年に死にましたが、彼が死んで幾年も経ないうちに③皮肉にも彼の夢は実現し持った」とありますが、このときの志村さんの心情を説明した文として最もふさわしいものを、次のア～オの中から一つ選び、記号で答えなさい。

ア　中学に入学する前から努力を続けているにもかかわらず、周囲のレベルの高さに自信を失い、これからも部活動を続けるかどうか迷っている。

イ　かねてから憧れていた「僕」が人知れず努力を重ねていることを聞き、これまでの自分の努力不足を痛感し、恥ずかしくなっている。

ウ　自分なりに日々努力を重ねてきたが、なかなか他の人のレベルに追いつけそうもなく、どうしたらよいか分からず悩んでいる。

エ　周囲のレベルの高さに一度は自信を失ったが、厳しい現状を乗り越えステージに立つという目標に向かって、何とかがんばろうとしている。

オ　演奏技術に優れ、周囲から高い評価を受けている「僕」には、演奏がなかなか上達しない自分の悩みなど分かってもらえないとあきらめかけている。

問六　――線部④に「全身に鳥肌が立った」とありますが、それはどうしてですか。その説明として最もふさわしいものを、次のア～オの中から一つ選び、記号で答えなさい。

ア　メンバーに選ばれるために十分に努力をせず、志村さんのめざましく向上した演奏技術を素直に認めることもできない同級生に対して強い不満を覚えたから。

イ　同級生たちは志村さんの成長を認めていたわけではなく、彼女に対して陰湿な嫌がらせをしていたと分かって、衝撃を受けたから。

ウ　メンバーに選ばれたころから志村さんが神経質になっていたことには気付いていたが、実際に彼女に嫌がらせが行われていたという事実を知り、激しく動揺したから。

エ　志村さんに対して自分の知らないところで嫌がらせが行われていたことを知り、そんなことにも気付かなかった自分に罪悪感を覚えたから。

オ　志村さんの人知れぬ努力に目を向けず、彼女の演奏技術の進歩を認めようとしない同級生の態度に憤りを感じたから。

問七　――線部⑤に「二匹の蝶が同時に舞い上がり、別々の方向に飛び去った」とありますが、これはどのようなことを表現していると考えられますか。一行で説明しなさい。

問八　――線部⑥に「そういう人に、女子の世界は分からない」とありますが、それはどういうことですか。六十字以内で説明しなさい。

【下書き欄】――　必要ならば使いなさい。

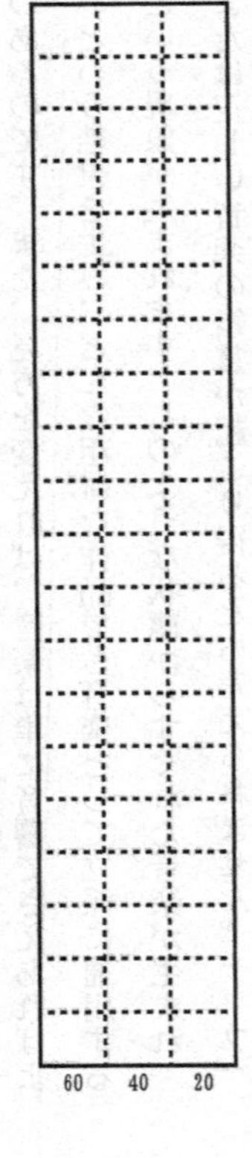

四、次の文章を読んで、あとの問いに答えなさい。

私たちはかつては、農耕には農耕の歌を、漁りには漁りの歌を、馬を追うには馬子唄を、また少年時代にはさまざまな遊びに伴った童唄を、冠婚葬祭や年中行事にはそれに伴った多くの歌や音楽をもっていたのですが、近代の機械文明は、この私たちから、そのようなもののすべてを

――奥田亜希子『リバース&リバース』による
（問題作成上の都合から一部原文の表記を改めた）

（注）＊1 禄……「僕」（菊池）の名。
＊2 唾抜き……管楽器の中にたまった唾液などの水分を抜くこと。

問一 ～～線部A「まどろみ」、B「コミカル」、C「口をつぐんだ」について、本文中における意味として最もふさわしいものを、次のア～オの中からそれぞれ一つずつ選び、記号で答えなさい。

A「まどろみ」
ア 朝が早くて肌寒い様子
イ うとうとしている様子
ウ 冬の訪れを感じさせる様子
エ 目が覚めてすっきりした様子
オ 気が抜けてぼんやりしている様子

B「コミカル」
ア 独特な振る舞いで目を引く様子
イ 物事に熱中して周りが見えない様子
ウ 何を考えているか分からず不思議な様子
エ 愛嬌があって放っておけない様子
オ 端から見ると滑稽な様子

C「口をつぐんだ」
ア 何かを言いかけて黙った　イ 曖昧にごまかした
ウ 物思いにふけった　エ 思わず言葉を失った
オ 不満げに口をとがらせた

問二 本文中には次の一文が入ります。その箇所として、最もふさわしいものを ア ～ オ の中から一つ選び記号で答えなさい。

そんな日々が幻だったかのように思えて、ふいに視界が揺らぐのを感じた。

問三 ――線部①に「少しも迷わなかった」とありますが、それはどうしてですか。その説明として最もふさわしいものを、次のア～オの中から一つ選び、記号で答えなさい。

ア 小学校の吹奏楽部で初めて触れたトランペットに夢中になっていたから。
イ 中学校でもトランペットを一緒に吹き、苦楽をともにする同志が欲しかったから。
ウ 全国大会出場を目指す強豪の吹奏楽部に身を置き、より自分の技術を磨きたかったから。
エ 楽器を早くやめてしまった兄に代わって母親の期待に応えたかったから。
オ 小学校の吹奏楽部では周囲の目を気にしていたが、中学校ではその必要がなくなったから。

問四 ――線部②に「全身が粟立った」とありますが、このときの「僕」の心情を六十字以内で説明しなさい。

【下書き欄】―― 必要ならば使いなさい。

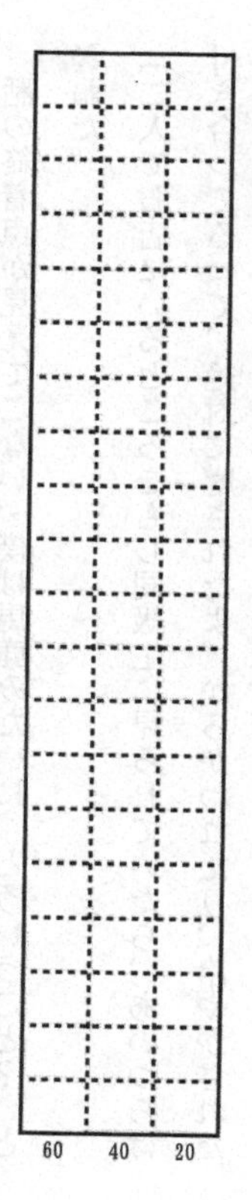

問五 ――線部③に「志村さんは目を伏せ、シェイクの容器を両手で

「それはね、菊池くん。わたしが不細工で、太ってるからだよ」
　志村さんは唇の端をかすかに歪ませた。
「内心ではずっと見下していた相手だから、先を越されたってことが認められないんだよ。先輩の優しさにつけ込んだんだとか、親が先生にお金を積んだんじゃないかとか、散々言われた。あの子たち、わたしが実力で選ばれたなんて、少しも思ってない」
「だったら、言ってくれたらよかったのに」
「なにを？」
「そういうこと」
「菊池くんに？」
「力になれたかどうかは分からないけど、でも、相談して欲しかった」
　志村さんは目を細め、遠くの景色を眺めるかのように僕を見た。
「菊池くんに、女子の気持ちは分からないよ」
　その顔は、怒っているようにも泣いているようにも見えた。志村さんが対岸に視線を移す。僕もつられて目を向けた。黒いジャージを着た人がジョギングをしていた。大きな犬を連れた女の人の姿もあった。犬は気分が乗らないのか、やや引きずられ気味に堤防を歩いている。かなりの距離があるにもかかわらず、飼い主が苦笑しているのが、なぜかはっきりと見て取れた。［ア］
「ねえ、菊池くん。去年、楽器屋で会ったときのこと、覚えてる？」
「もちろん覚えてるよ」
　僕は大きく頷いた。
「あのとき、わたしがいろいろ質問したら、菊池くん、お店で話そうかって誘ってくれたよね。わたし、すごいなって思った」
「すごい？」
　話の終着点が見えてこない。僕は馬鹿みたいに、どういうこと？　と尋ねた。
「二人でお店にいるところをもし同級生に見られていたら、あいつらは付き合ってるって、絶対に噂されたよ。からかわれたり、冷やかされたりしたと思う。そういうのって、すごく面倒くさいじゃない？　でも、菊池くんは全然気にしないんだなあって。すごいなあって」
「別にすごくは――」
　そのとき、近くの鉄橋を電車が通過した。凄まじい音がして、僕たちは同時にC口をつぐんだ。朝の練習のときも、電車が川を渡る数秒間は休憩せざるを得なかった。［イ］音が完全に掻き消され、自分の演奏すら聞こえなくなるからだ。トランペットを抱えたまま、二人でぼうっと電車を見送った。［ウ］
「すごいよ。誰に対しても公平で、わたしの朝練に付き合ってくれて、菊池くんの、どんな人も同じように見えているところ、本当にすごいと思う」
　志村さんはもう僕を見ようとはしなかった。独り言のように、ぽつりぽつりと言葉を漏らした。
「でも、⑥そういう人に、女子の世界は分からないよ、きっと」
　その発言を最後に、志村さんは土手に停めた自転車に跨がると、学校の方角へ去っていった。僕はしばらく指一本動かせなかた。［エ］しかし、今こそ練習をしなければなにかに負ける気がしてトランペットを無理矢理にケースから出した。［オ］そして、登校時間ぎりぎりまで吹きまくった。

急成長ぶりに驚嘆していることが嬉しくて、頑張ってたもんね、と応えた。もちろん僕もオーディションに合格し、翌朝は二人で缶ジュースを買って乾杯した。

今思えば、このころから志村さんはぴりぴりし始めた。もともとほかの部員と積極的に喋るほうではなかったが、口数が極端に減り、誰とも目を合わせたくないかのように俯いていることが増えた。演奏にもキレがなくなった。しかし、疲れているのだろうと、僕は深く考えなかった。僕たちはさらに三十分、朝の練習時間を増やしていた。部活もよりハードになり、自分のことで精いっぱいだった。

そして、地区大会の十日前。朝、いつもどおりに河川敷へ行くと、志村さんは手ぶらで立っていた。まさかトランペットを忘れた？　と、からかおうとして、彼女の顔が尋常ではなく白いことに気づいた。

「どうしたの？」

「退部することにした」

志村さんは生気のない声で告げた。

「退部って……辞めるの？」

「うん。先生にはもう話してあって、昨日の放課後、やっと認めてもらえたの。わたしのあとには、一年生の米田さんが入るから大丈夫。あの子、上手いし」

「えっ、ちょっと待ってよ。どういうこと？　せっかくメンバーに選ばれたのに」

「だからだよ。わたしが選ばれたことに、納得してない子がたくさんいるの。そんな中で、これ以上吹けない」

何度も何度も彼女に問い質し、僕は詳しい経緯を知った。顧問や先輩が志村さんの成長を認めるにつれ、同級生の部員の当たりがきつくなっていったこと。コンクールのメンバーに選ばれたのを機に、それが一気に激化したこと。すれ違いざまの舌打ちや悪口、無視は日常で、重要な連絡事項も伝えられず、もう限界だと、彼女はか細い声で言った。

「二週間前、楽譜を家に忘れて、わたし、先生から怒られたでしょう？」

この大事なときに、と、志村さんは顧問から厳しく叱られていた。おかしいとは思ったのだ。朝の練習の際、彼女が楽譜を見ていたような記憶があった。だが、すぐに自分の勘違いだったのだろうと思い直していた。

「あれ、本当は楽譜を盗まれたの。そうとしか考えられない。あの子たちがわたしの楽譜を狙ってるのは分かっていたから、肌身離さず持ち歩くように気をつけてたんだけど、ちょっと油断した隙にやられちゃった。証拠はないし、訊いたところで否定されると思うけどね」

「そんな……。全然気づかなかった」

僕は愕然とした。メンバー発表の日、フルートの女子が漏らした、志村さんがメンバーだなんて信じられない、という台詞。あれは感嘆ではなく不満だったのだ。そのことにようやく思い至り、④全身に鳥肌が立った。

「菊池くんは、そうだよね」

志村さんは足元の石をひとつ摑み、川へと放り投げた。しかし、水面までは届かず、手前の草原にぼさりと落ちた。⑤二匹の蝶が同時に舞い上がり、別々の方向に飛び去った。

「でも、どうして……。志村さんが選ばれたのは、絶対に実力だよ。贔屓でもずるでもなんでもない。そんなこと、ちゃんと聴けば分かるよ」

行く、と声を張り上げた。僕たちは駅前の店に入った。
「さっきの質問だけど」
「うん」
「トランペットを始めたのは小四だよ。でも、ピアノは三歳からやってた」
「三歳って、随分早いね」
「母親がピアノの先生なんだ。だから家に防音室があって、部活以外の時間もそこで結構吹いてる」
「あー、やっぱり練習量かあ」
②全身が粟立った。部活で楽器を演奏するようになってからは、男子なのに、と、からかうような視線とは無縁でいられた。音楽の話ができる同性の仲間もできた。だが、誰も彼も僕の環境を羨ましがった。母親がピアノ教室の講師であることを、自宅に防音室があることを、僕の技術の裏づけにしなかった人は初めてだ。胸の奥が熱くなった。
「志村さんは？」
「わたしは去年の冬から。中学校訪問ってあるじゃない？　小学六年生が、中学校に見学に行く行事。あれでうちの部の演奏を聴いて、トランペットをやってみたいって思ったんだ。でも、まさか全国レベルの吹奏楽部だったなんて知らなかった。慌てて親に頼んで、中学に入学するまでの三ヶ月間、駅前のトランペット教室に通わせてもらってたの」
「へえ。駅前にそんな教室があるんだ」
「でも、明らかにわたしだけレベルが違うよね。引退するまでのあいだに、一度でいいからステージに立つのが、今のわたしの目標」
③志村さんは目を伏せ、シェイクの容器を両手で持った。ストローの内側を、シェイクの影が駆け上っていく。ずずず、と重たげな音がした。
「あの、さ」
「うん？」
「よかったら、練習、付き合おうか？」
「練習？」
「例えば、朝、登校前とか」
　僕たちの中学校では、始業前の練習は基本的に認められていなかった。一部の保護者からの猛烈な抗議を受け、数年前に禁止になったと、もっぱらの噂だ。全国大会出場を期待されている吹奏楽部は、コンクール前の一週間だけ例外的に認められているものの、他校に比べ、朝の練習時間はかなり少なかった。
「でも、菊池くんの迷惑にならない？」
「ならないよ。むしろ僕は人に教えたことがないから、どのくらい力になれるかは分からないけど」
　毎朝七時に、河川敷に集合することになった。誰にも知られたくないとの彼女の希望で、学校から充分距離を取ったところを練習場所に選んだ。志村さんの家のほうが遠かったはずが、彼女は必ず僕より先に着いていた。僕のつたないアドバイスも熱心に聞いてくれ、彼女はめきめき上手くなった。部活のレベルに無理をしてついていっていたのが、かえって上達を阻害していたのだと思う。半年もすると、トランペットチームでも上から数えたほうが早いくらいの技量になった。
　二年目の全国コンクールへの地区大会、彼女は見事メンバーに選ばれた。発表後、僕は同級生のフルートの女子から、志村さんがメンバーだなんて信じられないんだけど、と話しかけられた。みんなが志村さんのくする。唇も凍え、思い通りに息を吹き込めず、暖かくなるまで休みにしようと僕は何度も訴えたが、志村さんは頑として首を縦に振らなかった。挙げ句の果てに、僕のぶんまでプラスチック製のマウスピースを買ってきて、これで少しはましになると思う、と微笑んだ。

九歳のときに小学校の吹奏楽部に入ったのがきっかけで、僕はトランペットに触れた。三歳からピアノは習っていた。母親が自宅で教室を開いていたからだ。兄はすぐにやめてしまったが、僕の性には合っていたらしく、練習が苦痛だったことは一度もない。母が、*1禄の好きにやればいいよ、という態度で接してくれていたのもよかったのだと思う。ただ、楽器をやっている男子は、小学校では敬遠されたり、軽く見られたりすることが多い。同志が欲しいというのが、部活選びの最大の動機だった。そこで、似合いそうだからというよく分からない理由で任されたのが、トランペットだった。吹いてみると、ピアノとはまったく違う、音階を自分で作り出せる喜びに興奮した。すぐに自分用のトランペットを買ってもらった。

中学校に進んだ僕は、またも吹奏楽部に入った。①少しも迷わなかった。公立校だったが、全日本コンクールの全国大会出場を目標として掲げている強豪で、土日もゴールデンウィークも夏休みも、みっちり予定が組まれていた。部員は総勢百名超。大舞台で演奏するためには、顧問によるオーディションを通過し、メンバーに選ばれる必要があった。

この吹奏楽部で、僕は志村愛美と知り合った。彼女もまた、トランペット奏者だった。背が低く、少しふくよかで、額がニキビに覆われていた。楽器をケースから出したり、*2唾抜きしたりする仕草がBコミカルなほど一生懸命で、わりと早く名前と顔が一致したように記憶している。気の強そうな女子が多い中、志村さんの余裕のなさはむしろ僕の目を引いた。演奏があまり上手くなかったことも、僕に強い印象を残していた。

だが、部活中の一年生の私語は、暗黙のうちに禁じられていた。挨拶と連絡事項以外はろくに口を利けない環境にあって、僕たちが初めてまともに喋ったときには、入部から半年以上が経っていた。その日は珍しく部活が休みだった。前日に開かれたコンクールの支部大会で、僕たちは全国大会出場を僅差で逃した。来年に向けて気持ちを切り替えるという名目で、顧問から三日間の休みを与えられたのだ。だが、遊びに行く気力はなく、僕は三駅先にある楽器店を一人訪れた。

すると、そこに志村さんも来ていたのだった。僕を見ると、ショーケースに隠れそうになったが、すぐにぴょこんと顔を出し、

「コンクール、お疲れさまでした」

と、頭を下げた。

「ありがとう」

僕も同じくらいの角度で礼をした。一年目の全日本コンクールに、僕は地区大会から出場していた。一年生からメンバーに選ばれたのは五人だけで、トランペットでは僕が唯一だった。

「菊池くんは、何歳からトランペットをやってるの？　どうしてそんなに上手なの？　家でも練習してるの？」

それぞれ手入れのための道具を買い、なんとなく並んで店を出ると、志村さんは堪えていたものを吐き出すように質問を重ねた。僕は彼女をファストフード店に誘った。話が長くなりそうだと思ったのだ。志村さんはしばらく迷っていたが、嫌ならいいけど、と僕が引くと、行きたい、

【国語】〈六〇分〉〈満点：一五〇点〉

【注意】字数指定のある問題では、句読点やカッコなども字数に含みます。

一、次の①〜⑤の文の――線部のカタカナを、それぞれ漢字に直しなさい。

① 彼女は、いつも分け隔てなく人と接することをシンジョウとしている。

② 社会の安定のためには、それぞれがキリツをきちんと守ることが肝要だ。

③ 文化祭の企画に行き詰まってしまったので、ぜひ先生のお知恵をハイシャクしたいのです。

④ 隠してきた都合の悪い事実が、彼女によってカンパされてしまった。

⑤ 体育祭実行委員の生徒たちは、夏休みの前からその準備にヨネンがない。

二、次の①〜⑤の文の□には、それぞれ色を表す漢字一文字が入ります。例にならって、□にあてはまる言葉を漢字一文字で答えなさい。

例
友達でも縁が切れてしまえば、□の□人も同然だ。 ↓ 赤・他 ↓〈答〉他

① プロジェクトリーダーとして、彼女に□羽の□が立った。

② 歴史を振り返ると、いつの時代にも権力者を陰で操る□□が存在した。

③ いつもは元気な弟だが、父親にしかられ、□菜に□のようになっている。

④ 人気アイドルが会場から出てくると、少女たちは一斉に□色い□を上げた。

⑤ あの人は、□□の□袴といってもよいくらい、自分のことになると無頓着だ。

三、次の文章を読んで、あとの問いに答えなさい。

金管楽器の力強い音が、まだAまどろみの気配を残す朝の空気を切り裂いていく。淡い水色の空と、足元から立ち上る朝露の匂い。僕はときどき志村さんと目を合わせて、トランペットに吹き込む息の強さを、速さを調整した。二人の音がぴたりと重なると、身体が浮かび上がったかのように感じられた。痺れるような気持ちよさだった。

菊池さんは、どんな中学生だったんですか。

仕事柄だろう、後輩やモデルやデザイナーから、この手の質問をよく受ける。中学時代を思い出すとき、僕の脳裏にまずよみがえるのが、朝の河原の光景だった。僕の生まれ育った茨城の街には、花火大会が催されるほどの大きな川が流れている。僕と志村さんはその河川敷で、一年間ほぼ毎日トランペットを練習した。雨や強風の日は鉄橋の下で吹いた。あの、真冬の屋外で金管楽器を演奏する辛さは、たぶん一生忘れられない。冷気はトランペットを伝って指に絡みつき、ピストンを押せな

第1回

2022年度

解 答 と 解 説

《2022年度の配点は解答欄に掲載してあります。》

<算数解答>《学校からの正答の発表はありません。》

[1] (1) $1\frac{3}{4}$ (2) ア 200000 イ 1500 (3) 25分間

[2] (1) 20個 (2) 171個 (3) 11個 (4) 205個

[3] (1) ア $13\frac{4}{7}$ イ $30\frac{5}{7}$ (2) ウ 3.5 エ $3\frac{2}{3}$ (3) $2\frac{5}{7}$, 3, $3\frac{6}{7}$

[4] (1) 1200通り (2) (ア) 18通り (イ) 180通り

(3) (1, 5, 5, 5), (2, 4, 5, 5), (3, 3, 5, 5), (3, 4, 4, 5)

[5] (1) (ア) 解説参照 (イ) 解説参照 (2) (ウ) 24cm^2 (イ) 4.5, 13.5

○推定配点○

[1] 各4点×4 [5](1) 各7点×2 他 各8点×15([3](3), [4](3)各完答) 計150点

<算数解説>

[1] (四則計算, 割合と比, ニュートン算, 仕事算, 単位の換算)

(1) $\square=\frac{2}{5}\div\left(\frac{3}{7}-\frac{3}{24}\times\frac{8}{5}\right)=\frac{7}{4}$

重要 (2) ㋐＋㋑×100＝3500×100＝350000(円) ㋐＋㋑×80＝4000×80＝320000(円) ㋑…(350000－320000)÷(100－80)＝1500(円) ㋐…350000－1500×100＝200000(円)

重要 (3) 各グループの人数をA人, B人とする。A人：B人は$\left(\frac{1}{2}\div60\right):\left(\frac{1}{7}\div24\right)=7:5$より, Bは36÷(7＋5)×5＝15(人) 15人で24分作業した量と36人が△分作業した量の比は$\frac{1}{7}:\left\{1-\left(\frac{1}{2}+\frac{1}{7}\right)\right\}$＝2：5 したがって, △は15×24÷2×5÷36＝25(分間)

[2] (数の性質, 場合の数)

基本 (1) 以下の20個がある。900～910…11個。911…1個。920, 930, ～, 990…8個。

(2) (1)より, 100台が11＋8＝19(個)であり, 900台までは19×9＝171(個)

(3) 以下の11個がある。111, 211, ～, 911…9個。221…1個。321…1個。

重要 (4) (3)より, 111, 211, ～, 911のそれぞれの3桁の数の並び方…1＋3×8＝25(通り) 221の3桁の数の並び方…3通り。321の3桁の数の並び方…3×2×1＝6(通り) したがって, (2)より, 171＋25＋3＋6＝205(個)

重要 [3] **(平面図形，図形や点の移動，速さの三公式と比，割合と比)**

P…1周10×4÷2＝20(秒)　Q…EF間(5×2＋10)÷5＝4(秒)

(1)　右図より，キ…12－5÷5＝11(秒)　カ…16＋15÷5＝19(秒)

三角形Aアカとクアキの相似比は，19：(20－11)＝19：9　したがって，1回目アは，11＋(19－11)÷(19＋9)×9　＝$13\frac{4}{7}$(秒後)

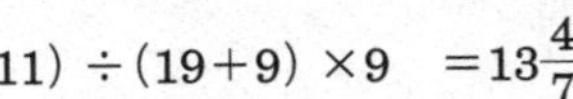

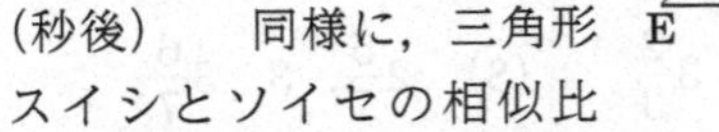

同様に，三角形スイシとソイセの相似比は，(35－20)：(40－27)＝15：13　したがって，2回目イは27＋(35－27)÷(15＋13)×13＝$30\frac{5}{7}$(秒後)

(2)　図1より，タ…20÷2＝10(秒)　チ…20－20÷4＝15(秒)　ツ…10÷(4＋3)×4＝$5\frac{5}{7}$(秒)　ウ…20÷$5\frac{5}{7}$＝3.5(cm)

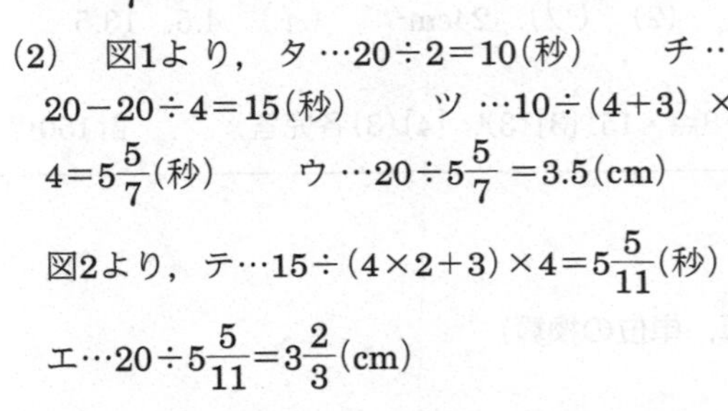

図2より，テ…15÷(4×2＋3)×4＝$5\frac{5}{11}$(秒)

エ…20÷$5\frac{5}{11}$＝$3\frac{2}{3}$(cm)

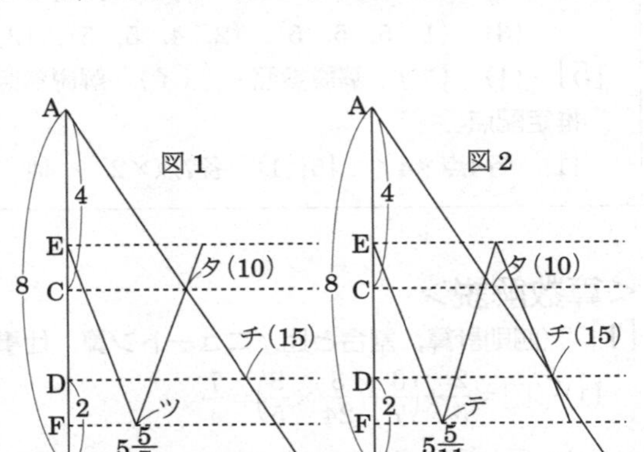

(3)　(2)と同様に，ナ…35÷(4×4＋3)×4＝$\frac{140}{19}$(秒)　オ1…20÷$\frac{140}{19}$＝$2\frac{5}{7}$(cm)

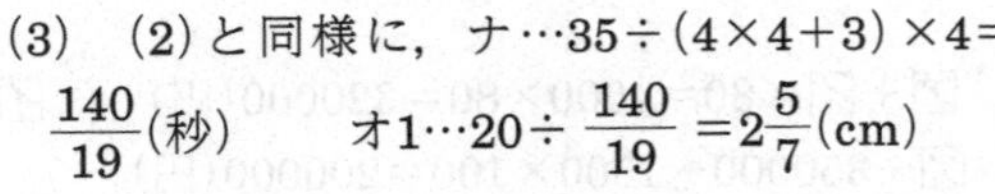

オ2…同様に，35÷(4×6－3)×4＝$\frac{20}{3}$(秒)より，20÷$\frac{20}{3}$＝3(cm)　オ3…35÷(4×6＋3)×4＝$\frac{140}{27}$(秒)より，20÷$\frac{140}{27}$＝$3\frac{6}{7}$(cm)

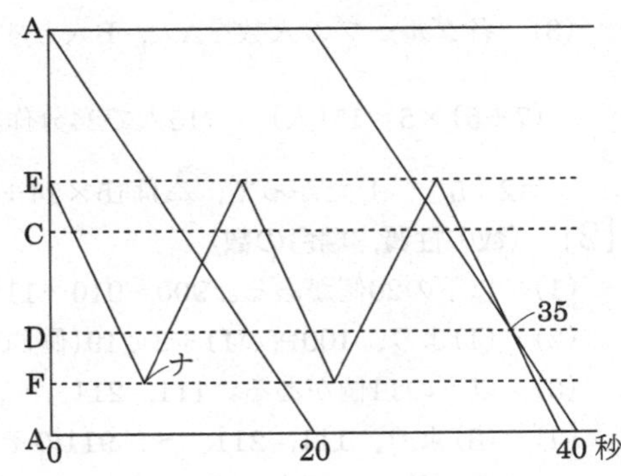

[4] **(数の性質，場合の数)**

基本 (1)　5×4×5×4×3＝1200(通り)

重要 (2)　(ア)　3×3×2＝18(通り)　(イ)　18×8＝144のとき…18通り。18×13＝234のとき…3×3×3＝27(通り)　18×14＝252のとき…18通り。18×18＝324のとき…27通り。18×19＝342のとき…27通り。18×23＝414のとき…18通り。18×24＝432のとき…27通り。18×29＝522のとき…18通り。したがって，(18＋27)×4＝180(通り)

(3)　ABCDのように4つの異なる数を並べかえる場合，AについてBCDの並び方が6通りあり，1111×(A+B+C+D)×6=106656より，A+B+C+D=16　したがって，組み合わせは(1, 5, 5, 5)，(2, 4, 5, 5)，(3, 3, 5, 5)，(3, 4, 4, 5)　例えば，(1, 5, 5, 5)の場合，色によっても区別するので4ケタの数の並び方は，6×4=24(通り)

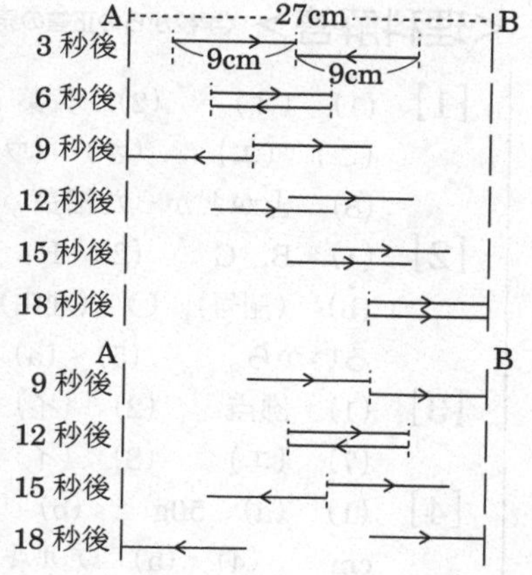

重要 [5]　(平面図形，図形や点の移動，速さの三公式と比)

PとQは1秒で1+2=3(cm)近づく。

(1)　(ア)　右図より，3秒毎の位置関係をもとにすると，図アのようなグラフになる。

(イ)　右図より，同様に，図イのようなグラフになる。

(2)　(ウ)　速さの関係は(1)の場合と同様である。5秒後，正方形Rは5cm，正方形Sは10cm移動するので図ウより，求める面積は4×6=24(cm^2)

(エ)　図ウにおいて，カキの横方向の長さについての変化は図アのグラフになり，シサの縦方向についての長さの変化は図イのグラフになる。したがって，これらのグラフが交わる点より，4.5秒後，13.5秒後に正方形ができる。

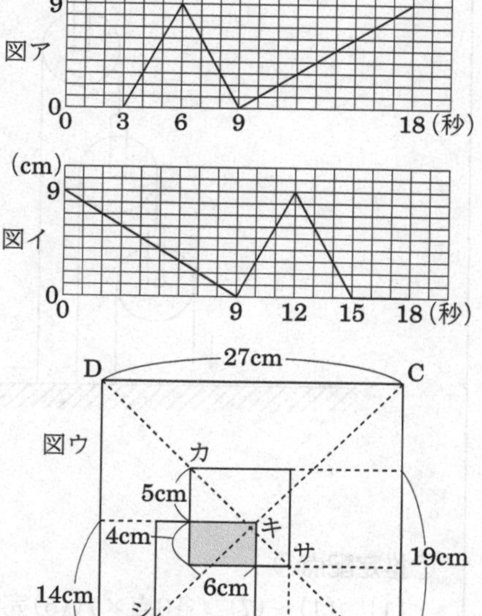

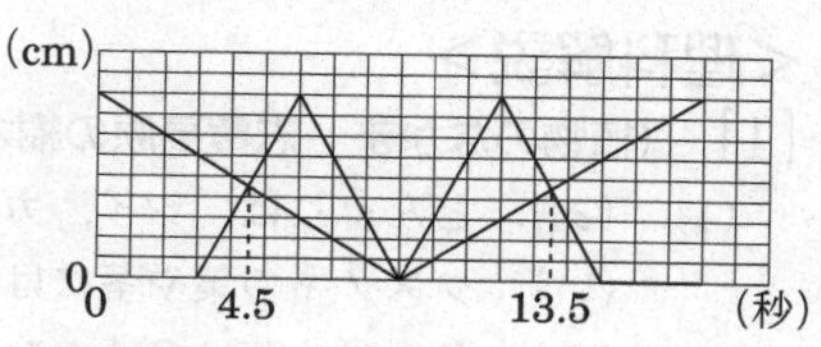

★ワンポイントアドバイス★

[1](2)「開催費と入場料」は惑わされやすいが実質は「ニュートン算」であり，これに気づくことがポイントである。[2]・[4](1)，(2)「数の性質・場合の数」は問題自体は難しくない。[5](2)(イ)は，問題文に有力なヒントがある。

<理科解答> 《学校からの正答の発表はありません。》

[1] (1) (オ) (2) 黄葉 (3) 12.1 (4) 150km (5) (け) (イ) (こ) (エ) (さ) (ウ) (6) 道管 (7) 子房がなく，胚珠がむき出しである。 (8) 上がとがった細長い円すいに近い形。

[2] (1) B，G (2) F (3) 太陽 (4) (a) (あ) (オ) (い) (イ) (b) (記号) ○ (理由) CやDと比べ，表面温度は近いが，絶対等級を見るとずっと明るいから。 (5) (a) (イ) (b) (オ)

[3] (1) 沸点 (2) (イ) (3) (ウ) (4) 融点 (5) 過冷却 (6) (ウ) (7) (エ) (8) (イ)

[4] (1) (a) 50g (b) 10cm (2) (ウ) (3) (a) 250g (b) 8 (c) 20 cm (4) (a) アルキメデス (b) 667kg (c) 下図

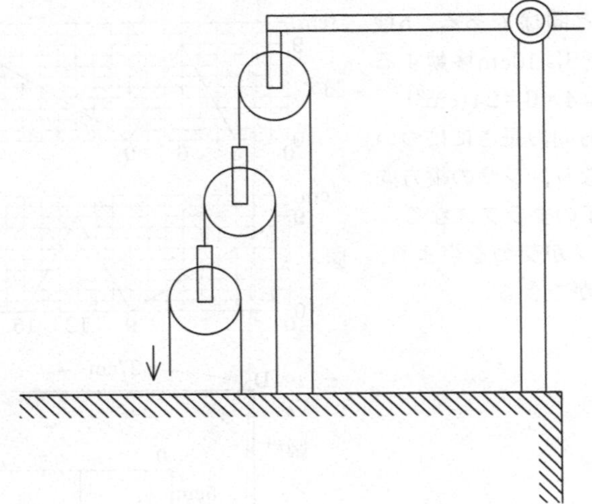

○推定配点○

[1] (1)～(7) 各3点×7((5)完答) (8) 4点

[2] 各3点×8((4)(b)完答) [3] 各3点×8 [4] 各3点×9 計100点

<理科解説>

[1] (植物のなかま―志賀高原の樹木)

(1) (あ) どんぐりは，シイ，カシ，ナラなどの樹木の硬くて丸い種子を指す語である。
(い) クスノキの葉や茎には，ショウノウという物質が含まれ，特有のにおいがある。
(う) 冬に咲く花は多くないが，ツバキやサザンカの赤色や白色の花が有名である。
(え) 春に花を咲かせ，秋には落葉するのは，選択肢ではサクラがある。
(お) ほうきを逆さにしたように，上の方ほど広がる樹形は，ケヤキなど落葉樹に多い。
(か) 臭い実を落とすイチョウは裸子植物で，実とよばれるのは果実ではなく種子である。

(2) 秋に葉を黄色に変えるのは，イチョウ，ポプラ，ケヤキなどがある。

(3) 高速道路を下りたところの標高が350mで，今いる場所の標高が1500mなので，標高差は1150mである。標高100mごとに気温が0.6℃低下するので，標高差が1150mの場合の温度の低下は，100：0.6＝1150：□ より，□＝6.9(℃)である。よって温度は，19.0－6.9＝12.1(℃)となる。

(4) 21.1℃と22.0℃の温度差は0.9℃である。また，南北方向の100mあたりの温度差は，0.6×0.001＝0.0006(℃)である。よって，求める距離は，100：0.0006＝□：0.9 より，□＝150000(m)＝150(km)となる。

(5) (け)，(こ)は，秋に色づくことから落葉樹であり，(け)が落葉広葉樹，(こ)が落葉針葉樹である。ダケカンバはシラカンバ(白樺)とともに寒冷な地方に多い樹木であり，秋には黄色に色づく。また，針葉樹はほとんどが常緑樹だから，カラマツはたいへん珍しい落葉針葉樹であり，秋には黄色に色づく。(さ)はさらに高山にあるので，表面積の大きい広葉樹では，からだの熱が失われやすく，環境に合わない。シラビソ，コメツガともに，常緑針葉樹である。

(6) 根で吸収した水を全身に運ぶのは道管である。葉で作られた栄養分が通るのは師管である。

重要 (7) 裸子植物の花は，子房がなく胚珠がむき出しである。また，花びらやがくがなく，昆虫が花に寄ってこないため，花粉は風によって運ばれる。マツやイチョウなどがある。

(8) 針葉樹の樹形は，上に行くほど狭くとがった円すいに近い形である。これは，雪が積もりにくい形である。さらに，葉が細いことで表面積が狭く，からだの熱を逃がしにくい。このように，針葉樹は寒冷な気候に適したからだのつくりを持っている。

[2] (星と星座—星の諸量と明るさ)

(1) 春の大三角は，スピカ(おとめ座)，アークトゥルス(うしかい座)，デネボラ(しし座，2等星)を結ぶ。夏の大三角は，ベガ(こと座)，デネブ(はくちょう座)，アルタイル(わし座)を結ぶ。冬の大三角は，ベテルギウス(オリオン座)，プロキオン(こいぬ座)，シリウス(おおいぬ座)を結ぶ。

(2) オリオン座のベテルギウスは，寿命に達した恒星であり，ときどき脈動して明るさが変化する様子が観測されている。近い将来に超新星爆発を起こす。

基本 (3) 全天で最も明るく見える恒星は，見かけの等級が−1.5等(マイナス1.5等)のシリウスといわれる。ただし，これは夜空に見える恒星のうちである。地球から最も明るく見える恒星はもちろん太陽であり，見かけの等級は−27等である。なお，絶対等級は＋4.8等である。

(4) (a) シリウスやアルタイルのように，表面温度が比較的高い恒星は白色に見える。また，ベテルギウスやアンタレスのように，表面温度が低い恒星は赤色に見える。

やや難 (b) デネブの表面温度は，表1ではCのシリウスとDのアルタイルの間である。それぞれ絶対等級は1.4等，2.2等である。ところが，デネブの絶対等級はそれらよりもずっと明るい−8.3等である。シリウスやアルタイルよりもおよそ10等級明るいということは，およそ10000倍明るいことを意味する。このことから，シリウスやアルタイルに比べ，表面積がおよそ10000倍，半径がおよそ100倍と推測することができる。

(5) (a) ポラリスは，その高度が観測地点の緯度と等しい北極星である。こぐま座にある2等星だが，昔から方角を知ることができる重要な星であった。どの季節も，北の空の同じ位置で，ほとんど動かない。なお，北斗七星はおおぐま座の一部，南斗六星はいて座の一部である。

(b) ポラリス(北極星)の見かけの等級は2等である。表2でポラリスの絶対等級は−3.7等であり，表1のスピカの絶対等級−3.5等に近い(ポラリスが少し明るい)。しかし，見かけの等級はスピカが1等で，ポラリスが2等で，ポラリスが暗く見える。これは，ポラリスがスピカよりも遠くにあるためである。よって，スピカの距離250光年より遠い選択肢が正解である。

[3] (状態変化—水の状態変化)

(1) 液体が内部から激しく気体になる現象を沸騰といい，沸騰が起こり始める温度を沸点という。

(2)　液体が過熱すると，急激に沸騰が始まり(突沸)，実験では危険がおよぶこともある。沸騰の状態にスムーズに持ち込むために，沸騰石を入れておく。(ア)(エ)では，むしろ突沸しやすくなる。(ウ)は沸点が100℃より少し上昇するが，過熱とは無関係である。

(3)　加熱しても水の温度が下がるのは，加えた熱量よりも吸収された熱量の方が多いためである。液体が気体になるときの状態変化に必要な熱量(気化熱)として吸収されている。

(4)　固体が液体になることを融解といい，そのときの温度を融点という。

(5)　不純物のないきれいな水を冷やすと，温度が0℃を下回っても凍り始めないことがある。この現象を過冷却とよぶ。この現象は，冷凍食品の製造などに応用されている。

やや難　(6)　図2で，1分あたりに失われる熱量を1とする。図2を読むと，水の温度が20℃から0℃まで下がるときに失われた熱量は2であり，0℃の水が凍って0℃の氷になるときに失われた熱量は8であり，0℃の氷が−40℃まで下がるときに失われた熱量は2である。設問の水や氷の重さを図2のときの水の重さと同じとすると，水の温度が50℃から0℃まで下がるときに失われた熱量は2×2.5＝5であり，0℃の氷が融けて0℃の水になるときに必要な熱量は8であり，−10℃の氷が0℃の氷になるまでに必要な熱量は2÷4＝0.5である。このことから，50℃の水が失った5の熱量のうち0.5は氷に与えられ，−10℃の氷はすべて0℃の氷になる。しかし，残った4.5の熱量では，氷をすべて融かしきることはできない。その結果，0℃の水と氷が混ざった状態となる。

(7)　大気圧は，その位置より上にある大気の重さである。そのため，標高が上がるほど大気圧は小さくなる。すると，水は水面から出て行きやすくなり，沸騰する温度は下がる。日時により変化するが，富士山頂の大気圧は630hPa前後で，水の沸点は87℃前後である。

(8)　氷はひもと接した部分で強い圧力を受ける。その部分が液体になるのは，圧力によって融点が下がったからである。そのため，周囲の氷と同じ温度でも，周囲は固体のままで，圧力を受けたところだけは液体となる。ひもが通過した後は，圧力がなくなるので，融点はもとに戻り，周囲の氷に冷やされた水は再び凍る。

[4]　(力のはたらき―滑車の組合せ)

(1)　(a)　動滑車により，ひもを引く力はおもりの重さ100gの半分で50gである。　(b)　動滑車により，ひもを引く長さはおもりの動いた長さ5cmの2倍で10cmである。

基本　(2)　(ア)と(イ)は，動滑車が1つで，あとは定滑車だから，ひもを引く力はおもりの重さ1kgの半分で0.5kgである。(ウ)は，動滑車が3つだから，ひもを引く力は1÷2÷2÷2＝0.125(kg)である。(エ)は，まず大きい動滑車で力が半分になり，さらに小さい動滑車で力が半分になるので，ひもを引く力は1÷2÷2＝0.25(kg)である。以上より，ひもを引く力は(ウ)<(エ)<(ア)＝(イ)となる。

(3)　(a)　装置0では，1つの動滑車に，おもりの重さ1kgの半分の0.5kgがかかる。ひもを引く力はその半分だから，0.25kg＝250gである。　(b)　ひもを引く力が100gのとき，1つの動滑車にかかる力は200gだから，棒に連結された動滑車の数は，2000÷200＝10(個)である。動滑車の数が2個の場合が装置0だから，動滑車の数が10個の場合は，装置8である。　(c)　(b)の場合はおもりの重さ2000gに比べて引く力100gは，20分の1になっている。そのため，引く長さはおもりの動き1cmの20倍となり，20cmである。

重要　(4)　(a)　アルキメデスは，古代ギリシアの科学者である。浮力の原理は，アルキメデスの原理として知られている。　(b)　棒のつりあいから，15×□＝10×2000　より，棒の左端にかかる力は，$□=\frac{4000}{3}$(kg)である。棒の左端の下にある動滑車のはたらきにより，引く力はその半分で$\frac{2000}{3}=666.6\cdots$ で，四捨五入により667kgとなる。 (c) 動滑車を直列につなぐことで，力を1つごとに半分にすることができる。引く力を最も小さくするには，(2)の(ウ)のような形につなげばよい。このとき，力は8分の1で済むが，8倍の長さを引く必要がある。

★ワンポイントアドバイス★

細かな知識が問われているようでも，問題文や図表の中に考える材料が与えられていることが多い。有効活用して，的確に答えを導き出そう。

＜社会解答＞《学校からの正答の発表はありません。》

[1] 問1 (1) 稲作 (2) 保元 (3) 火薬 (4) 横須賀
問2 イ 問3 ア 問4 ウ 問5 ウ 問6 エ 問7 ア 問8 ウ
問9 ア 問10 イ

[2] 問1 ウ 問2 ア 問3 傘 問4 勝者 問5 人間 問6 オ

[3] 問1 ア 問2 イ 問3 ウ 問4 ウ 問5 アイデンティティー

[4] 問1 (1) 武蔵(国) (2) 山梨(県) 問2 ウ 問3 オ 問4 オ
問5 ウ 問6 ア 問7 エ 問8 ア 問9 イ 問10 イ 問11 ウ
問12 (例) 三輪山が御神体 問13 (例) 横浜市港北区は，東京に通勤する人のベッドタウンであるから。

○推定配点○

[1] 各3点×13 [2] 各3点×6 [3] 各2点×5
[4] 問12 4点 問13 5点 他 各2点×12 計100点

＜社会解説＞

[1] (日本の歴史―「飛び道具」を題材にした日本の通史)

問1 (1) 稲作は，弥生早期には大陸から伝わり，次第に本州北部まで広がった。 (2) 保元の乱は，1156年7月に起こった内乱。皇室内部では崇徳上皇と後白河天皇との，摂関家では藤原頼長と忠通との対立が激化し，崇徳・頼長側は源為義，後白河・忠通側は平清盛・源義朝の軍を主力として戦ったが，崇徳側は敗れ，上皇は讃岐に流された。 (3) 火薬は衝撃や化学反応で激しい燃焼反応をおこす物質で，火砲の弾丸発射用などに利用される。中国で発明され，火器に利用されるようになった。 (4) 横須賀は，神奈川県南東部の都市。三浦半島の東岸，東京湾の入口に位置する。1865年幕府が洋式造船所を着工，1877年には海軍港に指定され，鎮守府や工廠などの海軍施設が増加した。

問2 A 縄文時代は現在よりも少し温暖で，海面の高さは約2m高かったと推定される。関東平野では，荒川や江戸川の谷に沿って内陸部まで海が進入し，細長い内湾を形成した。 B 弓矢は，日本では，土器の使用開始と同じころに出現する。縄文時代の鏃(やじり)は打製石鏃が中心で，1～3cm，2g未満の小型のものが多く，主に小型動物の狩猟用として使用された。

問3 旧石器時代は，打製石器を主に使用し，土器出現以前の主に狩猟・採集生活をしていた時代。

基本 問4 671年に天智天皇が死去すると，その翌年，大友皇子の近江朝廷側と吉野の大海人皇子とが皇位をめぐって対立，内乱となった(壬申の乱)。大海人皇子は東国の軍隊を動員して大友皇子を破り，673年に即位して天武天皇となった。ア—『後漢書東夷伝』ではなく，『魏志倭人伝』。イ—ワカタケル大王は，雄略天皇に比定されている。仁徳天皇，雄略天皇が争ったという事実はない。エ—「唐・百済の連合軍」ではなく，「唐・新羅の連合軍」。

問5 『古今和歌集』は，905年，醍醐天皇の命で，紀貫之，紀友則らによって編纂された最初の勅撰和歌集。ア—桓武天皇に平安京造営の中止を提案したのは藤原緒嗣。菅原道真は遣唐使派遣の中止を宇多天皇に提案した。イ—聖武天皇が墾田永年私財法を発布したのは奈良時代中期の743年。エ—「院政」ではなく「摂関政治」。

やや難 問6 弘安の役(1281年)は，2度目のモンゴル襲来事件。1279年に南宋を滅ぼしたフビライは日本再征を決意し，1281年に日本遠征出発の命を下した。遠征軍は，モンゴル人・漢人3万と高麗人1万の計4万の東路軍と，南宋の降兵を主体とする10万の江南軍に分けられた。ア—六波羅探題は，1221年，承久の乱の後，朝廷監視を主な任務として設置された。イ—『太平記』ではなく，絵巻物である『蒙古襲来絵詞』を書かせた。ウ—防塁は，博多湾沿いを中心に設置された。

基本 問7 士農工商の四民平等とされたのは明治時代。江戸時代は，武士と百姓が結婚することは一般に認められていなかった。

問8 明治政府は，1871年，廃藩置県を実施し，藩を廃止して，府県を設置した。当初は，302県，3府(東京府，京都府，大阪府)であったが，県は次第に統合されていった。ア—「検地帳」ではなく，「地券」。イ—「県令」ではなく，「知藩事」。エ—太陰太陽暦を改め，太陽暦を導入。

重要 問9 ウ(1941年12月8日)→エ(1942年6月3～5日)→ア(1945年4月1日)→イ(1945年8月8日)。

問10 1955年11月15日，自由党と日本民主党が合同して自由民主党を結成。初代総裁は鳩山一郎。ア—1951年。ウ—1960年。エ—1850年。

[2] (政治—「核兵器」を題材にした国際政治，時事問題，日本国憲法など)

問1 「一帯一路」は，中国の習近平国家主席が推進している経済・外交圏の構想。中国からヨーロッパを結ぶ「シルクロード経済ベルト」(一帯)と，中国沿岸部から東南アジア—インド—アフリカ—ヨーロッパを海路で結ぶ「21世紀海上シルクロード」(一路)からなる。経済政策やインフラ，投資・貿易などの分野で，交易の拡大や経済の活性化をはかることがねらいである。冷戦とは無関係。

やや難 問2 中距離核戦力(INF)全廃条約は，アメリカ合衆国とロシア(締結時はソ連)の間で結ばれていた核軍縮に関する条約。射程500～5500キロの中距離核戦力を全面的に禁止。1987年の両国首脳会談で署名され，翌1988年に発効した。核兵器の削減を決めた初めての条約で，これにより地上配備の中距離核ミサイルが欧州から撤去されたが，2019年2月ロシアの地上発射型巡行ミサイルの配備に反発して，アメリカ合衆国が破棄を通告。同年8月に失効した。

問3 「核の傘」は，核兵器をもたない国が，大国の核抑止力に依存している状況をさす言葉。アメリカ合衆国の核抑止力に依存している日本にも当てはまる。

重要 問4 1985年11月21日，アメリカ合衆国のレーガン大統領とゴルバチョフ・ソ連書記長は，「ジュネーブ首脳会談に関するソ連・アメリカ合衆国共同声明」を発表。安全保障については，「両国は主要な安全保障問題を議論し，ソ連とアメリカ合衆国は平和維持のための特別な責務を意識し，核戦争に勝者はありえず，核戦争は決して戦われてはならないということに合意した。両国間のいかなる衝突も壊滅的結果をもつことを認め，核であろうと通常であろうと，両国間の戦争を防止する重要性を強調した。両国は軍事的優位の達成を求めない」と述べられている。

問5 1981年2月25日に教皇ヨハネ・パウロ2世が発した「平和アピール」は，「戦争は人間のしわざです。戦争は人間の生命の破壊です。戦争は死です。この広島の町，この平和記念堂ほど強烈に，この真理を世界に訴えている場所はほかにありません。」というメッセージで始まる。

重要 問6 日本国憲法前文は，日本国憲法の条文の前にある文章。国民主権の下で初めて基本的人権が成り立つという関係に立脚し，国民主権と基本的人権が広義の民主主義の両輪として機能することが，「人類普遍の原理」と位置付けられている。また，人間の自由及び平和的生存は，「恒久の平和」の実現によって確保されるのであり，平和主義は基本的人権及び国民主権と密接な関係にあることを述べている。

[3] (政治―国際政治，日本の政治のしくみなど)

問1 ダイバーシティは，多様性の意味で，性別や国籍を問わず企業や公共機関が多様な人材を採用，登用すること。人種問題や女性の台頭を受けてアメリカ合衆国の企業がこの考えを最初に取り入れたが，女性の昇進が遅い日本でもこれが強調されるようになった。イ―国際的。ウ―世界的。宇宙的，エ―多数派。

問2 労働条件の改善は，国際労働機関(ILO)の主な活動内容。

やや難 問3 法務省は，英語では，「the Ministry of Justice」である。

問4 宗教上の理由で肉を食べない人に，肉を用いた料理をふるまうことは，やってはならないことで，異文化理解の方法としては最悪である。その人の宗教を尊重することが強く求められる。

問5 identity(ID)は，日本語では，自己同一性，自我同一性，主体性などと訳される。

[4] (日本の地理―神奈川県を題材にした日本の自然，産業，都市など)

問1 1 武蔵は旧国名の一つで，大部分は現在の東京都・埼玉県のほぼ全域と，神奈川県の北東部に相当する。 2 道志村は山梨県南東部，相模川の支流である道志川の流域にある村。丹沢山地北部の山稜に囲まれ，道志川に沿って集落が点在する。釣り場，峡谷美に恵まれ，民宿も多い。

問2 写真の右側に海，左側に陸地が写っていることなどから，ウから撮影したものと判定できる。

基本 問3 倉敷市は，岡山県南西部，瀬戸内海沿岸の高梁川河口付近にある商工業都市。明治時代以降，紡績業が発達し，第二次世界大戦後は高梁川河口の水島地区に工業用地が整備されて，製鉄，石油化学コンビナート，自動車工場などが立地している。よって，Ⅱである。高岡市は，富山県北西部，砺波平野北部，庄川の下流左岸に位置する都市。伝統的な工芸品として銅器，漆器，仏壇などがあり，近代工業としてアルミニウムサッシや家庭用品のアルミニウム成型などの工場がある。よって，Ⅲである。千歳市は，北海道，石狩平野南部に位置する都市。北海道の空の玄関口である新千歳空港が立地する。工業では1989年道央テクノポリスに指定され，IC，電気機器などの生産が盛んである。よって，Ⅰである。

問4 開聞岳は，鹿児島県，薩摩半島の南端に位置する成層火山。この火山の北東に蒸し風呂で有名な指宿市，近隣の枕崎港はカツオの一本釣り，鰹節の生産で有名である。よって，「う」である。利尻岳は，北海道北部，利尻島にある成層火山。利尻島はウニ，コンブの生産で有名で，隣接する礼文島などとともに，利尻礼文サロベツ国立公園を構成する。よって，「あ」である。鳥海山は，秋田・山形の県境に位置する成層火山。南部の山麓には，日本三急流に数えられる最上川が流れ，その下流域には庄内平野が広がっている。よって，「い」である。

問5 石狩鍋では，サンマではなく，通常，サケが用いられる。

問6 一般に，春に出回るキャベツは，秋に出回るキャベツに比べ柔らかく，サラダなど生食に向くとされる。

問7 小樽市は，北海道西部，石狩湾に面する港湾・商業都市。かつては石狩炭田の石炭積出港として発達。また，サハリン(樺太)や大陸との貿易で栄えた。新潟，敦賀などとの間にフェリー航路が開かれている。よって，エである。なお，アは長崎市，イは下関市，ウは神戸市。

やや難 問8　砺波平野は，富山県西部，庄川，小矢部川の扇状地性の平野。家屋が島のように点在する散居村の景観は有名で，スギ，ケヤキなどの垣入(かいにょ)とよばれる屋敷森に囲まれた農家が100～200m間隔で点在している。よって，Ⅰは正しい。真鶴半島は，神奈川県南西部，相模湾に突出している全長3kmほどの小半島。魚付保安林および県立自然公園として保護されており，クロマツのほか，暖帯性のクスノキやスダジイなどの原生林となっている。また，黒潮系の沿岸流により魚介類に恵まれ，北側に真鶴港，南側に福浦港がある。よって，Ⅱは正しい。

基本 問9　扇状地の中央部(扇央)は，堆積した砂礫の粒が大きく，水もちが悪い。このため，水田には向かず，果樹園に利用されることが多い。

問10　天竜川，豊川から取水した豊川用水によって，渥美半島はキャベツやキクの大産地になった。一方，矢作川から取水した明治用水は，岡崎平野を灌漑している。

問11　親鸞は，阿弥陀仏による救済を信じる心によってのみ救われると説き，絶対他力の立場から，極楽に往生するためには，自我を没して，ひたすら阿弥陀仏にすがらなければならないとし，悪人正機説を唱えた。ア―空海ではなく，最澄。イ―空也ではなく，一遍。また，浄土宗ではなく，時宗。エ―他力本願ではなく，自力本願。

やや難 問12　大神神社は，奈良県桜井市にある神社。三輪山に対する原始信仰に発し，この山を御神体として礼拝する。神殿をもたない社は有名である。

やや難 問13　港北区は，横浜市北部の区。多摩丘陵の鶴見川中流域にある。近郊農業地域であったが，東急東横線沿いは急速に宅地化され，隣接区とともに港北ニュータウンとよばれる住宅地域を形成している。このため，東京方面に通勤する人が多い。なお，Ⅰは厚木市，Ⅲは箱根町である。

★ワンポイントアドバイス★

「一帯一路」，「ダイバーシティ」のような時事的な用語が多く問われている。
よって，テレビや新聞を意識して見たり，読んだりすることが強く求められる。

<国語解答>《学校からの正答の発表はありません。》

一　①　忠臣　②　至上　③　形勢　④　景勝　⑤　有志

二　①　むし　②　かく　③　なま　④　のき　⑤　つぶ

三　問一　A　ウ　B　エ　C　イ　問二　ウ　問三　オ　問四　エ
問五　(例)　滝田徹という存在から解放してくれるチョッキーとの別れを想像して，泣きたくなるほどのさびしさがこみ上げてきたから。　問六　(例)　本音を言わなかった
問七　エ　問八　(例)　自分に自信がなくて本音を言えなかったことが彼女との別れの原因であり，これからはチョッキーの中に逃げずに自分と向かい合い，自信を持って生きていくべきだということ。

四　問一　A　イ　B　オ　問二　ウ　問三　オ　問四　ウ　問五　ウ
問六　(例)　当該社会を現在から理解しようする観点。　問七　エ　問八　(例)　「妖怪」に関する信仰的知識が，信仰の枠を超えて人々の想像力を刺激して，妖怪を楽しむ豊かな文化が創り出されたということ。

○推定配点○
一　各3点×5　二　各3点×5
三　問一　各3点×3　問五・問八　各12点×2　他　各6点×5
四　問一　各3点×2　問六　9点　問八　12点　他　各6点×5　計150点

＜国語解説＞

重要 一 (漢字の書き取り)

① 自分の主君に対して，真心を持って仕える家来のこと。「四十七人の忠臣」とは，「忠臣蔵」のことである。　② これ以上がないという意味。「勝利至上主義」とは，勝つこと以上に重要なことはないという考え方である。　③ ここでは，試合のそのときの状況のこと。「形成」の場合，形づくることという意味になる。　④ 景色が優れていること。景色が優れている場所が「景勝地」になる。⑤ ここでは，一緒に物ごとを行おうとする気持ちを持つ人々。「勇士」の場合，勇ましくて強い人という意味になる。

重要 二 (言葉の知識)

① 「虫」という言葉を用いる表現はさまざまなものがある。「虫の知らせ」は，何かが起こりそうだと根拠もないのに感じること。「虫がいい」は，身勝手な様子。　② 「かく」を漢字にすると,「事欠く生活」である。反対に，間に合っている場合,「事足りる」となる。「二万円もあれば事足りる」などと表現する。　③ 「なま」を漢字にすると,「生半可」である。「生」には，中途半端という意味がある。その意味で,「生兵法(なまびょうほう)」「生返事」などの言葉がある。　④ 「のき」を漢字にすると,「軒を並べている」である。「軒」とは，屋根の下の，建物よりも外にはみ出している部分。　⑤ 「つぶ」を漢字にすると,「粒ぞろい」である。多くの中から優れたものを選ぶことを「粒選(つぶよ)り」ともいう。「粒選りの選手がそろった」などと表現する。

三 (物語－主題・心情・場面・細部表現の読み取り，記述，ことばの意味)

基本 問一　A 何ごともなく平気な様子という意味で,「こともなげに」という言葉が使われている。同じ意味で「こともなげに」が用いられているのは，ウである。転んでも，何ごともなく平気な様子で男の子が立ち上がって，走り去っていったという文脈になる。アの「泣きじゃくってい(た)」，イの「故郷に戻れず」，エの「立ち尽くす」は，そもそも何ごともない様子ではなく,「こともなげに」という言葉がつながらない。オは「こともなげ」が名詞のように用いられていて，おかしい。　B 「比類のない」とは，比べるものがないほどすばらしいという意味。波線部Bは，アヒルの中に入る解放感が他に比べようもないほどすばらしいという文脈で使われている。同じような意味で「比類のない」が使われているのは，エ。数々の名作を世に送り出した彼の才能が他に比べようもないほどすばらしいのだ。アの場合，ふつうは「忌憚(きたん)のない意見」となる。遠慮することのない意見という意味。ウは，一切の財産を失ったのだから，比べようもない良いものを食べられるはずがない。オも，怒られてすばらしい表情にはならない。　C 「ありありと」とは，はっきりと様子が現れていること。波線部Cでは,「あの日の光景」がはっきりとよみがえっていたという文脈である。正解は，イになる。イでは，近未来の都市の様子がはっきりと現れているのである。アは,「ありとあらゆる人」の誤用だと思われる。「ありとあらゆる」は，すべてという意味である。ウは「ありありとした鮮やかな色づかい」とあるが，このような言葉の使い方はしない。エも，おかしい。「ありありと」は「かわいがっている」という言葉につながらない。オの「ありありと登校」も，表現としておかしい。

問二　傍線部①前後を解答の手がかりにして，考えることができる。滝田は，兵頭がチョッキーの頭部を手に取ったり，すでに中に入っていたりする様子を思い浮かべて，マウスを握る手に力を込めているのである。傍線部①以降には，チョッキーがかけがえのない存在であり，ちゃんと説明して，チョッキーを取られないようにすべきだったとの滝田の思いも書かれている。つまり滝田は，自分以外の人にチョッキーを取られてしまった状況を思い浮かべ，もっとはっきり言えばよかったと後悔しているのである。以上の様子をおさえ，選択肢の内容を分析する。「自分以外の人間がチョッキーの中に入ることを思い浮かべて」「強く言えなかったこと」「悔やんでいる」とある，ウが正解になる。アは「自分の努力が徒労に帰すことへの怒り」とあるが，おかしい。滝田の悔しさについても述べられていない。イは「チョッキーに対する罪悪感」とあるが，文章中で明らかに読み取れる滝田の悔しさが書かれていない。エ，オも，滝田の悔しさが書かれていない。

問三　傍線部①から傍線部②までには，浜田と水谷のチョッキーに対する思いを聞いて落ち着かなくなった滝田徹の様子が書かれている。傍線部②以降には「今後はもしかしたら，チョッキーとの関係に，大きな違いが生じるかもしれない」「この現状が……松島豊への関心を引き起こしているのだろう」とある。これら前後の状況をふまえると，チョッキーに対して落ち着きを失った滝田徹は，今後のチョッキーとの関りを考えるためにも，アヒルを始めた水谷の状況を聞きたかったのだとわかる。このようにおさえて，選択肢の内容を確認する。解答は「チョッキーのこと……居ても立ってもいられず」「松島豊とアヒルとの関係性を知る」「チョッキーとの関りが見えてくるかもしれないと思った」とある，オになる。アは「気持ちをぶつけられるのは目の前の松島豊ぐらい」とあるが，おかしい。ただ気持ちをぶつけたいのではない。イは，松島豊とアヒルとの関係を参考にするという点は正しいが，落ち着きがなくなった滝田徹について書かれていない。滝田徹の様子が書かれているオの方が正しい解答になる。ウは「つらさを乗り越えて少しでも前向き」とあるが，チョッキーとの関りを見つめ直すことについては書かれていない。エは「共感」とあるが，松島豊に共感を求めているのではない。

問四　傍線部③以降に，松島豊が理由を話している部分がある。滝田徹の「それが，続けている理由か？」という言葉を目印に，理由の中心になる内容をおさえる。松島豊は，誰もしゃべっていないと自分が求められているような気持ちなってしまうのだ。言いかえると，自分が話すことを求められていると，つい考えてしまうのだ。だが，アヒルの中に入っていると，黙っていられる。黙っていられるという状態は，松島豊にとって，気楽なものなのである。以上が，松島豊が語る，理由である。「沈黙が続くと……何かを話さなければならないとつい考えてしまう」「アヒルに入っている間は無理に話さなくてすむ」とある，エが正解になる。アは，エの表現に比べると具体的な表現に欠けている。イは「沈黙に耐えられる滝田徹のような人になりたい」とあるが，おかしい。松島豊が述べている内容に合わない。ウは「自分の苦手な沈黙に慣れる貴重な機会」とあるが，おかしい。松島豊が言う，アヒルの中が気楽だという話に結びつかない。オは「滝田徹がチョッキーに入っている生き生きとした姿を見て」とあるが，松島豊が話す理由に合わない。

重要 問五　傍線部④以前の部分に，滝田徹の動揺の原因が書かれている。その部分をおさえて，書くべき内容をまとめる。松島豊との会話で，滝田徹は気づいた。チョッキーの中にいると，滝田徹という存在から解放されるということに。そしてまた，一生チョッキーと一緒にいる訳にはいかないかもしれないことに。つまり，滝田徹という存在から解放してくれるチョッキーと，いつかは別れが来るかもしれないことを，想像したのだ。そのとき，滝田徹は，そばにいないはずのチョッキーのぬくもりを感じ，また，泣きたくなってしまった。泣きたくなるほどのさびしさを感じたのだ。そのさびしさを感じて，滝田徹は「あ，ああ……」と声を出しながら，動揺した。以上の展開をおさえて，書くべき内容をまとめる。記述の際には，「滝田徹という存在から解放してくれる／逃げ場所になってくれる」＋「チョッキーとの別れを想像した」と心情の理由になる部分を書き,「泣きたくなるほどのさびしさがこみ上げてきた」という心情を続け，最後は「から。」で終わらせる。

基本 問六　傍線部⑤を読み進めていくと,「たった今気づいたそんな思い」という表現がある。滝田徹は，彼女の「そんな顔」について考え，「そんな思い」に気づいたのだ。それは，「そんな思い」の直前に書かれているように，「もしかしたら，あの日……『本音』だったのだろうか」ということ。つまり，滝田徹は，あのとき本音を言うべきだったのではないかと考えたのだ。そして「彼女」は，自分(滝田徹)が本音を言わなかったので,「そんな顔」をしたのだと考えた。以上の点をふまえて，設問内の文の空欄に当てはまる形で答える。

やや難 問七　文章中には，滝田徹の言葉，松島豊の言葉，そして，滝田徹の心に思い浮かべた言葉が書かれている。心の中の言葉は，もちろん松島豊には聞こえていない。そのため，滝田徹の発言が誤解して受け止められた可能性には注意したい。傍線部④直後に「あまり無理するなよ」「気を遣って，俺に調子を合わせなくてもいいんだぜ」という松島豊の言葉がある。松島豊は，定刻通りに帰らずに会社に残り続ける滝田徹が，気を遣って自分に話しかけていると思ったのだ。その後の松島豊との会話の中で，滝田徹はチョッキーと自分との関係について気づきがあった。また，別れた「彼女」についても気づきがあった。だが，それは会話では口にしていない。むしろ，「お前が僕と，すでに二年間交際しているとして」などと発言して，松島豊を困惑させている。さらに，傍線部⑥よりも少し前。滝田徹が勤務時間を完璧に守り通し続けてきたことを，松島豊が指摘している。以上の点をおさえると，気遣ってくれている滝田徹に対して，松島豊は困惑しており，いつも通りに早く帰った方が良いと考えていたことが類推できる。そのため，「気遣い」「速やかに帰ってもらいたい」とある，エが正解になる。アは「彼女」のことが書かれているが，松島豊は「彼女」のことが話題になっていたことに気づいていない。イは，滝田徹が空気のような存在からリアルな存在になったと書かれているが，そのような様子は読み取れない。むしろ，文章の最後の方にあるように，滝田徹は以前から会社内でみんなに知られている存在なのだ。ウは「本質的な疑問」とあるが，滝田徹が本質的な疑問を持っているのかどうか，松島豊がわかっているとは思えない。オは「このままでは気がすまない」とあるが，滝田徹に対して松島豊がいらだちや怒りを抱いているような様子は読み取れない。

問八　文章全体から，チョッキーのこと，彼女との別れのこと，自信を持って生きていくべきだということ。これらが滝田徹の気づきであることをおさえたい。チョッキーに関して，問五で考えたように，滝田徹は自分自身から解放してくれるチョッキーといつかは別れなければならないと気づいた。また，彼女との別れに関しては，問六などで考えたように，自分が本音を言えなかったことが別れの原因だと気づいた。本音が言えなかったのは，傍線部⑥以降にあるように，自分に自信がなかったため。傍線部⑥で松島豊は滝田徹に「自信を持て」と語った。その言葉を受けて滝田徹は，傍線部⑦直前にあるように,「松島豊の意見を参考にしよう」と考えるようになった。つまり，自信を持って生きていくべきだということも，滝田徹は気づいた。以上の点をおさえて，記述する。記述の際には「本音を言えなかったのが別れの原因」＋「チョッキーの中に逃げ続けることはできない」＋「自分と向かい合うべきだ／自信を持つべきだ」という内容を中心にまとめる。

四 (論説文―要旨・理由・細部表現の読み取り，記述，ことばの意味)

問一　A「動員」は何か物を集めることを意味しており，波線部Aでは，様々な知識が集められている。同じように，何かを集める意味で「動員」が使われているのは，イである。イでは五感が集められているのだ。アは，役割を与えているため，「動員」という言葉は使えない。ウは「店員(従業員)」の間違いだと思われる。エは「転居」などの言葉が正しいと思われる。オは思い出されたという意味になるが,「動員」という言葉は使えない。　B 「温床」は,波線部Bでは,ある結果が生み出しやすい環境を意味している。波線部Bの文脈では,信仰的知識がエンタテイメントとしての妖怪を生み出す温床となっていたという文脈である。同じように,ある結果を生み出しやすい環境という意味で使われているのは,オである。アは「使用した」などの言葉が当てはまりそうだが,「温床」は使えない。イは「他人」などの言葉が当てはまりそうだが,「温床」は使えない。ウは「参考」などの言葉が当てはまりそうだが,「温床」は使えない。エは「成果」などの言葉が当てはまりそうだが,「温床」は使えない。

基本　問二　傍線部①から先に読み進め,筆者が「妖怪」という言葉の定義をしようとした理由を探す。傍線部②よりも前には「このように,議論を……」で始まる段落があり,そこに解答の手がかりが見つかる。段落内には,議論を成り立たせるためには,用語や概念の定義が求められるとある。そもそも,用語や概念について共通の認識がないと,話し合いにならないのだ。だから,筆者も「妖怪」という言葉の定義を求めたと,この部分から読み取れる。また段落内に,日本の人文科学では議論の前提となる定義を行おうとしない傾向が強いと書かれている。だからこそ,筆者が自ら「妖怪」という言葉の定義をしようとしたのだと,そういうことも読み取れる。以上から,定義することに前向きでない日本の人文科学の中で,「妖怪」について議論をするためには必要だと思い,筆者が妖怪の定義をしようとしたと判断できる。同じような内容は,ウである。アは「その存在を信じてもらうためには」とあるが,おかしい。信じてもらうことを目的にしているのではない。イは「妖怪と神との区別がつけられず,議論の妨げにある」とあるが,これもおかしい。妖怪と神との区別だけが,定義することが必要となる理由ではない。エは「妖怪の特徴を見極めるためには」とあるが,議論をするために定義が必要だという,文章の内容に合わない。オも,議論をするために定義が必要だということにふれていない。

重要　問三　傍線部②以降に,「妖怪」を取り上げることになった理由が書かれている。そこをおさえて,解答する。「私が専門とする……」で始まる段落内には,文化を多様な側面から構成された統合体として,その全体像を書き出すことに筆者が苦労してきた様子が書かれている。そして,次の「しかしながら……」で始まる段落には,一度に全体を描き出すことは難しいから,自分の好みからアプローチ,つまり研究対象に接近すべきだということが書かれている。筆者の場合,その好みが妖怪だったのだ。以上の点をおさえて,選択肢を分析する。「直接全体像をつかむのは不可能」「まずは自分の興味に応じて,妖怪という側面から」とある,オが正解になる。アは,傍線部②以降に筆者が書いた,妖怪を取り上げた理由にあわない。イのフィールドワークが難しい状況は,妖怪を取り上げた理由にあわない。ウは文化人類学の文化の全体像を把握しようとする試みとの関係が書かれていない。エは「妖怪こそが文化の普遍性を明らかにできるものだ」とあるが,「好みにあった側面からアプローチする」という文章の内容にあわない。

問四　傍線部③直後に「それを信じている人びとには『理にかなった説明』」とある。また傍線部③前後の説明から,「それ」を信じるのに役立つのは「超越的・信仰的知識」だとわかる。傍線部⑤以降には,いくつかの具体例があげられているが,その具体例から,最初から最後まで「信仰的知識」で判断する人にとって,それは「怪異・妖怪現象」として正しいものだったのだとわかる。文章の最後の方にも,「昔は相対的に『信仰的知識』で説明しようという傾向が強かった」とある。昔,信仰的知識で判断した人にとって,「ぬりかべ」は「怪異・妖怪現象」でしかなかった。そのような事情を筆者は尊重しているのである。「その現象を信じていた当時の人々」「合理的なこと」とある,ウが正解になる。アは「『妖怪』として幅広く研究の対象にしたい」とあるが,おかしい。昔の人にとって合理的な判断であることが述べられていない。イは,「ぬりかべ」を妖怪から排除したくないという意味になるが，文章の内容にあわない。エは，「ぬりかべ」が擬人化されがちだとあるが，おかしい。文章には，水木しげるが絵画化した様子が書かれていたが，設問で求められていることにはあわない。オは「共通する視点を設定する」とあるが，「ぬりかべ」を「妖怪」と見なす話に関係がない。

基本 問五　【中略】前後の段落で，それぞれの知識について，定義を読み取ることができる。「科学的知識」とは，【中略】よりも前の段落内にあるように，科学的根拠をもつといえる知識のこと。「非科学的な道具的知識」とは，これも【中略】よりも前の段落内にあるように，科学的根拠のない習慣的な知識のこと。文章中では，ゴキブリやアリの具体例があった。栄養があるかもしれないが，私たちの社会では習慣的に食べないのだ。そして，「信仰的知識」は【中略】よりも後に書かれた「超越的もしくは神秘的存在や力を前提とした知識」のこと。以上の点をおさえて，A～Cを細かくみる。Aの「急いては事をし損じる」は，科学的根拠がある訳ではない。超越的もしくは神秘的存在の影響を受けている訳でもない。習慣的に，急ぎ過ぎると失敗すると認識したのだ。Aは「非科学的な道具的知識」と結びつく。Bの「つばめが低く飛ぶと雨が降る」は，生物を観察した科学的根拠に基づく。そのため「科学的知識」に結びつく。Cの「来年のことを言うと鬼が笑う」は，鬼という「超越的もしくは神秘的存在」が出てくることからも，「信仰的知識」に結びつく。解答はウになる。

問六　「観点」とは，ものごとを見たり考えたりするときの立場のこと。この設問では，どのような立場から，分析を行ったのかを答えるのである。傍線部⑤には「このように分析された」とある。そのため，「このように」の前に指す内容があると考えて，解答の手がかりを探していくと良い。「ここで大切なことは……」で始まる段落には「今日の観点」ということをしっかりと自覚すべきだと書かれている。今日，つまり，現在から私たちは「科学的知識」「非科学的な道具的知識」「信仰的知識」という概念を持ち込んで，分析を行っているのである。「現在から理解しようとする／今日からとらえようとする」という内容を中心にまとめると良い。

問七　傍線部⑥以降の展開を正確におさえて，選択肢を比較することで正解を見出す。「第一段階では……」で始まる段落には，この人が「信仰的知識」に照らし合わせて，黒い影を「怪異・妖怪現象」と判断した様子が書かれている。その後,「しかし，幽霊が出た……」で始まる段落には，この人が落ち着いて，よく見て，「科学的知識」「道具的知識」を改めて動員して，この現象は枯れ尾花が揺れていただけだと理解した様子が書かれている。以上の点をおさえて，選択肢を分析する。解答は「はじめは信仰的知識によって幽霊だと理解」「見直したことで」「枯れ尾花であって幽霊ではないと思うようになった」とある，エになる。アは「信仰に近い気持ちを生じさせる」「興奮がさめてしまった」とあるが，おかしい。「幽霊→枯れ尾花」ととらえ方が変化した状況にあわない。イは「寂しい気持ちを一人で噛みしめながら」とあるが，おかしい。文章中には「寂しい道」とあるが，この人が寂しい気持ちだったとは書かれていない。ウは「科学的・道具的知識」を，この現象に直面していた短時間で手に入れたことになる。おかしい。オは「信仰的知識に照らし合わせて幽霊など存在しないと気づき」とあるが，おかしい。この文章内では，信仰的知識によって，幽霊の存在を確認しているのである。

やや難 問八　文章最後の段落の内容を中心にして，まとめることができる。「信仰的知識」としての「妖怪」に関する文化があり，それが信仰という枠組みを越えて，人々の想像力を刺激したのである。そうしたことにより，エンタテイメント，つまり娯楽として妖怪を楽しむ豊かな文化が生み出された。以上の点をまとめるとよい。記述の際には，「妖怪に関する信仰的知識」＋「信仰という枠組みを越えて，人々の想像力を刺激」＋「妖怪を楽しむ豊かな文化が創り出された」という内容を中心にする。

★ワンポイントアドバイス★

難度が高い選択式問題が出題されている。文章内の解答の手がかりになる部分と選択肢の内容を十分に見比べて，正解となる選択肢を見つけて欲しい。選択式問題への取り組みは，合否を左右する。

第2回

2022年度

解答と解説

《2022年度の配点は解答欄に掲載してあります。》

＜算数解答＞《学校からの正答の発表はありません。》

[1]　(1)　$1\frac{5}{6}$　(2)　$21\frac{9}{11}$，$54\frac{6}{11}$　(3)　28個以上

[2]　(1)　使ったカード　385枚　30のカード　2枚　(2)　127　(3)　887
(4)　ア　24　イ　23

[3]　(1)　$7\frac{1}{3}\text{cm}^2$　(2)　$14\frac{2}{3}\text{cm}$　(3)　2cm　(4)　$\frac{2}{3}\text{cm}$

[4]　(1)　2分前　(2)　1：2　(3)　8分15秒　(4)　ア　5　イ　50

[5]　(1)　解説参照　4cm^2　(2)　$333\frac{1}{3}\text{cm}^3$　(3)　12面，375cm^3

○推定配点○

[1]　各6点×4　他　各7点×18([2](4)，[4](4)各完答)　計150点

＜算数解説＞

[1]　(四則計算，速さの三公式と比，時計算，割合と比，売買算，差集め算)

(1)　$\left(1\frac{4}{9}-0.2\div12.6\right)\times\frac{7}{3}-1.5=\frac{10}{7}\times\frac{7}{3}-1.5=2\frac{4}{3}-1\frac{1}{2}=1\frac{5}{6}$

基本　(2)　7時…両針の間は30×7＝210(度)　1回目に直角になる時刻…$(210-90)\div\frac{11}{2}=\frac{240}{11}$(分)　2回目に直角になる時刻…$(210+90)\div\frac{11}{2}=\frac{600}{11}$(分)

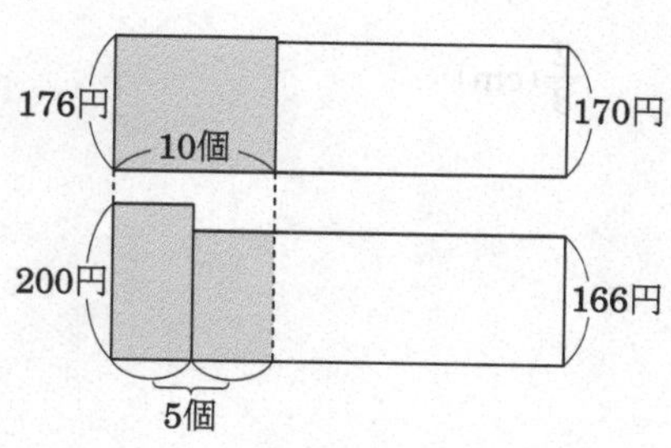

重要　(3)　200円の12％引き…200×0.88＝176(円)　200円の15％引き…200×0.85＝170(円)　200円の17％引き…200×0.83＝166(円)　右図より，色がついた2つの部分の金額の差は，(200＋166)×5－176×10＝70(円)　したがって，B店のほうが安くなるのは，10＋70÷(170－166)＝27.5(個)より，28個以上。

1	2	3
8	9	4
7	6	5

1	2	3	4
12	13	14	5
11	16	15	6
10	9	8	7

重要 [2]　(平面図形，数列，数の性質)

(1)　カードの総数…1×1＋2×2＋3×3＋～＋10×10＝385(枚)
【正方形9】の1列目の数…1と8×3＋1＝25から8×4＝32までの数。【正方形10】の1列目の数…1と9×3＋1＝28から9×4＝36までの数。したがって，1列目にある30の枚数は2枚

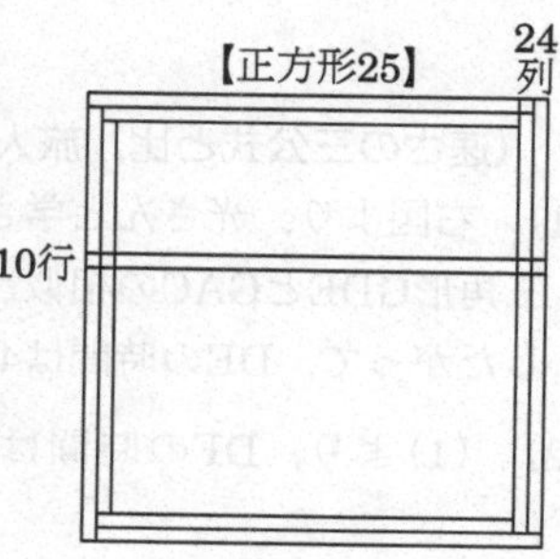

(2)　【正方形25】の2行1列目にある数…24×4＝96　【正方形25】の2行24列目にある数…96＋22＝118　【正方形25】の10行24列目にある数…118＋9＝127

(3)　【正方形30】の16行15列目にある数…30×30＝900　したがって，14行16列目までもどると900－(4＋9)＝887

(4)　45×45＝2025より，(45＋1)÷2＝23　2025は23行23列目にあり，2022はア24行目のイ23列目にある。

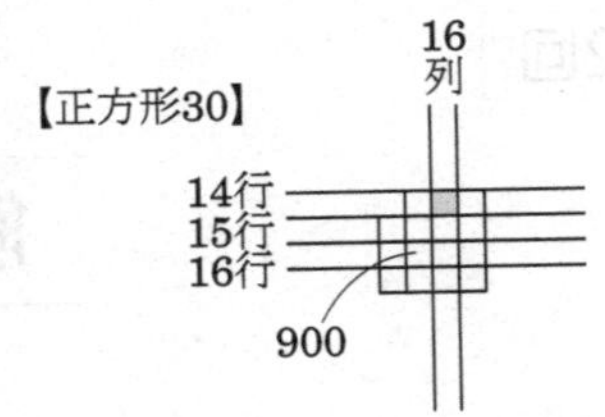

重要 [3]　(平面図形，相似，図形や点の移動，割合と比)

(1)　図1より，直角三角形アの2辺の比は3：4であり，直角三角形アの面積は$1\times\frac{4}{3}\div2=\frac{2}{3}$(cm²)　したがって，求める面積は$4\times4\div2-\frac{2}{3}=7\frac{1}{3}$(cm²)

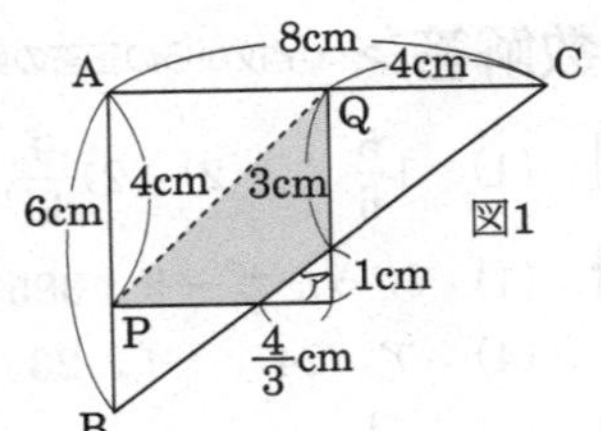

(2)　図2と(1)より，直角三角形カDキの3辺の比は，3：4：5であり，サカは3cm，カキは$\frac{5}{3}$cm，キクは，$4-\frac{4}{3}=\frac{8}{3}$(cm)　したがって，求める図形の周は$\left(3+\frac{5}{3}+\frac{8}{3}\right)\times2=14\frac{2}{3}$(cm)

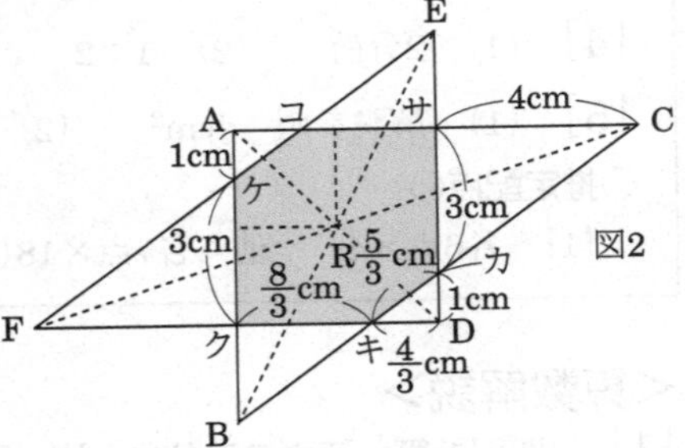

(3)　図3より，直角三角形HシRにおいてシRは$4\times\frac{4}{3}-2=\frac{10}{3}$(cm)　したがって，RHは$\frac{10}{3}\times\frac{3}{5}=2$(cm)

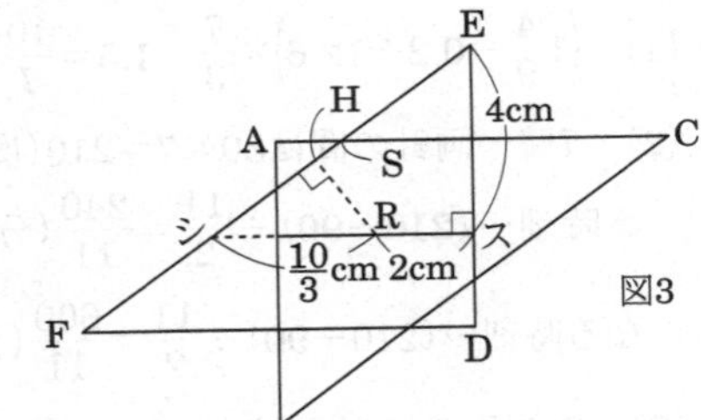

(4)　図4より，シHは$\frac{10}{3}\times\frac{4}{5}=\frac{8}{3}$(cm)　SEは$2\times\frac{5}{3}=\frac{10}{3}$(cm)　したがって，SHは$4\times\frac{5}{3}-\left(\frac{8}{3}+\frac{10}{3}\right)=\frac{2}{3}$(cm)

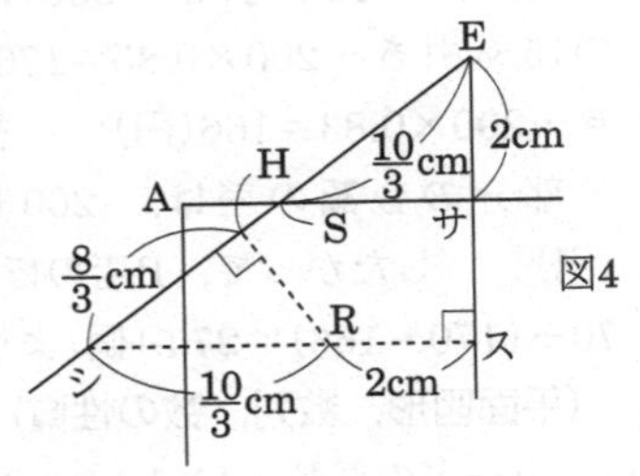

重要 [4]　(速さの三公式と比，旅人算，割合と比，単位の換算)

(1)　右図より，光さんと学さんがB地点で出会うとき，三角形GDEとGACの相似比は4：(4＋5)＝4：9である。したがって，DEの時間は4.5÷9×4＝2(分)

(2)　(1)より，DFの時間は$2-\frac{2}{3}=\frac{4}{3}$(分)　したがっ

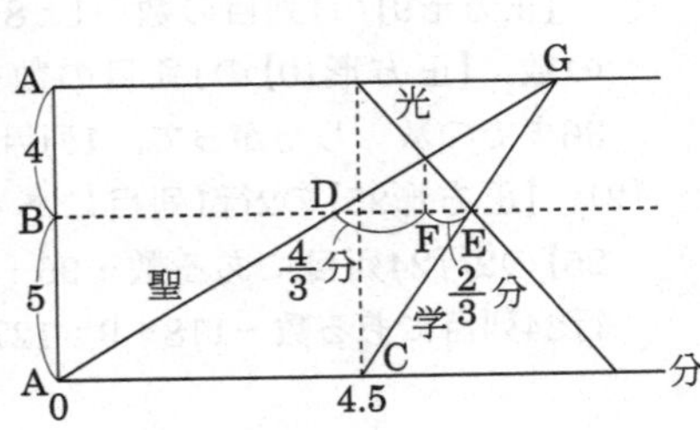

て，聖さんと光さんの速さの比は$\frac{2}{3}:\frac{4}{3}=1:2$

(3)　(2)より，聖さんと学さんの速さの比は2：5　　時刻Eのとき，聖さんがB地点から$2\times2=4$進んでいたとすると，2人は$4\div(5-2)=\frac{4}{3}$(分後)にA地点にもどる。光さんは，同じ距離を$\frac{4}{3}\div4\times5=\frac{5}{3}$(分)で進む。したがって，光さんがA地点にもどるのは，$4.5+\frac{5}{3}\div4\times9=4.5+\frac{15}{4}=8\frac{1}{4}$(分後)　　すなわち8分15秒。

(4)　聖さんが1周する時間…(3)より，$\frac{15}{4}\times2=7.5$(分)

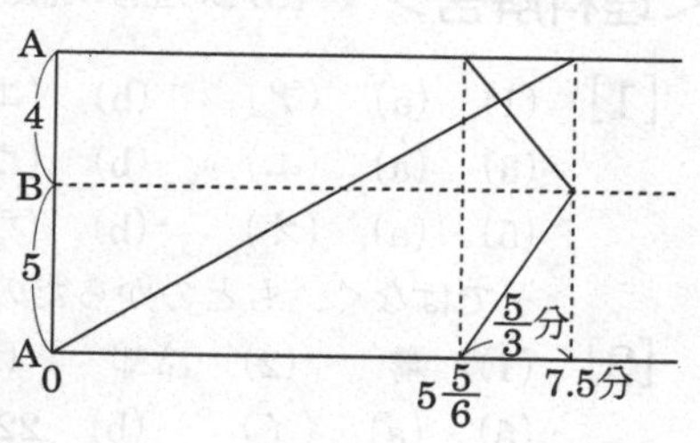

光さんと学さんがB地点まで進んだ時間…$\frac{5}{3}$分。　右図において，聖さんが1周した時刻と光さんと学さんがすれ違う時刻が等しいとする。したがって，2人が出発した時刻は$7.5-\frac{5}{3}=5\frac{5}{6}$(分)　　すなわち5分50秒より前。

[5]　(立体図形，平面図形，相似，図形や点の移動)

基本 (1)　図1より，直角三角形PLJとPFGの相似比は1：5，LJは$10\div5=2$(cm)
したがって，図2より，重なる部分は$2\times2=4$(cm^2)

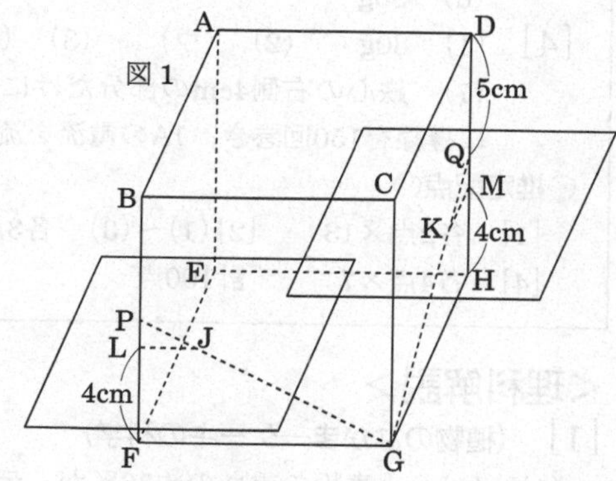

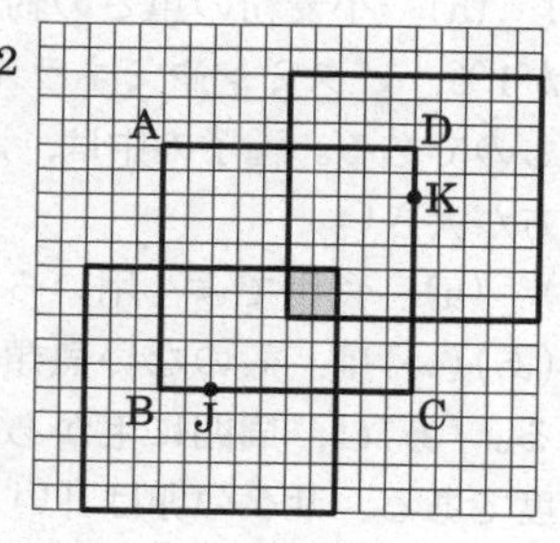

やや難 (2)　図3より，X，Yについて重なった部分の立体の体積を求めて2倍する。

$10\times10\times5\times\frac{1}{3}\times2$

$=1000\times\frac{1}{3}=\frac{1000}{3}$(cm^3)

(3)　立体の面の数…図4より，$6+5=11$(面)
立体の体積…図4より，色がついた部分の面積は$10\times5-2.5\times5=7.5\times5=37.5$(cm^2)
図5より，色がついた部分の面積は37.5(cm^2)
したがって，求める体積は
$37.5\times2\times5=375$(cm^3)

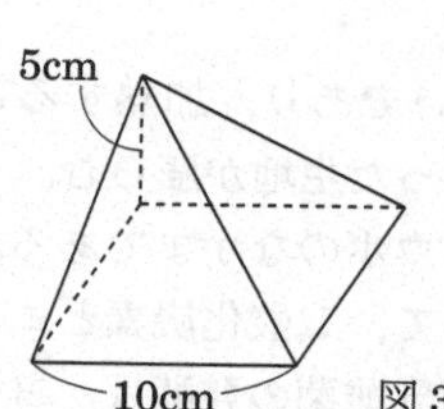

図3

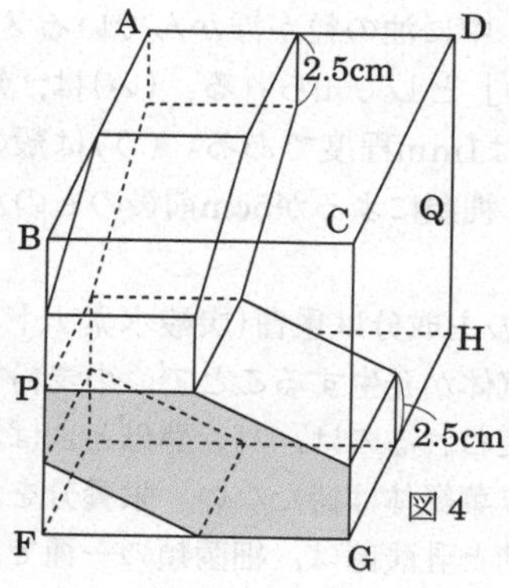

図4

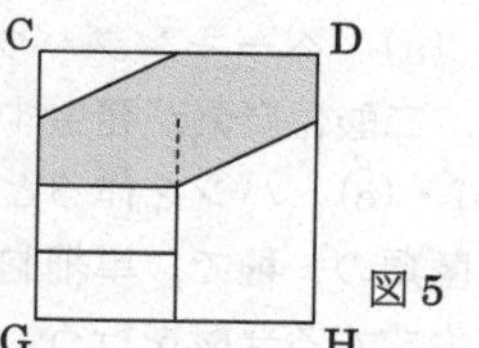

図5

★ワンポイントアドバイス★

[2]「正方形とカード」は，問題の図を見て規則性をつかむ。[4]「3人の移動」は線分図ではなく，グラフを描くとヒントが見つかる。[5]「立方体と正方形の移動」は単純ではないが，問題自体としては，それほど難しくない。

<理科解答>《学校からの正答の発表はありません。》

[1] (1) (a) (ア) (b) (エ)，(オ) (2) (a) ニワトリ (b) (エ)
(3) (a) (エ) (b) (ウ) (c) (ウ) (4) (a) (ウ) (b) (イ)
(5) (a) (オ) (b) (ウ) (6) (a) (イ)，(オ) (b) イチゴの食用部分は種子ではなく，もとのからだの一部だから。

[2] (1) 霧 (2) 冷却 (3) (イ) (4) (a) 33% (b) 8℃
(5) (a) (イ) (b) 22℃

[3] (1) (イ) (2) (オ) (3) (ウ) (4) (a) (カ) (b) 18g (c) 25g
(d) 90g

[4] (1) 80g (2) (ウ) (3) (イ) (4) 0.18A (5) 0.20A (6) 150g
(7) 鉄心の右側4cmの部分だけに導線を120回巻いて，0.6Aの電流を流す。[8cmの鉄心に導線を150回巻き，1Aの電流を流す。]

○推定配点○

[1] 各2点×13 [2](1)～(3) 各3点×3 (4) 各4点×4 [3] 各3点×7
[4] 各4点×7 計100点

<理科解説>

[1] (植物のなかま―ケーキの科学)

(1) (a) 小麦粉の重さの約76%が，デンプンなどの炭水化物である。タンパク質が10%，脂肪が1%，ビタミンやミネラルが少量含まれる。 (b) 小麦粉はコムギの種子の中身を粉にしたものである。種子の中は，からだになる胚と，栄養分をたくわえる胚乳からなっている。胚乳の方が大きい。

(2) (a) 食用でよく用いられる卵は，ニワトリの卵(鶏卵)である。 (b) 内部が透けて見える(あ)(い)は，殻のない魚類か両生類の卵であり，メダカ，サケ，イモリ，カエルのどれかである。(あ)は，周囲に毛があり，中に油の粒が浮かんでいるメダカの卵である。大きさは1mm程度である。サケの卵は「いくら」として知られる。(い)は，無色の寒天質の部分におおわれているイモリの卵である。大きさは1mm程度である。(う)は殻のある両生類かハ虫類の卵であり，選択肢ではカメがあてはまる。種類によるが5cm前後のものが多い。ヤモリの卵も色や形は似ており，1cm前後である。

(3) (a) ベーキングパウダーの主成分は重曹(炭酸水素ナトリウム)であり，加熱すると分解して，二酸化炭素が発生する。気体が発生することで，小麦粉でつくった生地が膨らむ。
(b)・(c) パンを作るときに使われるのは，パン酵母とよばれるコウボのなかまである。コウボは菌類の一種で，単細胞であり葉緑体は持たない。栄養分を分解して，二酸化炭素とエタノールを生成する発酵を行う。大腸菌と乳酸菌は，細菌類の一種である。乳酸菌の発酵は，ヨーグルトなどの製造に利用される。ミドリムシやゾウリムシは菌類や細菌類ではない。また，酢も発酵によってできるが，酢酸菌という細菌類の一種が用いられる。

(4) (a) 生クリームは，牛乳の脂肪を濃縮させたものである。種類にもよるが，おおむね，水が50％程度，脂肪が45％程度含まれる。 (b) クリームの脂肪の粒どうしが結びつき，固まったものがバターである。水が15％程度，脂肪が80％程度になる。チーズやヨーグルトは，牛乳を原料に発酵などの変化を加えたものである。マーガリンは主に植物性の脂肪からつくられる。練乳は牛乳を濃縮して砂糖を加えたものである(砂糖を加えないものもある)。

(5) (a) 温暖な地域で栽培されるサトウキビでは，糖は茎の中央部分にたくわえられる。寒冷な地域で栽培されるテンサイでは，糖は根にたくわえられる。どちらも汁をしぼって糖を取り出し，成製する。 (b) それぞれ品種などによっても異なるが，平均的な炭水化物の割合はおよそ，リンゴ15％，カキ15％，バナナ23％，ブドウ18％，モモ10％であり，バナナが多い。炭水化物はヒトの基本的なエネルギー源であり，世界では，イネ，ムギや各種のイモから摂取する地域が多いが，熱帯地方にはバナナが主という地域もある。

(6) (a) イチゴは双子葉類のバラ科の植物である。バラ科には他に，サクラ，ウメ，モモ，リンゴ，ナシ，ビワなどがある。原則として花びらが5枚である。ユリとチューリップは単子葉類のユリ科で，花びら3枚とがく3枚が同じ大きさ，同じ形，同じ色である。タンポポは双子葉類のキク科の植物であり，小さな多数の花が集まって，まるで大きな1つの花のように見える。

(b) 設問文のように，イチゴの1つの花には多数の雌しべがある。食用のイチゴの表面にある粒々が雌しべの跡にできた果実と種子である。赤く甘い大きな部分は，花を支える花托(かたく)という。品種Aのめしべに品種Bの花粉がつくと，できる種子は雑種となる。しかし，花托はまぎれもなく品種Aのからだの一部だから，品種Aの「イチゴ」が収穫できる。できた種子を植えると，雑種のイチゴができてしまうので，種子は使わない。イチゴは多年草で，地下茎が生き残って翌年も成長し花をつけるので，翌年も品種Aの「イチゴ」が収穫できる。

[2] (気象―大気中の水蒸気)

(1) 空気中の水蒸気が地表近くで細かな水滴となって浮かんでいるものが，霧やもやである。1km先が見えないものが霧，1km先が見えるものがもやである。

(2) 地表の熱が，赤外線として放出されるのは放射の一種である。雲のない夜間に，放射によって地表の温度が大きく低下することを放射冷却という。

(3) 非接触型温度計では，測るものから放射される赤外線を捉え，その波長を分析して温度を計算する仕組みが用いられている。(ア)は，温度の高い空気が吹き出している。(ウ)は，雲を透過してくる紫外線の作用である。(エ)は，電波の一種であるマイクロ波を食品に当てている。

重要

(4) (a) 気温24℃の飽和水蒸気量は，図から30g/m^{3}である。実際に含まれる水蒸気量が10g/m^{3}ならば，湿度は10÷30＝0.333…で，四捨五入により33％である。 (b) 図によると，気温20℃の飽和水蒸気量は14g/m^{3}より多いので，水蒸気はすべて水蒸気のままである。しかし，12℃になると，ちょうど飽和水蒸気量と等しくなり，そこからわずかでも温度が下がると，飽和水蒸気量を超えたぶんの水蒸気が水滴となる。よって，20－12＝8(℃)下がると水滴ができ始める。

(5) (a) 実際に含まれる水蒸気量が18g/m^{3}のとき，図より温度が15.6℃以下になると水滴ができ始める。最初の温度が20℃だから，20－15.6＝4.4(℃)下がったときである。空気が上空へ動くとき，高さ100mごとに気温が1℃下がるから，4.4℃下がる高さは440mである。 (b) 標高500mの登山口から標高1400mまでの，高さ900m分は雲がない。ここでは，高さ100mごとに気温が1℃下がるので，900mでは9℃下がる。次に，標高1400mから標高2000mの山頂までの，高さ600m分は雲がある。ここでは，高さ100mごとに気温が0.5℃下がるので，600mでは3℃下がる。以上より，標高500mの登山口に比べ，標高2000mの山頂では，気温は9＋3＝12(℃)低い。山頂の気温が10℃なら，登山口の気温は10＋12＝22(℃)である。

[3] (ものの溶け方―エタノール水溶液の性質)

(1) 誤りは(イ)である。純粋なエタノール(無水エタノール)は極めて蒸発しやすいが，水と混ぜて水溶液にすることで，ある程度は蒸発しにくくなる。もし，純粋なエタノールを手指に付けると，あっという間に蒸発するだけでなく，手指の水を奪ってしまうために，扱いが難しい。手指用に使われる消毒液は，体積の割合で80％前後のエタノール水溶液である。

(2) 誤りは(オ)である。成人年齢の引き下げに関わらず，健康上の理由から，20歳未満の飲酒は法律で禁止されている。

(3) エタノールより重く，物質Xの水溶液よりも軽い。そのため，氷を入れた直後は，エタノールでは沈み，物質Xの水溶液では浮く。

重要 (4) (a) ①：誤り。もし飽和水溶液から1℃ごとに出てくる沈殿の重さが常に同じならば，溶解度のグラフは直線のはずである。曲線なのだから，温度によって出てくる重さは異なる。 ②：正しい。飽和水溶液1gに溶けている物質Xの重さは，水溶液のどの部分でも同じなので，水が1g減るごとに，出てくる沈殿の重さも一定である。 ③ 誤り。図の60℃を見ると，エタノールの濃さが30g→20gのときと，20g→0gのときで，物質Xの溶ける量の変化は1：2になっていない。つまり，エタノールの濃さの変化と物質Xの溶ける量は，比例の関係はない。よって，出てくる沈殿の重さは一定しない。 (b) 水144gとエタノール36gの重さの比は，144：36＝4：1である。そこで，同じ4：1の「水80g＋エタノール20g」のグラフを読み取ると，20℃の混合液100gに物質Xが10gまで溶けることがわかる。設問の混合液の重さは，144＋36＝180(g)だから，物質Xは10×1.8＝18(g)まで溶ける。 (c) 水105gとエタノール45gの重さの比は，105：45＝7：3である。そこで，同じ7：3の「水70g＋エタノール30g」のグラフを読み取ると，40℃の混合液100gに物質Xが10gまで溶けることがわかる。設問の混合液の重さは，105＋45＝150(g)だから，物質Xは10×1.5＝15(g)まで溶ける。初めに入れた物質Xが40gなので，沈殿は40－15＝25(g)できる。 (d) 最終的には，混合液は300＋150＝450(g)となっており，最後まで溶けている物質Xは，175－130＝45(g)である。混合液450gに物質Xが45g溶ける割合は，混合液100gに物質Xが10g溶ける割合と同じである。そこで，図の20℃を読むと，混合液が「水80g＋エタノール20g」の場合と同じと分かる。混合液が450gならば，含まれるエタノールは，20×4.5＝90(g)となる。

[4] (電気と磁石―磁石の強さの測定)

重要 (1) 表1を見ると，距離が2倍のときはかりの値は4分の1，距離が3倍のときはかりの値は9分の1という関係が読み取れる。よって，距離が1.5cmのときは，距離が1cmのときと比べて180÷1.5÷1.5＝80(g)となる。あるいは，距離が3cmのときと比べて20×2×2＝80(g)と，他の値から求めることもできる。

(2) 同じ向きの磁石が2つになったので，鉄球は両方の磁石から引かれる。表1で距離が2cmのときのはかりの値が45gだから，その2倍になると推定できる。ただし，磁石どうしの間にはたらく力などもあるため，ちょうど2倍ではなく，その前後の値となる。

(3) 2本の磁石があるものの，左の磁石のN極と，右の磁石のS極がくっついているため，その部分に磁力はない。結果的に，図1で距離が2cmの場合とさほど変わらない。

重要 (4) 表2から，電流の強さとはかりの値は比例している。表1で距離が2cmのときのはかりの値が45gだから，表2の比例関係ではかりの値を45gにするためには，0.24：60＝□：45 より，□＝

0.18(A)にすればよい。

(5)　図4と図5では，鉄心の長さ4cmは変わらず，巻き数が60回から120回へ2倍になっている。そのため，電磁石の磁力は2倍になり，はかりの値も表2の2倍になる。表2の2倍の値を考えてはかりの値を100gにするためには，0.24：120＝□：100　より，□＝0.20(A)にすればよい。

(6)　図6の電磁石は120回巻きだが，鉄心の長さは8cmある。鉄心4cmぶんの巻き数は60回なので，結局，電磁石の強さは図4と同じである。これは，図1と図3の磁石の強さが同じであることからも類推できる。表2で電流を0.6Aにしたのと同じなので，0.24：60＝0.6：□　より，□＝150(g)となる。

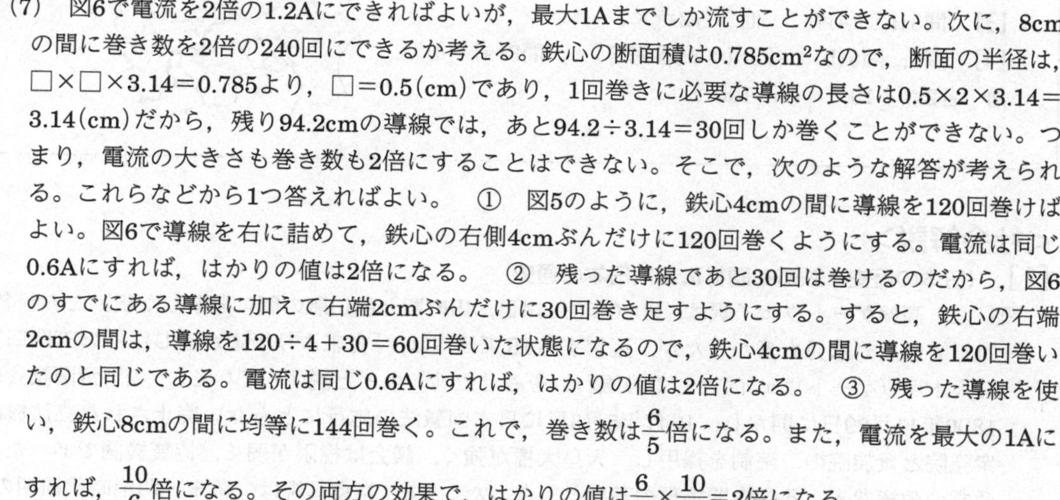

やや難　(7)　図6で電流を2倍の1.2Aにできればよいが，最大1Aまでしか流すことができない。次に，8cmの間に巻き数を2倍の240回にできるか考える。鉄心の断面積は0.785cm^{2}なので，断面の半径は，□×□×3.14＝0.785より，□＝0.5(cm)であり，1回巻きに必要な導線の長さは0.5×2×3.14＝3.14(cm)だから，残り94.2cmの導線では，あと94.2÷3.14＝30回しか巻くことができない。つまり，電流の大きさも巻き数も2倍にすることはできない。そこで，次のような解答が考えられる。これらなどから1つ答えればよい。　①　図5のように，鉄心4cmの間に導線を120回巻けばよい。図6で導線を右に詰めて，鉄心の右側4cmぶんだけに120回巻くようにする。電流は同じ0.6Aにすれば，はかりの値は2倍になる。　②　残った導線であと30回は巻けるのだから，図6のすでにある導線に加えて右端2cmぶんだけに30回巻き足すようにする。すると，鉄心の右端2cmの間は，導線を120÷4＋30＝60回巻いた状態になるので，鉄心4cmの間に導線を120回巻いたのと同じである。電流は同じ0.6Aにすれば，はかりの値は2倍になる。　③　残った導線を使い，鉄心8cmの間に均等に144回巻く。これで，巻き数は$\frac{6}{5}$倍になる。また，電流を最大の1Aにすれば，$\frac{10}{6}$倍になる。その両方の効果で，はかりの値は$\frac{6}{5}\times\frac{10}{6}$＝2倍になる。

★ワンポイントアドバイス★

図表や問題文に現れている数量関係の意味をよく想像して理解し，先入観ではなく，その問題に適した解き方を考えよう。

＜社会解答＞《学校からの正答の発表はありません。》

[1]　問1　(1)　高輪ゲートウェイ　(2)　帝国議会　(3)　岩倉具視　問2　ア
問3　イ　問4　イ　問5　ウ　問6　イ　問7　エ　問8　イ　問9　ウ
問10　エ　問11　ア　問12　(例)　東海道線建設に必要な資材を運ぶため。

[2]　問1　ア　問2　最高裁判所　問3　(2)　国会　(3)　弾劾
問4　表現(の自由)　問5　エ

[3]　問1　カ　問2　EU
問3　(a)　(例)　インターネットで予約できる航空券やホテル　(b)　ア
問4　エ　問5　(a)　ア　(b)　ア　(c)　イ

[4]　問1　B読み取り　エ　B理由　コ　E読み取り　イ　E理由　カ
問2　(1)　ア　(2)　エ

問3 (a) 右図
(b) 佐賀(県)・福岡(県)
(c) (長崎県) オ (鹿児島県) イ
問4 Ⅰ イ Ⅱ ア
問5 (a) ア (b) エ (c) エ (d) ア

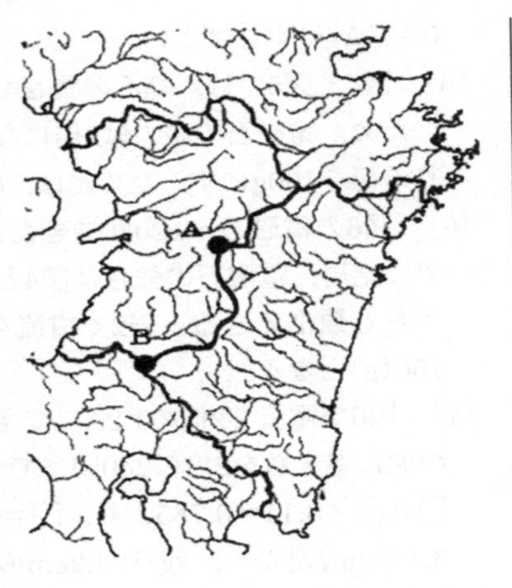

○推定配点○
[1] 問1 各3点×3 問12 4点 他 各2点×10
[2] 問1・問5 各2点×2 他 各3点×4
[3] 問3(a) 4点 他 各2点×7
[4] 問1，問3(b) 各3点×3(各完答) 問3(a) 4点 他 各2点×10 計100点

＜社会解説＞

[1] (日本の歴史―鉄道を題材にした日本の通史)

問1 1 高輪ゲートウェイ駅は，2020年3月14日，田町駅と品川駅の間に開業した駅。この駅名に対しては反対意見も多かったが，運営するJR東日本は，「古来より街道が通じ江戸の玄関口“高輪大木戸”(ゲートウェイ)としての賑わいをみせた地」などと説明している。 2 帝国議会は，1890年11月29日に開かれ，1947年5月3日に日本国憲法の施行にともない廃止された立法機関。衆議院と貴族院の二院制を採用し，天皇大権が強く，議会は権限が弱く，協賛機関であったが，政党の政権参入，政党内閣実現の基礎ともなった。 3 岩倉具視は，幕末・明治時代前期の公家・政治家。公武合体に努めるが，のちに倒幕運動の朝廷における中心となった。明治維新後，政府の中枢をしめ，不平等条約の改正準備のため使節団を率いて米欧を巡覧した。

やや難 問2 A 新橋は東海道の品川宿，横浜は東海道の神奈川宿に近かった。 B 日露戦争直後の1906年，第一次西園寺内閣は，軍事的な配慮もあって全国鉄道網の統一的管理をめざす鉄道国有法を公布し，主要幹線の民営鉄道17社を買収して国有化した。

問3 駅家は，古代の駅伝制のうち，朝廷が関与した駅制により，東海道・東山道・北陸道・山陰道・山陽道・南海道・西海道の七道に設置された施設。人馬の食料や休憩・宿泊の施設が整えられ，出張する官人や公文書を伝送する駅使が駅家に到着すると，乗り継ぎの馬などが提供された。

問4 日本に鉄器が初めて伝来したのは弥生時代。卑弥呼が邪馬台国の女王になったのは弥生時代の末期である。ア・ウは古墳時代，エは縄文時代。

重要 問5 上げ米の制は，享保の改革において，江戸幕府第8代将軍徳川吉宗が幕府の財政窮乏を救うため実施した政策。1722年，諸大名に対し，領地100万石に対し，100石の割で米を上納させた。ア―徳川家康が豊臣氏を滅ぼしたのは大阪夏の陣(1615年)。家康が征夷大将軍に任命されたのは1603年。イ―対馬藩を通じて朝鮮と，薩摩藩を通じて琉球王国と通交を行い，それぞれ使節を受け入れた。エ―田沼意次が側用人，老中として幕府の実権を握ったのは1767～1786年。一方，大塩平八郎の乱は1837年。

やや難 問6 江戸時代，東海道を旅する民衆は，1日8里(32km)程度歩いたとされる。

問7 日本に初めて真言宗が伝来したのは平安時代初期。806年に空海が中国(唐)から伝えた。延暦寺が建立されたのは823年。アは奈良時代，イは平安時代中期，ウは鎌倉時代。

基本 問8　日米修好通商条約は，1858年，アメリカ合衆国総領事ハリスと幕府の間で結ばれた条約。その第3条で，下田・函館のほか，神奈川，長崎，新潟，兵庫を開くこと，ただし，神奈川開港の6か月後，下田港は閉鎖することが定められた。

問9　原敬は，普通選挙制の導入には冷淡で，選挙権の納税資格を3円以上に引き下げ，小選挙区制を導入するにとどまった。普通選挙制が導入されたのは1925年。加藤高明内閣のときである。

基本 問10　日清戦争は，朝鮮の支配権をめぐる日清両国の戦争。甲午農民戦争を契機に，日本の朝鮮政府に対する内政改革要求が清に拒否され，宣戦布告。戦後の下関条約で，清は朝鮮への干渉を放棄するとともに，遼東半島(三国干渉により放棄)，台湾などを日本に割譲することを約した。なお，甲は北清事変，Aは日露戦争の講和条約であるポーツマス条約の内容である。

問11　1960年，池田勇人内閣は，国民所得倍増計画を発表。社会資本の充実と産業構造の高度化を目的とし，今後10年間でGNP(国民総生産)を2倍にしようとした。この結果，一人あたりの国民所得は1967年に2倍になった。

やや難 問12　武豊線は，愛知県大府市の大府駅から同県知多郡武豊町の武豊駅に至るJR東海の鉄道路線。東海道本線の建設資材を武豊港(衣浦港)から陸揚げし運搬するために敷設された路線である。

[2]　(政治―日本国憲法，政治のしくみなど)

基本 問1　高等裁判所は8地方の中心都市に置かれている。中部地方の高等裁判所は，新潟市ではなく，名古屋市にある。

やや難 問2　日本国憲法第78条は，「裁判官の懲戒処分は，行政機関がこれを行ふことはできない。」と明記している。このため，裁判官の懲戒処分は，最高裁判所が行うことになっている。

問3　弾劾裁判所は，裁判官の憲法違反やその他重大な非行に対して，裁定を下す裁判所。衆参両議院の議員の中から選挙された各7人の裁判員で構成し，裁判官訴追委員会(衆参両議院の議員各10人で組織する)で訴追を受けた裁判官に対して裁判を行う。細目は裁判官弾劾法によって定められている。

基本 問4　日本国憲法第21条第1項は，「集会，結社及び言論，出版その他一切の表現の自由は，これを保障する。」と明記し，表現の自由を保障している。

問5　三権分立は，権力集中や濫用の防止を目的とする政治制度。行政・立法・司法の各3権を分立させ，異なる機関にゆだねることで相互に牽制させ，権力の均衡をはかる。本問の新聞記事は，裁判所と国会が相互に影響を与え合うしくみになっていることを述べている。

[3]　(総合―世界地理，時事問題など)

問1　写真に写っている運河はスエズ運河。アジアとアフリカの境界に位置し，紅海と地中海を結ぶ運河で，1859年にレセップスにより建設工事が開始され，1869年に開通した。1956年のスエズ動乱後，エジプトが国有化し，スエズ運河公社の管理下に置いた。

基本 問2　EU(ヨーロッパ連合)は，1993年のマーストリヒト条約発効にともない発足した地域統合機構。2020年1月31日，イギリスが離脱したため，2022年2月1日現在，27か国で構成される。

問3　図1，図2から，旅行会社を通さず，自分で旅行を計画し，インターネットで宿泊施設などを予約していることがわかる。

問4　「ポンド安」は，外国の通貨に対するポンドの価値が下落すること。イギリスから海外に旅行するとき，ポンドの価値が下落すると，ホテル代や食事代が以前より高くなり，旅行費用がかさむようになる。

重要 問5　(a)　ローマは北緯41度48分付近に位置する。　(b)　12月24日14時30分の13時間後は，12月25日3時30分。日本とローマの間には8時間の時差があり，日本の方が時刻が進んでいるので，日本の12月25日3時30分は，ローマでは12月24日19時30分である。　(c)　葛飾北斎は江戸時代後期の浮世絵師。勝川春章に学び，狩野派，洋画などの各種の画法を習得して独自の画風を確立した。風景版画の『富嶽三十六景』などは，ヨーロッパの後期印象派の画家に影響を与えた。

[4] (日本の地理―日本の自然，産業など)

基本 問1 B地点(長野市)は，内陸性の気候が卓越する。周囲を山地，山脈に囲まれているため，季節風の影響を受けにくく，年中降水量が少ない。E地点(那覇市)は，南西諸島の気候に含まれ，年中降水量が多い。5月～6月に多いのは梅雨，8月～9月に多いのは台風の影響である。

問2 1 尾根は，山頂と山頂を結んで馬の背のように連なっている，一番高い部分。県境になっていることがある。 2 吉野川は，徳島県に入ってその北部を中央構造線に沿って東流，徳島市街の北部で紀伊水道に注ぐ。中央構造線は，西南日本を内帯と外帯に分ける断層線である。

問3 (a) A地点からB地点の間は，分水嶺(降った雨水を異なる水系に分ける山稜)が県境になっている。 (b) 九州一の大河である筑後川の下流は，佐賀県と福岡県の県境となっている。
(c) 長崎県は，古くから長崎市，佐世保市を中心に造船業が盛ん。また，九州では人口の減少率が高く，過疎化が進んでいる。鹿児島県は，シラスとよばれる火山灰に覆われた台地が広がり，稲作には向かない。そのため，畑作や畜産業が盛ん。また，ウナギの養殖では日本一である。なお，アは熊本県，ウは宮崎県，エは大分県，カは福岡県，キは佐賀県。

重要 問4 Ⅰは最も広い範囲に影響が及ぶ可能性があることから降灰。Ⅱは周辺の山地にも被害が及ぶ可能性があるから火砕流，火砕サージ。Ⅲは谷状の地形に被害が及ぶ可能性があることから溶岩流である。

基本 問5 (a)・(b) 初夏に東北地方では冷たくて湿気を帯びた北東風が吹くことがある。このような風を「やませ」とよぶ。「やませ」は，冷たくて湿ったオホーツク高気圧から吹き出す風で，これが長期間にわたって吹くと，東北地方の太平洋側に冷害をもたらす。 (c) 「やませ」はもともと冷湿なうえ，霧を伴うため，日照時間は不足し，気温が低くなる。 (d) 「やませ」は奥羽山脈を超える前に太平洋側で水分を失い，フェーン現象によって高温となる。そのため，奥羽山脈を吹き下ろす風は，乾いた暖かい風に変化する。東北地方の日本海側で冷害が起こりにくいのはこのためである。

★ワンポイントアドバイス★

一部難問も含まれているが，大半は基本的な知識の確認問題である。基本的な問題で確実に得点することが最も重要といえる。

＜国語解答＞《学校からの正答の発表はありません。》

一 ① 信条 ② 規律 ③ 拝借 ④ 看破 ⑤ 余念

二 ① 矢 ② 幕 ③ 塩 ④ 声 ⑤ 屋

三 問一 A イ B オ C ア 問二 ウ 問三 イ 問四 (例) 恵まれた環境が「僕」の技術の裏づけだと誰もが羨ましがったが，志村さんだけは「僕」の練習量に着目したので，感激する気持ち。 問五 ウ 問六 イ 問七 (例) 志村さんと苦楽をともにした日々が終わってしまうこと。 問八 (例) 親切な「僕」の誰にでも公平な態度をすばらしいと思うが，「僕」が気づけない嫌がらせもあり，もう自分は耐えられないこと。

四 問一 A ウ　B オ　問二 (例) 機械文明の進歩により，意味も必要も効果もなくても，ただ音楽に満たされている状態。　問三 エ　問四 ア　問五 (例) それらしき雰囲気の中で，音楽を望んでいる聴衆に向けて演奏するものから，雰囲気も心情も無視してただ鳴り響くものになった。　問六 (例) 精神的準備がない時に流れてくる音楽を防ぎようがないこと。　問七 イ・カ

○推定配点○

一　各3点×5　二　各3点×5
三　問一　各3点×3　問四　12点　問七　7点　問八　13点　他　各6点×4
四　問一　各3点×2　問二　10点　問三・問四　各6点×2　問五　12点
問六　7点　問七　各4点×2　計150点

＜国語解説＞

一 **(漢字の書き取り)**

① ここでは，信念という意味。「心情」は，心の中の思いのこと。「身上」は，自分自身に関することがらのこと。　② 人の行いのもとになる決まりのこと。「規則」と言いかえることもできる。　③ 借りることをへりくだっていう言葉。見ることをへりくだっていうと，「拝見」になる。　④ かくされていたことがらを見破ること。「看」には，見るという意味がある。その意味で，「看守」「看病」という言葉がある。　⑤ ほかの考えという意味。「余念がない」とは，他のことを考えない，つまり，そのことに没頭しているという意味。

基本 **二** **(慣用句)**

①「白羽の矢が立つ」とは，多くの人の中から特に選び出されることを意味する。「白羽の矢が当たる」という言葉の使い方はまちがいである。　② かげで計画をしたり指図をしたりする人のこと。よくない意味で使うことが多い。　③ 急に元気がなくなることを意味する。青菜に塩をかけると，水分を失ってしおれてしまうことからできた言葉である。　④ 女性や子どものかん高い声を意味する。ここでは，人気アイドルがあらわれて，「キャーキャー」と叫ぶ声のことである。⑤ 人のことばかりに忙しくて，自分のことをしているひまがない様子を意味する。「紺屋」とは，布を紺色に染める職人のこと。忙しくて，自分の袴を染めるひまがなく，自分は染まっていない白い袴をはいている様子から，この言葉ができた。

三 **(物語一主題・心情・場面・細部表現の読み取り，空欄補充，記述)**

問一 A「まどろみ」とは，うとうとしている様子を意味する。イが正解になる。波線A直後に「朝の空気」とある。金管楽器の力強い音が，人々が目覚めてまだうとうとしているような朝早い雰囲気を切り裂くような感じだったという文脈になる。アの「肌寒い」，ウの「冬の訪れ」，エの「目が覚めてすっきり」，オの「気が抜けて」は，「まどろみ」の意味としてふさわしくない。
B「コミカル」とは，こっけいでおかしい様子を意味する。オが正解になる。波線Bでは，余裕がなく，演奏がうまくなく，でも一生懸命な志村さんの様子がこっけいだと表現されている。アの「独特」，イの「周りが見えない」，ウの「不思議」，エの「愛嬌」には，こっけいでおかしいという意味がない。　C「口をつぐんだ」とは，口を閉ざして何も言わない様子を意味する。ここでは，アが正解になる。波線Cでは，話をしていた「僕」と志村さんが，鉄橋を電車が通過する音が聞こえた時に，同時に口を閉ざしてしまって，何も言わなかったという文脈になる。イの「ごまかした」や，ウの「物思いにふけった」，オの「不満」というような意味は，「口をつぐんだ」にはない。エの「言葉を失った」は，言うべき言葉が見つからない様子を意味する。波線

部C直前に「別にすごくは——」とあり，失ってはいない。

問二　設問の中の文には「そんな日々」とある。「そんな日々」が指す内容を考えて，文が入る箇所を探す。文には「そんな日々が幻だったかのように思えて」とある。そこから，「そんな日々」が過去を指しているとわかる。空欄ア～オが含まれる場面では，「僕」と志村さんの関係が大きく変化していることから，変化する以前の二人の関係を「そんな日々」と表していることが考えられる。この場面以前で，「僕」と志村さんは，トランペットの練習を毎朝一緒にするような関係だった。そのような，二人が一緒に練習している日々が記されているのは，空欄ウの直前である。ウの直前には「トランペットを抱えたまま，二人でぼうっと電車を見送った」と，朝の練習時の二人の様子について書かれている。ウが正解になる。ア，エ，オは，二人で過ごした過去の日々について書かれている部分ではない。イは，二人で過ごした日々について説明している途中の空欄であり，全てを説明し終わった後のウの方が解答としてふさわしい。

問三　傍線部①より前の，「九歳のときに小学校の……」で始まる段落に着目する。そこに，小学校で吹奏楽部に入った理由が書かれている。「同志が欲しい」というのが，最大の理由だったのだ。「僕」は楽器をやっているということで，敬遠されたり，軽くみられたりすることが多かった。そのようなことなく，演奏を一緒に楽しむことができる仲間が欲しかったから，吹奏楽部に入ったのである。傍線部①が含まれる段落には，「中学校……またも吹奏楽部に入った」とある。少しも迷わずに吹奏楽部を選んだのだから，その理由は小学校時代と同じであろう。「苦楽をともにする同志が欲しかった」とある，イが正解になる。イ以外は，同志が欲しかったという内容がない。

重要　問四　傍線部②を含む場面の展開をおさえる。「僕」は志村さんとファストフード店に寄って話をした。そこで，志村さんの「あー，やっぱり練習量かあ」という発言を聞き，「僕」は全身が粟立った。「粟立つ」とは，一般的には恐怖などで鳥肌ができる様子。だが，傍線部②では，否定的な意味で用いられている訳ではない。逆の方向の意味で用いられている。傍線部②直後に「誰も彼も僕の環境を羨ましがった」とある。「母がピアノ教室の講師」で「自宅に防音室」があるため，「僕」の技術が高いのは当たり前だと，誰もが考えていたのだ。だが，志村さんは違った。環境の良さではなく，「練習量」に着目した。言いかえると，「僕」が練習したから上手くなったのだと，「僕」の努力を肯定的に評価したのだ。そして，そのような評価のされ方は初めてであり，「僕」は感激して，胸の奥が熱くなったのだ。つまり，傍線部②の「粟立った」は，「僕」の感激を表していると読み取れる。以上をおさえて，書くべき内容をまとめる。記述の際には「誰もが恵まれた環境が『僕』の技術の裏づけだと考えた」＋「志村さんは，練習量に着目した」＋「感激した」という内容を中心とする。

問五　傍線部③前後の志村さんの様子を把握して，選択肢を分析する。志村さんは中学に入学する前から駅前のトランペット教室に通うなど，自分なりの努力を続けてきた。だが，傍線部③直前にあるように，志村さんだけ「レベルが違う」という状態なのだ。他の人のレベルに追いつけないのだ。それでも，志村さんはあきらめずに，「引退するまでのあいだに，一度でいいからステージに立つ」と目標を定めている。そして，傍線部③では目を伏せた。その直後のシェイクの音は「ずずず」と重たげである。シェイクの重たげな音は，目標を定めてもどうして良いのかわからず，志村さんが悩み苦しんでいる様子に結びつくと考えられる。以上の点をおさえて，選択肢を分析する。「自分なりに日々努力を重ねてきた」「他の人のレベルに追いつけそうもなく」「悩んでいる」とある，ウが正解になる。アは「部活動を続けるかどうか迷っている」とあるが，この時点で，吹奏楽部をやめたいという思いはない。イは，「僕」と比較して自分の努力不足を恥じている内容だが，自分の目標に対する思いが書かれていない。エは，「何とかがんばろうとしている」とあるが，傍線部③の目を伏せた弱々しい様子から読み取れる内容ではない。オは，「僕」が悩みなどわかってくれないと嘆いている内容になっている。傍線部③の志村さんの悩みとは関係がない。

問六　傍線部④までの展開に着目する。志村さんは退部を決めた理由について語る。顧問や先輩が志村さんの成長を認めるにつれ，同級生部員の志村さんに対する当たりがきつくなった。楽譜を盗まれるなどの嫌がらせもあった。だが，傍線部④直前にあるように，「志村さんがメンバーだなんて信じられない」とフルート女子が言うとき，「僕」はその言葉を感嘆，つまりほめ言葉だととらえていた。だが，その言葉は，嫌がらせなどにつながる不満だったのだ。傍線部④直前でそう思い至り，「僕」の全身に鳥肌が立った。同級生が志村さんを認めていたと思っていたのに，嫌がらせを受けていたと知り，衝撃を受けたのだ。以上の点をふまえて，選択肢の内容を分析する。解答は「同級生たちは志村さんの成長を認めていたわけではなく」「陰湿な嫌がらせをしていた」「衝撃」とある，イになる。イ以外の選択肢は，不満を感嘆ととらえていた「僕」の思い違いについてふれていない。

基本　問七　蝶が二匹であったことに着目する。それは，「僕」と志村さんの比喩になっているのだ。これまではトランペットの練習を通して，「僕」と「志村さん」は苦楽をともにしていた。だが，傍線部⑤以降では二人の気持ちはかみ合わなくなる。「僕」の「だったら，言ってくれたらよかったのに」という発言に対して，志村さんが「菊池くんに，女子の気持ちはわからないよ」と返すような感じである。傍線部⑤で，同じところにいた二匹の蝶が別々の方向に飛び去るとは，苦楽をともにした二人の日々が終わり，関係が離れてしまうことを暗示している。記述の際には，「志村さんとの日々が終わってしまう」という方向でまとめる。

やや難　問八　傍線部⑥より前の文脈から，「僕」の誰にでも公平に接する態度や，朝練に付き合ってくれるような親切さに対して，志村さんがすばらしいと感じていることがわかる。だが，空欄ア以降で，お店で話をした時を例に挙げて志村さんが説明したように，「僕」の親切で公平な態度は，「あいつらは付き合ってる」などのいじわるな噂につながる可能性があり，実際に志村さんがこの時点で，嫌がらせを受けているのだ。傍線部⑥で志村さんが「女子の世界」と表現したものは，いじわるな噂，他人の成功を遠回しな表現で非難すること，こそこそとした嫌がらせなどにつながる環境のこと。気をつけないと，そういう「女子の世界」の嫌なトラブルに巻き込まれてしまう恐れがあるのだ。そして，「そういう人に，女子の世界はわからないよ」と言った後，志村さんは去っていった。去る様子から，「女子の世界」の嫌なトラブルに巻き込まれるのは「耐えられない」という，志村さんの思いも読み取れる。以上の内容をおさえて，書くべき内容を考える。記述の際には「『僕』の親切で公平な態度はすばらしいと思う」＋「『僕』が気づけない嫌がらせなどがある」＋「耐えられない」という内容を中心にする。

四　(論説文―要旨・理由・細部表現の読み取り，空欄補充，記述)

基本　問一　A　「一方，機械文明の生んだ……」で始まる段落には，機械文明によって音楽が朝から晩まで降りかかる様子が書かれている。レコード，ラジオ，映画，テレビ等と，機械文明が進歩すればするほど，煙草を買うときも，夫婦喧嘩の最中も，厠の中でさえ，音楽が降りかかるようになるのだ。そして最後には，音楽を精神的な糧として受け取ることができなくなる。以上の点をおさえると，空欄Aにあてはまる内容もわかりやすくなる。空欄Aには，ウの「比例」があてはまる。機会文明の進歩に比例して，日常生活の中でも音楽が降りかかり続けることになり，音楽を精神的な糧として受け取れない程度が大きくなるのだ。　B　空欄Bには，音楽を聴き流すように習慣づけられた私たちが，音楽作品を聴いて，意味をくみ取る方向に動く様子を意味する言葉があてはまる。空欄B直前には「逆に」ともある。意味をくみ取る動きは，聴き流す行為とは正反対の方向への動きなのだ。そのため，空欄Bには，正反対への動きを意味するオの「反作用」があてはまる。

問二　傍線部①前後に書かれた内容を活用して，解答をまとめる。機械文明が進歩して，レコード，ラジオ，映画，テレビなどが生み出されたのである。その結果，煙草を買うときも，夫婦喧嘩のときも，厠の中でさえ，つまり，意味も必要も効果もなくても，音楽に満たされることが可能になったのだ。以上の点をまとめる。記述の際には，「機械文明の進歩」＋「意味も必要も効果もなくても」＋「音楽に満たされるようになった」という内容を中心にする。

やや難　問三「音楽を音楽として受け取る」態度とは，「音楽を精神の糧として受け取る」態度である。傍線部①までには，私たちがかつて，さまざまな年中行事の際に，「精神の糧」になるように音楽を受け取っていた様子が書かれている。ところが，傍線部①前後にあるように，音楽は朝から晩まで降りかかってくるだけのものになった。そして，傍線部②以降には，「私たちは真の音楽を聴き分ける心と耳を失いつつある」とまである。その後，「音楽は単に音響でさえあればよい」という状況にまでなってしまったのだ。音楽を「精神の糧」として受け取らず，単に音響であればよいと考える。これが「音楽を音楽として受け取ることのできない」様子である。以上の点をおさえて，選択肢の内容を分析する。「音楽を心の拠り所として受け取る資格を失って」「ただの音響として受け取る」とある，エが正解である。エは，「精神の糧として受け取る」という文章中の表現を，「心の拠り所として受け取る」と言い換えている。アは，「粗雑な音楽であっても立派なものとして受け取る」とあるが，文章中には，「どんな粗雑な作品でも音楽として立派に通用する」とある。この部分の「立派に」は，十分にと言いかえられる表現である。つまり，粗雑な音楽でも十分に通用すると説明しているのである。粗雑な音楽が立派な音楽として受け止められた，という意味ではない。イは，「満足するようになった」とあるが，文章中には，満足しているとまでの表現はない。ウは，「個性を見出すことができなくな(った)」とあるが，「音楽を精神の糧として受け取る」ことは，そもそも個性を見出すことと異なる。オは「状況に望んだ音楽を聴くようになった」とあるが，傍線部①より前には「強制的に私たちの心境とはなんら関係のない音楽……ふりかかってくる」とある。

問四　傍線部③より前の部分に，彼(エリック・サティ)の夢について書かれている。彼は，ただ何となく聴こえる程度の音楽も面白いと思い，その実現を試みた。それが彼の夢である。だが，彼は天才であったため，どんなに弱い音で演奏しても，彼の音楽は客人の話を止めるほどに印象的になった。だから，彼の夢は失敗した。だが，彼の死後，傍線③以降に書かれているように，音楽は単なる家具とでもいうべきものになった。文章中にあるように「無性格な音響が響いているに過ぎない」ものになったということだ。傍線部③には「皮肉にも」と書かれている。ここでは思い通りにはいかないという意味。彼が単なる家具のような音楽を作ろうとしても作れなかった。だが，作ろうとしなくても，音楽は無性格になった。だから，「皮肉にも」と書かれているのだ。以上の点をおさえ，選択肢の内容を分析する。解答は「人々の関心を引かないような音楽を作るというサティの試み」とサティの夢を表現して，「彼の死後，無個性な音楽が溢れる世界になってしまった」と音楽が無性格になってしまった状況を表した，アになる。イは，サティの夢と音楽が届かなくなった状況についての説明が不十分である。ウは，「音楽と生活を結びつけようとする実験的なサティの試み」とあるが，「音楽と生活を結びつける」という表現だけでは，サティの試みの説明として不十分である。エは，「作家は音楽に個性を乗せることを重視しなくなった」とあるが，傍線部④以降の，「近代の機械文明がこれを勝手に切り離してしまった」という部分にあわない。オは，「優れた自らの音楽をあえて目立たないように……」とあるが，初めから何となく聴こえている程度にするための音楽を書いたと書かれている。

重要 問五 「音楽の在り方が変わった」ことを説明する問題である。在り方の変化をおさえて，解答を作成したい。傍線部④以降に「しかし，今や，音楽は……」という表現がある。その前後から「在り方の変化」を読み取ることができる。「しかし，今や，音楽は……」よりも前に書かれているように，原始時代にあっても，音楽が一人立ちできる芸術になったときも，音楽は「それらしき雰囲気」の中で演奏されたのである。そして，聴衆は何らかの音楽を聴こうという心構えで演奏に接したのである。だが，「しかし，今や，音楽は……」以降にあるように，音楽は雰囲気も聴衆の心情も無視して演奏されるようになった。ただ鳴り響くものになった。以上の点をおさえて，書くべき内容をまとめる。解答の際には，「それらしき雰囲気の中で音楽を望んでいる聴衆に」＋「演奏する」という変化前の在り方と，「雰囲気も聴衆の心情も無視」＋「ただ鳴り響く」という変化後の在り方をあわせてまとめる。

問六 傍線部⑤前後の内容をおさえて，書くべき内容を考える。傍線部⑤より前に「現代では音楽とは，なんら精神的準備もないところに，突然現れる」とある。そのため，傍線部⑤以降の「音楽を単に騒音として聴き流さざるを得ない」となってしまうのだ。傍線部⑤には「眼における瞼」とある。瞼は閉じると，目に入る情報を遮断することができる。耳には，そのような機能はないのだ。そのため，精神的準備がないときに流れてくる音を，防ぐことができないのだ。以上のような文章の展開をふまえて，傍線部⑤が意味することをまとめる。記述の際には「精神的準備がない時に流れてくる音」＋「防ぎようがない／聴き流さざるを得ない」という内容を中心にする。

重要 問七 傍線部⑥を含む一文に着目する。「さきに述べた音楽の鑑賞から遠のいていく」とある。遠のいていくとあるのだから，この「音楽の鑑賞」とは，過去の人々が持っていた音楽に向かう態度・姿勢に近いものだとわかる。過去の人々の音楽に向かう態度に関して，文章中には「精神の糧として受け取る態度」「心構えを持って音楽に接した」などと書かれている。そのような態度で音楽を受け止め，精神的な糧として受け取っているのが，傍線部⑥の「音楽の鑑賞」になる。以上をおさえて，選択肢を分析する。　ア 「ドビュッシーの作品」を聴いてはいるが，思い浮かべているのは「モネの絵画」である。これは，傍線部⑥直前にある「哲学的思索」「文学的連想」に近い。　イ 「クラシックコンサート」に行き，音楽を聴くという心構えを持って，モーツァルトの音楽を鑑賞したのである。そして，音楽の美しさに心を動かされている。イは正解になる。　ウ 精神的準備ができていないときに，ふと「無名のミュージシャン」の音楽が耳に入ってきたという文脈である。　エ まだ音楽を聴いていない。固唾をのんで最初の一音を待っているが，ここまでの表現で適切な「鑑賞」の態度とはいえない。　オ 散歩の途中で，ふと音楽が耳に入ってきたという文脈である。　カ 「オーケストラ」を聴きに行ったのである。精神的な準備ができている。そこで，音楽の美しさに心を動かされている。カは正解になる。

★ワンポイントアドバイス★

言葉の知識は，ただ問われるだけなく，答えさせ方も工夫されている。設問の文の中に，様々な条件が付けくわえられていることもある。注意して取り組みたい。

大切なことはメモしておこうネ！

データ対応

収録から外れてしまった年度の
問題・解答解説・解答用紙を弊社ホームページで公開しております。
巻頭ページ＜収録内容＞下方のＱＲコードからアクセス可。

※都合によりホームページでの公開ができない内容については，
次ページ以降に収録しております。

ウ　想定外であるか否かにかかわらず、面白いという共通した感情を抱いてしまうこと。

エ　かつて面白かったことでも、時間とともにその面白さが失われてしまう場合もあること。

オ　意外なことが起こったときに驚いたとしても、後に面白さを感じることもあること。

問六　――線部⑤に「同じことを繰り返して『面白さ』を感じるのは、どちらかというと動物的である」とありますが、「動物的である」といえる具体例として最もふさわしいものを、次のア～オの中から一つ選び、記号で答えなさい。

ア　初めて乗ったジェットコースターが気に入って、何度も乗りたくなる。

イ　通学路を歩きながら、日々変わりゆく季節の変化に気づく。

ウ　素振りを繰り返すことで、自分の理想とする打撃フォームを見いだす。

エ　初めて同じクラスになった友達と、いつも一緒に下校する。

オ　酸っぱそうな梅干しを見るたびに、思わず唾液がたくさん出てしまう。

問七　――線部⑥に「『ぎりぎり』の感覚が求められるのだ」とありますが、それはどういうことですか。その説明として最もふさわしいものを、次のア～オの中から一つ選び、記号で答えなさい。

ア　手が届きそうで届かないような難易度の問題を解く際に、答えを見つけ出せるかどうかという緊張感を味わえる場合にのみ、人は面白く思えるものだということ。

イ　解けるかどうかわからないくらい難しい問題が、ようやく解けた時に得られる高揚感を繰り返し味わうことに、人は面白さを抱くものだということ。

ウ　容易には答えを見つけることができず、しかも後から考え直した時に、答えられてもおかしくなかっただろうと思える問題に対して、人は面白さを感じるものだということ。

エ　よくよく考えれば答えを導き出すことができたはずだと思うものの、自分では思いつくことができなかったという悔しさに、人は面白さを覚えるものだということ。

オ　事前に思いついた答えが間違っていても、正解に手が届きかけていたと納得できる問題であれば、さらに難しい問題に挑戦する気持ちが刺激され、人は面白く感じるものだということ。

問八　――線部⑦に「『突飛』な『面白さ』は、『意外性』による『面白さ』とは、少し違っているように思える」とありますが、「『突飛』な『面白さ』」を感じるのは、どのような場合ですか。六十字以内で説明しなさい。ただし、解答の際には「」や『』を使わないこと。

【下書き欄】――必要ならば使いなさい。

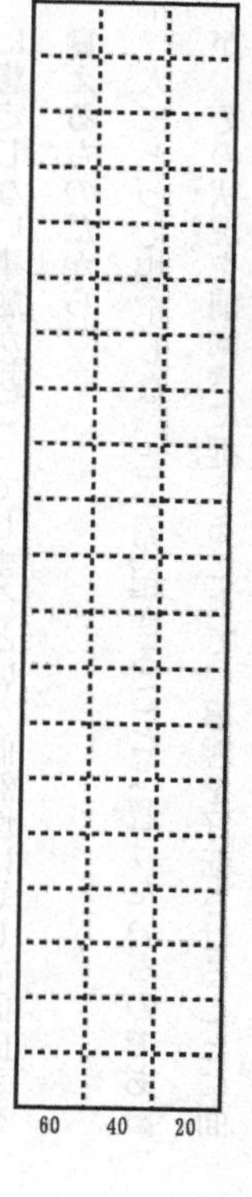

りますが、それはどうしてですか。その説明として最もふさわしいものを、次のア～オの中から一つ選び、記号で答えなさい。

ア　子供が大人になるためには多くの知識を身につける必要があり、大人がやっていることを身につけることで自分を成長させることができれば、将来の可能性を広げるものだと思えるから。

イ　大人になるとほとんどのことを知り尽くしてしまい、何事にも動じない境地に達してしまうが、子供にとってはすべてのことが新しく、感動の対象だから。

ウ　若者や子供は、利益を優先して考える大人と違って、自分の得になるかならないかではなく、好奇心を満たしてくれるかどうかが面白さの基準だから。

エ　大人がやっていることに若者や子供が好奇心を持つのは、周りの人たちが知らない知識を先に身につけることで、誰よりも有利な立場になれるという予感を持っているから。

オ　若者や子供は、大人とは異なり知識が少なく、新たに知識を得ることで他人よりも優位に立ち、また将来の可能性も広がるのではないかという感覚を抱けるから。

問三　――線部②に「僕は、ミステリィを書いているので、これを常に意識している」とありますが、筆者が「これを常に意識している」のは、どうしてですか。二十字以内で説明しなさい。

【下書き欄】――必要ならば使いなさい。

20

問四　――線部③に「その意外性が、『面白さ』になる」とありますが、それはどうしてですか。その説明として最もふさわしいものを、次のア～オの中から一つ選び、記号で答えなさい。

ア　犬は予想外のことが生じた時にはがっかりしてしまうが、人は時に想定しない事態が起こってしまうという偶然性に対して面白さを覚えるものだから。

イ　人にとって想定しないことが起きることは避けたいものであるが、その状況を前向きに捉えることで、事態を好転させることに面白さが存在するから。

ウ　自分が予想したことと違う状況に直面したときに人は戸惑いを覚えることが多いが、思考力や知性によって、その戸惑いを解消していくことに面白さを感じるから。

エ　人は、あらかじめ予測していたこととは異なる事態が生じたときに驚きを感じるが、その事象に対して思考力を働かせることで、面白さが見えてくるものだから。

オ　犬は繰り返し起こる現象に対してだけ面白さや楽しみを抱けるが、人はより高度な知性を働かせることで、未知なる面白さを求めることができるから。

問五　――線部④に「非常に不思議だ」とありますが、どういうことが「不思議だ」といえるのですか。その説明として最もふさわしいものを、次のア～オの中から一つ選び、記号で答えなさい。

ア　一つの事象に対して相反する印象を持つことで、より面白く感じられること。

イ　定番化されていく中で面白さが薄れていったものにも、まだ面白さが残っていること。

いるし、感じが伝わることがある。

「蝶のように舞った」「花のように可憐な」では、普通すぎて面白くもなんともない。こういうありきたりの比喩は文字を無駄に消費しているだけで役に立たない。これが、「捨てられたガムのように寂しかった」「三角錐みたいに切り立った星空だった」などとすると、読者の思考は一瞬そこで止まるだろう。「何なの、それ」と思うのが普通だ。だが、一部の人には、これが「面白い」と感じられるのである。

これらは、突飛な「面白さ」といえるもので、「意外性」に含まれるようで、微妙に＊2ベクトルが違っている。相手に一瞬足を止めさせ、あるいは息を止めさせ、考えさせる、という機能では「意外性」と同じだが、予想さえさせないところが異なる。

突飛なものに出合い、一瞬呆れたり、首を傾げたあと、「面白い」と感じるかどうかは、自分にそれが思いつけたか、と過去へ向かって予測し、遅れて「意外性」として評価される、というメカニズムといえる。「思いつかない」というのも、「面白さ」の中でも重要な＊3ファクタである。簡単にいえば「発想」だ。手法や計算で導かれるものではなく、直感的なもの、いうなれば思考のジャンプを見せられるような「面白さ」である。

――森博嗣『面白いとは何か？　面白く生きるには？』による

（問題作成上の都合から一部原文の表記を改めた）

（注）＊1　後述したい……本文に続く部分で書かれている。

＊2　ベクトル……ここでは、方向性という意味で用いられている。

＊3　ファクタ……要素。

問一　〰〰線部A「途方に暮れる」、B「どんでん返し」について、これらの言葉を本文中と同じ意味で使っている文として最もふさわしいものを、次のア～オの中からそれぞれ一つずつ選び、記号で答えなさい。

A「途方に暮れる」

ア　よく物忘れをする彼は、途方に暮れる性格だと友達から言われている。

イ　どの道を進んでもゴールにたどり着くことができず、途方に暮れることになった。

ウ　途方に暮れる夕日を眺めながら、私たちはいつまでも語り合った。

エ　計画を立てて試験に臨んだために良い結果が出せて、思わず途方に暮れる。

オ　絶対に宇宙飛行士になるんだと、彼はいつも途方に暮れる夢を語っている。

B「どんでん返し」

ア　どんでん返しの性格である二人は、幸せな結婚生活を送った。

イ　これまで受けた恩に感謝の気持ちを持って、上司にどんでん返しをした。

ウ　短気な父親は、気に入らないことがあると、いつも食卓をどんでん返しにする。

エ　風邪が治っていないのに公園で遊んだため、どんでん返しまでしてしまった。

オ　戦後の混乱期を生き抜いた彼の人生は、まさにどんでん返しの連続だったといえる。

問二　――線部①に「若者や子供は、新しいものに目を輝かせる」とあ動物的である。何故なら、犬を観察していると、同じような遊びを繰り返すことが多い。ボールを投げれば、走っていき、それをくわえて持ってくる。何度もそれをしたがる。面白いと感じていることは確実だ。一方で、同じことに厭きてしまうのは、人間に多く見られる傾向といえるだろう。もっと違う遊びがしたい、と人間の子供だったらいいそうだ。

ミステリィのトリックやBどんでん返しは、読者を楽しませるアイテムといわれている。本を読みながら、ミステリィが好きな人は、「意外性」を求めて読むことが多い。本を読みながら、自分でも推理をしてみる。いわば、作中の探偵役に挑戦しているような形になる。そして、どちらかというと、自分の推理が当たっていた場合よりも、推理が外れて、意外な結末になった作品を「面白い」と評価する傾向にある。

簡単に結末がわかってしまうミステリィは、面白い作品だとはいわれない。ここが不思議なところで、問題が解けたという快感よりも、解けなかった方が「面白い」と感じるのだ。

もっとも、もう少し詳しく考察すると、ただ謎が難しければ良い、ということでは全然ない。解けない問題はいくらでも作ることができる。「いだが、難問では、答を明かしたときに「意外性」を感じられない。「いくらなんでも、そこまでは考えられないよ」と思われては、「面白い」にはならない。

たとえば、犯行が不可能と思われた殺人事件の犯人が、透明人間だった、という小説ではお話にならない。これは「意外性」としては充分にあるはずだが、認めてもらえない。思いもしないものだからといって、すべてが「面白い」わけではないのだ。

答が明かされたときに、「ああ、そうか」という納得が得られなくてはいけないし、さらには「それは思いつかなかった。でも、いわれてみれば、そうだな」というように、手が届くところに答があったけれど、ちょっと方向がずれていた、というような⑥「ぎりぎり」の感覚が求められるのだ。野球でいえば、ぎりぎりストライクか、というボールを投げても空振りは誘えない。コースを大きく逸れた明らかなボールを投げるから、三振が取れる、といったところだろうか。

誰も解けない難しい問題を作ることも、みんなが正解する易しい問題も、どちらも作るのは簡単だ。難しいのは、平均点が五十点になる問題である。「面白い問題だ」と感心させるには、平均点が三十点くらいが良いかもしれない。

「面白さ」の要素として「突飛」なものがある。⑦「突飛」な「面白さ」は、「意外性」による「面白さ」とは、少し違っているように思える。「意外性」は、なんらかの予測があるところに提示され、そのズレで面白さが誘発されるが、「突飛」というのは、もっと不意打ちに近いものだ。予測もしないところへ、まったく違った方向から飛んでくるようなものである。多くの人はあっけにとられ、ただ驚くばかりかもしれない。だが、人によっては「面白い」と感じる要因の一つとなりうる。

小説を書いているときによく感じるものでは、ちょっとした比喩、あるいは言葉選びなどで、これが表れる。普通は使わないもの、全然関係のないものを突然持ってきて、なんとなく説明してしまう。日本語には、「〜のような」「〜みたいな」という形容があるが、ここに全然無関係のものを入れて、連想を誘う。まったく別物なのに、なんとなく似て足を予感させる「面白さ」といえるものだ。

これらの「新しさ」が、「面白さ」の鍵になることは、非常に重要なので、これについては、さらに掘り下げて、＊1後述したい。

「新しさ」に含まれるのかもしれないが、「意外性」というものも、「面白さ」を誘発する要因、あるいは条件といえるだろう。②僕は、ミステリィを書いているので、これを常に意識している。

「意外性」というものが存在するのは、人間が未来を予測するからだ。人によって予想の範囲や緻密さはさまざまだが、誰でも、今後どうなるのか、ということを意識的に、または無意識のうちに頭に思い描く。この行為自体が、人間の特徴でもある。

動物でも、この種のことはある。例を挙げよう。僕の奥様（若い頃に苦労をかけたため、あえて敬称で書かせていただいている）は、毎日、近所の夫婦と犬が訪れるのを待っている。うちにも犬が何匹かいるので、犬たちもこれを楽しみにしている。また、奥様は、そのときにビスケットをポケットから出して、犬たちにあげることにしているので、それを覚えた近所の犬は、うちへ来たくてしょうがない。近づくと、自分から庭園内に入ってくるようになった。うちの犬たちも、友達が来ることをとても喜んでいる。何故なら一緒にビスケットがもらえるからだ。

最近、その様子を眺めていたら、近所の犬がまだ百メートルほど離れているのに、うちの犬たちは早くも発見し騒ぎ始める。そして、大喜びして、奥様の前におすわりしてじっと顔を見る。一匹は立ち上がって、奥様のポケットに鼻を突っ込む始末である。

最初の頃は友達の犬が来ることを楽しみにしていたのだが、今では、友達を歓迎するよりもビスケットの方が優先になった。犬でも、これくらい未来を予想している、ということだ。

「意外性」とは、その人が思い描いていない未来が訪れることだ。これは、普通は「面白い」ことではない。もし、ビスケットがもらえなかったら、犬はがっかりする。いったい何が起こったのか、とＡ途方に暮れる結果になるだろう。人間の場合も、想定しない事態が発生することは、歓迎できる状況ではない場合が多い。特に、予期せぬトラブルなどは困る。というよりも、想定外の悪い事態をトラブルと呼ぶのである。

ところが、③その意外性が、「面白さ」になる。ここは、さすがに犬ではなく人間だから、といえるかもしれない。すなわち、「意外性」の「面白さ」を理解するには、ある程度の思考力や知性が要求される。

突拍子もないことが起こると、人はまずは驚く。意外なことに対しては、びっくりするのが最初の反応だろう。しかし、それが「面白さ」に変化する。たとえば、ギャグの中には、この意外性がある。変なことを言うな、という驚きがある。もちろん、定番になって、来るぞ来るぞと期待したところへ出てくるギャグもあるが、慣れてしまうと、普通は笑えなくなるものだ。これは、意外性がなくなるからにほかならない。

「面白さ」というのは、このギャグからもわかるように、意外性のあるものに感じることもあれば、自分が思ったとおりになったときにも感じられる。両者は相反する条件なのに、いずれも「面白さ」がある、という点は、④非常に不思議だ。

⑤同じことを繰り返して「面白さ」を感じるのは、どちらかというと

エ　心のつながりを感じるような先生と学生さんのやりとりを耳にすることで、自分もまた、うまくいっていなかった家族との間に同じような関係を築いていこうと思っている。

オ　家族にかける言葉が見つからないままであったが、山の素晴らしさを伝える先生の率直な言葉を聞いて、家族に山の魅力をありのままに伝えようと思った。

問八　――線部⑦に「ここを託すなら、あなたのような山好きの素人がいい」とありますが、「山小屋のご主人」が「わたし」に山小屋を譲ろうと考えたのはどうしてですか。六十字以内で説明しなさい。

【下書き欄】―― 必要ならば使いなさい。

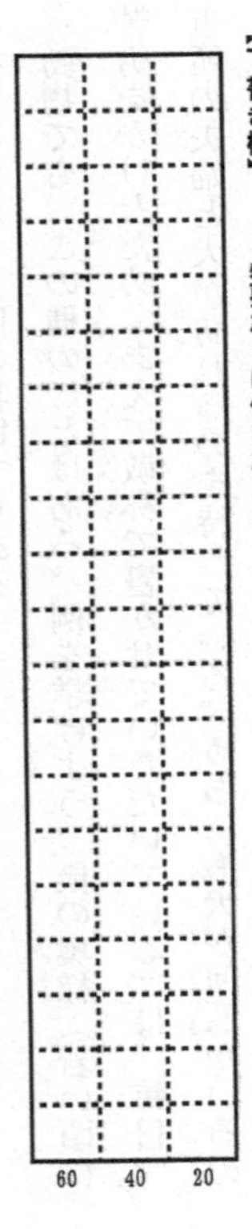

問九　――線部⑧に「わたしは想像する」とありますが、このときの「わたし」の心情について説明した文として最もふさわしいものを、次のア～オの中から一つ選び、記号で答えなさい。

ア　山登りをする学生さんの達成感に満ちた表情を見て、晴彦と一緒に山に登れば、晴彦もまた一人前に成長した姿を見せてくれるだろうと楽しみにしている。

イ　晴彦との関係性は必ずしも良いものではなかったが、山小屋という、家族とともに暮らす環境を整えさえすれば、再び理想の家族を取り戻せるのではないかと夢見ている。

ウ　生き生きと山登りをしていた学生さんの姿を見て、晴彦も一度山に登りさえすれば、山小屋を買ったことを嬉しく思ってくれるはずだと確信している。

エ　山への愛情を伝えることで、晴彦が山に興味を示してくれて、お互いの距離が縮まり、自分の生き方についても理解を示してくれるかもしれないと期待を抱いている。

オ　山の魅力を語るうちに晴彦が心を開いてくれて、ともに山小屋で働いてくれれば、これまでの自分の人生も少しは報われることになるだろうと信じている。

四、次の文章を読んで、あとの問いに答えなさい。

①若者や子供は、新しいものに目を輝かせる。「面白い」というよりも、「可能性」のようなものに惹かれているのかもしれない。つまり、「面白そうだ」という感覚である。面白いかどうかは、試してみないとわからない。だから「試してみたい」との欲求である。

子供が、なにを見ても、「やらせて」とせがむのを、大人は知っている。逆に、大人になるほど、手を出してみても、自分の得にならない、という悟りを開いてしまうのだろう。

子供は「無知」であるから、知らないことが周囲に沢山ある。それらを知ることが、「面白い」のだ。おそらく、知識を得ることで自身が有利になれるとの「予感」があるためだろう。知らないよりも知ることは有利だ。他者との競争にも勝てるし、自身の将来の可能性を広げるだろう。つまり、好奇心とは自分が「成長」するイメージを伴うものである。

この自身の「成長」が「面白い」と感じられるのは、躰を鍛えたり、技を磨くための練習が「面白い」ことにもつながる。いずれ得られる満えなさい。

ア　ジロが死んでしまったことで心が沈んでいたが、山道を踏みしめるうちに、ジロの世話をしていたときの思い出がよみがえり、今もジロが近くにいるような気持ちになれたということ。

イ　山の頂上に立って落ち着いて過去を振り返ると、ジロが亡くなったことや家族に時間を奪われてきたことが思い出されて、いかに自分を犠牲にしてきたかが再確認されたということ。

ウ　家族との関係性が悪くなっていく中で、心の支えであったジロが死んでふさぎこんでいたが、久しぶりに山に登るようになって、少しずつ本来の自分に立ち返ることができたということ。

エ　先生や学生さんとともに山頂の空気を吸うたびに、少しずつジロを失った悲しみが癒やされる気がして、これからは自分らしい生き方を貫いていこうと決意したということ。

オ　ジロが死んで山登りに熱中することで、これまでうまくいっていなかった家族のことを忘れることができ、かつての自分の記憶や感情を次第に取り戻してきたということ。

問五　――線部④に「さっきの話、先生に言っちゃダメですよ。あの人、すぐ調子に乗るんで」とありますが、「学生さん」がこのように言ったのはどうしてですか。四十字以内で説明しなさい。

【下書き欄】――必要ならば使いなさい。

20　40

問六　――線部⑤に「な？」とありますが、この表現について説明した文として最もふさわしいものを、次のア～オの中から一つ選び、記号で答えなさい。

ア　威圧するような強い口調で、相手に同意を求めていることを表している。

イ　親しげな言い回しで、相手の反応が初めからわかっていたことを表している。

ウ　短く言い切ることで、今の気持ちを相手に推し量ってほしいということを表している。

エ　軽い調子の言い方で、相手との距離を縮めようとしていることを表している。

オ　問いかけの形を用いて、相手の興味を引こうとしていることを表している。

問七　――線部⑥に「わたしの心は、決まった」とありますが、ここに至るまでの「わたし」の心情について説明した文として最もふさわしいものを、次のア～オの中から一つ選び、記号で答えなさい。

ア　先生や学生さんと話をする中で、山が好きだった昔の自分と冷静に向き合えるようになり、たとえ押しつけがましくても家族に対して山の魅力を伝える決心がついた。

イ　自分らしさとは何かということに日々悩んでおり、家族のことでも苦悩してきたが、自由に生きる先生と話すうちに、山に魅了される自分のことを家族に伝えようと思い始めている。

ウ　家族とどのように向き合えば良いかと困惑していたが、山を愛する先生の素直な言葉を聞いて、家族に対する愛情を示すには率直さが大切なのだと気づいた。

問一　A・B にあてはまる言葉を、次のア～オの中からそれぞれ一つずつ選び、記号で答えなさい。

ア　さぞ　　イ　さも　　ウ　さる　　エ　さらに　　オ　さては

問二　――線部①に「火山の医者になれ」とありますが、この発言をしたときの「先生」の心情について説明した文として最もふさわしいものを、次のア～オの中から一つ選び、記号で答えなさい。

ア　医学部を目指していた学生と火山研究において手を取り合えば、今までになかった研究ができるのではないかと興奮を抑えきれずにいる。

イ　火山の研究は人生をかけるほどの価値があるものであり、人生の目的が見つからず時間に余裕のある学生は、まさに研究に適した人材だと喜んでいる。

ウ　明るく振る舞ってはいるものの、医者になってほしいという家族の期待に応えられずに傷ついている学生に対して、新しい目標を提示することで励まそうとしている。

エ　かつて医学部を目指していた学生であれば、多くの人の命を救おうという志を抱いて火山の研究に励んでくれるだろうと期待を寄せている。

オ　人手不足だったため、自分の研究室に入ってほしいと思っており、「火山の医者」という大げさな表現をすることで、医者という言葉に弱い学生の心を揺さぶろうと思っている。

問三　――線部②に「あの人と一緒にやってみるのが、一番確率高いっしょ」とありますが、このときの「学生さん」の心情について説明した文として最もふさわしいものを、次のア～オの中から一つ選び、記号で答えなさい。

ア　将来について確固とした目標がもてなかったが、好きなことに打ち込んでいる先生に魅了され、先生のもとで研究を手伝いながらその生き方に触れることで、自分の人生を充実させたいと思っている。

イ　火山の研究が世界で一番面白いと自信をもっている先生の生き方に感激し、その先生の近くで学ぶことを通じて、自分もまた、仕事を楽しみながら社会に貢献できるような人物になりたいと思っている。

ウ　医者の家系で落ちこぼれてしまったけれども、研究に一心に取り組む先生とともに歩んでいく中で、先生の言うように「火山の医者」にさえなれれば、家族に引け目を感じることなく生きていけるのではないかと思っている。

エ　医学部合格を目指して時間をかけて努力してきたが、先生のように自分のやっていることが一番面白いのだと思って研究に取り組めば、あまり労力をかけることなく、自分の思い描く人生を実現できそうだと思っている。

オ　受験に失敗してからはやりたいことも見つからず、ただ辛い思いをしながら仕事をするつまらない人生を送るだろうと思っていたが、先生と出会ったことで仕事に喜びを覚え、どんな仕事にも価値を見いだせるのではないかと思っている。

問四　――線部③に「頂上に立ち、深呼吸をするたびに、わたしはわたしに戻っていった」とありますが、どういうことですか。その説明として最もふさわしいものを、次のア～オの中から一つ選び、記号で答えなさい。

本気にしたわけではない。にもかかわらず、その年のうちに二度、引き寄せられるようにしてその山に登り、山小屋に泊まった。夏の終わりと、紅葉の時期だ。そのたびに小屋を受け継ぐという話になり、それがだんだん具体的になっていった。

わたしのどこを見込んでそんなことを持ちかけてくれたのか、ご主人に訊ねたことがある。ご主人はにやりとして、「あんたのカメラだよ」と言った。「ものを長く大事に使える人間でないと、山小屋の主人はつとまらんからね」と。

そして先月。四度目の訪問をした。あとはわたしの決心次第ということで固まったプランは、こうだ。まず、この夏からご主人のもとで働き始め、経営の*3ノウハウを学ぶ。三年で独り立ちするのが目標だ。ご主人は引退後もふもとの町で暮らす予定なので、何かあれば助けてもらうことはできる。

買い取りについては、あまり厳しいことは言われていない。その時点で払える額を頭金にして、あとは毎年の売り上げの何パーセントかを支払うという形でいいそうだ。

営業期間は、五月中旬から十月下旬。一年の約半分、埼玉の家を空け、山にこもることになる。夫と晴彦には、自分のことは自分でやってもらう。誰かの世話が必要だとお義母さんが言うなら、その間だけ義妹のところに行ってもらうしかない。義妹の住まいは大宮なのだから、大変でも何でもない。

もちろん、家族に伝えるのはこれからだが――。

わたしの話を聞き終えると、先生はまだ信じられないという表情で、ゆっくりかぶりを振った。

「ここ数年で聞いた中では、断トツで一番うらやましい話ですよ」

そこへ、学生さんが戻ってきた。派手なデザインのペットボトルを握っている。

「おい、今度、山へ行くぞ」先生が出し抜けに言った。

「は？　今下りてきたばっかだし」

「石採りじゃねーよ。この人の山小屋に泊まるんだ。南アルプス。最高だぞ」

学生さんは、何言ってんの、という顔で首をかしげ、ペットボトルのふたをねじ開けた。プシュッといい音が響く。

学生さんは飲み口をくわえるようにして、勢いよくのどに流し込んだ。額の汗が、夕日にきらきら輝いている。若者らしい、いい顔だと思った。

⑧わたしは想像する。

晴彦は、わたしの山小屋に来てくれるだろうか。ぜえぜえ言いながらザックを下ろし、わたしが手渡した水を飲みほして、あんな顔を見せてくれるだろうか。

そしたらわたしは、「山って、いいでしょ」と笑顔で言ってやるのだ。「まあ、思ってたよりは」とでも答えたら、次はこう言ってみよう。「山小屋の仕事を手伝ってみない？」と。

――伊与原新「山を刻む」（『月まで三キロ』所収）による

（問題作成上の都合から一部原文の表記を改めた）

（注）＊1　ニューＦ－１……カメラの名前。

＊2　リウマチ……病気の名称。

＊3　ノウハウ……方法。

かったのか。なぜわたしは、自分の人生を生きているところを、あの子たちに見せてやらなかったのか。なぜわたしは、二人の前で、押しつけがましいほどに山の魅力を語ってやらなかったのか。

わたしの一番大きな失敗は、きっとそれなのだ——。

先生と学生さんが、驚いた顔でこっちを見ていた。わたしは「すみません、何でもないんです」と言いながら、小走りで追いつく。

今からでも、間に合うだろうか。いや、間に合わせたい。説明などいらないのだ。あの子たちにかける言葉は、それだけでいい。

⑥わたしの心は、決まった。

菅沼登山口の駐車場では、登山客たちが靴紐を解き、帰り支度をしていた。

先生の車は、大きなタイヤの四輪駆動車だった。トランクにザックをのせると、学生さんは「自販機探してきます。炭酸飲みたいんすよ」と言って茶屋のほうへ歩いていった。

わたしはザックの頭からスマホを取り出し、先生に言った。

「電話を一本かけてもいいですか」

「ご家族にですか」

わたしは「いえ」と小さく答えながら、発信履歴にその番号を探す。また心が揺れないうちに、伝えてしまいたかった。

数回の呼び出し音のあと、向こうの受話器が上がった。電話に出たのは本人だった。ふた言ほど言葉を交わしたあと、わたしは告げた。

「わたし、決めました。来週にでも、そちらに参ります」

先方の問いかけに二つほど答え、最後にわたしが「よろしくお願いします」と言って、通話はあっさり終わった。

ほっとしたわたしが微笑みかけたので、訊いてもいいと思ったのだろう。先生が言った。

「何を決めたんですか？」

「山小屋を買うんです」

「え⁉」先生が目を丸くする。「ど、どこの⁉」

「南アルプス」

「なんでまた、そんなことに——」

あの日、クルマユリにレンズを向けていたわたしに声をかけてきたのは、山小屋のご主人だった。一人で来て、古いカメラで写真を撮っているわたしに、興味を抱いたらしい。

夕食のあと、食堂でご主人と話し込んだ。ご主人の年齢は、七十五。アルバイトの学生を使いながらずっとご夫婦で営んでいたそうだが、奥さまがその前年に亡くなったという。ご主人も長年＊2リウマチに悩まされていて、そろそろ小屋を手放そうと考えているとのことだった。

基本的に、国立公園内に民間人が新たに山小屋を開くことはできない。古くからある山小屋だけが営業を認められているが、それは要するに既得権益だ。実際、北アルプスや南アルプスの山小屋は、かなり儲かる。権利を買い取りたいという人や会社は、いくらでもあるだろう。

わたしがそう言うと、ご主人は「商売っ気だけの連中には、いくら積まれても譲らんよ」と首を横に振り、「⑦ここを託すなら、あなたのような山好きの素人がいい」と付け足した。「こんなところで写真を撮りながら暮らせたら、夢のようですけど」と受け流すわたしに、ご主人は「まあ、まずは何度かここへ足を運んでください」と真顔になって言った。

会いもまたそうなのかもしれない。

去年の夏。登山を再開して初めて、泊りがけで南アルプスに登った。単独行だ。甲斐駒ヶ岳と仙丈ヶ岳にはさまれたその山は、イメージこそやや地味だが、高山植物の宝庫として知られている。眠っていた*1ニューF－1を三十年ぶりに持ち出したのも、このときだ。

天気にも恵まれ、気持ちよく八合目までたどり着いた。その日はそこにある小さな山小屋に泊まることにしていた。山小屋は、森林限界のすぐ上、凛とした岩稜とハイマツが美しいカール地形を見上げることのできる素晴らしい場所に建っていた。

日暮れ近く、山小屋のそばに咲いていたクルマユリにレンズを向けていると、「懐かしいカメラですね」と声をかけられた。それが、あの人との出会いだ――。

ガサガサと草木をかき分けながら、先生が斜面を上ってきた。その姿を見た学生さんが、声をひそめる。

「④さっきの話、先生に言っちゃダメですよ。あの人、すぐ調子に乗るんで」

「わかってますよ」

登山道まで来た先生が、とがめるような目で学生さんとわたしの顔を見比べる。

「 A 、俺の悪口言ってたな」

「他にどんな話題があるんすか」学生さんは B 当然とばかりに言った。

谷を下り、笹原の中をしばらく行くと、大きな案内板が見えてきた。登山口はもうすぐだ。

緩やかな林道の道幅が、だんだん広くなる。わたしをはさんで先生と学生さん。三人横に並んで歩く格好になった。間もなく五時半。木々の隙間から差し込む西日がまぶしい。

さっきからわたしは、歩みを緩めたくなる衝動にかられている。一人だったら、そうしたかもしれない。

このまま山を下りてしまっていいのか。わたしはまだ、子どもたちにかけるべき言葉を、見つけられていない。

風が出てきた。わずかに湿り気を感じる。天気予報では、明日からまた梅雨空に戻ると言っていた。

ひときわ強く吹きつけてきた風を正面に受け、わたしの左で学生さんが両手を広げる。

「あー、気持ちいいー」

疲れた体の芯から出たような声だった。わたしの右で先生が首を回す。

「⑤な？」

「何すか？な、って」

学生さんはわたしの頭越しに訊き返した。先生が、目尻にしわを寄せて言う。

「山って、いいだろ」

聞いた瞬間、わたしの足だけが止まった。

山って、いいでしょ――。

その台詞を、わたしは言ったことがない。

なぜわたしは、今まで一度も、あの子たちを山に連れてきてやらなわたしは、麻衣と晴彦に何をどう伝えるべきか、わからないでいるだけなのだ。あの子たちに何もわかってもらえないまま、勝手な親だと思われて終わるのが、怖いのだ――。

すぐうしろの登山道を、中高年のグループががやがやと通り過ぎていく。

「にしても、どこにいるんすかね、山ガール」学生さんがぽつりと言った。

「ほんとにね。がっかりよねえ、わたしみたいなおばさんばっかりで」

「なんで、みんなこぞって山に来るんですかねえ。子育ても終わったし、みたいな感じですか」

「わたしの場合は――それに加えて、犬が死んじゃったから、かな」

「もしかして、それですか」学生さんが、わたしのザックに付いたキーホルダーを指差した。舌を出したジロの写真が入っている。「さっきから気になってたんすよ」

「そう。御守りのかわり。クマから守ってねっていう」

ジロが死んだのは、一昨年の春先。十五歳だったので、長生きしたほうだろう。

麻衣が小学生のとき、クラスメイトのところで生まれた三頭のうちの一頭だ。どうしても飼いたい、責任をもって世話をするとあの子が言うので、うちでもらうことになった。呼びかけるとこっちをジロリと見上げるから、ジロ。麻衣が名付けた。雑種だが、きれいなキツネ色の毛並をしていた。

子犬のころは、麻衣も晴彦もそれなりに世話をした。数年経って子供たちが中高生になり、部活や塾で忙しくなると、朝夕の散歩に連れていくのもエサをやるのも、すべてわたしの仕事になった。

ジロもまた、他の家族同様、わたしの愛を刻んだ。でもあの子は、誰よりわたしを純粋に求めてくれた。素直に感情のやり取りをしてくれた。刻んだ傷を舐めてくれた。

最期は心臓を患い、入院していた動物病院から引き取った帰りの車の中で、わたしの腕の中で死んだ。その喪失感は、初めて味わうものだった。

よく同じ時間に犬の散歩をしていて親しくなった近所のお友だちが、登山のグループに入っていた。ふさぎこむわたしを見かねたのだろう。彼女が山に誘ってくれた。何度かそのグループの山行きに参加し、やがて一人でも登るようになった。

山道を踏みしめ、木々の香りを嗅いでいるうちに、わたしの中に眠っていたいろんな記憶と感情が甦ってきた。③頂上に立ち、深呼吸をするたびに、わたしはわたしに戻っていった――。

「先生と山に来るのは、何回目？」わたしは学生さんに訊いた。

「三回目です」

「やっぱり、好きになれませんか」

「石担いで登ってるときは、もう二度と来ねえ、って思います。でも、下りてきてザックを下ろしたら、また来てもいいかなって――まあ、一ミリぐらいは思います」

人との出会いというのは、つくづく不思議なものだと思う。人生というルートの分岐点は、初めから地図の上にあるのではない。人との偶然の出会いが、気まぐれにそこに分岐を作るのだ。

この学生さんの、先生との出会いもそう。わたしの、この二人との出

「何だかんだいって、いいコンビに見えますけど。研究室、やめたいわけじゃないんでしょう?」

「まあ」学生さんは、小石を一つ、指ではじいた。「やめないと思いますよ。これ以上落ちこぼれたら、さすがにカッコつかないんで」

「落ちこぼれ?」

「僕、二浪してるんですよ。ずっと医学部目指してて。じいちゃんも親父もいとこも、みんな医者なんで。いくら医者の家系でも、たまにはバカだって生まれるじゃないすか。弟が医学部に入ったんで、僕はもういいかなって」

「――そう」わたしはそっと言った。

「適当に今の大学に入って、適当に就職しようと思ってたんですけど、四年生になったら研究室に入って卒論やんなきゃなんないでしょ。ラクそうな研究室ないかなーって探してたら、あの先生につかまって。『お前、なんでそんなにやる気ねーんだ?』って訊くから、軽くさっきみたいな話したら、大喜びしちゃって」

「なんで喜ぶの?」

「『お前のような学生を待っていた。うちの研究室に来て、①火山の医者になれ』って」

「火山の医者――」意味は何となくわかるが――。

「例えば、うちの先生はこの日光白根山のホームドクターみたいなもんです。噴火史とか噴火のクセを誰よりよく知ってる。で、『メスで人間を刻むかわりに、ハンマーで山を刻め。火山の医者になって、何十万、何百万の人々の命を救うんだ!』って、一人で盛り上がっちゃって」

「へえ、いいお話」

「いやいやいや」学生さんは大げさにかぶりを振った。「あの人の口車に乗っちゃったのは、僕ぐらいですよ。不人気研究室で、誰でもいいから人手が欲しかっただけ」

「そうなんですか」笑いながら言った。

「でもまあ、『命を救う』って言葉には、ぶっちゃけ僕も弱いし」

「医者の血ですね」

「それに――」学生さんが、もう一つ小石をはじく。「②あの人と一緒にやってみるのが、一番確率高いっしょ」

「確率? 何の?」

「将来、やっててよかったな、面白いな、と思える確率。だってあの人、自分のやってることが世界一面白いって、マジで思ってますからね。仕事なんて辛いもんだ、歯を食いしばってやるもんだ、なんて言うオヤジのもとで働いて、面白いわけないですもん」

「ふうん、面白い考え方」

「実際、好きなことだけやって生きてる大人、初めて見ましたから。そんな人、マジでこの世に存在するんだって、結構衝撃で」

表現こそ若者らしいが、彼の感じていることはわたしにもわかる気がする。つまるところ彼は、先生の生き方に感染したいのだ。そばで同じ空気を吸っていたいのだ。弟子にそう思われるのは、師匠として最高のことだろう。

それに比べて、親としてのわたしは――。

小さく息をついたとき、わかってしまった。

わたしはきっと、もう迷ってなどいない。覚悟が足りないわけでもない。

【国　語】（六〇分）〈満点：一五〇点〉

【注意】字数指定のある問題では、句読点やカッコなども字数に含みます。

一、次の①～⑤の文の――線部のカタカナを、それぞれ漢字に直しなさい。

① どれほど困難な事態に直面しても、彼はセッソウを守り通した。

② 今年新しくシュウコウした豪華客船のチケットを、格安で入手した。

③ 初出場のチームであるにもかかわらず、ハチクの勢いで勝ち進んだ。

④ 厳しい状況の中での気の持ち方にこそ、その人のシンカがあらわれる。

⑤ ヘイゼイから食事をコントロールして、健康に気を付けている。

二、次の①～⑤の文の～～線部は、（　）内の意味を表す言葉です。例にならって、□にあてはまる言葉をひらがなで答えなさい。ただし、□には、「い」で終わる［　］内の文字数のひらがなが入ります。

例	湖のほとりでたたずんでいると、心地□風が吹き抜けた。（すがすがしい）［二］　→〈答〉よい

① 卒業式が終わり、名残□気持ちで校門を出た。（別れることがつらい）［三］

② 新しくできた商業施設には、物見□人たちが集まってきた。（好奇心が強い）［三］

③ いつも謙虚な彼の奥□人柄は、みんなの心をひきつけた。（慎み深い）［四］

④ けがで実力が出し切れず、歯□思いをした。（思うようにならずにじれったい）［三］

⑤ 何かと世知□都会の生活をやめ、故郷に戻った。（暮らしにくい）［三］

三、次の文章は、伊与原新の「山を刻む」の一節である。「わたし」は専業主婦として家族のために尽くしてきたが、二人の子供、麻衣と晴彦が成長するにつれて、「わたし」と家族との間に距離が生じてきた。若いころ山が好きだった「わたし」は、山小屋の主人から話を持ちかけられて、山小屋を買うかどうか悩んでいるが、家族には伝えられずにいる。問題文は、家族との大事な予定を初めてすっぽかして登山に来た、その帰りの場面である。これを読んで、あとの問いに答えなさい。

登山道の曲がり角から平らな岩が突き出ていたので、そこに学生さんと並んで腰を下ろした。木々の間から、ふもとの国道とその先の湖まで見通せる。あれが菅沼だろう。

先生は、そそくさと斜面を下り、林の中に消えていった。

「面白い先生ですね」わたしは学生さんに言った。

「ギャグは超寒いですよ」

問六　「論文」について、次の⑴・⑵の問いに答えなさい。

⑴　筆者のいう「論文」にあたるものとして最もふさわしいものを、次のア～オの中から一つ選び、記号で答えなさい。

ア　自らの記憶を頼りにして、一年間の読書量と学校の国語の成績との間には相関関係があるという仮説を提示したもの。

イ　横浜市の過去十年間における年齢別の人口の変化を調査し、今後の人口の推移について見解を述べたもの。

ウ　高性能な望遠鏡によって遠く離れたある恒星を観測し、その明るさの変化を五年間に渡って調査したもの。

エ　時間帯別の山手駅の利用者数を三ヶ月間計測することで、混雑状況を緩和するためのデータを提供したもの。

オ　大病を患って五ヶ月間入院したことをきっかけにして、魂の永遠性について思いをはせた、おのれの思考をまとめたもの。

⑵　筆者の考える、優れた「論文」とは、どのような文章ですか。六十字以内で説明しなさい。

【下書き欄】――　必要ならば使いなさい。

20　40　60

して最もふさわしいものを、次のア～オの中から一つ選び、記号で答えなさい。

ア　報告をまとめる手順は明確であり、その方法は訓練したり教育したりすることもできるので、結果を提示する上では、特別な資質は必要とされないから。

イ　報告に携わるものにはたいした才能があるわけではないから、他人より少しばかり努力をするだけで人目を引くような報告を完成させることができるから。

ウ　扱う資料が客観性のあるものばかりに限定される、報告の作成という作業は、研究者としてまず身につけなくてはならない基本的な能力であるから。

エ　思考を伴わない単純な作業であるため、研究者としての際立った能力や特別な訓練がなくても、根気さえあれば目的を成就することができるから。

オ　統計や資料をある一定の法則に従って分析する作業に地道に取り組むことで、一人前の研究者に必要な粘り強さを獲得することができるから。

問四　――線部③に「そもそも『実証的論文』などというものは、存在しないのではないか」とありますが、それはどうしてですか。その説明として最もふさわしいものを、次のア～オの中から一つ選び、記号で答えなさい。

ア　報告は実証的なものであるが、論文はその報告の上に立って推論を進めていくものであるため、両者では大きく価値が異なっているから。

イ　世の中には客観的推論どころか、至る所に主観的推論があふれており、ほとんどの論文は実証性があるとは言い難いから。

ウ　アインシュタインの論のように歴史的に高く評価されているものであっても、いずれは新しい研究の成果によって否定されかねないから。

エ　実証的手法は客観的なものであるのに対して、論文は主観的なものであるため、方向性が異なり、矛盾するから。

オ　誰もが訓練によって作成することができる実証的報告と、研究者としての価値が試される論文とでは、本質的に性質が異なっているから。

問五　――線部④に「『……ではなかろうかと思われるほどである』などという無責任な推量もある」とありますが、なぜ「無責任」なのですか。その説明として最もふさわしいものを、次のア～オの中から一つ選び、記号で答えなさい。

ア　わかりにくい比喩をあえて使ったり、発言の責任を回避したりしているから。

イ　断定的な強調表現を使うことで、反対意見を封じ込めているから。

ウ　遠回しな表現を重ねたり、人ごとのような言い方をしたりしているから。

エ　難解な学術的表現を多用することで、信憑性を高めようとしているから。

オ　執筆者が誰であるかわからなくすることで、責任の所在を曖昧にしているから。

いものを、次のア～オの中からそれぞれ一つずつ選び、記号で答えなさい。

A「異にしている」

ア　高層マンションを建てることを異にしている住民が多くいる。

イ　彼は気のいい同僚だが、こと仕事の能率化という点では、私と意見を異にしている。

ウ　読書を異にしている人と話すと、新たな知見を得ることができる。

エ　幼稚園からの仲の良い親友だったが、中学校進学を機に二人の関係を異にしている。

オ　答え合わせをしたところ、自分の答えは模範解答を異にしている。

B「銘打つ」

ア　変わり映えのしない恋愛小説と銘打つ作品は、世の中に掃いて捨てるほど存在する。

イ　仕事一筋の彼が故郷に帰ると銘打つとは、思いもしなかった。

ウ　本格的インドカレーと銘打つ割には、味付けは日本の家庭的なカレーに近い。

エ　多くの人が老舗だと銘打つそば屋ではあったが、去年閉店してしまった。

オ　技術の飛躍的な進化と銘打つからには、性能の向上は期待できないものだ。

C「会心」

ア　これまでの会心の勉強が実を結び、試験で満点を取ることができた。

イ　画家としての従来のイメージを塗り替えるような、会心の一枚ができあがった。

ウ　災害ボランティアに参加した彼は、少しでも助けになりたいと会心の思いで作業を行った。

エ　遠距離恋愛をしている二人は、会心のせつなさをいつも胸に抱いている。

オ　この交響曲は、彼の死後初めて、会心の作品として高く評価された。

問二　――線部①に「実証的手法」とありますが、これはどのような方法ですか。その説明として最もふさわしいものを、次のア～オの中から一つ選び、記号で答えなさい。

ア　根拠となる資料の内容が正しいか誤っているかを、一つずつ実際に証明していく方法。

イ　論理的矛盾がないように、丁寧に「論」を展開して結論を導いていく方法。

ウ　集められた多くの資料と現実に起こった出来事を照らし合わせ、それぞれ吟味していく方法。

エ　信頼できる証拠に基づいて、理解しやすい表現で真実を立証していく方法。

オ　誰もが納得できるように、一つ一つ手順を踏みながら事実を集めていく方法。

問三　――線部②に「ともかく根気よく時間をかけ努力すれば、形にすることができる」とありますが、それはどうしてですか。その説明とそれは本物の「論」を持っていたことになる。

ところで、私が青年時代に耳にタコができるほど聞かされたのは「実証的論文を書け」ということばである。そのころは、そういうものと思っていたが、後にだんだんと懐疑的になっていった。③そもそも「実証的論文」などというものは、存在しないのではないかと。

早い話が、世のいわゆる論文なるものを読んでいると、「客観的推論」どころか、至るところに「主観的推論」がある。ここで言う「推論」とは、論理学上の「推論」という意味ではなく、直覚的な＊4蓋然的確率的推量の意味である。たとえば、「……とも言えるが、逆のことも言えるだろう」などという文に出くわす。これなどは実証性のない推量である。あるいは④「……ではなかろうかと思われるほどである」などという無責任な推量もある。

私は思う、世に「実証的論文」などは存在せず、もしあるとすれば、「実証的報告に基づいて推量を行なう論考」であろう。それが論文の本質であると考える。

一歩一歩と段階を踏むことに徹し、ジャンプを許さない実証的手法は、報告作成という研究に最もふさわしい。しかし、ジャンプによって仮説を立て、それを検証しつつさらにジャンプを行なって論旨を展開する論文にとって、実証的手法はむしろ足をひっぱるものとなる。報告は客観性の実質化であるが、論文は主観性のそれである。

たとえば、私の仕事で言えばこうなる。儒教における孝とは、＊5祖先祭祀、親への愛・敬、子孫を生むこと、この三者を併せている。そのことは、文献によって実証可能である。それは孝とは何かという概念化のための報告である。いや、論文中に引かれているときは、報告的部分と言うべきであろう。論文中の引用ではなくて独立した調査ならば、報告である。

さて私は、この報告的部分（あるいは報告）を踏んで、一つの解釈を与えた。すなわち、儒教のこの孝をば、死の恐怖を克服する生命論であると。それは仮説である。それは前記の報告的部分（あるいは報告）を踏んでの推定である。ジャンプである。ジャンプした「論」である。

こうしたジャンプは、実証的手法による報告に基づきつつも、その報告から直接的に生れてくるものではない。そうした報告の事実が何を意味するのかということを思惟した（哲学した）結果から生れたものである。その思惟はジャンプである。実証的報告をいくらいじくりまわしても、そこからその論理的帰結として新しいものは出てこない。実証的報告それ自身は完結した世界であるからである。

だから、実証的報告に対して、或る独自の解釈を与える、或る意味づけを行なう、そういうジャンプによって「論」が新しく生れる。それは主観性の凝縮されたものである。

（加地伸行「中国哲学史研究ノート（六）」（『中国研究集刊』月号（第十号）所収）による　問題作成上の都合から一部原文の表記を改めた）

（注）＊1　書誌……その書物の由来や成立などについて記したもの。
＊2　文献提要……その文献の要旨をまとめたもの。
＊3　アカデミシャン……ここでは、研究に携わる者という意味。
＊4　蓋然……断言はできず、たぶんそうだと思われる様子。
＊5　祖先祭祀……祖先を敬い、祭り上げること。

問一　〰〰線部Ａ「異にしている」、Ｂ「銘打つ」、Ｃ「会心」について、これらの言葉を本文中と同じ意味で使っている文として最もふさわしは分らなかったり、あるいは根本的には研究の目的が分らなかったりする人がいる。
　もし論文とＢ銘打つならば、少くとも「論」がなくてはならない。そして、その「論」を有効にするための証拠としての事実調査すなわち報告がなくてはならない。すぐれた報告の集積の上に立ってこそ、良い「論」ができるわけである。
　私の言う報告とは、たとえば読解資料の提示（訳注など）・統計など計量的調査・＊1書誌・年譜・資料紹介・＊2文献提要・目録（書籍・論文などの）・訓詁（出典調査など）・翻訳・書評・事項の一般的説明・辞典項目・研究史など客観性のあるものである。
　この報告は、①実証的手法に徹したものでなくてはならない。また、こうした報告は訓練によって身につけるものであり、教育によって作成力の養成が可能なものである。いわゆる＊3アカデミシャンとは、こうした報告を作成する技術を会得した者である。研究とは、まず報告を書けることである。
　しかし、これはそう簡単なことではない。奥が深い。Ｃ会心の報告はそうあるものではない。おたがい大した才能があるわけではないから、できぐあいはチョボチョボである。しかし、②ともかく根気よく時間をかけ努力すれば、形にすることができる。だから、研究者の心がけとして、努力を武器にして常に報告を書くべきである。すぐれた報告が書けるということは、研究者として一人前であることを意味する。
　報告は、実証的手法に基づき、時間や努力や根気などをかければ必ずできる客観的なものである。くりかえし言うが、報告と論文とは分野が異なるので、報告と論文との間に価値の上下はない。
　さて、論文である。「論の文」である以上、そこに「論」がなくてはならない。これも報告と同様、そう簡単なことではない。というのは、実証的手法だけでは「論」を立てることができず、「論」にはアイデアが必要だからである。
　それはこういうことである。「論」に必要な条件は、推し量って一つの新しい意見を提出することであり、その推量は実証ではなく、或る飛躍を伴なう。そのジャンプができるにはアイデアがひらめかなくてはならない。あえて言えば、実証的手法を忘れてジャンプすることである。ただし、あくまでもジャンプであるから、しっかりと地についたジャンプ台が必要である。そのしっかりしたジャンプ台こそ、実証的報告である。
　すぐれた実証的報告に基づいて、推量（ジャンプ）を行ない、或る見かたを提供するのが論文である。その見かたは、もちろん仮説である。論文とは、見かたの提供である。その見かたによって、中国文化を（全体的にせよ、部分的にせよ）どれくらい広く、あるいは深く見ることができるようになるかということによって、その論文の価値が定まる。
　たとえばニュートンの仮説が出てくることによって、世界をそれ以前より大きく把えることができた。さらにアインシュタインの登場によってニュートン的世界よりももっと広く深く世界を把握することができるようになった。おそらく、将来、或る天才の登場によって提出される仮説によって、アインシュタイン的世界よりもさらに広く深く世界を理解することができるようになるであろう。
　われわれの場合、或る論文の登場によって、中国文化を（全体的であれ、部分的であれ）見る見かたがより豊かになることができるならば、

ア　もやもや　イ　ふんふん　ウ　もんもん　エ　たらたら

問八　――線部⑦に「みんな、こういうとこ見てんのよ」とありますが、どういうことを言いたかったのですか。その説明として最もふさわしいものを、次のア～オの中から一つ選び、記号で答えなさい。

ア　人は普通、散髪屋としての腕の良し悪しを、バリカンの使い方を見て判断するものだと、清二に知ってほしいということ。

イ　世間の人は清二のことを散髪屋として見ているので、些細なことであっても自分の髪については気を配ったほうがよいということ。

ウ　妻である身としては、いつまでも腕が上がらない清二に、そろそろ散髪屋として一人前になってもらいたいと思っているということ。

エ　散髪屋のような技術を売りにしている職業の人は、厳しい視線を世間から向けられ、小さな失敗でも見逃してもらえないものだということ。

オ　目につきにくいとはいえ、襟足のようなところをおろそかにさせておいては、散髪屋の妻として自分が恥をかいてしまうことになるということ。

問九　――線部⑧に「今の自分には行き先がわかっている」とありますが、それはどうしてですか。その説明として最もふさわしいものを、次のア～オの中から一つ選び、記号で答えなさい。

ア　今も昔もナスミの本心を理解することができていないことに変わりないが、一人で悩んで孤独を感じていた昔とは違い、今は親身になって一緒に悩んでくれる利恵というもう一人の自分のような存在があるから。

イ　今も昔も深い悲しみの淵にいるときの自分の孤独感に変わりはないが、その場しのぎの言葉で自分をごまかしていた昔とは違い、今は自分のことを信頼してくれている利恵を幸せにすることが、自分の幸せだと思うようになったから。

ウ　今も昔も悲しみを背負っていることには変わりないが、自分の気持ちの持っていきようを見失っていた昔とは違い、今は自分のことをよく理解してくれ、また素直に思ったことを語り合える利恵という頼れる存在があるから。

エ　今も昔も心に痛みを感じたことには変わりないが、ナスミが約束の時間に来なかったことで打ちのめされてしまった昔とは違い、今は心の痛みを感じつつも、そんな自分を支えてくれる利恵との人生が目の前に広がっているから。

オ　今も昔も人生が厳しいものであることに変わりないが、野球を続けていく自信を失ったせいで将来を悩むばかりだった昔とは違い、今の自分には、仕草の一つ一つに見惚れてしまい、散髪屋としての自分を導いてくれる利恵という存在があるから。

問十　――線部ア～カを、時系列に沿って順番に並び替えた時、**三番目**と**六番目**になるものをア～カの中からそれぞれ一つずつ選び、記号で答えなさい。

四、次の文章は、ある中国哲学の研究者が書いたものです。これを読んで、あとの問いに答えなさい。

研究成果には、大別して論文と報告とがあると私は考えている。その両者はそれぞれ任務をA異にしているので、その価値に上下はない。

ところが、研究者の中には、この両者の区別をしなかったり、あるい

【下書き欄】―― 必要ならば使いなさい。

問三　――線部③に「不公平だ」とありますが、清二は、どういうことを「不公平だ」と考えているのですか。四十字以内で説明しなさい。

【下書き欄】―― 必要ならば使いなさい。

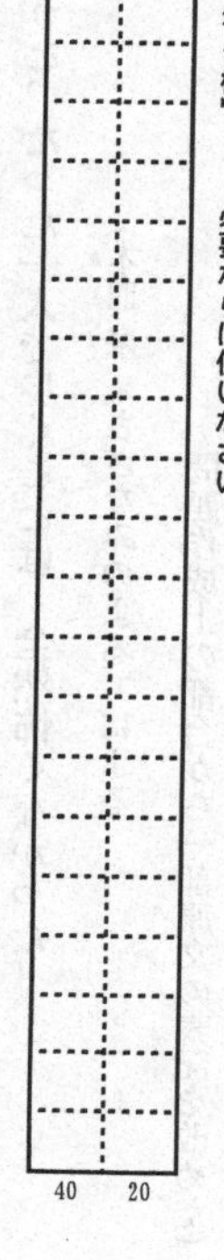

問四　――線部④に「清二はおかしかった」とありますが、何が「おかしかった」のですか。その説明として最もふさわしいものを、次のア～オの中から一つ選び、記号で答えなさい。

ア　泣くこともできないほど悲しい体験をしたはずの二人なのに、それを忘れて明るく前向きにありきたりの日々を送っていることが、不思議で、どこか非現実的に感じられたということ。

イ　誰もそんなことをしているとは思わないような日常的な場所で、心を寄せる女の子と、二人だけの秘密である、悲しい出来事の話をしていることに、密やかなときめきを感じたということ。

ウ　とても悲しい体験をした二人の中学生が、日常のありふれた風景の中にいる人々の目を気にしすぎるせいで、その悲しみをまだ素直に外に出すことができずにいるということ。

エ　一見ごく普通の中学生にしか見えない二人の会話の内容が、深い悲しみに包まれた非日常的なものであるなどとは、周りにいる人たちは思わないだろうということ。

オ　泣くこともできないほど悲しい思い出の話をしている二人であるはずなのに、学校帰りの日常的な場所で話していると、周囲の目が気にならなくなり、心が落ち着いてきたということ。

問五　――線部⑤に「ナスミは黙ってしまった」とありますが、どうして「黙ってしまった」と考えられますか。その説明として最もふさわしいものを、次のア～オの中から一つ選び、記号で答えなさい。

ア　清二は自分のことを好きだからだと言ったが、本当のことを言っていないと思ったから。

イ　自分でなくてはいけない理由を聞いたとき、清二が一瞬とはいえ言葉につまったから。

ウ　清二のことは決して嫌いではないが、本気で一緒に家出するほどの相手ではないと思ったから。

エ　自分に好意があるとうすうす感じていたが、清二から改めて好きだと言われて面食らったから。

オ　清二から好きだと言われたが、その口調から自分をだまそうとしていると直感したから。

問六　――線部⑥に「好きだからだよ」とありますが、このとき何と答えるべきだったと考えられますか。二十字以内で書きなさい。

【下書き欄】―― 必要ならば使いなさい。

問七　[A]～[D]にあてはまる言葉を、次のア～エの中からそれぞれ一つずつ選び、記号で答えなさい。ただし、同じ記号は二回以上使えないこととします。

清二は、ナスミと話したファストフード店を思い出す。二人が悲しみの真っ只中にいたことを。あれは、悲しいけれど、少し甘酸っぱい時間だった。同じぐらい悲しかったのに、二人は決して交わらず、別々の悲しみを抱えて途方にくれていた。ありきたりの風景の中で、ただただ立ち止まるしかなかった。

通夜からの帰り、清二の足は、履き慣れない黒い革靴が固いせいか、歩くたびにカカトがこすれ、どんどん痛くなってくるようだった。

「でも、歩いていかなきゃなんないんだな、人生は」

清二の口から、そんなひとり言が出る。ナスミが約束の時間に来なかったのは、そう言いたかったからだろう。それでも生きてゆかねばならない。しかもたった一人で。現に、今日、ナスミは一人で逝ってしまった。

でも、あのときに比べれば、まだましだと思う。あいかわらず一人には違いないが、少なくとも⑧今の自分には行き先がわかっているのだから。とりあえず、今オレは、利恵のいる場所を目指して歩いている。そう思うと、たった一人で歩くことは、全然怖くなかった。

（木皿泉『さざなみのよる』による
問題作成上の都合から一部原文の表記を改めた）

問一　――線部①に「見たくもないのに無理やり見せられた手品を目にした」とありますが、これはどういうことですか。その説明として最もふさわしいものを、次のア～オの中から一つ選び、記号で答えなさい。

ア　客のジイさんが眠っているのを見て「死んでる人みたい」と言った利恵の言葉をきっかけに、この世を去っても記憶の中で生き続けているナスミに思いをはせた清二は、自然と涙があふれ出し、これまでナスミを思い続けてきた自分の内面を露呈させられてしまったということ。

イ　中学の同級生に過ぎないはずのナスミの死に際し、不覚にも涙を流してしまった清二は、妻の利恵に気づかれないようにしたが、その清二の心の中に土足で踏み込むかのように、めざといマンボが、自分は気づいたということを清二に一方的に伝えてきたということ。

ウ　「死んでる人みたい」という利恵の言葉によって、急に動かなくなったジイさんと突然死んでしまったナスミが重なり、清二は、命のはかなさや死の厳粛さに改めて気づくとともに、今を精一杯生きることの大切さを認識せざるを得なかったということ。

エ　ナスミの死の話を聞いたばかりだった清二は、眠っているジイさんを死んでいるかのように錯覚してしまったことで、人間という存在のはかなさを感じていたのに、利恵がそれを感傷的な反応だと大笑いしたことに違和感を覚えたが、満足に反論できなかったということ。

オ　眠っている客のジイさんのことを利恵が「死んでる人みたい」と言ったことで、清二は、人間は突然死ぬのだと改めて気づかされ、そのことによって、今でも生き生きとした姿で思い出されるナスミが今朝突然死んでしまったという現実を突きつけられたということ。

問二　――線部②に「一番聞いて欲しくないコトバ」とありますが、清二はどうして「一番聞いて欲しくな」かったのですか。四十字以内で説明しなさい。

「知ってる。一緒に家出しようと思った子なんでしょ？」
マンボから聞いたと利恵は言った。

清二はマンボを少しの間でも信じたことを悔やんだ。だったら、ちゃんと本当のことを聞かせなければならない。清二は、マンボの知らない本当の話を聞かせて、「⑥好きだからだよ」と伝えたときのナスミの表情がいまだにわからないのだと白状した。

Ａ と聞いていた利恵は、

「それは、あんたがウソをついたから、そんな顔をしたんじゃないの」

と断言した。

「ウソなんかついてない。そのときのオレの本当の気持ちだよ」

「そうかなぁ。そのとき、ナスミさんより好きなもの、あったんじゃないの？」

「二股ってことか？　冗談じゃないよ。そんなことしてねーし」

「じゃなくて、そのとき、あんたが本当に好きだったのは野球でしょ？」

清二は絶句した。その通りだった。まだ野球に未練 Ｂ だった。あきらめきれず、 Ｃ としていた。

「そのことを知っていたんだね、ナスミさんは」

清二は、ナスミのいつも笑ってるように見える、そのくせ人を見透かすような瞳を思い出す。

「でも、ナスミさんもウソついたんだね」

清二は「ん？」という顔で利恵を見る。

「本当は、あんたじゃなくて、お母さんに好きって言いたかったんじゃないかなぁ」

清二の頭にあった、何十年も Ｄ していた霧のようなものが、利恵のコトバで一瞬にして晴れてゆく。そうか、そうだったのか。オレたちは、自分自身に互いにウソをついていたのか。ナスミが約束の場所に来なかったのは、「それは違うよ」というメッセージだったのだ。

「はやく行きなよ。あんまり遅くなったら、向こうも迷惑だよ」

「うん、そーだな」

清二が奥に入ると、喪服が掛けてあって、テーブルに数珠と香典が置いてあった。香典の中身もちゃんと入っていた。清二が喪服に着替えて出て行こうとすると、利恵が「ちょっと待って」と店に走ってゆく。小さなバリカンを持ってきて、清二の肩にタオルをかけて襟足にバリカンの刃をあてる。利恵の柔らかい手とバリカンの機械音のアンバランスな感じが、清二はとても好きだった。

「⑦みんな、こういうとこ見てんのよ。あんた散髪屋なんだからさ」

「うん」

利恵はタオルを取って、襟足を丁寧にぬぐい、一丁上がりというように清二の背中を押し「いってらっしゃい」と笑った。

清二が最後のお別れで見たナスミは、「そのとき、泣いた？」と聞いたときと同じショートカットだった。清二の体の奥から、あのとき、自分が言わねばならなかったコトバがあふれてくる。

オレは、さびしかった。側にいて欲しかった。誰かに優しくしてもらいたかった。泣きたかった。側にいて欲しかった。一人だった。ものすごく一人だった。なんで一人なんだと怒っていた。ずっと怒っていた。なのに怖かった。怖くてさびしかった。わかるよって言って欲しかった。誰かとずっと一緒にいたかった。

④清二はおかしかった。こうやって、昼下がり、ポテトを食べながらコーラを飲んでいる二人が悲しみの真っ只中にいるなんて、そのことについて話しているなんて、誰も知らないのだ。そして、泣けないぐらい悲しいことが、この世にあるってことを、オレたちは知っている。こんなにありきたりの風景の中にいるというのに。

だから、ナスミがツリーを見たいと言ったとき、カ絶対にかなえてやりたいと思ったのだった。そうすることで清二もまた失ったものを取り返せると、なぜそんなふうに思ったのかわからないが、とにかくそう思ったのだ。

清二は、理容室のレジから、母親の財布から、父親の五百円玉貯金から、毎日少しずつかすめ取って、東京行きのお金をつくっていった。いざとなったら千葉に引っ越した友人の家に泊めてもらうつもりだった。その手紙もすでに投函した。友人への手土産、といっても商店街の店先で焼いているバットやグローブをかたどった野球カステラだが、それもちゃんと用意した。

なのに、ナスミは来なかった。オハギをつくっていて行けなかったというのは、ウソだったのではないかと今の清二は思う。今でも気になっているのは、家出の前日、ナスミが清二に念を押すように聞いたことだ。

「本当はさ、一緒に行くの、私じゃなくてもいいんだよね」

そうナスミに言われて、清二は何を今さらと思った。

「オグニとじゃなきゃ、意味がない」

「どうして私でなきゃ意味がないの？」

「――そりゃ、好きだからだよ」

そう聞いて、⑤ナスミは黙ってしまった。嬉しいという顔でもなく、不愉快という顔でもなかった。清二は気をもんだ。間を置かずもう少しはやく言えばよかったのだろうか、それとも声のトーンがまずかったのか。「好き」なんて、軽々しく言うべきではなかったのか。

「オグニの方はどうなんだよ。そっちこそ、本当はオレとなんか行きたくないんじゃないのか」

沈黙にたえきれず、清二が聞くと、

「そんなことない。私も、ナカムラのこと好きだよ」

とナスミはぶっきらぼうに答えた。

ナスミはあのとき、もっと違う答えを期待していたんじゃないだろうか。そのことを思い出すたびに、清二はそう後悔してきた。何が正解だったのか、何十年かの間、思い出しては答えを探すが、今になっても思い当たることはない。

清二が「バーバー・ナカムラ」の看板の電源を切って、シャッターを下ろし、店内に入ると、利恵が明日使う大量のタオルを一枚一枚たたんでいた。手だけ見ていると、ロボットのように規則正しかった。ヒゲ剃り用の石鹸を泡立てているときも、客の襟足に汚れないよう薄い紙をあてるときも、利恵の手の動きには無駄がない。清二は今日一日、利恵のそんな動きばかり見ていた。そうすると、心が落ちついてくるのだ。

ふと、利恵に全部話してみたくなった。中学のオレは、あのとき、なんと答えれば正解だったのか。利恵なら教えてくれるような気がする。

「あのさ、今日、オレ、通夜に行くって言ってただろ。その死んだヤツっていうのはさぁ」

した後、そこから落下してしまい、ウ足の骨を折ったこと。金属のプレートを骨にとりつける手術をして、それから何カ月も経ってから、そのプレートを取る手術をしたこと。その後、元のようにプレーできるつもりでいたのに、練習不足なのか、うまく足が治っていなかったのか、それともケガのトラウマで思いっきりプレーできなくなったのか、自分がいない間に他のチームメイトが団結したかのように思えて気をなくしたのか、とにかく試合に出してもらってもらうチャンスはどんどん減ってゆき、出してもらっても全く力が発揮できず、結局やめてしまったということを話して聞かせた。

ナスミは黙って聞いていた。そして、清二に聞いたのだ。

「そのとき、泣いた？」

清二は泣かなかった。正確に言うと、泣くという選択肢があるとは思っていなかった。泣くというより、気をまぎらわせるのに必死だった。そのことについて、一秒も考えたくなかった。そういうことはナスミには説明しなかった。してもわかりっこない、と思ったからだ。

次の日、教室で、ナスミは最近、母親を亡くしたばかりだということをエ友人から聞き、ぼんやりと金網にしがみついていたのは、彼女もまた大事なものを失ったからなのかと気づいた。

帰り道、つまらなそうに一人歩くナスミを見かけたとき、ファストフード店に誘ったのは清二だった。よくわからないが、③不公平だと思ったからだ。ちゃんとナスミの話も聞かなければならないと思った。自分から話してくれればだが。

ナスミは、実は自分も泣かなかったんだよねぇという話をした。母親の病状が悪くなってゆくのに、突然良い子になるのって、なんかロコツって言うか、あんた余命わずかですよって言ってる感じじゃない？そうゆうカットーっていうの？そんなのがあって、素直になれなかったのよ。それがよくなかったのかなぁ。母親が亡くなっても、やっぱり素直になれなくて、私、ゼンゼン泣かなかったんだよねぇ、とストローでもうほとんどない飲み物をいつまでもしつこく吸いながら、そんな話をした。

「私、冷たい人間なのかな？」

ナスミは、オ気弱く笑いながらそう言った。

「そうじゃなくて」

と清二は言ったが、その後のコトバは考えてなかった。「そんなことないよ」と言うつもりだったが、そんな使いふるされた、ありきたりの慰めをナスミに言いたくなかった。

「そうじゃなくて、本当に大切なものを失ったときって、泣けないんじゃないかな」

清二のもっともらしい顔を、ナスミはちょっと笑う。

「じゃあ、いつ泣くのよ？」

清二は、少し考えて、

「あれは大切なものだったなぁと、後から思ったときに泣けるんじゃないの？」

でまかせだったが、清二は案外、本当にそうなんじゃないのと自分でも思う。

ナスミは、ふうんと遠くを見ながら、

「私、まだ過去のことじゃないんだ」

「うん、そう。オレも、まだ過去になってないんだな、部活やめたこと」

なったカナブンみたいに見えて、気がつくと清二は涙を出していた。

それを見た利恵が驚いて、

「どうしたの？」と聞くと、

「いや、人って死ぬんだなぁと思って」

清二は、利恵に見られないよう涙をふく。ちらりとマンボを見ると、オレにはわかるぞと言わんばかりに、こちらを見てうなずいているのが腹立たしい。でも、マンボはしゃべらないだろう。イラッとさせられるヤツだが、そのへんのことは信じている。

「あったり前じゃないッ！　私もアンタも、あそこでヘラヘラ笑ってるマンボもみんな死ぬに決まってるの。なに大発明みたいに言ってるのよぉ」

利恵は爆笑して清二の背中をたたく。たたかれた清二は、そうじゃなくて、と思うが、うまく説明できそうもない。

暑い、あの教室で、下敷きでぱたぱたスカートの下をあおいでいたナスミもまた、今朝、このジイさんのように、突然動かなくなってしまったんだと思うと、悲しみというか、不条理というか、①見たくもないのに無理やり見せられた手品を目にしたような心持ちで、どうリアクションすれば正解なのか、よくわからないのだ。

だから、ふいに涙が出た自分にあわてた。悲しみより先に出た涙は、自分が冷静な分、その形状や位置が、いやによくわかった。ぽろんぽろんと水の粒が目の端から頰へ、移動してゆくのが文字通り肌でわかる。

「そのとき、泣いた？」

中学のとき、アナスミに聞かれ、

「んなもん、泣くわけないだろう」

と言ったのを清二は思い出した。

胸元にエンジ色のリボンが揺れていたから、冬の制服だったのだろう。振り向いたナスミは、ショートカットの頭だった。

「オレが泣くときは、財布を落としたときだけだよ」

「なんだよ、それ」

ナスミは気が抜けたように笑った。

あのとき、清二とナスミは同じ学年だったが、一緒のクラスになったのは一年のときだけだった。だから三年になって、放課後、金網越しに、ぼんやり野球部の練習を見ていたナスミを見つけたとき、別に声をかけるつもりはなく、それは向こうも同じだと思っていた。

清二は、野球部だったが、ケガが元で退部してしまった。それ以来、部員たちが練習している姿など見たくもなかったので、そんなところで立ち止まるわけにはゆかなかった。なのに、その日、清二の一番イヤな場所でナスミがイ声をかけてきたのだった。

「ナカムラってさ、野球部じゃなかったっけ？」

よりによって、ナスミは②一番聞いて欲しくないコトバを言い放った。たしかに持っているバッグは部員たちが持っているのと同じようなものだが、今はユニホームではなく、教科書とかマンガ本とかゲーム攻略本しか入っていない。清二が無視を決めて行こうとすると、ナスミはしつこく、なおも引き止める。

「今日、練習、さぼったんだ？」

真っ直ぐにナスミに見られて、清二はしかたなく本当のことを言う。監督にいいところを見せようとフェンスによじ登ってフライをキャッチ

【国語】〈六〇分〉〈満点：一五〇点〉

【注意】字数指定のある問題では、句読点やカッコなども字数に含みます。

一、次の①～⑤の文の――線部のカタカナを、それぞれ漢字に直しなさい。

① この美術館は、地域の発展のために、町の有力者がシザイを投じて作ったものだ。

② 教科書を読んだだけではハンゼンとしなかったことが、授業を通してよく理解できた。

③ 歴史ある町なので、ビカンを維持するために、高い建物の建築が規制されている。

④ 地震などのフソクの事態に備えて、日頃から水や食糧などを準備しておくことが大切だ。

⑤ 社会で活躍するには、ガイブンを気にしすぎず、積極的に発言していくことが必要だ。

二、例にならって、次の①～⑤の□にあてはまる言葉をひらがなで答えなさい。ただし、□には［　］内の文字数のひらがなが入るものとします。

例
この映画は、現代社会に一石を□ものだ。［四］
〈答〉とうじる

① 思ってもみなかったことで褒められた彼は、□につままれたような顔をしていた。［三］

② 援助は惜しまないと言われたことを□に取って、次々に要求を出した。［二］

③ この大学の出身者で、オリンピックのメダルを獲得した人物は、五指に□。［三］

④ 三日もあれば夏休みの宿題を終わらせられると、友達の前で大見得を□。［二］

⑤ 運動神経がよい彼は、中学に入学すると、いろんな運動部から引く手□だった。［三］

三、次の文章は、木皿泉の『さざなみのよる』の一節である。理容室「バーバー・ナカムラ」を営む清二は、友人のマンボから、二人と同じ中学に通っていたナスミが亡くなったことを知らされた。中学時代の清二とナスミに関するうわさ話について、客のジイさんの前でマンボと清二が話していたところ、清二の妻である利恵が帰ってきた。これを読んで、あとの問いに答えなさい。

妻の利恵が戻ってくると、さすがにマンボもナスミの話をぴたりとやめて、最近はまっている苔の栽培についてしゃべり始めた。

空気を読めない客のジイさんが何か言い出さないかと心配で清二が振り向くと、あごを突き出し、口を大きく開けて眠っていた。利恵もつられてジイさんの方を見ると、

「ヤだ。死んでる人みたい」

と笑った。

電池が切れたみたいに眠っているジイさんが、ある日、突然動かなく

イ　今までは飛行機で訪れていた祖母の家に、今年は新しく開通した新幹線で行こうと考える。

ウ　事故で電車の止まっているところを避け、目的地に向かうためにいつもと違うルートを探す。

エ　今年から始めるイベントに一人でも多く来てもらうために、どのように宣伝するかを検討する。

オ　困っている人たちのために、私財をなげうってでも支援活動を行うべきだと考える。

カ　せわしなくも安定した生活に見切りをつけて、なじみのない地方で農業を営む決意を固める。

問五　□　に入る言葉として最もふさわしいものを、次のア～オの中から一つ選び、記号で答えなさい。

ア　浦島太郎　　イ　かぐや姫　　ウ　笠地蔵

エ　かちかち山　　オ　花咲かじいさん

問六　――線部⑤に「普段とは違ったワクワクするような『若さ』が保たれる」とありますが、どのようにするとそのような「若さ」を保つことができますか。その説明として最もふさわしいものを、次のア～オの中から一つ選び、記号で答えなさい。

ア　受動的に情報を利用して比較した結果から判断するだけでなく、時には能動的に情報を収集して、人々のために役に立つ存在であり続けようとする。

イ　他人から与えられた情報を利用して比較した結果から判断するだけでなく、時には自分ならではの情報を収集して、自分らしさを維持しようとする。

ウ　年齢を重ねたことによる懐古趣味へと自身を埋没させてしまうのではなく、時にはリスクを伴うような生活を心がけて自分の可能性を広げていく。

エ　今までに経験した失敗をいつまでも引きずるのではなく、立ち止まって冷静に損得の比較を行い、絶えず新しい挑戦を続けて成功を目指していく。

オ　今までに集めてきた情報に依存し、無意識のうちに安定した状態を維持するのではなく、時には新しいことに取り組んで自分の経験をより広げていく。

問七　――線部⑥に「最近、『眼窩前頭皮質』に関して意外な発見がありました」とありますが、筆者はどのようにとらえていますか。「眼窩前頭皮質」に関する「意外な発見」の内容に触れながら、六十字以内で説明しなさい。

【下書き欄】――必要ならば使いなさい。

20　40　60

（池谷裕二『脳には妙なクセがある』による）
（問題作成上の都合から一部原文の表記を改めた）

（注）＊1 プルトップ……缶のフタのこと。
＊2 前頭葉……脳の前方にある部分。
＊3 スロットマシン……複数の絵柄や数字が揃うと「当たり」になるゲーム。
＊4 眼窩前頭皮質……「前頭葉」の一部。直後の「前頭極皮質」も同じく「前頭葉」の一部。
＊5 ペイ……ここでは「当たり」によって得られる報酬のこと。
＊6 安全パイ……ここでは安全な選択肢のこと。
＊7 ストラテジー……戦略。作戦。

問一 ――線部①に「好感度の変化」とありますが、同じように「好感度」が「変化」するのは、本文中の〰〰線部a～dのうち、どの場合ですか。その組み合わせとして最もふさわしいものを、次のア～カの中から一つ選び、記号で答えなさい。

ア a・b　イ a・c　ウ a・d
エ b・c　オ b・d　カ c・d

問二 ――線部②に「心の不協和を無意識のうちに解決しようとする圧力」とありますが、「心の不協和」を「解決」する、とはどういうことですか。六十字以内で説明しなさい。

【下書き欄】……必要ならば使いなさい。

20
40
60

問三 ――線部③に「新種キャベツを買ってみることが新しい情報を『収集』するという冒険に相当します」とありますが、このような「冒険」をすることがあるのはなぜですか。その説明として最もふさわしいものを、次のア～オの中から一つ選び、記号で答えなさい。

ア 意に沿わない結果になる可能性はあるものの、人それぞれ考えは違っているので、他人の判断に頼って選択した方が、かえって自分にとってはよい結果になることもあるから。
イ 意に沿わない結果になる可能性はあるものの、自分をとりまく状況は常に変わるものであり、最善であったはずの選択に対し、より良い選択肢が後になって浮上することもありうるから。
ウ 意に沿わない結果になる可能性はあるものの、先入観によって決めつけられた価値判断だけでは、選ばれなかった選択肢の持っている本当の素晴らしさを理解することはできないから。
エ 不本意な事態を招くかもしれないが、前例に従ってばかりいると、未知への不安を解消することはできても、選択に自信が持てないという根本的な問題から逃げ続けることになるから。
オ 不本意な事態を招くかもしれないが、特定の行動だけを行っていると、意志決定に関わっている脳の特定の部分しか発達せず、結果的に判断力が衰えてしまうから。

問四 ――線部④に「前頭極皮質」とありますが、この脳部位が活動していると考えられる具体例としてふさわしいものを、次のア～カのうちから二つ選び、記号で答えなさい。

ア すでに持っている商品にもかかわらず、店員に強くすすめられるままに買ってしまう。

安全の確保（情報の利用）か、リスク（情報の収集）か——。脳はこの背反する選択肢から意志決定をしなければなりません。この時どのようにして判断を下すのでしょうか。ロンドン大学のドウ博士らは、そんな脳の状態を調べた研究成果を報告しています。

博士らはＴＶゲームの＊3スロットマシンを4台用意しました。それぞれの台は「当たり」の確率が異なり、さらに、この確率は時間の経過とともにゆっくりと変化します。実験参加者は、毎回4台のスロットから好きなものを選んで、賭けを繰り返します。

このゲームで、実験参加者が取る戦略を見ると、決して無秩序にスロットを選んでいるわけではないことがわかります。現時点で一番当たりやすい台を選ぶ傾向があるのは当然としても、時には他のスロットの当たり確率もチェックしています。知らぬ間に賭け率が変わっていて、他の台のほうが儲かる可能性があるからです。

ゲーム中の脳の活動を調べると、「どれほど儲かるか」という損得比較を行うのは「＊4眼窩前頭皮質」であることがわかります。この脳部位の活動が、より確実な＊5ペイが見込める台を選ぶための基準となります。一方、いま安全であると判断しているスロットをやめ、敢えて他の台を試すときには「④前頭極皮質」が活動します。

この二つの脳部位がバランスを取りながら、選択行動を決定するらしいのです。

日常生活でも、当初もっともよい選択であったからといって、＊6安全パイばかりを選んでいると、知らぬ間に世界が変わっていて、［　　］よろしく、気付けば大損をしていることもありえます。だからといって、根拠のない賭けばかりでは、これもまた問題です。これに対処するために、ヒトは、眼窩前頭皮質と前頭極皮質という対立する二つの脳部位を、進化の過程で発達させてきました。

つまりは「情報利用と情報収集のバランスを保て」ということになるのですが、不思議なことに、歳を重ねると、私たちは情報収集型人間から情報利用型人間へと変化していく傾向があります。

最近、身近な人との会話だけで一日が終わっていないでしょうか。新しいレストランが開店しても、行きつけの店ばかりに通ってはいないでしょうか。ときには思いきって冒険脳「前頭極皮質」を開放すれば、⑤普段とは違ったワクワクするような「若さ」が保たれるのかもしれません。

⑥最近、「眼窩前頭皮質」に関して意外な発見がありました。眼窩前頭皮質は先にも説明しましたように「価値を比較する」ことに深く関与する「相対価値」専用の脳部位だと思われていたのですが、この回路の中に、「絶対価値」を評価する脳回路が存在することが発見されたのです。周囲の状況に左右されずに価値を一定に評価できるニューロンです。つまり、脳は相対価値だけでなく、他の要因の影響に流されずに客観視する能力も併せ持つというわけです。

あらゆるものごとの価値が相対化する傾向にある昨今ですが、相対判断は、実のところ、近視的な＊7ストラテジーでしかありません。大局的な見地から大切なものを選り抜くためには、絶対価値を推量する力が必要なのは明らかです。脳がそんな回路を用意してくれていることを知って、ちょっとうれしくなりました。

論になるのです。一方、強く禁止された場合は、遊ぶのを止めた理由が明確です。楽しかったけど、止めざるを得なかった。自分の取った行動にあいまいな点はありません。

イェール大学のエガン博士らは巧妙な実験を行なって、なんと、サルにも自己矛盾を回避する心理があることを証明しています。高等哺乳類に普遍的な原理なのかもしれません。

ちなみに、この「認知的な不協和を回避する」という理論そのものはアメリカの心理学者フェスティンガー博士らによって、50年以上も前に提唱されたものです。彼による有名な実験があります。面白くない単調な作業をさせて、その後に「楽しかった」と言ってもらうというものです。そして謝金を渡すのですが、このとき実験参加者を二つのグループに分けます。片方には20ドルを、もう一方には1ドルを支払います。その後、作業がどれほど面白かったかというアンケートを採りました。

ここまで読んできた皆さんでしたら、フェスティンガー博士らの実験結果がどうなったか想像できるでしょう。c1ドルをもらったグループのほうが面白いと感じたのです。d高額な謝金をもらった方は、作業をしている理由が「金がもらえるから」だと認識できます。しかし1ドルでは「金が欲しくてやった」にしては割に合いません。つまり、作業をする十分な理由が見当たらないのです。心理矛盾です。そこで「実のところ、自らすすんでやるほど楽しかったのだ」と態度を変えて納得します。

次に、私たちがものを選択するときのことを考えてみましょう。

A社株、B社株――どちらに投資すべきか迷うとき、両者を徹底的に比較し、「相対評価」に基づいて判断するでしょう。

実際には、物の価値は状況によって変わります。たとえば、1万円札と1円玉では金銭的な価値の差は明白です。とはいえ、壊れた缶ジュースの＊1プルトップをこじ開けたい時は1円硬貨のほうがテコ具として有用です。動物でも同様な柔軟性が見られます。ジュース1mlと水10mlでは、サルは通常は前者（質）を選びますが、喉が渇けば後者（量）を取ります。

脳を覗くと、相対価値を計算するニューロン（神経細胞）が「＊2前頭葉」に多く存在していることがわかります。これらのニューロンが私たちを正しい決断へと導いてくれるのでしょう。

私たちは情報の「利用」と「収集」という背反する二つの選択の中で生きています。これはとても重要なことです。

スーパーマーケットでサラダ用にレタスを買っている女性を例に考えてみましょう。彼女はレタスが大好物。逆にキャベツやキュウリは好きでないので、あまり買うことはありません。そんなある日、いつものように買い物に出かけると、レタスの隣に、「甘さたっぷり」と書かれた新種のキャベツが並んでいました。

いつも通りレタスを買えば、美味しいサラダが食べられることは約束されています。しかし、新しいキャベツはどうでしょう。もしかしたらこの新種キャベツはレタス以上に自分の嗜好に合っているかもしれません。もちろん、新野菜に挑戦したところで、やはりニガテな味だったなどと再認識させられることもありうるでしょう。

この例では、いつも通りレタスを買うという選択が、過去の情報を「利用」することに相当し、③新種キャベツを買ってみることが新しい情報を「収集」するという冒険に相当します。

Bへの平均評価が下がることがわかります。つまり、自分が選ばなかったほうの洋服について「それほどよくはなかった」と意見を変えてしまうのです。

そこで、別の選択実験を行ってみます。洋服Aと洋服Cの選択です。今回は洋服Cよりも、洋服Aの方がいくぶんか好みです。躊躇なくAを選ぶでしょう。この場合は、選択後のCへの評価は下がりません。このことから、選択後の①好感度の変化は、品物の好ましさに明確な差がないときにだけ現れることがわかります。

もう一つの実験を紹介しましょう。団体に入会するために「儀礼」を受けるという実験です。厳しい儀礼と、それほど厳しくはない儀礼のどちらかを受けて入会してもらいます。入団後に、その団体が好きかどうかを聞くと、厳しい儀礼を受けた人のほうが団体に対する好感度が高いというデータが出ます。

さて、この二つの実験の結果をどう解釈したらよいでしょう。両者に共通するのは認知の不協和が生じていることです。

一般に、自分の「行動」と「感情」が一致しないとき、この矛盾を無意識のうちに解決します。つまり、行動か感情のどちらかを変更して、両者を一致させようと試みます。この二つでは、どちらが変えやすいでしょうか。言うまでもありません。「感情」のほうです。「行動」は既成事実として厳として存在しています。事実は変えようがありません。そこで脳は感情を変えるわけです。

洋服AとBでは、はじめは同じくらい好きだったかもしれません。しかし自分はAを選んで、Bを排除してしまった。理由はなんであれ、その行為自体は事実であって否定できません。しかし「BもAと同程度に好きだった」という感情は、自分のとった行動とは矛盾します。こうした状況では、この感情内容を変更するのです。「本音を言えばBはそれほどよいとは感じていなかったのだ」と。一方、洋服Cは、はじめからAほど好きではなかったわけで、Aを選択したという自分の行為と感情に矛盾はありません。だからCに対する好感度を変える必要はありません。

二つ目の入会儀式の実験データについても同じように説明できます。儀礼はそもそも面倒で不快なものです。できれば儀礼は受けたくはありません。厳しい儀礼となればなおのこと。しかし、自分は厳しい儀礼を受けてまで入団した。これは事実である。この事実は変えられません。だからこそ「その試練を進んで受けるほどに私はこの団体が好きだったのだ」となります。

このように②心の不協和を無意識のうちに解決しようとする圧力は、大人だけでなく、子供にも観察されます。次は4歳児に対して行われた実験です。

a「そのオモチャで遊んでは絶対にダメ」とお母さんに厳しく禁止されたときと、b「遊ばないでね」と優しく言われて、遊ぶのを止めたとき、子供たちのオモチャに対する好感度を比べます。すると、同じオモチャであっても、優しく諭された方が、好きな度合が減っていることがわかります。

優しく言われた場合は、他人から指示されたとはいえ、自分の意志で遊ぶのを止めたという自由な要素が残ります。つまり、「私が遊ぶのを止めたのだから、そのオモチャは大して面白くなかったのだ」という結

ア　思いがけず麻耶子に叱責された時は言い返すことができなかったが、ララと一緒にこの仕事を続けていくためには、何も言い返さずに引き下がるわけにはいかないと思ったから。

イ　少しずつ心を開き始めているララを手放すことを避けるためには、自身の正義を押し通すことをあきらめ、オーナーである麻耶子の方針に逆らわないことが得策だと考えたから。

ウ　せっかく自分になれてきたララと一緒に暮らすには、きちんと割り切った上でこの仕事をやり遂げる必要があるため、揺るがない決意を麻耶子に示しておきたかったから。

エ　今までになく働きやすい環境であるばかりでなく、心が通じ始めたララとの生活のために必要なこの仕事を続けたいという強い気持ちを、自分から麻耶子にはっきり伝えておきたかったから。

オ　自分の気持ちを抑えきれずに衝突したが、ララを前にして落ち着いて考え直すと自分に非があることに気づき、このまま麻耶子に嫌われてしまうことをなんとしても避けたかったから。

問八　――線部⑦に「チビちゃん、あなた意外に頑固ね」とありますが、このときの麻耶子の心情はどのようなものですか。その説明として最もふさわしいものを、次のア～オの中から一つ選び、記号で答えなさい。

ア　麻耶子の方針には賛成できないと言っていた智美が、ララを手放したくない一心で、自分の考えを曲げてでも麻耶子の考えを受け入れようとする様子から、周囲と折り合いをつけようとする姿勢を感じ取り、智美の考えを尊重してあげようと思い直している。

イ　働き続けるために自分の考えを変えて麻耶子に合わせるかと思っていたが、考えそのものを変えることなく折り合いをつけてきた智美のしたたかさを微笑ましく思い、智美なりのやり方を受け入れてあげようと思っている。

ウ　自分があえて突き放した言い方をしたので、今までの智美であれば容易には受け入れられないだろうと予想していたが、ここで働き続けていくために不本意ながらも麻耶子の考えを受け入れるという選択をしたことから成長を感じ取り、これからの智美に期待している。

エ　犬が好きだという自分の気持ちをまっすぐに伝えてくる智美を微笑ましく見守りつつも、仕事としてやっていくうえでの厳しさは、まだ若い智美にはわからないのだと悟り、いつかは智美も自分のように現実に対する厳しい認識を持つに至るだろうと思いを馳せている。

オ　犬を愛するがゆえにつらい思いをたくさんしてきた麻耶子は、麻耶子の厳しい言い方に反発する智美の正義感をかつての自分の姿と重ね合わせ、その正義感をいつまでも失わずにいられるように、これから先も温かく見守っていこうと思っている。

四、次の文章を読んで、あとの問いに答えなさい。

たとえばショッピングで、気に入った洋服が二つあったとしましょう。洋服Aと洋服B。同じくらい気に入ったのですが、残念なことに両方を買うだけの予算はありません。断腸の思いでAを選びました。

さて、このとき、洋服AとBの印象はどう変わるでしょうか――AとBへの好ましさについてアンケートを採ると、選択前に比べて選択後は線を越えた発言を聞かれてしまい、これ以上この仕事を続けられないと思い始めている。

イ　オーナーとして信頼を寄せていたのに、許すことのできない客を擁護する麻耶子に対して、言いようのない怒りを覚えつつも、どうにか抑えようとしている。

ウ　可愛がっているクロのことを思うからこそ出た発言なのに、その思いそのものを頭ごなしに否定された気がして、理想とは違う現実に失望している。

エ　クロに対する愛情ゆえの発言とはいえ、自分に対して優しく接してくれた麻耶子の信頼を裏切る発言をしてしまったことに気づき、自己嫌悪におそわれている。

オ　感情を抑えられずつい客への不満を口にしてしまったことをとがめられ、今までになく厳しい麻耶子の言葉に衝撃を受けて、何も言えなくなってしまっている。

問五　――線部④に「自然に口が動いた」とありますが、それはどうしてですか。その説明として最もふさわしいものを、次のア～オの中から一つ選び、記号で答えなさい。

ア　犬がどれほど飼い主のことを思ったとしても、報われないことがあるという悲しい現実を告げる麻耶子の発言は、一般的な話としては理解できるものの、日々世話をしている自分としては、クロのためにひとこと言っておかねばならないと感じたから。

イ　日々クロの世話をしている自分は、犬に対する愛情は行動に表れるものだと思っていたが、お金という尺度でのみ飼い主の愛情の有無をはかろうとする麻耶子の考えを聞き、自分の考えを否定された気がして悲しくなったから。

ウ　それぞれの犬と飼い主の関係を考慮することなく、お金を払ったか否かだけで客の要求を受け入れるかどうか決めるという麻耶子の発言は、目の前にいるクロのことを考えると、受け入れられないものだったから。

エ　自分の信念に従って行動するという点では上司である麻耶子に共鳴していたが、目の前にいるクロのことを大切に思う自分にとっては、飼い主の善し悪しを金銭面だけで判断することが許せなかったから。

オ　日々クロの世話をしている自分は、お金を払ってもらったことですべてを受け入れてしまおうとする麻耶子の考えには納得できず、上司であっても間違った考えには反論しなくてはならないという正義感を抑えることができなかったから。

問六　――線部⑤に「泣きそうな気持ちのまま、少し笑った」とありますが、それはどうしてですか。六十字以内で説明しなさい。

【下書き欄】――必要ならば使いなさい。

20　40　60

問七　――線部⑥に「麻耶子になにか言われる前に口を開く」とありますが、智美がこのようにしたのはどうしてですか。その説明として最もふさわしいものを、次のア～オの中から一つ選び、記号で答えなさい。

おろおろとしてしまう。

エ　コンタクトレンズを落としてしまった兄は、地面をおろおろと探し続けている。

オ　傘を持ってきていなかった僕は、突然の夕立を前に、ただおろおろとするばかりだった。

B「息を呑んだ」

ア　今日が誕生日の友人を驚かせるために、クラス全員で一斉に息を呑んだ。

イ　朝、起き抜けに水を飲んだばかりで、何も食べておらず、空腹のあまりつい息を呑んだ。

ウ　今日、みんなの前で発表する予定の原稿を忘れたことに気づき、思わず息を呑んだ。

エ　食べ放題のレストランで、元を取ろうとして食べ過ぎた彼は、つい何度も息を呑んだ。

オ　コンクールの結果発表を一週間後に控え、思わず息を呑んだ。

C「わきまえて」

ア　暗いニュースばかりだと、この先のことをつい思いわきまえてしまう。

イ　約束通り、君と僕とで報酬をすっかりわきまえてしまおう。

ウ　自分に制限をかけずにどこまでもわきまえていくことが人を成長させる。

エ　ファンとしての立場をわきまえて、選手がプレーに集中できるように配慮すべきだ。

オ　昨日の晩から、何度も何度も繰り返しわきまえてしかたがない。

問二　――線部①に「心の棘」とありますが、それは智美のどのような気持ちを表したものですか。四十字以内で説明しなさい。

【下書き欄】――必要ならば使いなさい。

問三　――線部②に「ふいに、そばでおもちゃを噛んでいたクロがぱっと立ち上がった」とありますが、それはどうしてですか。その説明として最もふさわしいものを、次のア～オの中から一つ選び、記号で答えなさい。

ア　瀬戸口の声が聞こえてきて、すぐ近くにいるのではないかと思ったから。

イ　テレビに出ている瀬戸口が、自分のことを話していることに気づいたから。

ウ　叱られるようなことをしてでも、すぐに瀬戸口のところへ行きたかったから。

エ　瀬戸口がテレビに出ているのに気づき、声を聞くだけではなく映像でも見たかったから。

オ　瀬戸口が自分たちの大切な思い出を語っているのを聞き、懐かしくてたまらなくなったから。

問四　――線部③に「智美は唇を噛んだ」とありますが、このときの智美の様子について説明した文として最もふさわしいものを、次のア～オの中から一つ選び、記号で答えなさい。

ア　いくら怒りに駆られたとはいえ、職員として越えてはいけない一少しも懐いてくれないララですら、智美がいつもと違うことに驚いている。

「ララ」

名前を呼んで、手を伸ばすと、じりじりと後ずさった。だが吠えようとはしない。これまでは歯を剝いて怒っていたのに。

麻耶子には向いていないと言われたけれど、この仕事をやめたくはない。

こんなに静かな気持ちで働けたことはないし、なによりララがいる。ここを出てしまえば、ララを手放さなければならないかもしれない。だとすれば、智美はララの元飼い主と同じような人間になってしまう。

ララはまだ懐いてくれないけれど、フードは食べるようになったし、今日は吠えない。少しずつ、智美を受け入れてくれている。

しばらくして、智美はまた一階に下りた。麻耶子がクロと遊んでいた。

クロの気に入っているおもちゃで、引っ張りっこをしていた。クロは瀬戸口のことなど忘れてしまったように、夢中でおもちゃを引っ張っている。

智美は、麻耶子の横に立った。⑥麻耶子になにか言われる前に口を開く。

「わたし、やめません。ここで働きます」

麻耶子はクロからおもちゃを取り上げた。クロは不満げに鼻を鳴らす。

「じゃあ、割り切りなさい。わかったわね」

「割り切れるかどうかはわからないですけど、割り切ったふりはできると思います」

そう言うと、麻耶子はくすりと笑った。

「⑦チビちゃん、あなた意外に頑固ね」

そう、それはよく言われる。子供のときから親や妹にも何度も言われた。

自分は気が弱くて、声が小さくて、嫌がらせをされたり笑われても、言い返すことすらできないけれど、それでも意外に頑固なのだ。

（近藤史恵『さいごの毛布』による）

（問題作成上の都合から一部原文の表記を改めた）

（注）＊1　タイアップ……提携すること。ここでは記事と広告が連動していること。

＊2　ギャランティ……出演料。「ギャラ」ともいう。

問一　～～線部Ａ「おろおろと」、Ｂ「息を呑んだ」、Ｃ「わきまえて」について、これらの言葉を本文中と同じ意味で使っている文として最もふさわしいものを、次のア～オの中からそれぞれ一つずつ選び、記号で答えなさい。

Ａ「おろおろと」

ア　楽しみにしていた映画が始まるというので、席に着いた僕らは今からおろおろとしている。

イ　駅に着いた途端に、電車がホームに入ってきたのを見て、思わずおろおろと駆けだした。

ウ　並み居る審査員の前で次に演奏するのは自分だと思うと、足が

「そうよ。うちはそういう仕事だからね。ボランティアでやってるわけでもないし、かつかつで、お客様を選べるような殿様商売じゃないの」

そう言われると反論できない。

「チビちゃん、意外に正義感が強いのね。そんな子じゃないと思ったけど」

自分でも不思議だった。確かに智美は正義感に駆られて人に噛みつくような人間ではない。いじめられても、嫌がらせをされても、ずっと下を向いて我慢だけしてきた。

でも、クロの様子を見ていると我慢できなかった。

「言ったでしょう。この仕事は犬が好きすぎるときついの。きれい事じゃ商売できないわ。たとえ、飼い主さんがどんなに身勝手なことを言っても、お金をもらえる限りは、犬を預かるのよ」

⑤泣きそうな気持ちのまま、少し笑った。

麻耶子だって、瀬戸口が身勝手だということはわかっているのだ。

テレビはＣＭに変わっていた。クロがまた鳴いた。瀬戸口がいなくなってしまった、とでも言いたげに。

麻耶子はしばらく黙っていた。智美もなにも言わない。

「チビちゃん、ララのときも思ったけど、あなたこの仕事がいちばん向いてないタイプの人間かもね」

Ｂ息を呑んだ。直球を投げられた。だから智美も投げ返す。

「クビですか？」

「まさか。向いてないことを自覚して、きちんとＣわきまえてくれればいいのよ。ボランティアでもないし、この仕事は愛にあふれた素晴らしい仕事でもなんでもない。むしろ、身勝手な人間たちの手助けをする仕事だって」

身勝手な人間。

確かにそうかもしれない。責任感のある人なら、犬を最後まで飼う。老犬になったからといって手放したりはしない。

麻耶子は時計に目をやった。

「今日は、ちょっと早いけど、もう上がってもいいわよ。碧もわたしもいるから」

自室に入ると、ベッドで丸くなっていたララが顔を上げた。いつものように吠えるわけでもなく、びっくりした顔で智美を見つめている。

智美はベッドに腰を下ろした。ララは少し後ずさって、智美から逃げた。

無性に悲しかった。瀬戸口の自分勝手さと、それでも瀬戸口を慕うクロが。

なによりも落ち込むのは、麻耶子と正面衝突してしまったことだ。

冷静に考えると、麻耶子の言うことは正しい。客の悪口を言うのは、いいことだとは言えないだろう。

それでも、智美は麻耶子に同意してほしかった。

同じ気持ちを共有したかったのだ。それは甘えに過ぎないのだろうか。

見れば、ララは目を丸くしたまま、智美の足元にいた。じっと智美の顔を見つめていた。

半分泣きながら、智美は笑った。

瀬戸口の言うことは本当だ。犬には人間の気持ちがよくわかる。

けっぱなしになっていた。
　テレビには瀬戸口優花が映っていて、隣にはクロがいた。
　瀬戸口はきれいな笑顔で、クロを撫でながら話をしていた。
「クロとはじめて会ったのは五年前です。今は大きくなったけど、当時は片手で持てるほど小さかったんです。わたしは黒い服が好きだから、クロが寝ていると、『あれ、こんなところにセーター置いたっけ』とか思ったものです」
　ああ、と智美は思った。
　きっとこれが、この前の仕事だったのだろう。クロは相変わらずまっすぐな目で、瀬戸口だけを見ている。
　スタジオにはほかにも人がいるが、クロの目は彼女から離れない。
　柵の前にいる本物のクロは切なげに鼻を鳴らし始めた。
　彼には瀬戸口の声だけが聞こえている。それがテレビであることには気づいていない。台所から、大好きな人の声がして、それなのに姿が見えないことに困り果てている。
　テレビを消そうと柵を開けると、クロは智美の横からすり抜けて中に入ろうとした。
「こら、ダメ！」
　精いっぱいの大きな声で叱ると、クロは耳を寝かせて身体を低くした。抗議するような声でアオアオと鳴き出した。
　クロは普段は、柵が開いていても台所に入らない。叱られることをちゃんと知っている。クロの目は言っていた。今日は特別なのだ、と。
　大好きな人がいるから。
　テレビの中の、瀬戸口が言った。
「犬って、本当に人間の気持ちがわかるんです。わたしが悲しいとき、ずっと傍に寄り添ってくれたりして……。本当に癒やされます」
　勝手に口が動いていた。
「犬は人間の気持ちがわかるけど、人間は犬の気持ちなんかわからないんだね」
　クロはこんなに瀬戸口を慕っているのに。彼女が迎えにきたら、あんなに喜んで、置いて行かれたらあんなに悲しんで。
　麻耶子も碧もクロを可愛がっているのに、それでも瀬戸口はクロにとって特別なのだ。
　どうしようもなく腹が立って、智美はクロに言った。
「あんな薄情な人のこと、忘れちゃいなさい」
「お客さんの悪口は言わないで」
　驚いて振り返ると、麻耶子が立っていた。
「誰も聞いていなくても、ここで働いている限りはお客さんの悪口は言わないで。あなたのお給料が誰から出ているか、よく考えなさい。親しい友達にも絶対にこんな話をしないで」
　③智美は唇を噛んだ。はじめて麻耶子に怒られた。注意や指導ではなく、叱責されたとはじめて感じた。
　麻耶子は続けた。
「ララの元飼い主の悪口はいいわよ。あの人からは一銭ももらってないんだから。でも、瀬戸口さんは規定の料金をちゃんと払ってくれてるお客様だから、変なことは言わないで」
　④自然に口が動いた。
「お金さえもらえば、どんな人からでも犬を預かるんですか？」

トの広告などもある。

きちんと化粧して、髪をアップにした瀬戸口は、垢抜けていて美しかった。黒い服もすらりとした体形を際立たせていた。

たいていの写真には、隣にクロがいた。

うれしいときの笑っているような顔で、瀬戸口に寄り添っている。

「血統書付きの犬って、あんまりぴんとこないんです。小さいときから、ずっとミックス犬と一緒に暮らしていたから。クロも保健所から引き取りました」

「犬と一緒にいると、仕事の疲れもどこかに行ってしまいます。毎日、公園で一緒にジョギングをしています」

「動物はおもちゃやぬいぐるみとは違います。可愛がるだけではなく、責任を持って最後まで飼い続けることが大切です。安易な気持ちで飼わないで」

インタビューに答える彼女のことばは、犬好きで、犬への愛情にあふれているように見えた。もし、智美が本当のことを知らなければ、感じのいい人だと思っただろう。

だが、今の智美にはなにもかも空っぽで、使い捨てのプラスティック食器のように軽く感じられた。

―うそつき。

クロをここに置いて行ったくせに。連れて帰るのは一ヶ月に数日だけのくせに。

たいていの記事は、広告との＊1タイアップだから、＊2ギャランティが発生するのだろう。だから仕事だ。クロと一緒ににっこり笑って喋るという仕事。

その仕事を断れなどという権利は智美にはない。だが、それに振り回されて、喜んだり、しょんぼりしたりしているクロが可哀想だった。

その日の午後は雨だった。

雨の日、仕事は少し減る。元気な数頭を除いて、雨の日は外に出たがらないし、庭での運動もしない。その代わり、出たがる犬たちを散歩に連れて行くのは少しやっかいだけど。

ビニールのカッパを着せ、帰ってきたら肢を丁寧に洗い、全身を拭く。あまりにも濡れているようならドライヤーで乾かす。

その作業を含めても、全犬を散歩に連れ出すより、かかる時間は短い。だから雨の日は落ち着いて仕事を進めることができる。麻耶子などは、天気予報を見て雨の日に休みを合わせたりしている。

その日も午後の時間がぽっかりと空いた。

智美はブラシを持って、犬たちのそばに座った。ブラッシング好きのアントンと太郎が真っ先にやってくる。

智美はアントンを膝にのせてブラシをかけた。

②ふいに、そばでおもちゃを噛んでいたクロがぱっと立ち上がった。台所に向かって駆けていく。

「クロ、どうしたの？」

不思議に思い、智美はアントンを膝から下ろした。そのままクロを追いかける。

クロは台所の柵の前で、Aおろおろとしていた。台所には今、誰もいないはずだ。どうかしたのだろうか。

近づいてはっとした。ダイニングテーブルの横にある、テレビがつ

【国　語】（六〇分）〈満点：一五〇点〉

【注意】字数指定のある問題では、句読点やカッコなども字数に含みます。

一、次の①～⑤の文の——線部のカタカナを、例にならってそれぞれ漢字に直しなさい。ただし、同じ漢字を二度使うことはできません。

例　視線がアう。（合）
　　友人にアう。（会）　〈答〉合・会

① 下町は人情にアツい。
　 アツい気持ちを持ち続ける。

② 高層ビルがタつ。
　 弁がタつ。

③ 障子がヤブれる。
　 試合にヤブれる。

④ 新しい靴を足にナらす。
　 名選手としてナらす。

⑤ 手紙をカく。
　 画竜点睛をカく。

二、次の①～⑤の熟語について、〰〰線部の漢字を同じ意味で使っている熟語を（　）の中から選び、カタカナの部分を漢字に直し、例にならって答えなさい。

例　精神（シッ神　神ブツ　神ワ　神プ）　〈答〉失神

① 音信（信ニン　ツウ信　信ヨウ　信ジャ）

② 婉曲（メイ曲　ガッ曲　カ曲　曲カイ）

③ 起草（草ショ　草アン　草モク　草ゲン）

④ 陳謝（謝ゼツ　謝ザイ　謝オン　謝レイ）

⑤ 交易（ヘイ易　易シャ　ボウ易　ナン易）

三、次の文章は、近藤史恵の『さいごの毛布』の一節である。飼えなくなった老犬を預かって世話をする「老犬ホーム」に住み込みで働き始めた智美（チビちゃん）は、ホームのオーナーである麻耶子と、同僚の碧と一緒に、多くの犬たちを世話している。智美は、働き始めて早々に、老犬ホームの前に置き去りにされていたララを、自分の犬として飼うことになった。ある日、老犬と呼ぶにはまだ若いクロが、飼い主を名乗る女性（瀬戸口優花）に連れて行かれた。数日後、クロが「仕事」を終えてホームに戻ってきた。これを読んで、あとの問いに答えなさい。

碧の言うとおり、クロがしょんぼりしていたのは、二日間だけだった。

三日目にはいつものように目を輝かせて、人の後ろをついてまわるようになった。仲良しのダニエルやクララと、取っ組み合って遊び、散歩のときも高く尻尾をあげて歩いた。

ほっとしたのは事実だが、だからといって、①心の棘が抜けたわけではない。

碧の言う「クロの仕事」というのがなんだったのかは、インターネットで彼女の名前を検索してわかった。

智美は瀬戸口優花を知らなかったが、彼女はそこそこ有名な女優らしく、記事や写真がいくつも表示された。

その中にはドッグフードメーカーのものや、犬の服を売っているサイ補地については他のハチの宣伝に同調しないことで、全体が安易に一つの方向に流れてしまうエラーを生み出さない仕組み。

オ　ミツバチは巣の引っ越しを行う際、他のハチが質の高い候補地であると宣伝していることに同調して行動するが、その候補地の質が低いと判断した場合、そのことを他のハチたちに熱心に宣伝することで、エラーが繰り返されることを防ぐ仕組み。

問八　――線部⑥に「評価の独立性」とありますが、人間の場合はどうなりますか。人間の性質にふれながら、四十字以内で説明しなさい。

【下書き欄】　――　必要ならば使いなさい。

20

40

問四 A ～ D に入る言葉の組み合わせとして最もふさわしいものを、次のア～オの中から一つ選び、記号で答えなさい。

ア　A　では　B　しかし　C　しかも　D　しかし
イ　A　では　B　ところが　C　そして　D　そこで
ウ　A　ところで　B　しかし　C　ところが　D　そこで
エ　A　ところで　B　ところが　C　そして　D　そこで
オ　A　ところで　B　そこで　C　しかも　D　しかし

問五 E に入る表現として最もふさわしいものを、次のア～オの中から一つ選び、記号で答えなさい。

ア　枯れ木も山の賑わい　イ　一を聞いて十を知る
ウ　船頭多くして船山に上る　エ　鳶が鷹を生む
オ　三人寄れば文殊の知恵

問六 ――線部④に「多数での意思決定が、必ずしも集合知を生むとは限りません」とありますが、それはなぜですか。その説明として最もふさわしいものを、次のア～オの中から一つ選び、記号で答えなさい。

ア　集団の中心となる者の影響力が絶大な場合、無意識にその者の判断を受け入れてしまうため、連鎖的に誤った判断が広がってしまうから。

イ　多数の意見に基づいて集団の方向性を決定し、多数にとって賛同できる結果となったとしても、その方向性が正しいとは限らないから。

ウ　他者の評価の影響を受けることで、先入観を持たずに評価することができなくなり、数に見合った評価の質を保てなくなる場合があるから。

エ　集団の中で意見を交わし合うことで、個体のレベルでは思いつかないような意見が生まれたとしても、その意見が誤っている可能性もあるから。

オ　群れや集団の意思決定において、どんなに多数の意見が集積されたとしても、個体における判断能力のレベルが低ければ、集合知の質は高まらないから。

問七 ――線部⑤に「ミツバチがエラーの連鎖を防ぐメカニズム」とありますが、それについて説明した文として最もふさわしいものを、次のア～オの中から一つ選び、記号で答えなさい。

ア　ミツバチは巣の引っ越しを行う際、他のハチの行動に左右されることなく新たな候補地を探し出すとともに、その候補地の評価に関しても独立した評価を下すことによって、偶然生じたエラーが別のハチに引き継がれないようにする仕組み。

イ　ミツバチは巣の引っ越しを行う際、先に候補地を訪れたハチによる宣伝に同調し、その候補地を訪れて確認するという行動に至る一方で、その候補地の評価に関しては一切同調することがないため、エラーが起こっても食い止めることができる仕組み。

ウ　ミツバチは巣の引っ越しを行う際、より熱心に宣伝しているハチに同調することによって、評価の低い候補地に惑わされずに、質の高い訪問を行うことができるうえ、訪問した先では冷静になって評価し直すことができる、エラーに対する二重の防御策をもった仕組み。

エ　ミツバチは巣の引っ越しを行う際、引っ越し先の候補地を訪れたハチが８の字ダンスによって候補地を自ら宣伝する一方で、別の候知を生み出すことが理論的に明らかになりました。

まず、行為者であるミツバチは、ほかのハチたちの示す行動に「同調」する必要があります。８の字ダンスで帰還したほかのハチたちが熱心に宣伝する巣の候補地ほど、まだ飛び立っていないハチが訪問しやすくなるパターンは、まさにこの同調条件を満たしています。

しかし、集合知が生じるためには、同時にもう一つの条件を満たさなければなりません。それは、訪れた候補地についての「評価」は、ほかのハチたちの影響を受けずに「完全に独立に行われる」という条件です。つまり、ほかのハチたちの宣伝に影響されて（＝同調して）訪れた候補地であっても、その候補地が巣としてどれだけ良いかに関する評価は、自分の目だけを信じて行うということです。

こうした評価の独立性があれば、ほかのハチに同調してある候補地を訪れても、訪問先の質が良くないと判断した場合、そのハチは帰還後にあまり熱心に宣伝を行いません。８の字ダンスはごく短いものになり、まだ飛び立っていない他のハチたちの目に入る機会も少なくなります。それによって、たまたま生じたエラー（先に飛び立った複数のハチが偶然に良くない場所しか訪れなかったというエラー）が、情報カスケードのように群れ全体に次々に連鎖していくプロセスにストップがかかります。

このように、「行動の同調」と「⑥評価の独立性」をうまく組み合わせた行動の仕組みによって、コロニー全体としての優れた遂行が生まれるようです。

（亀田達也『モラルの起源――実験社会科学からの問い』による）

（問題作成上の都合から一部原文の表記を改めた）

（注）＊１ ダンバー……霊長類学者。

＊２ 進化の系統樹……進化の過程を樹の形で表した図。生物種同士の近さが視覚的にわかる。

＊３ 第１章で述べました……本文の最初の三つの形式段落を指す。

＊４ 食肉類……哺乳類の一種。

＊５ 巨視的……細部にとらわれず、全体像を見ること。

＊６ 図２-１参照……図は省略した。

＊７ 閾値……ある反応を起こすのに必要な一定の値。

問一 ――線部①に「集団の意思決定」とありますが、これはどのようなものですか。四十字以内で説明しなさい。

【下書き欄】――必要ならば使いなさい。

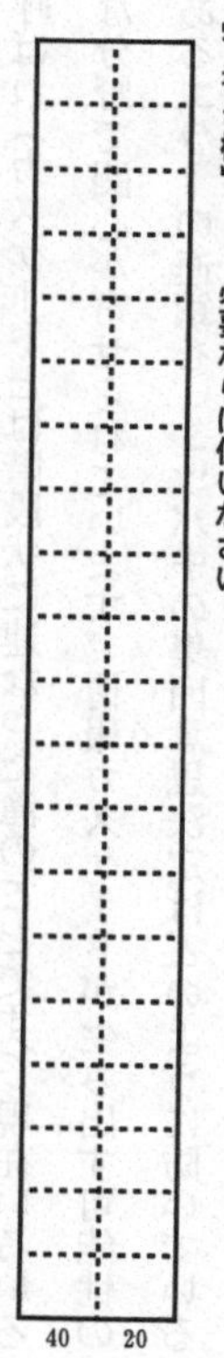

問二 ――線部②に「『投票』」とありますが、それはどういうものですか。その説明として最もふさわしいものを、次のア～オの中から一つ選び、記号で答えなさい。

ア 社会性昆虫が構築する言語能力。

イ 群れ全体における行動選択。

ウ 言語を必要としない意見表明。

エ ルールに基づいた集団行動。

オ 集団全体の合意による意思決定。

問三 ――線部③に「人気が人気を呼ぶ社会的な増幅プロセス」とありますが、これと同じ意味で用いられている六字の言葉を、本文中から抜き出して答えなさい。

したハチの数が＊7閾値を超えると）、アゴヒゲ状の仮の宿に留まっていたコロニー全体が新しい巣に引越しをします。人間では、たとえば「三分の二以上の賛成による多数決」などといったルールで集団の意思を決定しますが、ミツバチの場合、閾値を超えることがそれに相当するのです。

［Ａ］、実際、この決定は理に適ったものなのでしょうか。

私たちが会社の移転先を検討する場合、いくつもの候補を調べて比較したうえで、自分が最適と思う選択肢への支持を表明するでしょう。［Ｂ］、個々のミツバチが探索のために訪れる候補地は、ほとんどの場合にせいぜい一つか二つです。いくつもの巣の候補地を訪れ、比較したうえで自分が最適と考える候補地を選んで宣伝しているわけではないのです。［Ｃ］ミツバチは、霊長類と比較したらまったく問題にならない、単純で小さい脳（マイクロブレイン）しかもっていません。

［Ｄ］驚くべきことに、ミツバチが探索委員会として集団で下す意思決定では、候補の中で客観的にもっとも良い（もっとも質の高い）巣を、非常に高い確率で正しく選択できることを、行動生態学者のシーリーらは、一連の巧妙な実験によって明らかにしています。

ミツバチの巣探し行動には、集合知（collective intelligence）が見られるのです。集合知とは、「［Ｅ］」のように、個体のレベルでは見られない優れた知性が、群れや集団のレベルで新たに生まれる集合現象を意味します。

しかし、④多数での意思決定が、必ずしも集合知を生むとは限りません。たとえば、現代社会の人間集団でよく見られる一時的な流行現象のことを考えてみましょう。

優れているとか美味しいという評判につられて、本当はあまり優れていない商品が雪だるま式に売れてしまい、しばらく経って冷静になって振り返ると「あの流行はいったい何だったのか」と不思議に思う、などという例は、決して稀なものではないでしょう。人気が人気を呼ぶ（不人気が不人気を呼ぶ）という仕組みだけでは、集合知は生まれないのです。ミツバチのコロニーでも同様の雪だるま現象が発生し、質の悪い巣が選ばれる可能性がありそうです。

株式市場ではしばしば、自分のもっている情報よりも、ほかの人の行動を情報源として優先して、それがつぎつぎと全体に広がっていく連鎖現象が見られます。このような現象は、経済学で「情報カスケード」と呼ばれ（カスケードとは階段状に連なった滝のことです）、現在いろいろな分野で関心が寄せられています。情報カスケードが生み出す可能性のあるエラーの連鎖を、ミツバチの集団意思決定はどのように防いでいるのでしょうか。

政治学者のリストらによる最近の理論研究から、⑤ミツバチがエラーの連鎖を防ぐメカニズムについて、鋭い洞察が得られています。リストらの研究は、エージェント・シミュレーションと呼ばれる技法を用いています。これは、さまざまな行動の仕組み（アルゴリズム）をもつ行為者（エージェント）をコンピュータの中に作り出し相互作用させることで、どのようなパターンが集団レベルで生まれるかを調べる、コンピュータ・シミュレーションの技法です。

さて、このシミュレーションから、次のような行動の仕組みが、集合つことが、近年の生物学の研究から明らかにされています。こうしたかたちでのメンバーの②「投票」は、多数決などの「集団決定ルール」を通じて、巣場所の選択や移動の開始など、群れ全体での統一的な行動にまとめられます。言語能力はとても重要ではあるものの、集団意思決定を行うための必要条件ではありません。

つまるところ、集団意思決定とは、個々のメンバーの意思（「餌場Ａに移動したい」、「この巣からそろそろ別の場所に引越したい」などの意思）を、群れ全体の行動選択にまとめあげる集約の仕組みに過ぎません。この意味での集団意思決定は、人間に固有ではなく、社会性昆虫のほかにも、魚類、鳥類、*4食肉類、霊長類などにおいてかなり広く認められます。

具体例として、ミツバチのコロニー（群れ）での巣探し行動について検討します。

私たちが、家族で相談しながら新しい住まいを探したり、担当の部署などが話し合って会社の移転先を探すのと同じように、ミツバチもまたほかの個体と情報を共有しながら、コロニー全体にとっての新しい巣（引越し先）を探します。生物種としてのヒトとミツバチは、進化の系統樹のうえでは遠く離れているものの、集団意思決定場面での行動の組み立て方（仕組み）は、*5巨視的に見ると驚くほどよく似通っています。しかし、仕組みの細部におけるいくつかの違いが、ミツバチの集団意思決定とヒトの集団意思決定の間で決定的な違いを生み出す可能性があります。

四 初夏になると、ミツバチのコロニーは分蜂と呼ばれる行動を見せることがあります。コロニーの個体数が増えすぎると、女王は働きバチの三分の二ほどを連れて新しい巣を求めて移動し、娘の新女王が残りの働きバチとともに、元の巣に残留します。巣を離れた一万匹近いハチたちは、近くの木の枝などに仮の宿であるアゴヒゲ状の塊を作り、その中から数百匹のハチたちが、いわば「探索委員会」として新たな巣の候補地を探しに飛び回ります。

これらのハチたちは仮の宿に帰還後、自分が見つけた候補地について、8の字ダンス（waggle dance）によって、ほかの探索委員に情報を伝達します（*6図2-1参照）。読者の皆さんは、高校の生物の授業で、ミツバチが身体を震わせながら8の字のような動きをし、ダンスの方向と太陽が作る角度によって、蜜のありかや巣の候補地の方向をほかのハチたちに伝えるという話を聞いたことがあるかもしれません。しかし、重要なのは方向だけではありません。このときのダンスの長さと熱心さは、見つけた巣の候補地をそのハチがどの程度良いと知覚したかを反映しています。候補地の質が良いほど、ミツバチのダンスは長く熱心なものになります。8の字ダンスは人間での投票や意見表明に相当するのです。

まだ飛び立っていないハチは、帰還したハチたちのダンスによる「宣伝」を見て自分が探索する方向を決めるので、熱心に宣伝される巣の候補地ほど、多くのハチたちが次に訪問しやすくなります。このように、自分がどこに行くべきかを他のハチたちの宣伝に応じて決める行動の仕組みは、③人気が人気を呼ぶ社会的な増幅プロセス（正のフィードバック）を通じて、探索委員会の間に次第に「合意」を生み出します。

そしてその合意がある境界を超えると（すなわち、ある候補地へ訪問

四、次の文章を読んで、あとの問いに答えなさい。

人類学者のキャシュダンは、現生人類が地球上に生息してから九〇%以上の期間において狩猟採集民であったことを踏まえながら、今日の世界に存在するすべての狩猟採集民が、「バンド」と呼ばれる集団の中で生活していることを指摘しています。バンドとは、公的な経済・政治制度を通して人工的に組織された集団ではなく、一〇〇人前後のゆるやかな血縁関係・地縁関係にもとづく自然集団を言います。＊1ダンバーが人間にとっての自然な社会集団の大きさをだいたい一五〇人前後と推定した背景には、バンドのイメージが具体的にあったわけです。

このように、人間生活のもっとも根本的な基盤が集団にあるとすると、ヒトもまた、集団の中でうまくやっていくための心理・行動メカニズムを進化的に獲得しており、そのようなメカニズムこそ、生物種としてのヒトが備えている行動レパートリーの中でも中心的な位置を占めると考えることは、非常に妥当な推論のように思われます。小集団における適応という視点が、ヒトのさまざまな行動を考えていくうえで本質的だと考えられる理由もここにあります。

以上の意味で、「人間の最大の味方は人間であるが、最大の敵も人間である」という言葉は、ヒトの生存形式の本質を捉えた極めて納得のできる言葉なのです。

類人猿の脳は群れ仕様であると述べました。この観点からすれば、私たちには、群れでの生活を可能にするようなさまざまな仕組みが、「社会的な心」として備わっているはずです。

さて、生物種としてのヒトの社会性を考えるうえで、ふつう比較の対象となるのは、ヒト以外の霊長類です。特にチンパンジーやボノボなどの大型類人猿は、＊2進化の系統樹のうえでヒトの隣に位置する近縁種であり、よく研究の対象になります。

しかしここでは、霊長類と並んで極めて社会的な動物とされる、ハチやアリなどの社会性昆虫（social insects）のことを考えてみましょう。ヒトの狩猟採集社会におけるバンドのことを＊3第１章で述べましたが、バンドの血縁関係はゆるやかなものであり、非血縁者をも含みます。このようなヒト集団と違って、ハチやアリは、はるかに強い血縁社会を作っています。強い血縁社会という生態学的な構造は、そこで生きるハチやアリの「社会的知性」のあり方を強く規定しています。

ハチやアリの社会的知性とヒトの社会的知性では、どこまでが共通で、どこからがどのように違うのでしょうか。「①集団の意思決定」を題材に考えてみましょう。

社会性昆虫が「集団での意思決定」を行うという事実が、近年、生物学や、人工知能の研究を含む情報科学の分野で大きな注目を集めています。

私たちは、会社の会議、いろいろな委員会や裁判員制度、ひいては議会に至るまで、集団での意思決定の仕組みを、人間だけのもつ専売特許のように考えがちです。言語をもつ人間だからこそ、話し合って皆で決めることができるとする見方です。この意味で、言語をもたないハチやアリが集団意思決定を行うという話は、ただの喩え話にすぎないと思われるかもしれません。

しかし、ヒト以外の動物種においても、動物たちの示す特定の身体姿勢や運動のパターン、発声の仕方などが投票や意見表明と同じ機能をも高いことに気づき、取り返しのつかないことをしたと後悔(こうかい)している。

イ　夢で見た絵を形にするという途方(とほう)もない希望を叶えてくれようとしている古賀に対して、自分は何も与えることができないということを思い知り、暗い気持ちでいたが、実際に古賀が仕上げた絵を目(ま)の当たりにして、その素晴(すば)らしさに目を奪(うば)われている。

ウ　夢で見た絵をカンバスに描く作業も、古賀と一緒(いっしょ)だから頑張(がんば)れたのであり、共に過ごす時間を大切に思ってきたが、実際に古賀の絵が完成しつつあるのを見て、これからはそう簡単には会えなくなると考え、胸が締(し)め付けられる思いをしている。

エ　夢で見た絵のオリジナルが現実に存在すると判明したことを伝えなければと思って待ち合わせ場所にやってきたが、いざ謝罪しようとしたときに絵が目に入り、古賀に無駄(むだ)な努力をさせてしまったとあらためて実感して、申し訳なさで胸がいっぱいになっている。

オ　夢で見た絵を再現するという作業の大変さにあらためて思い至り、古賀に多大な労をかけてしまったことを申し訳なく思っていたが、実際に古賀の絵の完成度の高さを目の当たりにして、もうその努力をしなくていいのだとは言い出せずに深く悩んでいる。

問七　――線部⑥に「怒(おこ)る理由もありません」とありますが、古賀はどうしてそのように思ったのですか。その説明として最もふさわしいものを、次のア～オの中から一つ選び、記号で答えなさい。

ア　今の古賀が使える時間は限られており、賞も狙(ねら)えない作品にその時間を費(つい)やしてしまったことが無意味であったのは確かだが、夢の中の絵を描くことを引き受けたのは古賀自身であり、吉川(よしかわ)さんにその責任はないと思ったから。

イ　今の古賀の技術では、仮に別の題材をもとに他の絵を描いていたとしても賞を取れるはずもなく、吉川さんが泣きながら、オリジナルの絵よりも古賀の絵の方が好きだと言ってくれたことだけで満足すべきなのだと悟(さと)ったから。

ウ　今の古賀にはない美しい感性にあふれた若い画家のオリジナルの絵を見せられて、結局自分がやっていたのは他人の絵の模写に過ぎなかったのだと痛感し、それをわからせてくれただけでも吉川さんに感謝したいと思ったから。

エ　今の古賀には創り上げた作品で人と争おうとするような野心もなく、依頼(いらい)者である吉川さんが描き上がった絵を見て完璧(かんぺき)だと言ってくれただけで、自分が費やしてきた努力は十分に報(むく)われたと感じていることを確認(かくにん)できたから。

オ　今の古賀にとっては賞が取れなくてもそれを狙って努力することができただけで十分であり、夢の中の絵を完成させるという一見無駄に見える努力が、必ずや次の作品をよりよいものにして賞に近づけてくれると信じているから。

問八　――線部⑦に「わたしは彼女の絵を描きたい。その笑顔(えがお)の。」とありますが、ここからわかる「わたし」の変化を、八十字以内で説明しなさい。

【下書き欄(らん)】――必要ならば使いなさい。

ら一つ選び、記号で答えなさい。

ア　全体としては覚えているが、細部を忘れてしまった夢の中の絵を、どうにかして再現してほしいと、身を焦がすような思いで頼んでいるということ。

イ　夢で見た絵の中の空という説明しにくい題材を、どうしたら記憶どおりに描いてもらえるかと、悩みながら古賀に伝えようとしているということ。

ウ　絵を再現する根幹となる夢の中の絵のイメージを、薄れゆく断片的な記憶の中からもう一度組み立て直すために苦心しているということ。

エ　夢で見たきりで記憶の中から消えかかっている絵の像を、優れた技術で再現してくれている古賀のために、最大限の努力をしているということ。

オ　単に描くだけでも簡単ではない空という題材を、夢の中の記憶という頼りないものを手掛かりに再現するという難題に直面し、苦労しているということ。

問四　――線部③に「その声は、ほんの少し、寂しそうに沈んでいた」とありますが、それはどうしてですか。八十字以内で説明しなさい。

【下書き欄】――必要ならば使いなさい。

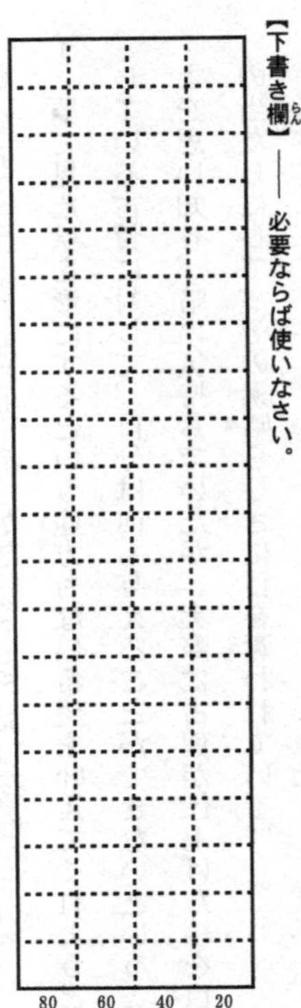

問五　――線部④に「いつになくそわそわした気持ち」とありますが、このときの古賀の心情について説明したものとして最もふさわしい文を、次のア～オの中から一つ選び、記号で答えなさい。

ア　ようやく彼女の厳しい目にかなうだけの作品を完成させたと思い、彼女から優しいねぎらいの言葉をかけてもらえるのではないかと期待している。

イ　自分なりに描ききったという手応えを感じつつも、彼女に会う時間が近づくにつれ、がっかりさせてしまうのではないかという心配が膨らみ、落ち着きを失っている。

ウ　賞への挑戦という忘れていた高揚感を思い出し、その機会を与えてくれた彼女に完成した絵を少しでも早く見せて喜んでもらいたいと思っている。

エ　彼女に依頼されている絵がいよいよ完成に近づいているという手応えに心が沸き立つ一方で、これで彼女に会えなくなってしまうのではないかという不安も隠せずにいる。

オ　描き上げた絵はこれまでにない出来映えであり、絵を再現してほしいという彼女の願いをついに叶えることができたのではないかと胸の高ぶりを感じている。

問六　――線部⑤に「ああ……」とありますが、このときの「彼女」の心情について説明したものとして最もふさわしい文を、次のア～オの中から一つ選び、記号で答えなさい。

ア　夢で見た絵のイメージを再現する作業がすでに他の作家によって完成されていたことがわかったと告げるため、気乗りしないながらも待ち合わせ場所にやってきたが、実際に古賀が仕上げた絵の完成度が

⑦わたしは彼女の絵を描きたい。その笑顔の。

（渡辺優「彼女の中の絵」（『自由なサメと人間たちの夢』所収）による）

（問題作成上の都合から一部原文の表記を改めた）

問一 〰〰線部Ａ「応える」、Ｂ「項垂れた」について、これらの言葉を本文中と同じ意味で使っている文として最もふさわしいものを、次のア～オの中からそれぞれ一つずつ選び、記号で答えなさい。

Ａ「応える」

ア 山頂から谷間に向かって大きく呼びかけると、応えるように山びこが返ってきた。

イ 徹夜してお守りを作ってくれた彼女の思いに応えるためにも、絶対に勝ちたい。

ウ 暗闇の中で、誰かいますかと声をかけると、どこからか応える者がいる。

エ 激しい運動をした後に飲む麦茶の一杯は、応えることのできないおいしさだ。

オ 思うように結果が出ないときほど、心のこもったはげましの言葉が胸に応える。

Ｂ「項垂れた」

ア 彼女はたいそう悔しい思いをしたらしく、項垂れた顔で先生を見上げた。

イ 言い逃れようのない証拠を突きつけられた容疑者は、思わず項垂れた。

ウ 悲しい結末の映画を見て思い切り泣いたせいで、顔がすっかり項垂れた。

エ 持てる力をすべて出し切って来いとはげまされた友人は、力強く項垂れた。

オ 中学最後の大会で初めて勝った彼は、項垂れた顔で勝ちどきを上げた。

問二 ――線部①に「妥協を許さぬ彼女の審査を無事通過することができた」とありますが、それはどういうことですか。その説明として最もふさわしいものを、次のア～オの中から一つ選び、記号で答えなさい。

ア できるだけ夢の中の絵を再現しようと努力した絵の色合いが、期せずして元の絵を上回るほどの出来映えになったことに、彼女も満足しているということ。

イ 必死に夢の再現を試みた絵の青や緑の色調が、たぐいまれな色彩感覚を持つ彼女でも納得せざるを得ないほど、美しく魅力的なものになったということ。

ウ 苦心して描いている絵の色づかいが、彼女の夢の中の絵に近づいたことを、絵の再現に真剣に取り組んでいる彼女に認めてもらえたということ。

エ 賞を取りに行くからには適当なごまかしを認めない彼女のこだわりに見合うだけの美しさを備えた絵が描けて、ほっとしているということ。

オ 美術界のことを知り尽くしている彼女が認めてくれたこの絵なら、どんな賞に応募したとしても入賞することは間違いないだろうと思われるということ。

問三 ――線部②に「もがいている」とありますが、これはどういうことですか。その説明として最もふさわしいものを、次のア～オの中か

「古賀さんが優しい方だというのは知っています。こんなふうに泣いたりして、私、卑怯ですよね。でもどうか、こんなものは無視して、私を許さないでください。あなたの時間を奪ってしまいました。あなたが他の絵にかけられたはずの苦労を、私が奪いました」

自罰的な彼女の言葉を聞きながら、わたしは自分の胸の中を探った。失望や、怒りや、燃え上がるような嫉妬がどこかにありはしないか。もういちど賞を狙えるかもしれないと期待したこの心が、絶望に打ちひしがれてはいないか。しかし、わたしの胸の中は凪いでいた。なんて穏やかな。

「吉川さん、わたしは、なんというか、あなたになにも奪われてはいないと思います。だから、⑥怒る理由もありません」

わたしはフロアに膝をつき、彼女に視線を合わせた。ほんの少し、彼女を見上げる角度になる。わたしが座って絵を描いているときは、わたしたちはいつもこの角度で話をしていた。

自分が今、どう感じているか、うまく話せる自信はなかった。しかし、わたしはなんとしても、彼女にそれを伝えたいと思った。自分の内側にあるものを伝えるため、とにかく言葉を紡ぎ出したいという衝動が、新鮮な感触を伴って胸に広がった。これは、絵を描き始めるときの感触に似ている。いつもその衝動に従い、わたしはカンバスに向かい、模写を行ってきた。しかし今、これはわたしの内側からあふれ出るものだ。

「わたしは確かに、少し、寂しいと感じました。……オリジナルの存在を知って、その才能に嫉妬するかと思ったんですけどね。どうやら、わたしはそんな立場、そんな立ち位置にすらいないと、もう、自分で気づいてしまっているようです。だから、怒りだとか、悲しさは、感じていません。ただ、少し寂しいと感じた。すべてが自分から遠いところにあるというのが、寂しい。だから、あなたがこちらの絵の方が好きだと言ってくださって、それだけで、とても救われます。それだけで、寂しくはないです。この絵を描いていて楽しかった。自分のために描いていたときとは少し違う、新鮮な楽しさでした。賞を目指せるという楽しさか、と思っていたんですけどね。今の気持ちを顧みるに、どうやら違うようです」

わたしはそこで一度、肺の中の空気を吐き出した。彼女はわたしから目を逸らさず、じっと次の言葉を待ってくれている。濡れた頬が光っている。この絵のために流された涙だ。

「この絵を、貰ってくださいますか」

「……もちろんです」

彼女の声の力強さに励まされ、わたしは言葉を続けた。

「あの、それから、この絵が完成したらお願いしたいと思っていたことが、ひとつあります」

本当は、ふたつある。けれど、まずはひとつ。

「また、あなたの絵を描かせてもらえませんか。あなたの頭の中にある絵を。気が向いたらで、かまわないので」

すっと、彼女は背筋を伸ばした。両手を胸の前で重ね、そして、はっきりと頷いた。

「ぜひ」

彼女の目尻がかすかに下がる。今日初めて見ることができた、笑顔だ。

いつかきっと、ふたつ目の願いを口に出したいと思った。

「ごめんなさい」

そこでわたしはようやく、なにかこの絵によくないことが起こったのだと理解し始めた。

「見つけてしまったんです。ヤクヤレヴィレが、描いた絵を」

カンバス前の椅子に座り、なんとか言葉を紡げるくらいまで涙を落ち着かせた彼女は、かすれた声でそう言った。

ああ、と、わたしは思った。ただ、ああ、そうか、と。

「コンクールを、調べていたんです。この絵を……出すための。それで、ある賞の、去年の受賞作品に……この絵が。日本人だったんです。ヤクヤレヴィレさん」

「え、そうなのですか」

「日本人の、中学生の、女の子でした。あの、全部、漢字だったんです。屋久、夜冷美礼さん」

「夜冷美礼さん」

「はい」

「それは……すごい名前のお嬢さんですね」

キラキラネーム、というやつか。そういえば、そういった派手な名前での出生届が最近多いと、窓口担当の同僚がぼやいていたのを思い出した。

「いや、名前に負けない才能を、持った方だったのですね」

「本当にごめんなさい」

彼女は、もう何度目になるかわからない謝罪の言葉を繰り返した。

「気づいてから思い出しました。私、その賞の展示会に、行っていました。きっとそこで、無意識のうちに記憶に残った絵を、夢で見てしまったんです」

「あの……よろしければ、その、賞の名前を教えていただけませんか。わたしも、見てみたいんです。……オリジナルの絵を」

小さくはなを啜った彼女は、手にしていた鞄から、携帯電話を取り出した。そしてなにやら操作をしたその画面を、わたしに差し出して見せてくれた。映っていたのは、一枚の絵。

暗闇の中、三角の点の配置で描かれている、三つの風景。頂点は、青い海。右手には、木々の連なる深い森。左には、夕暮れか、明け方か、ピンク色に染まりゆく、グラデーションの空。

作者は、屋久夜冷美礼、十五歳。タイトルは、『わたしの目が見るもの』。

自分の見るものを、絵に描いて、それが評価される。美しい、感性を持った、若い才能か。

「細かいところは、けっこう違いますね。青や緑の部分も、風景だったのか」

「……私が、夢の中で、自分の好きなように作り替えたんだと思います。私、展示会で実物を見たときは、それほどこの絵が好きだとは思わなかったから。だから、私……」

彼女は目の前のカンバスを眺め、息を詰まらせた。

「こちらの絵の方が、ずっと好きです。本当に、私があの夢の中で、心を奪われた絵、そのまま……。空も、ああ、本当に、完璧です……」

「本当ですか？　それはよかった」

「いいえ、ごめんなさい。怒っていただいていいんです」

彼女は赤くなった目を上げ、強い視線でわたしを射した。

と、彼女は言った。③その声は、ほんの少し、寂しそうに沈んでいた。

「だからこそ、今、古賀さんの絵に関われているのがとても嬉しいんです」

「わたしのほうこそ、とても嬉しい。感謝しています」

彼女はやわらかく微笑んだ。その笑顔を見て、わたしは自らの言葉の足りなさを恨んだ。わたしが彼女にどれほど感謝しているか、きっと彼女には、正確には伝わっていない。彼女には想像もつかないだろう。この心が、彼女によってどれほどの幸福を味わっているか。

「頑張りますね」

わたしは言った。それが彼女に対する、わたしにできる何よりの恩返しになると願って。この絵が完成した時の、彼女の笑顔を願って。

これまでになく暗い表情をした彼女が現れたのは、その翌週の土曜日だった。

わたしはとても張り切っていた。この一週間、仕事を終えて帰宅してから、毎日深夜に及ぶまで筆をとり続けていた。この歳になっての夜更かしは身体にはなかなかＡ応えるものがあったが、完成間近の絵を前にしたわたしの気力は、まったく衰えることがなかった。そうして描き上げた「空」は、彼女が記憶の底からなんとかその上澄みをすくい上げ語った空に、なかなか近いところまで迫っているのではないか、と期待できるものだった。繊細な光の透過に、複雑な陰影。筆の一のせで表情を変える、一瞬の空。

これはあるいは、一発で彼女から合格をもらえる出来かもしれない。薄れてしまった彼女の記憶を、わたしは完璧に修復してみせたのではないか。

あまり期待をし過ぎてはいけない、とわかってはいたが、かといって浮かれた気持ちは抑えられず、土曜日、わたしは④いつになくそわそわした気持ちで、美術館三階、いつもの定位置に座り彼女を待った。

そして現れた彼女の様子は、あきらかにいつもと違っていた。

わたしは、わたしたちが初めて会話を交わしたあの日、夢の中の絵を探して、いつもとは違う様子であわただしくこの場所に姿を見せた、あの日の彼女を思い出した。けれど、今日の彼女は、あのときともまた違う。俯いた顔に、酷く頼りない足取り。わたしには、こちらに歩いてくる彼女が、そのまま床に倒れてしまうのでは、と思えた。あるいは、そのまま消えてしまうのでは、と。

「大丈夫ですか」

目の前に立った彼女に向かい、わたしは言った。彼女はＢ項垂れた顔をさらに少し下げ、頷いて見せた。前髪の隙間から、酷く打ちのめされたような、傷ついた目がのぞいていた。

「なんだか、とても具合が悪そうに見えます。体調が優れないのでは」

「いえ……、あの、私は、大丈夫です」

「無理をして来られたのではないですか？　絵の話でしたら、また今度でも大丈夫ですよ」

「いえ……あの、」

そこで、彼女は意を決したように顔を上げた。わたしを見、そして、そこに立てかけられたカンバスを見た。わたしたちの絵を見た。

「⑤ああ……」

彼女は顔を伏せ、静かに泣き始めた。

れつつあるということだ。

「この辺りにもう少し、厚い雲が漂っていた気がします。ああ、でもそうなると、この辺は影になっちゃいますかね？　それはちょっと違った気がする……。影はほとんどなかったと思います。ピンク色と少しだけ残った水色のグラデーションと、あとは、白い雲。でも、はっきりと白い部分は少なくて……うぅん、この辺り、だったかな。ああ、でも、黒との境目にも、光が差していた気も……」

美しい空を見た、と記憶していても、それがどのような形のどのような彩色の空であったのか、子細に記憶し続けることは難しい。彼女が件の夢を見、わたしに初めて声をかけてきたあの日から、既にふた月近くが経とうとしていた。確かな記憶はとうに霧散して、今彼女は、うっすらと残った印象からなんとかその像をよみがえらせようと、②もがいているように見えた。

「とりあえず、そのように描いてみますよ。合っていれば、これだ、とピンとくるでしょうし、違うな、という部分があれば、いくらでも修正できます」

実際に見れば思い出すはず。それを希望に、とりあえず前に進んでみようと、わたしは提案した。

「ええ……すみません。私も、もう少しはっきり説明できるように、細かく思い出してみます」

彼女はつらそうに瞼を伏せた。真剣なのだ。この絵に対して。

自分で頼んだことではあるものの、わたしはその、自らの見た景色を必死にわたしに伝えようとしてくれる彼女の姿勢に、敬意を覚えた。これほど真剣にひとになにかを伝えようとしたことなど、わたしにはあっただろうか。

「でも、あの、あるいは、ですけど。もう、私の夢にこだわらなくても、よかったら、古賀さんが良いと思う風に描いていただいても、私は構いませんよ。賞に出すのですから、より良いものにした方がいいはずです。他の部分に関しても、古賀さんが良いと思う風に、アレンジを加えてもらって……」

「いえ、わたしは……恥ずかしながら、わたしにはそういったセンスがないんです」

「センス？」

彼女は不思議そうに首を傾げた。その反応からだけでも、彼女は自らのセンスに悩んだことなどない人間なのだ、とわかった。センスなんていう曖昧な感覚について、真剣に考えるのは持つ者ではなく、持たざる者のほうだ。

「ええ、なんというか……。感性が、鈍いんでしょうね。わたしには、描きたい空がない。描きたい絵がないんですよ。でも、絵は描きたい。どうしてそういった欲求が湧いてくるのかはわかりませんが……。だから、他人の絵ばかり描いていたんです」

「それは……私と逆ですね」彼女は言った。

「あ、嫌だ、逆、なんて言ったら、あれですね、自分にセンスがあるって言ってるみたい。えっと、そこではなくって、描きたい絵がないって、おっしゃった……。私は、描きたい絵が沢山あるんです。でも、それを実際に描き出す能力はない」

カンバス、パレット、油絵の具、わたしの手にしている絵筆。彼女が手にすることのなかった画材道具たち。それらに順番に視線をやったあ

【国語】（六〇分）〈満点：一五〇点〉

【注意】字数指定のある問題では、句読点やカッコなども字数に含みます。

一、次の①～⑤の文の――線部のカタカナを、それぞれ漢字に直しなさい。

① ふと見上げると、マンテンの星空が広がっていた。

② 熱狂した観客は、ゴールを決めた選手の名前をレンコして彼を称えた。

③ 雨が心配されたが、運動会は無事にキョコウされた。

④ 先週から練ってきたフクアンを会議で披露した。

⑤ 彼にもらった腕時計は、今も止まることなく時をキザみ続けている。

二、次の①～⑤の文の～～線部は、（　）内の意味を表す言葉です。□には、同じ二文字を繰り返す言葉が入ります。例にならってその二文字を答えなさい。

例
クラスが変わったとたん、彼は□しい態度を取るようになった。 （他人行儀な様子）　→　よそよそ　〈答〉よそ

① ここで売っている野菜は産地直送なので、どれも□しくておいしそうだ。
（新鮮な様子）

② 問題が起こるといつも人のせいにしてくる彼は、□しいやつだ。
（腹立たしい様子）

③ 母が入院している間、料理を引き受けた弟は、台所で□しく働いている。
（実直な様子）

④ 行列の途中にいきなり割り込むなんて、□しいにもほどがある。
（厚かましい様子）

⑤ 新郎と新婦は神前で□しく柏手を打った。
（敬虔な様子）

三、次の文章は、渡辺優の「彼女の中の絵」の一節である。区役所に勤めながら美術館で絵の模写をしている古賀隆（わたし）は、来館者の吉川奈緒という女性が夢の中で見たという「ヤクヤレヴィレ」という名の画家の絵を、作品として再現することになった。古賀は、絵が完成したらコンクールに出展したいと提案し、吉川も喜んで了承した。これを読んで、あとの問いに答えなさい。

賞を意識しだしたからといって、この作品の完成目標は変わらない。彼女の夢の中の絵にできるだけ忠実に沿うということ。今のところ、それはうまくいっているらしい。暗闇の中に光る青、そして緑も、①妥協を許さぬ彼女の審査を無事通過することができた。最後の難関は、絵の左下部分に広がる、ピンク色の空だ。空、というテーマがまず多様で複雑であるし、それに伴い、新たな問題もでてきた。彼女自身が、夢を忘

解答用紙集

○月×日　△曜日　天気（合格日和）

◆ご利用のみなさまへ

＊解答用紙の公表を行っていない学校につきましては、弊社の責任において、解答用紙を制作いたしました。

＊編集上の理由により一部縮小掲載した解答用紙がございます。

＊編集上の理由により一部実物と異なる形式の解答用紙がございます。

人間の最も偉大な力とは、その一番の弱点を克服したところから生まれてくるものである。──カール・ヒルティ──

東京学参株式会社

聖光学院中学校(第1回)　2024年度

◇算数◇

※ 139%に拡大していただくと，解答欄は実物大になります。

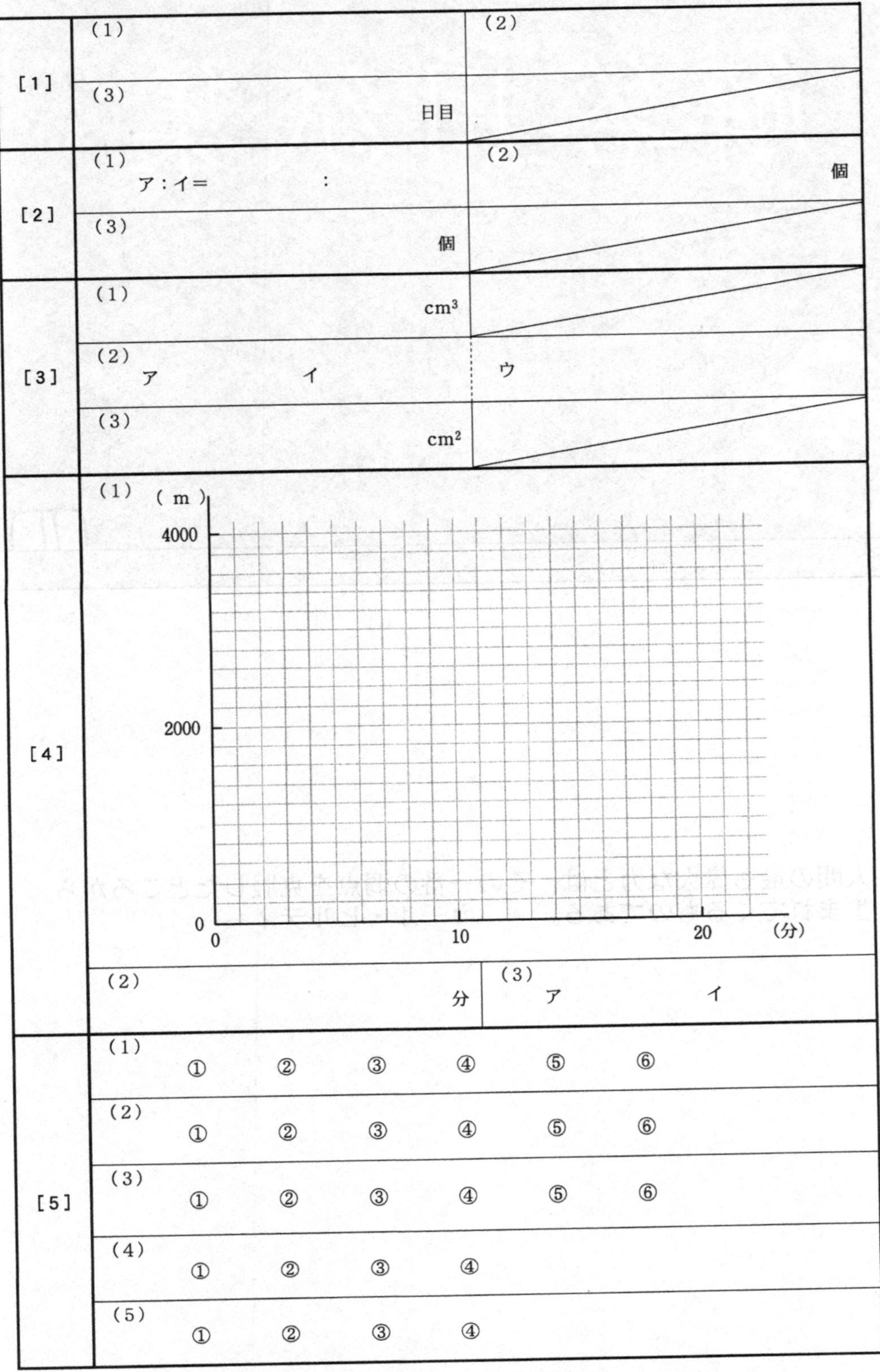

聖光学院中学校(第1回)　2024年度

◇理科◇

※ 135%に拡大していただくと，解答欄は実物大になります。

[1]

(1)			
(あ)	(い)	(う)	(え)

(2)			(3)	(4)
(お)	(か)	(き)		

(5)	(6)の(a)

(6)の(b)

(6)の(c)	
処理	条件

(7)	(8)	(9)

[2]

(1)	(2)	(3)	(4)

(5)の(a)	(5)の(b)	(5)の(c)	(6)

[3]

(1)	(2)	(3)	(4)	(5)
			g	

(6)	(7)
g	

[4]

(1)	(2)	(3)の(a)	(3)の(b)	(3)の(c)
	通り	g		個

(4)の(a)	(4)の(b)	(4)の(c)	(4)の(d)
g/cm^3			g

(4)の(e)	(5)

聖光学院中学校(第1回)　2024年度

◇社会◇

※ 141％に拡大していただくと，解答欄は実物大になります。

[1]

問1		問2		問3	
問4	10 / 20				

[2]

問1	(1)	(2)	(3)	(4)

問2		問3		問4		問5		問6	
問7		問8		問9		問10		問11	

[3]

問1	その範囲内に

問2		問3		問4	だいこん	ほうれんそう
問5		問6		問7		問8	E	F

[4]

問1	
問2	(a) 25 / 35
	(b)
問3	A / D
問4	

２０２４年度　聖光学院中学校(第１回)

※139%に拡大していただくと、解答欄は実物大になります。

◇国語◇

一、
① ② ③ ④ ⑤

二、
① ② ③ ④ ⑤

三、
問一 A B C

問二

問三

問四

問五 20

問六

問七

問八 20 40 60

問九 20 30

四、
問一 A B C D

問二

問三

問四

問五

問六 20 40 60

問七 20 40 60 80

聖光学院中学校(第2回)　2024年度　◇算数◇

※ 118%に拡大していただくと，解答欄は実物大になります。

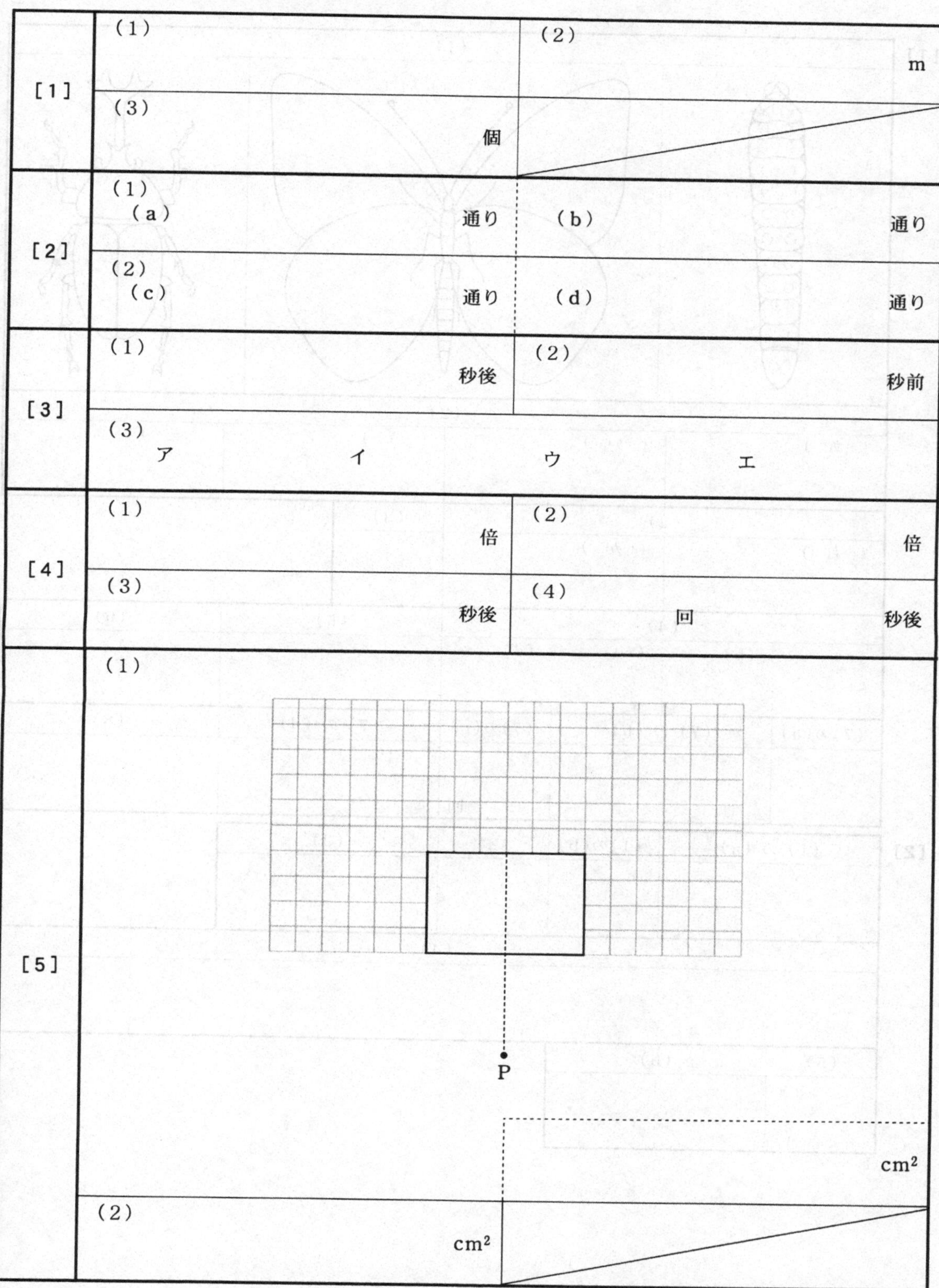

聖光学院中学校（第2回）　2024年度

◇理科◇

※ 135％に拡大していただくと，解答欄は実物大になります。

[1]

(1)		
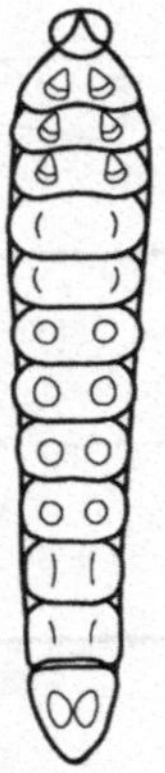	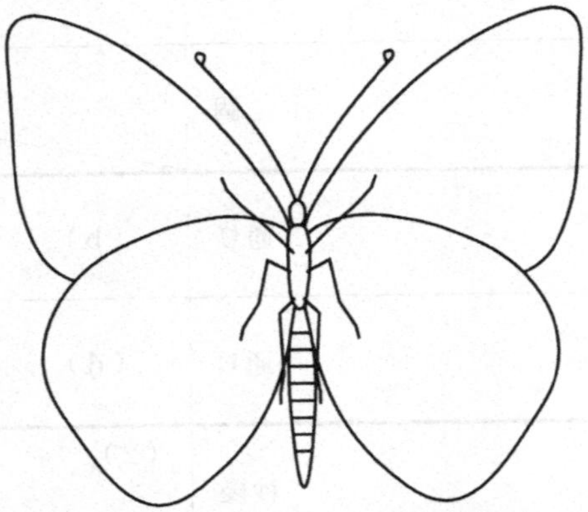	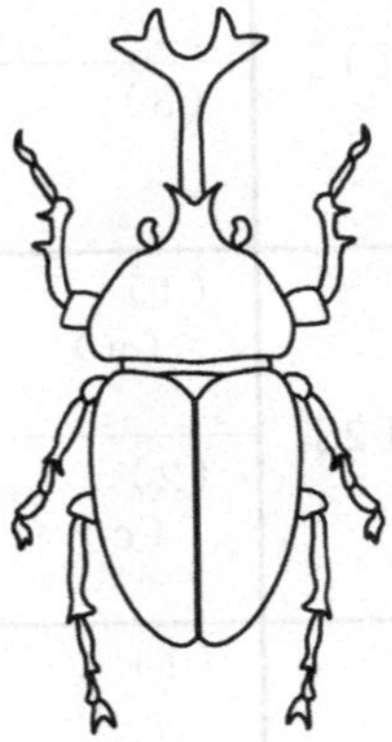

(2)			
（あ）	（い）	（う）	（え）

(2)		(3)
（お）	（か）	

(4)				(5)	(6)
(a)	(b)	(c)	(d)		

(7)の(a)	(7)の(b)	(7)の(c)	(7)の(d)	(8)
		回		

[2]

(1)の(a)	(1)の(b)	(2)	(3)

(4)

(5)	(6)	

[3]

(1) (あ)	(1) (い)	(2) の (a)	(2) の (b)
			g

(2) の (c)	(3)	(4)
L		g/L

[4]

(1) 冷蔵庫	(1) 冷凍庫	(2)の(a)	(2)の(b)	(3)	(4)

(5) の (a)

(5) の (b)	(6)		(7)
	g より大きく	g より小さい	

(8)

聖光学院中学校(第2回)　2024年度

◇社会◇

※ 143%に拡大していただくと，解答欄は実物大になります。

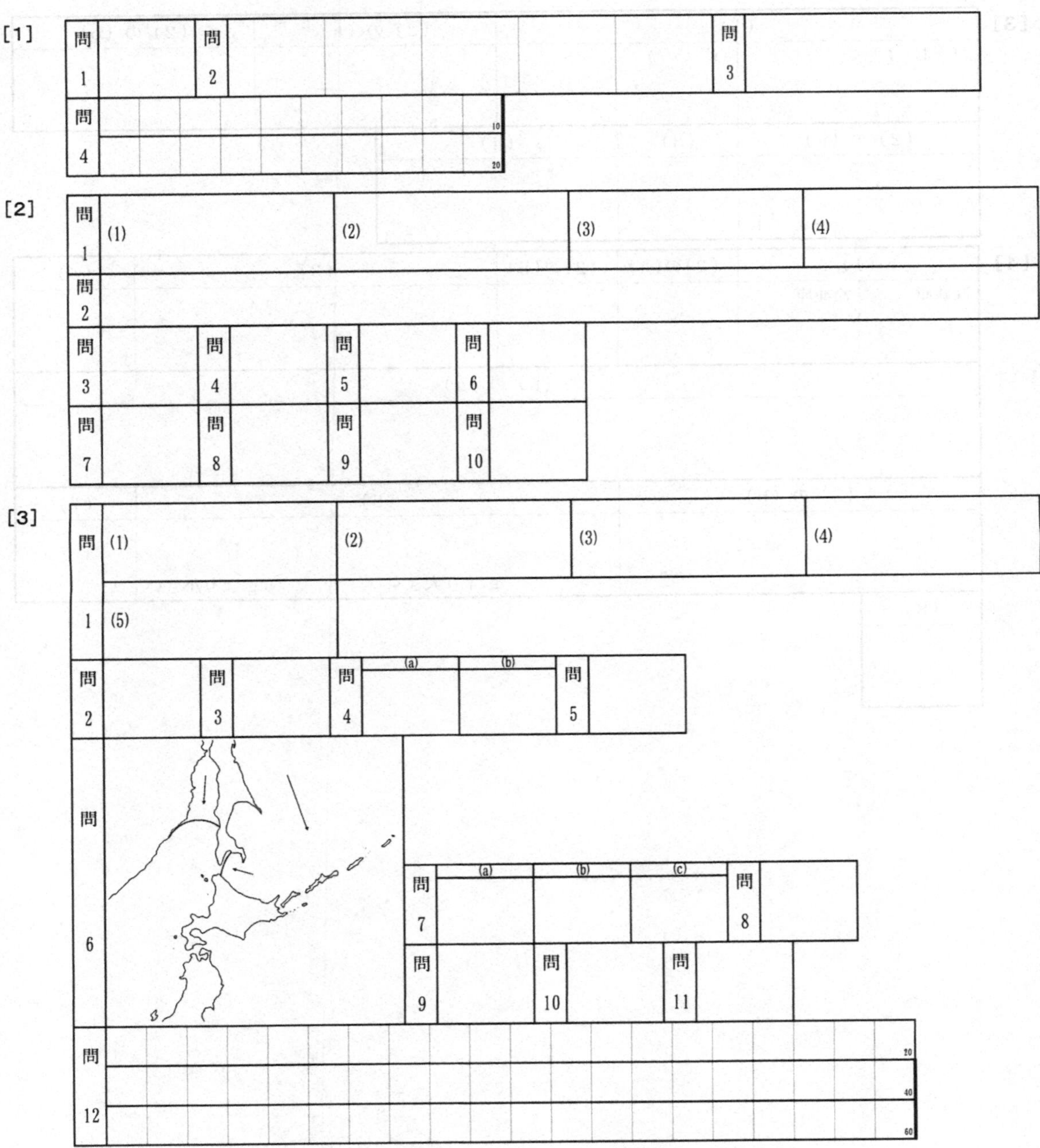

2024年度 聖光学院中学校(第2回)

※139%に拡大していただくと、解答欄は実物大になります。

◇国語◇

一、

①

②

③

④

⑤

二、

① A B

② A B

③ A B

④ A B

⑤ A B

三、

問一 A B C

問二 20

問三

問四 20

問五

問六

問七 20 40 60

問八

問九 20

問十 20 40

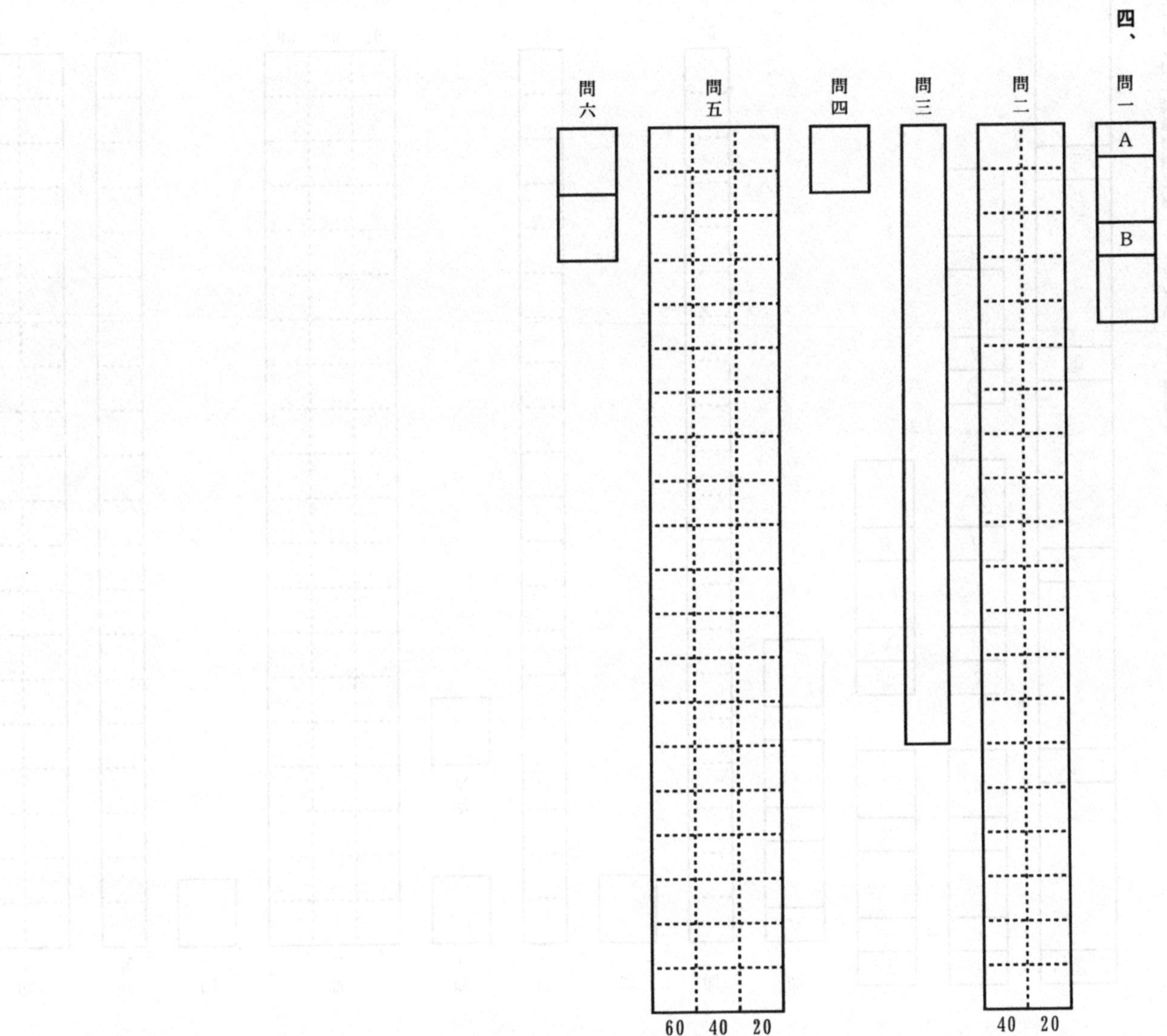
四、
問一
A
B
問二
20
40
問三
問四
問五
20
40
60
問六

聖光学院中学校(第1回)　2023年度　◇算数◇

※ 116%に拡大していただくと，解答欄は実物大になります。

<table>
<tr><td rowspan="2">[1]</td><td>(1)</td><td>(2)　分　秒</td></tr>
<tr><td colspan="2">(3)</td></tr>
<tr><td rowspan="3">[2]</td><td>(1)</td><td></td></tr>
<tr><td colspan="2">(2)</td></tr>
<tr><td>(3) ①　cm²</td><td>②　cm</td></tr>
<tr><td rowspan="2">[3]</td><td>(1)　通り</td><td>(2)　通り</td></tr>
<tr><td>(3)　通り</td><td>(4)　通り</td></tr>
<tr><td rowspan="2">[4]</td><td>(1) E H F G</td><td>(2) C D G H
面積　cm²</td></tr>
<tr><td>(3)　cm³</td><td></td></tr>
<tr><td rowspan="2">[5]</td><td>(1)　分</td><td>(2)　倍</td></tr>
<tr><td>(3)</td><td>(4)</td></tr>
</table>

聖光学院中学校（第1回）　2023年度

◇理科◇

※ 135％に拡大していただくと，解答欄は実物大になります。

[1]

(1)	(2)	(3)

(4)

(5)

葉の表側

葉の裏側

(6)		
(あ)	(い)	(う)

(7)

(8)

[2]

(1)	(2) の (a)		(2) の (b)	(2) の (c)
			分	

(3)		(4)	(5) の (a)	(5) の (b)
(あ)	(い)			枚

[3]

(1)		(2) の (a)

(2) の (b)					
(あ)	(い)	(う)	(え)	(お)	(か)

(2) の (b)		(2) の (c)	(2) の (d)
(き)	(く)		g

[4]

（1）の（a）	（1）の（b）	（1）の（c）

（2）の（a）

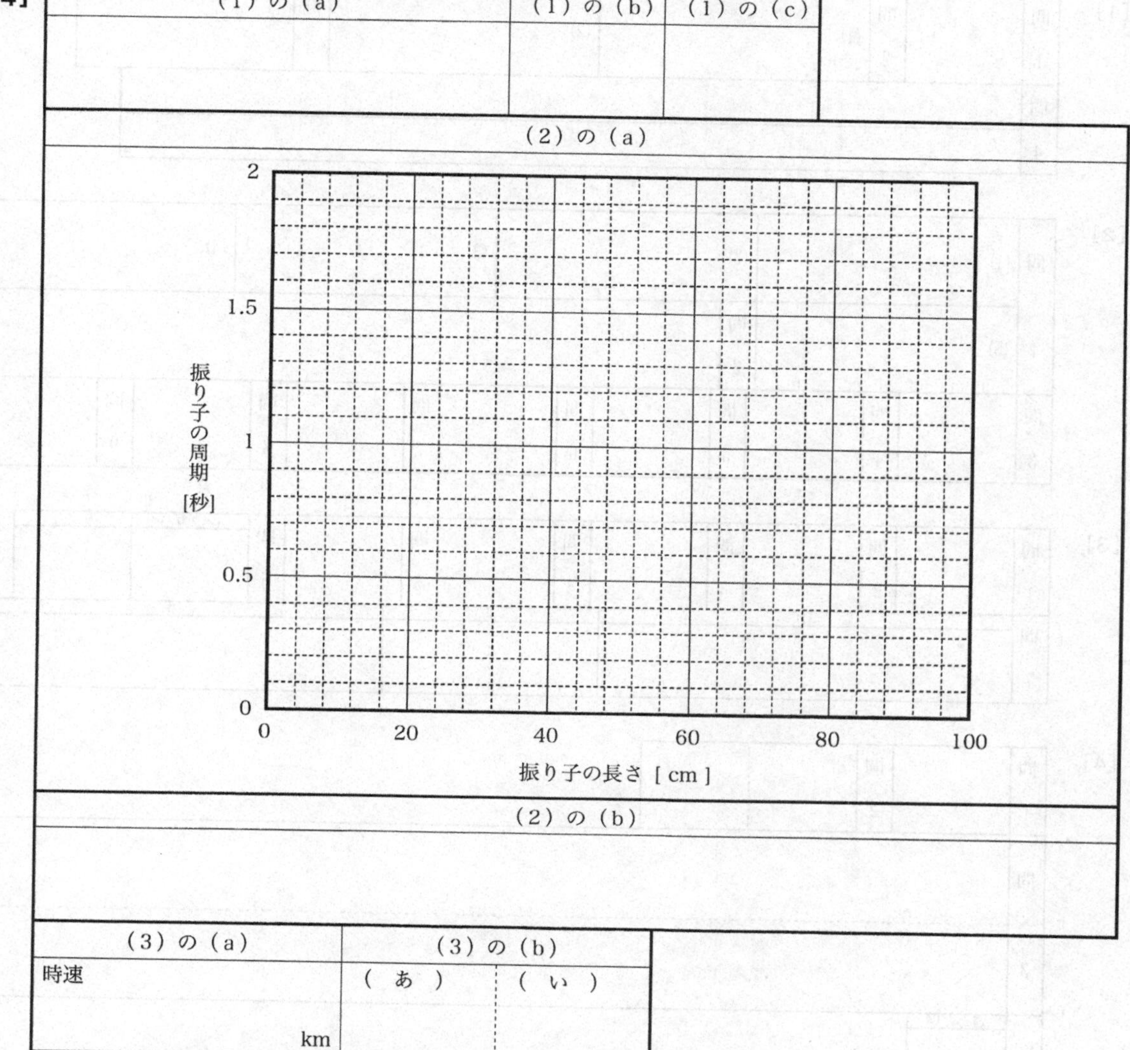

（2）の（b）

（3）の（a）	（3）の（b）	
時速 km	（ あ ）	（ い ）

聖光学院中学校(第1回)　2023年度

◇社会◇

※ 141％に拡大していただくと，解答欄は実物大になります。

[1]

問1		問2	(1)	(2)	問3	

問4	20	40

[2]

問1	(1)	(2)	(3)	(4)
	(5)	問2		

問3		問4		問5		問6		問7		問8		問9	

[3]

問1		問2		問3		問4		問5		問6	シラカバ	ヒノキ

問7	(1)	(2)	(3)

[4]

問1		問2	

問3	

問4	選んだ図

2023年度

聖光学院中学校(第1回)

◇国語◇

※139%に拡大していただくと、解答欄は実物大になります。

一、
① ② じる ③ ④ ⑤

二、
① ② ③ ④ ⑤

三、
問一 A B
問二
問三
問四 20 40
問五
問六
問七
問八 20 30
問九 20 40 60 80

四、
問一 A B
問二
問三
問四
問五 20
問六
問七 20 30
問八 20 40 60 80

聖光学院中学校(第2回)　2023年度

◇算数◇

※ 118%に拡大していただくと，解答欄は実物大になります。

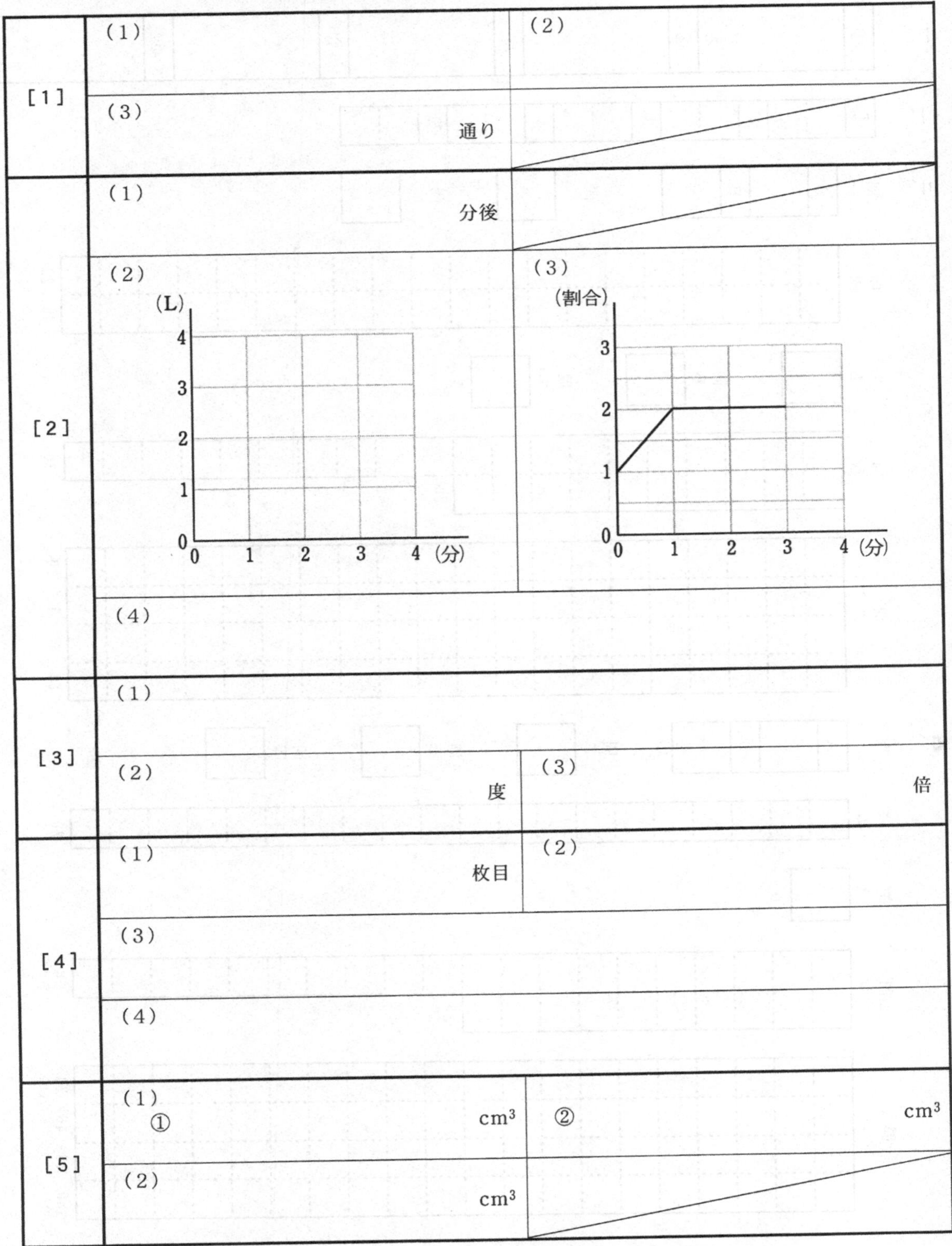

聖光学院中学校（第2回）　2023年度

◇理科◇

※ 135％に拡大していただくと，解答欄は実物大になります。

[1]

(1)	(2)	(3)	(4)	(5)	(6)	(7) の (a)

(7) の (b)	(7) の (c)	(8) の (a)	(8) の (b)	
		月　日		

(8) の (c)	
(え)	

[2]

(1)	(2)	(3)
g		g

(4)	(5)
＞　＞　＞	g

(6)			(7)
ショ糖　g	クエン酸　g	塩化ナトリウム　g	倍

[3]

(1)	(2)	(3)	(4)				
ミリアンペア	倍	種類					

(5)	(6)					(7)
種類						倍

[4]

(1)	(2)	(3)	(4)	(5)	(6)
色					

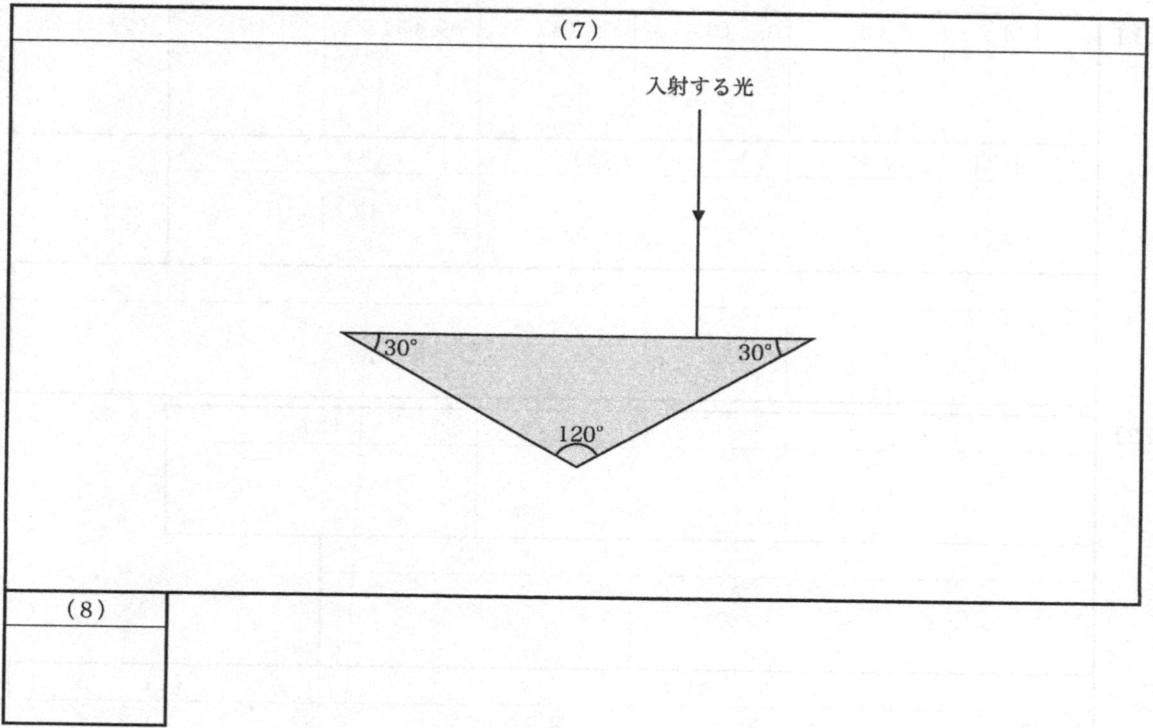

（8）

聖光学院中学校(第2回)　2023年度

◇社会◇

※ 143%に拡大していただくと，解答欄は実物大になります。

[1]

問1		問2		問3	
問4	(20) (40)				

[2]

問1	(1)	(2)	(3)	(4)									
問2		問3		問4		問5		問6		問7		問8	
問9		問10											

[3]

問1	(1)	(2)	問2		問3		問4		
問5		問6		問7		問8		問9	
問10	町 では、 (20) (40) (60) (80)								

[4]

問1		問2	アフガニスタン	ウクライナ
問3				
問4		問5	(a)	(b)
問6				

2023年度 聖光学院中学校(第2回)

◇国語◇

※139%に拡大していただくと、解答欄は実物大になります。

一、 ① ② ③ ④ ⑤

二、 ① ② ③ ④ ⑤

三、 問一 問二 問三 問四

問五 20 40 60 80

問六

問七 20 40 60 80

問八

四、 問一 A B C

問二 X Y

問三

問四

問五 問六

問七 20 40 60

聖光学院中学校(第1回)　2022年度　◇算数◇

※ 133％に拡大していただくと，解答欄は実物大になります。

[1]	(1)	(2) ア　イ
	(3) 分間	
[2]	(1) 個	(2) 個
	(3) 個	(4) 個
[3]	(1) ア　イ	(2) ウ　エ
	(3) オ	
[4]	(1) 通り	
	(2) (ア) 通り	(イ) 通り
	(3)	
[5]	(1) (ア) (cm) 0 0 (秒)	
	(イ) (cm) 0 0 (秒)	
	(2) (ウ) cm²	(エ)

聖光学院中学校（第1回）　2022年度

◇理科◇

※ 135％に拡大していただくと，解答欄は実物大になります。

[1]

(1)	(2)	(3)	(4)
			km

(5) (け)	(5) (こ)	(5) (さ)	(6)

(7)	(8)

[2]

(1)	(2)	(3)	(4)の(a) (あ)	(4)の(a) (い)

(4)の(b) 記号	(4)の(b) 理由

(5)の(a)	(5)の(b)

[3]

(1)	(2)	(3)	(4)

(5)	(6)	(7)	(8)

[4]

(1)の(a)	(1)の(b)	(2)	(3)の(a)	(3)の(b)
g	cm		g	装置

(3)の(c)	(4)の(a)	(4)の(b)
cm		kg

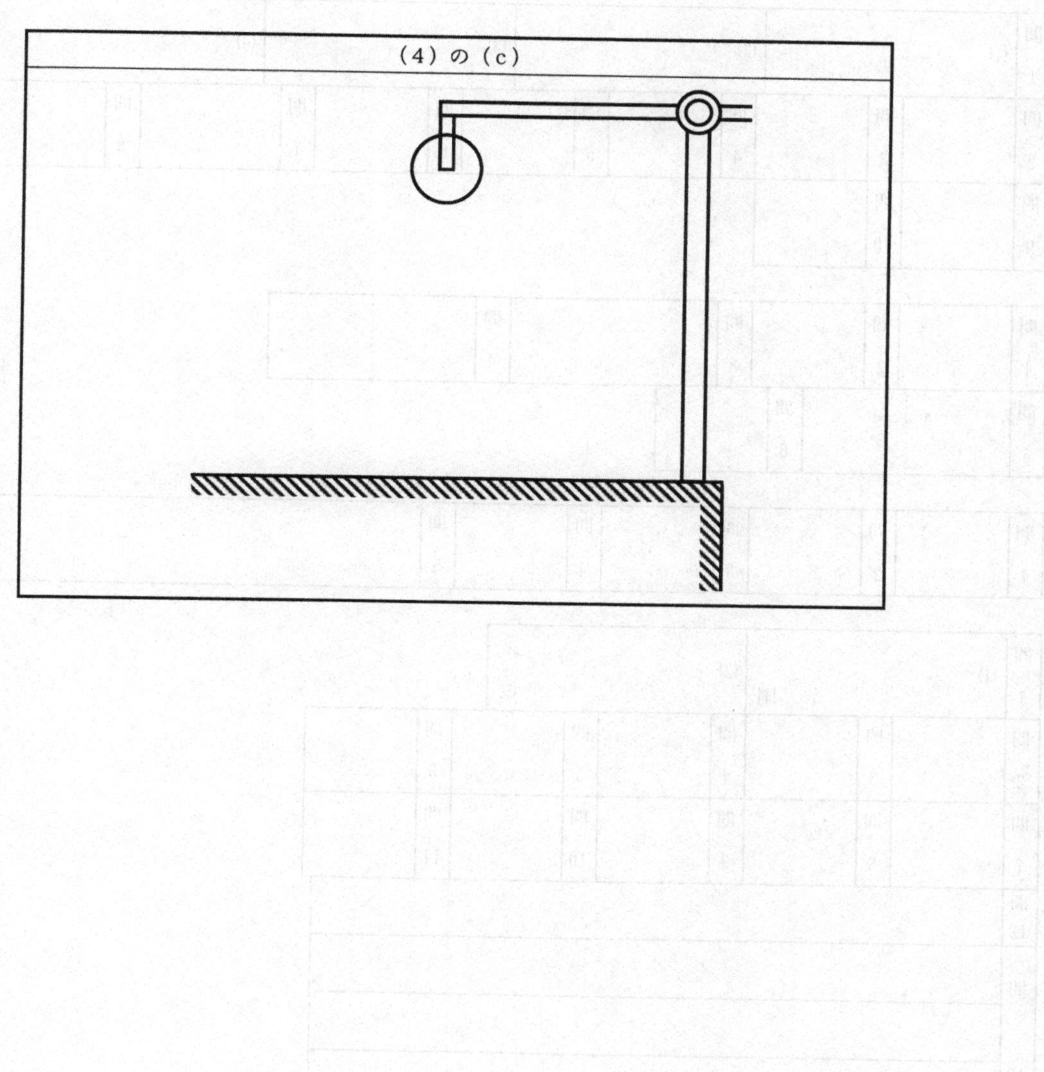
(4) の (c)

聖光学院中学校(第1回)　2022年度

◇社会◇

※ 147%に拡大していただくと，解答欄は実物大になります。

[1]

問1	(1)	(2)	(3)	(4)

問2		問3		問4		問5		問6		問7		問8	
問9		問10											

[2]

問1		問2		問3		問4	
問5		問6					

[3]

問1		問2		問3		問4		問5	

[4]

問1	(1)　　国	(2)　　県

問2		問3		問4		問5		問6	
問7		問8		問9		問10		問11	

問12										
問13										10
										20
										30

2022年度 聖光学院中学校(第1回)

※141%に拡大していただくと、解答欄は実物大になります。

◇国語◇

一、

①
②
③
④
⑤

二、

①
②
③
④
⑤

三、

問一 A B C

問二

問三

問四

問五 20 40 60

問六 10

問七

問八 20 40 60 80

四、

問一 A B

問二

問三

問四

問五

問六 20

問七

問八 20 40 60

聖光学院中学校(第2回)　2022年度

◇算数◇

※ 139%に拡大していただくと，解答欄は実物大になります。

<table>
<tr><td rowspan="2">[1]</td><td>(1)</td><td>(2)</td></tr>
<tr><td>(3)
個以上</td><td></td></tr>
<tr><td rowspan="3">[2]</td><td>(1)
使ったカード　枚</td><td>30 のカードの枚数　枚</td></tr>
<tr><td>(2)</td><td>(3)</td></tr>
<tr><td>(4)
ア　イ</td><td></td></tr>
<tr><td rowspan="2">[3]</td><td>(1)
cm²</td><td>(2)
cm</td></tr>
<tr><td>(3)
cm</td><td>(4)
cm</td></tr>
<tr><td rowspan="2">[4]</td><td>(1)
分前</td><td>(2)
(聖さん):(光さん)＝　:</td></tr>
<tr><td>(3)
午前8時　分　秒</td><td>(4)
ア　イ</td></tr>
<tr><td rowspan="3">[5]</td><td colspan="2">(1)
A　D
B　C
面積　cm²</td></tr>
<tr><td>(2)
cm³</td><td></td></tr>
<tr><td>(3)
面の数　個</td><td>体積　cm³</td></tr>
</table>

聖光学院中学校(第2回)　2022年度　◇理科◇

※135%に拡大していただくと，解答欄は実物大になります。

[1]

(1)の(a)	(1)の(b)	(2)の(a)	(2)の(b)

(3)の(a)	(3)の(b)	(3)の(c)	(4)の(a)	(4)の(b)	(5)の(a)	(5)の(b)

(6)の(a)	(6)の(b)

[2]

(1)	(2)	(3)	(4)の(a)
			%

(4)の(b)	(5)の(a)	(5)の(b)
℃		℃

[3]

(1)	(2)	(3)	(4)の(a)	(4)の(b)
				g

(4)の(c)	(4)の(d)
g	g

[4]

(1)	(2)	(3)	(4)
g			アンペア

(5)	(6)
アンペア	g

(7)

聖光学院中学校(第2回)　2022年度

◇社会◇

※ 145%に拡大していただくと，解答欄は実物大になります。

[1]

問1	(1)	(2)	(3)

問2		問3		問4		問5		問6	
問7		問8		問9		問10		問11	

問12	

[2]

問1		問2	(1)	問3	(2)	(3)

問4	の自由	問5	

[3]

問1		問2	

問3	(a)	(b)

問4		問5	(a)	(b)	(c)

[4]

問1	B読み取り	B理由	E読み取り	E理由

問2	(1)	(2)

問3 (a)

A

B

問3	(b)	
	県	県

問3 (c)	長崎県	鹿児島県

問4	I	II

問5	(a)	(b)	(c)	(d)

２０２２年度 聖光学院中学校（第２回）

◇国語◇

※１３９％に拡大していただくと、解答欄は実物大になります。

一、
①
②
③
④
⑤

二、
①
②
③
④
⑤

三、
問一 A B C
問二
問三
問四 20 40 60
問五
問六
問七
問八 20 40 60

四、
問一 A B
問二 20
問三
問四
問五 20 40 60
問六
問七

〈ダウンロードコンテンツについて〉

本問題集のダウンロードコンテンツ、弊社ホームページで配信しております。現在ご利用いただけるのは「2025年度受験用」に対応したもので、**2025年3月末日**までダウンロード可能です。弊社ホームページにアクセスの上、ご利用ください。
※配信期間が終了いたしますと、ご利用いただけませんのでご了承ください。

中学別入試過去問題シリーズ
聖光学院中学校　2025年度
ISBN978-4-8141-3197-6

[発行所] 東京学参株式会社
〒153-0043　東京都目黒区東山2-6-4

書籍の内容についてのお問い合わせは右のQRコードから ⇒

※書籍の内容についてのお電話でのお問い合わせ、本書の内容を超えたご質問には対応できませんのでご了承ください。

2024年6月6日　初版